营销管理
——融入中国情境的理论与实践

张 闯 滕文波 张其林 ◎ 编著

清华大学出版社
北 京

本书封面贴有清华大学出版社防伪标签，无标签者不得销售。
版权所有，侵权必究。举报：010-62782989，beiqinquan@tup.tsinghua.edu.cn

图书在版编目（CIP）数据

营销管理：融入中国情境的理论与实践/张闯，滕文波，张其林编著. —北京：清华大学出版社，2024.1
ISBN 978-7-302-64570-2

Ⅰ.①营… Ⅱ.①张… ②滕… ③张… Ⅲ.①营销管理－教材 Ⅳ.①F713.50

中国国家版本馆 CIP 数据核字(2023)第 180127 号

责任编辑：刘志彬
封面设计：汉风唐韵
责任校对：王荣静
责任印制：杨 艳

出版发行：清华大学出版社
网 址：https://www.tup.com.cn，https://www.wqxuetang.com
地 址：北京清华大学学研大厦 A 座　　邮 编：100084
社 总 机：010-83470000　　邮 购：010-62786544
投稿与读者服务：010-62776969，c-service@tup.tsinghua.edu.cn
质 量 反 馈：010-62772015，zhiliang@tup.tsinghua.edu.cn
课 件 下 载：https://www.tup.com.cn，010-83470332

印 装 者：大厂回族自治县彩虹印刷有限公司
经 销：全国新华书店
开 本：185mm×260mm　　印 张：26.5　　字 数：557 千字
版 次：2024 年 1 月第 1 版　　印 次：2024 年 1 月第 1 次印刷
定 价：79.00 元

产品编号：096544-01

前言

《营销管理：融入中国情境的理论与实践》是东北财经大学工商管理学院市场营销系教师们共同工作的结果。本书之前的版本是由李怀斌教授组织并带领市场营销系教师编写的《市场营销学》，本书的第一版和第二版由清华大学出版社分别于2007年和2012年出版，当时是作为辽宁省精品课程的配套教材而编写的。但是由于种种原因，本书在第二版之后再未修订再版。2019年，东北财经大学市场营销专业入选首批国家一流专业建设点，这使得编写专业配套教材成为一个一流专业建设的重要任务。鉴于距离上一次修订的时间比较久远，无论是营销学理论还是营销实践都发生了巨大的变化，因此在清华大学出版社的支持下，为更好地反映营销理论与实践的最新进展，我们启动了改版重编工作。

我们在大纲设计和编写的过程中，努力从以下几个方面突出本书的特色。

第一，全面融入中国市场情境。为贯彻国家关于管理学研究"讲好中国故事"的指导思想和要求，本书内容全面融入中国文化与社会情境，强化"本土化市场情境""本土化特色产业""本土化企业案例""本土化理论进展"，将西方经典理论在本土情境中进行诠释、比较与创新。因此，我们在书名上加了一个副标题——融入中国情境的理论与实践，用以突出本书的特色定位。为了体现这一特色定位，本书选取的案例全部为中国本土企业案例，也包括少量具有代表性的跨国公司在中国市场经营的案例。除每一章的开篇引导案例和章后的综合案例分析以外，我们在正文中设计了"营销洞见"和"营销与中国"两个小栏目。前者用来提供具有启发性的小案例或相关资料，后者则重点用来体现营销理论或营销实践的中国特色。

第二，前沿理论与传统经典相结合。本书在西方经典营销管理理论框架的基础上，力求反映营销各个领域的理论前沿和研究进展，并将最新研究成果和前沿理论引入教材，丰富与拓展学生的学习视野。因此，我们在每一章正文中都设计了"营销前沿"小栏目，用来插入与经典理论相关的营销理论新动向。此外，我们也在每一章的最后列出了3～5篇"拓展阅读"的文献信息，这些文献作为正文内容的补充，提供了经典理论与理论前沿的互补性学习资料，供任课教师和学生参考使用。

第三，全面融入课程思政。为贯彻教育部关于加强课程思政的要求，本书全面融入课程思政元素，在知识点诠释、案例企业选取等方面突出思政元素，并在每一章专门设立课程思政专栏，便于任课教师和学生使用。我们在配套教辅材料中，单独为任课教师提供了一个清单，里面包括课程思政每一章的重点及其所反映的知识内容。

第四，建设"互联网+"立体化教材。为满足互联网时代教师授课和学生自主学习的需求，本书全面引入"互联网+"元素，构建立体化教材体系。在课程内容PPT、课程讲义、习题等传统教学的基础上，以网址、二维码、动画等形式提供更加丰富、新颖的教学学习资源。我们在每一章的最后提供了"即测即练"栏目，学生可以通过扫描二维码的方式自主完成针对本章知识点的自测练习，另外，我们也为这些自测练习提供了知识点解析和参考答案。

第五，提供一体化的教学案例资料和案例使用说明。为满足日益强化的案例教学和研讨式教学的需求，本书在选取案例时，尽可能地选取中国案例共享中心的优秀入库案例，并为授课教师提供案例教学使用说明等相关教学资料。一方面，这些优秀的入库案例避免了因编者对二手资料自编案例缺乏所引起的对教学使用系统性思考的不足，使得案例的质量更有保障；另一方面，入库案例配套的教学使用说明可以为任课教师在组织课堂讨论，以及对案例进行分析时提供指南，从而有助于提高案例教学的质量和效果。当然，出于篇幅的考虑，我们对一些案例做了相应的删减，并在相应页面上用脚注进行了说明。为了方便任课教师使用案例，我们将全书涉及的优秀案例整理成一个检索目录表附在书中，该目录不仅注明了案例所在位置，还提供了完整的案例信息，任课教师可以通过扫描二维码获取相应案例的教学使用说明等相关资料。

本书由张闯设计编写大纲和编写体例，由东北财经大学工商管理学院市场营销系的教师参与分工编写——张闯（第1章、第3章、第11章和第14章）、滕文波（第2章和第4章）、孙宴娥（第5章）、田明君（第6章）、单宇（第7章）、杨宜苗（第8章）、张其林（第9章和第12章）、刘菲（第10章和第15章）、孟韬（第13章）。其中，张闯指导的博士研究生郭乐（第1章）、斯浩伦（第3章）、刘孟潇（第11章）和郝凌云（第14章）也参与了部分章节内容的编写工作。全书由张闯、滕文波和张其林进行整合、编辑，并最后审校定稿。

本书在大纲设计及编写、出版过程中得到了很多机构和个人的支持与协助，这使得这本书的出版成为可能。我们要感谢那些慷慨授权的中国案例共享中心入库案例的作者们，使得本书的使用者可以更好地使用相关案例与配套教学资料。我们要感谢大连理工大学经济与管理学院中国案例共享中心对我们使用案例及其教学资料的授权，尤其要感谢王淑娟老师和马晓蕾老师，感谢她们在这个过程中给予的大力支持与帮助。我们要感谢清华大学出版社对本书出版工作的大力支持与协助，尤其感谢刘志彬主任和严曼一编辑在本书编写和编辑出版过程中给予的支持与协助。我们要感谢参加本书选题论证会的各位专家对本书大纲和编写体例所提出的建设性意见，他们分别是华侨大学杨洪涛教授、中国地质大学孔锐教授、东北财经大学孟韬教授，以及清华大学出版社刘志彬主任。我们要感谢东北财经大学工商管理学院对本书改版工作的大力支持，尤其感谢参与本书编写工作的各位营销系同仁，以及因承担种种教学和科研任务而未能参与编写工作的各位同仁的支持。同时，我们也要感谢参与本书之前版本编写工作的各位市场营销系同仁，尤其是李怀斌教授为改版重编工作奠定的工作基础。最后，我们还要感谢所有被我们引用的各类文献的作者们，由于编写体量比较大，对各种文献资料的引用难免出现遗漏或错误，敬请学界和业界同仁批评指正，以便于我们及时更正。

张　闯
2022年7月于大连

目 录

第1章 营销与营销观念 1
    1.1 营销的内涵与范畴 2
    1.2 营销思想的发展与演变 10
    1.3 面向市场的企业导向 16
    1.4 营销管理的任务与流程 20

第2章 顾客价值、顾客满意与顾客关系 27
    2.1 顾客价值的实现 28
    2.2 顾客满意的提升 35
    2.3 顾客忠诚与顾客终身价值 39

第3章 关系营销 49
    3.1 关系营销概述 50
    3.2 关系营销的应用策略 58
    3.3 中国文化下的关系营销 61

第4章 市场营销环境分析 71
    4.1 市场营销环境概述 72
    4.2 宏观市场营销环境分析 75
    4.3 微观市场营销环境分析 85
    4.4 营销环境与 SWOT 分析 90

第5章 消费者购买行为分析 97
    5.1 消费者市场概述 98
    5.2 影响消费者购买行为的主要因素 102
    5.3 消费者购买行为类型与购买决策过程 115

第6章 市场营销信息与调研 129
    6.1 市场营销与营销信息系统 130

6.2　营销调研的任务与流程 ·· 132
　　6.3　营销调研的方法 ·· 138
　　6.4　问卷设计与抽样设计 ·· 145

第 7 章　目标市场营销战略 ·· 155
　　7.1　市场细分 ·· 156
　　7.2　目标市场选择 ·· 160
　　7.3　市场定位 ·· 164

第 8 章　竞争战略 ·· 176
　　8.1　竞争者确认 ·· 177
　　8.2　基本竞争战略 ·· 184
　　8.3　市场地位与竞争战略 ·· 193

第 9 章　产品与品牌策略 ·· 204
　　9.1　产品与产品组合 ·· 205
　　9.2　产品生命周期 ·· 209
　　9.3　新产品开发 ·· 213
　　9.4　品牌策略 ·· 215

第 10 章　价格策略 ·· 228
　　10.1　影响定价决策的关键因素 ·· 229
　　10.2　定价的基本方法 ·· 235
　　10.3　定价的主要策略 ·· 240
　　10.4　价格调整与价格变动反应 ·· 250

第 11 章　渠道策略 ·· 258
　　11.1　营销渠道概述 ·· 259
　　11.2　营销渠道设计 ·· 264
　　11.3　营销渠道行为与治理 ·· 271
　　11.4　营销渠道系统 ·· 282

第 12 章　整合营销传播策略 ·· 293
　　12.1　整合营销传播概述 ·· 294
　　12.2　整合营销传播手段 ·· 295

12.3　整合营销传播决策·····309

第13章　数字传播策略·····316
　　13.1　数字传播的内涵·····317
　　13.2　数字传播工具·····325
　　13.3　社交媒体营销·····332
　　13.4　移动营销与微信营销·····339

第14章　营销活动的组织、实施与控制·····349
　　14.1　营销组织·····350
　　14.2　营销实施·····361
　　14.3　营销控制·····366

第15章　社会责任营销与营销伦理·····376
　　15.1　企业社会责任·····377
　　15.2　社会责任营销·····381
　　15.3　营销伦理·····396

第1章

营销与营销观念

本章学习目标

通过学习本章,学员应该能够做到以下几点。
1. 掌握市场营销定义、核心概念和范畴。
2. 了解营销思想的发展和演进过程。
3. 掌握营销理念的演变并掌握全方位营销的具体内容。
4. 熟悉营销管理的任务和流程。

引导案例

钟薛高:网红"小瓦片"营销之路[①]

2020年,网红罗永浩在个人直播里以售出198 000支钟薛高的销售业绩登顶当天销售榜单。连续几年的可喜成绩让"小瓦片"钟薛高巅峰出道,成为国潮网红雪糕,一举拉开中国高端冷饮新篇章。从钟薛高以66元一支的雪糕走入人们视线到如今打开小红书能搜到两万多篇关于钟薛高的笔记,"小瓦片"钟薛高成为网红的背后蕴含着钟薛高团队全方位的步步"精"心。

借力国潮,创意升级。将产品与国风文化融合,从中国制造到中国创造,国潮风一时间成为企业推陈出新的营销亮点。钟薛高从品牌名称到产品设计,处处体现着中国元素。钟薛高,集百家姓"钟""薛""高"为名,蕴含着中国的雪糕之意,其独特的中式瓦片造型还原了江南青瓦白墙的水乡文化,呼应国潮的同时也为其成为网红产品树立了差异化品牌形象。雪糕顶部的"回"字花纹,承载着钟薛高回归本味的初心。钟薛高将冰淇淋与家庭仓储和社交属性相结合,打造冰淇淋甜品化,构造了新的消费场景。它瞄准家庭仓储式消费场景,线上出售的雪糕都是以单元为小组,通过瓦片状的小雪糕联结家人和朋友的情感。这种新的消费场景也让雪糕突破季节性限制,由随机转变为刚需。

线上,钟薛高旗舰店拥有216万名粉丝,累计4亿多次到店访问量,单日最高访客

[①] 李佳璐,毛文娟. 钟薛高:"去网红化"品牌塑造之路 [DB/OL]. [2022-05-11]. 中国管理案例共享中心.

360多万名，不仅充分利用小红书和微博等平台引流助力天猫线上旗舰店的销售，还会定期在购买页面进行一些引流活动，促使浏览者看到页面推广后，尝试参与商家活动并加入会员，形成一种消费闭环。线下，钟薛高以快闪店和门店的模式拉近与消费者的距离，增强用户体验感。例如，在商场里种上5200棵向日葵表达纯真零添加，在人民广场上打造生如夏花视觉光感效应传递酷本色，不仅让消费者更容易沉浸在钟薛高的品牌文化中，还能在沟通的过程中收集产品反馈信息，更好地进行产品优化。

为了维系持续的热度和话题，钟薛高进行了大幅度的跨圈层合作。钟薛高的联名有端午节与传统文化的交融，如和江南粽王五芳斋联名"粽香四溢"，采用呼伦贝尔优质鲜奶与饱满的糯米，再配上江西大山箬叶，制作成口感清香的清煮箬叶雪糕。钟薛高的联名还有潮文化与酒文化的碰撞，如与泸州老窖合作的"断片"雪糕，内含52度的60年窖龄的白酒，口感清香浓厚。"断片"与瓦片读起来很相似，凸显了趣味性、生活化，"一片敬过去，一片敬不过去"的宣传语与中国上百年来的酒桌文化不谋而合。因此，在钟薛高的营销文化里，没有关联不到的，只有你想不到的联名。成立不到三年的钟薛高实现了品牌的破圈，巧出新意的联名不断维系着钟薛高的话题和热度，带来销量的同时也有效地增加了顾客黏性。

1.1 营销的内涵与范畴

1.1.1 什么是市场营销

中文的"市场营销"一词起源于英文中的"marketing"，不同时期、不同的营销学者对市场营销的定义虽略有不同，但其共同点都反映了识别和满足人类和社会的需要这一核心要点。在人类社会发展的不同阶段，人们满足需要的方式有很多种，如自给自足式的生产、以物易物的交换、政府的统一分配，甚至包括武力掠夺等。然而，在现代市场经济中，通过市场进行交换是人们满足需要的主要方式。那么，如何有效地通过市场交换来实现这一目标呢？现代市场营销学就是致力于解决这一问题的学科。当代主流市场营销学站在企业的角度，尤其是生产制造企业的角度，将营销看作是一个管理的过程，并强调企业要通过对市场营销过程的有效规划与管理，在有效满足顾客需求的基础上，获得盈利和发展。从这个角度来看，对市场营销最简洁的定义是"有利可图地满足需求"。在众多定义中，最具代表性和权威性的是美国市场营销协会（American Marketing Association）对市场营销的定义：创造、传播、传递和交换对顾客、客户、合作者和整个社会有价值的市场供应物的一种活动、制度和过程[1]。这是一个广义的定义，市场参与

---

[1] GUNDLACH G T. The American Marketing Association's 2004 definition of marketing: Perspectives on its implications for scholarship and the role and responsibility of marketing in society[J]. Journal of Public Policy & Marketing, 2007, 26(2): 243-250.

者之间不断地进行互动,共同创造价值,不断地进行交换满足各自的需求,也为社会创造价值,这体现了市场营销在现代社会发展中的重要地位。

我们可以从以下 3 个方面来理解市场营销的含义。首先,营销是企业的一项管理职能。在企业的组织结构中,总有一个被称为营销部、市场部或销售部的部门,负责处理企业与营销活动有关的管理职能。从这个部门的名称来看,营销职能的核心似乎是销售,这个理解并没有错,但销售,以及与之相关的广告、促销、推销等活动并不是营销职能的全部,甚至不是最核心的职能。为了更好地完成产品的销售,企业首先需要根据顾客的需求来设计和开发产品,这意味着在产品生产之前,营销活动就开始了。这涉及对市场需求和竞争状况的分析和研究,根据目标顾客的需求进行产品开发和设计,在投产前进行一系列市场测试以确保产品能够为市场所需要。在产品生产出来以后,才涉及销售的问题。首先涉及对产品和品牌进行规划设计、明确品牌形象和定位,设计营销渠道、产品定价和促销计划方案,并对整个计划方案执行过程进行相应的组织和控制。这一系列活动都是营销职能要执行的任务,销售、广告和促销仅是整个过程的末端环节。如果产品的开发和设计是基于明确的市场需求,产品投入市场以后,广告、促销和推销虽然可能是必要的,但却并不是必须的。就像苹果公司的平板电脑和智能手机推向市场时,它可能只召开一场全球瞩目的产品发布会就足够了,苹果产品的顾客会主动到专卖店排队购买,广告、促销和推销甚至是多余的。正如管理学大师彼得·德鲁克(Peter Drucker)描述的:"我们可以假定,总是有对销售的需求。而市场营销的目标就是让销售变得多余。市场营销的目的就是去很好地了解和理解顾客以让产品适合顾客并实现自我销售。理想情况下,市场营销应该让顾客产生购买意愿。随后需要做的事就是提供足够的产品和服务。"[1]因此,我们可以澄清一个广泛存在的误解,即营销就是做广告、搞促销和推销,虽然这些活动属于营销职能的范畴,但它们并不是营销最核心、最重要的部分。营销职能的核心任务是了解企业目标顾客的真实需求,并根据这一需求来开发、生产,并向其提供能够满足他们需求的产品。

其次,营销是一种经营哲学或观念。从我们对营销职能的阐述来看,企业仅仅依靠营销部门是无法高质量地完成营销任务的,这个过程还需要企业其他部门的配合。例如,研发部门要与营销部门协作,根据目标顾客的需求来研发产品;生产部门要在可控成本的基础上高质量地将产品生产出来;售后服务部门要根据目标顾客的需求提供高质量的售后服务等。为了更好地满足顾客的需求,并通过满足顾客的需求实现企业的盈利和发展,企业就需要确立一种经营哲学——企业所有的部门和所有的员工都要围绕着如何更好地满足顾客需求而高效地工作。在市场营销学中,这种以顾客需求为核心的企业经营哲学称为营销观念,我们将在本章第三节详细讨论它的内涵。这种营销哲学对于企业的发展非常关键,正如德鲁克所言:企业存在的目的只有一个,那就是创造顾客。只有那

---

[1] 菲利普·科特勒. 营销管理 [M]. 第 15 版. 何佳讯等, 译. 上海: 格致出版社, 2017.

些围绕着目标顾客需求的满足而高效运转的企业才能在竞争激烈的市场中赢得生存和发展的机会。

最后，营销也是一个科学的体系。现代市场营销学起源于20世纪初期，经过一百多年的发展，已经形成了一个以营销管理学为主导范式的科学体系。现代市场营销学包含着诸多的理论分支和学派，它们共同构成了现代营销学理论体系。居于主导地位的营销管理学是以个人消费者市场为基础建立的，它主要关注个人消费者购买的各种消费品，尤其是有形的消费品。因而，虽然营销管理学是主流理论，但其并不能代表营销学理论体系的全部。除了营销管理理论以外，现代营销学还包括以组织（包括企业和非营利组织）为服务对象的组织间营销理论、以服务为主要营销对象的服务营销理论、以国际市场为研究对象的国际营销或全球营销理论、以互联网为主要情境的网络营销或数字营销理论、以及关注更加宏观层面的营销与社会相互影响的宏观市场营销理论等。本书将以营销管理学为主要内容，而营销学的其他分支可能会被纳入到市场营销专业的专业课程中。

1.1.2 营销的核心概念

市场营销作为一种较为复杂的社会管理过程，需要企业以有效的方式运用营销概念进行市场活动，只有准确理解并把握好营销的核心概念，才能更深刻地认识和理解市场营销的内核和本质。下面我们简要介绍几组营销学的核心概念，这些概念对于理解市场营销非常关键。

1. 需要、欲望和需求

需要（need）是人类对空气、水、食物、住所和穿着的基础性需求。人们也会对教育、休闲和娱乐有强烈的需要，这属于普遍性需求。

当这些需要指向某个可以满足需要的特定目标时，需要就成为了欲望（want）。当人们需要食物的时候，有人需要一块面包，而有人需要一份牛排，这就是欲望。欲望是有差异性的，而且是由社会所决定的。

需求（demand）是对特定产品的欲望，而这种欲望是可以被购买能力所满足的。很多人想要一台宾利车，但只有少数人可以买得起。企业不仅需要弄清楚有多少人想要购买它们的产品，还需要了解有多少人有购买能力和购买意愿。

有效区分需要、欲望与需求的差别是营销人员应具备的基本素质。营销人员无须创造需要，营销人员后于需要而存在。欲望是无限的，需求却是有限的，如果想要一台宾利车但是没有购买能力，那么这只能算作欲望而非需求。营销人员可以通过一系列的营销活动刺激和引导顾客产生需求，进而找出从哪些维度和使用哪些方法可以满足顾客的需求，这才能为企业赢得优势，实现销售增长。

2. 市场与目标市场

市场是买家和卖家聚集产生交易买卖的地方。经济学家将市场界定为：买方与卖方就某种特定产品进行交易的集合。如图1-1所示的5个基本市场与它们的联结流：制造商在资源市场（如劳动力市场、原材料市场与资金市场）中购买需要的资源并将它们转化成产品或服务，之后将制成品售卖给中间商，中间商再将其销售给终端消费者；消费者则通过出售他们的劳动力以获得购买产品或服务的资金；政府通过税收收入从资源市场、制造商及中间商那里购入物资，进而将这些物资用于公共服务。全球的经济都是依靠交换过程连接的互动市场构成的。

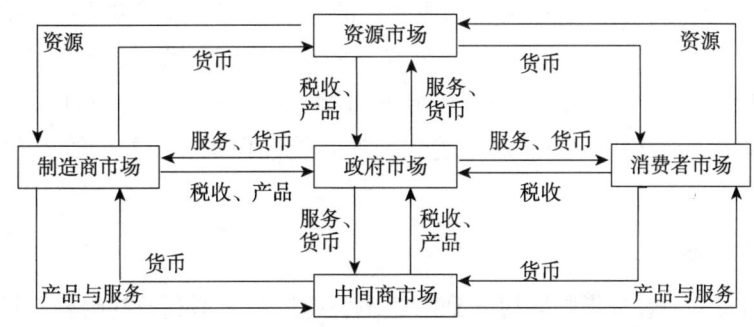

图1-1 基本市场与联结流

不同于经济学家对市场的界定，营销人员一般将顾客群称为市场，将卖方称为行业。他们讨论需求市场（如美容市场）、产品市场（如服装市场）、人口市场（如"千禧一代"）、地理市场（如中国市场）或者劳动力市场等。图1-2显示了买方和卖方是如何连接的。卖方将产品、服务、广告等传播物输送进对应市场；作为回报，卖方会获得信息和货币，如顾客的行为和销售数据。内循环展示了产品或服务与货币间的交换过程，外循环展示了信息的交换。

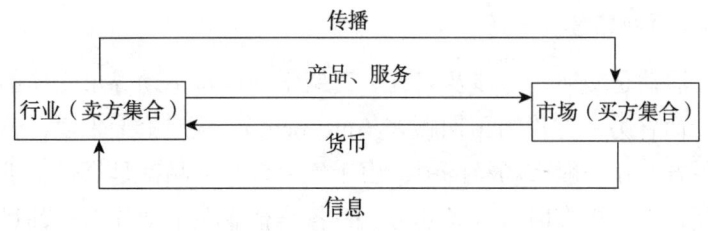

图1-2 营销系统

不是每个人都喜欢一样的美食、服装、电影或汽车，因此营销人员需要对不同的市场进行细分，然后判断哪个细分市场拥有最大的盈利机会，并将其作为目标市场（target market）。对市场细分的实质是将具有不同需求的顾客区分成不同群体的过程，每个群体内的顾客都具有相似的需求，从而构成了一个企业可以选择的细分市场。企业营销人员需要根据目标市场的需求来开发并提供相应的产品或服务,以满足目标市场顾客的需求。

3. 交换与交易

交换(exchange)是通过提供某种东西作为回报,从某人那里获得所需所欲之物的过程。交换要发生,必须符合 5 个条件:至少要有交换的双方;每一方都有被对方认为有价值的东西;每一方都能够沟通信息和传递货物;每一方都可以自由接受或拒绝对方的产品;每一方都认为与对方进行交换是适当的或令人满意的。交换之所以会发生,最根本的原因是交换之后双方都比交换前更好(或至少不比交换前差)。因而,交换可被看作是一个价值创造的过程,即通过交换,双方所获得的价值都比交换前更好。

交换是一个过程,这涉及谈判并达成协议的全过程。一旦双方达成了协议,我们就说发生了交易行为。交易(transaction)是双方之间的价值交换。一次交易一般包括几个方面的实质性内容:至少包括两个有价值的事物,双方所同意的条件、协议的时间与地点。在现代市场经济中,交易通常受到商法系统的保护和支持,这使得交易能够顺利达成。

4. 价值与满意

价值(value)一般是指顾客感知到的成本、有形与无形利益的组合,可以用顾客所得到的满足与支付成本的比值表示,顾客通常会选择他们感知到最大价值的产品或服务。价值主要是由被称为"顾客价值三元组"的质量、服务与价格构成,质量越高,服务越好,顾客感知的价值越大,价格越高,顾客感知的价值越低。价值可能是企业单方面创造并提供给顾客的,也可能是由企业和顾客共同创造的。

满意(satisfaction)是顾客对产品或服务性能的感知与期望关系的判断。如果产品或服务的性能达不到顾客的预期,那么他们会感到失望;如果达到预期,他们会满意;若超出预期,顾客会感到愉悦。满意的顾客对于企业而言意义重大,他们是企业获得长期市场地位和市场绩效的基础。

5. 营销者与预期顾客

营销的核心活动是交换,这涉及双方。营销学一般将主动寻求交换的一方称为营销者(marketer),而将另一方称为预期顾客(prospect)。从理论上来说,营销者可以是卖方,也可以是买方。在一般市场经济中,由于绝大多数商品都是供过于求的,卖方之间的竞争比较激烈,因而更多时候都是卖方——各类企业在主动寻求与其目标顾客交换,从而作为市场中主要的营销者而存在。但在一些情况下,比如供不应求的市场条件下,买方可能是积极主动寻求交换的一方,他们为达成交易愿意提供更为有利的条件。比如在雨雪天的上下班高峰时间,众多打车的人在打车网络平台上排队,为了更早打到车,打车的人会主动加价,这就是买方在积极寻求交换的典型情况。如果买卖双方都在积极主动寻求交换,在买卖双方信息不对称的情况下,我们就将双方称为"双边营销者"。

营销洞见

网红 IP 李子柒的文化创业①

从 2016 至 2020 年的短短 4 年时间，李子柒从一个普通的乡村女孩成为一个全球粉丝过亿、受到《人民日报》《中视新闻》等官方媒体认可的超级网红。"李家有女，人称子柒"，这是李子柒 2016 年 4 月在美拍注册后，发布第一只短视频"桃花酒"时对自己的介绍。4 年后，李子柒全球粉丝数量过亿，成功创立"李子柒"东方美食生活家的品牌，与袁隆平一起成为中国农业农村部聘任的农村推广大使，微博平台关于"李子柒是不是文化输出"的话题阅读量超过 8 亿人次。

2020 年的春天，一场新冠疫情席卷全球，无数人的生活被打断、隔离，在焦躁不安的隔离生活中，李子柒视频中宁静的乡村生活给了无数人心灵上的慰藉。李子柒的故事登上了《纽约时报》，一位美国记者这样说："我在李子柒安静唯美的视频里感受到生活的希望和力量。"

1.1.3 营销的范畴

在了解市场营销的定义与核心概念之后，我们需要了解营销的范畴是什么，即我们可以用营销的方法或理念营销什么，我们可以向哪些主体进行营销②。

1. 营销的对象：我们可以营销什么？

营销的范畴包括但不限于产品、服务、体验、事件、地点、人物、组织、财产权、信息和观念等。这些有形或无形之物的交换都可以通过营销的观念和方法来实现。

产品。在大多数国家，实物商品在生产和销售中依然占据较大的比重。中国企业每年出售数以亿计的包装食品、生鲜、饮料、冰箱、电视、洗衣机，以及其他经济形态的必需品。

服务。随着经济社会和科学技术的不断发展，人们的生活水平持续得到提升，对服务的需求也越来越多，从而刺激经济活动对服务生产的关注和侧重。"十三五"时期中国服务业实现快速发展，2020 年虽然受疫情影响，但仍实现年增长 2.1%，2021 年服务业增长对经济增长贡献率为 54.9%，预计 2025 年中国服务业占 GDP 的比重将达到 60%，中国已进入服务经济时代③④。服务包含很多类型，如汽车租赁、旅游增值、酒店服务，

---

① 刘玉焕，尹珏林. 网红 IP 是怎么炼成的：李子柒的文化创业历程 [DB/OL]. [2022-03-07]. 中国管理案例共享中心.

② 菲利普·科特勒. 营销管理 [M]. 第 15 版. 何佳讯，等译. 上海：格致出版社，2017.

③ 资料来源：《北京日报》客户端. 2025 年中国服务业增加值占 GDP 比重将升至 60%[EB/OL]. [2022-05-11]. https://www.360kuai.com/pc/94da937f01c461395?cota=3&kuai_so=1&tj_url=so_vip&sign=360_57c3bbd1&referscene=so_1.

④ 中国发展网. 2021 年国民经济和社会发展统计公报[EB/OL]. [2022-05-11]. https://baijiahao.baidu.com/s?id=1726153769459757954&wfr=spider&for=pc.

以及管理咨询师、服装设计师、医生、教师的工作等。

体验。企业可以通过精心研发设计一些产品或服务来创造、展示和销售体验。上海迪士尼度假区主题乐园可以让游客置身于童话般的王国，体验花车巡游或烟花表演等。体验也可以根据不同需要和场景被定制化，如与明星一日游、化身一日店长等。

事件。营销人员需要根据企业的需要进行事件营销，比如重大节日的展览、艺术表演和周年庆活动。全球性赛事、国际四大时装周、国际性节日、地方性事件等都会吸引各种类型的企业进行营销。

地点。各个国家、地区、城市甚至区域都在争相吸引各地的游客、居民、企业总部和工厂，以便能够推动当地经济的发展。地点营销人员包括经济发展专家、管理咨询公司、房地产代理商、当地商业协会及公共关系管理机构等。旅游目的地营销与城市营销是典型的地点营销。

人物。营销人员会针对不同的人物对象制定不同的营销策略和方法。企业家、医生、律师、教师，以及其他专业人士经常会得到营销人员的推荐和帮助。娱乐和体育界的明星一般都是通过营销活动来树立个人品牌，而在社交媒体时代，网络红人也是个人营销的高手。

组织。展览馆、博物馆、文化宫、艺术中心、营利及非营利组织等都在通过差异化的营销来提升自身的品牌形象并竞相争夺市场中的资本和顾客。如一些知名大学都设立了校友会，为校友们打造一个互相学习和交流的平台，同时也通过展示成功校友的形象来吸引更多的学生前来就读。

财产权。这包括有形资产（如房地产）和无形资产（如股票）的所有权。这些资产可以进行买卖交易，因而需要市场营销。房地产代理机构是房产的营销者，而银行等金融机构则是各种无形资产的营销者。

信息。在信息社会中，信息是一种非常有价值的商品，它可以被生产、收集、整理和出售。很多专业的研究机构定期发布行业报告、市场动态等信息产品的行为，就是典型的信息营销。

观念。企业和非营利组织都可以提出并希望它们的目标市场能接受的观念。企业向其目标顾客所传递的观念往往包含在其产品和品牌的营销中，如抖音以"记录美好生活"为核心理念，在视频社交媒体领域迅速取得了领先地位。非营利组织（如政府部门）也会向社会公众传递一些观念，如政府提倡建设节约型社会，倡导节约的理念等。

2. 向谁营销？

接下来我们需要了解主要顾客市场，即我们可以营销的对象——消费者市场、企业市场、全球市场，以及非营利组织和政府市场。

消费者市场。个人消费者构成了诸多产品和服务的购买群体，是消费品和服务企业主要服务的市场。实际上，市场营销学的主流理论——营销管理学就是主要以消费者市场为基础建立起来的。本书中所阐述的各种营销战略与战术方法都适用于消费者市场。

企业市场。工商企业为了维持自身的运转,实现其生存与发展的目标,往往需要采购大量的商品和服务。面向企业销售产品或服务的公司需要面对非常专业的买家,他们可以获取最新的信息,擅长评估市场中的竞争产品。企业的宣传广告和官方网站可以产生一定的积极作用,但是企业的销售团队、产品或服务的价格以及声誉更加重要。

非营利性市场和政府市场。非营利组织本身的属性决定了其有限的市场购买力,如慈善组织、高等院校和政府机构,企业必须谨慎定价。大部分的政府机构采购都需要进行竞标,如在其他条件相同的情况下,政府机构一般倾向于选择价格最低且实际操作性更强的解决方案[1]。

全球市场。当企业的营销活动跨越国境,进入国际或全球市场时,它们往往要面对与国内市场存在巨大差异的市场环境和目标顾客群体。全球性的企业通过评估语言、文化、政治与法律的差异来决定进入哪个市场,作为何种角色(出口商、合资伙伴、制造商或生产商等)以哪种方式进入目标市场,如何根据对应的目标市场特征来调整产品或服务,如何进行定价,以及如何对企业品牌进行跨文化传播。

营销洞见

B站跨年晚会:共情、共鸣、出圈[2]

2019年12月31日晚,在众多跨年晚会的播出阵容中,突然杀入了一匹"黑马"——哔哩哔哩(bilibili,后文简称B站),它为观众们带来了"二零一九最美的夜"跨年晚会。当晚,晚会直播的在线观看量超过了8000万次,全程回顾视频播放量高达3575万次,有84.5万次的弹幕在"激动"和"崩溃泪目"中反复切换。

宫鹏团队在接到B站邀约后向B站要了数据,知道了B站的受众都在做什么、喜欢看什么之后,最终团队拿出了一套打动B站的"可视化"交响音乐会方案。整个晚会的节目单在大数据的加持下,最终形成3个篇章——日落、月升和星繁,共同演绎了"青春记忆大联播"的交响曲。晚会正式开始后,与之相伴的是满屏的热血弹幕,这构成了观看晚会不可或缺的一部分。"二零一九最美的夜"跨年晚会结束后,B站成功出圈。《南风窗》评论道:印象中那个"二次元"属性浓厚、受众圈层年轻的视频网站,办出了一场中西合璧、老少咸宜,既接地气,又不失格调的视听盛宴。

作为国内首个试水跨年晚会的互联网公司,B站的这场晚会不但满足了B站的原住民需求,而且实现了B站用户多元化的诉求,达到了出圈的目的。有网友表示,"B站晚会的成功,包容了不同的人和文化,以及高热点与高流量以外的小众存在,而这些,正是年轻人最想要的2020(年)。"B站副董事长兼COO李旎说,"B站的社区和内容生态是兼收并蓄、充满养分的。年轻人喜欢和感兴趣的内容,都能在B站找到。很多不同的

---

[1] 菲利普·科特勒. 营销管理 [M]. 第15版. 何佳讯,等译. 上海:格致出版社,2017.
[2] 刘璞,张沫迪,张子璇,等. B站跨年晚会:共情、共鸣、出圈[DB/OL]. [2022-03-07]. 中国管理案例共享中心.

文化和圈层，不管是ACG、国风、Vlog，还是明星，都可以在B站得到生长。晚会是一个佐证，也是一个起点。2020年我们会有更多积极的动作，让更多的内容和用户融入B站。"

1.2 营销思想的发展与演变

1.2.1 现代营销思想的产生及其发展历史

1. 现代营销思想的产生背景

营销思想史研究者一般认为现代营销思想产生于20世纪初期的美国。市场经济体系是市场营销的基础，20世纪初期的美国正处于快速工业化阶段，市场经济体系也已经建立起来，这为市场营销思想的产生提供了基础。因此，20世纪初期美国的经济与社会背景，经济学提供的理论基础，以及经济学教授和学生对新市场现象的探索这三个背景条件对现代营销思想的产生起着至关重要的作用。

首先，20世纪初期美国的经济与社会背景为现代营销思想的产生提供了现实土壤。随着工业化进程的推进，美国市场的规模持续扩大，无论是人口总量、城市化率，还是人均收入相较于19世纪中期都有了显著的增长，这意味着市场需求和消费能力的显著增加。与此同时，工业生产规模也在持续扩大，各种新产品陆续不断地被开发出来投入市场，大型工业生产企业逐渐成为经济体系的主导力量。随着市场规模的扩大和工业企业生产规模的扩大，如何高效率地连接生产与消费两端，帮助大型生产企业将其产品从生产领域转移到消费领域，自然而然地成为一个新的经济与社会问题。应这一经济与社会需求，连接生产与消费两端，被称为中间商（middleman）的商业企业快速成长起来，它们的数量、规模和类型在20世纪初期都得到快速发展，一些大型商业企业甚至如同大型生产企业一样在经济与社会生活中扮演着举足轻重的角色。这些快速发展的新商业企业挑战了传统经济学对它们功能与作用的认知，如它们执行的分销活动是否创造价值？除了生产成本以外，价格是可以管理的吗？另外，管理商业企业也显然需要与管理生产企业完全不同的知识。正是对这些令人困惑问题的探究促使了现代营销思想的产生。

其次，经济学的发展为现代营销思想的产生提供了理论基础。经济学在现代营销学产生的过程中扮演了近乎唯一的理论基础的角色，所以经济学也被视为市场营销学的母学科。经济学的这种母学科地位并非偶然，因为经济学几乎是唯一一个能够为探索和研究新市场现象提供一套概念和理论体系的学科。经济学中关于市场、竞争、生产、消费、需求、供给、价值、成本、价格等概念相关的理论体系为解答与探究最初的营销学问题提供了理论基础。

最后，经济学教授和学生对新市场现象的探索和研究为现代营销思想的产生提供了智力基础。基于经济学的专业基础和训练,大学中的经济学教授和他们的学生自然而然地成为探索新市场现象的主体。正是他们对新商业企业所执行的一系列经济与社会功能的观察与探究,促使了最初的营销思想的产生。

2. 早期营销思想的发展(1900—1920年)

最初的营销思想主要出现在一些营销学先驱所开设的课程中。1902年最早开设的营销学课程出现在3所大学中:密西根大学的琼斯(Jones)开设了"美国的分销与规制产业"(Distributive and Regulative Industries of the United States)课程;伊利诺伊大学的费斯克(Fisk)开设了"商业机构"(Institute of Commerce)课程;加利福尼亚大学的李特曼(Litman)开设了"商业和贸易技术"(The Technique of Trade and Commerce)课程。在早期开设的一系列营销学课程中,"营销"(marketing)并没有作为核心概念出现,营销学先驱们使用较多的概念包括"分销"(distribution)"商业"(commerce)和"贸易"(trade)等,这显然是与他们所关注并探寻的新商业企业所执行的功能相关。"营销"(marketing)这一概念在1910年以后开始被广泛地使用,并逐渐替代了早期的概念。

随着开设市场营销有关课程的学校越来越多,营销学者的队伍也随之扩大,营销学知识的积累也日益丰富,并且由于关注营销问题的角度不同而形成了早期的营销思想学派。营销思想史学者一般将早期营销思想划分为四个学派:营销功能学派(marketing functions school)、商品学派(commodity school)、机构学派(institutional school)和区域学派(interregional school)。[①] 其中,营销功能学派主要回答"营销执行了什么功能?"这一问题,实际上是对专业中间商所执行的营销功能的总结与分类,这一学派的核心思想后期被整合到营销渠道功能与流程理论中。商品学派基于商品的分类,主要回答"不同种类的商品如何被营销?"这一问题。该学派的核心思想是由于商品类别的差异,不同种类的商品需要不同的营销方式。这一学派产生了很多经典的思想,至今仍在沿用。如科普兰(Copeland)对工业品和消费品的分类,至今仍然是组织间营销和营销管理理论中关于商品分类的基本框架。营销机构指执行营销功能的企业,尤其指商业企业(批发和零售企业),因而机构学派早期主要回答"谁在执行营销功能?"这一问题,并致力于对商业企业进行分类。如贝克曼(Beckman)和恩格尔(Engle)对批发商与零售商的区分是该学派的经典思想之一,至今依然被营销理论所使用。该学派后期更为关注"中间商为什么会存在?"这一更加基础性的理论问题,它们以经济学理论为基础通过对中间商所创造的价值进行分类来试图回答这一问题,这一观点也已经成为营销渠道理论中的经典理论。区域学派关注营销活动发生的空间维度,主要回答"营销活动在哪里发生?"这一问题。该学派的很多观点和理论都用来解释区域间贸易活动的发生机制,其中雷利(Reilly)提出的零售引力模型至今仍是零售选址和零售商圈的经典理论。

早期营销学派从不同的角度关注并解释了营销活动,这些积累日益丰富的知识被逐

---

① SHAW E H, JONES D G B. A history of schools of marketing thought[J]. Marketing Theory, 2005, 5(3): 239-281.

渐整合到一个相对统一的理论体系中，并以《营销学原理》(Marketing Principles) 教材的形式出版，在 1960 年营销管理学派取得营销学的主导地位之前一直主导着营销思想的发展。与此同时，教授营销学课程和进行营销学研究的学者们也借助美国经济学会这一平台开展了各种形式的交流，这最终促使美国市场营销协会在 1937 年正式成立，成为营销学领域规模最大也是最为重要的学术社区。

3. 营销思想的转型与营销管理范式的确立（1930—1960 年）

1930—1960 年是营销思想发展重要的转型时期，其结果就是营销管理理论成为营销学的主流学派。在这一时期，管理的视角被引入营销思想中，并逐渐得到强化。区别于从经济学角度来看待营销活动——强调成本和效率的重要性，管理的视角更强调对企业——尤其是生产制造企业的营销活动进行计划、组织和控制，从而凸显出管理决策的重要。显然，管理视角的引入得益于管理学理论的发展，这使得营销思想的发展在传统经济学基础上又增加了一个管理学的基础。

亚历山大（Alexander）和他的合作者在 1940 年最早提出了将营销看作是一种管理职能的观点，并强调了企业对营销活动进行计划和对营销预算进行控制的重要性。奥尔德森（Alderson）在其 1957 年出版的经典著作《营销行为与经理人行动》(Marketing Behavior and Executive Action) 中，对营销管理的思想进行了更为系统的阐述，从而为营销管理理论的最终建立奠定了思想基础。一系列营销管理理论的核心概念，如营销观念（marketing concept）、营销组合（marketing mix）、产品差异化（product differentiation）、市场细分（market segmentation）、物流（physical distribution）和附加价值（value added）都在这一时期出现，并被纳入到正在形成的营销管理理论中。最终，以麦卡锡（McCarthy）在 1960 年出版的教材《基础营销学：管理的方法》(Basic Marketing: A Managerial Approach) 为标志，营销管理理论确立了基本的理论雏形，并逐渐取代营销学原理成为营销学的主流理论。在这本标志性的教材中，麦卡锡强调了从管理者的角度来看待企业营销活动的整体视角，并强调了营销管理的作用就是要达成目标消费者的满意。同时，20 世纪 30 年代出现的消费者视角（consumer view）被麦卡锡整合到了营销管理的理论框架中，并且逐渐成为以顾客需求为导向的营销管理理论的基本观念。麦卡锡对营销管理理论另一个重要的贡献是其提出的 4Ps 模型，用 4 个字母 P 开头的单词非常简洁地概括了营销组合要素，即产品（product）、价格（price）、渠道（place）和促销（promotion）。自此以后，4Ps 模型几乎成为营销管理理论的最重要的标志之一。

1960 年以后的十余年是营销管理理论继续扩大其在营销学领域的影响，并巩固其主导地位的时期。这一时期另一本标志性著作就是 1967 年出版的菲利普·科特勒（Kotler）的教材《营销管理》(Marketing Management) 的第一版。在这本被称为"营销圣经"的经典教材中，科特勒采用了更为彻底、清晰的管理学框架，将全书分成"分析营销机会""组织营销活动""制订营销计划"和"控制营销努力"四个部分，并将麦卡锡的 4Ps 营销组合模型作为营销计划的核心内容。

虽然营销管理理论逐渐成为营销学的主导范式标志着营销思想完成了其发展过程中最重要的一次"范式转换",但营销学作为一门学科也受到了来自学界和业界的质疑和批评。来自学界的批评主要集中在对营销学"科学"属性的质疑,批评者认为相较于其他社会科学学科,营销学致力于帮助企业解决产品的销售问题,其更多地体现了"技术"和"艺术"的特征,而非"科学"。在业界,从事营销管理工作的人员也被归入"推销员"一类的职业,而不被社会所充分地尊重。作为对这种质疑的回应,科特勒和列维(Levy)在1969年提出了拓展的营销观念(broadening the concept of marketing),认为可以将营销管理的观念和理论框架用于去解决非营利组织的问题。在此后的一系列研究中,科特勒及其合作者陆续提出了社会营销(social marketing)、非营利组织营销(marketing for nonprofit organizations)、一般的营销观念(generic concept of marketing)等概念,将营销观念和营销管理的框架从传统的管理领域拓展到包括社会、政治、文化、宗教等非经济领域,认为营销学可以帮助解决更为广泛的经济、社会与政治等领域的问题,一直延续到1980年。这种营销观念的拓展在有力回应学界和业界对营销学质疑的同时,也进一步强化与巩固了营销管理作为营销学主导范式的地位,这种主导范式的地位一直延续至今。

4. 营销理论的拓展(1970年以后)

在营销管理理论成为营销学的主导范式以后,1970年以后营销思想的发展主要体现为对营销理论的一系列拓展。一方面,营销理论的拓展建立在主流营销管理理论的局限性之上,是营销学界进一步完善营销理论体系的重要体现;另一方面,这种拓展的结果形成了一系列营销学的分支理论,它们与营销管理理论一起构成了现代营销理论体系。

虽然营销管理理论中有关营销观念、顾客价值等理论具有某种基础性"原理"的特征,但其有关营销战略与策略的主体内容也存在明显的边界和局限,营销理论的拓展就是在这些边界和局限的基础上开始的。

首先,传统营销管理理论以个人消费者市场为基础,并未考虑组织(企业和非营利组织)市场,后者的需求与购买行为模式显然与个人消费者是完全不同的。与此相关的是,营销管理理论集中于个人消费者需求的消费品,而没有关注组织市场所需求的各种设备、原材料、零部件等工业品。在这个局限的基础上,工业品营销(industrial marketing)及后期的组织间营销(business-to-business marketing)理论得到了发展。组织间营销理论开始于20世纪70年代,美国和欧洲营销学者分别对组织采购行为和工业品营销进行研究,并在工业品营销的基础上逐渐扩大研究对象的范围,将所有营利性企业和非营利组织都纳入研究范畴,最终形成了组织间营销理论。该理论在传统经济学基础上引入了更多的社会学理论,强调组织间长期稳定交易关系的特征,并对关系营销理论的形成提供了重要支撑。

其次,传统营销管理理论以个人消费者市场为基础,主要关注的是有形消费品的营销,而对服务缺乏关注。服务在传统营销管理理论中被视为附属产品要素而被整合到整体产品理论中。在这个局限的基础上,服务营销(service marketing)理论得到了发展。

营销学者对服务营销问题的关注开始于20世纪50年代,围绕着"产品和服务是否存在差别"这一基础性的问题,学界在1960—1970年展开了激烈的争论。这一争论的结果随着20世纪80年代初期服务营销理论得到学界的认可并成为一个相对独立的营销学理论分支而告终。服务营销理论同样强调服务交易过程中"社会"要素的作用,对关系营销理论的形成提供了另一个重要的支撑。

最后,传统营销管理理论只关注企业在国内市场的营销活动,而没有关注企业进入国际市场的营销活动。当企业进入到与母国制度、文化等存在差异的国际市场时,企业会面临诸多全新的挑战,其在国内市场的营销战略与策略必须要进行相应的调整以适应国际市场的特点。1960—1970年,随着跨国公司的快速发展,国际市场营销(international marketing)理论及后期的全球市场营销(global marketing)理论得到了快速的发展。国际营销理论基本采用营销管理理论的框架,在充分考虑东道国市场特征的基础上,设计企业的国际市场进入战略以及在全球市场优化配置资源的战略。

现今的市场营销理论是以营销管理理论为核心的一个理论体系,营销思想史学者认为该理论体系包含六个学派:营销管理学派(marketing management school)、消费者行为学派(consumer behavior school)、营销系统学派(marketing system school)、宏观营销学派(macromarketing school)、交换学派(exchange school)和营销历史学派(marketing history school)。①其中,营销管理学派的核心内容即是本书展示的内容,此处不再赘述。消费者行为学派是仅次于营销管理学派的重要学派,它主要以心理学理论和方法为基础,探索消费者决策的心理机制和过程。虽然消费者行为分析是营销管理理论的重要构成部分,但作为一个相对独立的研究领域,消费者行为研究吸引了数量最为庞大的营销学者和部分心理学领域的学者加入,自20世纪70年代以来迅速发展成一个影响力巨大的营销学派。营销系统学派和宏观营销学派采用宏观的经济学分析视角,将营销看作是一个经济与社会的子系统,关注该系统与社会系统之间的互动与结果。交换学派将一般性的交换(不仅包括经济交换,还包括各种非经济性的社会交换)看作是营销理论的核心,从一般性交换的角度关注交换双方的动机和交换过程,该学派构成了1960—1970年营销观念从传统企业管理领域向社会、政治、宗教与文化等领域拓展的基础。最后,营销历史学派采用历史的视角,关注营销思想和营销实践的历史演进过程,其中最有代表性的就是有关营销思想史的研究。

1.2.2 营销理论在中国的传播与发展

根据清华大学李飞教授的研究,早在20世纪30年代我国大学在引进西方商科课程时,营销学就作为其中的一部分被引入进来,一些大学开设了与营销有关的课程,并有

---

① SHAW E H, JONES D G B. A history of schools of marketing thought [J]. Marketing Theory, 2005, 5(3): 239-281.

少量教材出版。[①]中华人民共和国成立以后,由于我国实施计划经济体制,营销学也失去了应用与发展的条件。1978年我国开始实行改革开放以后,逐渐建立起社会主义市场经济体制,市场营销学也再次被引入进来。从1979年开始,一些财经和商业类院校的贸易经济专业陆续开设了营销学讲座,中美两国政府也于1979年合作开办了"中国工业科技管理大连培训中心",1980年启动第一期厂长班,面向企业管理人员讲授现代管理与营销课程。1980年,外贸部与设在日内瓦的国际贸易中心合作也在北京举办了市场营销培训班。作为一个标志性事件,全国高等财经类院校、综合大学市场学教学研究会于1984年成立,并于1987年更名为中国高等院校市场学研究会。这是我国成立最早、规模最大的全国性营销学学术组织。此间,越来越多的大学开设了"市场营销学"相关的课程,一批中国学者编撰的营销学教材也陆续出版。在营销学引进与消化学习的过程中,中国营销学界也开始了与国际营销学界的交流。1986年,科特勒应邀到对外经济贸易大学讲学,做了题为"市场营销对计划经济的贡献"的演讲。科特勒的经典教材《营销管理:分析、计划和控制》(第五版)由上海财经大学的梅汝和教授完成中文翻译,并于1990年由上海人民出版社出版。到1990年,全国开设"营销学"课程的院校超过了1000所,出版的营销学相关书籍也超过了100种。

如果说1978—1990年是市场营销学被引入中国的阶段,那么接下来的10年就是中国学者对现代营销理论的消化与吸收阶段。在这一阶段,中国市场学会于1991年成立,1993年市场营销专业被教育部列入《普通高等学校本科专业目录》,我国大学开始培养市场营销专业的本科生。在20世纪90年代,我国学界在系统引进西方营销学教材的基础上,还陆续引进了西方营销学著作,有更多中国学者编写的营销学教材出版。在与国际学界的交流方面,越来越多的中国营销学者开始出国访学,并围绕着零售、品牌、服务营销等主题开始了一些专题性研究。此外,营销理论迅速被中国企业所接受,并被应用于企业的营销实践。在这一时期还涌现出实战派营销策划人的浪潮(代表人物有叶茂中、孔繁任、李光斗、王志纲等),他们作为专业的营销策划人或咨询专家为企业提供专业的服务。

进入21世纪以后,中国营销学界在完成了对现代营销理论的引进、吸收和消化的基础上,进入了模仿创新阶段,在研究方法、研究内容和研究成果方面逐渐与国际学界接轨。这一阶段的标志性事件是由清华大学和北京大学联合发起,国内数十所高校参与支持,于2004年编辑出版了《营销科学学报》(Journal of Marketing Science,JMS),并每年举办JMS中国营销科学学术会议。作为国内第一本专业的营销学学术期刊,《营销科学学报》搭建了一个新的学术社区,有力地推进了中国营销学学术研究与国际学界的接轨,对提升营销学学术研究和研究生的培养质量起到了重要的促进作用。在过去的20余年中,中国营销学者的队伍日益壮大,越来越多的"海归"学者加入其中,营销学的研究领域日益专业化和国际化,在国际学术期刊论文发表的数量和质量都逐渐提高。在中国营销学基本完成了与国际学界的对接以后,学界对中国营销学研究中存在的模仿性研

---

① 李飞. 中国营销学史[M]. 北京:经济科学出版社,2013.

究、简单复制西方理论式的研究及检验西方理论模型在中国市场适用性的研究过多的问题进行了反思。扎根中国市场，基于中国企业的营销实践和中国的制度与文化特色开展创新性的营销学研究，提高中国学者对一般营销学理论的贡献正在成为国内营销学界的共识，这也是未来中国营销者的主要任务。

1.3 面向市场的企业导向

企业遵循什么样的理念导向体现了企业如何看待营销，如何看待自身、顾客、竞争者及社会。企业导向随着市场环境的变化而发展。面对营销的新环境，企业应该运用什么样的理念指导市场营销工作？下面我们来回顾一下企业对待市场导向的逐步演进。

1.3.1 生产导向

生产导向（production orientation）这一企业概念，兴起并繁荣于19世纪末20世纪初，它是以生产为中心的一种理念，认为"企业生产什么就卖什么"。生产导向的核心是生产型企业集中尽可能多的资源实现高效率、低成本和大规模的生产和分销。因为生产导向的企业认为市场总是喜欢那些价格低廉的产品，因而它们将运营的重点放到提高生产效率、降低生产成本上。

即使是在当今市场中，这种观念也并未完全过时。比如在产品供不应求的时期，企业一般采用此种导向指导营销活动。因为顾客缺乏选择，企业只要生产就不愁销路。对于中国数量庞大的代工企业而言，它们的核心功能就是生产，提高生产效率、降低生产成本是它们获取更多利润的主要途径，因而采用生产导向来运营企业是恰当的。比如苹果的主要代工厂商富士康，一个工厂往往包含几万名工人，如何高效率地管理这个生产为中心的大规模工厂是个不小的挑战。

1.3.2 产品导向

产品导向（product orientation）认为顾客偏好质量高、性能好且具备创新特征的产品。产品导向所处市场上的顾客已经有了一定的选择，此时企业应当集中资源生产品质优良且有较高性价比的产品，但由于管理者有时对自家企业的产品过于信赖和喜爱，他们可能会信奉"酒香不怕巷子深"等，认为只要产品好，就能吸引顾客来购买。正如许多新创企业所吸取的惨痛教训，一个崭新的或者改进的产品并不一定会卖得好，好的销量与它合理的定价、包装、分销、宣传及销售密不可分。相较于强调"以量取胜"的生产导向而言，产品导向已经有了明显的进步，它强调"以质取胜"。

1.3.3 推销导向

推销导向（selling orientation）认为顾客和企业在没有任何外力驱动的情况下，会产生一种购买惰性或抗衡心理,他们不会购买足够的产品。推销导向最明显的表现是在非渴求产品(如保险和墓地)上,购买者一般情况下不会想到要主动购买该产品。当企业产能过剩导致必须销售它们所生产的而非市场需要的产品时,企业也会采用推销导向。基于硬性推销的营销是有很大风险的,它自认为哄骗顾客购买产品后顾客不仅不会退货、也不会恶意攻击企业和产品或者向消费者协会投诉,还会假定他们会再次购买。

与生产导向和产品导向相比,推销导向有了较大的进步,因为管理者不仅关注企业的内部,而且开始注重与企业外部的沟通。但是这种推销型企业持有的基本观点只是简单的变化为"企业卖什么,就想方设法地让人们买什么",实质上仍属于以产定销的企业经营理念。随着市场的变化和发展,推销导向的作用必然会逐渐减弱。

1.3.4 营销导向

营销导向(marketing orientation)在20世纪50年代中期作为以顾客为中心的理念而出现,因此又被称为顾客导向。营销导向认为,与竞争对手相比,企业实现组织目标的关键在于是否更有效地针对目标市场进行客户价值的创造、传递和传播。也就是说,企业必须从市场角度出发进行必要的市场调研,不仅要关注满足顾客的需求,还要注重竞争对手的运营及营销策略,最大程度地提升顾客满意度。

营销导向包括4个关键的核心要素。首先,企业应当有明确的目标市场,这是企业集中资源服务的对象。其次,企业应当明确地识别目标市场的需求,并根据需求开发、生产相应的产品。再次,整合营销活动,即为了将根据目标市场需求所生产的产品比竞争对手更有效地传递给目标顾客,企业需要整合所有的营销职能和企业内部所有的部门来实现这一目标。最后,企业需要通过满足目标顾客的需求,来获取企业的利润。

很多管理者经常混淆推销导向和营销导向二者之间的差异,表1-1将二者进行了比较。推销导向以卖方市场为起点,最终为提高销量获利;而营销导向以买方市场为起点,最终为满足市场获利。推销导向关注将产品或服务转化成销售额;而营销导向考虑如何通过产品、服务及与创造、传递和消费产品相关的所有环节来满足顾客的需求。

表1-1 推销导向与营销导向的差异

导向	起点	手段	中心	目的
推销导向	卖方市场	刺激需求	现存产品	提高销量获利
营销导向	买方市场	满足需求	顾客需求	满足市场获利

1.3.5 全方位营销导向

市场的全球化促使企业必须重新思考在全新的竞争环境下如何谋求生存与发展。全方位营销导向(holistic marketing orientation)是对各种类型营销活动的广度和深度及其相互依赖性的清晰认知下，企业对营销项目、内容、过程和活动等开发、设计与执行。全方位营销导向认为，营销的各个方面都很重要，因此要有一个广阔的、全面的视角，识别和重新梳理营销活动的范围及其复杂性。如图 1-3 所示，全方位营销导向包括 4 个部分：内部营销、整合营销、绩效营销和关系营销。

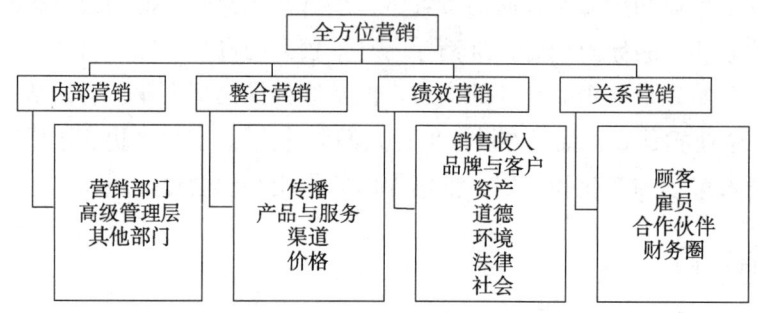

图 1-3　全方位营销导向的维度

1. 内部营销

内部营销（internal marketing）是确保组织中的个体成员接受并拥有营销观念，其中企业的高层管理者最为关键。内部营销的主要任务是雇用、培训及激励那些可以为顾客提供卓越服务的员工。培养企业员工主人翁意识和忠诚度是十分必要的，只有企业所有的员工都将满足顾客需求看作是自己本职工作的核心任务，企业的营销观念和战略才能够得到最优的转型。因此，从某种程度上说，内部营销优先于外部营销。

内部营销主要包含两个层次：一是不同营销职能需要相互协调；二是营销需要其他部门的协同。只有当企业中所有部门共同努力实现顾客目标，营销才能取得成功：研发部门设计出适合顾客的产品，采购部门采买匹配的原材料，生产部门在规定的时间内生产出优质的产品，市场部门制定出营销策略，财务部门提供相应的资金等。当高层管理者明确阐释企业的定位和愿景及如何服务好顾客的战略时，这种跨部门的协作才能真正发挥作用和价值。内部营销要求高层管理者的垂直管理和各部门的水平协作要保持一致性，这样才会使企业中的每个人理解、认同并支持营销工作。

2. 整合营销

整合营销强调"整体大于部分之和"，它是指营销人员设计并整合营销活动和项目，为顾客创造、传播和传递价值。整合营销有两大核心主题：一是多种类型的营销活动可以为顾客创造、传播和传递价值；二是营销人员在设计或者执行某项营销活动时必须要考虑其他活动。如在移动互联网时代，企业需要制定整合性的全渠道策略来与其目标顾客进行沟通和互动，并为顾客的购买提供各种便利。顾客可能在抖音上看到了产品的广告，然后他在线下专卖店体验了产品以后，在京东商城下单购买，第三方物流公司会将商品快递送到顾客手中。在这个典型的全渠道系统中，企业要给顾客提供无缝衔接的购物体验，每一种沟通、销售的渠道都会影响顾客的体验，进而影响顾客的满意度。

3. 绩效营销

绩效营销（performance marketing）不仅要注重营销活动和项目给企业和社会带来的财务回报，也要关注为企业和社会带来的非财务回报。随着市场的高速发展，企业不再将销售收入作为衡量营销效果的唯一指标，还会考虑营销活动的社会、法律、道德、环境等影响。在现代社会中，很多企业并没有很好地履行法律和道德责任，顾客正在要求它们做出更多负责任的行为。

4. 关系营销

关系营销（relationship marketing）旨在与关键顾客建立相互满意且长期友好的关系以获取和维持企业业务。企业所有者（如股东、投资人）、合作伙伴（如供应商和分销商）、雇员和顾客是关系营销的4类主要成员。想要与这些成员建立稳固且持续性的关系，就必须要了解他们的资源、能力、需求、目标及期望，通过与各类成员维持长期稳定的关系以提高他们的信任和忠诚度；还要致力于关系管理，从关键成员那里获得更大的支出份额和利润价值，进而提升企业的市场竞争力。关系营销的最终目标是形成独属于企业的个性化资产，即营销网络，由企业及利益相关者（顾客、雇员、供应商、经销商及其他建立互利共赢的合作伙伴）组成。

关系营销的核心理念认为，通过建立、维持与关键利益相关者之间长期稳定的关系是企业获得稳定绩效的关键。因此，关系营销不仅要有效地执行客户关系管理，还要注重伙伴关系管理，企业应持续深化与供应商、分销商之间的合作伙伴关系，把他们视作向终端顾客传递企业价值的合作伙伴进而使多方共同获益。简单来说，伙伴关系管理中的利益是连接各方的纽带，而信任则是保证。

营销与中国

山姆会员店，会员制零售的本土化市场之路[①]

作为"中国付费会员制"的开拓者，1996年山姆在深圳福田开了第一家门店。24年间，在中国共开店28家。一直以来，山姆以向中高端收入家庭提供独家会员权益、高品质差异化商品和独特的购物体验为服务准则。

中国零售战场上的竞争日益激烈，山姆会员店却能稳步发展，占据市场份额。但其在发展初期，依然出现水土不服的情况。在进入中国市场之前，山姆会员店已经形成了较为完善的经营体系，并通过将美国分店的经营模式复制到欧洲等国家的方式逐步扩大了市场份额。但是沃尔玛必须承认，山姆会员店的这种营业模式并不适合中国市场，中国国情特殊，沃尔玛之前推行的建店模式可能不再适用：商铺多建立在城市中心地带，

---

① 郭名媛，陈星宇. 山姆会员店：会员制零售的市场拓展之路 [DB/OL]. [2022-03-07]. 中国管理案例共享中心.

初始成本较高；高密度且广阔的人口分布带来复杂多变需求，中央集权式管理方法不再适用。正是因为这些原因，受中国本地商业模式和文化限制，在国外发展很好的会员模式在中国不能完全复制，山姆会员店在华的初期扩张陷入停滞。

为了摆脱这种困局，山姆会员店寻求平衡，兼顾标准化和本土化。山姆会员店选用了采购和营运两套独立的体系，两者配合运作以更好落实门店标准化。仓储式的货架、量贩式的商品是山姆会员店给人最直观的印象，这意味着在山姆售卖的大多是大包装的商品。而在中国，随着会员制销售的普及，会员制消费开始从高端消费者向中产阶层过渡，这也导致了并不是所有的消费者都适应大包装商品，很多家庭的家庭单位较小且生活节奏很快，有少量多次购买的习惯。以大包装著称的山姆也在做出一些变化，来适应中国消费者的购物习惯。诸如此类的本土化调整还有很多。

为了提升在中国市场的竞争力，山姆会员店进行成本控制，坚守零售本质——不仅不收取供应商进场费，而且承诺当消费者购买同等商品时，与其他竞争对手相比，零售价格平均低8%；坚守品质，保证产品竞争力。对SKU（stock keeping unit，最小存货单位）进行精选严选，山姆有着二十多年服务中国会员的经历，非常熟悉会员，这是其他竞争对手无法拥有的优势。为会员提供差异化的商品和服务，这是山姆的战略核心，而且不会因为竞争而改变。直接进口商品、独有商品和自有品牌商品是山姆一直以来的"三张王牌"，备受顾客青睐。

24年间，山姆在中国的境遇发生了巨大的变化。从刚开始进入时的步履维艰到后来的如鱼得水，山姆会员店在饱受困境的线下零售商中脱颖而出逆流而上，最终占得一席之地。

1.4 营销管理的任务与流程

1.4.1 营销管理及其任务与流程

本书将营销管理（marketing management）定义为合理选择目标市场，通过创造、传播和传递卓越的顾客价值，以获取、维持和提升顾客忠诚度的手段和方式。营销管理是企业营销人员的核心职能，其任务主要包括对市场环境的分析与诊断，制定营销战略与策略，营销战略与战术方案的组织、执行与控制等。这些主要任务涵盖了营销管理的几个大的方面，在每一项任务中，都包含着更为具体的工作。下面我们首先按照企业营销管理的实施过程来对这些任务的实施流程进行阐述，进而结合本书的章节结构来对各项具体的营销管理任务进行概括性说明。

第一，企业需要树立正确的营销观念。正确的营销观念意味着企业遵循营销哲学的基本理念，以顾客需求为核心，通过内部营销活动在企业内树立营销观念，使企业围绕着更好地满足目标顾客需求这一核心目标来运转，通过以负责任、遵循商业伦理的方式满足目标顾客的需求，实现企业的长期稳定发展。

第二，对营销环境进行分析。对市场营销环境的分析是制定有效营销战略和战术计划的前提，这可以让企业深入了解市场环境的动态，并将其与企业内部的资源与能力匹配起来，从而使营销战略和战术计划更有针对性。营销环境通常包括宏观环境、中观产业环境和微观市场环境3个层次。其中，宏观环境主要包括影响企业运行的各种政治、经济、社会、自然、科学技术等环境要素；中观产业环境则主要包括影响企业生产和销售能力的所有参与者，如竞争者、供应商和分销商等；微观环境最主要的是要对消费者的购买行为模式进行分析。企业通常需要通过类似SWOT分析这样的分析框架来将外部环境要素与企业内部要素匹配起来，为制定营销战略提供依据。对营销环境的分析离不开企业营销信息系统的支撑，尤其是市场调研活动，企业通过市场调研活动获得外部市场信息，并为企业的营销战略和策略方案制定提供支持。

第三，制定营销战略。在营销环境分析的基础上，企业就需要根据自身实际情况制定有针对性的营销战略。营销战略计划包括3个核心要素：对市场进行细分，选择企业的目标市场，以及在目标市场中定位。营销战略会对企业的营销战术或策略方案产生统领作用，它明确了企业营销活动的大方向。与此同时，由于企业在市场中时刻都面临着竞争者的威胁，因此，企业也需要有针对性地确定并机动地调整竞争战略。

第四，制定营销策略。营销策略是指在确定企业的营销战略后，企业综合考量和整体评估可以采用的营销手段以实现营销目标。企业的营销策略是对营销组合要素的整合性应用，经典营销理论的营销组合要素一般包括产品（品牌）、价格、渠道和促销4个方面。这4个方面基本涵盖了营销策略的所有方面，它们形成了一个整合性的策略用以支持营销战略目标的实现。

第五，营销方案的组织、实施和控制。营销方案的实施指的是企业的营销部门将营销计划转化为具体行动的过程。为了使营销方案呈现的实际效果最大化，企业必须创建一个可以负责任地执行营销计划的营销组织，为其配备人力、物力、财力等营销资源，同时处理好企业内外部的各种社会责任和关系，对方案实施加强领导、监督及控制，保证营销组织的高效运行。

1.4.2 本书的结构与内容

以上述营销管理的核心任务和流程为基础，本书共包含5个部分，分为15章，其结构如图1-4所示。

第一部分为认识营销与营销理念，包括3章内容，主要阐述市场营销的基础知识与基本理念。其中，第1章主要阐述市场营销及其核心概念与范畴、营销思想的发展历史、企业对待市场观念的演化及营销管理及其任务与流程。第2章主要介绍顾客价值、顾客满意、顾客忠诚和顾客终生价值的含义和测量，明确他们之间的关系及提升策略。第3章引入关系营销概念和对象，阐明关系营销的应用策略，并突出关系营销在中国文化背景下的重要性和独特性。

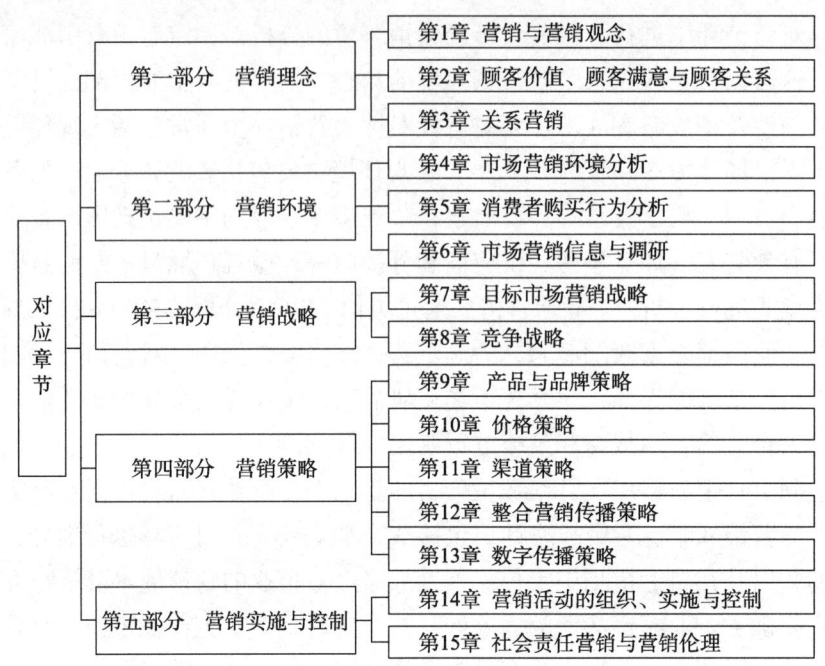

图 1-4 本书结构与内容

第二部分为营销环境分析，包括市场营销环境分析、消费者购买行为分析、市场信息收集与调研 3 章内容。其中，第 4 章讲解市场营销环境的概念与构成要素，对宏观环境、微观环境及企业内外部环境进行分析的框架，以此作为确定企业营销战略的基础。第 5 章针对消费者购买行为，阐述消费者的购买模式、影响购买行为的主要因素、行为类型以及购买决策过程。第 6 章详细介绍市场信息收集与调研所依赖的系统、调研流程和方法。

第三部分为制定营销战略，由第 7 章"目标市场营销战略"与第 8 章"竞争战略"组成。其中，第 7 章在明确目标市场营销战略的概念和构成的基础上，详细阐述 STP 理论，即市场细分、选择目标市场与市场定位。第 8 章重点阐述竞争战略，了解如何确定竞争对手，根据竞争对手及企业所处市场地位的不同采取差异性的市场竞争战略。

第四部分为制定营销策略，这部分分别对应书中的第 9 章"产品与品牌策略"、第 10 章"价格策略"、第 11 章"渠道策略"、第 12 章"整合营销传播策略"和第 13 章"数字传播策略"。其中，第 9 章着重阐述整体产品概念、产品组合以及产品生命周期，新产品开发与品牌管理。第 10 章重点阐述影响定价决策的因素定价的基本方法与主要策略，以及如何应对价格调整和变动。第 11 章主要阐述营销渠道的概念、功能与流程，渠道设计的过程，渠道行为与治理，以及营销渠道系统。第 12 章重点阐述整合营销传播的概念，整合营销传播的手段和方案实施。第 13 章针对移动互联网时代营销传播的新环境和新现象，重点阐述数字传播的内涵和工具，以及社交媒体营销。

第五部分为管理与控制营销活动，此部分由两章组成，包括"营销活动的组织、实施与控制"和"社会责任营销与营销伦理"。其中，第 14 章主要阐述营销组织的类型与设计，营销计划的实施与控制过程。第 15 章通过区分社会责任与社会责任营销，重点阐述社会责任营销的内涵及其实施途径，以及营销伦理的内涵和进行营销伦理建设的途径。

总之，本书以营销管理理论的框架为基础，根据企业营销管理各要素的内在联系建立逻辑体系，力图为读者清晰展示营销管理的基础知识和基本理论框架。为了有助读者更好地理解本书所展示的理论和知识，本书力图融入中国市场情境，将理论与实践相结合，通过一系列发生在我们身边的案例来对理论知识进行辅助说明，在增加读者对营销管理的感性认识的同时，也增强本书所阐述知识的现实代入感。我们也在每一章的结束准备了一套即测即练的测试题，以提升学习效果。

营销与中国

合作共赢，价值链管理在华为[①]

中美贸易摩擦期间，华为、中兴等中国通信科技公司先后遭到西方发达国家的市场封锁。2019 年 5 月，美国商务部以"安全保障"为由，未判先罚且毫无证据地将华为及其 68 家关联企业列入所谓的管制"实体名单"，禁止其在未经美国政府批准的情况下从美国企业获得零部件和相关技术。同时美国总统特朗普也在国际社会上不断游说胁迫各国政府在 5G 商业领域中止与华为公司的合作。此举一石激起千层浪。一方面，华为成为继中兴之后，第二个受美国政府全力封杀的企业，且更甚之前；另一方面，一系列政治打压事件使得科技股市场剧烈震荡，通信板块大幅低开，华为在一段时间内面临极大的舆论压力。

但就在被美国"实体封杀"的第 75 天，华为在深圳总部发布了一份令人惊艳的半年报告。虽然营收增长低于外媒预测的 30%，但仍远高于 2018 年上半年华为 15% 的同期营收增速，这也意味着美国对华为的打压并未杀死华为。

此次业绩发布会上，时任华为轮值董事长的梁华指出，美国政府的打压虽然对华为的发展节奏造成了一定的干扰，但并没有影响到华为前进的方向和价值基础，华为会持续聚焦客户价值，尽快从"负面猜测和市场限制"中复苏，努力排除外部干扰，坚持价值链管理变革以构建合作共赢的产业生态价值链圈，持续激发企业发展活力。

华为是中国企业的一个标杆，它用三十多年的时间创造了一个全球的通信帝国，已成为世界通信行业名副其实的领头人之一，是中国对外的一张"名片"。通过近 20 年的价值链管理变革，华为建立了一套合作共赢的价值链生态管理系统。通过内部业务改革和外部合作共赢，专注于通信企业的价值增值环节——研发设计和售后服务，极大提高了生产运营效率，降低了运营成本，物流、资金流和信息流高效有序流动，拥有了强大的议价能力和迅速的客户响应，从而成为行业内的价值链管理标杆。

站在新时代的起点上，华为价值链管理变革之路并没有结束，随着国际话语权的提

[①] 唐松莲，白洁. 合作共赢：价值链管理在华为[DB/OL]. [2022-03-07]. 中国管理案例共享中心.

升,新的挑战迎面而来。全联接的世界需要更智慧的设备、更快的速度、更多的数据和更先进的技术,这是发展机会也是激烈的竞争,在消除数字化鸿沟的道路上,华为需要与价值链上更多伙伴一起,助力行业数字化转型不断前进,合作共赢,打造由中国企业带来的,属于世界的美好未来。

本章提要

市场营销是创造、传播、传递和交换对顾客、客户、合作者和整个社会有价值的市场供应物的一种活动、制度和过程。可以从3个方面即营销是一项管理职能,营销是一种经营哲学或观念,营销是一个科学的体系来理解其含义。

市场营销主要有5组核心概念:需要、欲望和需求,市场与目标市场,交换与交易,价值与满意,营销者与其顾客。只有准确理解并把握好核心概念,才能深刻认识营销的内核和本质。营销人员擅于从产品、服务、体验、事件、地点、人物、组织、财产权、信息、观念方面进行顾客需求管理,他们在消费者市场、企业市场、全球市场以及非营利组织和政府市场进行市场运作。

组织可以根据自身实际情况选择一种企业导向开展业务,生产导向、产品导向、推销导向、营销导向及全方位营销导向,但前3个导向目前很少有企业应用。生产导向是以生产为中心的一种理念,认为"企业生产什么就卖什么";产品导向认为顾客偏好质量高、性能好且具备创新特征的产品,只要产品好,顾客就会购买;推销导向认为顾客和企业在没有任何外力驱动就不会购买足够的产品;营销导向不仅是为产品或服务寻求适合的用户,还为用户提供合适的产品或服务。全方位营销认为要有一个广阔且全面的视角以识别和重新梳理营销活动的范围及其复杂性,它包括内部营销、整合营销、绩效营销和关系营销。

营销管理是指合理选择目标市场,通过创造、传播和传递卓越的顾客价值,以获取、维持和提升顾客忠诚度的手段和方式。营销管理是企业营销人员的核心职能,营销管理任务主要包括对市场环境的分析与诊断,制定营销战略与策略,营销战略与战术方案的组织、执行与控制等。成功的营销管理离不开树立正确的营销观念、分析营销环境、制定营销战略策略及实施控制等。

案例分析

中国李宁的营销之路:破茧成蝶,迎"潮"而生[①]

"新疆棉事件"发生后,作为国货品牌代表的李宁一直在用行动表达着自己的立场,得到了众多网友的点赞。李宁股份持续上涨,涨幅一度达到了10.74%。紧接着,李宁邀请肖战作为李宁运动潮流产品全球代言人,在这两件事的影响下,中国李宁2021年4月

---

① 李艳双,李俊毅. 中国李宁:破茧成蝶,迎"潮"而生[DB/OL]. [2022-03-07]. 中国管理案例共享中心.

份销量直接暴涨 800%，股价也一路飙升，最高涨到 71 港元，几乎翻倍。2018 年，李宁亮相纽约秋冬时装周，成为第一个登上纽约时装周 T 台的中国运动服装品牌，颠覆了人们对李宁的认知，李宁开始走上潮牌之路。那么，国产运动品牌李宁是怎样重新走进大众视野，迎"潮"而生的呢？

新零售转型：2014 年归来后的李宁宣布战略方向由体育装备提供商向"互联网+运动生活体验"提供商转变，重启口号"一切皆有可能"。李宁通过调查发现中国线下零售业正在发生一些改变，只有更快、更准确地了解消费者的需求，才能吸引消费者的目光。公司此前建立的很多系统之间数据并不流通，彼此孤立，商品、库存、订单、门店、微商城等信息，包括经销商端的库存、进销存等业务数据都无法整合，造成对市场信息的敏感度不高，无法对市场进行整体把控，更无法对消费者的需求做出快速应答，不能支撑起零售业务模式。为此，李宁联手阿里云等新零售技术提供商打造"数字化的生意平台"，以全渠道、全触点的形式对消费者数据进行收集、整合和分析，提供精准、快速、个性化的服务和体验，针对消费者、线下门店等进行一系列的分析，帮助制定经营决策，形成企业数据化运营的闭环。除了线上的数字化运营以外，李宁对线下门店也进行了数字化改造，大大提高"人"与"物"之间的调动和匹配，帮助员工快速知道和了解消费者的喜好，提供个性化和差异化的服务。消费者的信息收集起来了，李宁门下的将近 7000 家线下店就连接成一个整体，信息共享，快速反应。李宁还专门重启了微博，不时与粉丝进行互动，了解他们对李宁服饰的看法，第一年粉丝便增加了 200 多万，在交流的同时提高了李宁的品牌影响力。此外，李宁集团先前构建的供应链体系与数字化平台进行完美结合，直营业务也帮助李宁减轻了较大的库存压力。

品牌再定位：通过数字化步入新零售的李宁集团，收集信息的效率大大提高，"人"和"物"之间的匹配和调动越来越熟练，销售额也有了好转。但李宁总感觉衣服的销售量并没有达到他的理想状态。凭借着数字化平台，李宁集团对市场进行了深入的分析，于 2018 年亮相纽约秋冬时装周，整个走秀以"悟道"为主题，将经典的运动风格与传统中国文化碰撞，传递国人"自省、自悟、自创"的精神内涵，用运动的视角表达对中国传统文化和现代潮流时尚的理解，完美演绎了 20 世纪 90 年代复古、现代实用街头主义以及未来运动趋势三大潮流方向，向全世界展现了中国李宁的原创态度。服装一经亮相销售火爆，国内各大社交媒体也都开始被"中国李宁"霸屏，#中国李宁#微博话题讨论阅读量高达 7800 万次，微信各个公众号也都发表了与"中国李宁"相关的文章，光阅读量超过十万的热门文章就有十多篇。纽约时装周后，李宁公司股价也一路高升，上涨近 60 亿港元。"中国李宁"系列彻底爆了，纽约时装周新品在天猫刚上线不到几分钟就已"售罄"，同款"悟道"系列跑鞋，也是瞬间被抢光。李宁凭借时装周成功打破了人们的固有印象，李宁也能"潮"起来！

打造中国李宁：时装周的成功让李宁明白，李宁服饰正在被一批"特殊的"消费者所接受，而这些消费者正是李宁集团目前急切想吸引的，以 18～25 岁年轻人为主的消费群体。发现这一商机的李宁迅速做出决定，将"中国李宁"系列与主品牌"李宁"分开，独立开店。将"中国李宁"作为李宁中高端系列的重要补充，产品价格更高，定位于潮流市场，目标消费群体以18～25岁左右的年轻人为主。在产品设计方面将时尚与运动结合，但更加注重设计，在生产周期上更短。"中国李宁"开始了线下布局，独立店铺已经有60多家。

李宁凭借着"国潮崛起"这股风，再次表明自己对"潮牌"的态度。2019年，李宁又以"行"为主题，再次出征时装周；2020年，李宁与世界第二大艺术中心巴黎蓬皮杜国家艺术文化中心（Centre Pompidou）展开为期三年的行业独家合作；2021年3月，李宁通过微博宣布肖战成为运动潮流产品全球代言人。肖战作为顶流明星，具有巨大的明星效应和众多的"90后""00后"粉丝，肖战同款刚一上线，就全部售罄。李宁的"潮"并不是简简单单的"潮"，而更是强调一种"国潮"，把时尚元素与中国传统文化相结合，积极实行跨界营销，打造当代中国年轻人的"潮"。除了与传统文化进行结合以外，李宁集团还积极举行各种活动来吸引年轻人的关注，比如推出的李宁"三十而立"快闪店，以游戏的方式，为消费者带来不同的购买体验。

30年的艰辛历程，国产李宁在"国潮"推动下再次扬帆起航，在市场竞争激烈的今天，国产品牌能否拥有真正属于自己的"春天"，中国李宁能否真正成为人们心中的潮牌，让我们拭目以待。

讨论：

1. 变革后的李宁是怎样"创造、传递和传播顾客价值"的？
2. 李宁的企业理念导向是什么？这种理念对企业发展有什么样的启示？
3. 李宁公司是如何打破人们的刻板印象并打造出"中国李宁"这一潮牌的？

拓展阅读

[1] CHANDY R K, JOHAR G V, MOORMAN C, ROBERTS J H. Better marketing for a better world[J]. Journal of Marketing, 2021, 85(3): 1-9.
[2] DEIGHTON J A, MELA C F, MOORMAN C. Marketing thinking and doing[J]. Journal of Marketing, 2021, 85(1): 1-6.
[3] 李飞. 中国营销学史[M]. 北京：经济科学出版社，2013.

即测即练

第 2 章

顾客价值、顾客满意与顾客关系

本章学习目标

通过学习本章，学员应该能够做到以下几点。
1. 了解什么是顾客价值，对顾客价值有清晰的认知。
2. 了解顾客价值的创造与传递，以及价值共创下顾客价值的提升。
3. 掌握顾客满意度概念，了解顾客满意度提升的方法。
4. 熟悉顾客忠诚与顾客终生价值的概念，了解顾客忠诚的测量方法。
5. 熟悉如何提高顾客终身价值。

引导案例

蔚来事件——用户成为品牌护城河

2021 年 8 月，林某驾驶蔚来 ES8 汽车启用 NOP 领航功能后，在沈海高速涵江段发生交通事故，不幸逝世，终年 31 岁。事故发生后，蔚来汽车方面对媒体表示，NOP 领航功能不是自动驾驶，而是自动驾驶辅助功能。蔚来汽车将全力配合交警部门开展下一步工作，后续有调查结果会向外界同步信息。

网上对于此事的争议大多集中在"自动驾驶"和"辅助驾驶"的概念区别上，许多网友认为，过分信任自动驾驶功能、放松警惕或许是造成事故的直接原因。8 月 18 日下午，一封《蔚来车主对 NP/NOP 系统认知的联合声明》在各大蔚来车主群内分发并快速出圈。这份声明言简意赅地表达了：蔚来车主清楚知悉目前蔚来公司的 NP/NOP 系辅助驾驶系统，而非自动驾驶系统或无人驾驶系统，并且，蔚来公司对 NP/NOP 的介绍、宣传未对其构成混淆和误导。需要注意的是，这份声明是需要车主填写自己的车型和蔚来 App 的昵称才可以接龙。即使这种情况下，也有超过 500 名蔚来车主发声力挺蔚来汽车，来自于真实用户的力挺在一定程度上降低了该事件的负面影响。正是平时积累的"用户缘"，在关键时刻救了蔚来汽车一把。

2.1 顾客价值的实现

在 20 世纪 80 年代初，德鲁克提出：“营销的真正意义在于，了解对于顾客来说，什么是有价值的。”此后，关于顾客价值的讨论就逐渐成为理论界和实践界关注的热点。顾客不再是被动的接受者，这代表了营销观念的转变。在营销学发展的早期，由于受到经济学理论的影响，学者们往往认为驱动消费者购买的主要原因在于消费者剩余的多少。这一概念在营销中被称为顾客让渡价值，我们将在接下来的内容中介绍这一概念及其影响。

2.1.1 顾客让渡价值的含义与构成

1. 顾客让渡价值的含义

由于社会的不断发展，商品的生产能力得到了极大提高，这使如今的消费者面临着纷繁复杂的商品和品牌选择，因而企业必须了解顾客是如何做出选择的。从经济学的视角出发，消费者既然是社会经济的参与者和商品价值的实现者，必然按"理性人"行事，亦即顾客是按产品所提供的价值进行选择的，因此，早期的营销理论认为买方将从企业购买其认为能提供最高顾客让渡价值的商品或服务。其中，顾客让渡价值（customer delivered value）是指顾客总价值（total customer value）与顾客总成本（total customer cost）之间的差额部分。

2. 顾客让渡价值的构成

顾客让渡价值的构成如图 2-1 所示，包括顾客总价值和顾客总成本。

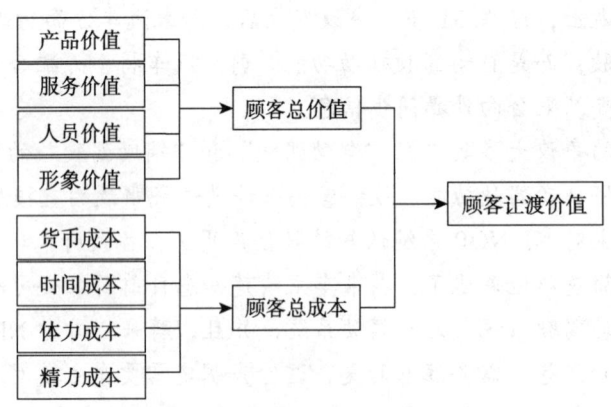

图 2-1 顾客让渡价值的构成示意图

（1）顾客总价值的构成

顾客总价值是指顾客从企业提供的产品和服务中获得的一组利益，包括产品价值

（product value）、服务价值（service value）、人员价值（personal value）和形象价值（image value）4个方面。

产品价值是由产品的功能、特性、品质、品种与式样等所产生的价值。它是顾客需要的核心内容，也是顾客选购产品的首要因素，因而在一般情况下，它是决定顾客购买总价值大小的关键和主要因素。产品价值是由顾客需求决定的，在分析产品价值时，应注意顾客的需求有可能受到某些因素的影响。比如在不同经济发展水平下，消费者的需求特征和需求偏好是存在差异的。当处于短缺的经济条件下，由于长期的供不应求，人们更关注产品的耐用性和可靠性等因素。而在供过于求的情况下，人们购买产品时，除了关注产品的基本性能，往往还会关注产品的款式、质量等因素。由此可见，在不同的经济条件下，消费者对产品价值的关注点是不同的。即使在相同的经济条件下，对于相同的产品，由于消费者需求不同，对于同一产品的评价与要求也存在较大差异。这要求企业必须针对不同类型的顾客，针对性地满足其个性化需求。

服务价值是指伴随着实体产品的出售，顾客在获得产品价值以外得到的各种附加服务所产生的价值。服务价值是构成顾客总价值的重要组成部分，尤其在产品同质化的情况下，优质的服务会让消费者得到更多的附加价值。因此，服务价值也是满足顾客需求，建立顾客对产品或品牌忠诚度的重要因素。例如，作为餐饮行业的知名企业海底捞，其能够在火锅店中脱颖而出，所依靠的就是非常高的服务水平。除此以外，在复杂产品的交易过程中，因为对售后服务的依赖程度较高，服务水平往往会在很大程度上影响顾客选择。

人员价值是指企业员工的经营思想、知识水平、业务能力、工作效率等因素所产生的价值。高素质的员工会为顾客创造更多的价值，从而产生更多的满意顾客。因此，人员对顾客价值的影响十分重要，企业要重视内部营销，着力培养优秀的员工，提高消费者感知的人员价值。例如，在电子商务高度发达的今天，很多消费者的差评并非来自于产品本身，而是因为售后人员的回复不及时、不专业等因素。

形象价值是指企业及产品在社会公众中形成的总体形象所产生的价值。形象价值包括企业的产品、技术、包装、工作场所等因素所构成的有形形象所产生的价值，以及企业及其员工的经营哲学、价值观念、服务态度等的无形因素所产生的价值。任何一个要素欠佳都会影响企业形象，从而影响顾客的感知价值。对于奢侈品而言，形象价值是其提供给消费者的最核心价值，消费者购买这种产品往往是因为其能够反映出消费者的身份、地位等。因此，对于奢侈品而言，最重要的就是想办法塑造企业的高端形象，如通过定制化、限量等方式体现形象价值。

（2）顾客总成本的构成

顾客总成本是指顾客在购买产品时所必须支付的成本，包括货币成本（monetary cost）、时间成本（time cost）、体力成本（energy cost）和精力成本（psychic cost）四个方面。

货币成本是构成顾客总成本的主要和基本因素。一般情况下，货币成本是顾客购买过程中的首要限定因素，即顾客首先需要考虑其购买产品所要支付货币成本的大小。例如，每年的"双十一"都会吸引大量的消费者，其背后的主要驱动因素就是货币成本的降低，即消费者能够通过折扣享受较低的价格。

时间成本是指顾客在购买过程中所需要消耗的全部时间代价。顾客等候购买的时间越长，花费的时间成本越大，越容易引起顾客的不满，中途放弃购买的可能性亦会增大。对于企业而言，应当合理安排服务流程，提高工作效率，在保证产品和服务质量的前提下，尽量减少顾客购买的时间成本。例如，部分消费者偏好京东购物的原因就是京东快捷的物流服务，这也成为了京东最核心的竞争力。

体力成本是指顾客在购买产品的过程中在体力方面的消耗与支出。在顾客总价值和其他成本不变的情况下，顾客购买过程中的体力成本越低，其支付的总成本就越低。这要求企业在营销管理的各个环节合理设计服务组合与流程，如合理规划客流路线、大件商品的配送等，降低顾客的体力消耗。比如，在大家电的销售中，国美电器会免费为顾客提供送货上门的服务，这就是为了降低消费者的体力成本。

精力成本是指顾客在产品的购买过程中在精神方面的耗费与支出。为了购买到满意的产品，顾客要在不同的产品之间进行比较，这个过程包括信息的搜集与加工，比较研究与学习等行为，而产品购买完成之后，还有可能担心产品的售后服务问题等，这些都构成了顾客的精力成本。为了降低消费者的精力成本，企业往往会提供一些对比信息，或者平台也会提供一些认证服务，打消消费者的疑虑，进而降低消费者的精力消耗。

2.1.2 顾客价值的创造与传递

美国著名营销学者西奥多·莱维特（Theodore Levitt）曾经有一个著名的引用，即利奥·麦克吉内瓦（Leo McGinneva）在解释人们购买钻头的动机时所说的那句话："他们想要的不是四分之一英寸粗的钻头，他们想要的是四分之一英寸大的孔。"莱维特的贡献在于，指出了顾客购买的并不是产品而是其他东西，这个其他东西就是顾客价值。商学理论对莱维特著名引用的解读是：钻头是产品，孔是顾客价值。

根据顾客让渡价值的定义，只有创造并向顾客让渡更高价值的企业才可能在激烈的竞争中生存。既然顾客价值对企业竞争力的提升如此有效，那么企业应该如何创造并传递顾客价值呢？价值链和价值让渡网络的出现回答了这个问题。

1. 价值链

价值链（value chain）概念首先由迈克尔·波特（Michael E. Porter）于 1985 年提出，波特认为，"每一个企业都是设计、生产、营销、送货和支持其产品的生产与销售的各种辅助性活动的集合。所有这些活动可以用一个价值链来表示。"企业的价值创造是通过一系列活动实现的，这些活动可分为基本活动和辅助活动两类。基本活动包括内部后勤、生产运营、外部后勤、市场和销售、服务等；而辅助活动则包括采购、技术开发、人力资源管理和企业基础设施等。这些互不相同但又相互关联的生产经营活动，构成了一个创造价值的动态过程，即价值链，如图2-2所示。

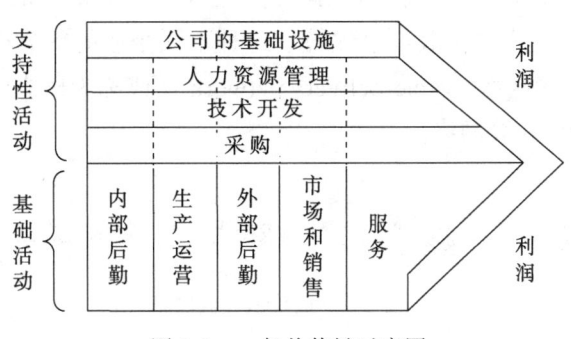

图2-2　一般价值链示意图

基础活动是指生产经营的实质性活动，一般可以分为内部后勤、生产运营、外部后勤、市场和销售及服务5种活动。这些活动构成了企业生产经营的基本过程，各个环节之间紧密相连，这个过程的完成还需要支持性活动的辅助。共有4种支持性活动始终贯穿在5种基本活动中。其中，采购是指对基础活动所需要的各种投入资源的采购，企业经营中大部分的采购是由采购部门来完成。每项基础活动也需要技术开发的支持，而其往往是由研发部门进行。所有的部门都需要进行人力资源管理，因而这也是一项关键的支持性活动。全部基础活动和支持性活动会产生一般性管理、计划、财务、法律和政府有关事务等，为此，需要企业设定相应的机构和职能，即企业的基础设施。

虽然价值链的每一环节都与其他环节相关，但是一个环节能在多大程度上影响其他环节的价值活动，则与其在价值链条上的位置有很大的关系。根据产品实体在价值链各环节的流转程序，企业的价值活动可以分为"上游环节"和"下游环节"两大类。在企业的基本价值活动中，材料供应、产品开发、生产运行可以被称为"上游环节"；成品储运、市场营销和售后服务可以被称为"下游环节"。上游环节的中心是产品，与产品的技术特性紧密相关；下游环节的中心是顾客，成败优劣主要取决于顾客特点。不管是生产性还是服务性行业，企业的基本活动都可以用价值链来表示，但是不同的行业价值的具体构成并不完全相同，同一环节在各行业中的重要性也不同。例如，在农产品行业，由于产品本身相对简单，竞争主要表现为价格竞争，一般较少需要广告营销，对售后服务的要求也不是特别强烈。与之相应，价值链的下游环节对企业经营的影响相对次要；而在许多机械行业以及其他技术性要求较高的行业，售后服务则往往是竞争成败的关键。

2. 价值让渡网络

价值链直接描述了企业内部创造价值和向顾客传递价值的各种活动，为企业经营管理者设计价值创造和传递的过程提供了一个有力的工具。但任何一个企业要完成这种价值创造和传递活动都必须要依靠其他企业的经营活动。例如，生产企业为了生产产品需要从各个供应商处进行原材料采购，为了更好地将产品送到顾客手中，还需要借助专业的物流企业。由此可见，企业为了获得竞争优势除了管理好自身的价值链之外，还必须超越自身的价值链，进入其供应商、分销商，乃至最终顾客的价值链，将这些不同的价值链进行有效的联结，从中获取竞争优势。这种不同企业的价值链有效联结的结果就是创造了一个价值让渡网络（value-delivery network），或称为供应网（supply network）。图2-3展示了一般价值让渡网络。

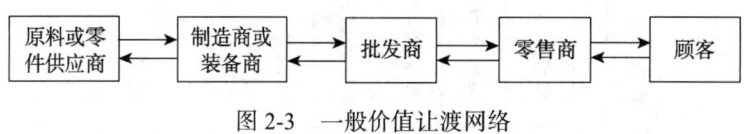

图2-3　一般价值让渡网络

通过这种方式，整条供应链上的成员被紧密联系起来，根据最新的销售信息来组织生产，从而有效提高了企业的运营效率。这种紧密的合作发展战略，共同提升了顾客让渡价值网络的绩效。这种价值让渡网络的建立，使得竞争不再是单体企业之间的竞争，而是企业网络之间的竞争，是价值让渡网络之间的竞争或供应链之间的竞争。例如，在新冠疫情期间，部分企业的上下游合作伙伴受到了很大的冲击，甚至出现了生产停滞的状况。在这种情况下，企业价值让渡网络的重要性便进一步地凸显出来，谁能够拥有韧性更强的供应链，谁就能够在竞争中最终胜出。

营销洞见

元气森林的产品开发之道——消费者主导的价值判断

传统企业的产品开发过程往往是企业主导的，由其内部的研发部门制定产品研发方案，推进研发进程，最后完成产品开发。然而，这种以企业为主的产品开发模式，产品改进需要进行大量的消费者测试，因此需要耗费大量的时间。作为快消品生产企业的元气森林则在产品开发的过程中，借鉴了互联网企业的产品开发逻辑：先做一大堆测试版产品出来，再看反馈的用户数据。对于数据不好的产品，就回炉再造或者干脆不要；而数据好的产品，就投入更多资源，集中火力把产品做起来。在元气森林内部，只要谁有创意和想法，就可以自荐去开发新产品，然后根据用户反馈判断产品是否成功，而不是老板或者领导拍板说了算，这样自下而上打造产品的方式也颇有互联网公司的影子。就这样，通过产品小组和团队内赛马机制，经过上百次的测试、数据反馈和快速迭代，元气森林推出新产品的速度很快。这种模式的实质是通过消费者的价值判断，进行新产品的选择。正是这种消费者主导的产品开发逻辑，帮助元气森林在短短的几年时间里成功推出燃茶、元气森林气泡水、乳茶等爆款产品。

2.1.3 价值共创下的顾客价值提升

随着互联网和通信技术的发展,越来越多的消费者开始参与到企业的经营活动中来。他们不仅能够提供产品评论,还能够提出改进建议,甚至部分消费者会参与到企业的产品研发过程中。这使得人们越来越意识到消费者角色的进一步变化,他们已经由被动的接受者变为主动的参与者,正是这一变化催生了价值共创理论的出现。

1. 价值共创理论

"价值共创"由普拉哈拉德(Prahalad)和拉马斯瓦来(Ramaswamy)首次提出,该理论突破了基于法国经济学家萨伊(Say)生产要素价值论的静态资源配置观,成为指导企业持续发展的一种创新性理论。价值共创理论认为,消费者作为一种重要的资源参与到价值创造过程中,与生产者一起成为价值的共同创造者。生产者与消费者合作,在互动中共同创造价值,生产和消费过程相互融合,具体表现为消费者作为资源的拥有者加入价值主张和价值创造系统。目前,国内外学界主要从生产者、消费者两个维度展开,考察价值创造网络中涉及的企业间合作与组织互动,以及企业、组织与消费者如何共同优化价值创造活动。

2. 价值共创理论下的顾客价值提升

互动是价值共创的行为轨迹,顾客是互动的核心主体。在顾客接触点高度丰富多变的互联网及移动互联网时代,顾客群体拥有驱动言论方向、打造口碑经济和颠覆企业品牌的巨大主动权和影响力,顾客的角色已从价值的被动接受者向价值共创者转变。顾客既可以和企业互动进行价值共创,又可以与其他顾客通过消费体验的共享来进行价值共创。因此,顾客与企业、顾客与顾客之间的互动是价值共创的行为轨迹,且顾客成为互动行为的核心主体。顾客的价值共创互动行为不但能够共创顾客价值,而且能够为平台或企业带来利益。

价值共创视角下,提升顾客价值至少应从以下三个方面入手。

首先,实用价值,指对意向性结果的追求。在互联网时代,网络社区中的实用价值被界定为社区用户评价信息和服务能否满足消费者需要的重要方面。顾客在购买某品牌的产品之前、之中和之后都会遇到一些自身难以解决的问题,通过网络社区求助于其他顾客或搜索其他顾客的消费经历等,都可以解决这些难题,进而提升顾客的实用价值。例如,得物 App——一个年轻人的潮流生活社区,对于某些品牌爱好者而言,通过该 App 的交流互动可以获取一些品牌方面的信息,从而满足自身品牌认知等方面的价值诉求,这类价值对顾客而言是实实在在的功能性利益。除此以外,顾客还可以通过其他顾客的价值共创活动解决问题,如社区发帖求助等。

其次,娱乐价值。同实用价值相比,娱乐价值则比较主观且富有个性,它反映的是顾客情感方面的价值。娱乐价值被很多学者认为是非工具性的、体验的、情感的,与产品或服务的无形属性相关,是从既得目标中获取的乐趣和精神享受方面的价值。例如,知乎——一个典型的互联网高质量问答社区和创作者聚集的原创内容平台,该社区中的粉丝积极在平台上分享信息和体验、跟帖评价、抢"楼层"等都有助于其打发空闲时间、放松心情,从而实现娱乐目的。因此,娱乐价值又可以被拓展为,顾客以满足心理和精神需求为目的,在价值共创互动过程中获取的使心情放松、精神愉快的一种价值。

最后,社会价值,强调顾客地位或形象的提升。社会价值是指能满足顾客通过和他人的互动,以及帮助他人才能得到的价值。网络社区成员能在任何时间联系其他成员,成为满足其社会需求的理想场所;成员通过提供帮助、讨论并交流意见、支持他人、形成友谊等活动建立良好的线上关系,满足其社会需求,并增进人际关系。例如,豆瓣提供书籍、电影、音乐等作品信息,无论描述还是评论都是由用户提供,这种由用户主导的描述和评论促进了用户之间的互动和交流,并给社区用户带来了更多的社会价值。

营销洞见

价值共创助力 QQ 星抖音挑战赛成功

2021年年中,伊利旗下的QQ星品牌在抖音平台上发起了一次挑战赛。与常见的挑战赛仅有一个挑战话题不同,此次QQ星挑战赛启用一个主话题#人类幼崽成长计划#,并同步打造了一个子话题#成长的小秘密#。在短短的一个月时间里,QQ星双话题最终成功斩获了170亿曝光量,远超品牌方最初的预期。那么QQ星是如何取得如此好的宣传效果的?

首先,借助抖音上的头部达人快速宣传,增加曝光量。QQ星在亲子频道内与星图合作邀请了@Q宝、@城七日记等。这些抖音平台头部达人、明星,往往自带庞大粉丝人群,因此,他们的示范创作可以承担拉升整个挑战赛话题热度的责任。例如,@Q宝就为QQ星打造了一段备战高考第1236天的萌娃生活趣事;而日常坑爹的@混血米娜则上演搞笑剧情;恋爱短剧情达人@城七日记脑洞大开,遇上穿越回来的儿子;@名侦探小宇,则上演烧脑推理剧情;每一段达人创作里,"儿童专属牛奶,就喝QQ星""自带天然DHA""补充内在营养"等卖点也得以巧妙展露。

其次,借力腰部达人,辐射特定圈层用户。例如,加入QQ星话题的@杰米Jamie的日常、@西贡A猫等,他们都拥有几十万名甚至是几百万名的粉丝,通过他们的参与则可以构建出一个挑战氛围。因为这部分达人的作用更多是通过各自创作方式,更广泛、多元地诠释品牌话题,以此辐射特定圈层用户,形成话题认知,并激发各圈层用户对挑战赛和品牌的兴趣。

最后,吸引普通用户的尾部达人和普通创作者入场。他们可能就是你我身边的朋友、家人。他们的创作力和人气与头部达人有所差距,但他们在大众认知里更为真实,因此他们的参与往往最能激发普通人的创作热情,调动身边的人对话题和品牌产生关注,真正带动共创热潮。

抖音上不同层级用户的参与，创作了大量与 QQ 星相关的视频内容，最终在一个月的挑战赛中 QQ 星收获了超过 88 万件作品沉淀，共吸引 107 位万粉达人参与。这些共创内容的传播在展开认知教育的同时，种草也在同步。而这类种草是结合了真实的达人、普通用户亲子故事、育儿场景的种草，能够让目标人群产生更强的代入感和信任感，进而提升 QQ 星的品牌形象，促进产品的销售。

2.2　顾客满意的提升

随着营销学科的发展，学者们发现完全基于顾客让渡价值判断顾客的购买行为是存在很大问题的，现实中的顾客很难满足理性人的基本假设。因此，随着越来越多的营销学者将心理学引入营销研究，人们发现左右消费者购买行为的可能不仅仅是经济层面的价值，消费者的主观感受可能有着更重要的影响。由此，学界与业界开始越来越多地关注消费者情感层面的因素对于消费行为的影响，而顾客满意被发现是非常重要的影响因素。菲利普·科特勒指出，"企业的整个经营活动要以顾客满意度为指针，要从顾客角度出发，用顾客的观点而非企业自身利益的观点来分析考虑顾客的需求"。毫无疑问，市场营销管理是要通过满足需求来让顾客满意，进而实现包括利润在内的企业目标。

2.2.1　顾客满意的概念

所谓顾客满意（customer satisfaction），是指顾客对一件产品满足其需要的实际表现与期望进行比较所形成的感觉状态。顾客购买后是否满意，取决于其实际感受到的产品表现与期望的差异。当产品的实际表现超出顾客预期时，顾客往往会比较满意，而当产品的实际表现低于顾客预期时，顾客就会不满意。

顾客满意度可以分为顾客对产品的满意度和对服务的满意度两大类。影响顾客产品满意度的主要因素有产品的综合性能、附属品的性能、包装大小、使用说明书或使用手册和其他有关产品的相关事项。而顾客服务满意度可以从 5 个方面进行考察：有形性、可靠性、响应性、保证性和移情性。顾客的需求被满足的过程有两个非常重要的关键节点：一是顾客的购买行为是否会发生，二是顾客购买后感觉是否满意。前者将决定顾客是否会成为企业的顾客，后者会决定顾客是否会成为满意或忠诚的顾客。

2.2.2　顾客满意的测量

以顾客为导向的企业将追求顾客满意作为企业目标，因而顾客满意度的高低也会影响企业营销策略的制定。为了更好地制定营销策略，企业需要对顾客满意度进行测量，了解顾客状态，进而提出有针对性的改进措施。顾客满意度的衡量方法多种多样，通常企业可以使用以下 4 种方法衡量顾客满意度。

1. 投诉和建议制度

完善的投诉与建议系统能够使顾客方便快捷地将自己的不满和抱怨及时反映给企业，使企业能够迅速得到顾客满意与不满意的信息，同时也能够获得很多来自顾客关于改进产品或服务的建议，并据此改进自己的产品或服务组合。企业可以根据其产品或服务的特点，在多种投诉与建议系统中选择适合自己的方式。如餐厅、饭店、超市等服务型企业可以通过为顾客提供表格反映他们的意见，这些表格可以通过服务人员主动地发放给顾客，也可以将其放在方便顾客主动索取的位置，便于顾客在需要的时候，随时将意见反馈给企业。很多大型企业则选择开设免费的服务热线，顾客可以在任何时候得到企业的帮助，或向企业反馈意见。同时，这些企业还通过自己的网站、电子邮箱等方式，收集顾客的反馈与意见。甚至，部分企业不仅建立了快捷、方便的投诉与建议系统，还通过多种方式鼓励顾客在不满意时，及时地将意见反馈给公司。例如，汽车制造商会在消费者购车后，主动进行跟踪，了解顾客对于4S店的服务是否存在不满意。

上述做法能够使企业及时了解到顾客不满意的原因，从而使企业制定营销策略时能更加有的放矢。更为重要的是，企业通过这些途径，不仅能够更准确和迅速地了解顾客的满意度，还能够获悉顾客使用产品或体验服务时面对的问题，进而能够及时地解决顾客面临的问题，从而有效地弥补企业产品或服务方面的不足，挽回可能流失的顾客。这些来自顾客的信息也能为企业带来大量好的创意，使企业能够更加准确地把握顾客的需求动态，从而更快、更准确地采取行动。

2. 开展顾客满意度调查

一项调查表明，当顾客对劣质服务不满意时，会有以下反应：70%的购物者将到别处购买；39%的人认为去投诉太麻烦；24%的人会告诉其他人不要到提供劣质服务的商店购物；17%的人将写信投诉劣质服务；9%的会因为劣质服务责备销售人员。上述结果说明并不是所有不满意的顾客都会去投诉，因此，企业不能仅用投诉程度来衡量顾客满意程度，还需要通过开展周期性的调查，获得有关顾客满意度的直接衡量指标。

顾客满意度调查是用来测量一家企业或一个行业在满足或超过顾客购买产品的期望方面所达到的程度。调查的核心是确定产品和服务在多大程度上满足了顾客的欲望和需求。就其调研目标来说，应该达到以下五个目标：

第一，确定导致顾客满意的关键因素。

第二，评估公司的满意度指标及主要竞争者的满意度指标。

第三，判断轻重缓急，采取正确行动。

第四，控制全过程。

第五，产品升级以及产品的更新换代。

3. 佯装购物者

佯装购物者也是一种了解顾客满意度的有效方法，即雇用一些专业人员装作潜在购买者，以报告他们在购买企业和竞争者产品过程中所发现的优点和缺陷。这些佯装购物者甚至可以故意找些麻烦以考察企业的销售人员能否将事情处理好。企业不仅应该雇用佯装购物者，而且管理者本人也应该不时地离开办公室，到企业和竞争者中从事购物活动，亲自体验一下被当作顾客的经历。对于管理者来说，还有一种不同寻常的方法是：以顾客的身份向自己的企业打电话提出各种问题和抱怨，看看企业员工是如何处理这些问题的。

这种调查满意度的方法往往被用于连锁加盟企业，作为品牌运营方可能需要了解加盟店是否按照合同严格执行各项产品或服务的标准，因此需要聘请专业的人员进行完整的评估。例如，在连锁酒店行业，品牌方往往会雇用专业的第三方测评机构，由第三方测评机构派出工作人员佯装消费者入住加盟酒店。工作人员在入住的过程中，会完整地记录消费过程、服务体验，并最终对加盟酒店的实际服务进行评价。最后，品牌方根据第三方测评机构的报告，对加盟酒店的服务提出改进要求。

4. 顾客流失分析

企业应当同停止购买或转向其他企业的顾客进行接触，了解为什么会发生这种情况。每当企业失去一个顾客时，都应该竭尽全力探讨分析失败的原因：是价格太高？服务有缺陷？还是产品不可靠等？从事"退出调查"和控制"顾客损失率"是十分重要的。因为顾客损失率上升，就表明企业在顾客满意方面做得不尽如人意。然而，单个企业对流失顾客的跟踪能力是非常有限的，因此，企业过去往往会忽略对这部分顾客的调查与分析。但是，大型电商平台的出现，使得企业有可能借助平台了解顾客流失的状况，进而对流失顾客的原因进行分析，并加以改进。

上述顾客满意度的调查方法本质上都是搜集消费者满意度的有关信息，为此，企业必须付出代价、精心设计自己的信息系统。一般来讲，取得信息的渠道有正式和非正式两种，正式渠道主要是公开、程序化的渠道，如顾客投诉系统、顾客满意调查即属此类；非正式信息渠道是非公开的、隐蔽的信息渠道，如佯装购物者、在顾客中安排"眼线""卧底"等即属此类。正式信息渠道的优点是程序化，缺点是太慢，另外碍于面子、情感等因素，顾客有些不满不便表达。非正式渠道的优点是快速，能得到来自顾客的最隐秘的信息，缺点是非程序化，存在将个别顾客意见普遍化倾向。企业需要灵活使用这两种渠道，以非正式渠道弥补正式渠道的不足。

2.2.3 顾客满意的提升策略

顾客满意度能够增加顾客的留存率，降低顾客的流失率，因此，企业能够通过提升顾客满意度来提升企业绩效。

1. 重视顾客满意度调查结果

首先，要梳理满意度调查项目及历史数据，对自身的优点和缺点进行分析和判断。

其次，分析在满意度执行方面比较成功的因素，并进行总结形成文件，然后进行全员推广。再次，找出做的较差的因素，按照优先级，结合企业情况制定改善措施，并确定改善的时间、改善责任人、监督人等，促进弱项的转化提升。最后，获取市场竞争对手的信息包括创新和突破的服务理念，及时调整自己的服务策略，避免在顾客比较中落于下风。

2. 满足顾客期望

顾客的期望是不断变化的，这些期望存在于产品或服务的购前或体验过程中，消费过程中和售后过程中。他们期望快速被接待、期望服务顾问准确判断其需求等，这些都是顾客的合理期望。因此，企业服务人员要对顾客的期望进行全面地识别和掌握，并将能满足顾客需求的内容提前告知顾客，规范服务流程，将一些信息化的内容尽可能地展示出来。除此以外，还可以通过提供顾客期望以外的惊喜，提升顾客的满意度。在网络购物的过程中，很多企业都会免费赠送一些周边产品，以超出顾客期望的水平满足其需求。例如，三只松鼠品牌在售卖坚果的过程中，往往会免费赠送消费者一个坚果夹。

3. 提升顾客的感知质量

由于顾客对于产品知识、售后服务知识的了解存在局限性，所以企业应对顾客感知的产品质量和服务质量加以引导。比如，4S店将自身产品的亮点、特色服务和服务标准定义为产品的标准，然后引导顾客用这样的标准去衡量竞争对手的产品和服务，使顾客自觉认为竞争对手的产品和服务存在瑕疵，从而增强顾客对4S店经营产品和提供服务的认可度和满意度。因此，对于企业的服务顾问来讲，必须熟悉企业的产品和服务，并在充分了解顾客需求的情况下将产品和服务亮点展示出来，在每一个服务流程环节呈现给顾客。同时，对于顾客不太了解的产品而言，及时的消费者教育也是非常重要的。

4. 提升顾客感知价值

为了提升顾客感知价值，可以在接待顾客过程中提供不一样的服务感受，在流程中搭建不一样的营销场景，让顾客感知到不一样的服务效果。例如，海底捞在顾客等待的过程中，提供了免费的小零食，并为女性顾客提供免费的美甲服务等。在关系维系过程中，不一样的时间节点给顾客带来不一样的问候与提醒，同样能够让顾客感受到不一样的关怀，进而带来不一样的服务感知体验。例如，在某些特殊节假日邮寄礼物，或者在顾客生日提供额外优惠等。再比如，奢侈品在实体销售的过程中，往往会提供一对一的销售服务、免费的饮品等，这些也都是为了提升顾客的感知价值。

营销洞见

盒马生鲜——顾客满意度提升之道

盒马总经理张国宏认为："对于生鲜产品来讲，消费者进行线上购买的最大阻力就是对于产品品质的不确定性。如果能够通过门店的展示让顾客对产品放心，顾客很可能会产生线上购买行为。因此，我们需要一个店，来给用户展示商品。当消费者在门店中认可了产品的品质后，就不需要再亲自来门店购买。通过这种方式，客流能够稳定地从线下转移到线上，实现线上、线下一体化布局，大大提高购买率和顾客满意度。"

服务质量是盒马的另一个武器。从第一家店开始，盒马对消费者始终秉持着"永远无条件退货"的不变承诺。盒马承诺消费者在盒马App上购买的任何产品，只要有不满就可以无理由退货。侯毅表示："如果消费者购买了西瓜，觉得它并不好吃，那么就可以到门店来退，当然我们也可以直接上门取走。"但实际上，根据上海第一家店的经营数据来看，每天真正的退货率只有万分之一。高水平的服务质量进一步提升了消费者在盒马购物的满意度，并最终转化为持续的购买行为。

盒马还有一个特点是它以"吃"为主题建立了空间与场景的融合，满足了消费者对食物或食材的一切需求。在刻板印象中，买菜多是在开放式的、环境欠佳的菜市场中的小摊贩那里进行购买。但盒马却反其道而行，偏要消费者"精致地"买菜。它将自己定位为精品超市，采用高档的装修风格，满足消费者在视觉上的需求。为了追求更方便、更便捷，盒马充分利用自己的线上App，赋予其强大的功能，依托于成熟的技术手段，致力于紧跟互联网时代背景，更好地服务于顾客，使用会员制来增强高端消费者黏性。另外，盒马App在一个固定栏目中发布相应的烹饪教学视频，消费者也能够利用盒马App平台分享自己的烹饪作品，大大增强了体验感，从而提高了消费者满意度。

2.3 顾客忠诚与顾客终身价值

企业通过不断向顾客提供超越其期望的顾客价值，就有可能提升顾客满意，并最终获得顾客的忠诚。对企业而言，忠诚顾客是一笔巨大的财富。通过忠诚顾客群体的建立，企业不仅能够获得稳定的收入与利润，更能为其长远的发展奠定良好的市场基础。在竞争激烈的市场条件下，忠诚顾客的价值显得更为重要。

2.3.1 顾客忠诚与顾客终身价值的概念

1. 顾客忠诚

顾客忠诚是指顾客对某一产品或服务的满意度不断提高，重复购买该产品或服务，以及向他人积极推荐该产品或服务的行为。它主要通过顾客的情感忠诚、行为忠诚和意识忠诚表现出来。其中情感忠诚表现为顾客对企业的理念、行为和视觉形象的高度认同和满意；行为忠诚表现为顾客再次消费时对企业的产品和服务的重复购买行为；意识忠诚则表现为顾客对企业的产品和服务的未来消费意向。高度的顾客满意是顾客忠诚的重要条件。虽然在不同行业、不同竞争环境下，顾客满意和顾客忠诚之间的关系强度会有差异,但是所有市场的共同点是:随着满意度的提高,忠诚度也在提高。因此,对企业而言,判断自身顾客的忠诚度状况是非常重要的。

(1)顾客忠诚的判断标准

要判断一个顾客是否为企业的忠诚顾客,可以从以下几个方面进行判断:

第一,顾客对企业具有明显的积极感情倾向性。

第二,顾客对本企业的产品或服务在购买行为上有实际的重复购买反应(即实际的购买频次很高)。

第三,顾客对本企业的产品或服务在长期内有偏好。

第四,顾客对本企业的新产品或新服务几乎没有顾虑的首先购买。

第五,顾客能承受企业的有限提价,并能抵御竞争者的低价或者倾销行为。

(2)顾客忠诚的层次

根据顾客忠诚度的不同,我们可以将忠诚顾客划分成四个层次,如图 2-4 所示。最底层的顾客对企业没有丝毫的忠诚度,他们对企业漠不关心,仅凭价格、便利性等因素选择产品。第二层是顾客对企业的产品或服务感到满意或者习惯。这部分顾客的购买行为更多地受到习惯的驱使:一方面,他们没有时间和精力去选择其他企业的产品或服务;另一方面,转换企业可能会使他们付出转移成本。但这种习惯性的购买行为很有可能会被竞争者打破,企业要想办法传达独特的卖点,让消费者产生习惯之外的偏好。第三层是顾客对某一企业产生了偏好,这种偏好是建立在与其他竞争企业相比较的基础之上的。这种偏好的产生与企业形象、产品和服务及顾客的消费经验等因素相关,较好的企业形象、高质量的产品和服务、满意的消费体验能够使顾客与企业之间建立感情联系,进而产生偏好。最上层是顾客忠诚的最高阶段,顾客对企业的产品或服务忠贞不二,并持有强烈的偏好与情感寄托。这种高度忠诚的顾客能够成为企业利润的真正源泉。企业在经营的过程中,需要对自己的顾客进行区分,进而针对不同的顾客采取不同的营销策略,想方设法地提升顾客忠诚度,进而提高企业绩效。

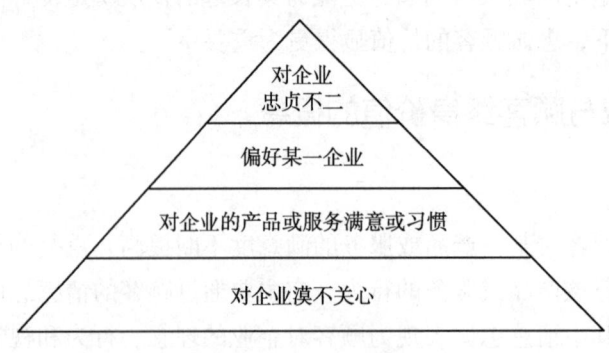

图 2-4 顾客忠诚的层次

(3)顾客忠诚的意义

随着市场竞争的日益加剧,忠诚顾客的数量成为影响企业长期利润的决定性因素。

以顾客忠诚为标志的市场份额，比以顾客多少来衡量的市场份额更有意义。企业管理者应将市场营销管理的重点转向提高顾客忠诚度方面，以使企业在激烈的竞争中获得关键性的竞争优势。实践证明，忠诚顾客会对企业的发展带来稳定和良好的基础，提高顾客忠诚度对于企业的发展至少具有以下几个重要意义：

一是忠诚顾客可以为企业带来更多的利润，这些利润主要来自于忠诚顾客的重复购买行为和对企业新产品和服务的鼎力支持。

二是忠诚顾客可以对其他顾客产生影响，从而可以为企业带来新的顾客，增加企业的市场份额，这主要来自忠诚顾客对企业的口碑宣传。

三是忠诚顾客可以为企业提供很多意见和建议，这些意见和建议可以为企业改进和提高管理水平、提高产品或服务的质量、设计开发新产品或服务提供有益的参考。

四是借助于忠诚顾客的影响，企业可以更加容易地处理不满意顾客的投诉和抱怨。

五是忠诚顾客群体的扩大有助于企业竞争能力的提升，从而有利于企业的长期发展。

2. 顾客终身价值

对企业而言，虽然忠诚顾客的重要性不言而喻，但不同忠诚顾客能够给企业带来的利润增长实际上并不一致，因此仅仅关注顾客忠诚是不够的，而顾客终身价值恰好能够帮助企业判断谁是最有价值的顾客。顾客终身价值（customer lifetime value）最早由弗雷德里克·赖克赫尔德（Frederick Reichheld）提出来，是指一个顾客在与企业维持关系的整个时间段内为企业所带来的净利润，表现为顾客为企业带来的利润减去企业为获得和维系与该顾客的关系而产生的成本之后得到的差额。

过去许多企业往往以消费者的购买额度来判断消费者能否给企业带来利润，但实际上这种做法忽略了企业为消费者投入的成本，以及消费者未来的消费潜力，如图2-5所示。部分花钱很多的消费者，有可能更加挑剔，为了满足他们，企业需要提供更高质量的产品和服务，这会降低企业的利润，甚至有可能导致亏损。因此，通过比较顾客终身价值来判断消费者对企业的重要性是更有意义的一种做法。

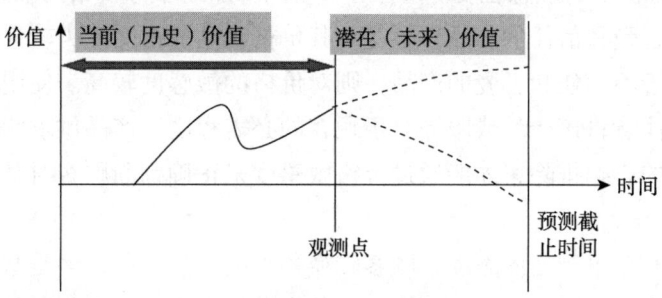

图2-5 顾客终身价值示意图

以消费者购买汽车为例，汽车企业需要考虑消费者终身购买次数，可能需要的保养维修次数，如果使用汽车企业提供的金融服务还可以加上贷款利息等收入，由此我们可

以得到购买汽车的顾客终身价值公式为

顾客终身价值 = 多次购车费用 + （保养费用 + 配件费用 + 贷款费用）× N − 顾客维护成本

所有营销的最终目标都是发现顾客、维护和顾客的关系，增加顾客带给自己的价值。作为企业，必须清楚老顾客还有 VIP 顾客对企业意味着什么，了解他们的需求对于企业营销策略和支出规划的制定意义重大。不同的顾客能为企业带来的利润和价值不同，获取顾客并不意味着要以任何代价争取顾客，那些能为企业带来长期利润和价值，支持企业的长期或短期营销目标的顾客，才是对企业来说最重要的顾客。

2.3.2 顾客忠诚的测量

如前文所述，顾客忠诚对企业具有非常重要的作用，因此企业需要清楚自身的顾客忠诚度状况。一般而言，对顾客忠诚的测量标准主要包括以下几点。

第一，顾客的重复购买次数及重复购买率。在一定的时期内，顾客对某一产品或服务重复购买的次数越多，说明顾客忠诚度越高；反之，则越低。由于产品的用途、性能、结构等因素会影响顾客对产品的重复购买比率，因此在确定这一指标的合理界限时，必须充分考虑产品或服务的特性，不可一概而论。

第二，产品或服务购买的种类、数量与购买百分比，即顾客经常购买某类产品或服务的种类（品牌）数量，以及消费者最近几次购买中，购买各种品牌所占的比例。顾客经常购买的品牌数量越少，即专注于一个或少数几个品牌，或者某一品牌产品在最近几次购买中所占的比例越高，则表明顾客对该品牌的忠诚度也就越高。

第三，顾客购买挑选的时间。顾客对于某种产品或服务信任程度的差异会在其购买此产品时所花费的挑选时间上反映出来。因此，从顾客购买挑选的时间上也可以鉴别其对某一品牌产品的忠诚度。一般而言，顾客挑选的时间越短，说明他对这个品牌的忠诚度就越高；反之，则越低。

第四，顾客对价格的敏感程度。顾客对于不同产品或服务价格的敏感程度是不同的。一般而言，对于喜爱和信任的产品，顾客对其价格变动的承受能力较强，即价格敏感度较低，相反，对于不信任和喜爱的产品，则对价格的敏感度较高。使用此标准判断顾客忠诚度时，需要注意将该产品或服务对于顾客的必需程度、产品供求状况，以及产品竞争程度三个因素的影响排除，才能通过价格敏感度来正确判断顾客对某一品牌产品或服务的忠诚度。

第五，顾客对竞争产品的态度。顾客转换购买的产品品牌，多是基于对竞争产品或服务的比较而产生的。因此，根据顾客对竞争产品的态度，可以判断其对某一品牌产品或服务的忠诚度。顾客对竞争产品的降价或促销活动越不敏感，则顾客对现有企业品牌的忠诚度就越高；反之，则越低。

第六，顾客对产品质量事故的承受能力。产品质量事故是任何产品都可能出现的，顾客对产品质量事故的不同态度反映了其对该产品的忠诚情况。一般而言，顾客如果对一般性质量事故，或偶然发生的质量事故能够报以宽容和同情的态度，并且会继续购买该产品或服务，则表明顾客对这一产品或服务的忠诚度较高；反之，则越低。

企业用来衡量顾客忠诚度的标准还有很多，关键的问题在于企业要牢固树立顾客导向的经营观念，深入了解顾客的需求，用心倾听顾客的声音，通过向顾客持续地传递卓越的价值而不断提升顾客的满意度，并在此基础上培育忠诚顾客群体，为企业的长期稳定发展奠定基础。

2.3.3 如何获得更多的顾客终身价值

在忠诚顾客中，每位顾客能为企业带来的价值都不一样，企业想要获得更多的顾客终身价值，进而提升企业利润，可以从以下几方面入手。

1. 增加新顾客数量

客户获取并不意味着要以任何代价争取客户，客户获取应该是一个寻找客户的过程，这些客户应该具有以下特征：为企业带来长期价值和利润，支持企业的长期或短期营销目标。而企业将提供一定的渠道、信息及媒体计划，作为对这些客户的回报。如何界定客户范围是衡量项目是否成熟、是否具有可持续性的指标，也是项目完善方法和收到成效的起点。一般而言，企业可以通过以下方式获得新顾客。

（1）老顾客带新顾客

在很多行业，以老带新都是一个比较好的方法，靠客户口碑相传会提升新客的信任感，使企业能很容易与新客户产生链接。例如，在教育行业中，很多机构往往通过以老带新的方式增加自身顾客数量。

（2）加大宣传力度

加大宣传力度是指营销人员利用各种资源、在各种渠道留下企业的介绍或联系方式，如果一些企业对客户定位还不是很准确的情况下，可以用此方法去打开市场。这对于新企业而言尤其重要，受限于企业知名度，高强度的宣传是一个非常有效的获客手段。

（3）吸引竞争对手的顾客

这种办法就是利用竞争对手来开发自己的客户，你也可以理解为抢别人的生意，需要时刻关注竞争对手的客户情况。比如在一些大型批发市场，食品区里主要进行食品批发售卖，每家的商品大同小异，因此存在竞争关系，这种情形下就比较适用于竞争对手寻客法。

2. 保留老顾客

随着市场的饱和及竞争的加剧，维系企业的老顾客对企业具有重要意义。已经有越来越多的企业开始关注顾客关系的维系和管理。维系老顾客的关键是向顾客传递卓越的顾客价值，提高顾客的满意度。一项经验研究的结果显示了顾客满意和维系现有顾客的重要价值：获取一个新顾客的成本是保留一个老顾客成本的 5 倍，而要从竞争对手那里转换一个满意顾客需要花费的成本会更高；企业如果能够将其顾客的流失比率降低 5%，其利润会增加 25%～85%；企业的利润率主要来自老顾客的终身价值。因此，如何留住老顾客，对很多企业而言是首要解决的问题。

一般而言，企业可以从以下两个方面来达到保留老顾客的目的。

（1）建立较高的转换壁垒，提高顾客的转移成本。一般而言，当顾客转换面临着较高的资金成本、搜寻成本或老顾客所特有的折扣及其他优惠的丧失等因素时，他们可能就不愿意购买其他产品了。如在移动通信市场上，假设一位中国移动的消费者想要更换为中国联通，那么他所要承担的转换成本主要表现为以下几个方面。首先，他要去中国移动营业厅办理停机业务，之后到中国联通营业厅开通新号，他需要花费两家营业厅之间的交通费用、办理时间和精力。其次，要承担对联通业务不熟悉所带来的学习成本。再次，要承担对联通的服务质量、手机信号等信息不确定性带来的心理成本。最后，他还要承担告知他人手机号变更的成本。并且每月通话时间越长，联系人越多的顾客其转换成本越高。因此，移动通信行业往往会通过增加转换成本，降低顾客流失，形成垄断优势。这也促成了国家出台相关的法律法规限制相关公司的上述行为，例如允许携号转网等。

（2）传递更高的顾客价值，提高顾客的满意度和忠诚度。仅通过提高转移成本限制顾客的转换是一种非常被动的行为，一旦顾客有了更好的选择，随时都有可能发生转变。因此，更加有效的手段是：通过向顾客传递更高的价值，使得顾客能够得到更多的让渡价值，进而提升顾客的满意度；在重复满意的基础上，顾客会成为企业的忠诚顾客，进而表现出重复购买企业产品、口碑推荐等行为。因此，企业如果想要保留老顾客，就应该向他们提供更高质量的产品，更优质的服务，重视老顾客的满意度状况，进而达到保留顾客的目的。

3. 降低顾客流失率

研究表明，企业一年流失的老顾客占其顾客总量的比例可能高达 10%。这说明，仅仅具备吸引新顾客的能力是远远不够的，企业还必须想方设法留住老顾客，降低顾客流失率。如果企业只是把注意力放在吸引新顾客上，而忽略了每年流失掉的大量老顾客，无异于向一个漏水的水壶中加水一样，企业来自新顾客那部分的销售额和利润的增长，会在很大程度上被老顾客的流失抵消。为了降低顾客流失率，企业可以从以下几个方面入手。

（1）确定并衡量其顾客的维系率

这是企业关注老顾客流失问题首先要解决的问题，企业应该将致力于增加销售额和利润的努力从关注新顾客的吸引与获得上转移到老顾客的维系上来，或者至少给予后者以足够的关注和资源投入。企业首先应当明确其老顾客的数量和构成，然后周期性地监测原有顾客的数量和构成方面的变化，尤其要关注有多少老顾客转换了购买对象。只有明确了老顾客的维系比率和流失比率，企业才可能查找原因，并有针对性地解决导致顾客流失的问题。

（2）区分导致顾客流失的原因

企业对有些顾客的流失是无能为力的，如顾客的死亡、搬离了原来的地区或者改变偏好。但绝大多数的顾客流失是因为顾客对现有的产品或服务不满意，其原因则主要在于企业，如服务差、产品质量不高、价格过于昂贵等。显然，针对这部分流失的顾客，企业需要明确不同顾客流失的具体原因，并对不同原因导致的顾客流失比例进行分析，找到现阶段顾客流失的主因。

（3）针对性地采取措施

针对不同原因的顾客流失，企业可以采取以下措施：用户激励强度升级，刺激用户持续活跃；明确客户流失预警指标，高效识别"危险客户"；搭建预测模型，活跃度下降迅速出击；以多样化调查问卷，及时收集用户反馈；提高用户参与度，增强产品粘性。

营销洞见

蜜思肤会员管理助力品牌成长①

2021年4月19日，单品牌连锁企业蜜思肤公司迁入新址，历时3年建成的蜜思肤总部新办公楼——一座兼具江南文化美学韵味与现代时尚的"空中花园"正式投入使用，成为蜜思肤迎来10周年诞辰的又一重大事件。品牌创始人郑久炎，作为本土单品牌化妆品的蓝海拓荒者，在10年的奋斗中成为国内单品牌化妆品专营店阵营中的佼佼者，门店数量近500家。在蜜思肤的成长过程中，会员管理正是其提升顾客忠诚度、品牌影响力、顾客返店率、活动支持率的基础。

蜜思肤将手机号作为会员的唯一识别码，入会即可获得开卡礼，根据级别的不同所享受的福利存在差异。等级从低到高分别是蜜粉、普卡、银卡、金卡、白金。在门店及节假日营销活动时，会员能够参与活动所享受的力度不同。一个会员从入会到成为门店的忠诚高级会员要经历很多过程，比如初次到店消费、二回购买、生日回访、会员分享等。郑久炎提出"新顾客要哄，老顾客要宠"的原则，结合数字化会员管理工具，提出了不同客户的不同活动。例如，针对白金、金卡的忠实会员，不定期推送相匹配的新品信息；针对银卡会员免费赠送到店礼品，提升进店率，使其拥有良好的服务体验；普卡和蜜粉会员数量较大，设计微信攒积分送礼品、游戏送礼品等活动，增加互动和到店的频率。正是蜜思肤完善的会员管理帮助企业在竞争激烈的化妆品市场上脱颖而出。

---

① 侯旻，李灿灿，顾春梅. 蜜思肤：互联网环境下实体店顾客关系管理的异军突围[DB/OL]. [2022-03-10]. 中国管理案例共享中心.

本章提要

1. 顾客让渡价值是顾客总价值与顾客总成本之间的差额。顾客总价值是顾客从某一特定的产品或服务中获得的一系列利益,它包括产品价值、服务价值、人员价值和形象价值4个方面;顾客总成本是顾客在评估、获得和使用某一特定产品或服务的过程中所产生的全部成本,它包括货币成本、时间成本、体力成本和精力成本4个方面。在一定的货币成本和有限的时间、信息、体力和精力等成本因素的限制下,顾客是价值最大化的追求者。

2. 顾客满意是指顾客对一件产品满足其需要的实际表现与期望进行比较所形成的感觉状态。当产品的实际表现超出顾客预期时,顾客往往会比较满意,而当产品的实际表现低于顾客预期时,顾客就会不满意。企业需要持续地关注其顾客的满意水平,并可以通过建立投诉与建议系统、顾客满意度调查、佯装购物者和分析流失的顾客等方法来监测与衡量顾客的满意度。

3. 顾客忠诚是指顾客在对某一产品或服务的满意度不断提高的基础上,重复购买该产品或服务,以及向他人热情推荐该产品或服务的一种行为表现。企业可以通过调查顾客的重复购买次数及重复购买率、产品或服务购买的种类、数量与购买百分比、顾客购买挑选的时间、顾客对价格的敏感程度、顾客对竞争产品的态度及顾客对产品质量事故的承受能力来衡量顾客的忠诚度。

4. 顾客终身价值是指一个顾客在与企业关系维持的整个时间段内为企业所带来的净利润,表现为顾客为企业带来的利润减去企业为获得和维系与该顾客的关系而产生的成本之后得到的差额。企业可以通过增加新顾客数量、保留老顾客、降低顾客流失率来提升企业的顾客终身价值。

案例分析

长沙美食新地标——茶颜悦色的成长之路[①]

2013年12月,在长沙黄兴广场,吕良自创品牌的第一家奶茶店开业,并取名"茶颜悦色"。冬天本就是茶饮淡季,加之吕良当时经验并不丰富,新店开业做出的第一杯奶茶就搞砸了。吕良的这次创业在当时看起来似乎并不怎么靠谱。然而经历了近10年的发展,茶颜悦色如今可谓茶饮圈的顶级流量,稍微有点动静就能冲上热搜,还拥有一票忠实的消费者粉丝。这个曾经一度只深耕长沙市场的区域品牌,凭啥如此火爆?

1. 消费者至上赢得品牌口碑

时至今日,在茶颜悦色微信公众号、微博、门店等各个渠道,消费者都可以看到"永久求偿权"这一说明。当喝到出品不规范的饮品时,消费者可以行使"永久求偿权",在

---

① 自编案例。

任意门店让小伙伴免费做一次标准出品的茶。在总结第一家店活下来的理由时，吕良将其归功于地段好。但实际上，并非这么简单，从创业之初他就想把这个店做好，也正是这种"踏踏实实做好产品和服务"的态度，帮助茶颜悦色得以在长沙的寒冷冬天中存活下来。而"永久求偿权"正是吕良这一经营理念的体现，消费者的体验与满意已经成为茶颜悦色的品牌基因。

2. 坚持高性价比路线

茶颜悦色的产品价格在9~22元，大部分低于20元。这比价格为19~36元的喜茶们便宜一大截，更类似于一点点、CoCo。与同价位商品相比，茶颜悦色用料则较为"实在"，口感也不赖。很多人对此就有疑问了，产品食材做到高品质，价格又实惠，茶颜悦色莫不是做亏本生意？吕良亲自解释过这个问题："茶颜想做的就是用大众都能支付得起的价格，做一杯好茶，茶颜从创立开始，就坚持用新西兰安佳华淡奶、雀巢鲜奶等真材实料，奶茶里都用纯牛奶而不用奶精，我们的淡奶油是新西兰安佳华直供，茶叶也是与茶园签约独家供应，深入茶厂、茶园，从源头上把控茶叶品质，对采摘、加工都有着严格的规定。宁愿暂时性下架某一类饮品，等待适合的茶叶出产时再复活。不只是奶制品和茶叶，对于饮品中出现的每一种水果、糖浆、辅料，研发和采购无不精挑细选。"在口感和品质面前，成本并不能成为束缚茶颜的借口，茶颜能做的，就是压缩自己的利润，给顾客性价比最高的产品。

3. 真实人设、加强与消费者互动

要说如今偶像的走红套路，立人设是一个百试不爽的方法。放在品牌形象塑造的层面上来说，这也是一个极其有效的方式。相比很多致力于打造精致完美形象的品牌，茶颜悦色简直真实得可怕。官方微信公众号和微博里面，常规的产品或者品牌介绍是没有的，鸡零狗碎的内容倒是很多。同时茶颜悦色会在官号公布食品安全自查报告，茶饮里喝出小纸片、员工不注意卫生等等食安问题都会进行公示，也会发言辞真挚的道歉文，无论评论好坏，后台都会放出来，标准是"真实就好"，从不掩盖自己的不完美。

除了品牌的人设更加真实、贴近消费者之外，茶颜悦色努力把顾客当朋友，让每一个消费者感受到"被重视"，从而达到与消费者进行深层次的沟通目的。创始人吕良就曾表示，"我自己一直是个普通人的心态，不把自己当老板，很愿意和顾客去沟通。"在红餐网联合创始人樊宁看来，正是因为有这种从上到下的诚恳态度，决定了茶颜悦色与消费者的深度互动不是空喊口号，而是化作了实实在在的行动。茶颜悦色门店会设置免费小药箱和及时伞服务，进入茶颜悦色的微信公众号页面，还可以看到"投诉专线"和"我要表扬"专区，自觉接受消费者的监督与批评。

4. 慢扩张换顾客忠诚

茶颜悦色创立的前6年一直坚守长沙不扩张，这便造成了茶颜悦色只有在长沙才能喝到的地域稀缺性。吕良曾在一次访谈中回答过这个问题："对市场有敬畏之心，不能别人说你行，你就以为你可以出去揍人了，有可能是被揍一顿。长沙我们有主场优势。以后能力具备的话，当然想做的更大。"在官方微博中，茶颜悦色也这样回应过："餐饮的基石不是一键就可以复制粘贴的代码，而是成千上万有血有肉的人，他们每个都有不同的性格、经历、三观，而我们却要让他们在每家店为每位顾客提供同样品质的产品和服务。"茶颜悦色的小票上甚至都有说明，"因为能力有限，目前茶颜仅在长沙开设直营店，其他城市和我们长得很像的门店都和我们没有任何关系，您在网上看到的所谓'茶颜悦色官网'和'茶颜招募加盟商'的消息都属虚假，等我们有钱了就去告他们，在此之前，请擦亮眼睛，切勿轻信上当。"由于这种地域稀缺性，茶颜悦色成为长沙人的骄傲，并自发来维护和捍卫它的荣辱；也使得外地人对它更加向往，初来长沙要打卡，离开长沙会怀念，吃不到也要去请人拍照过眼瘾。

正是通过上述一系列的做法，茶颜悦色作为一个茶饮品牌，才能在短短的几年时间内取得如此巨大的成功。

讨论：

1. 茶颜悦色能够取得成功的基础是什么？

2. 请结合本章相关理论，谈谈茶颜悦色为什么会成为长沙的"名片"并促进长沙旅游业的发展？

拓展阅读

[1] GRIFFIN J, HERRES R T. Customer loyalty: How to earn it, how to keep it[M]. San Francisco, CA: Jossey-Bass, 2002.

[2] BORLE S, SINGH S S, JAIN D C. Customer lifetime value measurement[J]. Management Science, 2008, 54(1): 100-112.

[3] 李树文，罗瑾琏，胡文安. 从价值交易走向价值共创：创新型企业的价值转型过程研究[J]. 管理世界，2022，38（3）：125-145.

即测即练

第 3 章

关 系 营 销

本章学习目标

通过学习本章，学员应该能够做到以下几点。
1. 了解关系营销的概念、关系营销产生的背景、关系营销的对象。
2. 掌握基于关系营销的三个层次增加顾客价值的具体方式。
3. 了解中国传统文化中的关系，理解基于中国文化的关系营销特点，掌握中国文化下的关系营销与西方关系营销的不同。

引导案例

能链旗下"团油 App"赋能油站关系营销[①]

近年来，受到疫情反复、油价上涨、运费提高等因素的影响，加油站行业面临进站车辆减少，利润被压缩的困境。同时，车主也面临着油价攀升所带来的经济损失。油站若要在竞争中立于不败之地，就必须要与车主建立互利共赢的关系，提升车主的忠诚度。能链集团作为国内领先的能源数字化企业，2019 年上线"团油 App"，团油 App 是一款专业的互联网加油 App，依托信息技术，为油站提供"一站式"的智慧油站解决方案，解决油站流量稀缺难题，提高油站运营效率和经济效益。

对于使用团油 App 的油站而言，油站通过连接团油 App 系统，可以得到油站近 90 天的客户数据，将顾客分为新用户、低频消费用户、高频消费用户、流失用户等类型，方便油站对用户进行分层管理。此外，团油 App 可以根据企业的营销需求，进一步对不同类型的用户发放优惠券，提高用户忠诚度。团油 App 还可以结合油站情况，如节假日或是周年庆，策划专门的营销活动，并提供礼品方案服务。依托的"非油直供"业务，团油 App 为油站提供一站式非油采购及供应链服务。在春节、端午、国庆、中秋等节日，为油站提供专业、准确的加油站礼品、营销礼品方案。团油 App 还支持油站构建人才体系和培训制度，提升专业运营能力和服务水平，数字化洞察用户需求，实现精准营销。

---

① 自编案例。

对于使用团油 App 的车主而言，当车主有加油需求时，打开团油 App，就能看到附近油站实时更新的信息，包括位置、油价、油号，以及是否有优惠活动、是否可免费洗车等。车主选择合适的油站，按照导航路线即可直达油站加油。每次加油都可享受一定幅度的优惠，优惠额度从几毛到 1 元多不等，不需办卡、不用预存、随到随享。加完油后，还可直接在团油 App 一键开票，方便快捷、省时省心。另外，团油 App 推出了定制的产品责任险"百亿保"和"加油险"，即使货车司机在异地陌生油站加油，也不用担心油品质量。同时，司机在团油 App 还可以看到其他车主对油站的评价，这为货车司机在选择油站时提供了大量真实的参考。

为了进一步加强用户与油站之间的关系联结，团油 App 充分利用自身优势，与众多加油站达成合作，用销量换流量，薄利多销"团购"汽油，让利给消费者，同时商家也提高了销售额和知名度，是一个实现双赢的有力方式，因此受到了消费者和加油站业主的双向欢迎。

一些合作过的油站老板表示，通过与团油 App 合作，管理与供应商、员工团队、顾客的关系变得更加容易了。使用过团油 App 的车主也说道："自从用了团油，我心爱的小车可以随便开起来，再也不用担心油价上涨或者出门找不到加油站了。"通过建立线上加油平台，提供"一站式"加油解决方案，团油 App 在很大程度上提升了传统加油站的关系营销能力。

3.1 关系营销概述

3.1.1 关系营销的概念

在市场营销学领域，对于关系营销（relationship marketing）的定义莫衷一是。有关关系营销的定义最早由贝里（Berry）提出，他认为关系营销旨在"吸引、保持和加强顾客关系"。[①]此外，还有一些影响较大的定义。例如，格伦罗斯（Grönroos）认为，关系营销是指"在盈利的情况下，识别和建立、维护、加强，并在必要时终止与顾客和其他利益相关者的关系的过程，以便通过相互给予和履行承诺来实现所有相关方的目标"。[②]哈克（Haker）在对 26 种有关关系营销的定义进行总结的基础上，认为关系营销是指"组织长期积极主动地与目标顾客（交易伙伴）创建、发展和维持承诺的、相互的和有利可图的交换"。[③]摩根（Morgan）和亨特（Hunt）认为，关系营销是"所有旨在创建、发展和维持成功的关系交流的营销活动"。[④]谢斯（Sheth）和帕尔瓦蒂亚（Parvatiyar）认为

[①] BERRY L L. Relationship marketing[C]. Emerging perspectives on services marketing, 1983, 66(3): 33-47.
[②] GRöNROOS C. Value-driven relational marketing: From products to resources and competencies[J]. Journal of Marketing Management, 1997, 13(5): 407-419.
[③] HARKER M J. Relationship marketing defined? An examination of current relationship marketing definitions[J]. Marketing Intelligence & Planning, 1999, 17(5): 13-20.
[④] MORGAN R M, HUNT S D. The commitment-trust theory of relationship marketing[J]. Journal of Marketing, 1994, 58(3): 20-38.

"关系营销是与直接顾客或终端顾客进行合作性或持续性的活动或项目的持续过程,旨在降低成本的同时,创造或提高各自的经济价值"。[1]虽然研究者从不同的视角、以不同的方式对关系营销的概念进行了界定,但总体上现有研究中对于关系营销的定义都有以下3个特征。

第一,关系营销是一个长期的过程。大多数学者在关系营销的定义中都认为关系营销是一个动态的过程,体现了关系营销具有生命周期的特征。虽然学者们对于关系营销的生命周期过程的界定和使用的术语略有不同,但大致上可以总结为4个阶段:识别、发展、维持和终止。其中,识别阶段是指企业有意识地找到并识别潜在的合作伙伴,这通常包括对潜在合作伙伴的了解,并通过双方的互动来建立最初的合作关系。在此基础上,双方会试探性地进行交易,并在获得满意结果的基础上增加交易的频率,进而发展比较稳定的合作关系。关系的维持阶段是合作双方比较稳定的合作阶段,双方都从关系中受益。但由于各种各样的原因,关系会走向结束。关系营销的管理涉及对这个全生命周期过程的管理。

第二,关系营销的核心是交换,不仅包括经济交换,还包括各种社会交换。交换与交易的区别在于,交易的特点是强调竞争和冲突以及独立与选择,而交换的特点是强调相互依赖与相互合作。[2]关系营销强调在长期持续的关系中,交易不是相互独立的,关系双方都会把每一次交易置于过去交易的历史和未来交易的期望中予以考虑。因而,双方追求的是长期收益的最大化,而不会追求单次交易的收益最大化。在这种长期持续的交换关系中,除了经济交易以外,还包含着丰富的社会交换,这使得交换关系更为稳定。

第三,关系营销的最终目的在于获取价值。营销活动的目的在于创造、交换并获取价值。关系营销作为企业的一种营销策略,其最终的目的也是为了获取价值。帕马尔蒂尔(Palmatier)认为关系营销不是利他主义驱动的,而是由一方为实现特定目标而发起的。虽然关系营销需要长期的合作和价值的共创,但对于处于交换关系的各方而言,如果其中的一方无法再持续获得价值或可以在其他关系中获得更高的价值,则该方可能会选择退出或终止关系。[3]

结合以往的学者对于关系营销这一概念的定义以及对其特点的总结,本书认为关系营销是一个以提高绩效为目的,识别、发展、维护和终止关系交换的过程。关系营销的提出是基于传统营销理论的交易营销而言的。以经济学为基础的交易营销遵循"理性人"的假设,认为交易双方都是追求效用最大化的理性决策者,双方追求每一次交易的效用最大化。关系营销理论认为交易营销理念与诸多长期保持合作关系中的系列持续性交易活动并不匹配,追求每次交易的利润最大化并不能保证企业获得高水平的长期绩效。因

---

[1] SHETH J N, PARVATIYAR A. The domain and conceptual foundations of relationship marketing[M]. California: Sage Publications, 2000.
[2] SHETH J N, PARVATLYAR A. Relationship marketing in consumer markets: antecedents and consequences[J]. Journal of the Academy of Marketing Science, 1995, 23(4): 255-271.
[3] PALMATIER R W. Relationship marketing[M]. Cambridge: Marketing Science Institute, 2008.

而，关系营销理论强调企业营销活动的首要目标不是追求单次交易的利润最大化，而是建立并保持与顾客及关键利益相关者之间长期稳定的关系，把企业追求的利润作为这种长期稳定关系的自然而然的结果。关系营销体现了与传统营销理论不同的营销理念，从而被认为是对传统营销理论的一个重要挑战。

3.1.2 关系营销产生的背景

1. 关系营销产生的历史背景

虽然市场营销作为一门学科最早可以追溯到 20 世纪初期，但市场营销实践却早已存在于人类社会的历史中。谢斯和帕尔瓦蒂亚发现在人类社会的前工业时期、工业时期和后工业时期都存在不同的市场营销实践导向，关系营销实践在前工业化时期就已出现，只是在不同时期发挥的作用有所不同。[①]

（1）前工业化时期的营销导向——以关系为导向的市场营销实践。在前工业时期，社会主要以农产品和艺术品贸易为主，大多数日常交易发生在本地，人们直接在集市上进行商品交换。此时，这些在集市上交易的人集生产者、商人和消费者的身份于一身。生产者和消费者建立了牢固的关系，这样可以为每个顾客生产定制化的产品。同样，商人之间也产生了许多关系纽带，商人们更愿意与其信任的人做生意。除当地的日常交易外，在同时期的一些国家和地区的跨区域的交易活动也出现了以关系为导向的市场营销活动。在前工业时期的非洲，大多数非洲商人也只定期与指定的部落进行交易。在这些部落之间的交易关系中，信任十分重要，以至于外人很少能进入这个系统。在中国、印度、阿富汗等国家之间的古老的、繁荣的"丝绸之路"中，我们也可以找到以关系为导向的市场营销活动。在古代的丝绸交易中，丝绸的买家和卖家需要建立紧密的关系。例如，由于中国作为丝绸原料的重要来源地和丝绸制造技术的引领者，印度的丝绸织工和商人严重依赖中国所生产的丝绸，他们与中国的丝绸产地商人和设计师合作，生产出大量用丝绸制作的服装和工艺品以满足国王和贵族们的需要。中国设计元素对印度早期艺术的影响是中国丝绸贸易中以关系为导向的市场营销实践存在的最好印证。如果把目光转到当时的欧洲，我们可以看到，在一些主要的城市中，一些露天集市被陆续地建造起来，吸引了大量买家和卖家的长期入驻。政府颁布的交易许可证和诸多行规的建立，为人们建立持续可靠的交易关系奠定了基础。生产者在市场上建立了永久性的零售店，在那里他们可以每天生产和销售商品，消费者和生产者之间有了直接的联系，固定的场所和交易规则的保障有助于人们产生更加信任的交易关系。总之，在前工业时代，市场营销中的关系导向是很明显的。生产者和消费者之间的互动需要市场营销参与者之间的合作、依赖和信任。有证据表明，这种关系有时会持续几代人，因为生产者和消费者会彼

---

① SHETH J N, PARVATIYAR A. The evolution of relationship marketing [J]. International Business Review, 1995, 4(4): 397-418.

此信任对方的家族和部落。

（2）工业化时期的营销导向——以交易为导向的市场营销实践。在工业化时期，随着大规模生产和大规模消费的出现，以交易为导向的市场营销实践开始占据主流。在大生产和大消费时期，人们离开自给自足的农场到工业发达的城市中生活，生产者和消费者开始分离。为了实现规模经济，生产者需要进行大规模生产。一方面，规模经济帮助这些生产者降低了生产成本，从而降低了他们的产品价格；另一方面，他们更加需要为自己的产品寻找市场。由于大规模的生产带来的产品泛滥，生产者面临着产品库存增加的问题。此时，生产者为了将自己的产品销售到市场中成为可以被消费的商品，便将这些产品托付给一些营销机构进行销售，如批发商、代理商或其他类型的营销机构。这些营销机构成为了连接生产者和消费者的"中间人"，它们愿意承担拥有产品所带来的风险和成本。生产者也愿意将产品的销售交付给营销机构，因为一方面它们可以帮助生产者解决产品库存的问题，另一方面它们也有助于为这些产品找到更多的消费者。大规模生产和大规模消费也推动了现代营销活动的发展，如销售、广告、促销等，其目的是创造新的需求，以吸收过剩的商品。此时，市场营销的目的是推动大众消费，在产品或商品的销售压力下，市场营销人员变得更加关心产品或商品的销售和促销，而非与消费者建立持续的关系。以交易为导向的市场营销实践成为主流，这也是主流市场营销理论建立的主要历史背景。

（3）后工业化时期的营销导向——以关系为导向的市场营销实践的回归。在后工业化时期，以关系为导向的市场营销实践再次回到人们的视野中。信息技术的快速发展将生产者和消费者重新连接在一起。相比于工业化时期，生产者更有可能直接地、及时地与消费者进行交流互动。大数据、云计算、人工智能技术的发展让生产者可以以非常低的成本维护和访问复杂的数据库，这些数据库储存了与每个消费者的互动信息，通过对消费者数据的分析，生产者也越来越了解他们的消费者。此外，实时运输和通信系统使"及时"库存系统成为可能，柔性制造也开始被应用于个人消费品的大规模定制生产。除了信息技术变革外，企业管理的变革也进一步推动了以关系为导向的市场营销实践的"回归"。1950年，全面质量管理在日本的生产企业中盛行，对日本企业的发展起到了极大的促进作用，1970年以后迎来了世界各地企业的效仿。全面质量管理运动的盛行让生产者更加重视与合作伙伴之间的关系，许多全球知名企业，如摩托罗拉、IBM、丰田等都与用户、供应商和营销机构建立了伙伴关系。由于用户的重要性日益增强，企业现在可以直接让购买企业的产品和服务的用户参与到企业的采购和收购决策中，企业员工与用户之间的关系也日益成为市场营销实践中的重要因素。另外，服务经济的发展，也让营销人员越来越重视与用户之间的关系。与有形产品不同的是，服务的个人生产者也是服务提供者，而且服务需要在服务提供者和用户的共同参与下进行。在这种情况下，服务提供者和服务顾客之间的情感纽带会加强，并且需要维持和提升他们之间的关系。综上所述，随着信息技术的进步、企业管理的变革和服务经济的发展，以关系为导向的市场营销实践再次回归。

总之,人类历史上的市场营销实践经历了以关系为导向的前工业化时期、以交易为导向的工业化时期和以关系为导向的后工业化时期3个阶段,如图3-1所示。①

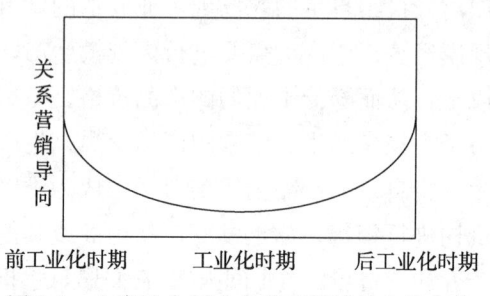

图 3-1　人类社会历史中关系营销导向的变化

以关系为导向的市场营销实践在前工业时期和后工业时期都占据了主导地位。不过,与前工业时期不同的是,后工业时期的以关系为导向的市场营销实践关注的不仅是生产者与消费者之间的关系,还包括生产者、用户、供应商、分销商、企业内部员工等多主体构成的关系。该时期以关系为导向的市场营销实践的发展引起了很多学者的关注。

2. 市场营销学科中关系营销的起源

虽然以关系为导向的市场营销实践在前工业化时期就已有端倪,但关系营销作为一个学术概念却发源于1970年前后,即后工业化时期。默勒(Möller)和哈利宁(Halinen)对关系营销思想的起源进行了研究,他们发现关系营销思想主要起源于营销学中的四个分支:营销渠道(marketing channel)、企业营销(business marketing)、服务营销(service marketing)和数据库营销及直接营销(database marketing & direct marketing)。②首先,在20世纪70年代,研究营销渠道的学者开始关注渠道中买方与卖方构成的二元关系。相比于营销管理学派从卖方的角度研究营销组合对买方的影响,研究渠道二元关系的学者更重视买卖双方的关系。其次,在20世纪70年代晚期,服务营销研究逐渐兴起,传统的营销管理范式无法充分应用于服务营销领域。服务营销领域的学者们发现服务人员与顾客之间的关系是影响顾客体验以及顾客满意度的关键要素。因此,服务营销更注重服务人员与顾客之间关系的发展和维护。再次,在企业营销领域,20世纪70年代前后品牌营销和消费者学习理论的盛行让学者们开始更加关注在营销活动中的消费者参与,营销人员与消费者之间的关系被放置在一个显要的位置。最后,从20世纪80年代开始,信息技术的迅速发展推动了实业界和咨询界对顾客数据库管理的关注,同时也让学者们开始关注通过顾客数据库进行顾客关系管理的学术研究。此外,直接营销也广泛地应用

---

① SHETH J N, PARVATIYAR A. The evolution of relationship marketing[J]. International Business Review, 1995, 4(4): 397-418.

② MöLLER K, HALINEN A. Relationship marketing theory: Its roots and direction[J]. Journal of Marketing Management, 2000, 16(1/3): 29-54.

于营销实践中。数据库营销和直接营销比较重视营销中的交流活动,这也在一定程度上推动了关系营销的诞生。

市场营销学的不同分支都对关系营销思想的诞生产生了一定的影响。虽然我们现在看到的关系营销经常作为一个统一的概念出现,但其存在两个不同的理论根源:一种是以市场为基础的关系营销(market-based relationship marketing),另一种是以网络为基础的关系营销(network-based relationship marketing)。以市场为基础的关系营销,其主要关注点是以海量消费者为主的市场,关系复杂度较低;以网络为基础的关系营销,其主要关注的是以企业间交易为主的市场,关系复杂度较高。因此,现有的关系营销理论并不是一个简单的概念。由于其理论根源不同,我们在运用关系营销理论时,应该注重其在理论基础上的差异。

3.1.3 关系营销的对象

摩根和亨特将关系营销的对象划分为 4 大类,如图 3-2 所示。[①]

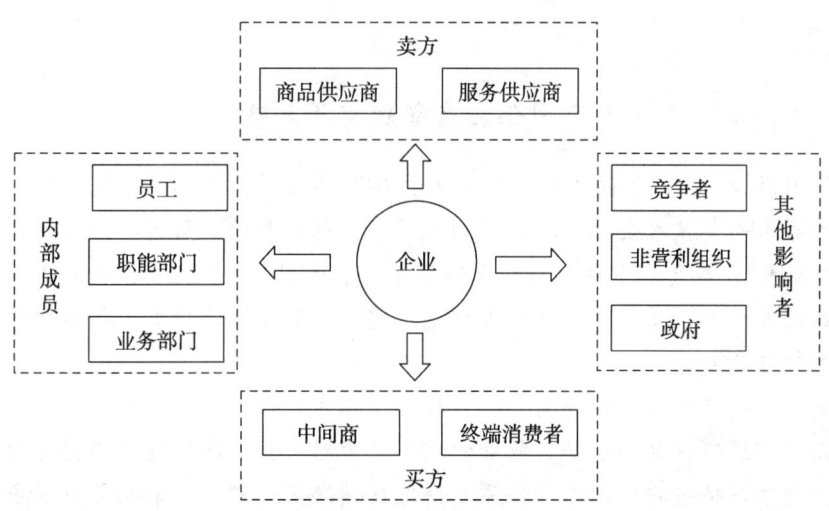

图 3-2 关系营销中的关系交换

1. 买方

买方是最直接和最常见的一类关系营销对象。买方可以分为两种,中间商和终端消费者。中间商承担着产品分销的功能,并具有多种类型。根据中间商经营业务的不同,可以分为批发商和零售商。批发商是以经营批发业务为主的中间商,而零售商是以经营零售业务为主的中间商。根据中间商是否拥有商品所有权,可以分为代理商和分销商,两者最大的区别在于代理商没有商品所有权,而分销商拥有商品的所有权。此外,还有

---

① MORGAN R M, HUNT S D. The commitment-trust theory of relationship marketing[J]. Journal of Marketing, 1994, 58(3): 20-38.

承担中间商角色的个体,一般称为经纪人。终端消费者是商品的最终消费者,往往指购买商品的个体消费者。企业面临不同种类的买方时,需要采取不同的关系营销策略。例如,企业与中间商的关系往往是企业对企业之间的关系,需要通过合同制定、关系维护等方式进行关系营销。企业与个体消费者之间的关系则需要通过营销组合策略加强,如会员认证、提供个性化服务等。

2. 卖方

根据卖方提供的产品类别的不同,我们可以将卖方分为两种。第一种是以提供服务为主的卖方,称为服务供应商,如咨询公司、银行等。第二种是以提供产品为主的卖方,如原材料供应、原始设备制造商等。但是,随着服务业的发展以及越来越多的产品制造业开始重视产品附加服务,很难区分一些企业提供的是产品还是服务。企业与供应商之间的关系质量和关系稳定性会影响企业的经营活动,与供应商维持良好的关系,有利于企业降低成本、提高产品或服务质量,反之亦反。因此,供应商是企业需要重点开展关系营销策略的对象之一。

营销洞见

F公司供应商管理变革之路[①]

江西F有限公司(以下简称为F公司)于1995年成立,是江西省省内的高速公路智能化行业的国家高新技术企业。F公司的主营产品包括高速公路自测距滑动式自动发卡机、高速公路ETC应急刷卡屏、高速公路智能气象检测箱等,主要业务涵盖高速公路机电系统产品研发生产、高速公路机电工程施工建设、高速公路机电设备维护服务、交通信息化应用软件开发等。

F公司以前的采购流程较为简单:市场部根据客户合同向公司提出采购申请,采购部负责对供应商进行评估和选择,物资管理部负责对采集的物资进行库存管理,生产部和维护部领用零部件并将使用零部件质量情况反馈给采购部,为采购部对供应商评估和选择提供决策依据。但是,这种简单的采购流程却存在一定的隐患,即F公司在合作过程中未能与供应商保持密切联系。为控制成本,F公司在之前采购零部件的过程中极力压低价格,往往倾向于选择报价最低的供应商,这种做法忽视了与供应商的长期关系维护的重要性,缺乏对供应合作关系中断风险的认识和防范。为了解决上述问题,F公司采取了一系列新举措来加强与供应商的合作关系。首先,制定新的供应商考核评价指标体系。F公司从各个部门调遣人员组建评估供应商的团队,每月对供应商进行考核评价。根据评估合作期间供应商的状况,F公司动态调整与供应商的合作关系,为长期合作打下坚实的基础。其次,根据评估的结果划分供应商类型。F公司对现有供应商进行梳理,

---

[①] 苏海涛,王玉雪,胡冰心,等. 拨云见日:F公司供应商管理变革之路 [DB/OL]. [2021-05-13]. 中国管理案例共享中心.

将供应商可为 3 种类型：核心供应商、重点供应商、普通供应商。针对不同类型的供应商采取相应的关系营销策略，尤其是加强了与核心供应商和重点供应商之间的合作。最后，对供应商采取激励措施。有效的激励措施可以加强合作程度。对屡次考评合格和优秀的合作供应商，F 公司会适当提高其采购订单的金额和数量；邀请供应商参加培训；帮助供应商扩展业务和人脉等。F 公司的供应商管理优化方案经过实施后，不仅供应商的供货质量得到了改善，降低了企业成本，还加强了与供应商的沟通与信任，使得与供应商之间的关系质量得到了显著的提升。

3. 内部成员

企业内部成员是非常重要但却容易被忽视的关系营销对象。以往的观点认为，营销人员是连接客户和企业的桥梁。但是，企业运营过程中需要与各种组织与人员进行接触，任何一个部门都有可能直接与客户接触和互动。企业必须整合所有的业务流程，使得各部门在与客户互动时，传递统一的企业形象和企业理念。[①]企业对内部成员的关系营销可以根据对象的不同分为三种。一是对员工的关系营销。只有当所有的员工都意识到他们的任务是满足顾客的需求时，企业才有可能进行有效的营销活动。二是对职能部门的关系营销。例如，研发、采购、生产、财务、公关等部门。每一个职能部门都有可能与其他职能部门争夺预算和地位，因此，企业需要不断协调好部门之间的关系，让各个部门真正以顾客为导向。三是对业务部门的关系营销。业务部门对于企业目标具有直接推动的作用。业务部门需要面临许多直接的外部关系（如合作伙伴、顾客等）。因此，做好对业务部门的关系营销工作，有利于企业推动业务发展，对外展示良好的企业形象。

4. 其他影响者

除了买家、卖家和内部成员外，社会中存在许多其他影响者，如竞争者、非营利组织、政府等。这些影响者也许与企业没有直接的商业联系，但它们同样可能会对企业产生影响。在激烈的商业竞争环境中，企业之间的竞争往往遵循着弱肉强食的"丛林法则"。竞争对企业而言是一把"双刃剑"。良性的竞争可以推动企业发展，恶性竞争可能会使得企业彼此"两败俱伤"。因此，处理好与竞争者之间的关系对企业而言是十分必要的。除此之外，企业还要处理好与非营利组织之间的关系，与非营利组织之间的良好合作有利于企业履行社会责任，从而提高企业在公众中的社会形象。在一些国家或地区，政府对企业运营有很重要的影响，政府颁布的政策、政府提供的信息都可能有利于企业的运营。企业可以通过对政府开展关系营销策略，为打造良好的企业与政府之间的关系奠定基础。当然，在竞争者、非营利组织和政府之外，还有很多其他类型的影响者，如社区、媒体、合作伙伴、股东等。企业可以通过宣传、社交、咨询等各种方式与能够影响其运行与绩效

---

① 菲利普·科特勒. 营销管理[M]. 15 版. 何佳讯等，译. 上海：格致出版社，2017.

的组织或个人进行交流、合作、学习,从而最大限度地整合资源,更好地为顾客服务。[①]

3.2 关系营销的应用策略

3.2.1 关系营销应用的层次

贝里(Berry)和帕拉苏拉曼(Parasuraman)提出了关系营销存在三个层次,在不同的营销层次中,企业为顾客增加价值的方式以及所增加的价值是不同的。[②]

1. 一级关系营销

一级关系营销主要是通过满足顾客的财务价值(如价格优惠)来确保顾客的忠诚度。一级关系营销主要通过两种方式增加顾客价值并维持顾客忠诚度。第一种方式是频繁地制订市场营销计划,常见的方式有积分卡或针对长期顾客的优惠活动。例如,中国国际航空公司推出了"凤凰知音"常旅客计划。乘坐中国国际航空公司航班的旅客可在乘坐航班累积到账里程的基础上,获得额外里程奖励、优先办理乘机登记手续、优先购票候补和机场候补等优惠活动。另一种方式是俱乐部营销计划。顾客可以通过购买企业的产品自动成为企业俱乐部的会员,也可以通过其他的付费方式成为企业俱乐部的会员。企业通过为其俱乐部会员提供增值服务的方式提高顾客忠诚。但是,企业通过一级关系营销获得持续竞争力的潜力很低,因为价格是营销组合中最容易模仿的元素。顾客也特别容易被竞争对手价格促销影响,从而转向购买竞争对手的产品或服务。

2. 二级关系营销

二级关系营销主要是通过满足顾客的社会价值(如社会关系)来确保顾客的忠诚度。营销人员可以通过与顾客建立长期的关系,更好地了解顾客的个性化需求,向顾客提供定制化的服务等方式提升顾客的社会价值。二级关系营销可以通过多种方式满足顾客的社会价值,如定期与顾客进行沟通、在交易过程中记住顾客的名字、让同一营销人员为顾客提供长期且持续的服务、通过讨论会或聚会等社交活动保持营销人员与顾客的联系等。建立在增加顾客的社会价值基础上的关系营销要相对优于建立在增加顾客财务价值基础上的关系营销。因为营销人员与顾客之间长期关系的建立需要投入大量的时间和精力,竞争对手相对难以模仿和复制,企业更容易从中获得持续的竞争优势。但是,二级关系营销也存在一些缺点:一方面,二级关系营销在企业的核心产品或服务缺乏竞争力时,其营销效果可能会大打折扣;另一方面,二级关系营销建立在营销人员与顾客之间的关系基础上,一旦营销人员离开企业,顾客也很有可能随之流失。

[①] 马慧敏. 市场营销学[M]. 北京:北京大学出版社,2017.
[②] BERRY L L, PARASURAMAN A. Marketing services-competing through quality[M]. New York: Free Press, 1991.

3. 三级关系营销

三级关系营销主要是通过结构性解决方案增加顾客价值来确保顾客的忠诚度。企业提供给顾客的结构性解决方案需要一次性满足顾客需求，消除顾客各方面的疑虑或担忧，能够长期为顾客提供增值服务且顾客难以从竞争对手处获取同样的解决方案。例如，水产交易平台企业华采找鱼通过为其客户提供交易匹配、品质监控、金融贷款等一系列解决方案帮助其客户完成大宗鱿鱼交易，极大地降低了客户的成本，并保障了交易货品的品质。相比于前两级关系营销，三级关系营销可以在面临激烈的价格竞争时为企业提供一个非价格隔离带，使企业免受价格竞争的压力，而且不会因某一营销人员的离开而造成顾客流失。

3.2.2 关系营销增加顾客价值的方式[①]

1. 设立关系营销机构

为更好地实施关系营销，增加顾客价值，企业需要设立专门的关系营销机构。关系营销机构有两方面作用：一方面，关系营销机构需要处理好企业内部的关系，包括部门之间的关系、员工之间的关系、企业内部上下级成员之间的关系；另一方面，关系营销机构需要处理好企业外部的关系，包括建立顾客数据库，向顾客或公众传递信息、征求意见、处理纠纷等。

2. 配置关系营销资源

关系营销的有效实施需要有效的资源配置和利用，以实现企业的经营目标。企业资源配置包括两个方面：人力资源配置和信息资源配置。人力资源配置是指通过企业各部门之间的人员调配、激励措施、绩效考核等方式为关系营销活动提供人员配备。信息资源配置是指通过采用信息技术提高信息资源配置效率。例如，建立内部信息管理系统，提高企业内部各部门之间的沟通效率；建立"知识库"或"回复网络"，提高对于顾客信息的管理和应用效率；成立"虚拟小组"，完成自己和顾客的交流项目等。

3. 整合关系营销文化

各个国家、地区或区域会存在一定的文化差异，这种文化差异会在一定程度上影响关系营销的实施效果。因此，为更好地实施关系营销，增加顾客价值，企业需要识别出不同国家、地区或区域的顾客所处的文化背景的差异，克服不同文化规范带来的交流障碍。企业可以从熟知当地文化背景的人群中雇用营销人员，也可以通过培训、实地考察等方式让营销人员了解当地文化背景，从而更好地开展关系营销活动。

---

① 郝正腾. 市场营销[M]. 北京：经济日报出版社，2017.

4. 为顾客提供定制化服务

定制化服务是指通过满足用户的异质性需求而提供的服务。[1]定制化的核心思想来自于企业对细分市场的识别，并通过设计产品和服务以最佳的方式满足目标细分市场的需求。随着市场竞争程度的加剧，越来越多的企业将定制化服务作为企业竞争优势的来源。随着信息技术的发展，企业可以更好地通过大数据、云计算等技术精准识别顾客的需求，从而更好地为顾客提供差异化的服务。在关系营销中，为顾客提供定制化服务是关系营销的重要工具。有研究表明，定制化服务可以提高顾客的感知服务质量、顾客满意度、顾客信任度并最终提高顾客的忠诚度。

虽然定制化服务是关系营销的一种有效工具，但是，为顾客提供定制化服务可能会提高企业的运营费用，例如，需要雇用更多的营销人员、引进配套的信息管理系统等。为了实现更好的定制化服务效率，表 3-1 描述了定制化服务在不同关系质量基础上所产生的不同作用程度。

表 3-1 定制化服务在不同关系质量基础上的作用程度[2]

顾客满意度	顾客信任度	
	低	高
低	定制化服务有助于进一步提高顾客满意度和顾客信任度。此时，定制化服务是非常有效的关系营销工具	定制化服务有助于进一步提高顾客满意度，但对顾客信任度的影响较小
高	定制化服务有助于进一步提高顾客信任度，但对顾客满意度的影响较小	顾客满意度和顾客信任度增加的上限较小，定制化服务的边际贡献率会降低

当顾客满意度和顾客信任度都较低时，为顾客提供定制化服务将会成为一种非常有效的关系营销工具。当顾客满意度和顾客信任度都较高时，企业为顾客提供定制化服务的边际贡献率会降低，此时，企业为顾客提供定制化服务只能起到维护关系质量的作用。当顾客满意度或顾客信任度其中有一项较低且另一项较高时，企业可以通过为顾客提供定制化服务增加顾客的满意度或信任度。可见，企业提供定制化服务以提高关系营销效率时，需要考虑其与顾客目前的关系质量程度，当关系质量较低或关系质量某个维度（顾客满意度和顾客信任度）较低时，企业为顾客提供定制化服务可以成为企业提高企业关系质量的有效方式。

营销洞见

中国新锐健康品牌的定制化服务[3]

在同质化竞争激烈的背景下，有不少品牌在寻找出路，而以消费者需求为导向的产

---

[1] SRINIVASAN S S, ANDERSON R, PONNAVOLU K. Customer loyalty in e-commerce: An exploration of its antecedents and consequences[J]. Journal of Retailing, 2002, 78(1): 41-50.
[2] COELHO P S, HENSELER J. Creating customer loyalty through service customization[J]. European Journal of Marketing, 2012, 46(3/4): 331-356.
[3] 颉宇星. 新锐健康食品欲靠"定制化"服务破局[N]. 中国商报, 2021-11-26（6）.

品定制化成为一种可能的解决方案。在中国的健康食品和营养品市场上，许多新锐健康品牌开始通过向消费者提供定制化解决方案以更好地满足消费者的异质性需求。例如，薄荷健康为会员推出了多种个性化定制服务，包括为减肥、健身、母婴、青少年等多种特定人群提供个性化健康食谱、智能饮食分析与建议、包装食品配料表拍照解读、AI营养师以及定制食品等。以精准营养补充剂为主要产品的TipsYou，则将大数据与AI算法结合，实现消费者产品配方的定制化，根据消费者的个体差异做到一人一方，实现"对症养生"，让养生更加精准有效。另外，橙子快跑、柠檬堂（LemonBox）等品牌也在该领域进行了布局。其中，柠檬堂的具体做法是，用户在柠檬堂小程序上填写一份健康测评，系统会对用户的生活习惯、饮食习惯进行信息收集分析，生成专属健康报告，并根据个人体质提供差异化的补剂配方，告诉用户吃什么、为什么吃、怎么吃及不需要吃什么。

虽然以上新锐健康品牌的出现为中国的健康食品和营养品市场提供了新的发展方向，但健康食品和营养品的定制化仍然有很长的路要走。北京协和医院相关专家向《中国商报》记者表示，现在大家的健康意识已经提升了，知道要保养身体了，但对如何保养身体这一问题，很多人可能还是一知半解。事实上，由于身高体重、身体体质、生活习惯等因素各不相同，每个人需要的营养物质都有差别。"吃同样剂量的益生菌，有些人的反应很大，有些人基本上没有反应，这就是因为每个人肠道情况不同。因此，健康饮食不能'一刀切'，如果能根据身高体重、生活习惯、遗传等方面因素综合考虑，制订个性化的营养补充计划，效果会更好。"此外，食品产业分析师朱丹蓬也表示，中国的新锐健康品牌还需要完善服务体系，增强用户黏性，才能逐步建立起品牌"护城河"，走出同质化竞争的困境。"产品定制化或许是一个出路，但是这些品牌需要有专业的营养师和消费者沟通，而且对于专业营养师的数量和水平都有要求，这对于规模较小的企业来说可能有一定的难度。"

3.3　中国文化下的关系营销

3.3.1　中国传统文化中的关系[①]

在中国，关系在人们的日常生活中起着非常重要的作用。那么，到底什么是关系呢？关系为什么在中国如此重要呢？中国传统文化中的关系和源自西方的关系营销有什么区别和联系呢？本节将围绕着上述问题展开讨论。

在中国，关系一般指的是人际关系。在英文文献中，为了与西方文化中的关系（relationship）相区分，学者们用"关系"一词的汉语拼音 guanxi 指代华人社会中的人际关系。显然，关系在中国社会中是一个文化嵌入性的概念，我们必须把它置于中国文化情境中来理解。

---

① 庄贵军，席酉民. 关系营销在中国的文化基础[J]. 管理世界，2003（10）：98-109.

首先，从关系的主体和关系所处的背景来看，中国传统文化中的关系在字面上可以被拆分为"关"和"系"两个字。"关"在《说文解字》中的意思为"以木横持门户也（即用木栓横穿两扇门的栓孔），段玉裁《说文解字注》为凡立乎此而交彼曰关"（凡是站在这里且与对方交往就称为关）。可见，"关"在早期的汉字中是指将两扇门拴在一起，后来引申到人际交往中，有联系的双方就是"关"，即相关的意思。"系"始见于商代甲骨文，其字形像手持两股或三股丝，意思是连接、联系，后引申为继承、再引申为世系，又扩展为一切具有联属关系的事物组成的整体。通过对"关系"一词进行析词解字的分析，我们可以发现，"关"和"系"之间的区别，"关"是指二元关系，而"系"是指二元关系所在的社会网络。所以，当我们谈论到关系时，其构成主体至少应该是两个并且这两个或多个主体之间的关联应该嵌入在一个更大的社会网络（即中国人所说的"圈子"）中。

其次，从关系的性质来看，关系既包括情感性成分，又包括工具性成分。最初，研究关系的学者们将关系定义为基于家庭或亲属关系的人际关系，这种关系是以情感或感情为纽带的。但后续一些学者认为，关系还存在工具性的成分，即两个主体之间若达成某种关系，往往是为了获取某种资源或特权。关系应该是一个介于情感性关系和工具性关系之间的连续体。[①]因此，我们可以将关系视作是一个区间，在这个区间的一端是工具性关系，在这个区间的另一端是情感性关系。面对不同的对象或情境，关系双方的状态可能处于该区间的任何一点，即偏向于工具性的关系或偏向于情感性的关系。

最后，从关系的规范性来看，关系应该是一种非正式的人际互动规范。相比于正式的人与人之间的交往，中国文化下的关系往往具有私人性。对于中国人而言，关系可以成为某个人的特殊资源。受到儒家文化的影响，中国文化下的关系往往有亲疏远近之分，如"君君、臣臣、父父、子子"。因此，中国文化中的关系往往是以自我为核心、有亲疏远近之分的"差序格局"。对于每个中国人而言，人与人之间的关系远近是存在差异的，关系越近，这个人越容易从对方那里获取资源或者获得更多的资源，所以在某种程度上，关系也就成为中国人的一种特殊资源。如果一个人想从某个人那里获取一些资源，而与目标对象的关系距离较远，那就需要通过结交与自己和目标对象的关系都较亲近的人，让这个人为自己"搭线"，从而与目标对象产生联系。

中国文化下的关系（guanxi）不同于西方文化下的关系（relationship），主要体现在以下两点。一方面，东西方文化中的自我价值不同。西方文化是个体主义取向的，更强调个人的自由、权利和成就，注重个人独立、自主的培养，社会的运作靠法律维系。而中国文化是集体主义取向的，自我是小我，集体是大我，小我在大我中有适当的位置，要面对及处理各种关系，社会的运作靠个人自律及舆论维系。另一方面，东西方文化中对于人际关系的态度和行为不同。西方更强调对等原则，而中国则更强调一个人在一个

---

① HWANG K. Face and favor: The Chinese power game[J]. American Journal of Sociology, 1987, 92(4): 944-974.

关系网络中的位置和针对不同的人所应采取的不同态度和行为。①中国的人际关系由此呈现出一种"以己为中心"由近及远的"差序格局"。②因此，我们可以看到，关系成为人们之间相互信任与合作的资源。

3.3.2 基于中国文化的关系营销③

由于中国文化下的关系与西方文化下的关系存在一定程度的差异，所以基于中国文化的关系营销也呈现出一些不同的特征，具体体现在以下五个方面。

第一，非即时性回报。基于中国文化的关系营销往往不要求交易双方在某一项交易中都能得到利益，而是希望通过长期的交往，二者都能得到利益，相互满足。

第二，讲责任、讲感情。中国的关系营销活动往往是先关系、后生意，为了生意的进一步做大，可以培养更多的关系，即呈现出"关系—生意—关系"的特点。

第三，信任和承诺呈现出"差序格局"的特征。中国文化下的承诺常常是一种文化上的默契，而这种默契往往隐藏在人际交往的规范之中。例如，当甲帮助了乙时，乙就要想办法回报甲，即使甲表面上声称自己不需要回报，乙也要想办法在未来回报甲，否则就会被圈内人所不齿。另外，中国人对他人的信任也呈现出一种"以己为中心的差序格局"：越靠近自己的越容易达成互信，离自己越远的越难以达成互信。

第四，互惠网络由血缘关系延伸。中国人的互惠网络往往是从血缘关系向非血缘关系延伸，从亲近关系向疏远关系延伸，其互惠关系网络是"以人伦为经，以亲疏为纬"编制出来的。

第五，先感情，再利益。中国的关系营销是先有信任与情感关系，然后利用信任与情感关系做生意，即在信任与情感关系中加入了利益因素，由此发展出关系营销。

营销与中国

患难见真情：HM公司在疫情下的关系治理之道④

武汉HM公司所属的HM集团是一家全球领先的汽车零部件供应商，为世界上很多著名的乘用车、轻型商用车、重卡、农用车、船舶、机车、非高速用车及工业用车的主机制造商提供零部件。目前，HM集团及其子公司在34个国家内，拥有超过45000名员工，销售总额达62亿美元，是全球十大汽车零配件供应商之一。

2020年1月23日凌晨，武汉的疫情防控指挥部发布1号通告，10时起机场、火车站等离汉通道暂时关闭。此时，国外确诊病例较少，国外客户的生产正常进行。随着复

---

① 杨国枢. 中国人的心理[M]. 南京：江苏教育出版社，2006.
② 费孝通. 乡土中国[M]. 上海：上海人民出版社，2006.
③ 庄贵军，席酉民. 关系营销在中国的文化基础[J]. 管理世界，2003（10）：98~109.
④ 杨倩，冯泰文，张茜松，刘学元. 患难见真情：HM公司供应链整合下的复工之路[DB/OL]. [2022-05-13]. 中国管理案例共享中心.

工复产时间的推迟，客户的原材料库存逐渐告急；进入 3 月份，国内绝大多数低风险省市陆续复工，国内客户的原材料库存也在不断消耗。作为供应链中的共同短板，HM 武汉工厂的持续停工严重影响着国外、国内客户的正常生产运作。很快，一些客户的原材料库存开始出现"断线"的情况，催单电话、催单邮件雪片式地飞来。一些客户在电话中的情绪十分激动，大喊再拿不到刹车片，自己就要"死掉"了。面对昔日熟悉的客户和老朋友们的催促和愤怒，远在千里之外的 HM 管理人员焦急万分。

为了履行与客户和合作伙伴之间的承诺，完成约定的零部件生产量并交付给客户，HM 公司在疫情期间开展了一系列关系营销活动，成功实现复工复产。第一，在企业外部，与当地政府联系，请求政府协助企业实现复工复产。第二，在企业内部，由工厂经理和主管带头，与一批被挑选的员工一起返工。第三，及时与上游供应商沟通，减少原材料和零部件的供应量，以适应企业当前的生产。第四，组建客户关系维护团队，将物流经理、客服和销售人员全部加进来，保证企业与下游客户之间的信息畅通。通过以上举措，HM 公司在疫情期间不但没有裁员，反而实现了质量和效率的提高。最终在疫情期间，HM 公司突破种种难关实现复工复产，履行了其之前对客户和合作伙伴做出的承诺，维护了其与客户和合作伙伴之间的关系，保证了产业链上下游企业的正常运转。这种不畏艰难、信守承诺的精神不仅深深鼓舞了每一位员工，还赢得了客户的尊重，拉近了与客户之间的关系距离。

3.3.3 中国文化下的关系营销与西方关系营销的比较

中国的关系营销是建立在中国文化的基础之上，与西方文化下的关系营销有所不同。因此，我们需要根据中国文化下的关系与西方文化下的关系之差异进一步认识中国文化下的关系营销。庄贵军和席酉民教授从关系主体、关系目的、关系基础、交往原则、关系媒介、行为模式和道德问题，共七个方面总结了中西方文化下的关系营销之间的区别，如表 3-2 所示。[①]接下来，我们将从这 7 个方面展开具体阐述。

1. 关系主体

在关系主体方面，西方的关系营销和中国的关系营销往往都是指组织与组织间的关系。但是，西方的关系营销更加理性，组织间的人际关系是依附于组织间关系的，组织间关系为主，人际关系为辅，人际关系的结束往往不会影响组织间关系。而中国的关系营销是以人际关系为主，组织间关系为辅。也就是说，中国的关系营销往往是利用人际关系来发展组织间的关系。在营销实践中，我们经常可以听到一个业务员的离开可能会带走一批顾客的事情。中国的关系营销根植于中国文化之中，中国的关系营销更像是将关系作为一种资源，通过利用这种资源给自己和自己的组织带来更多的利益。

---

① 庄贵军，席酉民. 关系营销在中国的文化基础[J]. 管理世界，2003（10）：98-109.

表 3-2　关系营销在中国的特性及其文化基础

	西方的关系营销	中国的关系	中国的关系营销
关系主体	组织与组织之间；组织间的人际关系往往体现的是组织与组织间的关系	个人与个人之间	利用人际关系发展组织与组织之间的关系
关系目的	工具性关系：通过信任、承诺与合作达到经济利益上的双赢	在理念上，人与人之间的和谐关系本身就是目的，但在实际生活中，关系也被用作获取各种利益的手段	工具性关系：经济利益是第一位的；常常利用非工具性关系来开发工具性关系
关系基础	共同的经济利益；在社会性纽带与结构性纽带中更重视结构性纽带	命定的联系（缘）主要是社会性纽带	人际关系常常是组织间关系的基础；在社会性纽带与结构性纽带中更重视社会性纽带
交往原则	经济上的长期互惠互利（双赢）	不同关系基础之间的基础和关系目的，有不同的关系行为模式	义利兼顾；重亲情、人情，轻法制
关系媒介	合作中各自获得的经济利益礼尚往来在加强	基于不同的关系基础和关系目的，有不同的关系行为模式	合作中各自获得经济利益；礼尚往来；人情、面子
行为模式	开发的关系	基于不同的关系基础和关系目的，有不同的关系行为模式	开发的关系；其他关系行为模式掩盖下的开发的关系行为模式
道德问题	存在道德问题	非工具性关系符合中国的人伦道德观念，不存在大的道德问题；工具性关系道德问题严重	存在道德问题；有时与"灰色营销"相交织

2. 关系目的

在关系目的方面，西方的关系营销往往是一种手段，其建立和发展的关系是工具性的，关系只是一种获利的手段而非目的。而中国的关系营销虽然也有工具性的成分，但经常通过非工具性关系来建立与开发工具性关系。中国文化中对于人与人之间和谐关系的追求导致人们比较忌讳将人际关系作为获取利益的手段。然而，关系作为中国人生活中一种重要的资源，也经常被用来获取经济利益。这种矛盾导致了中国的关系营销不像西方的关系营销那样直接，在情感性关系的基础上再展现关系工具性的一面，即呈现出"关系—生意—关系"的与西方不同的关系营销程序。

3. 关系基础

在关系基础方面，西方的关系营销更依赖于结构性纽带，即通过提高关系结束的成本将顾客"锁定"在关系中，而中国的关系营销更重视社会性纽带，即通过人际关系而建立联系并维系关系。在中国市场中，比较常见的现象是当作为维系两个企业合作关系的一个关键人际关系结束时，如两个企业高管间个人关系交恶，企业间的合作往往也会随之结束。

4. 交往原则

西方的关系营销往往遵循一种对等原则，即长期的互利互惠。而中国的关系营销遵循的是"义利兼顾"的人情原则，即更重视亲情和人情，对亲属和熟人采取"特殊照顾"。

这种基于"差序格局"关系的人情交换使得中国企业间的营销活动不可避免地掺杂了很多情感和私人的元素,从而很容易产生"灰色营销"这样的道德伦理问题。

5. 关系媒介

西方的关系营销主要是以经济利益作为关系媒介,利益促使交易双方保持关系。而中国的关系营销的关系媒介除利益外,还有人情、面子、礼物等,人情和面子是中国关系营销特有的。在人情和面子主导的人际交往原则中,人际关系得以维系和发展,企业间的合作关系也得以维系。但必须指出的是,经济利益是企业间合作的基础,因此以人际关系为基础的中国企业间关系,也离不开经济利益这一核心要素。

6. 行为模式

西方和中国的关系营销的行为模式中都有开发关系的成分,所谓开发关系是指当意识到某人可以为自己带来利益时,通过各种手段与此人接触并建立关系。但在中国的关系营销中,这种开发的关系往往被其他类型的行为模式所掩盖。例如,当一个组织试图与另一个组织建立联系,该组织往往会先寻找自己组织内部与对方组织的关键人物有私人关系的成员。换句话说,中国的关系营销在开发关系的过程中,可能会先通过两个组织中的成员之间的私人关系作为切入点,再进行关系的开发。因此,中国市场中关系营销的行为模式通常是用一个"非工具性关系"(如同学和朋友)去发展一个"工具性关系"——企业间的经济交易关系。

7. 道德问题

西方的关系营销和中国的关系营销都存在道德问题,如"走后门"。但是,中国的关系营销中的道德问题更为复杂,尤其是中国的关系营销遵循的是人情法则,这可能会让营销人员在开展关系营销时面临两难的局面,即遵循了人情法则,损害了组织或其他社会成员的利益;或维护了组织或其他社会成员的利益,但违背了人情法则。因此,中国的关系营销中的道德问题相对来说更为复杂。

总体而言,中国文化中的关系营销呈现出与西方经典理论较大的差异,这种差异主要来自于中国文化的独特性。因此,中国企业在开展关系营销活动时,一方面,必须考虑中国本土文化的独特影响;另一方面,也要理性地认识到扎根于中国文化的关系营销活动所具有的不足与缺陷,并能够通过企业制度化的设计来弥补这些不足和缺陷,从而降低相关活动可能对企业带来的负面影响。

本章提要

关系营销是指一个以提高绩效为目的,识别、发展、维护和终止关系交换的过程。虽然关系营销的概念在20世纪80年代才被学者们提出,但以关系为导向的市场营销实践在人类社会的前工业时期就已出现。到工业时期,随着大生产和大消费时代的到来,以关系为导向的市场营销实践逐渐被以交易为导向的营销活动替代。在后工业时期，以关系为导向的市场营销实践再次归来，关系营销的概念逐渐被管理者们和学者们重视起来。

关系营销的应用有三个层次，一级关系营销通过满足顾客的财务价值来确保顾客的忠诚度。二级关系营销通过满足顾客的社会价值来确保顾客的忠诚度。三级关系营销通过结构性解决方案增加顾客价值来确保顾客的忠诚度。企业可以通过设立关系营销机构、配置关系营销资源、整合文化以及为顾客提供定制化服务，进一步增加顾客价值，提高关系营销的应用效率。

中国传统文化下的关系是一种非正式的、同时具有情感性属性和工具性属性的、嵌入在一个社会网络下的两个主体之间特有的交流规范。基于中国文化的关系营销呈现出：非即时回报性、讲责任与讲感情、信任和承诺呈现出"差序格局"的特征、互惠网络由血缘关系延伸和"先感情，再利益"的特征。由于中西方文化的差异，中国文化下的关系营销与西方文化下的关系营销相比，在关系主体、关系目的、关系基础、交往原则、关系媒介、行为模式和道德问题方面存在差异。

案例分析

华采找鱼：B2B 电商平台模式下的关系营销[①]

2015 年，华采找鱼（以下简称华采）平台成立。2019 年，国内最大的鱿鱼单品 B2B 交易平台——华采的交易额超过 100 亿元人民币，2020—2021 年连续两年入选"中国产业互联网百强企业"。华采的快速发展与其关系营销策略密不可分。

1. 经纪人团队的引入

为了解决传统的鱿鱼产业链中信息不对称的问题，华采最初效仿国内外一般的电商平台通过吸引大量的买方和卖方用户，汇集各种相关资源与交易信息，从而提高买卖双方的交易效率。当时，华采只充当信息桥梁的角色。然而，在华采平台建立一段时间之后，有客户反馈，虽然在华采平台上能看到更多的货源信息，但还是需要自己进行询价、比价、议价、品控等，若是这些环节平台也能帮他们操作就好了。华采之前所搭建的信息平台实际上只发挥了找货功能，并没有使客户摆脱传统交易中的烦琐过程。华采的创始人章凡意识到，短暂的客户吸引并不是长久之事，要想留住客户，仅仅提供交易环境，让他们自己进行交易匹配还远远不够。此外，华采平台上的产品以柜（集装箱）为交易单位，每个集装箱是 25 吨，这种量级的交易实际上是一种大宗交易，交易金额动辄几千万元，而且水产行业长久以来都存在掺杂次品的现象，这就使得信任问题非常突出。在平台上，之前没有交易接触过的买卖双方很难产生信任关系，这会在一定程度上阻碍二

[①] 张闯，郝凌云，斯浩伦. 华采找鱼：从餐饮供应链末端供应商到全球水产供应链领导者[DB/OL]. [2022-03-07]. 中国管理案例共享中心.

者自由匹配的成功。章凡思来想去，发现不论是双边议价还是增进信任都离不开"人"的作用，于是他们决定自建经纪人团队，通过内部团队的配合来帮助客户进行双边议价，真正提升交易效率，同时，通过经纪人的服务互动来缓解买卖双方的信任担忧。在此阶段，华采不仅充当信息桥梁，而且通过经纪人参与交易匹配，致力于为客户提供完备的交易解决方案。对于双方客户来说，不再需要通过以往线下的多方询价、找货、对比等，只需跟华采联系，平台就可为其提供交易匹配、货物品控等服务，交易效率大幅提升，并且交易质量也能有所保障。对于华采平台来说，买卖双方为其带来商品货源和采购订单，并且双方客户基础逐渐扩大，进一步促进网络效应，这为华采在产业中话语权的积累奠定基础。

2. 关系营销资源的配置

华采通过经纪人团队介入了买卖双方的交易环节，丰富服务功能，进而获得竞争优势，逐步成长为产业信息枢纽。但是，仅靠"撮合"上下游的交易难以确立其在整个产业链中的地位，基于货源的把控才是赋能业务团队的根本、是一切衍生功能的起点。为此，华采采用轻资产整合重资产的方法与全国各地方TOP10的大体量冷库合作，打造华采云仓联盟。

华采从冷库切入主要有以下两方面考虑：一是赋能业务团队，提升服务效率。整合冷库后，华采可以对各个冷库的货源进行信息化上传，经纪人可以通过内部系统获取货源信息，省去逐个拜访冷库的时间。同时品控和发货环节也更易于把控和追溯，发货质量得到某种程度的保障，提升下游客户价值。二是拓展业务队伍，提供增值服务。冷库资源的接入能扩大华采的货源基础，从而使其拥有更多的分销机会，在自身业务团队分销能力饱和后，可以连接外部合伙人进行分销，从而强化华采的分销能力，提升产业地位。由于华采业务范围遍布全球，国内冷库某种程度上可以成为海外客户的前置仓，为客户提供更多增值服务。与此同时，针对冷库货物，华采还可以提供金融、物流等更多衍生功能，提升客户依赖度和满意度。

建立华采云仓联盟之后，为了更好地赋能平台经纪人，华采搭建货源上传系统，同时在冷库中设立云仓团队，并将之前的品控团队并入进来。经纪人团队只要聚焦于交易匹配就行，其余的工作交给了云仓团队。云仓团队主要承担品控和货源信息化职能，前者负责产品质量抽检，后者负责把仓库里所有的货源拍照，按照华采的分类标准，上传到华采平台的供求大厅供内部人查看，实现货源信息化。这时候，经纪人团队和云仓团队并行，各司其职，强化服务质量，大幅提升匹配效率，经纪人服务客户的数量较之前翻了3倍。除了赋能之外，实际上云仓团队的设立对经纪人来说也存在一种约束的成分。离开了云仓团队，经纪人没法把货发走，这就降低了他们"走私单"的情况，能避免他们的一些机会主义行为。

3. 增值服务的提供

解决了客户的交易效率问题之后，客户中又出现了一系列需求声音："在银行贷款太困难了，我把订单压给你，能不能贷些钱。""我还得找车发货，你们直接帮我联系物流吧。"……客户的需求让华采看到了进一步发展的机会。章凡他们认为，要想长久地留住客户，不能仅聚焦于交易效率问题，要从客户的多元需求去思考。于是，为了满足客户的多元化需求，华采接入了金融、物流等其他的功能互补者，进一步提升生态效能。在金融上，华采与京东金融、复星金服等机构合作，针对买卖双方客户提供金融服务。华采的金融服务主要有三类。第一，采购垫付。如果下游客户要采购一批货物，但资金不足，此时下游客户可以把现有的资金交给华采，剩下的部分由华采垫付，客户可以根据还款情况分批提货。第二，现货抵押。捕捞公司认为货物未来会涨价，但是公司现在没有现金周转，此时可以把货物放在华采云仓中进行抵押以获得周转资金。第三，订单融资。比如国内加工厂收到海外客户的订单，但加工厂没有足够资金买原材料，此时，工厂可付给华采一定的保证金委托华采采购原材料。采购回来的原材料放在华采仓库中，然后华采把部分原材料给工厂去加工，接着拿加工好的成品和边角料换下一批原材料。当把全部原材料加工完成后，由华采把货物出口给海外客户。华采金融服务的提供克服了传统水产企业难以获得银行贷款的困境，大幅降低了客户的融资成本。在物流上，华采与3家第三方物流公司合作，云仓团队会根据客户需要为其联系平台的合作物流商，帮助客户进行物流沟通、发货等操作。

"在产业互联网时代，所有的生意都值得重做一遍，给了我们机遇，同样也增加了挑战，只有摸清方向，才能破圈突围"，在一次访谈中，章凡语重心长地说道。此时，窗外的树木早已长出新叶，在暖风中茂盛地生长着，沐浴着温和的阳光，远在南半球的阿根廷东海域泛起一阵阵白色的水花，数艘远洋捕捞船在辛勤地进行着鱿钓活动。船东、经纪人，还有诸多买家等交易方在华采找鱼平台上不断活跃着，围绕着一条鱿鱼创造更多的价值。

讨论：

1. 案例中，华采找鱼为什么用经纪人匹配买卖双方？体现了基于中国文化的关系营销的哪些特点？
2. 通过案例分析，华采找鱼是如何通过关系营销增加顾客价值的？
3. 相对于传统营销战略，华采找鱼选择顾客关系营销战略的优势有哪些？
4. 结合案例分析，B2B电商平台模式下的关系营销有什么特点？

拓展阅读

[1] CHEN C C, CHEN X P, HUANG S. Chinese guanxi: An integrative review and new directions for future research[J]. Management and Organization Review, 2013, 9(1): 167-207.
[2] ZHANG J Z, WATSON IV G F, PALMATIER R W, DANT R P. Dynamic relationship marketing[J]. Journal of Marketing, 2016, 80(5): 53-75.
[3] 夏春玉，张志坤，张闯. 私人关系对投机行为的抑制作用何时更有效：传统文化与市场经济双重伦理格局视角的研究[J]. 管理世界，2020，36（1）：130-145.

即测即练

扫描此码 自学自测

第 4 章

市场营销环境分析

本章学习目标

通过学习本章,学员应该能够做到几下几点。
1. 了解什么是市场营销环境,对市场营销环境有一个全面、清晰的认知。
2. 了解市场营销环境的含义、要素。
3. 熟悉和掌握市场营销环境的构成。
4. 理解 SWOT 分析。

引导案例

新冠疫情下餐饮老字号——柳泉居

在人们置办年货迎接 2020 年春节的同时,许多餐饮企业热火朝天地准备着年夜饭。就在老字号们摩拳擦掌,准备大干一场的时候,新冠疫情的到来冲击了那些依赖线下堂食开展运营的餐饮行业。春节的年夜饭和婚宴订餐几乎全部被取消,大量食材的囤积、房租的照付、人员工资等压力,让餐饮企业几乎喘不过气来。北京老字号柳泉居在这一非常时期基本停业,进入了黑暗时期。

随着抗疫、防疫工作的开展,2 月 24 日,商务部印发了《关于在做好防疫工作的前提下推动商务领域企业有序复工复产的通知》,此时,企业可以在做好疫情防控的前提下,有序复工复产。但人们对外出就餐仍有戒备之心,这种情形下,柳泉居怎么渡过难关呢?

柳泉居首先把外卖窗口当作主阵地,以被誉为京城豆包界的"爱马仕"的豆沙包为主线,还推出多款馅料的包子,重点推广酱牛肉、酱猪蹄、酱肘子、红烧带鱼这 4 样便于顾客携带的速食,并增加一些家常菜、炸藕盒、牙签肉等顾客喜欢但制作过程烦琐的新菜肴,把广大顾客从烟熏火燎的厨房中解放了出来。

随着各种节日的到来,柳泉居结合节日热点,应时推出促销活动和特色美食。在"三八妇"女节,柳泉居行政总厨 D 先生亲自设计了"相约春天女神节"外卖;北京素有"头

---

① 张景云,程瑜. 餐饮老字号柳泉居:新冠疫情下砥砺前行[DB/OL]. [2021-03-09]. 中国管理案例共享中心.

伏吃饺子"的习俗，柳泉居在头伏当天添上水饺；七夕节，研发推出新菜"蜜汁百合"；重阳节将至，为就餐老人免费送上重阳糕和羊汤；立冬，柳泉居推出温中暖肾、益气补虚的秘制羊排……

随着网络直播不断升温，许多老字号纷纷搭上直播这趟"快车"。在2020年4月份，北京市商务局发布通知：要求各经营单位在疫情期间，不得在线下举办店庆等促销活动，鼓励餐饮企业利用线上电商、直播平台进行促销。为了体现老字号与时俱进的形象，把顾客引到门店，柳泉居也开始考虑如何借助网络直播营销。

为了做好直播，柳泉居邀请了一位专讲老北京文化的网红协助直播；5月22日，柳泉居和腾讯合作开展以"企鹅线上购物节，我为祖国吃喝玩乐"为主题，"去去且寻谋一醉，城西道有柳泉居"为宣传口号的"吃播"大赏活动。

直播中，有大厨展示手艺，菜品讲解，还有吃播秀。毕竟柳泉居的大多数菜品更适合去店内品尝，此次直播的主要目的是将一批线上观众吸引到店里就餐。所以直播还把线下的消费场景搬到线上，将菜品呈现到消费者面前，激发观众到线下就餐的欲望。

临近2021年春节，疫情出现反弹。面临新一轮的挑战，柳泉居这次有了准备，推出电话订餐服务，主要有酱货礼盒（酱牛肉、酱猪蹄、酱肘子等）、半成品礼盒（柳泉居扒鸡、豆包、四喜丸子等）和年夜饭半成品礼盒（红烧丸子、清炒虾仁、白灼芥兰等）。

在后疫情时代，柳泉居不仅拓展线上业务，还在社区开展社群营销，更有意思的是组建了自己的派送队伍，扩大了配送范围，派出专车穿梭于京城各地派送年货，收益可观。

4.1 市场营销环境概述

4.1.1 市场营销环境的概念

美国著名市场营销学者菲利普·科特勒认为：营销环境是影响企业市场和营销活动不可控制的参与者和影响力。具体地说，市场营销环境是指影响企业的市场营销管理能力，使其能否有效地发展和维持与其目标顾客交易及关系的外在参与者和影响力，是与企业营销活动有关的潜在的影响因素的集合。

市场营销环境是一个多因素、多层次，并且不断变化的综合体，通过两种方式影响企业营销活动：一种是直接影响，另一种是间接影响。直接影响主要是微观环境直接影响和制约企业营销活动，而间接影响则主要是宏观环境以微观环境为媒介间接影响和制约企业营销活动。因此，在分析市场营销环境时，不仅要重视环境因素的直接影响，也要注意环境因素的间接影响。企业的市场营销环境十分复杂，其变化速度远远超过企业内部因素。企业的生存和发展，越来越决定于适应外部环境变化的速度。企业要在繁杂纷纭的市场上把握机会，就必须认真地分析市场营销环境。

市场营销环境会对企业营销活动产生正负两种影响：一方面，市场营销环境中会出现许多不利于企业的因素,给企业带来挑战,如果企业不采取相应手段解决这些问题,这些因素最终会给企业营销活动带来威胁。另一方面,市场营销环境会给企业带来营销机会,成为企业开拓新业务的重要基础。环境也会向企业提供营销活动所需的各种资源,如资金、信息、人才等。面对市场营销环境带来的机遇与挑战,市场营销既要适应环境又要设法改变环境。随着生产力水平的提高和科学技术的进步,企业可以通过对内部因素的优化组合,去适应外部环境的变化,保持企业内部因素与外部环境的动态平衡,使企业不断充满生机和活力。企业面对外部环境不是被动的,企业可以积极主动地适应营销环境。也就是说,企业可以通过分析研究环境变化规律来提高适应能力,也可以在变化环境中寻找新机会,或是利用现有资源去影响、改变环境。

4.1.2 市场营销环境的构成要素

市场营销环境内容广泛且复杂,一般来说,主要包括两方面的构成要素,宏观环境要素和微观环境要素。

1. 宏观市场营销环境

宏观市场营销环境又被称为间接营销环境,是指所有与企业的市场营销活动有联系的环境因素,包括政治、法律、经济、人口、社会、文化、科技以及自然资源等方面的因素。这些因素涉及广泛的领域,主要从宏观方面对企业的市场营销活动产生影响。这些因素之间既相互制约,又相互影响,形成极为复杂的因果关系。

2. 微观市场营销环境

微观市场营销环境又称直接营销环境,它是指与本企业市场营销活动有密切关系的环境因素,如供应商、营销中介、竞争者、顾客等因素。微观市场营销环境体现了宏观市场营销环境因素在某一领域里的综合作用,对企业服务顾客的能力构成直接影响。

宏观市场营销环境与微观市场营销环境之间并不是并列关系,而是主从关系。微观市场营销环境要受制于宏观市场营销环境,但宏观市场营销环境一般以微观市场营销环境为媒介去影响和制约企业的营销活动。图 4-1 对企业营销的宏微观环境要素进行了汇总。

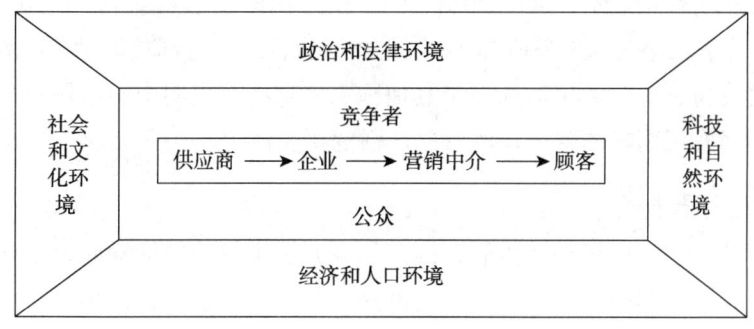

图 4-1 市场营销环境构成

4.1.3 中国本土市场营销环境解析

中国是一个幅员辽阔、人口众多,经济由高速增长阶段转向高质量发展阶段的国家。现阶段,中国本土市场营销环境存在以下特点。

1. 中国文化根深蒂固

中国在五千年的历史长河中,形成了中华民族特有的传统文化。它不仅在历史上为推动民族进步和社会发展发挥过重要作用,在今天仍然影响着人们的思想观念。根据霍夫斯坦德(Hofstede)提出的国家文化差异的5个维度(权力距离,不确定性的规避,集体主义/个人主义,男性化与女性化及长期取向和短期取向),中国表现出了与很多国家,尤其是西方国家之间巨大的差异。例如,在个人主义层面,中国的得分仅为20,而美国则高达91。由此可以看出中国是一个明显的集体主义国家。除此以外,长期取向/短期取向的量表开发来自于中国学者,在题项设置上借鉴了孔子的学说,在一定程度上反映了一个国家受儒家影响的程度。在这个层面,中国的得分远高于美国,很好地反映了中国文化中的特殊要素,即儒家思想。

2. 经济体量大且增长较快

改革开放后,中国在很长一段时间内,保持了世界范围内经济的最高增长速度。在2010年之后,中国的GDP超越日本成为世界第二,并在近10多年内继续保持较高的增速,进一步减小了与世界第一美国的差距。国家统计局的数据显示,中国2021年的GDP为114万亿元人民币,相比2020年的GDP(102万亿元人民币)增长8.1%。即使在新冠疫情的持续影响下,作为世界第二大的经济体,中国仍然在努力保持经济增速。

3. 新技术应用迅速

一方面,我国在新技术基础设施建设上保持了较高的投资水平,尤其是网络基础设施建设、移动通信设施建设等方面。例如,2020年《数字中国发展报告》显示,中国的固定宽带家庭普及率已经高达96%,移动宽带用户普及率达到108%,已建成5G基站71.8万个。另一方面,国人对于新技术、新方法的接受程度也普遍较高。中国互联网络信息中心(CNNIC)的数据显示,截至2021年12月,中国网民规模达到了10.3亿人。在移动支付领域,普华永道会计事务所2019年全球消费者洞察力调查显示,高达86%的中国人口使用移动支付,这一数字远远高于其他国家。这些都表明中国市场对于新技术,尤其是基于互联网发展而来的营销技术有比较强的接受能力。

4. 政策引导性较强

我国属于社会主义市场经济体制,因此,在开展市场营销活动时,企业必须要考虑国家宏观政策调控的影响。例如,企业给商品定价,不但要考虑市场供求状态,而且还要考虑到消费者收入水平、财政税收政策对需求可能的影响。在我国,宏观经济调控政策的出台往往会对市场营销环境产生巨大影响，如 2018 年受猪瘟疫情影响，猪肉价格上涨过快，政府出台了相应政策，通过宏观调控来稳定生猪生产和猪肉保供稳价。2021 年，国家为了进一步减轻学生负担，实行了"双减"政策，对校外培训活动进行全面规范。从事校外学科培训的企业经营受到了巨大的影响，因此，新东方、好未来旗下多家公司集体变更了经营范围，其中新增了艺术、体育、科技类培训等合规项目。

4.2 宏观市场营销环境分析

宏观市场营销环境一般包括政治、法律、经济、人口、社会与文化、科技与自然等方面的因素，企业要注意这些因素之间相互作用带来的机会与威胁。

4.2.1 政治和法律环境

政治和法律环境是指特定社会下对组织或者个人起到约束作用的法律或者政府机构，包括法律、政府机构、影响各种组织和个人的社会团体。政治与法律相互联系，共同影响企业营销活动。

1. 政治环境

政治环境指企业外部政治形势和政府制定的方针政策的变化对企业市场营销活动的影响或可能的影响。

（1）政治局势

政治局势指企业营销活动所处的国家或地区的政治稳定状况。一个国家的政局稳定与否，会给企业营销活动带来重大的影响。如果政局稳定，人民安居乐业，就会给企业创造良好的营销环境。相反，政局不稳，社会矛盾尖锐，秩序混乱，就会影响经济发展和人民的购买力，进而影响企业的营销活动，迅速改变企业环境。特别是在对外营销活动中，企业一定要考虑东道国政局变动和社会稳定情况可能造成的影响。

（2）方针政策

在不同时期，国家政府根据不同需要会制定经济发展的方针政策，这些方针政策体现着政治环境，影响企业营销活动。如国家出台减税降费相关政策，减轻企业负担，增强企业活力；国家加快信息基础设施建设，构建"智能+"消费生态体系，释放消费需求；国家为减轻义务教育阶段学生负担，出台了双减政策，规范了校外培训企业的培训行为，改变了企业的经营范围。还有人口政策、能源政策、物价政策、财政税收政策、金融与货币政策等，这些给企业的营销活动提供了依据。

国家的方针政策不只影响本国企业的营销活动，还影响外国企业的营销活动，造成市场营销的政治风险。市场营销中常见的政治风险有 5 种：国有化、干预、进口限制、税收政策调整、价格管制。另外，国家间的政治、经济、文化、军事等关系也会影响企业的营销活动。因此，企业在进行国营销活动时，一定要关注东道国的政策。

2. 法律环境

对企业来说，法律环境是约束企业的各种法律法规。法律是评判企业营销活动的准则，只有依法进行的各种营销活动，才能受到国家法律的保护。因此，企业开展市场营销活动，必须了解并遵守国家或政府颁布的有关经营、贸易、投资等方面的法律、法规。从事国际营销活动的企业不仅要遵守本国的法律制度，还要了解和遵守东道国的法律制度，以及有关的国际法规、国际惯例和准则。

法律法规内容涉及的面很广，与企业开展营销活动直接有关的是维护市场秩序、消费者权益和环境保护相关的法律规定，如商标法、公司法、价格法、反不正当竞争法等。法律不是一成不变的，政府会根据市场环境的变换、法律的不完善等不断修订法律。企业还应时刻关注政府对法律的修订，调整企业的营销活动方式、经营范围、行为等，确保企业依法开展经营活动。如近年来，中国互联网平台飞速发展，然而缺少明晰的竞争规则，激烈竞争的同时伴随着野蛮竞争、无序扩张。对此，中国制定出台《关于平台经济领域的反垄断指南》，查处阿里巴巴集团"二选一"等重大典型垄断案件；2021年，市场监管总局依法对美团"二选一"垄断案做出行政处罚决定。

虽然有些法律的特殊规定限制了某些市场要素的发展，但法律规定不全是限制，有些法律规定给企业带来了机遇。比如，新《药品管理法》使网售处方药合法化，明确了一定条件下，允许网络销售处方药。药企打开了新的销售渠道，中小药店也能参与医药电商，这为互联网医疗及相关的医药电商、信息化企业带来了新的机遇。

4.2.2 经济和人口环境

1. 经济环境

经济环境由影响人们购买能力和消费模式的经济因素组成。企业的市场营销行为必须契合市场的经济状况与消费模式的变化。其中，消费者购买力水平是市场形成并影响其规模大小的决定因素，它也是影响企业营销活动的直接经济环境。而消费者的购买力则取决于宏观的经济发展水平、经济体制和城市化程度，以及微观的消费者收入水平、支出模式和消费结构、储蓄、信贷等。

（1）经济发展水平

经济发展阶段不同，居民的收入不同，顾客对产品的需求也不一样，从而会在一定程度上影响企业的营销行为。如在经济发展水平比较高的地区，消费者更注重产品的款式、性能及特色，质量竞争多于价格竞争。而在经济发展水平比较低的地区，消费者往往更注重产品的功能及实用性，价格因素显得比产品质量更为重要。因此，在经济发展水平不同的地区，企业应采取不同的市场营销策略。

美国学者罗斯顿根据他的"经济成长阶段"理论，将世界各国的经济发展归纳为 5

种类型：传统经济社会、经济起飞前的准备阶段、经济起飞阶段、迈向经济成熟阶段和大量消费阶段。凡属前三个阶段的国家称为发展中国家，而处于后两个阶段的国家则称为发达国家。处于不同发展阶段的国家在营销策略上也有所不同。而目前中国的经济发展水平正处于迈向成熟的阶段。因此，从经济发展水平的角度来看，现阶段企业在中国市场的营销活动应该更加重视产品质量、服务水平的提升，而不应该仅仅关注于价格问题。

经济发展水平也可以通过国民生产总值和人均国民生产总值进行衡量。国民生产总值的增长幅度反映了一个国家经济发展的状况和速度。国民生产总值增长越快，消费者对商品的需求越大，消费者购买力就大，反之就越小。人均国民生产总值是国民收入总量除以总人口的比值。这个指标大体反映了一个国家人民生活水平的高低，也在一定程度上决定商品需求的构成。通过图 4-2 可以看出，我国 2015—2021 年人均国民生产总值持续增长，说明我国消费者对商品的需求逐渐增大，也表明我国消费者的购买力越来越强。而人均国民生产总值减少时，消费者对商品的需求降低，消费者购买力也降低。

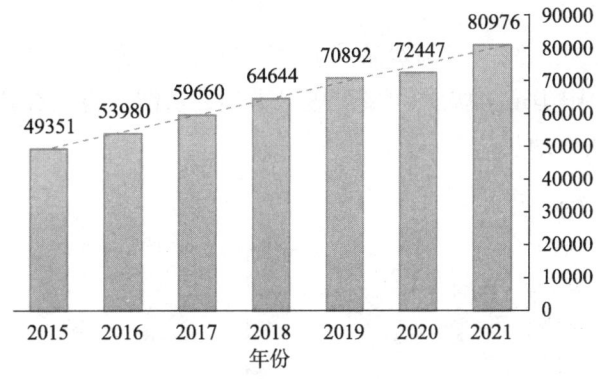

图 4-2　中国历年人均国民生产总值（单位：元）

（2）经济体制

世界上存在着多种经济体制，如计划经济体制、市场经济体制、计划-市场经济体制、市场-计划经济体制等，不同的经济体制对企业营销活动的制约和影响不同。例如，在计划经济体制下，企业是行政机关的附属物，没有生产经营自主权，企业的产、供、销都由国家计划统一安排，企业生产什么，生产多少，如何销售，都不是企业自己的事情。在这种经济体制下，企业不能独立地开展生产经营活动，因而，也就谈不上开展市场营销活动。而在市场经济体制下，企业的一切活动都以市场为中心，市场是其价值实现的场所，那么企业必须特别重视营销活动，通过营销实现自己的利益目标。

（3）城市化程度

城市化程度是指城市人口占全国总人口的百分比，它是一个国家或地区经济活动的重要特征之一。城市化是影响营销的重要环境因素之一，这是因为，城乡居民之间存在着某种程度的经济和文化上的差别,进而导致不同的消费行为。目前我国大多数农村居民消费的自给自足程度仍然较高,而城市居民则主要通过货币交换来满足需求。此外,城市居民一般受教育较多,思想较开放,容易接受新生事物,而农村相对闭塞,农民的消费观念较为保守,故而一些新产品、新技术往往首先被城市所接受。企业在开展营销活动时,要充分注意到这些消费行为方面的城乡差别,相应地调整营销策略。

(4) 消费者收入

消费者的购买力与消费者收入存在正相关关系。但消费者并不一定会把全部收入都用来购买商品或服务,购买力只反映了消费者收入的一部分。因此,在研究消费收入时,还要注意区分个人可支配的收入、可任意支配的收入和家庭收入。个人可支配收入是在个人收入中扣除税款和非税性负担后所得余额,它是个人收入中可以用于消费支出或储蓄的部分,它构成了消费者的实际购买力。个人可任意支配收入是在个人可支配收入中减去用于维持个人与家庭生存不可缺少的费用(如房租、水电、食物、衣着等开支项)后剩余的部分。家庭收入包括货币收入和实物收入,它的高低会影响很多产品的市场需求。

一般来讲,家庭收入高,对消费品需求大,购买力也大;反之,需求小,购买力也小。图4-3反映了中国居民的人均可支配收入数据,从图上也能看到,中国消费者近年来消费能力实现了快速增长。

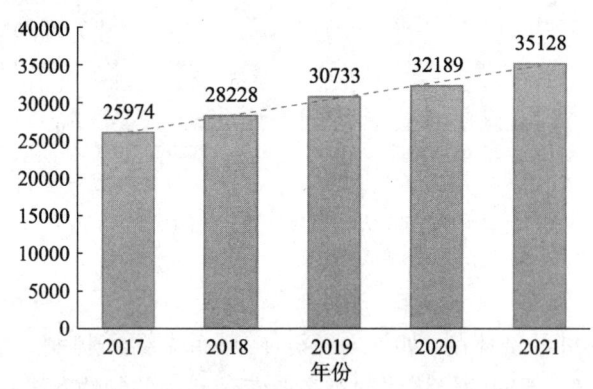

图4-3 中国人均可支配收入(单位:元)

(5) 消费者支出模式和消费结构

随着消费者收入的变化,消费者支出模式会发生相应的变化,进而使消费结构发生变化。消费结构是指各类消费支出在总费用支出中所占的比重,能够反映一国的文化、经济发展水平和社会的习俗。通过考察消费结构,可以剖析目标市场产品需求的构成,检验人们需求获得满足的状况,因此,消费结构是企业开展市场营销活动的立足点。

通常可以通过恩格尔系数观察这种变化。

恩格尔系数 = 食物支出变动百分比/收入变动百分比

恩格尔系数是衡量一个国家、地区、城市、家庭生活水平高低的重要参数。食物支出占总收入的比重越大，恩格尔系数越高，生活水平越低；反之，食物支出占总收入的比重越小，恩格尔系数越小，生活水平越高。如图4-4所示，2016—2019年我国恩格尔系数呈递减趋势，生活水平上升，消费者其他支出在增加。企业应该在这种情况下加大营销投入，促进消费者购买。

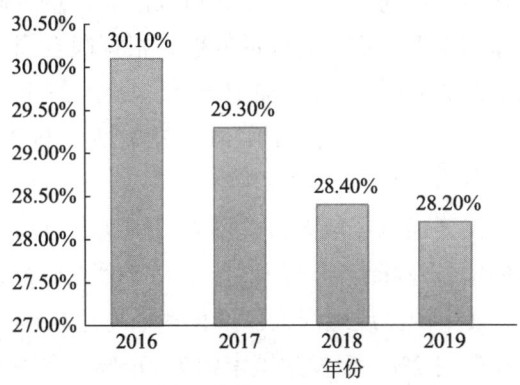

图4-4　中国历年恩格尔系数变化

（6）消费者储蓄、信贷条件

消费者的购买力还受储蓄和信贷条件的直接影响。当收入一定时，储蓄越多，现实消费会减少，但潜在的消费量增加；反之，储蓄越少，现实消费量就越大，潜在消费量就越小。企业营销人员尤其要了解消费者储蓄目的的差异。因为储蓄的目的不同，也往往会影响到潜在需求量、消费模式、消费内容和消费发展方向。这就要求企业营销人员在调查、了解储蓄动机与目的的基础上，制定不同的营销策略，为消费者提供有效的产品和服务。

消费者信贷对购买力的影响也很大。消费者信贷指消费者凭信用先取得商品使用权，然后按期归还贷款，以购买商品。这实际上是消费者购买超过自己现实购买力的商品，提前消费。信贷消费允许人们购买超过自己现实购买力的商品，因而在短时间内会创造更多的需求。

中国的传统消费观念以储蓄为主，曾经的个人消费领域的信贷基本上局限于住房、汽车等商品。如今，超前消费在年轻群体中接受度越来越广泛，分期付款的支付方式在手机、服装等商品上也更加常见。尼尔森公司发布的《中国年轻人负债状况报告》显示，在18~29岁消费者中，总体信贷产品的渗透率为86.6%。其中，42.1%的年轻人只使用消费类信贷并且在当月还清，43.3%的年轻人认为使用信贷产品是更精明的消费方式，这说明年轻人更愿意消费。而花呗、京东白条等各种互联网信贷产品的出现也增加了年轻群体的购买力，企业开展营销活动时应关注这一群体的需求。

2. 人口环境

市场是由具有购买欲望和购买力的人构成的，所以，人口是构成市场的重要宏观环境因素。人口环境是影响企业营销活动与人口有关的各种因素，包括人口规模和增长率、人口结构等因素。

人口规模直接决定市场的潜在容量，人口越多，市场规模就越大。人口规模对市场规模的决定性影响，通常表现在对基本生活资料市场的需求量方面。因此，人口规模成为提供人们生活所需产品的企业所重点关注的问题。根据联合国《世界人口展望》2017年修订版，世界人口数量自2005年以来增加了10亿人。2021年5月，我国《第七次全国人口普查主要数据情况》公布，全国人口共14.1178亿人，与2010年相比，增加7206万人。

对企业营销来说，不仅要通过了解人口规模来了解现有市场规模，更需要关注人口增长的趋势。因为人口的增长意味着需求的增长，人口增长与否或速度快慢影响着未来市场变化方向。目前，发展中国家或地区人口增长率平均达2.1%，其中，撒哈拉以南非洲地区人口平均增长率高达3.2%，而发达国家则为0.6%，有些西欧、北欧国家人口增长率为负。我国人口2010年到2020年年平均增长率为0.53%，比2000—2010年的年平均增长率0.57%下降0.04个百分点。近年来的数据也显示中国的人口增长率还在进一步降低，这对企业在中国市场的营销计划存在着巨大的影响。

除人口规模和人口增长情况以外，人口结构同样会对企业的营销行为产生重大影响。人口结构主要包括人口的年龄结构、性别结构、家庭结构、社会结构、民族结构、教育水平、人口的地理分布及流动性。

（1）年龄结构

自然人口的变化反映在他们的年龄结构上。年龄结构通常分为6个阶段：学龄前儿童、学龄儿童、青少年、25～40岁青年人、40～60岁中年人和60岁以上的老年人。不同年龄人群对商品的需求不一样。目前，中国的人口老龄化趋势进一步加快，60岁及以上人口占总人口比例已经高达18.70%，远超老龄化社会的标准（10%）。由图4-5可以看到中国65岁以上人口比例在继续增加，这将意味着中国在未来一段时间将存在一个巨大的"银发市场"，诸如保健用品、营养品、助听器、老年医疗卫生等行业。

（2）性别结构

性别结构是市场需求结构的重要影响因素。人口性别结构会给市场需求带来性别上的差异，如男性用品市场和女性用品市场。我国第七次全国

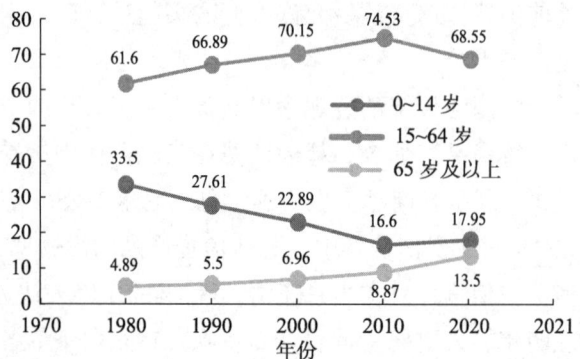

图4-5 历次人口普查年龄结构的变化（单位：%）

人口普查指出，我国男性人口为 72334 万人，占 51.24%；女性人口为 68844 万人，占 48.76%。男女性别比例的不对等也会带来营销层面的机会，诸如婚恋中介、婚恋网站等。

（3）家庭结构

家庭是市场需求的基本单位。不同的家庭结构类型会有不同的购买行为，从而影响企业的市场营销行为。目前世界上家庭规模普遍呈现由扩大型向小型化、特殊化转化的趋势。欧美国家的家庭规模基本上户均 3 人，发展中国家户均 5 人左右。在中国，家庭代数也不断减小，之前的三代同堂、四代同堂家庭开始减少，二代户家庭数量占比增加，尤其是一对夫妇及其未婚子女组成的核心小家庭日益增多。还有部分家庭是离婚或独身、不再选择结婚或结婚较晚，或结婚但对生育小孩不感兴趣。家庭结构的小型化、特殊化，必然引起家庭数量的剧增，这对某些以家庭为购买、消费的基本单位的商品需求会有助长作用，如住房、家具、家用电器等。

营销洞见

走俏的单人小家电

近年来，独居的单身年轻人士逐渐增多。根据中国国家统计局的数据，2018 年中国的单身族达到 2.4 亿人，其中 7700 万人自己做饭，与此同时，独居老人也在日益增加。这导致"单人小家电"越来越多地走入到小型化家庭中。

苏宁易购发布数据称，2021 年 5 月 10 日到 17 日，拥有"一人食"标签的相关小家电销量同比增长均在 400% 以上；在其他电商平台，类似家电也已成为热销单品。比如，"一人食电饭煲"走进了饭量较小的老年家庭中，"一人电水壶"也走进了单身人士的家庭中。其中，由于电水壶的体积不大，适合随身携带，很多人在上班或出差旅行的时候也会携带。人们对生活品质的追求日益增加，"一人榨汁机"因可随时榨汁也广受欢迎。此外，迷你小冰箱、迷你洗衣机也因消费者对单独存放水果、单独清洗婴儿衣服的需求而受到青睐。

企业面向家庭结构的变化时，可以有针对性地设计不同规格的产品来满足不同结构的家庭需求。独居人群一般居住空间不大，另外人们对产品的质量和功能要求提高，企业设计单人小家电时，可以向多功能、体积小等方面发力。

（4）社会结构

社会结构主要指城乡人口结构。这关系到市场需求的地理位置差异和购买习惯差异。第七次全国人口普查的数据显示，居住在乡村的人口约占总人口的 36.11%。因此，中国农村市场仍然是一个广阔的市场，有着较大的潜力。这一社会结构的客观因素决定了企业在国内的市场营销中，应当充分考虑农村人口的消费。尤其是一些中小型企业，更应注意开发价廉物美的商品以满足广大农村人口的需要。另外，企业也应关注农村人口的生活方式与城市人口生活方式的不同，向农村市场推出符合农村人口需求的产品。而拼多多在发展的过程中正是把握住了这一市场机会，以价格低廉的商品打入三四线城市及农村市场，突破了电商领域阿里巴巴和京东双寡头的格局。

（5）民族结构

民族结构是指各民族人口在人口中所占的比例。世界各国的民族结构有单一的，也有多元的。中国，除了占人口大多数的汉族以外，还有 55 个少数民族。不同的民族，信仰不同，由此在饮食、服饰、居住、婚丧、节日等物质和文化生活方面的需求各有特点。这些不同的消费需求与风俗习惯影响了消费者的需求构成和购买行为。因此，企业营销者要注意民族市场的营销，避免商品引起民族市场的反感，同时重视开发适合各民族特性、受其欢迎的商品。比如，食品企业因为一些民族的饮食禁忌而专门生产清真食品。

（6）教育水平

任何一个社会基本可分成 5 个教育水平组：文盲、高中学历以下、高中毕业、大学和专家程度。不同受教育程度的人口，会表现出不同的消费偏好。随着中国九年义务教育的普及和高等教育机会增加，人口的受教育程度已经得到普遍提高，这给高质量书籍、旅行、计算机等知识产品市场营销带来了机遇，甚至文化礼品市场也在中国逐渐兴起。

（7）人口的地理分布及流动性

人口的地理分布主要考虑人口密度和人口的流动性两个指标。人口的密度是指单位面积上的人口数，这个因素将会影响单一市场规模大小和企业的销售成本多少。人口密度高，市场集中程度高，销售周转快；反之，市场分散运输成本加大。由于受自然地理条件及经济发展程度等多方面因素的影响，人口的分布是不均匀的。在我国，人口主要集中在东南沿海一带，人口密度由东南向西北逐渐递减。另外，城市人口一般相对比较集中，尤其是大城市人口密度很大。

由于世界不同国家和地区的经济发展水平不同，使得人口的区域流动性加大。我国的人口流动主要表现为，农村人口向城市流动，内地人口向沿海经济开放地区流动。近年来，我国经济社会持续发展，为人口的流动创造了条件，人口流动趋势更加明显，流动人口规模进一步扩大。人口的流入使得这些地区的消费基本需求量增加，给当地企业带来较多的市场份额和营销机会。

4.2.3 社会和文化环境

每个人都生活在一定的社会文化环境中，我们在不知不觉中就会受到社会文化的影响和制约，消费者的消费需求和消费行为同样会受社会文化的影响。对于市场营销人员来说，社会文化环境是一个不可忽视的重要因素。社会文化主要指一种社会形态下，已经形成的信息、价值、观念、生活方式、风俗习惯、宗教信仰、伦理道德、审美观念等被社会所公认的各种行为规范。

1. 语言文字

语言文字是人类重要的交流工具。不同的国家、民族往往有自己独特的语言文字，即使同一国家，也可能有多种不同的语言文字。语言文字的使用对企业营销活动有巨大影响，尤其是在跨国营销活动中。例如，美国可口可乐公司在1927年第一次进入中国市场的时候，将自己的名称音译为"蝌蚪啃蜡"，可想而知，最后惨淡退出中国市场。中国是一个多民族国家，一些少数民族有着自己独特的语言文字；即使同一个民族，不同地域的人使用的语言会有差异，甚至"五里不同音，十里不同俗"。营销人员通过当地方言向顾客介绍自己的产品，了解顾客的需求，有利于拉近与顾客的距离，刺激顾客的购买欲望，从而顺利开展营销工作。

2. 价值观念

价值观念是指人们对社会文化中各种事物、行为及可能做出的选择等的态度、评价及看法。不同文化背景下，人们的价值观念存在很大差别，因此，价值观对人们的消费行为会产生重大影响。如在西方许多国家中，人们的价值观念是享受生活，用明天的钱追求今天的享受。在我国，人们之前的消费观大多是攒钱购买商品，但是随着社会经济水平发展和文化交融，我国消费者的价值观随着时代的变迁发生了巨大的变化。"95后""00后"成为了盲盒、球鞋、潮玩、手办、电竞这些项目的消费主力军。他们也更爱旅行、爱休闲、爱下午茶，对分期付款、花呗、京东白条等信贷产品的接受度也更高。另外，企业还应注意，"95后""00后"虽不惜花大价钱或分期付款购物，但他们也热衷于拼单、拼购，几块钱的配送费能省就省。在互联网上，"95后"为了折扣乐此不疲地"砍价""盖楼"；他们选购商品时也喜欢多方比价，浏览下单转化率明显低于其他年龄段的用户。企业要关注这一潜在消费群体的特殊价值观念，认真对待新需求，承接这股消费新力量。

3. 宗教信仰

不同的宗教信仰群体有着不同的文化倾向和戒律，从而影响着他们认识事物的方式、价值观念和行为准则，进而影响了他们的消费行为，同时带来特殊的市场需求。信仰不同宗教的教徒的禁忌也会不一样，他们的消费行为也会受此限制。例如，印度教徒视牛为圣物，不吃牛肉；伊斯兰教徒忌食猪肉和含酒精的饮料；佛教徒不沾荤腥。

某些国家和地区的宗教组织在教徒购物决策中起着重大影响作用。一种新产品出现，宗教组织有时会提出限用甚至禁止使用，认为该商品与其宗教信仰相冲突；而有的新产品出现，会得到宗教组织的赞同和支持，教徒会被号召去购买、使用，起到一种特殊的推广作用。因此，企业应充分了解不同地区、不同民族及不同消费者的宗教信仰，提供适销对路的产品，有效地抓住市场机会；同时也要避免触犯宗教禁忌，失去市场机会。

4. 审美观

审美观通常指人们对事物的好坏、美丑、善恶的评价。不同的审美观对消费的影响是不同的，会形成不同的消费需求。随着现代社会经济水平的迅猛发展，审美观也在发生变化，企业也应关注审美观的变化趋势，从而制定营销策略以适应市场需求变化。比如，近些年互联网、社交平台的飞速发展，使得"ins 风"吹进了中国市场，广受年轻消费者的青睐。一些商家嗅到了商机，将店面装潢改成"ins 风"，从而吸引了许多消费者打卡。还有的中国企业发现传统文化转型的审美潮流也逐渐进入了大众视野，诸如"故宫猫"这类文创产品应运而生；河南春晚节目《唐宫夜宴》的出圈也使得以唐宫小姐姐为 IP 的卡通形象、Q 版抱枕、Q 版口罩、非遗大师定制三彩瓷等文创产品受到广泛关注。因此，企业应关注不同的审美观引起的不同消费需求，尤其是流行审美观对消费者的影响。

5. 风俗习惯

风俗习惯是人们根据生活内容、生活方式、自然环境和传统文化习俗，在一定的社会物质生产条件下形成，并世代相袭而成的一种风尚和由于重复、联系而巩固下来并变成需要的行动方式等的总称。风俗习惯在人们的饮食、服饰、居住、婚丧、信仰、节日、人际关系等方面都有影响，它对消费者的消费偏好、消费模式、消费行为等具有重要的影响。例如，不同国家在庆祝特有节日时有着不同的饮食，如中国元宵节的元宵、端午节的粽子、中秋节的月饼，西方庆祝感恩节时则通常食用火鸡。可以看出不同的国家、民族的风俗习惯不同，因此企业营销人员应该了解和注意不同国家、民族的消费习惯和爱好，做到入乡随俗。可以说，这是企业做好市场营销尤其是国际营销的重要条件，如果不重视各个国家、各个民族之间的文化和风俗习惯的差异，就可能造成难以挽回的损失。

4.2.4 科学技术与自然资源环境

1. 科学技术环境

科学技术环境指当前的科技发展状况。科学技术的发展直接影响企业的生产水平和经营效率，这不可避免地会影响到企业的管理程序和市场营销活动。企业应注意在新技术取代旧技术的过程中，必然会出现新产品取代旧产品。如数码相机的出现取代了胶卷行业，智能手机的出现使得非智能手机退出市场，数字音乐的出现冲击了传统唱片行业。因此，企业需要时刻关注科技的发展，不断更新技术、调整生产方向，尤其是在互联网经济迅速发展的背景下，传统企业要顺势而变，向智能化转型。在中国，越来越多的企业都开始了数智化的进程，如中恒电气借助数字技术赋能企业，利用云计算、大数据分析技术等构建了开放式管理和服务平台——能源互联网平台，让能源更智能。

科技的发展也影响了消费者的消费方式、生活方式等，如智能手机的出现使得网购更加方便，线上授课、在家办公也因技术的发展司空见惯，人工智能、VR 技术等使得元宇宙从小说中走了出来。因此，企业还需要注意技术对消费者的影响，寻找、创造消费者新需求，开拓新市场。

科技给人们的生活带来了便利，让人们有了新的体验，但是，它也带来了一些问题，如个人信息泄露、大数据"杀熟"等都给人们的消费带来了困扰。例如,人脸识别技术随着技术的发展在很多企业中都得到了应用,但人脸信息的安全却存在巨大的隐患。2021年9月,科勒卫浴多地代理商就因违法采集人脸信息被处以行政罚款。还有一些企业则利用消费者信息对不同消费者实行价格歧视,也就是不同用户购买同一件商品或同一项服务存在不同价格。如美团点评、淘宝、优酷、爱奇艺、去哪儿、天猫、猫眼电影、淘票票、当当网、饿了么等多家平台均被曝疑似存在"杀熟"情况,涵盖在线差旅、在线票务、网络购物、交通出行、在线视频等多个领域。企业在使用科技为顾客创造更大的价值时,也应注意科技的负效用,要保障消费者的权益而不是侵犯消费者利益。

2. 自然环境

自然物质资源是指自然界提供给人类各种形式的物质财富,如矿产资源、森林资源、土地资源、水力资源等。随着工业化、城镇化的进程,世界各国的自然环境恶化程度日趋严重,这也引起了政府和民众的关注。由此出现了绿色消费,绿色营销也随之产生。绿色营销观念认为,企业在营销活动中,要顺应时代可持续发展战略的要求,注重地球生态环境保护,促进经济与生态环境协调发展,以实现企业利益、消费者利益、社会利益及生态环境利益的协调统一。这要求企业营销人员要相应地制定出绿色营销组合策略、绿色产品策略。比如,用环保材料做产品包装,用可再生材料替代产品之前的原材料。

针对恶化的自然环境,中国在2020年联合国大会做出碳中和承诺,这意味着制造企业要不断优化生产方式减少碳排放,实现高质量发展。另外,企业也要放眼于新能源,开发新能源产品,像新能源汽车行业就迎来了前所未有的发展机遇,"蔚小理"即蔚来、小鹏、理想3家汽车公司成为了国内造车新势力中的佼佼者,甚至突破了中国传统车企无法高端化的"天花板"。

4.3 微观市场营销环境分析

微观市场营销环境主要是由企业外部的供应商、营销中介、顾客、竞争对手、社会公众及企业内部参与营销决策的各部门组成。其中,供应商、营销中间商、顾客、竞争对手和社会公众属于外部微观环境因素,企业内部参与营销决策的各部门属于内部微观环境因素,如图4-6所示。

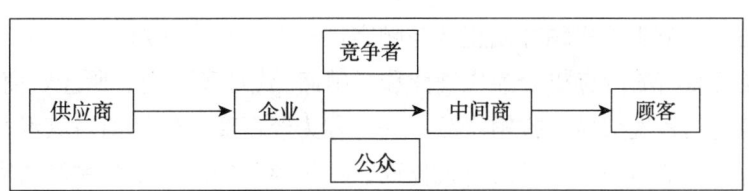

图4-6 微观营销环境构成

4.3.1 供应商

供应商是指向企业及其竞争对手提供生产产品和服务所需资源的企业和个人,保障企业的产品生产和正常运转。供应商向企业提供了原材料、设备、能源、劳务、资金等,两者形成了紧密联系,使得供应商对企业的营销活动形成了直接的影响和制约。供应商对企业营销活动的影响主要表现在以下几方面。

1. 供货的稳定性与及时性

企业要生产产品,必须要有原材料、零部件、能源及机器设备等货源的供应保证,进而顺利进行营销活动。这要求企业与供应商保持密切联系,及时了解和掌握供应商的动态,确保货源供应的数量、及时和连续。

2. 供货的价格变动

供货的价格和企业的成本有着直接联系,如果企业所需主要原材料的价格上涨,供应成本就会上升,从而影响公司的销售量或利润。企业要关注供货的市场变化、价格变化趋势,尤其是原材料和关键零部件的市场、价格变化,从而从容应对突发状况,调整生产、营销策略。

3. 供货的质量水平

货源的质量直接影响企业产品的质量,企业寻找供应商时应重点关注这一方面。除此之外,供应商的售前、售后服务质量也属于供货的质量水平,企业也需要关注这一点。

企业寻找和选择供应商时,需要特别注意以下两个方面。第一,供应商的资信状况。企业要选择货源品质优良、价格合理、信用良好、交货及时的供应商,并且与主要供应商建立长期稳定的合作关系,保证货源供应的稳定性。第二,供应商多样化。企业过分依赖一家或几家供应商,极易受到供应变化的打击和影响。为了减少企业受到的影响和制约,企业应尽量向多个供应商采购,尽量避免过于依靠单一供应商。

4.3.2 营销中介

营销中介是指协助企业进行产品促销、销售和配销产品给最终购买者的企业或个人。如中间商、物流公司、营销服务机构、金融机构等。

1. 中间商

中间商是协助企业寻找顾客或直接与顾客进行交易的商业组织和个人。中间商可根据是否拥有经营商品的所有权分为代理商和经销商。代理商不拥有所经营商品的所有权,专门负责协助企业实现交易,推销产品,又被称为经纪商。经销商对其经营的商品有所有权,从事商品购销活动,常见的有批发商、零售商。中间商是联系制造商与消费者的桥梁,他们直接与消费者打交道,协调二者之间的矛盾。因此,企业产品的销售状况受其工作效率和服务质量的直接影响。

2. 物流公司

物流公司主要是指储存、运输公司，它是协助企业储存商品，并完成商品实体从生产者到最终顾客流转的专业公司。物流公司的服务标的既可以是完整的商品，也可以是供应商向生产企业提供的原材料或零部件，还可以是中间商的货物，以及整个价值链上的商品。一方面，随着我国工业进程的不断加快，大宗商品运输和工业生产原材料及半成品的运输需求稳步提升。另一方面，互联网带来了电子商务的快速发展，我国电商快递行业迅速发展催生出了新的物流服务，消费者也对物流服务提出了新要求，所以，企业的生产营销活动会受到来自物流公司的运营成本、运送速度、安全性和方便性等不同方面的影响。目前，企业对无人车和无人机的规模化运用正在逐渐加深，通过智能硬件、物联网、大数据等智慧化技术与手段，提高物流系统分析决策和智能执行能力的智慧物流将成为行业发展主要趋势。

3. 营销服务机构

营销服务机构主要帮助企业推出和促销其产品到恰当的市场，如营销调研机构、广告公司、营销咨询公司和传播媒介公司等。很多企业在开展营销活动时都需要借助这些服务机构，如请广告公司制作广告宣传，依靠传播媒介公司传播信息等。企业在选择合适的服务机构时，应评估这些服务机构提供的服务、质量、创造力等。同时，企业要定期考核其工作成果，及时替换那些不具有预期服务水平和效果的机构。

4. 金融机构

金融机构是协助企业融资和减少货物购销储运风险的各种机构，包括银行、信贷公司、保险公司和其他具备这种功能的机构。金融机构并不参与企业的商品流转谈判、信息传递等商业活动，但其与企业的联系越来越密切，因为金融机构直接影响企业的生产经营活动，如企业之间的财务往来要通过银行账户结算，企业信贷资金来源受限会使企业陷入困境，企业财产货物要通过保险公司保障风险等。因此，企业必须与金融机构建立密切关系，以保证企业资金的渠道畅通。

4.3.3 顾客

顾客是企业产品的直接购买者，企业的一切营销活动都是以满足顾客的需要为中心，因此顾客是影响一个企业营销决策最重要的环境因素。顾客市场可以从不同角度以不同标准划分，每一种类型市场中的顾客需求都是独特的。市场上顾客的需求也不是一成不变的，这对企业提供服务的方式、产品提出了更高要求。因此企业应当仔细研究其顾客市场，开展针对顾客需求、符合顾客愿望的营销活动。当前，依托大数据技术，企业可以积累足够的用户数据，分析顾客独特的喜好和购买习惯，甚至做到"比用户更了解用户自己"。

> **营销洞见**

背负骂名的阿里钉钉

疫情来袭,推迟上课推迟复工的通知陆续发布,"学生党"和"上班族"有人欢喜有人忧。在学生党沉浸于推迟上课的喜悦中时,教育部发布"停课不停学"号召,网课浪潮如火如荼。2020年1月27日,钉钉CEO陈航看到这一机遇,毅然决然地免费开放在线课堂。陈航那一刻心里想的是:只要这场"战役"一结束,钉钉就会成为各大学校、企业办公教学软件的不二之选,钉钉也会因此获得"疫情期间勇担社会责任"的美名,品牌自然更加具有价值。

到1月30日时,钉钉已积极为老师制造在线教学攻略,对于钉钉来说,顺应时势做出了一款"福利老师学生"的好工具,应该赢得世人的鼓掌喝彩。许多一线中学老师还在自己的微信号,推出了如何使用钉钉教学的攻略类文章,阅读量一下就突破了5万次!可见,钉钉这波主打教学的操作确实赢得了众多老师的一致认可!

然而,被迫上课的个别学生们怨声载道,直接把愤怒的矛头指向钉钉。学生们中传言:"应用商店会将评分太低的应用强制下架。"钉钉下载量的攀升抵不过数十万次的一星评分。2月10日,陈航盯着电脑屏幕上钉钉的评分,眉头紧锁,陷入沉思。"免费上线在线网课的决定真的错了吗?"——这样的念头时常出现在陈航的脑子里,如今钉钉不仅评分降至历史新低,更面临着品牌形象重塑的严峻问题。

4.3.4 竞争者

在现代市场经济中,只有一个企业垄断整个目标市场的情况很少,所以企业不可避免地会遇到已有或潜在竞争对手的挑战。只要存在需求向替代品转移的可能性,潜在的竞争对手就会出现。竞争者类型有以下4种。①愿望竞争者,指提供不同产品来满足购买者不同需求的竞争者。如消费者选择万元消费品时,他可以选择的摄像机、电脑、旅游等就成为了愿望竞争者。②类别竞争者,指能满足同一需要的各种产品的竞争者。如满足交通的需要可买汽车、两轮摩托车、三轮摩托车等,经营这些产品的企业构成了类别竞争者。③产品形式竞争者,指满足同一需要的同类产品不同形式间的竞争者。如汽车的生产企业分别推出了不同种型号、式样或功能,这些企业间就形成了产品形式竞争。④品牌竞争者,指满足同一需要的同种形式产品的各种品牌之间的竞争者。如汽车有"奔驰""丰田""福特"等品牌,手机有"苹果""华为""小米"等品牌。

每个企业都应当充分了解目标市场上自己的竞争者是谁,采取什么策略,自己同竞争者的力量对比如何,以及竞争者的经营变化等。不过企业不能仅致力于在某一市场上争夺较大的占有率,还要抓住有利时机开辟新的市场或防止其产品的衰退。

4.3.5 公众

市场营销中的公众是指对企业完成营销目标任务的能力有着实际或潜在影响的群体

或个人。公众对企业的态度既可能有助于增强企业实现营销目标的能力，也可能妨碍这种能力。因此，企业必须采取一定的措施，成功地处理与主要公众的关系，争取公众的支持和偏爱，为自己营造和谐宽松的社会环境。企业所面临的公众主要有 6 类。金融公众主要包括银行、投资公司、股东等，金融公众对企业的融资能力有重要的影响；媒介公众指的是报纸、杂志、电台、电视台等传播媒介，掌握传媒工具，具有广泛的社会联系，能直接影响社会舆论对企业的认识和评价；政府公众指与企业营销活动有关的政府机构，如工商部门等；社团公众指与企业营销活动有关的非政府机构，如消费者组织、环境保护组织，以及其他群众团体；社区公众指企业所在地附近的居民和社区团体等，企业保持和社区的良好关系，为社区的发展做一定的贡献，能够赢得社区居民的口碑，助力自己树立良好的形象；内部公众是指企业内部的员工，包括管理者和一般员工，营销活动离不开他们的支持。

现代企业是一个开放的系统，在经营活动中必然与各方面发生联系，处理好与各方面公众的关系，是企业管理中一项极其重要的任务。因此，许多企业设有"公共关系"部门，专门负责处理公众关系事务，这也是现代商品经济高度发展的产物。但是，企业如果把公关工作仅仅交给公关部门负责是不够的。所有员工，上至高层管理者，下至基层业务员，甚至电话总机接线员、门卫等人员，都应为建立良好的公共关系负责。

4.3.6　企业内部环境

企业内部环境属于微观市场营销环境的组成部分，也是非常重要的影响营销活动的环境因素。企业要处理好与以上微观环境的关系，就必须清楚企业内部的情况。如图 4-7 所示，企业是由各职能部门构成的，如计划、财务、技术、供销、制造、后勤等部门组成的以盈利为目的的经济单位。企业内部各职能部门的分工合作科学、和谐与否，会影响公司的整体经营活动。高层管理部门制定公司的经营目标、总战略和政策。营销部门依据高层管理部门的规划来做决策，而营销计划必须经最高管理层的同意方可实施。营销部门在制订计划时，应兼顾企业相关部门的要求或业务的开展，如最高管理层、财务、研究与开发、采购、生产、会计等部门。所有这些相互关联的部门构成了公司的内部环境。营销部门必须与企业的其他部门密切合作。财务部门负责寻找、管理营销计划所需的资金；研究和开发部门研制安全而吸引人的产品；采购部门负责供给原材料；生产部门生产质量合格、数量充足的产品；会计部门核算收入与成本以便管理部门了解是否实现了预期目标。因此，这些部门都会对营销计划和行动产生重大影响。同时，企业的外部环境因素也会影响到这些部门的业务运营，所以，这些部门都必须具有现代市场营销观念，即"想顾客所想"。

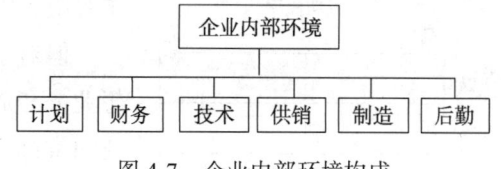

图 4-7　企业内部环境构成

4.4 营销环境与 SWOT 分析

4.4.1 营销环境识别

1. 企业对环境威胁的决策选择

企业面对的环境威胁主要可以通过以下两个指标进行分类：威胁的严重程度和出现的概率。如图 4-8 所示，在营销环境的选择中，企业偏好于威胁严重程度较小，出现概率较低的环境。但实践中的环境威胁往往不是企业能够主导的，所以需要企业采取不同的应对策略。

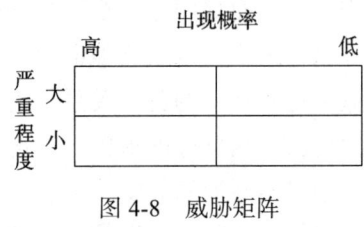

图 4-8 威胁矩阵

企业面临环境威胁，主要有 3 种可以选择的对策。

对抗策略也称抗争策略，是指企业试图通过自己的努力限制或扭转环境中不利因素的影响。如通过各种方式促使（或阻止）政府通过某种法令，或与有关权威组织达成某种协议，促使某项政策或协议的形成，以抵消不利因素的影响。

减轻策略也称削弱策略，是指企业力图通过改变自己的某些策略，降低环境变化带给企业的负面影响。

转移策略也称转变或回避策略，是指企业通过改换受到威胁的主要产品的现有市场，或将再生产投资方向转移，避免环境变化对企业的威胁。转移政策包括 3 种不同的"转移"方式：企业目标市场的转移；企业置身行业的调整；以及企业依据环境的变化，放弃原有的主营产品或服务对象，将主要力量转移到另一个新的行业中。这 3 种"转移"的转移程度或转移代价依次递增。

2. 企业对环境机会的决策选择

市场机会实质上是"未满足的需求"。随着需求的变化和产品生命周期的演变，会不断出现新的市场机会。因此，企业既要注意发现目前环境变化中的市场机会，也要面对未来，预测未来可能出现的需求或大多数人的消费倾向，发现和把握未来的市场机会。企业面对的环境机会同样可以通过两个指标进行分类：机会吸引力的大小和成功概率的高低。如图 4-9 所示，在营销环境的选择中，企业偏好于吸引力大，出现概率较高的环境。

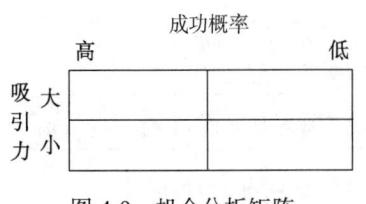

图 4-9 机会分析矩阵

但对于不同企业，环境机会并非都是最佳的，与理想业务和成熟业务有关的机会才是最适宜的。另外，企业通常都有其特定的经营领域，因此只有出现在本企业经营领域内的市场机会（即行业市场机会）才是最佳的。

对于出现在不同行业之间的市场机会即边缘市场机会，把握难度更大。但是，行业与行业之间的边缘地带存在的市场空隙却是企业可发挥自身优势的地方，成为企业生存、发展的有利区域。

在环境分析与评价的基础上，企业对风险与机会水平不等的各种业务，要分别采取不同的对策。对企业所面临的机会和威胁进行分析后，就可以了解整个环境的特征，主要存在以下4种可能的结果。

第一，理想业务，即高机会和低威胁的业务。对理想业务，应看到机会难得，必须抓住机遇，迅速行动；否则，丧失战机，将追悔莫及。

第二，冒险业务，即高机会和高威胁的业务。对冒险业务，面对高利润与高风险，既不宜盲目冒进，也不应迟疑不决，以免坐失良机，应全面分析自身的优势与劣势，扬长避短，创造条件，争取突破性的发展。

第三，成熟业务，即低机会和低威胁的业务。对成熟业务，机会与威胁处于较低水平，可作为企业的常规业务，用以维持企业的正常运转，并为开展理想业务和冒险业务准备必要的条件。

第四，困难业务，即低机会和高威胁的业务。对困难业务，要么努力改变环境，走出困境或减轻威胁，要么立即转移，摆脱无法扭转的困境。

分析评价市场营销环境，目的是为了制定应变对策。由于各个企业的具体情况不同，在同样的市场营销环境变化中，应变对策也不能一样，因此很难确定一种固定模式。

4.4.2 SWOT分析

SWOT分析，又称态势分析法，就是将与企业密切相关的各种主要内部优势、劣势和外部的机会和威胁等，通过调查列举出来，并依照矩阵形式排列，然后用系统分析的思想，把各种因素相互匹配起来加以分析，从中得出一系列相应的结论，从而根据研究结果制定相应的发展战略、计划及对策等。其中S（strengths）是优势、W（weaknesses）是劣势、O（opportunities）是机会、T（threats）是威胁。

1. 外部环境的威胁与机会分析

环境威胁是指不利于企业营销的环境因素及其发展趋势，对企业形成挑战，对市场地位构成威胁。这可能来自于企业所置身的方方面面。例如，"双减"政策的提出对经营范围涉及K12学科教育的企业营销活动产生了负面的影响，企业受到了威胁。环境机会指对企业营销活动富有吸引力和竞争优势的领域，实质上是指市场上存在着的"未满足"并"能够被满足"的需要。企业在每一特定的市场机会中成功的概率，取决于其业务实力是否与获得机会所需要的成功条件相符合。同时还与企业是否具备实现营销目标所必需的资源，以及企业是否能比竞争者利用同一市场机会获得较大的"差别利益"有关。

例如，我国制定了"碳中和"的目标后，对于新能源相关的企业则是一个巨大的外部机会，诸如太阳能、风能等企业都会从中受益。

当然，即使同样的环境变化对不同的企业也可能有不同的影响。环境变化会成为企业的机会，还是企业的威胁，要看此环境变化是否与企业目标、资源及任务相一致，企业能否相对于竞争者利用同一机会时获得更大的利益。

2. 内部环境的优势与劣势分析

优势与劣势分析是指将企业自身的实力与竞争对手的情况相比较。当两家企业在同一市场中或向同一消费者群体提供产品或服务时，如果其中一家企业有更高的盈利率，往往说明这个企业比另一个企业更有竞争优势。

优势，是组织机构的内部因素，指一个企业超越其竞争对手的能力，这种能力有助于企业赢利。具体包括有利的竞争态势、充足的财政来源、良好的企业形象、技术力量、规模经济、产品质量、市场份额、成本优势和广告攻势等。

劣势，也是组织机构的内部因素，指影响企业经营效率和效果的不利因素和特征，使企业在竞争中处于劣势地位。具体包括设备老化、管理混乱、缺少关键技术、研究开发落后、资金短缺、经营不善、产品积压和竞争力差等。

由于企业是一个整体，并且由于竞争优势来源的广泛性，所以，在做优劣势分析时必须从整个价值链的每个环节上，将企业与竞争对手做详细的对比。如产品是否新颖，制造工艺是否复杂，销售渠道是否畅通，以及价格是否具有竞争性等。如果一个企业在某一方面或几个方面的优势正是该行业企业应具备的关键成功要素，那么，该企业的综合竞争优势也许就强一些。需要指出的是，衡量一个企业及其产品是否具有竞争优势，需要站在现有潜在用户角度上，而不是站在企业的角度上。

综上所述，结合外部威胁与机会分析、内部优劣势分析，最终帮助企业进行战略选择。如表 4-1 所示，针对不同的内外部环境，企业常见的战略选择包括以下 4 种：SO 战略，即依靠内部优势，利用外部机会；ST 战略，即利用内部优势，应对外部威胁；WO 战略，即克服内部劣势，利用外部机会；WT 战略，即克服内部劣势，应对外部威胁。企业需要根据组织外部环境的变化选择合适的战略，以便更好地发展自身。

表 4-1 环境 SWOT 分析

		内部环境	
		优势（S）	劣势（W）
外部环境	机会（O）	SO 战略 利用企业的优势以把握机会	WO 战略 企业克服劣势以把握机会
	威胁（T）	ST 战略 企业利用优势以应对威胁	WT 战略 企业避免劣势以应对威胁

本章提要

在变化迅速的全球形势下,营销者要监视以下主要宏观环境力量:政治和法律环境、经济和人口环境、社会和文化环境、科学技术与自然资源环境。

政治、法律共同影响企业的市场营销活动,企业要关注政治、法律的变化,及时调整营销策略。

在经济环境中,营销者除了聚焦直接影响企业经营的消费者收入、支出、储蓄和信贷水平,还要关注间接因素,如经济体制、国家经济政策变化等。

在人口环境中,营销者必须认识到人口的年龄、性别、家庭、社会、民族等结构的影响,针对不同的结构选择合适的市场,开展相应的经营活动。

社会和文化环境包括语言文字、价值观念、宗教信仰、审美观和风俗习惯,它们影响着消费者的偏好和购买选择。

科学技术环境和自然资源环境是动态变化的,其中科学技术环境变化迅速,对企业的生产经营活动提出了不断更新的要求,消费者的需求也受其影响;自然资源环境的恶化使得绿色营销、绿色消费观念盛行,而中国做出的碳中和承诺除了对企业提出新要求外,也给新能源企业带来了前所未有的机遇。

企业微观营销环境包括:供应商、营销中介、顾客、竞争者、公众、企业内部环境。

SWOT 分析是通过对企业外部环境和内部条件的分析,明确企业面临的机会和威胁,并将其与企业内部优势、劣势结合起来,选择企业不同的战略。

案例分析

K12 教育的"独角兽":作业帮的战略突围之道[①]

2013 年时任百度知识搜索体系负责人的侯建斌萌生了进军教育行业的想法,2014 年侯建斌在百度内部孵化了作业帮项目,2015 年作业帮项目从百度内部独立分拆出来,同年成为了"开学第一课"的合作伙伴,2016 年作业帮 App 做到业界第一名,短短几年时间便成为了教育界的"独角兽"公司,开创了教育行业的新商业模式。下面让我们回顾作业帮这几年的发展历程。

随着生活水平和国民素质的提高,教培行业已经成了除体制内教育外不可或缺的补充。以前的教培机构大多是职能培训为主,后来因为出国留学的热潮,便开始向外语培训发展。发展到现在,教培行业已经进入到全面提升期。中小学的课外培训成了教培市场的主力军,需求猛增。这让侯建斌看到了商机,在线教育的兴起,中小学教育市场的

[①] 刘溪悦,王媛媛,李定清. K12 教育的独角兽:作业帮的战略突围之道 [DB/OL]. [2020-08-05]. 中国管理案例共享中心.

大片空白，此时进军K12教育无疑是最好的选择。

在线教育市场，侯建斌看到了，其他人同样也看到了里面的大生意，纷纷入局。在作业帮创立之前，便有许多在线教育产品上线。例如，2011年10月创建的"一起作业"，2012年4月成立的"粉笔网"，还有学习宝、阿凡题、快乐学、爱考拉、闯题鸟、答疑君、优答等。

然而，2015年的资本寒冬，让许多"伪需求"的O2O现出原形，尚无造血能力的在线教育类产品融资困难，许多在线教育产品无奈"下线"。资本冷静的背后是对产品变现的要求，而活下来的企业不得不重新思考盈利模式，从目前单一工具转为答疑变现。用户规模不再是资本家的投资要求，只有实实在在的变现能力才能吸引融资。这一变化也让侯建斌下了一个决心，从单一的拍照搜题工具向综合性学习平台转型！

作业帮当时面临两大问题：第一，变现效益不高。虽然作业帮当时很占优势，凭借着拍照搜题、覆盖科目全面、精选难题、设计极简这些特点，迅速笼络用户，用户规模得到了快速增长，月活跃指数在2015年也已达到8000万名。但是作业帮的变现方式也只能停留在广告等流量上，效益并不高。第二，用户需求升级。本来"拍照搜题"是作业帮的一大特点，但是学生直接用搜题功能抄答案的现象逐渐成为搜题应用的"原罪"。即使大部分学生比较自觉，能够正确使用这种搜题工具，但难免会有意志不坚定，懒惰的学生会让其成为作弊、抄作业的"帮凶"。

为了解决这些问题。2016年7月7日，作业帮直播课功能上线，提供线上教师、课程服务，可在手机上进行互动和辅导。作业帮直播课具有很多优势，主要体现在如下几个方面：

1. AI加持

在线教育技术的驱动是根本，不可否认作业帮不只是一个教育公司，也是一个科技公司，上线直播课程，技术的更新无疑也是重中之重。AI的加持，作业帮课程业务实现了为每一位学生定制专属的个性化课程服务。凭借大数据与先进算法，作业帮平台承载的月活用户也更多，1.2亿名的用户需求已不成问题。除此之外，通过应用前瞻性的技术，不断创新和探索，作业帮的产品逐渐加入了人脸识别、语音合成技术。技术的不断提升，使作业帮课程直播的承载人数逐渐提高，可以达到5万人同时在线，同时最大限度地降低了直播延迟。提升教学体验的同时，也巩固了作业帮的核心竞争力。

2. 用服务为教育赋能

企业的核心能力除了要对顾客有价值外，还要与竞争对手相比有优势，并且很难被模仿或复制。作业帮采取的是"课上直播教学+课下微信辅导"的一站式服务。解决了家长督促孩子学习的烦恼。为了避免在线教育学习氛围缺失的通病，作业帮直播课的老师会在上课期间设置几道互动题目，学生将答案发到弹幕栏进行发言互动，错误答案会由系统自动放到错题本，既起到了监督孩子的作用，又增加了上课的互动和趣味性。课下有专门的辅导老师进行辅导回访，这也为家长省去了不少时间。更值得一提的是，作业帮的直播一课采取的是三师模式，即每门课程不仅有负责授课的主讲老师、跟进问题答疑的助教还有负责日常学习指导的班主任，全方位的教学服务保证了孩子的学习无忧。用亲民的价格上 VIP 课是作业帮的优势之一。

3. 老师好才是真的好

提高师资力量也是实现教学质量差异化竞争的关键一步,直播课程上线之后,教师团队的数量和质量必须同时紧跟上来,为了避免为了数量而忽视质量的情况发生,侯建斌非常强调从源头上把控教学质量的重要性。同时,其对教学教研团队要求也极高,团队大部分都是自己从校园里招聘、培养的教学人才,而且其中 90% 都是"985""211"和师范类院校背景的毕业生。如今作业帮的全职教学教研团队已超过 700 人,这些都成为作业帮教研的中坚力量。同时,作业帮还拥有超过 5000 名的全职辅导老师,保障课堂内容和学生的学习效果。

通过此次战略转型,作业帮建立了良好的竞争优势。一是"高频带动低频"的商业模式。作为百度系品牌的作业帮流量根本不是问题,百度的主场优势使得作业帮在百度搜索的竞价排名和 SEO 优化上都是位于前列。明显的流量优势,使得作业帮可以实现"高频带动低频"的引导消费模式。拍照搜题功能是"高频"的切入口,是作业帮最基础的功能,使用频率高,操作简单,用户可以免费使用;如果需要视频讲解、专项练习这些增值服务,就需要充值会员。二是内容助力。在侯建斌的规划里,作业帮还是一家内容公司。与普通在线教育不同的是,除了基本的课程辅导,作业帮的增值服务更加丰富多样。作业帮有 200 个 IU 工程师,其中插画设计师就占一小半。他们负责生产优质内容和素材。作业帮每年发送给学生的大量成册学习资料,就是出自他们之手。除此之外,作业帮的自建题库超过 1.8 亿道,为上线直播课程的数据化教研提供了强大的数据支持。

2018 年,凭借周活跃用户渗透率 3.3598%、周人均打开次数 47.8、月均活跃用户数 8552.7 万人,作业帮成功登顶 K12 榜单。总榜位列第 34 名,也是唯一进入前 50 的在线 App。作为教育行业月活量最大、K12 领域累计融资金额最多的产品,作业帮成为教育领域头部应用。

毫无疑问,作业帮的战略转型成功了!

讨论:

1. 影响作业帮战略转型的宏微观环境因素有哪些?对作业帮的转型有什么帮助?
2. 如果你是作业帮的股东,你认为公司现在的战略决策是否正确?请利用 SWOT 方法进行分析。

拓展阅读

[1] KOTLER P. Reinventing marketing to manage the environmental imperative [J]. Journal of Marketing, 2011, 75(4): 132-135.
[2] 杨扬,刘圣,李宜威,贾建民. 大数据营销:综述与展望 [J]. 系统工程理论与实践,2020,40(8):2150-2158.
[3] 敖成兵. Z 世代消费理念的多元特质、现实成因及亚文化意义 [J]. 中国青年研究,2021(6):100-106.

即测即练

第5章

消费者购买行为分析

本章学习目标

通过学习本章,学员应该能够做到以下几点。

1. 了解什么是消费者市场,对消费者购买行为有一个全面、清晰的认识。
2. 了解消费者购买行为的基本模式。
3. 理解和掌握影响消费者购买行为的主要因素。
4. 熟悉并掌握消费者的购买决策类型及购买决策过程。

引导案例

"Z世代"消费洞察

"Z世代"是指1995年之后出生,受到互联网、即时通信、智能手机和平板电脑等科技产物影响较大的一代人。占据中国总人口近1/5的"Z世代"群体,正在成长为中国新经济、新消费、新文化的主导力量。"Z世代"的消费特征主要表现在以下方面。

第一,注重消费体验。"Z世代"十分看重消费体验,对于能立刻获得快乐的产品和服务,他们有着极大的消费兴趣,如奶茶、零食及游戏充值、视频会员等。

第二,追求悦己型消费。成长于移动互联网时代的"Z世代"热衷于以满足自身精神需求为目标的悦己型消费,如追星、二次元文化、虚拟偶像、网络文学等。"Z世代"通过消费取悦自我,并在取悦自我的过程中去表达自我、彰显自我。

第三,偏爱颜值。"Z世代"人群热衷于追求与高颜值相关的一切事物,"颜值经济"在"Z世代"中盛行,他们在选择产品时,更喜欢萌趣、美好、有品质的外观类型,大到汽车、小到水杯,"Z世代"对颜值的追逐渗透在生活的每一个细节里。

第四,在乎消费品位。"Z世代"在消费过程中追逐自我定义和被圈层认可的时尚标准与品味设定,追求高品质、高性价比的商品;他们乐于接纳新奇产品、喜欢尝试新鲜事物,偏好有理念、有个性、有设计感的原创品牌;他们还追求能够为其带来优越感的独特商品,如知名品牌的限购产品、定制化产品等。

第五，注重分享。"Z 世代"拥有强烈的情感互动诉求，热衷于将图片、短视频、体验、经历、观感等在社交媒体上与圈层成员共享、交流，依托互联网提供的公共空间进行创作，已成为他们实现自我价值和拓展社交圈子的重要途径。以 B 站为例，活跃在各个兴趣区的 UP 主用自己创作的优质内容吸引了众多年轻人的关注和喜爱，还推动了平台的壮大和内容消费市场的发展。

第六，偏好兴趣社群。"Z 世代"喜欢活跃在自己感兴趣的社群，如音乐、电竞游戏、短视频、爱豆、动漫等多元娱乐场景中。他们通过兴趣社群购物的意愿强烈，在可以获取资讯的社交媒体中，微信朋友群和微博平台处于稳定的领先位置，近两年来短视频、直播平台等社交化平台的迅速崛起，去中心化、点对点的传播也引领了"Z 世代"消费场景的新变局。

第七，容易受到偶像/KOL 的影响。"Z 世代"群体由于观念上更开放包容和信息接受方式的碎片化，更易受到网络上的各种意见和价值选择的影响。"Z 世代"格外喜欢追随偶像的步伐，对"偶像经济"的发展做出了不小贡献。有数据表明，30%的"Z 世代"群体在购物前会受到明星、KOL 流量及口碑的影响。

第八，推崇国潮文化，偏好国货品牌。我国"Z 世代"群体出生于中国综合国力不断增强、国家软实力逐步提升的时期，他们有着较为强烈的国家荣辱观、民族使命感和自豪感，表现出了强大的爱国热情、文化自信和对主流意识形态的认可。他们愿意为符合自己价值观的东西买单，也越来越多地关注产品背后的特征，是国货潮兴起的重要力量。

总之，以"Z 世代"为代表的年轻消费者群体正在强势崛起，并将对整个社会消费产生多维度的影响。

5.1 消费者市场概述

5.1.1 消费者市场

1. 消费者市场的含义与构成

（1）消费者市场的含义

自有人类历史以来，消费就是人类最基本的社会活动，消费行为伴随着每个消费者的一生。以消费者为导向是现代市场营销的核心理念之一，对于企业而言，研究并准确把握消费者购买行为是其开展营销活动的基础。

在市场营销学中，根据购买者购买目的和购买行为的不同，可以将市场分为消费者市场和组织市场两类。其中，消费者市场又称消费品市场、生活资料市场或最终市场，是指个人或家庭为满足生活消费所需而购买产品或服务的市场，它是市场体系的基础。

（2）消费者市场的购买对象

消费品即消费者市场的购买对象，是最终消费者用于满足个人或家庭生活所需而消费的产品。以消费品的各种特征为基础，可以将消费品分成不同的类型。1923年，科普兰提出一种根据消费者的消费习惯对消费品进行分类的方法，据此可将消费品分为便利品、选购品、特殊品、非渴求品4类。

便利品是指消费者日常所需，购买时几乎不需购买比较和购买努力直接就可以买到的产品。这些产品往往价格低廉且具有周期性重复购买的特点，消费者通常已形成一定的购买习惯，不愿意花费大力气去进行搜寻和购买，如家庭常用的食盐、牙膏、面巾纸等。

选购品是指消费者在选购过程中，需要对产品的适用性、质量、价格、规格、款式等基本方面，进行针对性地比较后才会购买的产品。通常这些产品的价格比便利品的价格高，并且不同商店的同类选购品在定价、特点或促销等方面存在差异，如家具、家电、服装等。消费者购买这类产品时通常会对款式、适用性、价格以及与生活方式的协调性等方面进行比较。

特殊品是指那些具有独特的品质、造型、工艺等特性，或品牌为消费者所偏爱的产品。由于对其有独特的偏好，因此对这些产品的购买，大多数消费者更注重产品的品质和品牌而忽视价格，他们通常愿意为此付出特殊的购买努力。如劳斯莱斯、法拉利等高档轿车，百达翡丽、江诗丹顿等高档手表，阿玛尼西装、爱马仕的手提包等奢侈品。

非渴求品是指消费者未曾听说过或即使听说过，一般情况下也不想主动购买的产品，如保险、百科全书等，还有一些新产品，在知名度打响之前也属于这一类别。

经营不同类别消费品的企业应在充分考虑消费者的消费行为特点的基础上有针对性地采取不同的营销策略。

2. 消费者市场的特点

消费者市场具有以下特点。

（1）消费者市场的主体和核心是最终消费者。在消费者市场上，购买者不仅人数众多而且范围广泛。从国内到国外，从城市到乡村，人们为了自身的生存与发展，所进行的吃、穿、住、行、通信、体育运动、休闲娱乐等生活消费，无处不在，一刻也不能停止。

（2）消费者市场购买对象品类繁多，规格多样。不同的消费者由于年龄、性别、职业、受教育程度、民族、生活习惯等方面存在差异，会对消费品产生不同的需求与偏好。

（3）购买的小规模性与经常性。受购买目的、家庭储藏条件、家庭收入等因素限制，消费者市场上消费品的购买通常单次购买数量较少，而由于许多消费品是连续消费的，因此购买频率较高。

（4）消费者市场需求弹性大，具有伸缩性。除日用必需品不会因收入的增减或价格的升降产生大幅度变化之外，消费者对非必需品和高档消费品的消费需求受消费者收入、生活方式、商品价格和储蓄利率的影响较大，在购买的数量和品种选择上表现出较大的需求弹性或伸缩性。例如，收入多则购买增加，收入少则减少购买；再如商品价格高或储蓄利率高的时候会减少消费，而商品价格低或储蓄利率低的时候会增加消费。

（5）易变性与可替代性。消费需求具有求新求异的特性，消费者市场上通常会要求产品的品种、款式不断更新，给消费者一种新奇感。另外，除了少数产品外，消费者市场上的产品通常具有较强的替代性，大多数产品都可以找到替代品或可以互换使用的产品。同时，随着移动互联网的发展，消费者的信息渠道得以延伸，消费者在网络平台上更易受到其他网络用户对产品评价的影响，而电商平台和物流技术的发展，使得消费者跨区域选择产品的余地越来越大。这些因素都导致数字时代消费者在选择产品时转换壁垒降低，更难形成顾客忠诚，进一步强化了消费需求的易变性与可替代性。

（6）情感性与可诱导性。消费品种类繁多，大多数情况下消费者属于非专业性购买，对其所购买的产品缺乏专门的甚至是必需的知识，对质量、性能、维修、保管、价格乃至市场行情都不够了解，购买决策受情感因素影响大，受企业广告宣传和推销活动的影响也大。随着大数据技术的发展，企业可以通过抓取并存储消费者上网浏览、关注的海量数据及其日常消费过程中的数据信息，对消费者进行个体的、全景的、实时的精准描述，分析并预测消费者的个性化偏好和行为。针对具有不同特质的消费者进行定制化信息推送，增强对消费者的需求诱导。

5.1.2　消费者购买行为模式

1. 消费者购买行为的含义

消费者购买行为也称消费者行为（consumer behavior）。希夫曼（Schiffman）和卡努克（Kannuk）认为，所谓消费者行为是指消费者为满足自身需要和欲望而寻找、选择、购买、使用、评价及处置产品或服务时所表现出来的行为。[①]这一定义强调消费者行为是一个整体，是一个过程，包括了购买前、购买中和购买后三个不同的阶段。

消费者的购买行为容易受到多种因素的影响，如企业的广告、亲朋好友的推荐、消费者个人的兴趣爱好等。在现代市场经济条件下，对消费者购买行为的研究和分析是企业市场营销活动的一个重要环节，也是其制定营销策略的基础。把消费者在购买活动中的各种心理和行为作为主要研究内容进行分析，可以帮助企业理清各种因素对消费者购买行为的影响，揭示消费者心理活动的共同性、规律性和差异性，并在此基础上，有目的地刺激和诱导消费者的购买行为。

2. 消费者购买行为模式

了解消费者购买行为模式是企业营销部门制订营销计划、促进产品销售的依据。消费者市场上所表现出来的购买行为是千差万别的，但差异化的购买行为背后也存在着某些共性、规律性，脱离不了人类行为的一般模式。

---

① 利昂·希夫曼，等. 消费者行为学[M]. 第12版. 北京：中国人民大学出版社，2021.

所谓模式,是指某种事物的标准形式。消费者购买行为模式就是对消费者普遍采用的购买行为方式进行形象的说明,是用于表述消费者购买行为过程中的全部或局部变量之间因果关系的图式的理论描述,体现了消费者购买行为的发生过程。

在行为科学和市场营销学方面影响较大并且具有代表性的消费者购买行为模式有:尼科西亚模式、恩格尔—科拉特—布莱克韦尔模式(EKB 模式)、霍华德—谢思模式以及美国著名市场营销学家菲利普·科特勒的刺激—反应模式等,由于篇幅所限,这里仅介绍菲利普·科特勒的刺激—反应模式。

根据行为心理学理论,菲利普·科特勒提出刺激—反应模式,[①]认为消费者行为是一个刺激与反应的过程。该模式一般由从左至右的 4 个部分构成,如图 5-1 所示。

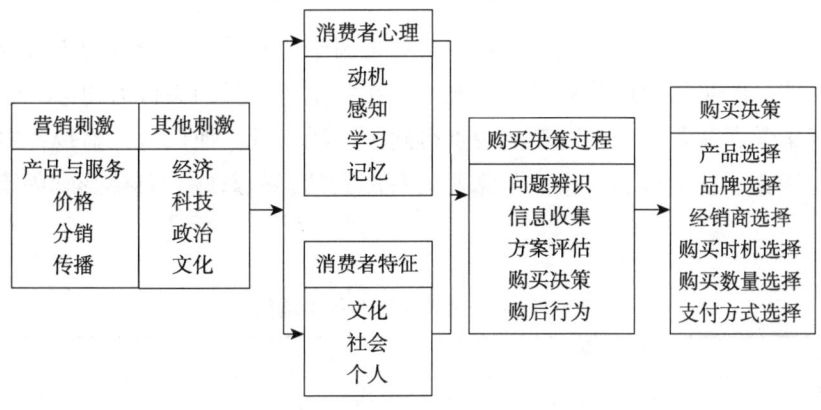

图 5-1　刺激—反应模式

第一部分包括企业能够计划并实施控制的营销刺激和企业外部的环境刺激两类刺激,他们共同刺激消费者的意识以引起其注意。

第二部分包括消费者的一系列心理过程和某些消费者特征,其中消费者的动机、感知、学习和记忆等关键的心理过程从根本上影响着消费者对各种营销刺激的反应。同时,购买决策不仅受到反应消费者特征的心理过程的制约,文化的、社会的和个人的因素等消费者特征也会影响人们购买过程中对不同事物的认识和情绪、意志等心理活动,制约他们的反应倾向。

第三部分是消费者的决策过程,诸多因素的共同作用,促使消费者最终做出一定反应,辨认需要、收集信息、对备选方案进行评价以决定是否购买,直到购后使用并评价方告一段落,最终的购买决策往往需要通过这样一系列的步骤来实现。

第四部分是购买决策,这是消费者购买行为的实际外化,包括产品的选择,品牌的选择,经销商的选择,购买时机、购买数量和支付方式的选择等。

这 4 部分非常简洁,却很清晰地把消费者的购买过程描述出来。通常而言,第一部

---

① 菲利普·科特勒. 营销管理[M]. 15 版. 何佳讯,等译. 上海:格致出版社,2017.

分的两类刺激和最后的购买者反应我们是可以直接观察到整体或部分的，而消费者在接受刺激和做出反应之间的部分通常是内隐的，这也正是消费者行为研究的主要内容。营销者的任务就是要了解在外界刺激进入消费者的意识领域后和消费者做出最终购买决策之间，消费者的意识发生了什么变化，认识消费者的购买行为规律，并根据企业及产品的特点，向消费者进行适当的市场营销"刺激"，以使外在的刺激因素与消费者的内在心理活动发生互动作用，促使消费者形成购买决策，采取购买行为，从而达到最终的营销目的。

5.2 影响消费者购买行为的主要因素

企业在开展市场营销活动时，彻底了解和把握千差万异的消费者购买行为虽然比较困难，但消费者购买行为还是有规律可循的。在关于消费者购买行为的影响因素的研究中，美国营销学者菲利普·科特勒的观点得到了广泛认可，他认为，消费者的购买行为会受到文化因素、社会因素、个人因素和心理因素的强烈影响。具体影响因素如表 5-1 所示。

表 5-1 消费者购买行为的影响因素

文化因素	社会因素	个人因素	心理因素
文化价值观	参照群体	年龄与世代	消费者的心理活动过程
亚文化	家庭	职业、教育与经济状况	动机
社会阶层	社会角色	个性	学习
		生活方式	信念与态度
		自我概念	

5.2.1 文化因素

文化因素对消费者的购买行为具有广泛而深远的影响。英文中的 culture（文化）一词来源于古拉丁文，原意是指"耕作""教习"和"开化"之意，英国的人类学家爱德华·泰勒在 1871 年出版的《原始文化》一书中将文化定义为：包括知识、信仰、艺术、道德、法律、风俗以及人类作为社会成员所获得的能力、习惯等构成的复合体。[①]

文化是人类欲望与行为最基本的决定因素，会直接影响到消费者的需求，离开文化背景很难理解消费。人们购买何种产品，满足何种需要以及如何满足这些需要都受到人类创造的物质文化、精神文化和制度文化的制约和调节，可以说，整个市场营销过程实际上就是一个文化价值传递的过程。

---

① 爱德华·泰勒. 原始文化：神话哲学宗教语言艺术和习俗发展之研究[M]. 重译本. 连树声, 译. 桂林：广西师范大学出版社，2005.

影响消费者行为的文化因素主要包括文化价值观、亚文化及社会阶层。

1. 文化价值观

文化是一个系统的概念,其基本的核心是价值观。文化价值观是一个为社会的大多数成员所信奉,被认为应为社会普遍倡导的信念,是人们所共有的对于区分事物的好与坏、对与错、符合或违背人的意愿、可行与不可行的观念。人们从整体上接受这些价值观,并以语言符号或者象征的形式将它们传递给其他成员。德尔·霍金斯认为,为了了解消费者行为体现的文化差异性,首先需要了解不同文化背景下人们的价值观差异。他将影响消费者行为的文化价值观分为 3 种类型:他人导向的文化价值观、环境导向的文化价值观以及自我导向的文化价值观,如表 5-2 所示。

表 5-2 影响消费者行为的文化价值观[①]

他人导向的文化价值观	
1. 个人与集体	社会是重个人活动和个人意见还是重集体活动与群体依从
2. 扩展家庭与核心家庭	在多大程度上,一个人应该对各种家庭成员承担义务和责任
3. 成人与小孩	家庭生活是更多地满足成人的需求与欲望还是小孩的需求与欲望
4. 男性与女性	在多大程度上,社会权力的天平自动偏向男性一方
5. 竞争与合作	一个人的成功是更多地依赖超越别人还是更多地依赖于与他人的合作
6. 年轻与年长	荣誉和地位是授予年轻人还是年长的人
环境导向的文化价值观	
1. 清洁	社会对清洁的追求在何种程度上超过健康所要求的限度
2. 绩效与等级	社会激励系统是建立在绩效的基础之上还是建立在世袭因素,如家庭出身等的基础上
3. 传统与变化	现在的行为模式是否被认为优于新的行为模式
4. 承担风险与重视安定	那些勇于承担风险、克服种种困难去达成目标的人是否更受尊重和羡慕
5. 能动解决问题与宿命论	人们是鼓励去解决问题还是采取一种听天由命的态度
6. 自然界	人们视自然界为被征服的对象还是视其为令人景仰的圣地
自我导向的文化价值观	
1. 主动与被动	更积极、主动的生活取向是否更为社会所看重
2. 物质性与非物质性	获取物质财富的重要性到底有多强烈
3. 勤奋工作与休闲	拼命工作是否更为社会所倡导
4. 延迟享受与及时行乐	人们是被鼓励去即时享受还是愿意为获得"长远利益"而牺牲"眼前享受"
5. 纵欲与节欲	感官愉悦的享受,如吃、喝、玩、乐在多大程度上会被接受
6. 严肃与幽默	人们应该视生活为极严肃的事情还是应该轻松面对

表 5-2 中所列 18 种文化价值观在大多数文化下都是非常重要的。他人导向的价值观反映的是一个社会关于该社会中个人与群体、个人之间以及群体之间适当关系的看法;环境导向的价值观反映的是一个社会关于该社会与经济、技术以及自然等环境之间的看

---

① 德尔·霍金斯,等. 消费者行为学[M]. 12 版. 北京:机械工业出版社,2014.

法；自我导向的价值观反映的是社会成员的理想生活目标及其实现途径、方式的基本看法和观点。这些价值观对于消费者行为具有巨大影响，对企业制定市场营销策略同样具有重要作用。

2. 亚文化

一个社会的文化通常可以分为两个层次的内容：其一是全体社会成员共有的基本文化，即主文化；其二是社会中某些群体所具有的独特信念、价值观和行为模式，即亚文化（subculture）。简言之，亚文化是指某一文化群体中的次级群体所拥有的文化。亚文化是一个相对的概念，是主文化的一部分，相对于主文化而言，它是从属文化。但亚文化群的文化涵义必须是独特的、有特色的，具有自身独特的价值观。

由于同一个亚文化群体中的消费者会拥有相似的个人态度与价值观，因此会表现出相类似的消费行为，而身处不同亚文化群体的消费者在产品需求与购买行为上则会表现出很大的不同。许多亚文化构成了重要的细分市场，甚至每个亚文化群还可以细分为若干子亚文化群，营销人员可以凭借亚文化的不同来制定特殊的营销组合以满足该亚文化下消费者的需求。

亚文化的内涵很广泛，一般可按民族、宗教、种族、地理对亚文化进行划分。

（1）民族亚文化

世界上的每个国家和地区几乎都是由不同的民族构成的，是各民族的融合体。每个民族都有自己的价值观、独特的风俗习惯与文化传统，从而形成了不同的民族亚文化。

民族亚文化是人们在历史上经历过长期发展而形成的稳定共同体的文化类型，对消费者行为的影响是巨大而深远的。中国是一个由56个民族构成的多民族国家，不同的民族在饮食、服饰、建筑、礼仪等方面表现出明显的不同。例如，在服饰方面，蒙古族喜欢穿蒙古袍，苗族、侗族喜欢穿色彩鲜艳的筒裙。即使不同民族的消费者生活在同一个城市，也会有自己特殊的民族需求、爱好和购物习惯。营销人员应了解不同民族在信仰、崇尚爱好、图腾禁忌、节日、风俗习惯、生活方式等方面的差异，根据不同民族的思维方式与商业规范制订营销计划，避免文化冲突。

（2）宗教亚文化

世界上有许多宗教，如佛教、道教、伊斯兰教、天主教、基督教等，宗教在适应人类社会长期发展过程中形成了特有的宗教信仰、宗教感情和与此种信仰相适应的宗教理论、教义教规，有严格的宗教仪式，有相对固定的宗教活动场所，有严密的宗教组织和宗教制度，所以宗教本身就是一种文化。同时，宗教在其形成和发展过程中也不断吸收人类的各种思想文化，与政治、哲学、法律、文化（包括文学、诗歌、建筑、艺术、绘画、雕塑、音乐、道德等）意识形式相互渗透、相互包容，逐步形成属于自己的宗教亚文化。

宗教亚文化会影响到人们认识事物的方式，包括他们对客观生活的态度、价值观和行为准则等，从而影响其购买行为。另外，与宗教信仰和宗教教义不相符合的生活内容及对应的消费支出等宗教禁忌会对消费行为形成一定限制。

（3）种族亚文化

种族亚文化是以种族渊源及遗传性特征为基础的亚文化群体。白种人、黄种人、黑种人，不同的种族有不同的文化传统、文化风格和生活方式。体型、肤色和发色等方面具有差异的不同种族的消费者即使生活在同一个国家甚至同一个城市，在消费需求和购买行为上也会存在很大的差异。西方一些企业常将种族作为市场细分的重要依据，有针对性地开发产品和市场。

（4）地理亚文化

基于特定的自然地理环境而形成的地理亚文化，是一定地理区域内的人们在长期的社会生活中创造的一切物质财富和精神财富的总和，包括该地理区域内的政治、经济、历史、名胜、环境、风俗等各方面。不同的地理亚文化导致了人们在生活方式、消费习俗和消费特点上的不同。

我国古代信息不流通，地域文化十分突出，形成了很多典型的地理亚文化，如齐鲁文化、关东文化、吴越文化、徽文化、岭南文化等。地理亚文化的差异在各地饮食文化的差异上体现得尤为明显，不同地理区域的人们在饮食内容、烹饪方法、饮食礼仪等方面存在明显的差异，中国的"八大菜系"中各个菜系特点鲜明、差别较大，主要受到地理亚文化的影响。

3. 社会阶层

消费者总是处于一定的社会阶层中，这是一种普遍存在的社会现象。社会阶层是指由具有相同或类似社会地位的成员所组成的相对稳定持久的群体。同一社会阶层的消费者具有类似的价值观、兴趣爱好和行为方式，而不同的社会阶层会有自己独特的消费需求和购买行为，因而社会阶层成为影响消费者购买行为的重要因素之一。

产生社会阶层的最直接原因是个体获取社会资源的能力和机会的差别，另一原因是社会分工和财产的个人所有。社会分工形成了不同的行业和职业，并且在同一行业和职业内形成领导和被领导、管理和被管理等错综复杂的关系，当这类关系与个人的所得、声望和权力联系起来时，就会在社会水平分化的基础上形成垂直分化，从而造成社会分层。

社会阶层的形成受到很多因素的影响。不同的国家和地区因为不同的文化特点，在区别社会阶层的变量上也有所差异，收入、受教育程度、职业是最常用的对社会阶层进行划分的变量。

5.2.2 社会因素

从某种意义上说，消费者的购买行为也是一种社会行为，受到诸如参照群体、家庭、社会角色等一系列社会因素的影响。

1. 参照群体

消费者生活在一定的社会群体之中，其思想和行为不可避免地要受到周围人的影响，参照群体对消费者的行为具有强大的影响。参照群体也叫参考群体，是指消费者用以指导自己目前行为的，具有某种价值观念和观察事物准则的群体。在消费行为中，参照群体是消费者在形成购买决策时用以参照和比较的一种社会群体。一个人的习惯、爱好乃至思想和行动准则并不是与生俱来，而是在社会实践活动的过程中受外界的影响逐渐形成的，在这种外界影响中，参考群体的影响至关重要。

（1）参照群体的类型

参考群体可以被区分为直接群体和间接群体两类。所谓的直接群体又称为成员群体，是指参照群体和被影响的对象都是具有同样身份的人。直接群体又可以进一步分为主要成员群体和次要成员群体。主要成员群体是指和消费者互动比较密切的成员群体，包括家人、亲戚、好友和往来比较密切的邻居、同事、同学等。次要成员群体是指相对互动不够密切的成员群体，消费者和次要群体的见面次数与来往密切程度往往远不如主要群体，因而影响力也远不如主要群体。

间接群体又称为象征群体，是指个体与被参照的对象并不具有同样身份的群体。间接群体又可分为渴望参照群体和否认型群体。渴望参照群体是指那些对消费者有很大吸引力的群体，是人们渴望加入的群体。例如，对于粉丝而言，偶像明星就是他们的渴望参照群体，由于对他们的仰慕，消费者的行为就会受到渴望参照群体所表现出的行为的影响，偶像会强烈地影响其追随者的偏好。否认型群体是指个体试图与其保持距离、避免与其有关的参照群体。消费者并不赞同该群体的价值观和行为标准，而且往往采取与该群体相反的态度和行为。消费者通常不会购买与否认型参照群体典型表征有关的产品，以此表明与这类群体划清界限，不愿与其为伍。

随着移动互联网和数字技术的发展，网络经济赋予了参照群体新的内涵，极大拓展了传统参照群体的范围。所有人都可以通过网络平台分享自己的产品购买和使用经验，特别是网络直播带货兴起后，网络达人成为消费者购买时的重要参照群体，对消费者购买行为产生重要影响。

（2）参照群体对消费者行为的影响形式

参照群体的价值观和行为方式等都会直接或间接地影响消费者的行为。参照群体对消费者的影响通常表现为三种形式：信息性影响、规范性影响和价值表现性影响。

信息性影响是指参照群体成员的行为、观念、意见被消费者作为有用的信息予以参考。当一个消费者认为参照群体是一个可信赖的信息来源或该参照群体所提供的信息具有专业性，那么他会认为该信息能增加他对于该产品的判断和选择的知识。直接由参照群体成员提供的信息通常被称为口碑传播，如朋友推荐了一家味道很好的饭店。通过观察参照群体成员的行为而获得的信息则被称为观察学习，如某消费者发现几位朋友都在用某品牌的产品，他觉得这么多人使用意味着该品牌一定有其优点，于是也购买了该产品。

规范性影响是指由于群体规范的作用而对消费者的行为产生影响。从消费者角度看，群体规范意味着在某种情况下参照群体对其成员行为方式的期望。规范性影响之所以能够发生作用，是由于奖励和惩罚的存在。为了获得赞赏或避免惩罚，消费者会按参照群体的期望行事。例如，因为想要获得喜欢的人的夸赞而特意购买某种产品，或者因为害怕朋友的再次嘲笑而将只穿过一次的衣服束之高阁。

价值表现性影响是指消费者在长期的接触中受到参照群体潜移默化的影响，从而认可并自觉遵循参照群体的价值观和信念。当参照群体的价值观和行为方式被消费者吸收、内化之后，无须外在的奖赏或惩罚，消费者都会依据参照群体的观念与规范行事，此时，参照群体的价值观实际上已经成为了消费者个人的价值观，消费者会无意识地与参照群体的行为保持高度一致。如，消费者认为使用某一特定品牌产品会提高自己在他人心目当中的形象，或可以帮助其和他人形成某种类似，于是购买了该品牌产品。

2. 家庭

家庭是指建立在婚姻关系、血缘关系或继承、收养关系的基础上，由夫妻和一定范围亲属结合组成的一种社会单位。家庭也是一个消费单位和购买决策单位，人们的绝大多数消费行为都与家庭有关，家庭对其成员的消费行为有极其重要的影响。消费者在一生中要经历两个家庭，其一是父母的家庭，即原生家庭；其二是成人后自己组建的家庭。

（1）家庭结构。按家庭代际层次和亲属关系可以将家庭分为核心家庭、复合式家庭、联合家庭等家庭类型。核心家庭是指由夫妻和未婚子女所组成的家庭，也包括未生育子女的夫妻二人家庭、单亲即夫或妻与未婚子女所组成的家庭，特点是只有一对夫妻，即为核心。复合式家庭是指夫妻和一对已婚子女及第三代所组成的家庭，也就是三代同堂的家庭。联合家庭是指父母和多对已婚子女共同居住生活的模式，或者婚后兄弟姐妹不分家的模式。我国目前家庭结构以核心家庭为主。

家庭结构的不同会导致消费行为有很大差异，家庭人口数量越多，以家庭为单位进行消费的商品量就越大；家庭人口多，商品信息来源广，消费决策就越复杂；家庭收入不变的情况下，人口越多，人均消费水平就会下降，消费质量也会随之下降。即使是在高收入家庭，人口越多，由于各自的消费心理及爱好不同，消费决策越复杂。

（2）家庭购买决策类型。作为一种集体决策，家庭购买决策在很多方面不同于个人决策。家庭成员的消费以家庭为核心，但在实际的购买活动中，并不是每个家庭成员都可做出决定，决定消费的往往是一两个成员。不同的家庭有不同的决策特点，家庭购买决策主要有4种类型：丈夫主导型、妻子主导型、民主型（共同做主型）、各自做主型。影响家庭购买决策类型的因素主要有以下几种。

一是文化和亚文化。不同国家或地区的文化或亚文化中关于性别角色的态度，很大程度上决定着该国家或地区的家庭决策主要是由丈夫主导还是妻子主导。

二是角色专门化。由于男性和女性在生理及传统观念上的差异，随着时间的推移，夫妻双方在决策中会逐渐形成专门化角色分工。例如，一般而言，妻子在购买食物、服装、清洁类等产品类别上享有更大的决策权。另外，当今社会中关于性别的角色分工越来越模糊，无论丈夫还是妻子都可能会更多地担当传统上被认为由对方承担的活动，例如，越来越多的男性参与到购买日常生活用品的行列中。

三是家庭决策的阶段。根据戴维斯（Davis）等的研究，家庭决策可分为3个阶段，即问题认知阶段、信息搜集阶段和最后决策阶段。家庭决策越是进入后面的阶段，角色专门化通常会变得越模糊，越倾向于家庭共同决策。

四是个人特征。家庭成员的个人特征，如年龄、能力、经济实力、受教育程度等因素都会影响其在家庭消费决策中的作用。

五是介入程度及产品特点。家庭决策类型会因家庭成员对产品或服务的介入程度不同而存在差异。另外，家庭决策类型也因产品而异，如果某个产品对整个家庭都很重要，且购买风险较高，家庭成员会更倾向于民主型决策；当产品主要为家庭内某个人所用，且购买风险不高时，各自做主型决策居多。

营销洞见

女性的家庭决策权[①]

女性的家庭决策权指女性在家庭事务上的话语权，家庭事务主要包括夫妻双方就业、家庭日常消费、子女教育、生产经营等。

相对资源论是女性家庭权利研究中比较常见的分析框架，多数关于女性家庭权利与夫妻地位博弈的研究都基于结构取向的资源理论展开。该理论囊括了经济决定论，强调夫妻的家庭决策权的重要影响因素是双方的结构性资源，哪一方掌握的"相对资源"越多，其主导家庭决策的可能性就越大。相对资源是指夫妻双方在经济贡献、年龄、受教育程度、职业及家庭内外不同组织中经历和机会等方面的差异。研究发现，夫妻双方所掌握的经济资源是双方家庭权利博弈的重要影响因素，当妻子掌握的经济资源高于丈夫时，妻子全权掌握家庭决策权的可能性越大。而夫妻双方谁享有的社会资源越多，职业地位越高，其在家庭决策中也将居于更有利的地位。还有学者关注到年龄与教育对夫妻在家庭权力博弈中的影响作用，发现年长者在家庭事务决策中掌握的主动权更多；哪一方的受教育程度越高，其在家庭决策中享有的话语权越高。

家庭生命周期是一个描述从单身到结婚（创建基本的家庭单位），到家庭的扩展（增添孩子），再到家庭的收缩（孩子长大后分开独立生活），直到家庭解散（配偶中的一方去世）的家庭发展过程的社会学概念，是指一个家庭建立发展过程中经历的不同阶段，每个阶段的需求重点和购买行为都有各自不同的特点。

传统的家庭生命周期包括以下5个阶段。

[①] 蒋舒娜，张弛，向延平，杜荣. 贫困农村女性家庭决策权影响的文献综述[J]. 现代商贸经济，2021（31）：90-91.

第一，单身阶段，是指已经成年但尚未结婚的单身者所处的独立家庭时期。这个时期的青年男女收入大多并不高，但也几乎没有其他方面的负担，他们关心时尚，热衷娱乐和休闲。

第二，新婚阶段，新婚阶段始于新婚夫妇正式组建家庭，止于他们第一个孩子出生。这类家庭大多拥有双份收入，负担很轻，经济状况一般较好。他们是剧院演出、昂贵服饰、餐饮娱乐、奢侈度假等产品和服务的重要市场。

第三，满巢阶段，是指从第一个孩子出生到最小的孩子也已长大成人的这段时期，这是一个漫长的阶段，通常超过 20 年，所以依据孩子的年龄可以进一步分为满巢Ⅰ、满巢Ⅱ和满巢Ⅲ 3 个阶段。满巢Ⅰ阶段是指由 6 岁以下小孩和年轻夫妇组成的家庭，由于有了孩子，家庭开支增大了，购买频率高，购买心理随孩子的成长而发生变化，重视儿童食品、玩具、服装和教育费用开支。由于照料孩子的花费增加，收入比以前紧张。满巢Ⅱ阶段是指孩子处于求学期的家庭，夫妇已到中年，工资上升，家庭经济状况会变好，教育费用和文化娱乐费用是该阶段的重要支出。满巢Ⅲ阶段是指年纪较大的夫妇和他们仍未完全独立的孩子所组成的家庭，家庭的经济状况继续改善，会关注消费质量，更新一些大件商品，购买更新潮的家具，外出用餐、休闲度假等支出增加。

第四，空巢阶段，是指孩子们已经离开家庭并不再依靠父母的支持，家庭只剩下夫妇二人，可以根据夫妇是否退休分为空巢Ⅰ和空巢Ⅱ阶段。空巢Ⅰ阶段，夫妇仍然工作，开支的缩小导致储蓄达到最高水平，拥有最高的可任意支配收入，购买活动开始更多地投向满足自己需要的商品，营养、保健用品、高档家电、奢侈品、娱乐用品支出上升。空巢Ⅱ阶段，夫妇已经退休，依靠退休金提供固定收入，由于退休后有了足够的时间，开始追求新的爱好和兴趣，如外出旅游、参加老年人俱乐部等，热衷购买医疗保健类产品与服务。

第五，鳏寡阶段，夫妻中的一方过世，家庭进入解体阶段，主要购买生活必需品和医疗保健品。

3. 社会角色

社会角色是指个体在特定的社会群体中所处的位置及与人们的地位、身份相符的一整套权利义务规范与行为模式。社会角色是构成社会群体或群体的基础，是人们对具有特定身份的人的行为期望，对于某一社会角色，不管由什么人来担当，社会对其行为都有相同的要求，以一定的社会规范作为标准来衡量和评价每一个社会角色履行职责的情况。例如，对于学生，社会要求其必须遵守学校管理规定，课堂认真听讲，课后认真完成作业。

人的一生中要与社会上的各种群体、社会组织等进行互动和联系，从而形成了不同类别的社会角色，每个人都是一个角色集，同时扮演着若干不同的社会角色。例如，面对父母时是子女，面对子女时是父母，面对配偶时是丈夫或妻子，在学校是学生，在社团是主席……每种不同的社会角色要求承担者表现出相应的行为模式，人们的社会角色不同，其行为方式会有一定差异。

消费者的社会角色差异必然会对其消费行为产生一定影响，如企业高管与普通员工的消费行为会明显不同，消费者往往倾向于购买与其社会角色相符的产品。另外，社会角色能够决定或影响消费者的消费态度和消费习惯，如教师等文化工作者可能会把书籍和文化用品作为家庭陈设的主要部分。

5.2.3 个人因素

个人因素包括消费者的年龄与世代，职业、教育与经济状况，个性，生活方式和自我概念。

1. 年龄与世代

不同年龄与世代的消费者，其购买行为各有特点。消费者的欲望和能力，随着年龄的增长而变化。不同年龄的人分属于不同的时代，有着不同的价值观念和消费习惯。同一世代的消费者不止年龄相近，相似的人生经历和历史背景使得他们对流行文化、历史事件等拥有共同的记忆和共同的看法，并形成相似的消费者个性、价值观和消费观。

在我国，"70后""80后""90后"已成为社会消费的主力军，移动互联网和数字经济的发展促进了消费诉求升级，性价比与品牌品质并重。以"95后"和"00后"为主体的"Z世代"成长于互联网蓬勃发展、社交化网络兴起的时代，社交需求强，兴趣爱好多元化，是注重个性、社交和娱乐的数字化消费者。

2. 职业、教育与经济状况

（1）职业。消费者的职业会极大地影响他的消费行为，相同职业的消费者由于具有共同的工作性质和工作环境等，会导致他们产生相似的与职业需要相挂钩的产品或服务需求，在消费需求、消费动机等方面具有很大的相似性。另外，由于职业与收入和受教育程度都有密切的关系，相同的职业意味着他们收入和受教育程度的差别不大，会表现出相似的消费心理和消费习惯；而不同职业消费者的消费结构存在差异，购买的商品和服务大不相同。

（2）教育。消费者的受教育程度决定了他的知识结构、从事的职业类型以及收入水平，不同受教育程度的消费者具有不同的价值观念、审美能力、鉴赏水平和兴趣爱好，在消费心理、购买的理性程度和消费结构等方面也会体现明显差异。一般而言，受教育程度高的消费者更加理性，更注重产品的文化内涵；而受教育程度低的消费者消费更为感性，更容易受到产品外观和广告宣传的刺激。

（3）经济状况。消费者的经济状况既与宏观经济环境有关，也与其个人能力有关，包括消费者的收入、储蓄、资产、债务以及对待消费与储蓄的态度等。消费者的经济状况是制约其消费行为的一个基本因素，大多数消费者会依据现有的收入、负担和预期收入等情况，"量入为出"地进行消费。

3. 个性

随着社会经济和网络技术的发展，当今的消费者有了更多张扬个性的机会，个性化消费已成为消费的主流。个性是指个人独特的心理结构，是个人的心理倾向和心理特征的总和，长期而稳定地影响着消费者对环境的反应方式。由于各自的遗传基因不同，社会生活实践的差别，对现实的态度倾向性差异，以及性格、气质、能力等内在心理特征的不同组合，导致消费者会形成各自独有的心理和行为特点。

每个人独特的个性都会直接或间接地影响其购买行为，不同个性的消费者会根据自身偏好和利益选择不同品牌的同类产品，从而形成独特的品牌个性。消费者对创新行为的态度也是由其个性差异所决定的，个性差异不仅对产品选择产生影响，还会影响消费者对促销活动的反应。

4. 生活方式

生活方式（lifestyle）的概念起源于社会学，应用在市场营销学和消费者行为学中，主要指消费者对某种消费模式的选择，包括消费观念以及如何打发时间和如何分配金钱等。

生活在一定的文化和社会背景下，具有个性特征和人文特征的消费者总是会追求自己的生活方式。消费者选择的不同生活方式影响了他们的需要和欲望，进而影响他们的购买决策和消费行为，这些购买决策和消费行为反过来又强化或改变了消费者的生活方式。

生活方式营销就是企业基于对消费者心理和价值观的了解和把握，提供让消费者满意的产品和服务，让一群拥有相同的时间分配模式和金钱分配模式的消费者产生一种感同身受的相融合的认知并获得消费者的自发性认同。企业可以利用生活方式测量（如 AIO 测量或 VALS 测量），了解消费者的生活方式，勾勒市场细分图，选择目标消费者，进行恰当的市场定位。拥有不同生活方式的消费者的兴趣、爱好有很大的不同，营销人员可以根据消费者的生活方式，选择适合目标市场的宣传媒体，制定适当的广告宣传策略，更为准确地把握和引导消费者行为。

营销洞见

"盲盒"消费[①]

近年来，青年群体的消费生活方式中出现了"盲盒"消费的热潮，"盲盒"热的背后不仅反映了"盲盒"作为消费品本身的独有特点，更折射出中国社会的转型变迁，与青年群体的消费生活方式变化有着密切关联。

---

① 王帝钧，周长城. "盲盒"消费：当代青年消费生活方式的新现象 [J]. 甘肃社会科学，2021（2）：120-126.

对于影响"盲盒"消费的非经济因素分析，一个可行的思路是从生活方式这一概念分析非经济因素如何影响消费生活方式。人们在日常生活中会经常提到生活方式，但是作为一个社会学概念，生活方式具有深刻的内涵与相对独立的学术理论体系。生活方式是回答"怎样生活"的概念，是在社会生活资源的有效供给与个人文化价值选择的互动中形成的旨在满足人们生活需要和意义追寻的行动体系。从生活方式概念的角度看，作为悦己型消费形式的"盲盒"消费正是以青年群体为主流的一种消费生活方式，其背后必然存在社会结构变迁带来的影响。从非经济因素层面看，社会变迁带来的价值观念的转变、文化审美的区隔、人口结构的变化、时空结构的压缩、社会分工的精细化成为影响青年群体形成"盲盒"消费生活方式的主要原因。

5. 自我概念

自我概念（self-concept）又称自我观念、自我，所罗门认为自我概念是一个人对自身特征的认识和评价，是人们对自己所拥有的特点的信念；[1]霍金斯认为自我概念是个体以自己为对象时的所有思想和情感的总和。[2]总之，自我概念回答了"我是谁"这个经典问题。

自我概念存在于消费者的心理活动中，对消费者的消费心理和消费行为有着深刻的影响和制约作用。自我概念是消费者对自己的态度的反映，一方面通过消费行为的不同特点加以体现，直接影响着消费者对商品的偏好、对价格的认同、对广告的接受程度；另一方面，消费者也会通过观察自身购买或使用哪些产品或服务，进一步认识自己并获取关于自我的知识。

5.2.4 心理因素

心理因素是影响消费者购买行为的内在因素，涉及消费者的心理活动过程、消费者动机、消费者学习、信念和态度等方面。

1. 消费者的心理活动过程

消费者的心理活动过程是指消费者的心理形成和发展的活动过程，包括认识过程、情绪过程和意志过程。消费者心理活动是认识过程、情感过程和意志过程的"三统一"。

（1）认识过程。认识过程是人们对客观事物的品质、属性及其联系的反映过程。消费者对客观世界的认识始于感觉和知觉。感觉是人脑对直接作用于感觉器官的客观事物个别属性的反映。知觉是把各种感觉到的个别信息在头脑中整合，进行选择、组织和解释，使人们形成对刺激物或情境的整体反映。感觉和知觉是个体心理活动的基础，也是营销心理的基础，企业利用人们的感觉系统（视觉、听觉、嗅觉、味觉、触觉）制定种种促销策略去创造竞争优势。伴随着对客观事物的反复感知，消费者不断深化认识，并

---

[1] 迈克尔·所罗门，等. 消费者行为学[M]. 10版. 北京：中国人民大学出版社，2014.
[2] 德尔·霍金斯，等. 消费者行为学[M]. 12版. 北京：机械工业出版社，2014.

发展记忆、想象和思维以完成认识过程。

（2）情感过程。情感过程是伴随认识过程出现的心理现象，是人们对客观事物是否符合自己需要的态度体验。消费者的消费活动实际上是充满情感体验的活动过程，情感决定了人对客观事物的态度。肯定的情感导致肯定的态度，否定的情感导致否定的态度，从而产生愉快和不愉快的心理体验。数字营销时代，企业可以通过分享其他消费者在产品使用过程中的积极体验或者情绪反应，来诱发消费者的积极情绪反应。

（3）意志过程。消费者自觉地确定目的，为实现预定的目的有意识地支配和调节自己行动的心理活动就是意志过程。在消费者认识商品、制定购买决策、采取购买行动时，需要其心理机能的保证，它能使消费者为实现预想的购买目标而自觉地排除各种干扰，采取一系列的活动。

2. 动机

动机（motive）一词来源自拉丁文，原意是推动的意思。伍德沃斯（Woodworth）将动机视为决定人们行为的内在动力；霍金斯等人则认为动机是行为发生的理由。相对于消费者的需要而言，动机的动力表现更为清楚明显，需要仅仅是一种心理倾向性的反映，而动机是行为之前的直接推动力。购买动机就是消费者购买并消费商品时最直接的原因和动力。

一般而言，人们在清醒状态下采取的行为都是由动机引起和支配的，因此，人们的行为实质上是一种动机性行为。消费者的消费行为也是一种动机性行为，他们所实施的购买行为直接源于形形色色的购买动机。在具体的购买活动中常见的购买动机主要包括以下几类。

（1）求实购买动机。这种购买动机以追求商品的使用价值为主要特征，是动机类型中最有代表性和普遍性的。具有这种动机的消费者在选购商品时，特别重视商品的内在质量和实际效用，商品使用寿命长短，使用方便与否成为主要的影响因素。

（2）求新购买动机。这是以追求时尚和新颖为主要特征的购买动机。随着产品更新换代的加快，这种动机更具普遍意义。具有求新购买动机的消费者特别重视商品的款式是否新奇独特、时尚新潮，喜欢与众不同、别出心裁的商品。

（3）求美购买动机。这是以追求商品的欣赏价值和艺术价值为主要特征的购买动机。追求这种购买动机的消费者在选购商品时，特别重视商品的颜色、造型、款式、包装以及彼此间的协调，并十分注重商品消费时所体现的风格与个性。

（4）求廉购买动机。这是以追求商品价格低廉并以此获得更多的利益为主要特征的购买动机。这种动机支配的购买行为以商品的价格高低作为选择的标准，对减价、处理、打折的商品十分感兴趣，打折促销活动对其有很大的吸引力。

（5）求名购买动机。这是以追求商品名牌、高档，借以显示或提高自己的身份和地位为主要特征的购买动机。受求名动机支配的消费者特别重视商品具有的象征意义，选购商品以名牌、高档为主，通过消费这些商品彰显自己生活富裕、地位特殊或能力超群。

（6）求安全、健康的购买动机。这是以追求商品使用安全、功能可靠为主要特征的购买动机。现代消费者越来越注重自身的安全与健康，并且把保障安全和增进健康作为购买的重要内容，把商品的安全性能和是否有益健康作为购买的重要标准。

3. 学习

学习（learning）是一种经由练习使个体在行为上产生较为持久改变的历程，心理学上将由经验而导致的相对持久的行为改变统称为学习。消费者学习是指消费者在购买和使用商品活动中不断获取知识、经验和技能，完善其购买行为的过程。

消费者的大部分行为是后天习得的，其成长过程时刻伴随着学习。人们通过学习不仅获得了生存所需要的知识、技能和经验，形成了价值观、态度、行为偏好、遵循的道德观念以及与人交往的模式，甚至恐惧、烦恼、忧虑、偏见等情绪反应也是通过学习得来的。关于消费者学习的理论主要包括以下几类。

（1）经典条件反射理论。该理论由著名生理学家巴甫洛夫（Pavlov）提出。经典条件反射理论揭示了刺激与反应之间的关系，并借助于刺激与反应之间已有的关系，经由练习建立了另一种刺激与相同反应之间的关系，从而科学地说明了学习的生理基础是条件反射，是大脑分析活动的结果。

消费者在外界刺激的作用下形成条件反射，这种刺激与反应经过适当重复，两者之间建立了一定的联系，就形成了学习。一般而言，消费者在低介入情境下比较容易形成经典型条件反射。在低介入情境下，消费者学到的并不是关于刺激物的信息，而是关于刺激物的情感反应，正是这种情感反应，将导致消费者对产品的学习和试用。如，持续在令人兴奋的体育节目中宣传某种产品，则该产品本身单独出现也能令人兴奋。

（2）操作性条件反射理论。操作性条件反射理论也称工具性条件反射理论，由心理学家斯金纳（Skinner）提出。经典条件反射理论只解释由刺激所引起的行为，但是消费者的行为并不仅仅是被动的，操作性条件反射理论解释的就是人们为适应环境而能动地采取的行为。

操作性条件反射理论是指消费者会学习去做那些能产生正面结果的行为而避免产生负面结果的行为，这种学习是通过强化（奖励或惩罚）完成的。一般而言，操作性条件反射作用更适用于消费者高度介入状态下的购买情境。因为在高介入情境下，消费者对购买结果会有意识地给予评价。

（3）认知学习理论。条件反射不是学习的唯一形式，认知学习强调内部思考过程的重要性，认为学习是个体对整个问题情境进行知觉和理解，积极地处理信息，领悟其中的各种关系，并在此基础上产生新的行为的过程。

（4）观察学习理论。观察学习也称模仿学习、替代学习、社会学习，是指消费者通过观察他人的行为和后果来调整自己的行为，或者通过想象来预期行为的不同后果，而不是通过直接体验奖励或惩罚来学习。一般而言，当消费者看到别人的行为带来积极结果时,他们往往会模仿;当看到别人的行为带来消极结果时,他们往往会避免模仿。

4. 信念与态度

消费者在购买和使用商品的过程中形成了信念和态度,这些信念和态度反过来也会影响消费者的购买行为。

(1) 信念 (belief)。信念是指人们对某种事物所持有的看法。消费者会形成关于某一产品特征的一组信念,并通过这一组信念形成关于某一特定品牌的印象。

消费者对品牌、产品和企业的信念是可以建立在不同基础上的,可能基于知识,可能基于实践经验,可能基于信任,也可能基于情感因素。例如"吸烟有害健康"是以"知识"为基础;"汽车排气量越小越省油"是在"实践经验"上形成;对"某名牌"的偏好,是出于"信任"。

(2) 态度 (attitude)。消费者的态度是指消费者在购买和使用商品活动中对商品劳务及其有关事物形成的反应倾向。态度由三部分组成,即认知因素(品牌信念)、情感因素(对品牌的感情评价)和行为倾向(购买意向)。

人们的态度不是先天就有的,而是在一定的社会环境中形成的。1961年,心理学家凯尔曼(Ckelman)的研究表明,态度的形成是从服从到同化,再到内化的过程。服从是指在一定的条件下,使个人的行为与外部的要求相适应。服从并不一定是自己真心愿意的行为,人们也许会为了获得金钱、资源、赞赏或者为了避免处罚而采取服从行为。同化是指人们愿意接受他人的观点与信念,使自己的态度与外界的要求相一致。同化能否顺利实现,他人或集体的影响力十分重要。个人对团体越有依附感,在团体中所处的地位越重要,同化越彻底。内化是指人们从内心深处真正相信并接受他人的观点而彻底转变自己的态度,使其成为自己态度体系中的有机组成部分,彻底形成了新态度。态度只有到了内化阶段,才是稳固的、持久的。例如,刚入职的青年教师约束自己的穿着打扮同教师的职业身份相吻合,不过于新潮、怪异,开始可能是受学校内其他老教师的影响或压力,被动地采取行动,后续逐渐地从内心真正接受这种影响,行为也变得主动自觉。

态度的形成,从服从到同化,再到内化是一个复杂的过程。当然,并不是所有的人对所有事物的态度都要完成这个过程。人们对一些事物态度的形成可能经过了整个过程,但对另一些事物可能只停留在服从或同化阶段。之所以如此,是由于态度的形成受多种因素的影响。消费者的态度是消费者购买活动中重要的心理现象,是消费者确定购买决策,执行购买行为的感情倾向的具体体现。

5.3 消费者购买行为类型与购买决策过程

5.3.1 消费者购买行为类型

基于消费者市场的特点,在日常生活中消费者的购买行为表现是千差万异的。这种差异不仅体现在不同的消费者之间,即使在同一个消费者身上,其消费行为也会存在着差异。如在购买一支牙膏和购买一台笔记本电脑时,消费者会表现出截然不同的购买行为,消费者的购买决策会因为购买类型的差异而有所不同。

多种因素的影响最终导致了消费者购买行为类型的差异,其中消费者介入程度与品牌之间的差异程度是主要因素。消费者介入,也称作消费者卷入,是指消费者为满足某种特定需要而产生的对购买决策过程关心或感兴趣的程度,这种关心或感兴趣的程度通常可以用投入的时间或精力来衡量。

阿萨尔(Assael)认为,根据购买过程中消费者介入程度和产品品牌之间的差异程度,可以区分出4种不同的购买行为类型。阿萨尔购买行为类型如表5-3所示。

表5-3 阿萨尔购买行为类型

	高度介入	低度介入
品牌间差异很大	复杂型购买行为	多变型购买行为
品牌间差异很小	减少失调型购买行为	习惯型购买行为

1. 复杂型购买行为

复杂型购买行为是指对于品牌之间差异度较大,同时又是属于价格高昂、购买风险大或购买频率较低的产品,消费者通常会高度介入,需要完整经历大量的信息收集、全面的产品评估、慎重的购买决策和认真的购后评价等各个阶段。由于消费者对产品不够熟悉,缺乏产品知识和购买经验,因此需要收集的信息比较多,选择评价的时间也比较长,在不断的学习和比较分析,充分考虑后才会做出购买决策,购买过程比较复杂。如消费者购买电脑、汽车、住房等大型耐用消费品或贵重物品的行为往往是复杂型购买行为。

上述产品的营销人员应该在营销推广时突出宣传产品的特点,帮助消费者充分了解产品属性及其重要性,使消费者在基本了解大类产品的基础上,建立起对该品牌产品的信心,进而实施购买行为。

2. 减少失调型购买行为

减少失调型购买行为是指不同品牌之间的差异度不大,但由于产品价格高或购买风险大,需要慎重决定,这时消费者也会高度介入。但在这类产品购买后消费者通常会产生一种不协调感,即由于发现了产品的某些缺点或了解到其他品牌同类产品的某些优点,在购买后可能会有心理不平衡的感觉,感受到某种心理失调或不满意,他们会采取措施以减少这种不协调感,试图做出对自己当初的购买选择有利的评价。

这种产品的营销人员应该特别注意售后沟通,可以利用各种营销沟通手段,向消费者提供有关产品正面评价的信息,以使他们对自己选择的商品形成购后满意,化解消费者可能产生的不协调感,增强消费者的信念,使其相信自己当初的购买决策是正确的。

3. 多变型购买行为

对于某些价格比较低、购买风险比较小的产品，消费者的介入程度通常也会较低，往往不会花很长时间来选择和评估，如果品牌之间的差异度很大，这时，消费者可能会经常性变换品牌选择。如购买面包、饼干、饮料等产品时，今天买的是 A 品牌的产品，明天可能就换成 B 品牌的同类产品，后天可能又换成 C 品牌的产品了。消费者很可能并不是对最初购买的产品不满意才变换品牌，也许只是因为有很多可供选择的同类产品，基于"求新求异"的消费动机单纯想变换一下口味，达到"常换常新"的目的。

这种产品的企业可以通过提高铺货率、占领货架、进行提示性的频繁广告，或以低价、送优惠券、免费样品及新产品试用等手段来鼓励消费者的多变型购买行为。

4. 习惯型购买行为

对于牙膏、洗发水等日常生活用品，品牌间差异度不大，由于使用和购买频率很高，消费者往往比较熟悉，价格又比较低廉，通常消费者是低度介入的。购买这类产品时，很多消费者会不假思索地购买自己惯用的品种、品牌和型号，即消费者会根据购买经验和购买习惯产生重复性购买行为。

在低度介入和品牌差异小的情况下，消费者通常并不主动收集品牌信息，也不评估品牌，只是被动地接受包括广告在内的各种途径传播的信息。企业可以凭借良好的产品质量、细致周到的服务和优惠的价格来提升产品的影响力，并借由广告的大量重复，使消费者由被动地接受广告信息而熟悉品牌，进而使其产生对品牌的信念，并最终形成购买习惯。

5.3.2 购买决策过程

如前所述，消费者行为就是指消费者为满足自身需要和欲望而寻找、选择、购买、使用、评价及处置产品或服务时所表现出来的行为，而这一系列活动过程，就是消费者进行购买决策的过程。如，消费者在购买前需要确定买什么类别、什么品牌的产品，什么时间、到哪里去买，还要衡量价格、选择型号，在购买后体会满意或不满意以形成购买经验为后续的购买和传播行为提供参考。

1. 购买决策的含义

所谓购买决策是指消费者作为决策主体，为了实现满足需要这一特定目标，在购买过程中所进行的评价、选择、决定等一系列活动。购买决策在消费者购买行为中起到非常重要的作用。正确的决策可以使消费者以较少的费用和时间买到物美价廉的产品，最大限度地满足消费者的需要。相反，错误的决策不仅无法满足消费者的需要，还可能会造成金钱和时间上的损失，严重的话甚至可能导致消费者产生不同程度的心理挫败感，影响其日后购买行为的顺利发生。企业分析和研究消费者决策过程，能够为其制定正确的产品、价格、渠道和促销策略提供依据。

2. 购买角色

随着社会的发展,以家庭为单位的消费品的购买所涉及的决策角色往往不止一个人,尤其是在购买价格昂贵、风险高的产品或服务时,大多需要多人共同参与。例如,儿童滑板车的选择,可能是孩子看到小伙伴的滑板车后提出购买需求,邻居和朋友会推荐各种品牌和型号,妈妈决定哪一天到哪里购买,爸爸去付款购买后带回家中,主要由孩子使用。根据在购买行为过程中所起作用的不同,可以区分出对购买决策有影响的 5 类角色。

发起者,即最先建议或想到购买某种产品或服务的人。

影响者,即其看法或建议对购买决策产生影响的人。

决策者,即对是否购买、如何购买等内容做出部分或全部决定的人。

购买者,即实际实施购买行为的人。

使用者,即购买发生后实际使用或消费所购买产品或服务的人。

营销人员应该确认出能够影响购买决策的这些不同角色,因为他们对产品的设计、广告词或价格的制定等都有影响,了解主要的参与者和他们的角色,会有助于营销人员妥当地安排营销计划。例如,企业在以性别作为细分市场变量时,往往把自己的产品定位于男性市场或女性市场,从产品功能到产品内涵,再到外观设计,都针对该性别顾客的特点与偏好。但,即使剃须刀的主要使用者是男性,那么购买者就一定是男性吗?事实上,调查发现,购买剃须刀作为礼物送给男性的女性顾客竟然比男性顾客还要多,提供精美礼盒包装服务的礼品剃须刀,专供女性顾客作为礼物送给爱人、情侣、朋友,很显然会受到女性顾客欢迎。企业如果能够跳出固有思维,不是只将产品使用者列为自己的目标顾客,那么不仅可以扩大市场空间,还可能开创出一片蓝海。

总之,界定购买角色类型是企业有效制定营销策略的基础,企业需要确认出每次购买活动中的不同角色,具体地、有针对性地为不同购买角色制定营销方案。

3. 消费者购买决策的内容

虽然消费者购买决策的内容是因人、因条件及所处的环境不同而存在着巨大的差异性,但也存在着一定的共同性,所有消费者的购买决策无外乎以下几个方面的内容。

(1)why? 为什么买,即权衡决策。消费者的购买动机是多种多样的,购买目的也各不相同,这是其他各要素的前提。如同样是购买翡翠摆件,其购买动机是自用? 是收藏? 还是送礼?

(2)what? 买什么,即目标决策。指消费者购买的目标和对象,包括产品名称、品牌、款式、规格和价格,这是购买决策的核心问题。消费者决策的购买对象和目标应该能够最大限度地满足某一方面的需要。

(3)how many? 买多少,即数量决策。消费者一般是根据自己的实际需要、货币支付能力和市场供应情况而做出购买数量决策的。通常而言，购买量会影响使用量，使用量又会促进购买量。

（4）when？何时购买，即时间决策。时间决策既与消费者需求和动机的迫切性有关，也受个人的个性特点和经济条件，商品的时令性和季节性，商家的存货情况、营业时间和交通情况，以及消费者自己可供支配的空闲时间等因素的影响。

（5）where？到哪里去买，即地点决策。消费者的购物地点是由多种因素决定的，既包括主观方面原因，如消费者不同的购买习惯和不同的购买动机；也包括客观因素，如购买的便利性、路途远近、商家的信誉、购物场所的环境品位、价格水平、服务质量等。消费者往往会综合考虑上述因素，"货比三家"之后再做出购买决策。

（6）how？如何买，即方式决策。指消费者具体采取何种方式购买，是现场购买还是网络购买？是委托他人代购还是自己购买？是全额付款还是分期付款？是用现金支付还是电子支付方式？

4. 消费者的购买决策过程

消费者在做购买决策时，由于产品性质和重要程度等方面的差异，在不同产品上所花费的时间和精力是不同的，消费者的购买过程也会随之变化。但每个消费者在购买某一产品时均会有一个决策过程，这个过程具有一定的规律性。购买决策过程早在实际购买发生之前就已经开始了，在购买发生后也并不会立即终止而是还会延续一段时间。

消费者的购买决策过程一般包括：问题辨认、信息收集、方案评估、购买决策、购后行为5个环节。这5个步骤代表了消费者从认识需要到评估和购买的总体过程。消费者在购买过程的不同阶段表现出不同的行为特点，企业营销人员应当分析并研究这些特点，制定相应的营销方案。消费者购买决策过程的五阶段模型如图5-2所示。

图5-2 消费者购买决策过程的五阶段模型

（1）问题辨认

购买过程始于消费者对某一问题或需要的辨认，消费者只有意识到有待满足的需要到底是什么，才会发生一系列的购买行为。这里所说的问题辨认主要来自于消费者所感受到的需要不满足，即理想状态与实际状态之间的差距。这种差距可以是一种消费者所面临的问题，也可以是一种机会。内在或外部的刺激因素都可能引起需要，人们的消费行为是受到内外刺激交互作用的结果。

这些刺激因素主要包括以下几种。

第一，缺货或某些正在消费的物品即将用尽时，如化妆品快用完了要换新的，茶叶喝完了需要重新买等，这些都会使消费者认识到需要。

第二，对现有的东西不满意，如衣服款式不合潮流了要买新的、时尚的，家用电器过时了要换新技术、新型号的最新款。

第三，随着环境的改变产生了新的需要，如二胎、三胎出生，新的家庭成员的到来，使以前的小面积房子变得拥挤，需要面积更大、房间更多的住房。当内部刺激强度达到一定程度时就会变为一种购买动力。

第四，对配套产品的需要，获得某一产品也可能引起相关产品的需求。如一位年轻女性消费者买了漂亮的长裙之后往往还要买高跟鞋、搭配的首饰和皮包等配套产品，有的消费者买了计算机还要买打印机等。

第五，厂家的促销活动，如广告、海报的宣传攻势结合其他市场营销手段，许多新产品就是在强力促销之下得以进入消费者的视线，引起消费者的注意，对消费者欲望产生较大影响。

第六，其他消费者的消费带动作用，如身边其他人正在使用这个产品，也可能促使我们采取模仿购买行为。

此外，消费者在问题辨认的风格上存在着明显的差异。有些消费者属于"实际状态型"，他们之所以认识到自己对新产品的需要，完全是由于实际状态的变化所引起，如有的消费者只有在自己原有的产品无法使用或功能坏了的情况下，才想到去购置新物品。也有些消费者属于"渴望状态型"，他们之所以认识到自己对新产品的需要，并不是原有的产品出了问题，而是希望拥有更新的、功能更全、更先进的产品，他们会在产品完好甚至刚买不久的情况下，由于新款式、新型号的产品问世而购置新产品。

消费者在意识到某种需求后，是否采取行动及采取何种行动取决于两方面因素。一是理想状态与现实状态间的差距大小和强度，理想状态与现实状态间的差距越大，做出购买决策的可能性就越大。二是该问题对消费者的重要性，问题越重要，消费者越有可能做出购买决策。

营销者不能只是被动地等待消费者认知问题，而应在消费者尚未意识到问题之前，激发消费者对问题的认知。因此，在问题辨认阶段，营销人员的目标是让消费者了解到现实状态与理想状态之间的差距，从而创造消费者的需要。在当今的移动互联网时代，随着大数据技术的不断发展、新媒体的不断涌现，企业可以根据消费者的日常浏览及购买记录等数据信息预测消费者的购买行为，采用互动的方式，向消费者推送定制化、个性化等符合其问题辨认的产品。另外，消费者常常不能及时或提前预知问题的出现，如身体不舒服并且不方便去医院时才意识到家中应该备些常用药品，或者发生事故后才想起应该买保险。这就需要营销者在潜在问题出现之前，适时设计诱因，激发消费者辨认问题，促使其产生强烈需要，并采取购买行为。

（2）信息收集

消费者一旦对所需要解决的问题进行了辨认，就会开始为了满足需要而进行广泛的内外部信息收集。信息收集是消费者在内外部环境中获取适当信息以帮助合理决策的过程。

消费者的信息来源主要有两种形式：内部或外部。当然，消费者的许多购买决策实际上都是内外部信息相互作用的结果。消费者购买商品的信息来源如图5-3所示。

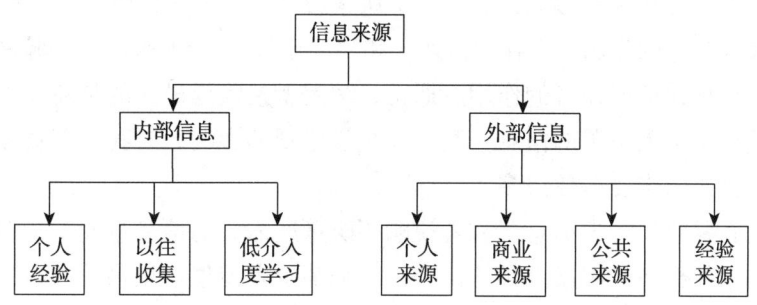

图5-3　消费者购买商品信息来源

内部信息是指储存于消费者记忆中的信息，这一部分的信息大多是来自于消费者以前对于产品的购买和使用经验，包括过去自己使用产品的满意程度或评价。例如，某消费者牙疼时想起以往服用甲硝唑片对牙疼症状曾有所缓解，于是在没有进一步搜寻其他信息的情况下直接去药房购买甲硝唑片，这个过程就是通过内部信息完成的。内部信息还包括消费者以往的信息收集及以往在低度介入状态中所完成的一些被动学习。当然，内部消息都是消费者在过去的时间点从外部获得的，只是已转化为内部信息而已。很多情况下，消费者依靠内部信息就能解决购买问题，如大多数消费者在购买饮料、牙膏、文具等产品时仅凭借过去的购买习惯或产品印象就直接做出购买选择。

外部信息是指来自于外部环境的信息。消费者进行外部信息搜寻时，可供选择的信息来源很多，从信息来源的性质主要可以分为4种。

一是个人来源，是指家庭成员、朋友、邻居、同事等私人"朋友圈"提供的信息来源，其中口头传播和行为观察都对消费者购买行为有重要的影响。有调查显示，2/3的消费者在购买新汽车时，个人来源尤其是周围接触的人的意见成为主要的信息来源。

二是商业来源，是指来自生产商或经销商的广告、店内信息、企业网站、企业自媒体，以及推销员介绍等信息来源。商业来源的作用因产品类别和消费特征不同而有差异，但总体而言影响是很大的，一般来讲，消费者获取的产品信息主要来自商业来源，这也是一种企业所能控制的信息传播途径。

三是公共来源，是指大众传播媒体、官方机构、消费者权益组织或其他非营利组织、网络在线平台等信息来源。其特征是公开、非商业性。大众传播媒体上刊载的产品相关报道，市场监督管理局、海关等官方机构定期或不定期地对某些产品进行的检测结果，各种网络在线平台及自媒体上其他消费者提供的产品品牌使用信息，这些都已成为消费者获取信息的重要来源。

四是经验来源，是指消费者到卖场亲自检查、试用或操作产品所得到的直接体验和看法,由于这些信息往往来自于消费者的实际购买决策之前,因此也是其在购买前的最后一个信息来源。经验来源获得的信息最为直接,因此较容易取得消费者信赖,但受到时间和资源等条件的约束,许多产品的决策无法让消费者依赖经验来源获得信息。

上述每一种信息来源在影响消费者购买决策方面都起着不同的作用。一般而言,商业来源起着报告信息的作用,重在"传达"和"告知",而个人来源、经验来源和公共来源的信息有合理化建议或评价的作用。通常,消费者接收得最多的是商业来源的信息,而最有效力的却是个人来源的信息。基于文化价值观的影响,对我国消费者而言,亲朋好友的建议往往比广告要有效得多。

消费者到底要收集多少信息,或者说购买决策所需要的信息量究竟是多少,这在很大程度上取决于各种情景因素。具体说来,影响消费者搜集信息量的因素如下。

一是消费者对风险的预期。通常,当察觉到购买的风险增加时,消费者会增加其信息搜集,并且考虑更多的替代品牌。一般而言,消费者所知觉到的风险,主要包括功能风险、财务风险、社会风险、心理风险以及时间风险等。当这些风险增加时,消费者所愿意花在信息搜集上的时间、精力与资源会增加,同时也会考虑更多的替代品牌。

二是消费者对产品或服务的认识。当消费者的产品相关知识很丰富而且消息很灵通时,往往不需要增加额外信息的搜集。但如果消费者面对的是自己并不了解的领域,则往往需要进行大规模的信息搜集,才能确保决策的正确。

三是消费者对产品或服务感兴趣的程度。如果消费者对某一产品有较大的兴趣,那么他会愿意花费较多的时间去搜集相关的信息与替代选择方案。如很多收藏迷,为了寻找他们心目中的绝佳收藏品,可以花很多的精力与时间来搜集相关的产品信息。

四是情境因素,情境因素包括时间、空间或财政方面的因素。如当消费者可以运用的时间较少时通常不会进行大规模的信息搜集。

(3)方案评估

消费者收集信息的过程也就是形成各种可供选择的购买方案的过程。当消费者从不同渠道获取到足够多的信息后,会形成一套信息评价标准,并据此对可供选择的备选方案做出评估和比较。

事实上,消费者不可能收集完有关商品的全部信息,也没有足够的时间去处理所有信息。因此,通常情况下,消费者往往是在几种产品、几个品牌之间进行选择。选择评价的标准也会因消费者价值观念的不同而各不相同,同一消费者在不同购买条件下使用的评价标准也存在差异。一般来说,消费者购买方案评估过程可以分为以下几个步骤。

第一,分析产品属性,产品属性是产品能够满足消费者需要的特性,分析产品属性即比较选择不同品牌的产品或服务的范围或属性。

消费者会根据每种产品所必须具备的一系列重要属性来建立一套评价标准,具体评估备选方案中的每个品牌。消费者对各种属性的关心程度因人而异,评价标准可能是主观的,也可能是客观的。例如,对智能手机的客观评价包括手机的价格、性能、质量、搭载的系统、内存大小等，主观的评价包括手机的外形、款式、风格、品牌等。

营销人员应分析本企业产品具有哪些属性，以及不同类型的消费者分别对哪些属性感兴趣，以便进行市场细分。对具有不同需求的消费者提供具有不同属性的产品，这样既可以更好地满足消费者的需要，也可以最大限度地减少因生产不必要的属性所造成的资金、劳动力和时间的浪费。

第二，建立属性等级，即消费者对产品所必须具备的重要属性分别赋予各自不同的权重，然后据此分别对各种备选品牌进行评估。

对于不同产品类别，消费者评估时看重的产品重要属性集是存在差异的。而对于同一产品，虽然大部分消费者所认可的产品的重要属性基本相同，但是处于不同年龄组的消费者对同一属性所赋予的权重可能并不相同。例如，评价汽车的属性，30～50岁的中年人比其他年龄组的消费者明显地更强调安全可靠的性能；而50岁以上的消费者更强调品牌的名望；30岁以下的青年人更明显偏爱具有新工艺和新技术这一特性。

第三，确定品牌信念，品牌信念是指消费者对某品牌的某一属性已达到何种水平的评价，消费者会根据各品牌的属性及各属性的参数，对不同品牌或方案产生不同的信念，确认不同品牌分别在哪一属性上占据优势，哪一属性上相对劣势。对于消费者而言，他们总是倾向于选择那些品牌信念较强的产品。

第四，做出最后评价，消费者从众多可供选择的品牌中，通过一定的评价方法，对各个品牌进行评价，进而形成不同的品牌态度及自己对某种品牌的偏好。

（4）购买决策

经过备选方案评估，消费者此时已经对某品牌形成了一定的偏好或购买意图。在这种情况下，如果没有出现意外情况和他人的干预，那么消费者的这种购买意图将会直接转化为购买决策。但是，购买意图并不等同于真正的购买行为。通常情况下，消费者一旦确定了品牌选择，就会执行这个决策并实施真正的购买。但在实际购买中，只要"一手交钱，一手交货"的行为尚未发生，也许就会出现某些未预料到的情况，从而改变他们的购买意图。

在购买意图和购买决策之间，还有两个因素会产生较大的影响。一是其他人的态度，如果其他人在消费者准备购买时提出反对意见或提供了更具吸引力的建议，可能使消费者推迟甚至放弃购买意图。如一位口渴的消费者正准备购买可乐时，他的家人拉住他说"别买，少喝碳酸类饮料"，这位消费者遂放弃购买。其他人影响力的大小主要取决于他反对的强烈程度和他在消费者心目中的地位。二是未预期到的情况的影响，某些意外事故可能会使消费者改变或放弃购买决策。如因收入的临时减少或产品的涨价导致原来的购买意向发生变化；又如在公交站等车的一位消费者有些口渴，正准备付款买瓶可乐，他要乘坐的公交车来了，于是只好放弃购买。类似案例还有很多，说明消费者的购买行为充满了不确定性，也侧面说明了消费者行为的复杂性。这两个可变因素主要取决于消费者对购买风险的预期，消费者对购买风险的预期越大，推迟或改变购买的可能性就越大。

当然，正常情况下，在考虑了各种可能替代方案的优劣之后，消费者就可以根据所评估的结果来做出其购买决策，并实际进行购买。在这个阶段，消费者的行为包括制定下列相关的购买决策：购买时间决策、购买渠道决策、购买数量决策、支付方式决策。

（5）购后行为

现代消费者行为学最重要的特征之一是重视对消费者购买后的研究，以提高其满意度。消费者的决策过程并不随着购买过程的结束而结束，在消费者的支付行为完成之后，仍然会有一些与消费行为相关的购后行为。消费者的购后行为是指消费者做完产品购买决策并取得产品之后的一连串相关行为，包括购后评价、重复购买与品牌忠诚、购后产品的使用和处理等。

第一，购后评价。这是指消费者在其购买或使用产品后的整体感觉或态度如何。通过产品使用和消费，消费者如果感觉到自己的购物预期得以实现，需要得到了很好的满足，那么消费者将会对其购买决策及其所购买的产品做出积极的评价，形成对产品或品牌的满意情感。相反，消费者如果认为购物预期未能实现，对产品或服务评价不好，则可能产生不满意情感。消费者会把这种购买经验储存在自己的长时记忆中用以指导今后的购买行为，而且这种购买经验不仅直接影响消费者本人今后的购买活动，还会影响周围其他人的购买行为。因此，对于营销人员而言，产品被消费者购买后并不意味着营销工作的结束，而是新一轮营销工作的开始。

不满意的消费者有时会以唠叨和抱怨来减少认知上的失调。霍金斯把购后不满意的人群分为四种类型：容纳者（不抱怨）、公开表达者（公开抱怨）、生气者（个人抱怨）、激烈者（激烈抱怨）。消费者不满意的行为反应可以分为公开行动和私下行动两种状态。[①]公开行动主要有三种方式：一是直接向生产商或销售商寻求赔偿，二是寻求法律途径维护自己的权益，三是向厂商、政府机构或第三方部门进行投诉，要求采取纠正措施。私下行动主要有两种：一是停止购买该品牌产品，二是通过口碑传播，向亲朋好友倾诉抱怨，劝说他们不要购买该产品或服务。在移动互联网时代，网上传播已经成为消费者表达不满意的主要方式。消费者出现不满意后的行为如图 5-4 所示。

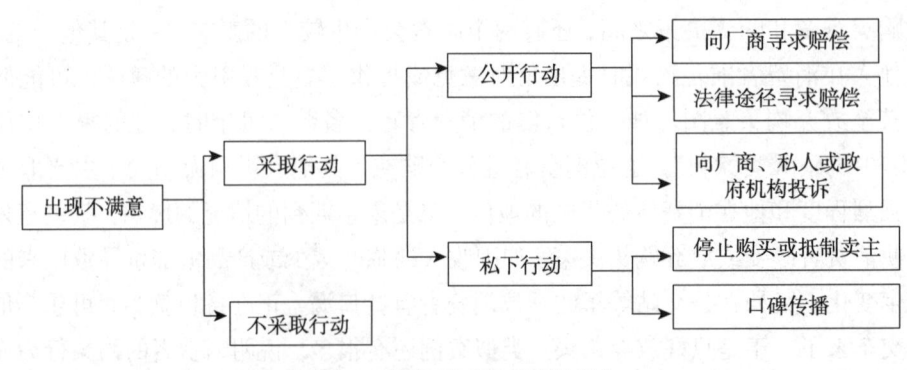

图 5-4　消费者不满意后的行为

---

① 德尔·霍金斯，等. 消费者行为学[M]. 12 版. 北京：机械工业出版社，2014.

第二,重复购买与品牌忠诚。形成购后满意的消费者可能会重复购买该产品,进而形成品牌忠诚,向其他人推荐该产品。品牌忠诚指的是消费者对于某一品牌形成情感上的偏好,他们会以一种类似于友情的方式喜欢该品牌并在较长的一段时间内重复购买该品牌的产品。

品牌忠诚的形成可能会源于该产品的功效高于期望水平或高于其他品牌的水平。持有操作性条件反射观点的学者认为,消费者最初使用该产品时所获得的满足和积极强化导致了其对该产品的重复购买。品牌忠诚的形成也可能会源于认同,即消费者认为该品牌反映或强化了他的个性或自我概念的某些方面,如驾驶悍马汽车的人希望借此展现自己坚毅勇猛的形象。品牌忠诚的形成还可能源于消费者希望规避选择新品牌带来的不必要的消费风险以及节约信息收集和比较的时间成本、精力成本。

第三,消费者的产品使用。消费者在购买产品或服务后会进入使用过程以满足其需要。如喝饮料、看演出等,表现为直接消耗行为,而家电和家具等耐用消费品的使用则是一个长期的过程。营销人员需要了解消费者实际使用产品的情形,也就是消费者的产品使用状态。这包括了三个方面:产品的消费频次、产品的消费数量以及产品的消费目的。了解消费者对产品的具体使用情况和过程,有助于企业改进产品设计,减少或避免产品责任问题,也有利于预测未来的市场需求,调整企业营销策略。

第四,购后处置。营销人员还应当关注消费者是如何处置其购买的产品的,是保留、赠送、出租、出借、交换、卖掉还是丢弃等。消费者的产品处置选择如图5-5所示。

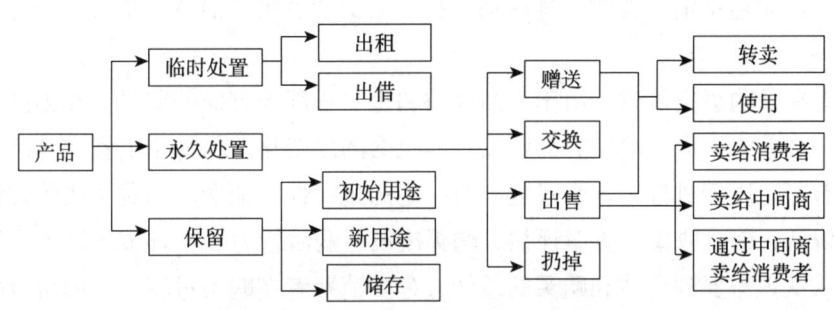

图 5-5 消费者的产品处置选择

一方面,企业关注消费者如何处置产品的问题一定程度上是来自环境保护的压力,许多公益团体和环保组织呼吁企业关注旧物和废弃包装的处置问题,政府也出台相应法律法规,要求企业承担旧物回收和处置责任。另一方面,研究消费者对产品的处置,可以帮助营销人员发现可能存在的问题或机会。如规范的活跃二手商品市场不仅能满足许多消费者的需求,也有利于新产品市场的扩大,企业也可以通过回收旧物来影响消费者对新产品的购买。

需要注意的是,并不是消费者的所有决策都会按照这些次序经历这个过程的所有步骤。在有些情况下,消费者可能会跳过某些阶段或颠倒次序,尤其是消费者介入度较低的购买。例如，购买特定品牌牙膏的人可能会从确定需要牙膏直接进入购买决策，从而跳过信息搜集和方案评估阶段，且通常情况下不存在购后行为。而对于服装、鞋帽等种类款式繁多、选择性较强的产品，消费者往往具有一定的购买经验，无须大量收集信息进行反复比较选择。但受时尚流行、个人偏好等因素影响，消费者通常会在式样、花色、质量、价格等方面进行比较选择，且会进行购后评价。这类具有选择性购买行为特征的决策相对复杂，仅可省略第二道程序。而高档耐用消费品如家用电器、汽车、住房等，由于价格昂贵且使用年限较长，属性复杂，消费者大多缺乏专门知识，因此对此类商品购买一般持审慎态度，通常会依次经过五道程序完成。

本章提要

消费者行为是指消费者为满足自身需要和欲望而寻找、选择、购买、使用、评价及处置产品或服务时所表现出来的行为。这一定义强调消费者行为是一个整体，是一个过程，包括了购买前、购买中和购买后3个不同的阶段。

美国营销学家菲利普·科特勒认为，消费者的购买行为会受到文化因素、社会因素、个人因素和心理因素的强烈影响。其中，影响消费者行为的文化因素主要包括文化价值观、亚文化以及社会阶层；社会因素包括参照群体、家庭以及社会角色；个人因素包括消费者的年龄与家庭生命周期阶段，职业、教育与经济状况，个性，生活方式和自我概念；心理因素包括消费者的心理活动过程、消费者动机、消费者学习、信念和态度等方面。

消费者在做购买决策时，由于产品性质和重要程度等方面的差异，在不同产品上所花费的时间和精力不同，消费者的购买过程也会随之变化。但每个消费者在购买某一产品时均会有一个决策过程，这个过程具有一定的规律性。消费者的购买决策过程一般包括：问题辨认、信息收集、方案评估、购买决策、购后行为5个环节。这5个环节代表了消费者从认识需要到评估和购买的总体过程。消费者在购买过程的不同阶段表现出不同的行为特点，企业营销人员应当分析并研究这些特点，制定相应的营销方案。

案例分析

住房消费者决策偏好变化[①]

为更好地了解疫情下消费者对楼市的预期、疫情对买房卖房决策及偏好的影响，贝壳研究院、90度地产联合发起了"疫情下的住房消费者预期调查"，以期多方面地了解居民在疫情期间的购房愿望等信息。

---

① 连兰兰. 住房消费者决策偏好变化[J]. 城市开发，2020（4）：56-57.

1. 疫情之后还买不买房？

根据调查结果来看，消费者购房意愿受疫情影响不大。调查发现，仅有8.5%的受访者表示受疫情影响取消买房计划，绝大部分有购房计划的消费者只是推迟或观望，消费者的购房意愿并没有受到较大冲击。其中，有8%的受访者表示会因疫情影响看房而暂缓买房计划，有28.8%的受访者认为房价会跌而暂缓买房。

那么购房者如何看疫情后房价的走势？调查显示，43.9%的受访者认为房价会小幅下跌，27.6%的受访者认为房价会保持稳定。对房价下跌的预期，可能来自于开发企业有尽快降价促销回流资金的需要。购房者期待未来的降价空间，因此会进入观望期。

受疫情影响，消费者购房计划推迟时间普遍不超过半年。购房计划推迟1~3个月的比例最高，在6个月以内的累计占比达67.8%。但是，换房者中换房计划推迟时间最多的是4~6个月，比买房者更长一些。主要是换房者手里有房，换房的急迫程度比买房者较弱。

此外，消费者对持有现金的意愿较强，能够用来应对不确定风险。买房意愿也不低，两者占比基本持平。有买房和换房计划的人在疫情后买房意愿相对更强，占比分别达51%和44%。可见，疫情并不是减少了购房需求，而只是将购房需求延后了。随着疫情逐渐得到控制，预计市场将会逐渐复苏。

2. 房子买在哪里？

资源集中的大城市仍是多数人的购房首选，城市住房市场的发展将继续遵循基本面原则。疫情虽然让消费者更关注物业服务、医疗资源等，但好的资源都集中在大城市。因此，在人群密度较低的郊区、老家以及大城市之间，更多的受访者选择了在资源集中的大城市购房。可见，未来城市住房市场的发展将继续遵循基本面原则。

3. 买什么样的房子？

这次疫情下，不少人在家办公，明显感受到房间空间不够用。既要与家人在一起的生活空间，也要有自己独立的办公空间。家庭成员越多，对独立空间的需求也就越强。此次调查中，有41.6%的受访者表示疫情后更想购买大户型，以便和父母孩子一起居住。

相较于买房者，换房者更愿意买大户型。在户型的选择上，买房者因资金实力相对较弱，更倾向于购买中等户型，而且因预期相对较差，选择小户型的比例也较高。而换房者更多选择大户型，占比高达63.3%。

除了户型等硬件条件外，在其他要素中物业服务成了购房首选。在此次调查中，有63.3%的受访者表示更愿意为高品质的物业付费，比例高于医疗、交通条件等。在有换房计划的受访者中，更愿意为高品质物业付费的比例达74.5%，显著高于交通条件。

疫情发生后，好的小区物业对于防止疫情传播的作用显现出来。好的小区物业能够提前预防、及时排查、实行规范化人性化服务，比物业管理相对较差以及没有物业的小区更加让消费者感到安全。消费者居住消费偏好发生变化，"好社区"从硬件设施的完备度转向软性的社区服务。

4. 消费者会转向线上买房吗?

疫情导致线下交易无法实现,不少开发企业开始投入线上售楼处,一批直播卖房正在兴起。此次调查中,有60%的受访者表示不会在线上购房,但会在线上看房源信息、咨询购房事宜。虽然购买决策短期内仍难以由线下转至线上,但越来越多的交易场景由线下向线上迁移,比如VR带看和线上协商等。

29.2%的受访者表示愿意在线上买房,线上购房已开始被一部分人所接受。房产线上化已成为不可逆的趋势,而且此次疫情正在加速这一趋势的发展。

从贝壳新增客源的来源看,春节期间,有超过70%的新增客源是从线上渠道转化而来,这一比例远远高于之前水平。如果消费者越来越习惯于VR看房等途径,从线上看房、与经纪人线上交互的比例会越来越高。

线上和线下未来的职责分工会越来越明确。线上主要解决信息匹配的问题,通过更加及时、丰富的信息降低信息不透明,让消费者有更多选择。线下经纪人则更专注于高品质的服务。

从这个调查我们可以发现,二手房市场在疫情冲击下的稳定性相对较强。购房需求并没有减少多少,而只是陷入3~6个月的观望,对更大户型、更好物业服务、更高资源配置的改善需求仍然强烈。二手业主的韧性较高,大部分业主会因为市场不明朗而暂停挂牌,不会出现大量降价抛售的情况。

讨论:

1. 消费者购买决策通常会受到哪些因素的影响?结合案例分析疫情下消费者住房购买决策的影响因素。
2. 根据阿萨尔购买行为类型理论可以区分出哪几种不同的购买行为类型?住房购买属于哪种类型的购买行为?
3. 从本案例中你得到了哪些启示?

拓展阅读

[1] 利昂·希夫曼,约瑟夫·维森布利特. 消费者行为学[M]. 12版. 江林,张恩忠,等译. 北京:中国人民大学出版社,2021.
[2] 卢泰宏,周懿瑾. 消费者行为学:洞察中国消费者[M]. 4版. 北京:中国人民大学出版社,2021.

即测即练

第6章

市场营销信息与调研

本章学习目标

通过学习本章，学员应该能够做到以下几点。
1. 了解市场营销信息系统的构成与作用。
2. 理解营销调研的作用和类型，熟悉营销调研流程。
3. 掌握营销调研的主要方法。
4. 掌握问卷设计和抽样设计的流程，学会设计问卷。

引导案例

欧莱雅的消费者洞察[①]

2019年9月，欧莱雅发布了一款新面霜"零点面霜"，首发当日销量就超过了1万件，创造了天猫面霜品类单日销售的纪录。这款面霜最大的亮点在于"从需求洞察，到概念创想，到配方创新，到产品设计，从营销策划，到传播引爆"，消费者都全程参与。这是一次C2B（从消费者到企业）的反向产品创新。"零点面霜"的诞生源于欧莱雅与天猫产品创新中心（TMIC）的一次产品合作。在天猫平台上，欧莱雅招募了1000多名消费者，搜集他们对面霜的构想以及护肤的需求与痛点，了解到消费者渴望一款针对熬夜人群的抗老提亮且质地轻薄的面霜。通过深度洞察和可行性分析后，欧莱雅将数个产品概念再投放到共创社区，与消费者讨论定价并模拟购买路径，来测试消费者是否真的感兴趣并愿意为此买单。最终，欧莱雅、天猫和消费者们共创出"零点面霜"的概念并将其推向市场。

欧莱雅中国消费者与市场洞察总监陶俊曾表示，以消费者为中心是欧莱雅的核心战略，所有的工作讨论和决策都基于深度、精准的消费者洞察。在深度了解消费者上，欧莱雅主要从以下几个方面着手。第一，传统方法，比如消费者家访、问卷调查和焦点小

[①] 司欢. 冲破次元壁：欧莱雅的数字化营销之道[J]. 中欧商业评论，2020（10）：70-76.

组访谈。焦点小组就是找多个消费者，坐下来一起对某个话题进行深度讨论，来帮助欧莱雅验证一些概念的设想或对未来的展望。第二，是将传统的方法数字化，比如线上版的焦点小组访谈，来帮助欧莱雅与不同城市或地区的消费者进行互动与探讨。第三，利用大数据，从公开的社交媒体上抓取包括产品评论、推文等数据，通过算法进行分析，来帮助欧莱雅了解美妆产品的流行趋势以及消费者对各个产品的反馈。欧莱雅用了2年的时间打造了中国社交聆听中心，欧莱雅所有员工都可以访问这个平台，了解最新的社交洞察，该平台覆盖了数百个品牌，以及近万位KOL（key opinion leader，关键新领袖）。通过这个平台，员工可以即时了解到消费者对品牌、产品、成分乃至明星和KOL的最新讨论与洞察。此外，与外部商业伙伴的合作也是洞察消费者的重要方式之一。例如，欧莱雅和天猫创新中心的战略合作，除了获得最新的消费者和市场洞察，更实现了开创性地与消费者一起共创而迅速满足他们需求的产品。陶俊表示，欧莱雅会继续拓展消费者洞察生态体系，邀请包括更多电商和社交平台加入，一起打造全链条消费者洞察，来驱动和引领中国的新消费者。

6.1 市场营销与营销信息系统

6.1.1 数字经济背景下的市场营销信息系统

随着数字经济时代的来临，信息在市场营销中的作用越来越大，海量信息极大地改变了市场，赋予消费者新的能力，也为企业带来了全新的机遇与挑战。消费者可以从网络获得信息，可以利用社交媒体分享观点，在网上进行传播和购买；企业可以将网络作为强有力的信息和销售渠道，可以利用社交媒体和移动营销快速有效地到达顾客，进行精准营销。在海量信息中如何有效地对信息进行收集、整理与分析成为营销管理中的一个重要问题，营销信息系统的建设因此显得格外重要。

所谓营销信息系统（marketing information system，MIS）是一个由人员、设备和程序组成的系统，营销信息系统对信息进行收集、分类、分析、评估和分发，为决策者提供所需的及时和精准的信息。[1]市场营销信息系统的主要功能是通过评估市场营销信息需要、开发市场营销信息、分析和运用市场营销信息用以帮助企业管理形成对市场的洞察，为营销决策提供支持和依据。构建有效的营销信息系统首先需要评估市场营销信息需要。评估市场营销信息需要的一个难点是区分管理者想要得到的信息和他们真正需要的信息，有时信息过量与信息不足一样有害。开发营销信息则需要整合企业内外部资源，运用内部报告、竞争情报和营销调研等多种信息收集途径。分析和恰当使用市场营销信息是营销信息系统建设的初衷和终点，营销信息的真正价值在于透过信息形成对市场的洞察，从而为营销决策提供依据。

---

[1] 菲利普·科特勒. 营销管理[M]. 15版. 何佳讯等, 译. 上海：格致出版社, 2017.

6.1.2 市场营销信息系统的构成

营销信息系统包括内部报告系统、营销情报系统、营销调研系统、营销分析系统 4 个子系统，如图 6-1 所示。4 个子系统通过分工与合作共同完成企业与内外部环境的沟通，为管理者执行分析、计划、实施、控制等营销管理职能提供信息保障。

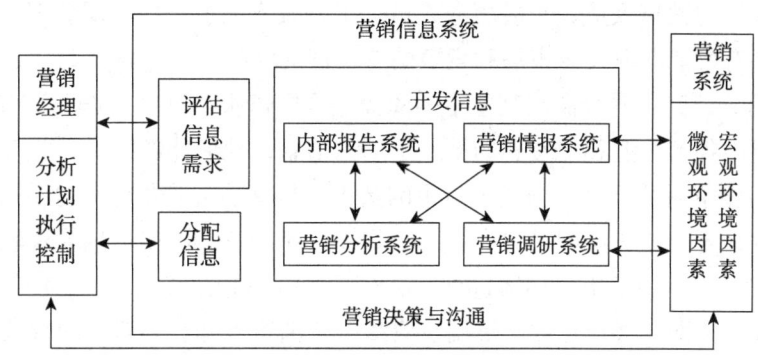

图 6-1　市场营销信息系统示意图

1. 内部报告系统

内部报告系统收集企业在运营过程产生的相关信息，用于日常的营销管理活动。内部报告系统以内部会计系统为主，辅之以销售信息系统。其主要功能是向营销管理者及时提供有关订货数量、销售额、产品成本、存货水平、现金流、应收应付账款等反映企业经营状况的数据资料。内部报告系统的核心是订单—收款循环，即从下订单到付款的整个周期的数据流。除内部会计系统外，许多公司还建立了内部数据库。数据库中包含各种来源的信息，如产品信息、顾客信息、销售人员信息以及其他方面的信息。当顾客对产品或服务进行咨询、购买或是接受售后服务进行投诉时，企业会收集他们的信息。移动互联、云计算等现代信息技术的发展为企业建立整合消费者和市场信息的大规模内部数据库提供了技术支持。数字化程度较高的企业内部数据库的容量相当大，如何有效处理和运用大量数据成为一个问题。数据挖掘技术由此应运而生，通过数据挖掘软件可以帮助管理者从数据库的海量信息中获取有用的信息，制定和实施精准化营销。电商企业亚马逊公司利用其内部数据库，根据每位顾客的搜索和购买记录，为顾客推送其可能感兴趣的相关产品，推荐系统对总销量的贡献超过 30%。

2. 营销情报系统

营销情报系统是管理者使用的一整套程序和信息来源，用以获得相关营销环境发展变化的日常信息。内部报告系统为管理人员提供的是结果数据，而营销情报系统则为管理人员提供即时发生的数据。即时性决定了营销情报系统需要持续关注外部环境，不断跟踪和评估竞争对手的行动，消费者的态度，市场发展的趋势，识别市场机会与风险的早期信号。营销情报系统承担着提供外界市场环境所发生的相关动态信息的任务，企业可以从多种渠道获取营销情报，营销管理人员通过查阅书籍、报刊和商业出版物，与顾客、供应商、分销商和其他管理人员交流，浏览网络社交媒体等渠道来收集营销情报。营销情报的收集可以通过以下几种渠道进行。

（1）有意识地训练和鼓励内部员工收集有关营销情报。公司内部员工是营销情报的重要来源，一线的销售人员、售后服务人员、工程技术人员、中高层管理人员，在与外界打交道时都有可能获取关于市场和竞争的有价值的情报。

（2）激励分销商、零售商和其他中间商提供重要情报。这些合作者与市场的联系紧密，掌握行业内各家企业和消费者的第一手动态信息，他们能够提供一些有用的见解。

（3）购买竞争对手产品，与竞争对手的员工进行交谈，收集竞争对手的广告。利用竞争对手年度报告、招股说明书、商业出版物、商业展览、网站信息等获取相关信息。

（4）在线收集营销情报。如通过百度贴吧、豆瓣网等在线论坛，微博、小红书社交类App，黑猫评论网、大众点评网等站点收集关于消费者和竞争对手的营销情报。

3. 营销调研系统

在企业营销活动中，需要对一些特定的问题或机会进行研究，比如说某企业发布了新的广告，一段时间后要对广告效果进行评估；某企业在新产品开发初期需要对几个不同的产品概念进行测试，这都需要借助于营销调研。相对于其他子系统，营销调研系统的特点在于针对性，营销调研旨在针对企业营销中的某一具体问题进行信息的收集、整理、分析和报告。这些信息用于识别与界定营销机会与问题，提出、提炼和评估营销行动，监督营销绩效，进而推进人们对营销的理解。

4. 营销分析系统

营销分析系统又称营销决策支持系统，它通过相关软件和硬件的技术支持，协调数据收集和整理，运用统计分析、建立数学模型，对信息进行深入发掘，帮助营销管理人员分析复杂的市场营销问题，做出最佳的市场营销决策。营销分析系统由统计库和模型库两部分组成。统计库的功能是采用各种统计分析技术从大量数据中提取有用信息，常用的统计分析方法包括回归分析、因子分析、相关分析、聚类分析等。模型库包含各种营销决策模型，如广告预算模型、选址模型、新产品销售预测模型等。

6.2　营销调研的任务与流程

6.2.1　营销调研的定义与内容

1. 营销调研的定义

为了更好地理解营销调研，需要给出对市场营销调研的界定。美国市场营销协会将营销调研定义为:"营销调研(marketing research)是通过信息将顾客和大众与营销人员相互联接的过程。这些信息用于识别与界定营销机会与问题,提出、提炼和评估营销行动,监督营销绩效,推进人们对营销的理解。营销调研需要确定调研的相关信息,设计数据搜集方法,管理和执行数据搜集,分析所搜集的数据,并与他人沟通调研发现和所得发现的现实意义。"[1]菲利普·科特勒给出了一个更为简洁的定义:营销调研是指针对组织面对的特定市场营销问题,系统地设计、收集、分析和报告信息。[2]阿尔文·伯恩斯将营销调研定义为"设计、收集、分析和报告信息,从而解决某一具体营销问题的过程。"[3]

结合上述说法,本书将市场营销调研定义为:市场营销调研是组织或个人,利用科学的手段与方法,针对特定的营销问题,对相关信息进行系统地设计、搜集、整理、分析和报告,为营销管理者制定、评估和改进营销决策提供依据的一系列活动。

2. 营销调研的内容

营销调研是市场营销的重要组成部分,涉及营销管理过程的各个环节,从内容上可以分为环境要素调研和营销要素调研。

(1)环境要素调研。企业的经营活动是在复杂的社会环境中进行的,受企业本身条件和外部环境的制约。环境的变化,既可能给企业带来市场机会,也可能形成某种威胁,所以对企业市场环境的调查研究,是企业有效开展经营活动的基本前提。环境要素调研包括宏观环境调研、市场环境调研、竞争环境调研。

宏观环境调研。通常从政治与法律、人口、经济、自然、社会文化、技术等方面入手对宏观环境进行调研和评估。比如一家企业在开发海外市场时,首先要对当地的经济环境、政治法律环境、自然环境进行评估,还需要了解当地的社会环境和消费文化,才能制定出适合当地市场的针对性营销策略。

市场环境调研。对市场环境的调研主要是从需求侧入手,对市场容量、市场需求量、需求特点、消费者行为的调研与分析。

竞争环境调研。竞争环境的调研包含对行业发展现状与趋势、行业竞争格局、主要竞争对手的分析与调研等内容。

(2)营销要素调研。营销要素的调研也称营销实务的调研,包括对STP战略、产品、价格、促销、渠道等因素的调研。

市场细分调研与产品定位调研。企业在进行市场细分、目标市场选择与定位时,需要进行调研了解目标市场的人口统计学特征,购物态度和生活方式。

产品要素调研。产品要素主要包括新产品开发调研(产品概念测试、新产品试销等)、

---

[1] 菲利普·科特勒. 营销管理[M]. 15版. 何佳讯等,译. 上海:格致出版社,2017.
[2] 菲利普·科特勒. 市场营销:原理与实践[M]. 17版. 楼尊,译. 北京:中国人民大学出版社,2020.
[3] 阿尔文·伯恩斯. 营销调研[M]. 9版. 于洪彦,金钰,译. 北京:中国人民大学出版社,2021.

产品生命周期调研、产品包装调研、品牌形象调研等内容。

价格调研。主要包括产品价格的需求弹性调研，竞争对手价格变化情况调研、价格调整效果调研等内容。

渠道调研。主要包括对企业分销渠道现状调研，对渠道活动和渠道成员的调研，商圈调研等内容。

促销调研。主要对广告宣传、人员推销、公共关系等促销工具的有效性进行分析、对比研究。

营销洞见

营销调研与《王者荣耀》的崛起[①]

截至 2020 年年底，《王者荣耀》的日活跃用户超过 1 亿人，《王者荣耀》成为市场上最为普及的手游之一。为何能在众多手游中脱颖而出呢？在这其中营销调研又起到了什么作用呢？

在开发《王者荣耀》之前，腾讯通过市场调查发现 MOBA、3D、沙盒等游戏是蓝海，中国电竞爱好群体增长快，手机和通信技术升级，MOBA 类手游市场前景巨大。

在产品开发过程中，腾讯对用户及其需求展开了大量调研。对《英雄联盟》的主要用户进行了详细分析，确定了《王者荣耀》的目标市场选择和定位。结合手机端游戏的特点和腾讯社交化的优势，考虑到 MOBA 类游戏的团队属性、极高的耐玩性和本身就非常受欢迎的特点，再次扩大用户群体，充分考虑上手简单和女性玩家的游戏基础等因素，定位为一款可以让几乎所有人快速上手的游戏。在保证门槛足够低的情况下，再利用匹配同水平玩家和自定义操作方式等一些游戏制度来留住高水平玩家和举办电竞比赛。

2017 年 3 月 7 日发布的数据显示，《王者荣耀》玩家的主要年龄为 24 岁以下，并且女性玩家已经达到了 40%，而作为一款 MOBA 类手游，女性玩家会吸引更多的男性玩家。《王者荣耀》在积累了第一批的老 MOBA 类端游玩家之后，由于低上手难度和精美的画风，它的用户群越来越大，占据了庞大的市场份额。

从《王者荣耀》的案例中，我们可以看出营销调研是企业营销管理的重要组成部分，通过调研洞察消费者需求，可以为更准确地把握市场机会、做出正确的企业营销决策提供信息支持。

6.2.2 营销调研的分类

1. 按营销调研的功能进行分类

按照功能，可以把营销调研分为探索性调研、描述性调研、因果性调研、预测性调

[①] 佳人如梦.《王者荣誉》手游产品分析报告：崛起的王者荣誉,胜负就是这么简单！人人都是产品经理（App），2017-03-01.

研 4 类。探索性调研的重点是"问题在哪",描述性调研回答"是什么",因果性调研重点是回答"为什么",而预测性调研侧重定量调研,阐述"将来会怎样"。

(1) 探索性调研。探索性调研是在调查的问题或范围不明确时所采用的一种方法,主要是用来发现问题,寻找机会,解决"可以做什么"的问题。探索性调研的主要功能是"探测",即帮助调研主体识别和了解:公司的市场机会可能在哪里?公司的市场问题可能在哪里?并寻找那些与之有关的影响变量,以便确定下一步市场调研或市场营销努力的方向。探索性调研没有特定的结构,在研究程序和方法上也比较灵活,采用的方法主要是二手资料分析、焦点小组访谈、观察法等定性研究方法等。探索性调研只能将市场存在的机会与问题呈现出来,它既不能回答市场机会与问题产生的原因,也不能回答市场机会与问题将导致的结果,这两个问题常常依靠更加深入的市场研究才能解决。

(2) 描述性调研。描述性调研是指进行事实资料的收集、整理,把市场的客观情况如实地加以描述和反映。当企业通过调研想知道谁是他们的顾客,这些顾客购买什么品牌的产品,在哪里购买,什么时候购买,产品消费的体验如何时,他们所做的就是描述性调研。一般来说,描述性市场调研通常以大样本为基础,要求具有比较规范的市场调研方案,比较精确的抽样与问卷设计,以及对调研过程的有效控制。描述性调研常用的方法有文案调查法、观察法、询问调查法(问卷调查)等。

(3) 因果性调研。因果性调研也称解释性市场调研,它的目的在于对市场现象发生的因果关系进行解释和说明。因果性调研旨在了解市场各个因素之间的相互关联,进一步分析何者为因、何者为果。因果性调研的功能是在描述调研的基础上,经过对调研数据的加工计算,再结合市场环境要素的影响,对市场信息进行解释和说明,回答"为什么"或"如何做会产生什么结果"。因果性调研常用方法是实验法。

(4) 预测性调研。预测性调研是指对未来市场的需求变化做出估计,属于市场预测的范围。预测性调研的目的是对某些市场变量未来的前景和趋势进行科学的估计和推断,回答"将来的市场将怎样"。从方法上看,市场预测可分为定性预测和定量预测。定性预测又称判断预测,它是凭借市场信息和预测者的知识、经验、智慧,对未来市场销售量进行估计,它通常在缺乏数据或不必要搜集详细数据时采用。定量预测需要依据一定的市场描述性调研资料,利用科学的数学模型和统计分析方法,对市场需求量进行分析和研究,它通常在市场数据充足,且预测精度要求较高时采用。

2. 按收集数据的性质分类

按收集数据的性质分类,可以将调研分为定性调研和定量调研。

(1) 定性调研。定性调研是指调研人员运用经验知识和判断力,主要采取基于观察与陈述的调研方法,对数据资料进行收集和分析。定性调研旨在获得调研对象关于感觉、情感、动机和喜好等深层次信息,收集的数据是定性数据,可以进行分类,但通常难以量化。定性调研中使用的主要方法包括文案调查法、焦点小组访谈法、深度访谈法、投射技法和观察法等。定性调研常用于探索性调研。

（2）定量调研。定量调研是基于事先确定好的问题，采取问卷等结构化测量工具对调查对象进行量化的测量和分析。定量使用的方法主要有问卷调查法和实验法。在定量调研中，调研人员通常根据调查问卷进行调查，所获得的数据是定量数据。定量调研主要应用于描述性调研、因果性调研和预测性调研。

6.2.3 营销调研流程

营销调研是由一系列活动组成的一个过程，如图 6-2 所示，一个完整的营销调研流程包含以下 5 个基本环节。

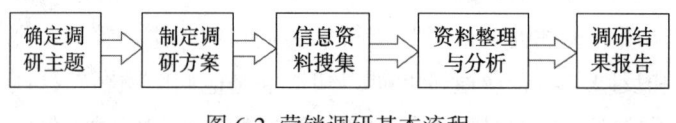

图 6-2 营销调研基本流程

1. 确定调研主题

营销调研首先要解决调研什么的问题。在发展过程中，任何企业都必然存在创业与成长的"烦恼"，事实上这些烦恼的背后都潜伏着各种各样的市场营销问题。如何准确地寻找与确定这些市场营销的基本问题，是市场调研策划者的首要任务。市场调研主题的确定在整个市场调研过程中是非常重要的，市场调研主题就是各种不同的市场问题的火头，只要准确无误地找到了火头，调研的方向正确了，其结果才有了重要的保证。

确定市场调研主题一般要经过 4 个阶段：第一，对调研项目背景进行研究，识别引发调研需求的问题或症状；第二，实施情景分析，提出多种假设，通过探索性研究找出问题症结所在；第三，针对基本症结提出可能的决策方案；第四，将决策问题转换成调研问题，形成市场调研的基本假设，确定营销调研主题。

确定调研主题的过程中需要明确两个问题：管理决策问题和营销研究问题。管理决策问题是决策者需要做什么的问题，它关心决策者可以采取什么行动，以行动为导向。营销研究问题是回答企业需要什么信息及如何获得有效信息的问题，它关心信息依据和获取途径，以信息为导向。明确调研主题就是把企业经营问题转化为具体的要求，实现从营销问题到调研问题的转换。比如说某家企业近一年来出现了销售额下降，客户流失增多的现象，针对这一问题企业想要做营销调研，在这个项目中销售额下降和客户流失是引发调研需求的问题或症状，要想准确界定调研主题需要实施情景分析，提出多种假设，分析问题产生的可能原因。例如，是公司竞争对手推出了新产品或者采取了更有吸引力的市场推广行为？还是公司的定价策略有问题？还是公司的产品或服务质量下滑？或是公司的促销推广策略不力？抑或是公司的渠道系统和配送系统不能适应市场的发展？例如，通过初步的探索性研究找出问题主要出在产品价格上，受新冠疫情等不确定因素的影响，消费者的支付意愿发生了变化，更青睐于具有更好的价格性能比的产品，竞争对手也下调了产品价格，那么可能的决策方案就是对现行的产品定价策略进行调整，相应的营销调研问题可以被界定为公司产品价格敏感度的市场调研。

2. 制定调研方案

在市场调研主题确定之后，市场调研的第二个阶段是对市场调研所要达到的目标进行全方位和全过程的有效的计划或策划，其表现形式是市场调研方案。一项好的市场调研方案既能够准确地反映市场调研主题的要求，又能够指导市场调研活动的有效进行。设计一个调研计划需要对调研类型、资料来源、调研方法、调查工具、抽样计划、访问方法等内容进行决策。调研方案如图6-3所示。[①]

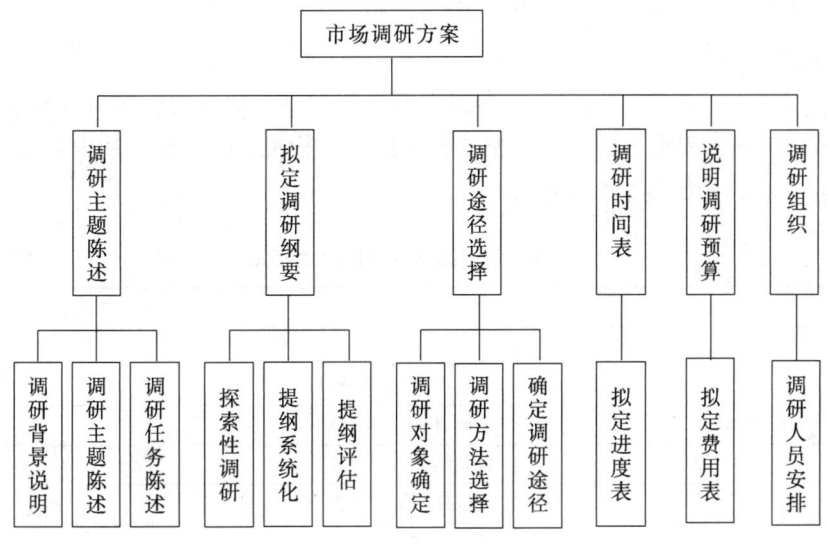

图6-3　市场调研方案示意图

3. 信息资料搜集

市场信息资料的搜集方式主要有两种：文案调研与实地调研。文案调研也称二手资料的搜集，是指对各种现成资料的收集。文案调研也是做好实地调研的重要基础，没有充分分析二手资料之前，一手资料收集工作不宜展开。实地调研也称一手资料的搜集，是指为特定的调研项目，在确定的调研计划指导下，调研人员深入现场，与被调查对象进行接触，直接向有关被调查对象获取的资料。二手资料的获得相对容易，一手资料的获得相对复杂，在一手资料的收集中需要注意合理控制调查误差。例如，通过科学选择调研方法和准确设计与运用（问卷等）调查工具，以及对调查实施过程的质量管控，尽可能地保证信息的有效性和可靠性。

---

① 于萍. 市场营销调研[M]. 大连：东北财经大学出版社，2002.

4. 信息资料的整理与分析

资料整理是对大量的原始的市场数据进行筛选和提炼,使其系统化和条理的过程。一般包括 3 个步骤:筛选、分组与汇总、编制统计图或统计表。资料分析是根据调研主题的要求,在资料整理的基础上,利用科学的分析方法,对调研资料进行一定的加工和处理,以便对市场现象的发展变化规律,或对各种现象之间的相互关系进行研究,明确、具体地说明市场调研的结果。对市场调研数据的分析要借助于各种统计分析方法,如描述性分析、相关分析、回归分析、因子分析、差异分析、聚类分析等。

5. 调研结果报告

市场调研报告是整个市场调研工作成果的最终体现,一份优秀的市场调研报告要清楚、简洁地阐明市场调研的结论;出示得出这些结论的市场调研数据;说明数据资料的搜集方法和分析方法。调研报告有书面报告和口头报告两种形式,通常调研报告体现为书面报告的形式。当调研人员向委托方报告调研结果时,常采用书面报告和口头报告相结合的方式。市场调查报告的结构与格式没有统一的标准,但总有一些内容是必不可少。调查报告的基本要素如表 6-1 所示。①

表 6-1 营销调研报告的基本要素

文前页	B. 正文	C. 文后页
1. 封面	1. 引言	1. 附录
2. 授权书	2. 调研内容	2. 尾注
3. 转交函/转交备忘录	3. 调研方法	
4. 目录	4. 调研结果	
5. 图表目录	5. 局限性	
6. 摘要/执行摘要	6. 结论或结论与建议	

6.3 营销调研的方法

"工欲善其事,必先利其器",要做好营销调研离不开科学的调研方法,调研人员需要根据调研目的和任务、调研的类型、调查对象的特点,科学地选择调研方法并设计合理有效的调研工具。营销调研中常用的调研方法包括观察法、实验法、焦点小组访谈法、深度访谈法、询问调查法、文案调研法等。其中观察法、实验法、焦点小组访谈法、深度访谈法、询问调查法用于一手资料(实地调研)的收集,文案调研法用于二手资料收集。

6.3.1 观察法

所谓观察法,是指调查人员直接或利用仪器对所要研究的个人行为、活动、反应、

---

① 阿尔文·伯恩斯. 营销调研[M]. 9 版. 于洪彦, 金钰, 译. 北京: 中国人民大学出版社, 2021.

感受以及现场事物等进行亲自检查、观测与记录,从而获得第一手资料的调查方法。

1. 观察法的类型

按照不同的标准,观察法可以分为不同的类型。

(1)直接观察与间接观察。根据现象是否被实时观察可以将观察法分为直接观察和间接观察。观察被观察者正在发生的行为称为直接观察。知名的玩具企业费雪公司建立观察实验室,设计师通过观察孩子对新玩具的反应以及如何玩耍,对新产品进行测试。所谓间接观察是指不直接观察行为本身,而是研究被观察对象的行为所产生的效果和结果,可以通过档案记录和实物痕迹来进行间接观察。通过观察法获得的信息对产品本身的优化和后续的营销策略制定都提供了很大的帮助。

(2)结构化观察与非结构化观察。根据是否有详细的观察计划可以将观察法分为结构化观察和非结构化观察。结构化观察事先要制订详细的观察计划,确定观察和记录的范围,集中观察某些特定的行为,对其他行为不予关注。结构化观察可以对观察结果进行量化,进而对观察的内容进行统计分析。非结构化的观察则是指观察人员对观察所要记录的事项和内容没有任何限制,观察者可以根据研究问题和情境的需要不断调整观察的内容和范围。非结构化的观察具有开放灵活的特点,通常适用于探索性调研。

(3)人工观察与机械观察。根据观察要借助的工具将观察法分为人工观察和机械观察。人工观察是由调研人员实地观察受访对象以了解情况;机械观察则是使用机器替代人工进行观察,调研人员可以借助摄像机、收视计数器、交通计数器、监测器、闭路电视、计算机等设备来观察或记录被调查者的行为。近年来借助神经科学的相关技术,如脑电波测量仪、眼动追踪仪等现代化的设备被应用在营销调研实践中,调研人员可以通过测量皮肤温度或眼动追踪仪来观测消费者对广告的反应。

2. 观察法的适用范围

观察法是营销调研活动中使用最为频繁的,也是在实际操作中最容易被忽视的方法。实际上观察法的适用范围很广,观察法可用来收集定性数据,也可用来收集定量数据。在探索性调研、描述性调研、因果性调研、预测性调研中都可以使用观察法。

观察法常用于对消费者偏好的调研、对企业经营环境的调研、品牌调查、广告效果调研、零售网点选址等领域。比如通过观察消费者在零售终端选购商品的行为可以了解消费者对商品的品种、规模、包装、价格及品牌的偏好;通过观察商品陈列、卖场环境、客流量等对零售企业经营环境进行评估。

3. 观察法的优缺点

作为一种应用广泛的定性调研方法,观察法有许多显著优点。第一,调查结果直观、可靠,获取信息比较客观;第二,不依赖于语言交流,减少了误会和干扰;第三,简便易行,灵活性强,可随时随地进行调查。

当然，观察法也存在着一些缺点。第一，只能反映客观事实的发生经过，不能说明发生的原因和动机；第二，需要大量观察员到现场作长时间观察，调查时间较长，调查费用支出较大，比较适用于小范围的市场调研；第三，观察法对调查人员的业务技术水平要求较高。

6.3.2 实验法

1. 实验法的基本概念

所谓实验法，是指在既定条件下，通过实验对比，对市场现象中变量之间的因果关系及其发展变化过程进行观察分析的一种调查方法。实验法主要用于变量间因果关系假设的检验，或者说自变量对因变量影响的检验。因果关系可以被认为是按照由"如果……，那么……"构成的条件语句来理解的一种现象。

因果关系可以通过实验来确定，一般需要以下三个条件。第一，确立变量之间的相关关系，即作为原因的变量和作为结果的变量之间是相关的。第二，确定事件发生的时间顺序，要求作为原因的变量变化在先，结果在后，同时排除其他变量的影响，即这种观察到的相关关系不是由于其他因素造成的。第三，可推论性，即实验条件下所观察到的因果关系在现实中也能成立。

2. 实验法的应用范围

在市场营销领域，实验法的应用较为广泛，包括但不限于如下方面：广告效果的测试；各种促销手段效果的测试；品牌对消费者选择商品时的影响；颜色、名称等对消费者味觉的影响；商品的价格、包装、陈列位置等因素对销售量的影响等。

举个简单的例子说明实验法在营销领域的应用。某食品公司认为其电视广告片甲已经陈旧，决定采用新广告片替代旧广告片。新广告片有两种不同的设计，广告新片乙强调该食品的营养，广告新片丙强调该食品的口感。为测试哪一种新片效果更好，某星期天该公司在某一具有代表性的购物中心进行了三场实验。第一场放映旧广告片甲；第二场放映新广告片乙；第三场放映新广告片丙。对观看这三场的观众每人赠送一张 8 折购买卡，其实验统计结果如表 6-2 所示。可见，新片乙的实验效果为：55% - 24% = 31%，新片丙的实验效果为：46% - 24% = 22%。通过实验得出结论：广告片乙比广告片丙的效果好。

表 6-2　广告片实验调查结果统计表

项目	广告甲	广告乙	广告丙
赠卡总数	495	500	482
收回赠卡	120	275	220
回收	24%	55%	46%

3. 实验法的优点和缺点

实验法可以检验变量之间的因果关系。这种优点是其他调查方法，如面访调查、焦点小组访谈、深层访谈、电话调查等所不能够提供的。此外，实验法还有便于重复进行，实验结果的可靠性较高的优点。实验法的主要缺点包括以下几个方面。第一，成本较高，实验在时间和费用方面的成本都较高，进行一项正规实验需要投入较大的人力、物力和财力。第二，实验实施、管理难度较大，市场营销实验是一种现场实验，相对于实验室实验，大型现场实验者往往难以控制市场变量，从而影响实验结果的内部效度。在市场实验中，未能控制而又可能在实验期间发生变动的外来因素有很多，比如竞争对手采取的新策略、消费者偏好的变化等，这些外来因素都可能对实验的结果产生影响，因此在实验设计时要特别考虑如何尽可能地排除干扰，降低实验的误差。

6.3.3 焦点小组访谈法与深度访谈法

1. 焦点小组访谈法

（1）焦点小组访谈法的基本概念。焦点小组访谈法是挑选一组具有代表性的被调查者，在一个装有单向镜或录音、录像设备的房间中，采用小型会议的形式，由主持人引导对研究主题进行讨论，从而获得信息的一种调查方法。在访谈过程中主持人要引导讨论聚焦于某个主题，确保不偏离主题，所以被称为焦点小组访谈。

焦点小组一般由 6~12 名被调查者组成，在一名经过训练的主持人的引导下，针对某一特殊主题或概念进行讨论，主持人按照事先拟定的提纲逐步将讨论引向深入。焦点小组访谈的过程是主持人与多个被调查者相互影响、相互作用的过程，"群体动力"在访谈过程中起关键作用。个人的反应会对其他人产生刺激，参与者之间的互动可以激发新的思考和想法，从而能够获得更多的信息。

（2）焦点小组访谈法的应用范围。作为一种定性调研工具，焦点小组访谈法常用于探索性调研。焦点小组访谈法在市场营销调研中应用广泛，特别是在消费者洞察领域。常用于了解消费者有关产品的知识、偏好和行为，对新产品概念进行测试，获得对现有产品的重新认识，了解消费者对产品价格的看法，了解消费者对某一营销方案的初步反应等方面。

（3）焦点小组访谈法的优缺点。焦点小组访谈法的主要优点包括以下几个方面。一是资料收集速度快，效率高，可以在较短时间内获得比较丰富的资料；二是集思广益，参与者之间的互动可以激发新的观点和想法，通过焦点小组访谈取得的资料较为广泛；三是对访谈过程可以进行科学监测。焦点小组访谈法也存在一些缺点。一是访谈易受主持人的影响，主持人的个人风格和能力可能会使访谈结果产生偏差；二是参与者较少，代表性不足，小规模的焦点小组通常不足以代表相应的主体。

（4）在线焦点小组访谈。在线焦点小组是以电子沟通为媒介的虚拟讨论，主持人和受访通过网络进行沟通，客户也能够观察焦点小组访谈进程，从而获取信息。随着现代信息技术的发展和移动互联网的普及，在线焦点小组访谈变得越来越流行。与传统焦点小组访谈相比，在线焦点小组访谈的优点体现在不需要具体的场所，还可以实时获得文本，受访者可以广泛分布于不同地域，受访者可以在家里或办公室参与访谈，这样感觉会更舒适。在线焦点小组访谈也有一些缺点，如无法观察到受访者的肢体语言，受访者不能亲自观察产品或品尝食品的味道，受访者有时会失去兴趣或分心。

2. 深度访谈法

深度访谈法指调查员和一名被调查者在轻松自然的气氛中围绕某一问题进行深入的讨论，目的是让被调查者自由发言，充分表达自己的观点。深度访谈法与焦点小组访谈法的区别是深度访谈是一对一进行的，而焦点小组访谈是一对多进行的。深度访谈是一种无结构的、直接的、一对一的访问，虽然调查员在访问前会准备一个粗略的调查提纲，并试图按提纲来访问，但提问时的具体措辞和顺序可以根据访谈进行的具体情况进行调整。与焦点小组访谈相比较，深度访谈消除了群体压力，被调查者能够提供更诚实的信息。一对一的交流使被调查者感到自己是被关注的焦点，因此乐于表述自己的观点、态度和内心想法。被调查者访谈的时间充分，可以得到更多的信息。但另一方面，失去了群体动力，无法产生被调查者之间观点的相互刺激和碰撞。此外，深度访谈成本较高，一天内访谈的人数有限。

6.3.4 询问调查法

询问调查法是通过向被调查者询问问题来收集所需信息的调查方法，有时又被称为问卷调查法。① 在询问调查法中，访谈员根据问卷或提纲向被调查者提出问题，通过被调查者的口头回答或填写调查问卷等形式来收集市场信息资料。通常情况下，在询问法调查中，问卷是提问和回答的依据。询问法是营销调研法最常用的方法，通过询问法收集的数据可以用以定量分析，在描述性调研中应用最多。根据访问方式的不同可以将询问调查法分为电话调查、面访调查、邮寄调查、网络问卷调查等类型。

1. 电话调查

电话调查法通过电话向被调查者进行询问，以获取信息资料的一种调查方法。经过培训的调查员使用电话，按照调查设计所规定的随机拨号方法拨打电话号码，当电话接通时按照准备好的问卷和培训的要求，筛选被调查者，然后对照问卷向合格被调查者逐题提问。电话调查法包括传统的电话调查和计算机辅助电话调查（CATI）。电话调查主要使用在以下几个领域：热点问题或突发性问题的快速调查；特定问题的消费者调查，如新产品的购买意向，开播栏目的收视率等；企业调查，如企业管理者对某些问题的看

---

① 蒋萍，金钰. 市场调查[M]. 3版. 上海：格致出版社，2018.

法，对某些产品的评价及购买意向等。

电话调查的主要优点：一是时效性好，费用低；二是相对于面访调查而言，在某些问题上能够得到更为坦诚的回答；三是可能会访问到平时不容易接触到的对象；四是易于对调研过程实施质量控制，调查组织者可以在电话调查现场进行监督。电话调查的缺点：一是抽样总体与目标总体可能不一致，抽样总体是全体电话用户，而目标总体包含安装电话和没安装电话的群体；二是电话调查时间受到限制，调查内容难以深入，被调查者看不到演示物，应用领域受到一定限制；三是电话可能会遭到拒绝，电话调查的回答率通常低于面访。

2. 面访调查

面访调查是调研者通过与被调研者面对面访问，从而获取信息资料的一种调研方法。面访调查包括入户面访调查、街头拦截式面访调查、计算机辅助面访调查。在入户面访调查中，访谈员按照抽样方案中的要求，到被调查者家中或单位中，依据问卷或调查提纲进行面对面的直接访问。在入户面访中可以对复杂的内容进行调查，此外由于被调查者身处自己熟悉的环境，可以放松地参与访问，从而有可能得到质量较高的调查结果。街头拦截式面访调查一般是在超市、商贸中心等繁华地段展开。在调查过程中调研人员按照规定的程序和要求选取被调查者，征得其同意以后，在现场或者在附近的场所展开访谈。面访调查在市场营销调研中应用广泛，特别是在消费者行为研究领域。

面访调查的优点包括以下几点。入户面访调查可以获得较有代表性的样本。入户面访通常有严格的抽样方案，此外经验丰富的调查可以提高访问的回答率，得到高质量样本。入户面访可以对复杂问题进行调查，入户面访时间一般较长，且有调研人员在现场，可以采用比较复杂的问卷。面访调查缺点包括费用较高，调查质量的控制难度大，某些群体的访问成功率较低。

3. 邮寄调查

邮寄调查法则是将设计好的调查问卷通过邮政系统邮寄给被调查者，由被调查者按照要求填好后寄回的一种调研方法。邮寄调查具有保密性强、调查区域广、费用较低、无调查员偏差的优点，同时也有回收率低、花费时间长的缺点。邮寄调查曾经得到广泛应用，但随着移动通信和网络的兴起，邮寄调研法的应用逐渐减少，网络调查等新的调查形势日益增多。

4. 网络问卷调查

随着计算机技术、网络技术的发展，基于网络的调查方法在营销调研领域的应用日益丰富。网络调查法是指以计算机网络为媒介、以相关软件为手段，实现调查问卷调查或提纲网上制作、发放、填答与回收，或在网上进行访谈，或在虚拟平台实时观察的一种调查方法。网络调查法作为营销调研的一种方法，与传统的面访调查、电话调查、邮寄调查、焦点小组访谈、观察法并没有本质的区别，主要不同的是在问卷和调查提纲等调查工具的制作、发放和回收方面，以网络为载体，在虚拟空间利用相关软件来完成。

具体到询问调查法中，网络问卷调查有以下 3 种形式。一是网页浏览问卷调查，对网站的访问者或者手机等移动终端用户进行问卷调查。二是专业网站问卷调查。三是电子邮件问卷调查，以较为完整的 E-mail 地址清单作为样本框，使用随机抽样的方法发放 E-mail 问卷，然后再对被调查者使用电子邮件催请回答。网络问卷调查法的优点主要体现为调查成本低、范围广、速度快；交互性好，可以实现问卷多样化设计，可以使用图片、视频等多种表示方式；站点丰富，可以为各种调查提供丰富的抽样框。网络问卷调查的缺点是难以选择和控制被调查对象，被调查者的身份验证有困难，有时甚至可能出现样本重复、数据不真实等情况。

6.3.5　文案调查法

文案调查法是指根据调研目的与任务的需要，通过一定的手段与技术搜集二手资料信息的调查方法，又被称为二手资料调查法。文案调查法是营销调研最重要的方法之一，贯穿于营销调研的整个过程中，从调研主题的确定到调研方案的制定、调研工具（问卷等）的设计、调研报告的写作等环节都需要用到文案调查法。文案调查法具有方便易行、节省时间、成本较低等优点，同时存在针对性不强、时效性不足等问题。

1. 文案调查资料的来源

文案调查需要围绕调查目的，收集一切可以利用的二手资料，按信息来源进行分类，二手资料包括内部资料和外部资料两大类。内部资料是那些源自机构内部的或者是由本机构记录的数据，主要包括业务资料、统计资料、财务资料等企业内部记录，企业内部数据库，以及企业积累的其他资料（已有的调研报告、会议记录、经营总结等）。外部资料指其他机构而非调研人员所在机构收集或记录的资料。主要包括以下来源：政府机构和行业团体提供的数据资料。政府数据主要有两类，一类是人口统计数据，另一类是经济活动数据。

行业团体提供的数据资料主要包括以下几种。

（1）文献数据库、数据类数据库和指南类数据库等各类数据库。

（2）专业调研公司提供的数据资料，包括有偿提供的辛迪加数据和无偿提供的研究报告和一般性市场信息。

（3）书籍、报纸、期刊等出版物。

（4）互联网提供的各种信息。随着互联网的普及，网络数据资料的收集在文案调查中的作用日渐突出。网络资料有多种来源，包括搜索引擎、网络数据库、政府和专业机构网站、社交媒体平台等。常用的搜索引擎网站包括百度、搜狗、谷歌等。常用的网络数据库包括维普、中国知网、国泰安数据库、Wiley（威利）、Springer（施普林格）等。常用的政府机构和专业网站包括国家统计局官网、商务部官网、国务院发展研究中心信息网等。社交媒体数据也称为用户生成内容，是由互联网用户在线创立并与他人共享的信息。用户在微博、微信、小红书、大众点评、知乎、豆瓣等社交媒体平台上发布信息，对产品和服务做出评论，分享消费体验，调研人员可以根据调研主题有针对性地对社交媒体数据进行收集和挖掘。

2. 文案调研的实施

文案调研主要包括明确调研需求、寻找资料来源、收集信息资料与整理信息资料及补充完善信息资料、分析并得出调研结论五个环节。

（1）明确调研需求。明确本次文案调研是为了解决什么问题提供信息，从而确定资料收集的方向。

（2）通过所需信息的属性和特点，确定搜寻渠道划定资料来源的范围。

（3）收集信息资料。确定已经得到的资料和希望得到的资料，列出要收集的资料的关键词，运用目录索引资源开始调研工作，从各种内部来源和外部来源中收集需要的资料。

（4）对资料进行评估和整理。可以从资料来源、收集目的、资料内容、资料时效、收集方法、多种来源资料间是否具有一致性等方面对收集到的二手资料进行评估。评估后从众多资料中将对调查目的有价值的资料选取出来，将时效性不足、客观性差、缺乏针对性的资料剔除，在此基础上还要对部分资料进行加工完善。

（5）分析并得出调研结论。通过二手资料的收集、加工和分析，得出文案调研的结论，形成调研报告。

6.4　问卷设计与抽样设计

6.4.1　问卷设计

问卷是调查人员依据调查目的和要求，以一定的理论假设为基础，以书面的形式向被调查者征询一系列问题而收集必要数据的载体。它由一系列"问题"和备选"答案"以及其他辅助内容所组成。问卷的主要功能是从受访者那里获得可靠和有效的信息。

1. 问卷的基本结构

问卷通常由标题、说明信、指导语、作业记载、问题与选项、编码、结束语等内容构成。

（1）开头部分。开头部分包括问卷标题、问候语、填表说明和问卷编号等内容。问卷题目的确定既要简明扼要，又要切中主题。问候语也称说明词，对调查目的和意义及相关事项进行简要说明，旨在通过简单的文字沟通，争取调查者的支持和配合。

（2）甄别部分。甄别部分也称为过滤部分，即通过对被调查者进行过滤，筛选掉不符合项目要求的调研对象。

（3）主体部分。问卷的主体部分是问卷调查需要收集的主要信息，由一系列精心设计的问题和备选答案组成，主体部分的问句设计要围绕问卷主题，将调查项目逐一分解成若干道具体的问题。主体部分问句设计的优良与否，直接关系到整个问卷调查的成败。

（4）背景资料部分。这部分收集的是被调查者的人口统计学资料，包括性别、年龄、收入、文化程度、职业、所属行业等。背景资料置于问卷的最后部分，设置哪些问题需要根据调研项目主题进行选择。背景资料能够呈现调查对象的基本特征，可作为对调查对象进行分类比较的依据。

2. 问卷设计的流程

调查问卷是营销调研人员在收集信息资料时最常使用的调研工具，问卷设计的有效性直接影响到调研数据的质量。问卷设计主要包括以下几个环节：确认调研的主题和任务、确定问卷类型、拟定调研项目、设计问句、问句排序、问卷评估与测试、修订与定稿。

（1）确认调研主题与任务。明确调研主题是进行问卷设计的重要前提，在正式开始编写问卷之前，问卷设计者必须充分了解调查项目的目的和任务，以此来确定问卷设计的方向和范围。根据调研主题确定问卷调查所要了解的主要内容和信息资料来源，根据资料来源确定调查对象和抽样方式。

（2）确定问卷类型。根据调查的内容与调查对象的属性和特征确定采用何种类型的问卷。按照访问的方式，问卷可以分为邮寄问卷、电话问卷、访问问卷、网络问卷等类型，不同类型的问卷在设计上的要求和注意事项有所差别。街头拦截式的面访问卷，问卷内容要尽量简短。电话访问要用丰富的词汇描述问题，可用对话的风格来设计。邮寄问卷由被调查者自己填写，要给出详细的指导语。

（3）拟定调查项目。通过收集二手资料，参考理论文献、借鉴已有的类似主题的问卷的设计，与调查对象交流进行探索性研究，来进一步明确问卷所需信息，在此基础上形成问卷提纲，在提纲中抽象的问卷主题被转化为若干具有可操作性的调研项目，每一个调研项目可以进一步分解成若干个具体的问句。

（4）设计问句。调研项目分解成一个个具体的问题后，开始撰写问句。问句是调查问卷的主体，问句设计是整个问卷设计的核心环节。问句设计包括确定问题的内容、措辞和选择问题的类型3个方面。

（5）安排问题的顺序。通常根据逻辑性和难易程度对问句的顺序进行编排。通常，过滤性问题放在最前面，过滤性问题之后通常是较为简单的热身问题，接下来进入正题，最后是比较复杂的或敏感性问题。也可以归纳为先封闭式问题后开放式问题，先简单问题后复杂问题，先一般性问题后敏感性问题。

（6）问卷评估与预测试。问卷初稿完成后，可以请相关领域的专家、有实践经验的相关人员对问卷进行评估。在进行大规模正式调查之前，还需要选择少量样本进行预测试，主要的测试目标是应答者对问卷内容的理解与设计者的目标是否吻合。

（7）修订与定稿。经过问卷评估和预测试，针对发现的问题对问卷进行修改，形成最终的定稿，就可以将定稿问卷按照调查的要求进行打印复制，制定正式问卷。

3. 问句设计的要点和注意事项

（1）问句内容的确定。在问句内容设计环节要考虑题项收集信息的能力和应答者回答能力。设计每一个问句时都要考虑这个问句所带来的数据有什么用？问卷中的每一个问句都是必要的吗？通过所有问句收集的信息能够满足调研需要吗？应答者可以准确理解并且有能力回答问句吗？

（2）问句类型的选择。问句有两种基本类型：封闭式问题和开放式问题。封闭式问句给出了所有可能答案，提供的答案易于理解和制作表格。开放式问句允许被调查人用自己的话来回答问句。大多数问卷的题目都是以封闭题为主，也含有少量的开放式问题。封闭式问题又可以细化为单选题、多选题、排序题、量表题等不同的类型。

（3）注意问句的措辞。问句的措辞的基本要求是简洁、清晰。问句语言应简单易懂，避免使用行业术语和缩略语；问句应当清晰，语义明确，避免使用含糊不清的用语，例如"通常""偶尔"等就不够准确；问句应简明扼要，尽量不使用结构复杂的长句子；避免二合一的问题，一个问句只针对一个主题；避免提出对被调查者的记忆力要求过高的问题；避免诱导性和暗示性提问。

6.4.2 抽样设计

1. 抽样设计的基本问题

抽样是指在调查对象的总体中，抽取一部分样本单位，并对其进行观察，然后根据对样本单位的观察结果来推测调研总体的一般特征的方法。在市场营销调研中，抽样技术使用十分广泛，抽样方案的有效性对调研结果有直接的影响。制定抽样方案需要明确以下3个问题：一是向谁调查？也就是说界定调查总体和抽样单位，制定抽样框。二应调查多少人？确定样本大小。三是如何选择受试者？对抽样过程进行设计，选择具体的抽样方法。

2. 抽样调查流程

（1）定义调研总体和抽样单位。市场调研人员首先要根据市场调研主题的要求，和市场调研提纲所涉及的内容，确定抽样调查的基本对象的范围。对总体的范围与界限做明确的规定，清楚地说明研究对象的人口统计学特征（时间、地点、年龄范围、收入范围、性别等）。

（2）选择抽样框。所谓抽样框是指抽样调查前在可能条件下做出的由抽样单元构成的有序名录。依据已明确界定的总体范围，收集总体中所有样本单位的名单，建立供抽样使用的抽样框。准确的抽样框应遵循以下原则：一是完整性——总体中的每一个元素都必须包含在名单中；二是不重复性——每一个元素都只对应于名单中的一个号码。市场调研人员可以通过各种方式获得调查总体的样本框，如从本公司内部的客户管理信息库中获得公司基本用户的抽样调查样本框；对城镇居民的调查，可以通过街道居民委员会或公安局派出所来获得样本框等。

（3）选择抽样方法。调研的基本方法主要分为两类：随机抽样和非随机抽样。随机抽样指按照总体中每个单位都有一定机会被抽中的概率原则，从总体中抽取一定数目的单位作为样本，用所获得的具有充分代表性的样本数据来推断总体的特征，并控制抽样误差。非随机抽样指从方便出发，依据调查人员的经验和主观判断来抽取样本，但它不能用来估计和控制抽样误差，无法用样本的定量资料来推断总体，在探索性调查中应用较多。市场调研中具体选择哪一种抽样方法，取决于调研总体的分布特征、调研主题的技术要求、调研项目的预算等因素。

（4）确定样本大小。样本数目直接影响样本的代表性，确定抽样数目时往往要考虑调查精确度的要求、总体性质、抽样方法和人力、财力等客观条件，以及调研总体的规模和离散程度。例如，总体规模大，且方差大，则应该选取更多的样本。市场调查者对抽样估计精度的要求，精度要求高，则样本多，要求低，则样本少。调研预算的限制，调查费用预算充足，则可多选样本，预算比较紧张，则可少选样本。市场调研时间的限制，时间充足，可多选样本；反之则要少选样本。随机抽样根据不同的抽样方法可以运用公式计算出在给定的抽样误差和置信度下的最低样本量，再结合调查经费等要素确定最终的样本量。

（5）抽样计划实施。在上述几个步骤的基础上，严格按照所选定的抽样方法和数量，逐个从抽样框中抽取样本单位，构成样本。

3. 抽样方法

抽样方法分为随机抽样和非随机抽样两大类。随机抽样又可以分为简单随机抽样、系统抽样、分层抽样、整群抽样4种具体的形式。

简单随机抽样。从总体中不加任何分组、排队，完全按照随机原则抽取样本单位的抽样方法。

系统抽样。首先选择标志，将调查对象的全部个体按一定顺序排队，其次依据简单随机抽样方式从总体中抽取第一个样本点，即所谓随机起点，然后依据某种固定顺序和规律依次抽取其余样本点，最终构成系统样本。

分层抽样。将所有样本单位按某一有关标志，分成相互排斥的不同类型，在各类中独立、随机抽取样本。

整群抽样。将总体分为 S 个互不重叠的相似子群，从这 S 个群中随机抽取若干群，对选中的群内各样本单位进行普查。

非随机抽样通常分为方便抽样、判断抽样、配额抽样、滚雪球抽样4个具体方式。

方便抽样。研究者根据自己方便的形式抽取样本。方便抽样又称偶遇抽样。例如，向街头行人询问物价的评价、在食堂调查大学生的月消费支出等。

判断抽样。根据主观分析来选择、确定符合研究目标的样本,又称主观抽样、目的抽样。

配额抽样。根据某种标志分组,然后用判断抽样或方便抽样的方法抽取样本,并使拥有某种特征的样本单位比例与其在总体中的比例一致。

滚雪球抽样。在调查时,要求受访者提供其他回答者的名单,又称推荐抽样。

调研人员要根据项目的特点和要求选择具体的抽样方法。调研主题对调研过程的技术要求较高,则应该采用随机抽样技术,如果要求不高,则可采用非随机抽样方法。如果被调查总体的分布比较均匀,方差较小,则可以采取非随机抽样和随机抽样的方法进行调查,如果被调查总体的分布不均匀,则可以考虑分类、等距、分阶段、整群等随机抽样的处理方法。此外,还要考虑特定调研项目的成本限制,如果特定市场调研费用投入水平较高,则可提供具有较高精度的随机抽样调研,反之如果市场调研费用投入的水平不高,则可考虑非随机抽样方法。

营销与中国

海尔:无数据不营销[①]

海尔是中国家电行业的领先品牌,是我国最具创新精神的企业之一。在数字化的浪潮中,海尔坚持"无交互不品牌,无数据不营销"的原则,不断升级营销信息系统,形成了有自己特色的大数据交互营销模式。海尔以用户数据为核心,搭建起 SCRM(社交化客户关系管理)大数据平台,挖掘用户需求,从为产品找用户变为了为用户找产品。当前端用户模型搭建好后,海尔后端的互联工厂生产制造体系,能够将用户的个性化需求及时转化为落地成果。

为搭建更加开放的大数据平台,海尔利用多种形式进行布局。早在 2012 年,海尔就创建了会员制,吸引用户自主注册,建立了一个精准细分、活跃度高的 SCRM 大数据平台,该平台打通企业内部的全流程数据,同时与企业外部的全网络数据动态连接。海尔还以社群交互、生态合作等方式布局大数据平台。以社群交互来说,目前海尔全国的用户家庭数已超 2 亿家,形成了一个覆盖全国的社群网络,每一位用户都能主动参与到海尔的设计、生产中来。而在合作方面,海尔与苏宁云商就会员数据直连、联合服务等进行了深入合作,实现了互利共赢。此外,构建智慧家庭的模式下,海尔的终端网器便成为了智能采集环境数据、运行数据、人机交互数据等的利器。诸如馨厨冰箱、智能自清洁空调等网器的诞生让海尔拥有了最大范围的大数据触点。

数据采集与挖掘的最终目的是使用数据,海尔 SCRM 数据平台为营销及销售人员开发了具有精准营销功能的数据产品"营销宝",可辅助其面向区域、社区和用户个体开展

[①] 孙鲲鹏. 海尔 SCRM 大数据精准营销探索 [J]. 中国工业评论,2016(7):56-64.

精准营销。除此之外，海尔 SCRM 数据平台还为研发人员开发了具有用户交互功能的数据产品"交互宝"，可帮助研发人员更全面地了解用户痛点、受欢迎的产品特征、用户兴趣分布与可参与交互的活跃用户。例如，海尔近年来的新产品帝樽空调，因其外形由方到圆的颠覆性创新，被 ICEC 评为"影响世界的十大创意产品"。这款产品有很多特点：健康，除 PM2.5，3D 立体送风，智能，风随人动。海尔用 SCRM 大数据平台快速锁定目标顾客，提取数以万计的已经购买海尔帝樽空调的用户数据，通过与中国邮政的名址数据库匹配，建立模型，将已经购买帝樽空调的几万名用户所在的省份、城市、城区甚至小区分成几类，并贴上标签。再把这些数据标签映射到中国邮政的名址数据库，找到有相似特点的所有区域。锁定区域后，SCRM 大数据平台开始分析范围内的潜在顾客，通过与社交媒体、杂志等的合作获取顾客的兴趣、产品偏好等数据。最终通过这些信息锁定目标顾客，实施精准营销。

本章提要

市场营销信息是企业营销决策的前提。营销信息系统对信息进行收集、分类、分析、评估和分发，为决策者提供所需的及时和精准的信息。营销信息系统包括内部报告系统、营销情报系统、营销调研系统、营销分析系统 4 个子系统。

市场营销调研是针对特定的营销问题，对相关信息进行系统地设计、搜集、整理、分析和报告，为营销管理者制定、评估和改进营销决策提供依据。营销调研按功能可以分为探索性调研、描述性调研、因果性调研、预测性调研 4 类；按收集数据的性质分类，可以将调研分为定性调研和定量调研两大类。

营销调研是由一系列活动组成的一个过程，一个完整的营销调研流程包含确定调研主题、制定调研方案、信息资料搜集、信息资料的整理与分析、调研结果报告 5 个基本环节。调研人员需要根据调研目的和任务、调研的类型、调查对象的特点，科学地选择调研方法并设计合理有效的调研工具。营销调研中常用的调研方法包括观察法、实验法、焦点小组访谈法、深度访谈法、询问调查法、文案调研法等。

调查问卷是在收集信息资料时最常使用的调研工具，问卷设计的有效性直接影响到调研数据的质量。问卷设计主要包括明确问卷调研主题和任务、确定问卷类型、拟定调研项目、设计问句、问句排序、问卷评估与测试、修订与定稿等环节。抽样方案的有效性对调研结果有直接的影响。制定抽样方案需要准确界定调查总体和抽样单位，制定抽样框，合理确定样本大小，对抽样过程进行设计，选择具体的抽样方法。抽样方法分为随机抽样和非随机抽样两大类，随机抽样可以分为简单随机抽样、系统抽样、分层抽样、整群抽样等具体方法；非随机抽样通常分为方便抽样、判断抽样、配额抽样、滚雪球抽样等具体方法。

案例分析

共享经济新赛道：付费自习室[①]

根据教育部统计，2021年研究生报考人数达377万人，增幅为10.6%，创历史新高。而热门的证书，如注册会计师，根据中国注册会计师协会披露的数据，2021年全国共有141.9万人报名参考。然而，我国的公共图书馆资源有限，文旅部的数据显示，截至2019年年末，我国有公共图书馆3196个，比前一年末增加20个，平均每43.8万人共用一座图书馆。而学习者对氛围的在意，并不是一个"伪需求"，因此，付费自习室应运而生。2021年4月，有平台对651个用户调查后发现，57.1%的人选择付费自习室，看中的是"氛围"和"效率"。如今越发红火的自习室、培训班，就是承载人们焦虑的备战间。每个人都处在"考研""考证""考公"的巨大压力里，焦虑催生出巨大的市场。据美团《暑期教育行业复苏大数据报告》显示，在付费自习室里埋头苦读的人中，超过90%是职场白领。不少自习室的名称充满了奋斗气息，还贴满了"鸡血"口号，例如"成功上岸""升职加薪""逆袭人生"等。

2014年左右，以"去K书"为代表，国内出现了第一批付费自习室的探索者，到了2019年，行业突然火热，全国数量达到5000左右，成为付费自习室的爆发"元年"。2020年年底，美团研究院和智联招聘共同发布《2020年生活服务业新业态和新职业从业者报告》，报告显示：2019年，平台上的生活服务业增速Top10的业态，付费自习室排名第一，其交易额增速同比达到22.6倍。而根据艾媒咨询的数据，2020年第一季度，北京有付费自习室90家，上海为88家，广州和深圳分别为37家和55家。

作为共享经济业态的一种，付费自习室有望在2021年伴随共享经济的复苏而恢复正常增长势头，虽然疫情曾让付费自习室一度低迷，但很快复热，尤其在北上广深等大城市，不断有新人入场。截至2021年11月底，在大众点评上搜索"自习室"，北京有462家、上海357家、天津278家、成都238家、重庆220家、广州193家、深圳192家、南京169家、武汉161家、杭州128家……自习室已然成为大类。

2022年初，艾媒咨询发布了《2021年中国付费自习室行业发展现状与消费趋势调查分析报告》，该行业报告围绕付费自习室行业发展背景、现状、潜力、盈利能力和用户行为、发展问题及趋势等进行分析解读。

1. 中国付费自习室用户规模及预测

艾媒咨询分析师认为，随着付费自习室的逐步推广，用户市场对付费自习室的接受程度会逐渐增强，付费自习室的用户结构将由原来单一的白领、学生逐步演变成各种用途、各种需求的用户群体。然而，新冠疫情对付费自习室的冲击较大，付费自习室的用户增长放缓。iiMedia Research（艾媒咨询）数据显示，预计2021年付费自习室的用户恢

[①] 艾媒咨询《2021年中国付费自习室行业发展现状与消费趋势调查分析报告》[EB/OL]. [2021-05-07]. https://www.iimedia.cn/c400/78430.html.

复快速增长趋势，用户规模超过500万人。

2018—2022年中国付费自习室用户规模及预测

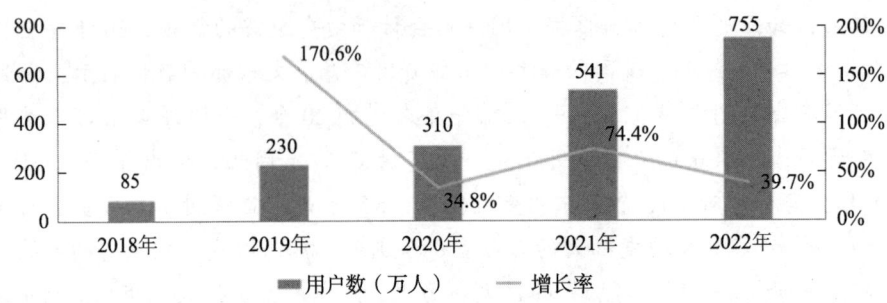

数据来源：艾媒数据中心 (data.imedia.cn)　　　　　　　　　注：受疫情影响对2020年中国付费自习室用户规模预测值进行调整

艾媒报告中心：report.imedia.cn ©2021 iMedia Research Inc

2. 中国付费自习室用户偏好地理位置调查

艾媒咨询调查数据显示，约37%用户会选择去开设在学校周边的付费自习室，而商圈和写字楼等人口密集区域内的付费自习室同样受到近四成用户的欢迎。艾媒咨询分析师认为，付费自习室具有较强的地缘性特点，而作为该行业最主要的用户群体，普通职工和学生则偏向于去离自己较近且交通方便的学校及写字楼周边。

2021H1中国国民对付费自习室地理位置的偏好调查

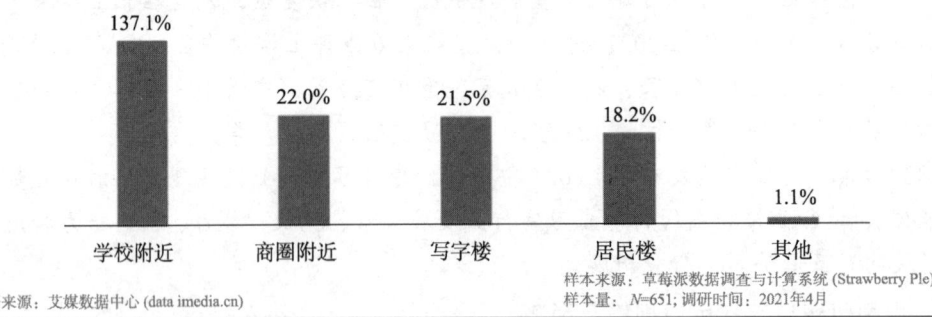

样本来源：草莓派数据调查与计算系统 (Strawberry Pie)
样本量：N=651；调研时间：2021年4月

数据来源：艾媒数据中心 (data.imedia.cn)

艾媒报告中心：report.imedia.cn ©2021 iMedia Research Inc

3. 中国付费自习室用户偏好服务调查

数据显示，付费自习室内提供的免费饮品最受用户欢迎的，而免费空调、WiFi及共享计算机等公用设施同样受到用户的喜爱。此外，学习资料共享及教辅机构也成为一部分用户偏好的服务。艾媒咨询分析师认为，除了基础服务，一些用户即使在自习室也不够自律，为了能更好地实现付费自习室的价值，提供必要的课程规划、时间管理服务，可以让用户更有目标感,同时也可以成为付费自习室的增值服务。

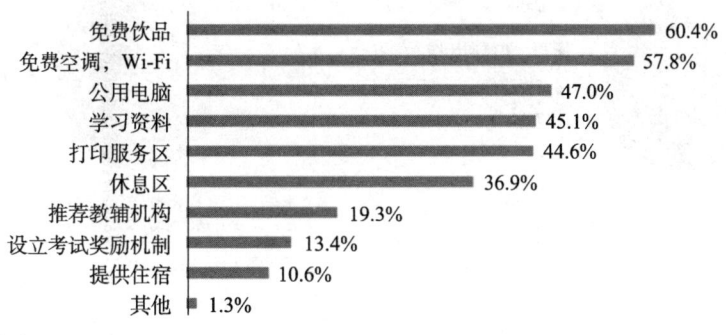

4. 中国付费自习室用户付费支出调查

数据显示,与 2020 年上半年相比,2021 年上半年用户付费水平有所提高,消费支出在 101～500 元之间的用户占比从 2020H1 的 32.9%上升至 2021H1 的 49.23%。艾媒咨询分析师认为,目前,中国消费者对付费自习室的消费方式集中按时间付费,散客较多,未来随着中国付费自习室的接受度提升,长期付费用户数量还有较大增长空间。

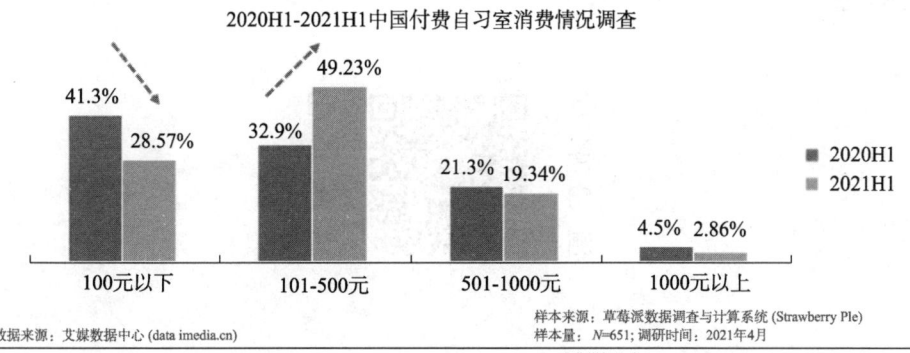

5. 中国付费自习室未来发展潜力分析

数据显示,超过 9 成的受访消费者有终身学习的意愿,有 40.2%倾向于线下学习,其中,有 47.0%的消费者表示会将付费自习室作为终身学习的场所,但也有 24.6%的消费者明确表示"不会",并有 28.4%态度不明确。艾媒咨询分析师认为,消费者终身学习的需求将会推动付费自习室市场的发展。

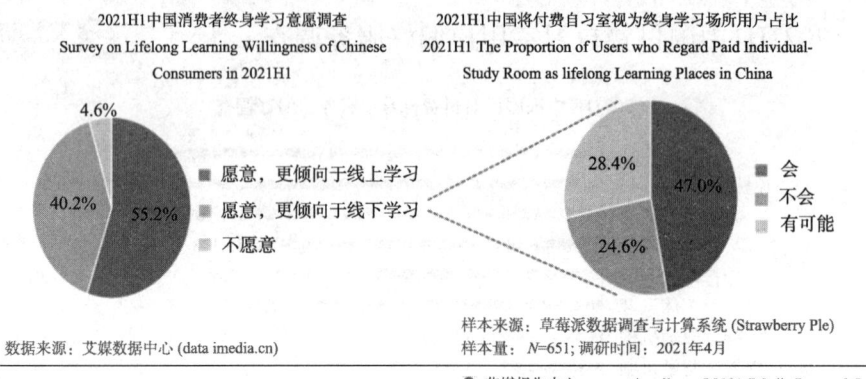

2021H1中国付费自习室未来发展潜力分析

讨论：

1. 在本案例给出的信息资料的基础上，进一步收集二手资料，对中国收费自习室行业现状和发展趋势进行分析和归纳。

2. 如果你打算在所在城市开办一家收费自习室，为此进行营销调研。可以采取哪些调研方法，如何设计调查方案。

拓展阅读

[1] 汪蕾, 杨一凯, 郑杰慧, 王小毅. 基于消费者神经科学视角预测消费者行为：现状、挑战与未来 [J]. 管理工程学报, 2020（6）: 1-12.

[2] 叶芳. 投射法在汽车品牌研究中的应用 [J]. 汽车纵横, 2019（3）: 30-34.

即测即练

自学自测　扫描此码

第7章

目标市场营销战略

本章学习目标

通过学习本章,学员应该能够做到以下几点。
1. 掌握目标市场营销战略的主要步骤。
2. 掌握市场细分的方法和工具。
3. 了解目标市场选择的基本内容。
4. 掌握市场定位的步骤。
5. 掌握市场定位的主要策略。

引导案例

B站,凭实力出圈

2020年5月3日晚,一场属于新一代年轻人的演讲——《后浪》,刷屏了几乎所有的社交软件。这段由Bilibili献给新一代的青年宣传片在央视一套播出,并登陆《新闻联播》前的黄金时段。Bilibili,也由此进入到大众的视线。事实上,在此之前,B站已经在持续打破其在创立时为自己设定的"二次元"藩篱。

提起视频平台,大部分人脑海里能想到的"三大平台"分别是优酷、爱奇艺、腾讯视频。其中,优酷是成立最早的也是最早一批开始做长视频内容的线上视频平台之一,爱奇艺和腾讯则后发制人,利用几档知名综艺、独播电视剧等,迅速抢占主流用户群体,一举成为长视频平台中数一数二的品牌。然而有一家忠诚度极高,非常小众的视频平台被很多老粉丝持续关注,它的粉丝亲切地称呼为"小破站",这就是Bilibili(简称为B站)。

高能弹幕、考试才能成为会员、ACG狂欢圣地(二次元)……这些词语都是属于B站的标签和代名词。从内容上看,B站UP主所上传的视频也不再是单一的"萌系""鬼畜""动画"等ACG视频,而是开始涵盖音乐、舞蹈、知识、娱乐、时尚等多维度内容。B站已经从一个二次元文化小众社区,发展成为一个覆盖7000多个兴趣圈层的泛娱乐文化社区,涵盖生活、游戏、娱乐、动漫、科技、知识等各个领域。B站已经不仅仅是只属于二次元的平台，更是逐渐面向更广大年轻消费群体的主流视频网站。

B 站作为后来者，并没有盲目地复制优酷、爱奇艺等视频平台"大而全"的内容形式，而是借鉴 AcFun 的内容形式和产品模式，聚焦二次元文化，鼓励 ACG 内容创作与分享。同时，为了营造一种文明的二次元文化氛围，B 站实行注册答题制度，题目内容包含弹幕礼仪和一些动画、漫画、游戏基础知识，以此在二次元文化氛围上与竞争对手拉开差距。除此之外，为了更契合社区文化属性，B 站还对弹幕进行了改进，对弹幕的字体颜色、滚动速度、滚动方式和出现时机进行优化，并将弹幕分为一般弹幕、空耳弹幕和神弹幕 3 个方面，增强粉丝与 UP 主的直接互动，增强所谓"圈内人"彼此之间的互动，形成社区效应，成为特殊用户群体的聚集地。圈层引发的效应是 B 站与优酷、爱奇艺、腾讯视频的本质差异，正因为聚焦细分市场，聚焦细分人群，才让 B 站在资本市场上有着不俗的成绩。

一个数字可以从侧面看出 B 站破圈的成功，在传统视频网站已经遭遇增长瓶颈的今天，B 站还有 70%左右的增长。2020 年一季度 B 站营收 23.2 亿元，同比增长 69%，月活跃用户同比增长 70%，增至 1.72 亿名。截至 2020 年年底，每 2 位年轻人中就有 1 位是 B 站用户。

受制于资源的有限性，面对数量众多、分布广泛、差异极大的消费者市场，企业不可能满足市场上所有消费者的需求。因此，企业必须确定好自己的目标客户是谁，设计目标市场营销战略，通过营销组合策略为客户创造价值，与恰当的客户建立良好的关系，才能从客户那里获得价值回报。基于上述原因，大多数企业开始采用目标市场营销战略，将市场细分为若干份，并从中选择一个或几个，针对每一个市场开发独特的营销组合方案，将资源集中于对其所创造的价值最感兴趣的客户群体。

目标市场营销战略（又称 STP 战略）就是将市场划分为不同的客户群，选择企业要服务的客户群，创造最好地满足目标客户的产品或服务，在客户心目中树立独特的形象。目标市场营销战略主要包括 3 个步骤：市场细分、目标市场选择和市场定位（如图 7-1 所示）。

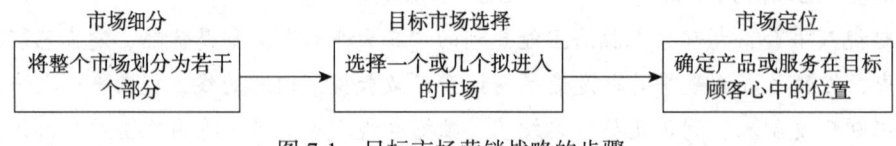

图 7-1　目标市场营销战略的步骤

7.1　市　场　细　分

7.1.1　市场细分的内涵

市场细分（market segmentation）是指根据消费者特征、需求、欲望、行为、习惯和场景等方面的差异,把整体市场划分为若干个同质化子市场的分类过程。分属于同一细分市场的消费者,他们的产品需求和欲望极为相似,而分属于不同细分市场的消费者则呈现出不同的购买行为,需要企业有机调整营销组合来适应不同的细分市场。

市场细分是市场需求差异性的客观要求,可以更准确地掌握不同目标客户群的个性化需要。此外,并非所有消费者都能够给企业带来利润,通过市场细分能够帮助企业甄选更有利可图的市场,更有效地利用和整合企业的资源与能力,集中优势资源,建立局部市场竞争优势。

7.1.2 市场细分的原则

1. 同中求异

市场细分的原则之一是同中求异,即寻求同一产品消费需求的差异性。消费者需求的差异性是客观存在的,在卖方市场条件下,市场上的产品供不应求,产品同质化严重,消费者需求的差异性没有得到充分的重视。但是,在买方市场的条件下,市场上提供的产品变得日益多样,消费者的价值期望分化,需求的差异性则会充分地表露出来。在这种情况下,企业要根据消费者的收入水平、价值偏好、文化修养、社会地位等因素的差异,将客户划分为若干个差异性的群体(如图7-2所示)。

同质化市场
(价值期望值单一,产品单一)

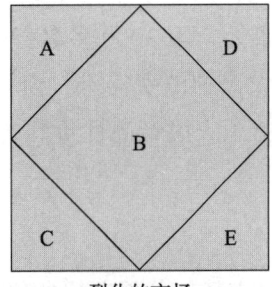
裂化的市场
(价值期望分化,产品多样)

图7-2 同质化市场与裂化的市场

2. 异中求同

市场细分的原则之二是异中求同,即寻求消费者需求的类同性。市场细分得越细致,消费者需求的满足程度也就越高,但是企业不可能满足所有消费者的差异化需求,这个时候就要在差异性之间寻求共同性。尽管消费者在收入水平、价值偏好、文化修养、社会地位等方面存在差异性,但处于同一种社会环境、同一层次的文化水平或收入水平下的人们会有某种相似的心理和行为,即消费需求的类同性。因此,企业可以进一步将这些具有类同性的消费者聚合在一起。在各个细分市场的内部,消费者的需求趋近于一致,但各个细分市场之间有较大的差异性。

7.1.3 市场细分维度的选择

市场细分需要确定工具维度去分割市场,细分维度通常包括地理因素、人口因素、心理因素、行为因素、场景因素等。

1. 地理因素

地理因素主要考虑利用地理空间来有效的分割市场,具体包括国家、城市、乡村、社区等因素。在进行市场细分时,企业可以根据地理位置的差异将市场按照区域进行划分。例如,某白酒厂商将全国的白酒市场划分为东北区、华东区、华南区等市场,并根据各地区饮酒习惯的不同推出针对性的白酒产品。此外,城市市场和农村市场也常被用做市场细分的依据。改革开放以后,中国很多企业采取了"农村包围城市"的战略,面对国外领先企业的竞争,纷纷以农村市场作为突破口,并借机打入城市市场,获取竞争地位。奇强洗衣粉就是"农村包围城市"的典型,20世纪90年代初,面对宝洁、联合利华等外资品牌,奇强不动声色地将其"队伍"开进农村市场。当时的中国农村,受交通不便的制约,物流体系比较落后,可供农民选择的品牌多是地方区域性小品牌,缺乏全国性强势领导品牌。电视等主流媒体也是刚走入农民家庭,广告影响力仍微乎其微,再加上农民收入水平较低的现实,价格、质量成为决定其购买洗涤用品的主要因素。在这样的市场情况下,奇强审时度势,确立了走自己路的方针,迅速组建了300多个办事处,用3000多名奇强销售人员,在只要火车能开得到的地方都布下销售网络。针对农民的消费需求,奇强第一个采用了复合袋包装,以高于国标两个点的高品质质量,给予农民最高性价比的实惠,两块钱一袋400克的奇强洗衣粉,迅速在农村生根发芽。

2. 人口因素

人口统计特征是市场细分最普遍的依据,具体包括消费者年龄、性别、职业、收入、受教育程度、宗教信仰、所属生命周期阶段等。例如,针对消费者的需求和期望随着年龄而变化的特性,化妆品企业会根据性别、年龄、收入等因素将消费者划分为不同的消费群体,并向不同的消费群体提供功效不同的护肤品。创建于1931年的百雀羚,是中国历史最为悠久的著名护肤品牌,针对不同的年龄和不同的皮肤类型,百雀羚推出了六大系列护肤产品(如表7-1所示)。

3. 心理因素

心理因素主要包括消费者的生活方式、个性特征、价值观等。生活方式是指一个人或一个群体基于对活动、兴趣、观念的看法和态度而形成的生活模式。例如,拼多多和京东的客户群,虽然都是网上购物,但其购买原因却迥然不同:一个追求极致价格,对产品质量要求不高;另一个对质量和品牌有一定追求,且希望快递便捷。

表 7-1 百雀羚 6 大系列护肤产品

产品系列	草本精萃	三生花	水嫩精纯	水嫩倍现	水能量系列	气韵系列
适合年龄	20～30 岁	20～30 岁	25～30 岁	25～30 岁	30～35 岁	30～35 岁
皮肤类型	油性皮肤	全部皮肤	干性皮肤	中性化皮肤	干性肌肤	全部皮肤
产品介绍	萃取自芦荟、金缕梅、茶树油等草本成分，可以有效提亮肤色，平衡皮肤油脂，改善痘痘肌	专门针对年轻女性打造，包含不同小系列，满足不同肤质的需求，让肌肤时刻保持活力	可以促进皮肤胶原蛋白的合成，改善因水分流失而造成的皮肤粗糙、肤色暗沉等问题	为肌肤补充水分的同时，减少皮肤中水分和养分的流失，改善肌肤因缺水造成的亚健康状态	提升肌肤的含水量，解决因缺水干燥而导致的皮肤问题，同时提高皮肤的抗氧化能力	质地细腻温和，能够帮助肌肤持续提高抵御外界侵害能力，并促进肌肤自我修护
图片展示						

个性是个人具有的本质性心理特征，包括兴趣、爱好、能力、气质、性格等。有些企业会按照消费者的不同个性来细分消费者市场。例如，2019 年，一款叫"毒"的 App 十分火爆，这是一款卖鞋子的 App，上面的鞋子品牌价格不菲。在这个平台上，用户既能了解潮流动态、交流感受，还能直接购买单品，其"社交+电商"的属性、重度垂直的内容，吸引了一批小众但是超高黏性的球鞋爱好者。但令人意外的是，"毒"上最大的用户群体竟然是高中生。一双几千块的鞋子，高中生在买。为什么是他们？因为在学校里，学生不能烫头，不能染发，只能穿校服。可他们又很想标榜个性，突出自我，鞋子就成了满足他们诉求的唯一途径。因此，他们在乎的不是产品的价格，而是产品能否让他们展现自我。"毒"App 的诞生与发展就是充分利用了消费者的心理因素进行了有效的市场细分。

心理细分指标往往比人口统计学指标更为可靠，它能够更好地揭示客户的购买动机和购买标准，对品牌定位的确立、营销策略的选择更具指导意义。然而，心理因素十分复杂，难以通过简单的手段获得，因此企业需要通过深度的客户研究才能较为准确地总结出心理细分。

4. 行为因素

行为因素具体包含消费者购买或使用某种产品的时机、使用频率、偏好程度、忠诚程度、追求的利益等指标。例如，按照使用频率可以将消费者划分为大量使用者、中量使用者和少量使用者。蓝月亮公司就针对不同使用频率的消费者推出不同规格的产品，针对家庭用户，推出 3 千克的洗衣液；针对经常出差的客户，推出仅有 80 克的登机免托运洗衣液。按照忠诚度细分可以将消费者划分为坚定忠诚者、动摇忠诚者、喜新厌旧者和无固定偏好者；按照消费者对产品的态度细分，又可以分为热爱、肯定、冷淡、拒绝和敌意。值得注意的是，尽管在行为以及与产品的关系上具有差异性，但是这些客户具有相同的客户价值诉求，属于同一细分市场。

5. 场景因素

场景因素主要关注消费者使用产品不同场景的差异性，使用场景的不同会影响消费者的产品决策和价值诉求。例如，2005年推出的"营养快线"巧妙地击中了市场的短板——营养早餐市场的巨大需求。娃哈哈洞察到消费者的痛点是，没时间吃早餐，着急上班路上被食物沾到非常麻烦，传统早餐营养未必能满足需求。基于消费者的痛点，娃哈哈推出了可以"喝"的早餐。凭借着"牛奶+果汁+营养素"的混搭，和"早餐喝一瓶，精神一上午""十五种营养素，一步到位"等广告的轰炸，营养快线在其目标消费者——学生和年轻白领中很受欢迎，最高销售纪录突破200亿元。

7.2 目标市场选择

7.2.1 评价细分市场

尽管一个细分市场可能规模大、增长潜力好、利润水平高、竞争结构具有吸引力，但它也不一定就是企业必须选择的目标市场。企业还应考虑自身的长远目标能否在这一细分市场中得到有效实现，自身的资源与能力能否具备进入该细分市场的条件。一些吸引人的细分市场可能并不符合企业的长远目标，或者企业可能缺乏提供卓越价值所需的资源和能力。具体来说，评估细分市场应考虑以下几点。

1. 可测量性（measurable）

细分市场的规模、购买能力和基本情况是可以测量的。为了相对明确地划分出细分市场范围，确定市场规模，用来划分细分市场的特性必须是可识别和可衡量的。比如，按地区划分市场，就很容易获得各地区的人数数据。但也有一些因素是很难测量的，比如，要获得同一地区中"追求生活质量"的消费者数量，就有一定的难度。因此，所有难以识别和衡量的因素或特性，都不能作为划分细分市场的标准。

2. 可进入性（accessible）

企业可以有效地影响和服务细分市场。细分出来的市场应是企业利用现有能力可以进入并占有一定份额的市场，也应该是企业通过努力能够对客户产生影响，更好地为其服务的市场。这主要体现在两个方面：一是有关产品的信息能够通过一定的媒体顺利传递给该市场的大多数消费者；二是企业在一定时期内有可能将产品通过一定的销售渠道运送到该市场。

3. 规模大（substantial）

细分市场要足够大，或有利可图，一个细分市场应该是值得企业用量身定做的市场营销方案去追求的同质群体。细分市场不仅要有明显的范围,而且要有足够的市场规模和购买力,确保企业能够在这一细分市场上获得可观的经济效益。

4. 稳定性(stable)

细分的市场必须在一定的时期内保持稳定。稳定的细分市场是企业能够按照所制定的战略和策略开展营销活动的重要保障。如果企业所处的细分市场是极其不稳定的,那么企业不仅会遭受资源配置重新调整的损失,企业的营销活动在新的细分市场确立前会因缺乏或失去指导而受到竞争者的打击。

7.2.2 描述细分市场

在细分市场评价完成以后,企业就要对细分市场进行描述。细分市场描述应该包括几个方面的内容:第一,要对各个细分市场进行命名;第二,具体地描述各个细分市场在细分变量上的特征;第三,分析各个细分市场目前的市场规模。例如,某房地产公司通过细致的市场调研,基于家庭年收入和家庭结构,将房地产市场划分为富贵之家、社会新锐、望子成龙、健康养老和经济务实五类一级细分市场(如图 7-3 所示)。同时,进一步将社会新锐、望子成龙和健康养老等主要群体,细分为青年之家、青年持家、"小太阳"等二级细分市场,并进行了细致的描述(如表 7-2 所示)。

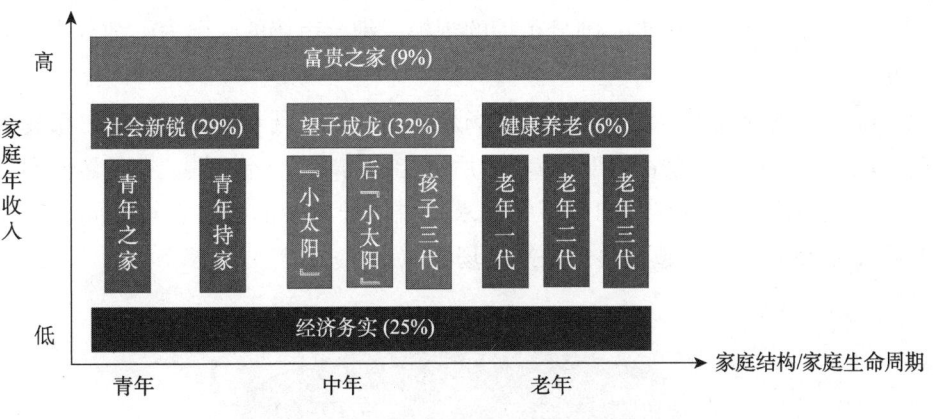

图 7-3 某房地产公司的市场细分

表 7-2 某房地产公司的市场细分描述

一级细分	细分指标	二级细分	详细描述	房屋价值需求	规模
社会新锐	业主年龄、是否父母(老人)同住	青年之家	年龄 25~44 岁的青年或青年伴侣(无孩子、无父母)	集中满足青年对房屋的诉求	13%
		青年持家	年龄 25~34 岁或者已经结婚的青年+父母(老人)	青年为主,兼顾老人的需求	16%
望子成龙	孩子年龄、是否父母(老人)同住	"小太阳"	0~11 岁小孩 + 业主	以孩子为导向,重点满足孩子成长需求	18%

续表

一级细分	细分指标	二级细分	详细描述	房屋价值需求	规模
望子成龙	孩子年龄、是否父母（老人）同住	后"小太阳"	12～17岁小孩+业主	孩子长大，家庭核心稍有偏向父母，但重点还是孩子	8%
		三代孩子	老人+业主+18岁以下孩子	三核心家庭，房屋需求最多	6%
健康养老	有老人家庭的直系代数	老人一、二、三代	（准）空巢中年或老年、老人+中年夫妻、老人+中年夫妻+18岁以上孩子	以老人为导向，健康养老（一代）；兼顾中年和老人的双重需求（二代和三代）	6%
富贵之家	—	—	收入（包括教育、职务等资源）远高于其他家庭的家庭	—	9%
经济务实	—	—	收入（包括教育、职务等资源）远低于其他家庭的家庭	—	25%

7.2.3 选择目标细分市场

在对各细分市场进行了综合的吸引力和可行性分析后，企业就可以选择目标细分市场。目标市场选择就是企业在各个细分市场中选择要重点服务的市场的过程，在选择目标市场的时候有3个核心标准：细分市场的规模、细分市场的吸引力、细分市场与企业的匹配度。

（1）细分市场的规模。在评估细分市场规模的时候，既要分析各个细分市场当前的需求量（现量），也要预测各个细分市场今后可能的需求量（潜量）。在任意时间点上，构成当前市场需求的当前客户和为市场需求提供增长机会的潜在客户都同时存在（如图7-4所示），潜在客户的数量决定未来市场需求水平。

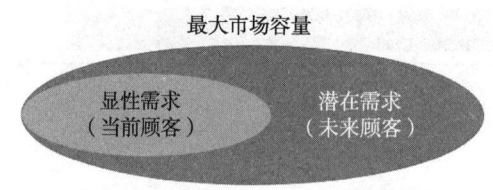

图7-4 细分市场的显性需求和潜在需求

（2）细分市场的吸引力。吸引力主要包括细分市场的成长性、利润率、竞争程度、进入门槛、管控趋势等情况。如果某细分市场上已有为数众多、实力强大或者竞争意识强烈的竞争者，该市场就会失去吸引力；如果某个细分市场存在着替代产品或者有潜在替代产品，那么该细分市场在某种程度上也会失去吸引力；如果买方议价能力很强，就会试图压低价格、要求较高的产品质量或索取更多的服务项目，甚至强化卖方之间的竞争，那么，这个市场就是缺乏吸引力的；如果拥有能够左右价格、质量和供应量的强大供应商的细分市场，吸引力也会大大降低。

（3）细分市场与企业的匹配度。匹配度主要考虑细分市场与企业在目标、战略、能力及整个社会环境的匹配情况。对企业来说，并非每一个规模大、增长速度快的细分市场都是最为合适的市场。例如，起步较晚、规模较小的企业由于缺乏必要的技能和资源难以满足较大细分市场的需要，或者激烈的市场竞争导致小企业难以进入。因此，市场的规模和增长程度是相对量，要根据企业自身的情况来选择对企业发展最有利的细分市场。

不同的客户有不同的需求和痛点，企业的资源和能力有限，不能满足所有客户的所有需求，只能满足部分客户的部分需求。因此，企业必须能够识别出它最擅长且最获利的客户群。对于那些有较大的吸引力但不符合企业长远目标，分散企业的注意力和精力，使企业无法实现主要目标，或者从环境、政治或社会责任的角度考虑不明智的细分市场，企业应该果断放弃。即使某一细分市场符合企业的目标，企业还必须衡量其自身是否拥有占领该市场所必需的技能和资源。如果缺乏赢得细分市场竞争胜利所必需的能力，或不能够适时地获得这些能力，那么这个细分市场也应该选择放弃。

7.2.4 目标市场选择的策略

市场细分有助于公司识别不同市场的机会。随后，企业必须评价各个细分市场并决定自己能够最好地服务于哪些细分市场。目标市场选择的策略主要包括无差异营销策略、差异化营销策略和集中营销策略三大类（如表 7-3 所示）。

表 7-3　目标市场选择的策略

类　　型	优　　点	缺　　点	适用范围
无差异营销策略	成本低，可大规模生产；标准化生产；促销费用低，市场调研费低	不能满足不同消费者的需求，市场应变能力较差	市场或产品同质性高且能大量生产、大量销售的商品
差异化营销策略	机动灵活、针对性强，更好地满足消费者需求，减少经营风险，提高竞争力	增加产品生产成本、管理成本和促销成本，企业的资源配置不能有效集中	资源力量雄厚的大企业
集中营销策略	集中资源，比较容易在特定的市场占据优势地位	市场较小，企业发展受限；经营风险大	资源力量有限的中小企业

1. 无差异营销策略

无差异营销策略是指企业把整个市场当作是一个需求类似的目标市场，只推出一种产品并只使用一套营销组合方案。无差异营销具有成本低可大规模生产、标准化生产、促销费用和市场调研费低等优点，但由于无差异营销策略忽略了消费者需求的差异性，市场应变能力较差。因此，只有当消费者对产品挑剔性不大，需求弹性较小的生活必需品和主要工业原料，如棉花、粮食、油料、煤炭等，或者经营的企业不多，竞争性不强的产品，如石油等，无差异市场营销策略才是有效的选择。

2. 差异化营销策略

差异化营销策略是指企业根据各目标市场的不同需要，分别设计不同的产品、制定不同的营销组合方案。例如，字节跳动公司分别用今日头条、抖音、Gogokid 进入新闻发布、短视频和儿童教育市场（如图 7-5 所示）。差异化营销具有机动灵活、针对性强的特征，更好地满足消费者需求，减少经营风险，提高竞争力。但差异性营销会增加产品生产成本、管理成本和促销成本，企业的资源配置不能有效集中。因此，差异化营销比较适合资源力量雄厚的大企业。

图 7-5 字节跳动产品矩阵

3. 集中营销策略

集中营销策略是指企业集中力量于某一细分市场上，实行专业化生产经营，以获取较高的市场占有率。例如，科大讯飞采用集中营销策略，瞄准语音市场客户，专业从事智能语音及语言技术研究、软件及芯片产品开发、语音信息服务及电子政务系统集成，分别推出语音识别、语音合成、语音分析等多种服务，以及录音笔、翻译笔等硬件设备。集中营销策略的优点是集中资源，比较容易在特定的市场占据优势地位，但由于市场较小，企业发展受限，经营风险大。因此，集中营销策略比较适合于资源力量有限的中小企业。

7.3 市 场 定 位

7.3.1 市场定位的概念

定位是目标市场营销战略三要素中最后一个要素，也是企业对目标客户需求的总结和表达。市场定位是把品牌、产品和服务差异化出来，从而使他们能在目标客户心中占据一个与众不同且有意义的地位。定位基于一个十分简单的原则，即决定一家公司输赢的战场并非在市场上，而是在潜在客户的心智中。

消费者关于产品和服务的信息太多而不堪重负，他们不可能在每一次做出购买决策时都重新评价产品，为简化购买过程，消费者对产品、服务和公司的认识组合起来进行分类，并在自己的心中确定位置。脑白金常年只说"过节收礼"这一个信息，功能饮料的第一品牌红牛一直以矮状的金罐包装出现，而王老吉和加多宝为了争红罐包装打得不可开交，这些品牌在传播上保持了高度简单，但归根到底是为了争夺已经固化在消费者心智中的独特位置。

在大数据和人工智能的背景下，准确的定位对于企业的发展具有更加重要的意义。无论是将东阿阿胶重新定位为"滋补国宝"，还是将方太定位为"中国高端厨电专家与领导者"，定位理论在新经济企业中得到了越来越广泛的实践和应用。例如，2008年，香飘飘制定了"杯装奶茶的开创者和领导者"的战略定位，进军杯装奶茶行业，受到消费者的追捧。2017年，香飘飘在上交所上市，成为名副其实的"奶茶第一股"。2018年公司营收32亿元，净利润3.15亿元，市值近150亿元。

营销洞见

五粮液，永福酱酒不是福

2010年10月8日下午，在济南举行的全国秋季糖酒会上，五粮液集团总裁唐桥和银基集团主席梁国兴共同宣布：五粮液的首款酱香型白酒——永福酱酒正式上市。永福酱酒定位为超高端，价格超过千元。按照五粮液董事长唐桥的观点："五粮液不仅要成为市场份额方面的老大，在酒种的类别上也要成为老大。"据其透露，五粮液当年酱香型白酒的预计产量将达1000 t，这意味着作为浓香白酒的"一哥"五粮液正式试水酱香白酒。

曾经茅台和五粮液向来在各自的领域保持着"井水不犯河水"的状态，茅台为酱香代表，五粮液为浓香代表，此认知早已深入人心。现在五粮液跨界推出酱香白酒，被业内众多人士预言失败是必然之事。事实正如大家所猜测的那样，永福酱酒因违背既有认知而被冠以"不正宗"的定位而不被市场认可，很快便停止生产。

7.3.2 市场定位的步骤

企业的市场定位工作一般应包括3个步骤：一是调研目标市场的基准价值要素；二是基于企业竞争优势选择自己的价值要素；三是提炼和归纳定位话语体系。

1. 调研目标市场的基准价值要素

适当的市场定位必须以市场调研为基础，充分了解能够影响市场定位的各种因素，其中最为关键的两点是要了解目标客户对产品的评价标准及竞争对手的定位情况。

（1）目标客户对产品的评价标准。为了能够从目标市场获益，企业必须更好地理解客户需求，比竞争对手传递更多的客户价值。只有那些能够有效地区分和定位自己，并为目标市场提供卓越客户价值的公司，才可能获得竞争优势。因此，市场定位首先要了解客户对其所要购买产品的偏好和愿望及他们对产品优劣的评价标准。

（2）竞争对手的定位情况。充分了解竞争对手正在提供的产品类型、在客户心中的形象及产品成本和经营情况是企业提供差异化服务的重要前提。因此，企业不仅要准确地分析和判断竞争对手在目标市场上的定位，还要正确评估竞争对手的潜力，推断其潜在的竞争优势，据此确立自己的市场定位。

2. 基于企业竞争优势选择自己的价值要素

（1）评估差异点。在识别到目标市场的基准价值要素以后，紧接着企业要做的就是要基于企业的竞争优势，评估选择其赖以建立定位战略的差异点。差异点的选择可以参照"蓝海战略"所提出的4步动作框架，来锚定企业营销定位的差异要素（如图7-6所示）。

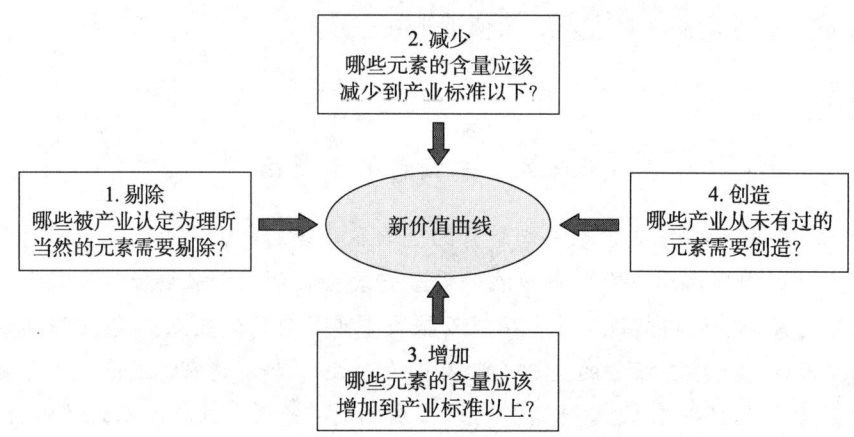

图7-6　确定价值要素的4步动作框架

第一，剔除。剔除考虑的是哪些被产业视为理所当然的元素应该剔除。这个问题会迫使企业去剔除一些长期为产业竞争所关注，但买方却不太重视的元素。尽管这些元素对企业价值的增加无益，但是由于长期以来实践所形成的惯性思想，很少有人质疑它们。此外，这些元素的存在使组织过于专注比照和赶超竞争对手而不能及时地对客户价值取向的根本变化作出反应，甚至忽视这种变化。鉴于这些元素抬高企业成本却不能创造相应的收益，剔除它们可以为企业大幅节约成本。

第二，减少。减少考虑的是哪些元素的含量应该减少到产业水平以下。这个问题促使企业去发现是否为了比照和打败竞争者而将现有产品或服务过度复杂化，超过客户的需求，导致成本结构徒增，却不产生收益。通过减少这些元素的提供程度，可以更多地降低成本。

第三，增加。增加考虑的是哪些元素应该增加到产业水平以上。这个问题推动企业去发掘并消除由于产业未发现实际需求程度大于产业提供的标准水平，令客户被迫作出的妥协。因为固有水平已成为标准，很少有人想到要挑战它。增加这些价值元素的提供程度，能够帮助企业在竞争中占据优势。

第四，创造。创造考虑的是哪些产业从未提供的元素应该被创造。最后一个问题驱使企业发掘被行业内竞争者忽略或者不重视，但是却对客户需求产生重要影响的元素，为客户创造全新种类的价值，并通过将非客户转化为客户开创新需求，抢占未来发展市场。

（2）进行价值要素组合。通过四步动作确定好差异点以后，企业要考虑的就是要选择和宣传哪些差异点。通常而言，企业差异点的选择可以从重要性、独特性、优越性、可沟通性、专有性、经济性、营利性等方面考虑（如表7-4所示）。然而，并非所有差异点都有意义或值得被推广，也不是每一个差异点都能够被有效地加以区分，一种差异在为客户带来价值的同时，也有可能导致企业成本的增加。因此，企业在选择市场定位的价值要素时，不能一味地寻求差异化，可以选择1~2个价值要素来打造差异优势，而其他价值要素保持行业基准水平即可。

表 7-4 市场定位差异点选择参照标准

差异点选择参照标准	具 体 解 释
重要性	该差异点对目标客户是有价值意义的
独特性	企业为目标客户提供的差异是与众不同的
优越性	与竞争对手相比，企业提供给客户的利益或提供方式更优越
可沟通性	该差异点是可以沟通，购买者能够识别出来的
专有性	该差异是竞争者难以复制和模仿的
经济性	企业能够承担该差异点的开发成本，消费者能够支付得起价格
营利性	企业可以从推广这一差异点中赚取利润

3. 提炼和归纳定位话语体系

（1）确定价值主张。价值主张是企业通过营销供给（产品、服务或解决方案）所能向其目标客户提供的独特价值组合。价值主张通过回答客户的问题，即"为什么我要购买你们的产品而不是竞争对手的产品"，将企业与竞争对手区别开来，所以价值主张就是给客户一个选择我们的理由。客户到底为什么选择我们，一方面取决于企业主动承诺为客户提供的价值的独特性，另一方面取决于相比于竞争对手企业提供的价值的差异性，例如，更稳定的产品、更快的响应速度、更好的服务等。因此，在选择了差异点之后，企业就要根据差异点来确定价值主张。例如，飞鹤奶粉立足于中国婴儿对奶粉营养成分的特殊需求，基于"一方水土养一方人"的理念，提出"适合中国宝宝的奶粉"的价值主张，针对性地对配方进行改良，满足了现有产品未能满足，或部分满足的需求。

（2）提炼定位话语体系。在确定价值主张以后，企业就要向目标客户传递价值主张，对上一步确定的价值主张进行提炼和归纳，使之优化为可以传递给消费者的定位话语体

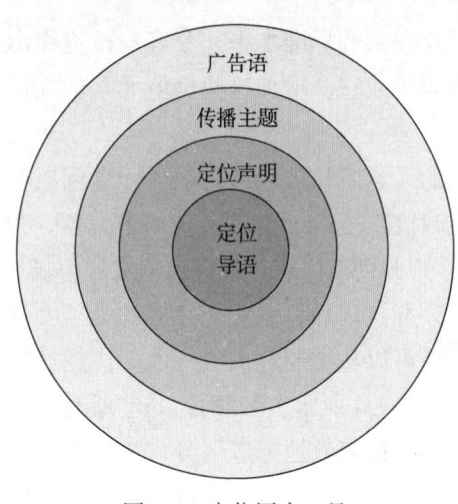

图 7-7 定位语言工具

系。曹虎和王赛在《什么是营销》中将定位语言工具划分为：定位导语、定位声明、传播主题和广告语四种（如图 7-7 所示）。

第一，定位导语。定位导语来自于对定位最硬核内容的稳定表述，能够体现品牌的核心价值，指引和统领品牌传播工作的具体设计和呈现。主要用于对外传播、简明有力地表述客户价值承诺（如表 7-5 所示）。例如，王老吉的定位导语"怕上火，喝王老吉"。

第二，定位声明。定位声明是对定位导语的深度描述和阐释，主要用于招股书、公司大型会议、公司介绍、项目提案，以及长篇说明书。例如，王老吉的定位声明："正宗凉茶王老吉，采用草本植物材料配制而成，其采用的菊花、甘草、仙草、金银花等具有预防上火作用……"。

表 7-5 海澜之家和野兽派的定位工具

企业名称	定位导语	定位声明	传播主题	广告语
海澜之家	男人的衣柜	聚焦男性消费市场，以"高品质、中价位"锁定 25～40 岁，具备一定消费能力及中高档品味的职场男性	父亲是孩子的模仿对象	"长大后我也要和爸爸一样有型，又帅、又酷！"
野兽派	会说故事的花	一花一故事，传递着大城小爱。在野兽派花店，花本身不再只是一种产品，而是被赋予故事的，是用户自有情感的一种表达	每个妈妈都喜欢花	"其实每个妈妈都喜欢花，每朵花都带着祝福和牵挂"

第三，传播主题。传播主题是广告所要传达的核心内容，主要用途是以实现营销目标为导向，针对具体的营销战略和场景，引领传播内容。

第四，广告语。广告语着眼于传播主题及受众的定位延展表达和创意表达，可以有多个版本。其主要功能在于能够在具体传播情境下，有创意地表达定位的核心内容。

7.3.3 市场定位的策略

1. 自身定位

自身定位是企业从产品本身特色出发，在客户心目中树立与众不同的形象。自身定位主要包含特色成分定位、特色功能定位、特色使用者定位和第一定位四种类型。

（1）特色成分定位。特色成分定位是指企业通过突出产品具有某种特殊效用的成分，以此在消费者心中形成突出印象的定位方式。例如，始终坚持科技赋能的珀莱雅，2020 年推出了红宝石精华液，其中添加 20%的六胜肽+1%的专研超分子维 A 醇等能够有效抵抗皮肤衰老的成分,而珀莱雅也打出"预防未来纹,淡化可见纹"的广告语,产品一经推出,便受到了有抗衰老需求女性的追捧,成为国内抗皱新标杆产品。

(2)特色功能定位。特色功能定位是企业以产品功能之间的差别作为定位的切入点,在消费者面前突出产品的特色功效,从而获得差异化优势。霸王在计划进入洗发水市场时,国内洗发水市场早已被外资品牌占有,但作为后进入者的霸王以"中药养发"概念推出防脱洗发水,重点突出其防脱、乌发固发等功能。上市后受到广大消费者的青睐,打破了洗发产品外资品牌独霸天下的局面,成为国内日化行业的"一匹黑马"。

(3)特色使用者定位。特色使用者定位是企业以特定客户群为目标并明确指出产品适用者,同时借助使用者代表进行劝说,以吸引目标消费者的定位方法。海澜之家最初进入市场时,就将目标客户锁定为年龄在25~40岁的职业男性群体,并借助印小天、杜淳、林更新等代言人重复"海澜之家,男人的衣柜"广告语,向消费者传达品牌的个性与主张,紧紧将品牌与目标群体联系起来。

营销与中国

欧拉深挖细分市场需求,最懂"女人心"的汽车品牌

欧拉作为长城汽车旗下的新能源品牌,是自主品牌传统车企中第一家独立的新能源汽车品牌,自2018年8月独立开始至今,已经长成为国内炙手可热的新能源汽车品牌,欧拉汽车独创的"猫"家族车型,在纯电汽车市场独辟蹊径,获得了很多年轻消费者和女性消费者的青睐。基于相关车型在女性用车市场的表现,从2021年3月开始,欧拉品牌宣布"更爱女人的汽车品牌"定位,进一步深挖女性汽车市场潜力,为女性消费者提供更多优秀的产品和优质的服务。

销量代表了一个品牌在市场和消费者中的认可度。2021年全年,欧拉汽车累计销量达到了13.5万辆,同比大增140%,其中欧拉好猫在12月的销量突破万辆,全年销量突破5万,成为2021年10万级以上A0级BEV市场销量冠军。进入2022年,欧拉汽车1~3月累计销售19460辆,单车型销量同比大增240%,3月销售14264辆,其中,欧拉好猫月销售6374辆,环比增长56.8%。不断增长的销量,进一步展现了女性消费者对新能源汽车产品的庞大需求,以及女性消费者对欧拉品牌及产品的认可。

(4)第一定位。消费者的大脑容量是有限的,通常每个品类的商品消费者只能记住1~2个,记忆再好的人能记住的最多也就是七个左右,在品类中处于领先地位的品牌更容易被记住。第一定位并非质量第一、规模第一、销量第一,而是指率先进入客户心智占据第一的认知。从营销的角度来讲,认知大于事实,消费者觉得好,才是真的好。第一定位要率先把差异化价值喊出来让客户知道,即抢占认知。当纯净水市场竞争白热化时,农夫山泉提出"天然水"的概念,并迅速以浙江的千岛湖为发端陆续建立多处天然水源地,强调"我们不生产水,我们只是大自然的搬运工"。"天然水"的概念得到了消

费者的广泛认可,让农夫山泉迅速成为包装行业的龙头老大(如图7-8所示)。

图7-8 农夫山泉的"第一定位"

2. 竞争定位

(1)对抗定位。对抗定位是指与在市场上占据支配地位的最强竞争对手"对着干"的市场定位。它要求企业必须具备以下条件:第一,能够生产出比竞争者更优越的产品;第二,该市场容量足够大,可以吸纳这两个竞争者的产品;第三,与竞争者相比拥有更多的资源和实力。这种定位有时会是一种危险的战术,但不少企业认为,这是一种更能激励自己奋发向上的可行的定位尝试,一旦成功就会取得巨大的市场优势。在滴滴已经成了快车、专车的代名词后,神州作为后发者,将滴滴作为对标企业,提出了"更安全的专车",成功吸引了消费者的关注,单纯依靠产品本身的力量,短时间内在消费者心目中占领一个较为有利的位置。

(2)毗邻定位。毗邻定位定在其他企业附近定位。蒙牛一出生便打出第一块广告牌"向伊利学习,做内蒙古第二品牌"。在其产品包装上也打出"为民族工业争光,向伊利学习"的字样,将自己与伊利联系在一起,利用伊利的知名度,提高了自身品牌的影响。

(3)避强定位。避强定位是一种企业避开强有力的竞争对手,在长尾市场中寻找机会的定位方式。其优点是企业能够迅速在市场上站稳脚跟,并能在消费者或用户心目中迅速树立起一种形象。寻找为众多消费者所重视的,但尚未被占领的细分市场,即填补市场空缺。造成市场空缺的原因有两种:一是由于产业中的企业忽视而造成的市场空缺,在这种情况下,企业容易取得成功;二是由于现有企业能力不足无法占领而导致的市场空缺,这就需要企业拥有足够的实力才能取得成功。由于这种定位方式的市场风险较小,成功率较高,常常为多数企业所采用。传音公司在国内手机市场竞争程度愈演愈烈的状态下,率先进驻非洲市场,凭借着本土化策略和对客户需求的准确把握等营销手段大获成功,时至今日,传音手机已经成了名副其实的"非洲之王"。

3. 重新定位

企业在选定了市场定位目标后,如定位不准确或虽然开始定位得当但市场情况发生变化后,如遇到竞争者定位于本企业附近侵占了本企业部分市场,或由于某种原因使消费者或用户的偏好,转移到竞争者方面时,就应考虑重新定位。重新定位是以退为进的策略,目的是为了实施更有效的定位。例如,王老吉原来的定位是"中药凉茶",而消费者普遍认为"药"是不能经常饮用的。为此,王老吉跳出药茶行业,赋予自己一张饮料的面孔,将红罐王老吉定位为"预防上火的饮料",其销售额也随之持续飞涨,甚至在2007年王老吉的销量已经远远超过可口可乐在中国的销量,创造饮料行业的神话。

尽管重新定位有可能给企业带来新的增长空间,但建立或者改变定位通常需要花费很长时间。在消费者的大脑中,通常对一个品牌有一个相对清晰的焦点,一旦公司建立起理想的定位,就必须通过一致的表现和沟通来小心维持。如果试图改变消费者并传递出更复杂的信息,可能让消费者感到混乱和困惑,稀释品牌影响力。

营销与中国

海信赞助卡塔尔世界杯,中国品牌再度站上世界舞台

2021年海信开放日现场,国际足联(FIFA)主席詹尼·因凡蒂诺(Gianni Infantino)以视频连线方式与海信联合宣布——全球科技企业领导者海信正式成为2022年卡塔尔世界杯官方赞助商!

从2016年赞助欧洲杯到2018年赞助世界杯,再到2020年的欧洲杯,海信"三刷"世界顶级足球赛事,这既是海信深耕全球市场的战略表现,也是中国品牌站在世界舞台的自信表达。海信宣布赞助欧洲杯时,在欧洲杯长达56年赞助历史上,从来没有出现过任何一家中国企业。通过赛事营销,"HI冠军"口号走进千家万户,数十亿观众见证"激光电视,世界第一"的标语呈现在顶级赛场,为海信在全球市场创造了优异的品牌声量。

海信的全球化实际上是一代又一代海信人的接力赛,既有"技术立企"的专业主义追求,又有负责任价值观的坚持。在国际化征程中,海信坚持构建全球品牌的制高点,坚持自有品牌全球销售布局,持续发力体育营销。顶级体育大赛也正在赋能海信进一步打造国际影响力,让以海信为代表的中国品牌在世界舞台持续发声。

本章提要

目标市场营销战略是将市场划分为不同的客户群,选择企业要服务的客户群,创造最好地满足目标客户的产品或服务,在客户心目中树立独特的形象。目标市场营销战略的制定包含三个关键的步骤:市场细分、目标市场选择和市场定位。

市场细分是根据消费者特征、需求、欲望、行为、习惯和场景等方面的差异，把整体市场划分为若干个同质化子市场的分类过程。市场细分需要确定工具维度去分割市场，细分维度通常包括地理因素、人口因素、心理因素、行为因素、场景因素等。

在对各细分市场进行了综合的吸引力和可行性分析后，企业就可以选择目标细分市场。目标市场选择就是企业在各个细分市场中选择要重点服务的市场的过程，在选择目标市场的时候有3个核心标准：细分市场的规模、细分市场的吸引力、细分市场与企业的匹配度。目标市场选择的策略主要包括无差异营销策略、差异化营销策略和集中营销策略三大类。

定位是目标市场营销战略三要素中最后一个要素，也是企业对目标客户需求的总结和表达。市场定位是把品牌、产品和服务差异化出来，从而使他们能在目标客户心中占据一个与众不同且有意义的地位。企业的市场定位工作一般应包括3个步骤：一是调研目标市场的基准价值要素；二是基于企业竞争优势选择自己的价值要素；三是提炼和归纳定位话语体系。市场定位的方法包括自身定位、竞争定位和重新定位等。

案例分析

"选择比努力更重要"——元气森林的营销之道[①]

2015年，我国饮料行业实现利润总额567亿元，同比增长15%，创历史新高。同年，国务院出台了以传统消费提质升级和新兴消费蓬勃兴起为主要内容的新消费指导意见。具体而言，新消费是指由数字技术等新技术、线上线下融合等新商业模式以及基于社交网络和新媒介的新消费关系所驱动之新消费行为。因为其具有"增量"和"升级"的特点，尤其适合饮料零售行业。唐彬森敏锐的商业嗅觉使他开始关注新消费的项目，并最终决定进军饮料行业，于2016年成立了元气森林（北京）食品科技集团有限公司（以下简称元气森林）。

唐彬森选择进入的饮料行业无疑属于"红海"——品牌众多，竞争激烈，品类格局已经形成，企业不得不通过低价竞争或降低成本来获得生存空间。饮料行业因其利润率高、资金周转快等特点，一直是市场的热点。根据中国食品工业协会公布的数据，2015年我国饮料行业年总产量为17661万吨，同比增长6.23%。规模以上饮料制造企业主营业务收入共计6157.33亿元，同比增长6.21%。当时我国饮料品类主要分为碳酸饮料、植物蛋白饮料、乳饮料、果汁、茶饮料、草本饮料等，诸多品牌如可口可乐、百事可乐、康师傅、统一、汇源、王老吉、加多宝等在其各自品类市场占据绝对的龙头地位，留给新生饮料企业的增长空间很小。但当时饮料行业正在经历品类结构的调整变化，碳酸饮料等品类销售增速减缓，主打绿色健康的茶饮和果汁饮料等品类销售增速明显提升。其

[①] 张璇，樊俊杰，李奇. "选择比努力更重要"：元气森林的营销之道[DB/OL]. [2022-01-10]. 中国管理案例共享中心.

中100%果汁和低浓度果汁饮料的市场份额增长最快,从2010年的6.5%增长到了2014年的21.6%。国内饮料行业逐渐形成了以瓶装饮用水、碳酸饮料、茶系列饮料、果蔬饮料为主的结构布局。随着公众健康消费习惯的进一步普及,果蔬、茶饮等品类仍存在较大的增长空间。

元气森林选择进军红海行业,但没有选择和竞争对手硬碰硬。彼时的饮料行业中,销量最高的是碳酸饮料品类中的可乐产品,可口可乐与百事可乐加起来拥有碳酸饮料市场九成的占有率。唐彬森进军饮料行业绝对不是要做一款元气森林出品的可乐,也不是跟风盲目推出新鲜饮料,而是要在红海行业中创造出符合市场需求和时代趋势的新产品。事实上,在健康消费、需求回升、成本下降等因素的共同作用下,众多品牌都已经开始研发新茶饮和健康饮料。其中既有统一、百事、娃哈哈等饮品巨头开发的新产品,也不乏江中药业等并非以饮料为主营业务的企业打造的跨界单品。

作为食品、饮料的常用成分,当时饮料市场中的绝大多数饮料均会添加蔗糖,"蔗糖"可以为人们提供日常活动所需的能量,同时还能促进人体分泌多巴胺,让人感到快乐。但过量摄入糖分会对人体有害,如会引发肥胖、糖尿病等。元气森林在对饮料产品的市场环境、行业状况进行跟踪分析时有一个重要的发现,即市场上无糖、低糖饮料的增长率开始明显高于常规含糖饮料。比如可口可乐的常规产品增长率连续几年都是个位数,而无糖零度系列的可口可乐产品增长率却连续七个季度稳定在两位数。消费者对高糖和高热量饮料的偏好持续减弱,"健康"和"无糖"成为饮料市场的新趋势。元气森林意识到,应该抓住这次机会。

针对消费者需求,元气森林做了大量的市场调研工作。随着社会经济的快速发展,人们的生活水平不断提高,消费者的健康意识也在不断增强。同时中国的肥胖人口数量逐年增加,各个年龄段的人群都有减脂减肥的需求。通过对消费者的分析,他们发现主流消费者的购买偏好逐渐从碳酸饮料转向茶饮料、包装水和健康饮料。此外,消费者的需求不再单一,越来越多的消费者尤其是年轻女性群体不再一味地追求饮料口感,而是越来越看重饮料口感与健康的平衡,他们对于饮料的消费需求正在朝"健康+口感"的方向转变。在年轻一代的消费者眼里,"昔日的最爱"可口可乐已经被贴上了"肥宅快乐水"的标签,这不仅是称谓的改变,而且是消费者需求的明显变化。元气森林通过对目标消费群体的分析与了解,掌握了消费者的需求变化趋势,为公司确定产品定位提供了关键信息。

通过对饮料行业市场环境的分析,以及对消费者需求的深入挖掘,元气森林找到了传统饮料行业的贫瘠地带,走出了饮料是"高糖、高热量"产品的"泥沼",确定了自己的市场定位——"无糖饮料专家",一上市就主打"0糖0脂0卡"的健康牌,精准击中了消费者的健康需求。针对消费者对于口感和健康的双重需求,元气森林又是如何满足的呢?经过对多种代糖的分析比较,元气森林发现了一种被称为"糖中贵族"的代糖,即赤藓糖醇。赤藓糖醇是目前市场上最安全的一种代糖,它是由小麦、玉米等淀粉经发醇自然转化提取的糖醇产品，它进入人体后，不参与血糖代谢，可直接被排出体外，也不产生热量。虽然赤藓糖醇的成本很高，但元气森林最终仍选择使用它来替代蔗糖，使产品既满足消费者对口感的偏好，又符合消费者对健康的要求。自此，元气森林开启了它的无糖饮料之路。

在确定了"无糖饮料专家"的市场定位后，首先推出何种产品成了元气森林面临的重要问题。在分析了饮料市场的大量数据后，元气森林发现茶饮市场上在售的品种主要分为茶饮料和纯茶两大类，茶饮料注重口味，含有多种添加剂，失去了茶本身的健康价值；纯茶虽然可以满足消费者的健康需求，但口感较差，也很难吸引年轻消费者。不少品牌推出的茶饮料已经渐渐被年轻消费者抛弃，还没有一个品牌能在茶饮料中获得像可口可乐在碳酸饮料中的市场地位，这个发现成为了元气森林的突破口。

在对茶饮市场情况进行深度调研分析后，元气森林制定了自己的产品策略，推出了无糖的燃茶。燃茶同时汲取两类茶饮的优点，既健康又好喝，"0糖0脂0卡"和添加的丰富膳食纤维是它的健康属性，同时因为添加了赤藓糖醇，也确保了良好的口感。燃茶的产品定位是轻功能茶饮料，意在创造一种舒缓无压、轻松畅快的生活方式，为年轻消费者提供了一种新选择。2017年3月，燃茶登陆北京、上海、广州3座一线城市，一经推出便获得了很高的关注度，在年轻消费群体中引发了一阵"喝茶热潮"，为元气森林打开了无糖饮料市场。

首款无糖产品燃茶的成功坚定了元气森林继续"无糖"之路的决心。在燃茶打响头阵、在茶饮市场占据一席之地后，元气森林继续深耕创新产品，向规模大、产品多样的碳酸饮料市场进军。2017年，元气森林推出气泡水系列产品，首批包含3种口味，分别为白桃味、卡曼橘味、青瓜味。与传统碳酸饮料不同的是，元气森林气泡水不再添加常见的安赛蜜、阿斯巴甜等甜味剂，而是仍使用赤藓糖醇来保持口感，延续其"0糖0脂0卡"的健康理念。

气泡水上市后成为爆款饮品，随后元气森林相继推出了更多口味的气泡水，如乳酸菌味、荔枝味、百香果味、夏黑葡萄味、王林青苹果味等，以满足消费者的不同偏好。气泡水产品在市场上获得的强烈反响巩固了元气森林"无糖专家"的品牌形象。

2020年9月16日，元气森林推出"满分微泡"果汁饮品，首次进军果汁细分领域。"满分微泡"是国内首款"100%果汁+微气泡"产品，添加7种人体所需的营养元素，以"满分健康"为核心卖点。在成立4年后，元气森林已经涉足多个饮品细分市场，在各个领域都有不俗的销售表现，但想要实现进军全品类饮品市场的目标，元气森林在未来还有很多的路要走。

讨论：

1. 结合饮料市场现状和元气森林的发展历程，分析元气森林如何进行市场细分和目标市场选择。

2. 元气森林如何进行市场定位？

3. 元气森林目前正处于快速发展时期，假如你是公司高管，你认为公司在未来的发展中可能会面临哪些挑战？你会采取怎样的战略和策略进行应对？

拓展阅读

[1] 艾·里斯，杰克·特劳特. 定位[M]. 北京：机械工业出版社，2021.
[2] 艾·里斯，杰克·特劳特. 商战[M]. 北京：机械工业出版社，2016.
[3] 张云，王刚. 品类战略[M]. 北京：机械工业出版社，2017.

即测即练

自学自测　扫描此码

第 8 章

竞 争 战 略

本章学习目标

通过学习本章，学员应该能够做到以下几点。
1. 了解竞争者确认的主要方法。
2. 了解竞争者分析的基本步骤和内容。
3. 掌握 3 种基本竞争战略。
4. 掌握处于不同市场地位的竞争者的竞争战略。
5. 灵活运用竞争理论制定有效的企业竞争战略和策略。

引导案例

淘集集：谁是真正的竞争对手？[①]

2018 年 8 月，电商行业"老兵"张正平复制"拼多多"模式创建社交电商平台"淘集集"。成立 9 个月，淘集集便获得 4000 多万名月活跃用户，成为社交电商领域的"黑马"。

然而，随着社交电商赛道快速发展，张正平也感到来自各方面越来越重的竞争压力。2018 年下半年，各大巨头纷纷开始在社交电商赛道布局，加速抢占三线及以下城市市场。2018 年 8 月，苏宁旗下的"乐拼购"更名为"苏宁拼购"，主推"8 块 8 包邮"；美团也同步推出"好货拼团"板块；10 月，网易严选 App 在首页界面中上线"严选一起拼"；12 月，京东专门成立拼购业务部门。

各大电商巨头借助已有优势开拓下沉市场。淘宝在菜鸟物流和阿里云计算的基础上，迅速整合资源，在社交电商赛道打出一套"组合拳"。2018 年 8 月 7 日，淘宝联合支付宝推出了拼团功能。2018 年 11 月，淘宝将"淘特价"升级为"天天特卖平台"。2019 年 3 月，淘宝旗下的聚划算，与"淘抢购"和"天天特卖"整合组建"大聚划算"事业部，依托淘宝平台上的品牌、阿里巴巴的资金以及菜鸟驿站入股的第三方物流体系（三通、

---

① 于晓宇，王文豪，张铖等. 淘集集：谁是真正的竞争对手？[DB/OL]. [2022-01-17]. 中国管理案例共享中心.

百世等物流企业），从供需两端打通下沉市场。京东社交拼购平台"京喜"正式接入微信入口，为低线城市用户提供优质产品。苏宁则凭借全场景零售在下沉市场占据有利地位，通过零售云的帮助，将线下传统门店转型升级为"智慧零售"。

相较之下，拼多多面对压力时表现得更加从容，分布式算法和拼团模式的领先地位为拼多多应对电商巨头的竞争赢得了时间。拼多多的分布式算法可以直接面向用户推荐商品，并实时记录用户的使用痕迹。为应对巨头竞争压力，拼多多进一步优化升级了平台算法，基于对用户消费习惯、兴趣喜好的追踪以及对不同地区用户消费偏好的分析，为平台的商家提出定制化的选款和营销定位建议。2019年3月，拼多多对物流体系进行升级，要求商家和快递物流站点接入拼多多自建的平台系统，降低对第三方物流平台的依赖。6月，拼多多"百亿补贴"大促活动开启，开始吸引一二线城市的用户流量，提升平台的品牌形象。随后，拼多多开始加大对重资产项目的投入，如搭建"新物流"平台，运用AI路线规划、物联网、自动化仓储风险管控、实时定位等技术，优化物流行业的整体效率，解决现有物流与供应链的挑战。

面对拼多多等电商巨头竞争压力的同时，淘集集还时常遭遇莫名攻击。自2018年末开始，淘集集的服务器就不断遭到黑客攻击，导致用户无法正常访问App，应用商店收到超过10万条1星"差评"。多地工商部门如北京、上海、深圳等，集中收到关于淘集集的恶意投诉，最高1天达1000多条。此外，淘集集App频繁出现恶意上传的违禁视频，导致多款应用软件商对淘集集进行下架处理。之后，淘集集的服务器又被注入恶意脚本，导致新用户购买商品时被随机增加20块钱运费。2019年7月，不法分子假冒淘集集的客服进行财务诈骗。10月，不明人员冒充淘集集的商家散布虚假言论。淘集集的技术团队难以快速处理这些频发和突发的状况。一时之间，淘集集遭遇"内忧外患"。

8.1 竞争者确认

竞争是市场经济的基本特征之一。企业要想在激烈的市场竞争中脱颖而出，就必须积极地参与竞争，并创造竞争优势。而企业要参与竞争并创造竞争优势的前提是准确地识别竞争者，并能结合对竞争者的竞争战略和策略的分析与估计制定出企业有效应对竞争的战略和策略。

8.1.1 竞争者识别

1. 行业竞争

行业环境是企业赖以生存的重要因素，提供同一种产品且能够相互替代的企业构成行业。从行业竞争来看，20世纪80年代初"竞争战略之父"迈克尔·波特在其《竞争战略》一书提出五种竞争力模型，即"五力模型"，用以识别企业的竞争者。他认为行业中存在着决定竞争规模和程度的五种力量，这五种力量综合起来影响着产业的吸引力。

具体而言，这5种力量分别是现有企业间的竞争、潜在进入者的威胁、替代产品的威胁、购买者的议价能力以及供应商的议价能力，如图8-1所示。通过对这5种竞争力量的分析可以更加明确企业的优势和劣势，确定企业的市场地位。

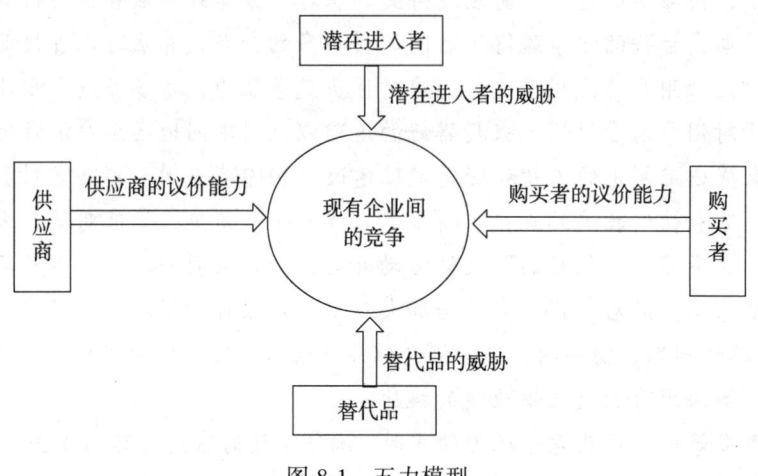

图8-1 五力模型

（1）现有企业间的竞争。处于同一市场的企业之间，其利益分配难免存在着客观冲突，这种冲突的结果就是企业之间的竞争，因此现有企业是直接竞争者。现有企业之间竞争的激烈程度往往受到行业发展的阶段、规模、集中度及其产品差异程度等因素的影响。

（2）潜在进入者的威胁。潜在进入者可能是一个新建的企业，也可能是一个采用多元化经营战略的原从事其他行业的企业。一方面，潜在进入者影响行业竞争强度，这种影响主要表现在3个方面：第一，行业会因潜在进入者的实际进入而增加行业有效资本量；第二，行业会因潜在进入者的实际进入而对下游市场需求量进行争夺和分流；第三，行业会因潜在进入者的实际进入而对上游资源进行争夺和分流。另一方面，潜在进入者影响行业盈利性。这种影响是多重的，与行业发展周期、潜在进入者的实力和竞争战略密切相关。

潜在进入者对本行业的威胁取决于本行业的进入壁垒及进入新行业后原有企业反应的强烈程度。进入壁垒的高低主要取决于以下一些因素：规模经济、经营特色和顾客忠诚度、投资需求、资源供应、销售渠道、经验曲线、政府政策和原有企业的反应。例如，如果行业中原有企业的预期报复强烈，那么潜在进入者的进入壁垒就较高。

（3）替代品的威胁。替代品是指与本行业产品具有相同或相似功能的其他产品，这种源自于替代品的竞争会以各种形式影响行业中现有企业的竞争战略。一方面，现有企业产品售价及获利潜力的提高，将由于存在着能被用户方便接受的替代品而受到限制。另一方面，由于替代品生产者的侵入，使得现有企业必须提高产品质量，或者通过降低成本来降低售价，或者使其产品具有特色，否则其销量与利润增长的目标就有可能受挫。但是，源自替代品生产者的竞争强度，受产品买主转换成本高低的影响。

（4）购买者的议价能力。购买者议价能力会加剧行业内的企业竞争。购买者所采取的手段主要是要求压低价格、要求更好的产品质量或寻求更多的服务项目，甚至迫使作为供应者的企业相互竞争等，这些方式都会降低企业的盈利能力。

购买者的力量取决于市场的供求形势，以及购买者与整个产业的相对力量大小。当购买者具备如下条件时，其议价能力较强：第一，相对于卖方的销售量而言，购买是大批量和集中进行的；第二，买方购买的产品占其成本或销售数额相当大的部分；第三，从该行业购买的产品属于标准化或同质化的产品；第四，买方转换成本很低；第五，买方的利润很低；第六，买方后向一体化对销售商造成现实威胁；第七，产品对买方产品的质量及服务无关紧要；第八，购买者掌握充分的信息。

（5）供应商的议价能力。供应商是企业从事生产经营活动所需的各种资源、配件等的供应单位。供方主要通过其提高投入要素价格与降低单位价值质量的能力，来影响行业中现有企业的盈利能力与产品竞争力。供方力量的强弱主要取决于他们所提供给买主的是什么投入要素，当供方所提供的投入要素价值构成了买主产品总成本的较大比例，供方对于买主的潜在讨价还价力量就大大增强。

当供应商具备如下条件时，其议价能力较强：第一，供方产业由少数几个大公司支配，其产业集中度比买方产业高；第二，没有较好的替代品供应；第三，该行业并非供方的主要客户；第四，供方产品是买方行业的主要投入品；第五，供方产品已经差异化或已建立较高的转移成本；第六，供方的前向一体化构成现实威胁。

上述五种力量共同决定了行业竞争的强度和获利能力。但是，各种力量的作用是不同的，企业在制定经营战略时，应分析每个竞争力量的来源，确定某个行业中决定和影响五种竞争力量的基本因素。

营销洞见

中国茶饮料行业竞争五力模型[①]

2020年中国茶饮料行业CR10达到了80.0%，说明茶饮料行业市场集中度较高。同时，因茶饮料市场被路边奶茶及热饮茶等产品的替代性较强，导致茶饮料市场规模不断缩小。中小企业退出市场且日渐下降的市场规模很难吸引新进入者进入市场，导致现有竞争者竞争减少。茶饮料上游主要为茶叶原材料的采购，大多数茶饮料生产企业都有稳定的茶叶供应商，不少大型茶饮料生产企业还有自己的茶叶种植园，因此，茶饮料行业对上游议价能力较为稳定，但也存在茶叶价格大涨，增加成本的风险。茶饮料下游主要

[①] 前瞻产业研究院. 洞察 2021：2021 年中国茶饮料行业竞争格局及市场份额分析 [EB/OL]. [2022-09-06]. https://www.sohu.com/a/488048580_473133

为消费者，一般情况下，只要茶饮料生产企业做好精美的包装和创意的广告，便会有消费者跟随潮流购买茶饮料，因此，茶饮料行业下游议价能力较强。中国茶饮料行业竞争状态如图8-2所示。

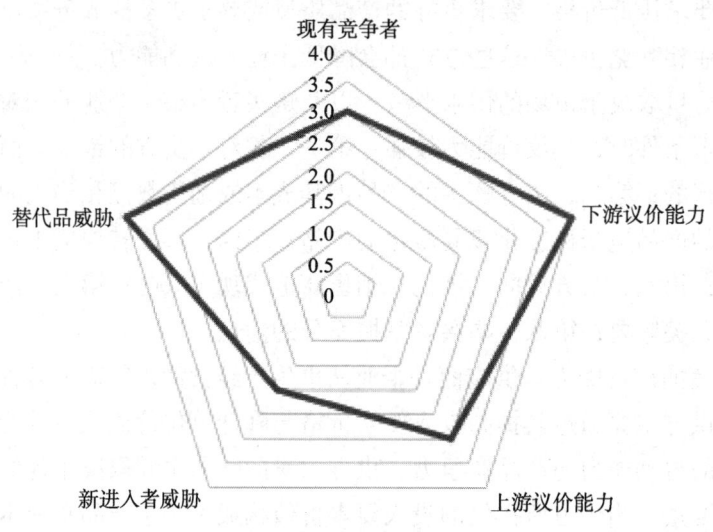

图8-2 中国茶饮料行业竞争状态

2. 市场竞争

从市场竞争观念来看，竞争者是那些满足相同市场需求或服务于同一目标市场的企业。从市场竞争的角度来分析竞争者，可使企业拓宽眼界，更广泛地看清自己的现实竞争者和潜在竞争者，从而有利于企业制订长期的战略规划。

（1）品牌竞争者。这类竞争者是指同一行业中以相似的价格向相同的顾客提供相似的产品或服务的企业。如饮料行业生产同一档次的饮料制造商被视为品牌竞争者。

（2）行业竞争者。这类竞争者是指提供同类产品或同种产品的企业。虽然在同一行业中，不同企业提供不同档次、型号、样式和品种的产品，但它们之间存在竞争。

（3）形式竞争者。这类竞争者是指所有提供类似需求的企业。例如，消费者对解渴的需求有矿泉水、果汁、茶品、乳品等，因此农夫山泉可把生产这些产品的公司均视为矿泉水产品的竞争者。

识别竞争者的最佳方法是通过绘制产品—市场竞争形势图来把行业和市场分析结合起来。表8-1按服装的厚薄和衬垫材料及顾客年龄对服装市场进行细分，反映了假设的服装市场的产品—市场竞争形势。从表8-1中可以看出，品牌A、B、C在很多市场上占领了大部分细分市场，与此同时，品牌E和F在所选择的细分市场中十分强大。如果一个公司想要进入一个细分市场，就需要估计细分市场的规模，竞争者的市场份额、能力、目标、战略及进入障碍等。

表 8-1　服装的产品—市场竞争形势

产品细分	顾客细分		
	婴儿	儿童	成人
单衣	品牌 A	品牌 A	品牌 A
	品牌 B	品牌 B	品牌 B
	品牌 C	品牌 C	品牌 C
夹衣	品牌 A	品牌 A	
	品牌 B	品牌 B	品牌 B
棉衣		品牌 C	品牌 C
	品牌 D	品牌 D	品牌 C
羽绒服	品牌 E	品牌 E	
	品牌 F	品牌 F	品牌 F

8.1.2　竞争者分析

企业在对市场竞争中可能面对的各种竞争对手及其产生的竞争压力进行分析并明确企业的主要竞争对手后，就需要对竞争者的战略、目标、优势与劣势以及反应模式等内容进行充分调查、评估，这是企业制定和选择竞争战略与策略的依据。

1. 竞争者的目标和战略分析

（1）识别竞争者的目标。一般来说，竞争者的目标是一系列目标的组合，在不同环境下，这些目标各有侧重。企业的目标大概可以分为生存、发展和获利，小企业或刚起步的企业将生存看作重要目标，对其他企业来说，生存也是最基本的目标。中型企业在生存下来后开始向技术创新、产品创新等新方向发展；在发展过程中，企业对于获利有了更大的要求，便会不断提高经济效益，实现规模经济来获利。

竞争者经过生存和发展，最终目标是赚取利润。企业的利润目标是由一系列具体目标共同构成的，如目前的盈利状况、市场占有率、现金流量、技术领先和服务领先等。对于这些目标，竞争者各有侧重。因此，企业需要了解竞争者对这一方面的重视程度。通过了解这些方面，企业可以判断竞争者是否对其目前的财务状况感到满意、它对各种类型的竞争性攻击会做出何种反应以及反应的时间和强度等。此外，企业必须跟踪了解竞争者进入新的产品细分市场的目标。若发现竞争者开拓了一个新的细分市场，这对企业来说可能是一个发展机遇；若企业发现竞争者开始进入本企业经营的细分市场，这意味着企业将面临新的竞争与挑战。

（2）判定竞争者的战略。战略群体是指在一个特定目标市场中推行相同战略的一组企业。在多数行业中，根据所采取的经营战略不同可以将企业竞争者划分为不同的战略群体。

不同战略群体之间存在着潜在的或现实的竞争，这主要表现在三个方面：第一，不同战略群体可能具有相同的目标顾客引发竞争；第二，顾客可能无法区分不同战略群体之间产品的差异导致竞争；第三，属于某个战略群体的企业可能改变战略而进入另一个战略群体导致竞争。

同一战略群体内部的竞争最为激烈，企业最为直接的竞争对手正是那些处于同一行业采取同一战略的企业。企业在对竞争者战略进行分析并将其划分为不同战略群体后，应选择进入适合自身实力的战略群体。对于一般小型企业，适于进入投资和声誉都较低的群体，因为这类群体的竞争性较弱；相反，实力雄厚的大型企业则可考虑进入竞争性强的群体。当企业决定进入某一战略群体时，首先要明确谁是主要的竞争对手，然后决定自己的竞争战略。此外，企业要不断地监测竞争者的战略，并根据竞争者战略的变化而调整自己的竞争战略。

2. 评估竞争者的优势和劣势

竞争者能否实施它们的战略并实现其目标，与每个竞争者的资源和能力紧密相关。企业需要了解和评估竞争者的优势和劣势，了解竞争者的战略情报、经营能力等重要信息。对竞争者的优势和劣势进行分析，主要包括两个步骤：一是收集信息；二是对竞争者进行分析评价。

企业对其竞争者优势与劣势进行分析的内容主要包括以下6个方面。

（1）产品地位。对竞争者进行分析，要分析其产品的市场地位。

（2）生产能力。生产能力指企业在一定时期内为市场提供产品或服务的能力。竞争者的生产力水平、生产成本水平、生产能力的扩展、质量控制与成本控制、原材料的来源与供应能力。

（3）创新能力。创新能力指企业在掌握现代科技的基础上，利用从研究和实际经验中获得的知识或从外部引进技术，为生产新的产品、装置，建立新的工艺和系统而进行实质性改进工作的能力。竞争者的创新能力代表其拥有的资金和技术等资源，对竞争者的创新能力进行分析有助于预测竞争者未来战略，及时做好应对措施。

（4）资金实力。分析竞争者的资金结构、现金流量、财务比率、融资能力、资信度。

（5）营销能力。竞争者市场营销组合的水平、市场调查与分析的能力、新产品开发的能力、销售渠道的效率。

（6）管理能力。竞争者企业中管理者的专业能力和领导素质、管理决策的灵活性、竞争者企业的薪酬制度和管理制度。

在收集竞争者的相关资料后，要根据所得资料综合分析竞争者的优势与劣势，量化竞争者的优劣势。表8-2中，根据六个方面对三家主要竞争者做出评价。评价结果是：竞争者A的竞争优势主要是产品地位、生产能力和创新能力，但营销能力薄弱。竞争者B的竞争优势主要是资金实力和管理能力，其劣势不明显。竞争者C的营销能力高于A和B，但在其他方面存在明显劣势。

表 8-2　竞争者优势与劣势分析

竞争者	产品地位	生产能力	创新能力	资金实力	营销能力	管理能力
A	优秀	优秀	优秀	良好	较差	中等
B	中等	良好	中等	优秀	良好	优秀
C	较差	中等	较差	较差	优秀	较差

3. 评估竞争者的反应模式

评估竞争者在遇到攻击时可能采取什么行动和做出何种反应，有助于企业正确地做出应对。竞争者的反应可能受到经营哲学、企业文化、心理状态等因素的影响。从心理状态角度看，竞争中常见的反应类型有以下四种：

（1）从容型竞争者。这类竞争者反应不强烈，行动迟缓，其原因可能是认为顾客忠实于自己的产品；也可能是重视不够，没有发现对手的新措施；还可能是缺乏资金，没有做出反应的能力。企业应调查清楚导致竞争者从容不迫的原因。

（2）选择型竞争者。这类竞争者只对某些攻击反应强烈，对其余竞争行动则不做回应。如对降价竞销总是强烈反击，但对其他方面（如增加广告预算、加强促销活动等）却不予理会。了解竞争者会在哪些方面做出反应有利于企业选择最为可行的攻击方案。

（3）凶猛型竞争者。这类竞争者对任何方面的进攻都会做出迅速强烈的反应，如美国的宝洁公司就是一个强劲的竞争者，一旦受到挑战就会立即发起猛烈的全面反击。因此，同行业企业都避免与其正面交锋。

（4）随机型竞争者。这类竞争者的反应令人难以捉摸，它们在某种特定条件下可能做出回应，也可能不会反击，并且无法预料其下一步行动。例如，伊利对蒙牛的大多数竞争行为不做强烈反应，但在争取北京奥运会赞助商时，伊利却迅速出手并如愿以偿，使蒙牛与北京奥运赞助商失之交臂。

8.1.3　竞争者选择

企业在明确谁是主要竞争者并分析竞争者的战略目标、优势、劣势和反应模式之后，就要选择应该攻击或回避的竞争者。企业可根据以下三种情况做出决定。

1. 竞争者的强弱

竞争者有强弱之分。多数企业以较弱的竞争者为攻击对象，认为这可以节省时间和资源，但实际上企业获取的市场份额较少，不利于提高自身竞争力。相反，有些企业以较强的竞争者为攻击对象，认为强者也会有劣势，重点攻击其薄弱环节，这可以提高自身竞争力，并获利较大。

2. 竞争者与本企业的相似性

多数企业将相似的竞争者视作攻击对象，希望以此占据更多的市场份额，但同时又认为应避免摧毁相似的竞争者。如果企业摧毁相似的竞争者，即使企业在行业内部获取了一定的竞争优势，也会引来更难对付的竞争者，其结果对自己并不利。例如，A 眼镜公司在与其他生产同样隐型眼镜的公司中大获全胜，导致竞争者完全失败而将企业出售给了更强的 B 公司，结果使 A 公司面对更强大的竞争者，处境更困难。

3. 竞争者的表现

竞争者是否对企业有利主要取决于竞争者在市场上的表现。根据竞争者的表现，可以将其区分为良性竞争者和恶性竞争者两种类型。良性竞争者的主要特点是遵守行业规则和市场秩序、对行业增长潜力所提出的设想切合实际、按照成本合理定价、喜爱健全的行业、把自己限制在行业的某一部分或细分市场、推动他人降低成本、提高差异化，以及接受为他们的市场份额和利润规定的大致界限。良性竞争者有助于增加市场总需求，分担市场开发和产品开发的成本，增加产品差异性，企业应理性地支持良性竞争者。相反，恶性竞争者通常破坏市场竞争规则，采用不正当手段获取利润或提高市场占有率。恶性竞争者的主要特点是违反行业规则，破坏市场秩序；企图靠花钱购买而不是靠努力去扩大市场份额；敢于冒大风险；生产能力过剩仍然继续投资。恶性竞争者经常打破行业平衡，给全行业带来"麻烦"。因此，对恶性竞争者，企业应予以攻击。

8.2 基本竞争战略

在对主要竞争者进行分析之后，企业就要依据分析结果制定相应的竞争战略与策略。竞争战略属于企业战略的一部分，是在企业总体战略规划下，通过确定顾客需求、竞争者及本企业这三者之间的关系，指导和管理具体战略经营单位的计划和行动。制定竞争战略的实质就是将一个企业与其所处环境建立联系，环境中的关键部分主要由企业所在的相关行业、行业结构及行业竞争状态构成。美国哈佛大学教授迈克尔·波特在《竞争战略》一书中总结出了企业应对竞争的三种最基本竞争战略：成本领先战略、差异化战略、集中化战略。如图 8-3 所示。企业必须从这三种战略中选择一种，作为其主导战略。要么把成本控制到比竞争者更低的程度；要么在企业产品和服务中形成与众不同的特色，让顾客感觉到你提供了比其他竞争者更多的价值；要么企业致力于服务于某一特定的细分市场、某一特定的产品种类或某一特定的地理范围。

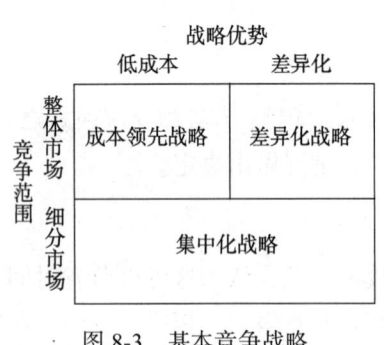

图 8-3 基本竞争战略

8.2.1 成本领先战略

成本领先战略，是指企业主要依靠追求规模经济、专有技术和优惠的原材料等因素，以低于竞争对手或行业平均水平的成本提供产品或服务，来获得较高利润和较大市场份额。企业凭借其成本优势扩大生产和经营规模，从而实现规模经济和范围经济，提高经营效益，可以在激烈的市场竞争中获得较为有利的竞争优势。

1. 成本领先战略的优势和风险

（1）优势。企业采用成本领先战略可以有效应对产业中的五种竞争力量，具体而言，其优势在于以下几个方面。第一，当企业与产业内的竞争对手进行价格战时，由于企业的成本较低，可能会在竞争对手毫无利润的水平上依然能盈利和保持领先的竞争地位。第二，采取成本领先战略的企业凭借成本优势，既有利于制定较低价格的决策，又可以据此对竞争对手施加压力，还能够保持同竞争对手一样的价格，以同等价格出售产品，这样就可以获得更高的利润回报。第三，采取该战略的企业，可以以较低的价格出售产品，从而扩大市场份额，进而享受规模效用带来的好处。第四，在争取供应商的竞争中，具有较大的对原材料、零部件价格上涨承受能力，能够在较大的边际利润范围内承受各种不稳定经济因素所带来的影响。第五，低成本可以使企业在面对供应商和购买者时拥有较高的讨价还价能力。当强有力的供应者抬高企业所需资源的价格时，处于低成本地位上的企业可以有更大的灵活性来解决困境。第六，企业的低成本还为企业的潜在进入者设置了较高的进入障碍，削弱了新进入者的竞争力，或者将竞争者赶出市场。第七，低成本企业还可以采取降低价格的办法留住现有的消费者，提高消费者使用替代品的转换成本，降低或缓解替代品的威胁，使自己处于有利地位。

（2）风险。企业采用成本领先战略也存在一定的缺陷和风险。第一，投资较大。保持成本领先地位要求企业花费高昂价格购买现代化的设备，这使得企业面临初期亏损。同时，在进攻型定价及为提高市场占有率而形成的投产亏损等方面也需进行大量的预先投资。第二，技术变革会导致生产工艺和技术的突破，使企业过去大量投资和由此产生的高效率一下子丧失优势，并给竞争对手创造以更低成本进入的机会。第三，如果竞争者采取同样的战略，会抵消企业降低成本所带来的竞争优势。第四，采取该战略会诱发企业发动价格战的冲动，最终导致整个行业无利可图。第五，当竞争者采取差异化战略和集中化战略时，会抵消企业通过成本领先战略所形成的竞争优势。第六，低成本企业将注意力过多放在成本上，而忽视了顾客的需求，如果企业的产品不被顾客接受或者顾客转变其需求，就会削弱企业的竞争力，甚至会被激烈的市场竞争淘汰出局。

2. 成本领先战略的适用条件

并不是所有企业都适合采用成本领先战略，成本领先战略需要具备6个条件：第一，现有竞争企业之间的价格竞争非常激烈；第二，企业所处行业的产品或服务基本上是标准化或者同质化的，且实现差异化战略的途径很少，因而价格成为决定企业市场地位的重要因素；第三，产品的市场需求具有较高的价格弹性，即顾客对产品价格比较敏感，低价格就能扩大市场规模；第四，顾客的转换成本较低，因而特别倾向于选择价格低廉的产品；第五，大多数顾客以相同的方式使用产品；第六，消费者具有较大的议价能力。

3. 成本领先战略的实现途径

（1）塑造成本文化。一般来说，追求成本领先的企业应着力塑造一种注意细节、精打细算、讲究节俭、严格管理、以成本为中心的企业文化。企业在关注外部成本的同时，也要注重内部成本，自上而下形成成本意识。成本控制需要全员参与，树立全员成本意识，从产品设计、原材料采购、产品生产到产品销售及售后服务的全过程中渗透成本控制理念。既把握好战略性成本，又控制好作业成本；既考虑短期成本，又兼顾长期成本。

（2）实现规模经济。规模经济是指企业由于规模扩大导致平均成本的降低。一方面，大规模生产将固定成本分摊到更多的单位产品上，从而降低单位产品的固定成本；另一方面，大规模生产也可以使劳动分工和设备分工的优点充分体现出来，从而降低单位产品成本和设备投资，大大降低能源损耗和原材料消耗。而且，随着生产规模的增加，工人的专业化程度和熟练程度也随之增加，劳动生产率和产品质量提高，从而降低生产成本，取得显著的经济效果。

（3）一体化经营。一体化是指企业有目的地将互相联系密切的经营活动纳入企业体系之中，组成一个统一的经济组织，主要包括垂直一体化（生产企业同供应商、销售商串联）和横向一体化（同行业企业之间的联合）。其中垂直一体化又包括前向一体化（生产企业同销售商联合）和后向一体化（生产商同原料供应商联合）。后向一体化可以保证企业生产所需的原材料、零部件供应渠道的稳定，获得供应质量、价格和时间方面的好处；或者可以通过统一的技术措施、价格政策和物资分配体系，降低产品成本。前向一体化可以向具有更高附加值的产品领域拓展，改善和提高企业的盈利能力，或者可以节省企业在销售渠道上的开支，减少包装、仓储、运输和促销等成本。横向一体化可以扩大企业规模，降低产品成本，吸收联合企业的技术和管理经验，减少竞争对手，避免无序竞争。

（4）生产技术创新。生产技术创新是降低成本最有效的办法。企业应积极关注科技动态，形成自身的技术创新力量，积极购买和使用新设备、新材料，学习新工艺等，打破原有生产格局。一场技术革新和革命会大幅度降低成本，生产组织效率的提高也会带来成本的降低。

按照波特的思想，成本领先战略应该体现为相较于对手而言的低价格，但这并不意味着仅仅获得短期成本优势或仅仅是削减成本，而是一个"可控制成本领先"的概念。此战略成功的关键是在满足顾客认为最重要的产品特征与服务的前提下，实现相对于竞争对手的可持续性成本优势，换言之，实施低成本战略的企业必须找出成本优势的持续性来源，能够形成防止竞争对手模仿优势的障碍，这种低成本优势才长久。

营销洞见

名创优品压低成本的多途径[①]

品牌创立至今,名创优品一直坚持发扬低成本优势,并不断发掘能压低成本的新途径。

为了尽可能压低产品成本,叶国富找到了一条从采购直接到门店的供货渠道,直接与制造商合作,不经过任何分销层级,砍掉所有的中间商,大大降低中间成本。同时,名创优品还采用了规模性买断的采购方式,不仅可以实现供应水平的提升,还能实现与供应商谈判能力的加强。为了与核心供应商形成紧密合作关系,名创优品还用参股的方式与之达成深度合作,希望保证长期低价的产品供应。

为了控制物流成本,名创优品在全国建立了七处物流存储中心,货物从供货商处发出后就进入存储中心,统一调配后直送门店。2017年,名创优品投入数十亿元资金全面升级七处物流存储中心,将其打造成为"七大超级仓",同时配合名创优品的海外布局,与位于美国、日本、印度等地的存储中心内外联动,极大地降低货物流通成本、加快货物流通速度,实现从工厂到门店的21天超快流转。

门店运营费用是成本的另一大支出,名创优品为了控制门店运营费用采取了一系列措施和规定。例如,门店毛利率不得低于25%;出现成本不达标的情况,则选择关闭或搬迁门店以规避风险。

名创优品在成立时就意识到要做线上线下共同经营的模式,并于第二年建设了包括供应商接单系统、店面下单系统以及结算系统在内的多子系统模式,以此实现产品信息调研、研发、制造以及产品库存管理、物流管理等功能。大力发展的网络化系统帮助名创优品完成了订单高效处理与产品供应链效率的稳定保障,降低了信息成本。

2018年9月,名创优品先后与京东商城、腾讯达成战略合作协议。互联网时代流量为王,名创优品此举能够获得大量流量,无形之中吸引大量客户,节约了研究客户喜好的信息成本。

名创优品提出了"零售合作伙伴模式"。在这种模式下,名创优品相当于一个投资平台,加盟商承担店租和员工工资成本,但不直接参与门店经营管理,可以从烦琐的管理事务中解脱出来,同时享有利润分成。按照名创优品与加盟商的约定,合作伙伴初始时只需200万元初始资金,每天就能收到前一天店铺交易额的38%(食品为33%)作为投资回报。这样一来,对名创优品来说,新开一家店不会增加店租和员工成本,反而可以收到一笔加盟费收入。

为了减少员工之间的沟通成本,名创优品严格执行"789"的规定,即员工在向上级汇报工作时准备的PPT不能超过7页,汇报时间不能超过8 min,工作邮件回复时间不能超过9 h。通过诸如此类的内部量化管理,名创优品极大地提高了人力资本利用效率,能有效降低人力资源成本。

[①] 郭名嫒,汤婷玮. 名创优品:实体零售店的突围[DB/OL]. [2022-02-21]. 中国管理案例共享中心.

8.2.2 差异化战略

差异化战略，也称特色优势战略，是指企业通过提供与众不同的产品或服务，满足顾客的特殊需求，形成竞争优势的战略。差异化战略中的"差异"是广义的，不仅包括产品本身功能、构造等有形的差异，而且包括产品加工工艺、售后服务、分销网络、促销方式以及品牌等方面的差异。企业采取差异化战略主要是依靠产品或服务的特色，而不是成本，但这并不是说企业可以忽略成本，只是强调此时的战略重心不是成本问题。

1. 差异化战略的优势和风险

（1）优势。企业实施差异化战略有 5 个方面的优势。第一，差异化战略形成了进入障碍，潜在的进入者要与该企业竞争，需要克服这种产品的独特性。同时，顾客对企业或产品差异性的忠诚也构成了对潜在竞争者的进入壁垒。新进入市场的企业需要花费大量成本建立新的差异化或者更具特色的产品服务与已有企业进行竞争。第二，差异化战略能满足消费者的个性化需求，因此顾客对该产品或服务有某种程度的偏爱和忠诚。差异化战略带来独特的消费体验，大大降低了顾客对产品价格的敏感度，使消费者能够接受更高的价格，使企业避免价格竞争，在行业内塑造了具有特色的形象。第三，差异化战略使得消费者愿意为差异化支付更多费用，从而给企业带来较高的边际收益，并增强企业与供应商讨价还价的能力，降低企业的总成本。第四，差异化具有稀缺性，产品和服务的独特性使得企业在与顾客的讨价还价中拥有了更多筹码，增强了企业对顾客的讨价还价能力。第五，差异化赢得了顾客的偏爱和忠诚，顾客更愿意购买具有独特性的产品和服务，因此企业在面对替代品威胁时，可以处于较为有利的地位。

（2）风险。企业在实施差异化战略时，通常面临以下几种风险。第一，实现产品差异化有时会与争取占领更大的市场份额相矛盾。实施差异化战略的企业其目标市场是一些具有特定消费需求的顾客，企业生产的产品和服务具有某种独特性，这与追求较高的市场份额是相悖的，无形中扩展了竞争对手的市场空间和价格优势。因此它往往要求企业对于这一战略的排他性有思想准备。第二，实施差异化战略的背后是高额的成本投入，如大规模的市场调研，新颖独特的产品设计或服务，独特周到的售后服务体验、设计、研发等，都需要企业增加大量投入以获得顾客需求的满足。成本的增加一定伴随着价格的增长，并不是所有消费者都愿意为差异化支付额外的费用，因此有些购买者难以或者不愿承受差异化产品的高价格，企业也就难以实现盈利。第三，若企业的差异化并不是建立在独有的技术或者营销资产基础之上，那么就存在被竞争对手模仿的风险；或者企业的某个差异化因素不再被消费者所喜爱，同时竞争对手可能推出更有差别化的产品，使得企业的原有购买者转向竞争对手，这样就会降低企业的竞争优势。

2. 差异化战略的适用条件

企业实施差异化战略需要具备以下条件。第一，差异化战略适用于异质市场，消费者具有独特的需求，个性化需求在总需求中占有一定比例。同时企业可以通过多种途径创造出本企业产品的差异，并且对于消费者而言，这种差异是有价值的，愿意为差异化支付溢价。第二，某一市场的消费者需求本身呈现出较大的差别，从而使这一市场的竞争强度相对较小。第三，采用类似差异化途径的竞争对手很少，即真正能够保证企业产品是差异化的。第四，差异化战略要求企业具有一定的研发能力和技术支持，以及敏锐独特的创新能力，能够开发和设计出满足消费者个性化需求的产品或服务。第五，企业具有一定的市场营销能力，能够实施大量的市场调研，并根据目标群体的需求，对产品和服务进行差异化定位，进而在市场上树立个性鲜明的产品特色。第六，企业品牌知名度较高，不仅能够得到渠道成员的协调配合，还能让消费者产生信任感，愿意为差异化支付额外的费用。

3. 差异化战略的实现途径

（1）产品差异化。企业可以使自己的产品区别于其他产品。产品差异化主要包括产品形式、性能质量、设计、包装等方面，只有差异化的产品才能形成区隔，才能让竞争对手难以跟随。第一，考虑到消费者的审美观和实际需要，许多产品在形式上是有差异的，包括产品的颜色、尺寸、形状或者结构。通过改变产品的形式，能够实现产品的差异化。第二，性能质量是指产品主要特点在实际运用中的效果，主要包括耐用性、外观或产品等级等，它是使企业产品区别于竞争者同类产品的首要因素。第三，产品设计是从顾客需要出发，影响一个产品外观和性能的全部特征的组合。在快速变化的市场中，设计能提供一种最有效的方法使公司的产品差异化。第四，包装差异化强调包装设计具有独特性的创意和视觉，要从整体上去发散思维，从外观造型、画面的图形、画面的字体色彩等方面去着重考虑。

（2）服务差异化。服务差异化是指在某一行业特别是服务型行业，企业针对不同顾客提供特殊性、个性化、情感性的特色服务。创造差别化服务对消费者的偏好具有特殊意义，它使企业与顾客的利益联系和情感联系更加紧密，是企业赢得顾客、扩大市场份额、在激烈的市场竞争中站稳脚跟的重要策略。区别服务水平的主要因素包括送货、安装、使用培训、技术指导、咨询服务、退换货、超长保质期及维修保障等。

（3）人员差异化。人员差异化是指企业比竞争者拥有更为优秀的员工而形成的差异化。雇用并培训优秀的员工可使企业获得明显的竞争优势，训练有素的员工应能体现出下面的6个特征：胜任、礼貌、可信、可靠、反应敏捷、善于交流。

（4）渠道差异化。企业的分销渠道也可以实现差异化，尤其在覆盖面、专业化和绩效方面。网络时代的到来对许多分销策略产生了重要影响，网络渠道成为分销渠道差异化的新兴因素。例如戴尔电脑通过高质量的直销渠道实现差异化，顾客与企业的联系只要通过电话或者国际互联网即可实现，非常方便快捷，从而取得了巨大的成功。

（5）形象差异化。形象差异化是指企业通过实施品牌战略和形象战略而产生的差异。消费者往往因为企业或品牌形象的不同而做出不同的购买决策，企业通过强烈的品牌意识、成功的形象战略，借助媒体的宣传，可以在消费者心目中树立起独一无二的品牌形象，从而培养顾客认可、购买品牌的习惯，把企业的品牌和形象根植于顾客的心中。例如，人们一看到"M"标志就想到麦当劳。

8.2.3 集中化战略

集中化战略是指企业在详细分析外部环境和内部条件的基础上，把营销活动的重点集中在一个或少数性质相似的特定目标市场上，为特定的地区或特定的购买者集团提供特殊的产品或服务，又称专一化战略。集中化战略有两种形式：一种是企业寻求目标市场上的成本领先优势，称为成本集中战略；另一种是企业寻求目标市场上的差异化优势，称为差异化集中战略。从具体的战略目的来讲，成本领先战略与差异化战略都是着眼于在全行业范围或整体市场上谋求竞争优势，集中化战略则是以前两者为基础在特定的目标市场上谋求竞争优势。

1. 集中化战略的优势和风险

（1）优势。与成本领先战略和差异化战略一样，采用集中化战略也可以使企业获得高于行业平均水平的利润。集中化战略的优势主要表现在以下几个方面。第一，企业能够划分并控制一定的产品势力范围，使其他竞争者不易与其竞争，从而获得比较稳定的市场占有率。第二，通过目标市场的战略优化，企业围绕一个特定目标进行密集性的生产经营活动，可以更好地了解不断变化的市场需求，使之可以集中使用自身资源和力量，提供比竞争对手更为有效的产品和服务，更好地服务于该特定目标市场。第三，企业可以避开行业中的各种竞争力量，针对竞争对手最薄弱的环节采取行动，如根据消费者不断变化的需求形成产品的差异化优势，或者在为该目标市场的专门服务过程中降低成本，形成低成本优势，或者兼而有之。第四，集中化战略目标集中明确，经济成果易于评价，战略管理过程易于控制，从而带来管理上的便利。第五，集中化战略使企业在细分的目标市场上获得一两种优势地位，从而有利于中小企业在较小的市场空隙谋求生存和发展。

（2）风险。企业在实施集中化战略时，也面临着以下几方面风险。第一，由于企业将全部力量和资源都投入到了一种产品、服务或一个特定的市场，当顾客偏好发生变化，技术出现创新或有新的替代品出现，进而导致这部分市场对产品或服务的需求下降时，企业就会受到很大冲击。第二，以较宽的市场为目标的竞争者采用同样的集中化战略，或者竞争对手从企业的目标市场中找到了可以再细分的市场，并以此为目标实施集中化战略，就会影响企业的竞争优势。第三，由于企业将资源技术集中在一个或很少几个目标市场上，市场环境变化不确定性高，过于集中的投资因不能分散风险而可能遭受破坏性打击，从而增加了企业的市场风险。第四，若企业所集中的细分市场非常具有吸引力，导致一些竞争对手蜂拥而至瓜分这一市场的利润，这会使企业付出很高的代价，甚至会导致企业集中化战略的失败。第五，产品销量减少，产品要求不断更新，造成生产费用增加，会导致采用集中化战略的企业成本优势被削弱。第六，采取集中化战略的企业所生产的产品的特色与个性，不足以抵消价格对消费者的吸引力。第七，细分市场之间的差异性减弱会降低该目标市场的进入壁垒，从而削弱企业实施集中化战略的竞争优势，不得不使企业面对更为激烈的竞争。

2. 集中化战略的适用条件

企业实施集中化战略需要具备以下条件。第一，企业进入的目标市场中具有独特的顾客群，这些顾客具有独特需求。第二，在同一目标市场中，竞争对手不打算实行或尚未采用集中化战略。第三，行业中各细分部分在规模、成长率、获利能力等方面存在很大差异，致使某些细分部分比其他部分更具有吸引力。第四，企业的资源不允许其追求广泛的细分市场。第五，行业内部存在许多不同的细分市场，因而允许实施集中化战略的企业选择具有潜力的细分市场，以充分发挥自己的优势。

3. 集中化战略的实现途径

集中化战略有效实施的核心在于选择好的领域。目标领域的选择关键在于两个环节，首先是根据选定的标准对市场进行细分；其次是在市场细分的基础上，分析其他企业的力量分布和自身竞争优势，以确定目标领域。在确定目标领域时可以从两个方面加以考虑。第一，市场细分确定的目标领域能容纳企业的生产能力，并且应有逐步发展的潜力，以形成适应企业生存发展的市场推动力。第二，目标领域能避开竞争或能发挥本企业的竞争优势。

目标领域的确定，最为理想的情况是能完全避开竞争对手。但通常情况下这种状态很难达到，这时目标领域的确定就需要通过对竞争对手和自身优势的合理评估来进行。尽管通常情况下企业无法建立全方位的竞争优势，但都能或多或少集中资源在特定的市场区域、生产区间、顾客群体中建立某一方面的竞争优势。企业应该选择适于自己优势发挥的目标领域，能集中资源使自己形成与竞争对手不同的特征，以吸引特定的顾客。

实现集中化战略的途径主要有以下三种。一是市场集中，企业有限的资源和能力集中在某一特定的、具体的对象上（如某一产品、某一服务、某一环节、某一区域市场等）。二是技术集中，企业集中自身掌控的有限资源能力，通过技术创新来提供多样化、个性化、便捷化或快速化等差异化功能和作用。三是管理集中，企业集中自身掌控的有限资源和能力来降低产品或服务的研发成本、采购成本、制造成本、仓储成本、物流成本、代理成本或分销成本等。

以上三种基本竞争战略各有利弊，企业要成功地运用这些竞争战略，需要根据企业实力和产品特点进行合理选择。通过表 8-3 可以把握五力模型与 3 种基本竞争战略之间的关系。

表 8-3　五力模型与基本竞争战略之间的关系①

行业内 5 种力量	3 种基本竞争战略		
	成本领先战略	差异化战略	集中化战略
潜在进入者的威胁	具备杀价能力以阻止潜在对手的进入	培育顾客忠诚度以挫伤潜在进入者的信心	建立核心能力以阻止潜在对手的进入
购买者的讨价还价能力	具备向大买家提供更低价格的能力	因为选择范围小而削弱了大买家的谈判能力	因为没有选择范围使大买家丧失谈判能力
供应商的讨价还价能力	更好地抑制大卖家的讨价还价能力	更好地将供应商的涨价部分转嫁给顾客	进货量低，供应商的讨价还价能力就高，但集中差异化的公司能更好地将供应商的涨价部分转嫁出去
替代品的威胁	能够利用低价抵御替代品	顾客习惯于一种独特的产品或服务因而降低了替代品的威胁	独特的产品和核心能力能够防止替代品的威胁
行业内对手的竞争	能够更好地进行价格竞争	品牌忠诚能够使顾客不理睬竞争对手	竞争对手无法满足集中差异化顾客的需求

企业如果没有有效实施 3 种战略中的任何一种战略，那么将在竞争中处于劣势。然而，如果一个企业在 3 种战略中同时追求两个或两个以上的战略目标并取得成功也会非常困难，因为实施这 3 种竞争战略所要求的管理方式、组织形式、设备条件、技术水平和员工素质等有所不同。即使有的企业同时采用不同的竞争战略，也往往是在不同的产品经营领域分别采用了不同的战略。

营销与中国

下沉的喜茶——喜小茶剑指五环外②

喜茶推出了名为"喜小茶"的新品牌，第一家喜小茶门店于 2020 年 3 月 31 日落地在深圳华强北。听名字也可以知道，喜茶正在试图杀入平价饮品的市场赛道中，挖掘下沉市场红利。

喜小茶的主力价格分布在 11~16 元，最低的一款产品仅 6 元。显然，喜小茶是企业为了布局二三线市场而推出的。从门店外观来看，"喜小茶"有点类似米芝莲的港式复古风。无论是从门店设计来看，还是从名称来说，"喜小茶"都显然是为了抓住喜茶所漏下的平价消费人群，门店布局预计也将集中在下沉市场中。从产品价格带上来看，喜小茶的市场对手其实是 coco、一点点、益禾堂、书亦烧仙草，甚至蜜雪冰城。

表面上"喜小茶"在下沉市场和低价段面对的竞品已经非常多，但事实上下沉市场的红利非常广阔，通过设立"喜小茶"，喜茶也在不断向新人群、新场景布局。

---

① 严宗光，罗志明. 市场营销学 [M]. 北京：北京理工大学出版社，2016.
② 时有趣. 奈雪向上，喜茶向下？[EB/OL]. [2020-12-15]. https://baijiahao.baidu.com/s?id=1686129510741865972&wfr=spider&for=pc.

8.3 市场地位与竞争战略

可以根据企业在目标市场中的市场份额判定企业的市场竞争地位，按照企业在市场中市场份额的高低可以将企业分为四类：市场领导者、市场挑战者、市场跟随者和市场补缺者。假设在某一行业中现有几家企业的市场份额情况如表 8-4 所示，其中市场领导者的市场份额为 40%，市场挑战者的市场份额为 30%，市场跟随者的市场份额为 20%，市场补缺者的市场份额为 10%。不同市场地位的企业在竞争中的目标不同，竞争战略也各不相同。

表 8-4 假设的市场份额结构

市场领导者	市场挑战者	市场跟随者	市场补缺者
40%	30%	20%	10%

8.3.1 市场领导者战略

市场领导者指在产品市场上占有市场份额最大的企业。市场领导者在价格变化、新产品开发、分销网络、促销力度以及建立消费者对品牌的忠诚度等方面具有显著优势，它是市场竞争的先导者，也是行业中其他企业的挑战、效仿或回避的对象。例如，中国饮料行业的康师傅、手机行业的华为、空调行业的格力等均是行业公认的领导者。

市场领导者的地位是在市场竞争中自然形成的，但不是一成不变的。行业中的其他企业会不断地发起猛烈挑战，或者企图攻击其弱点，使其失去优势。因此，为了应对激烈的市场竞争，维护自身的行业地位和市场份额，市场领导者必须时刻保持警惕并采用适当的竞争战略。

1. 扩大市场总需求

市场总需求的扩大会使市场领导者的销售量增加，从而提高企业的利润水平，开辟新的盈利空间，巩固其优势地位。企业可以通过三种途径扩大市场需求量。

（1）开发新用户。对于某种产品来说，经常会由于各种原因使其市场需求潜力没有得到充分的发掘，发现并挖掘新的使用者是扩大市场需求的重要方式。企业可以通过三种途径开发新用户。一是市场渗透。说服那些尚未使用本行业产品的顾客使用，把潜在顾客转变为现实顾客，例如，香水制造商可以说服不使用香水的女性开始使用香水。二是进入新的细分市场。企业可以扩大原有产品的适用人群，说服新细分市场的顾客使用本产品，例如香水制造商可以说服男士使用香水。三是开发新的地理市场。努力寻找尚未使用本产品的地区，如将区域市场拓展到全国市场，将国内市场扩大到国际市场。

（2）寻找新用途。为产品开辟新的用途，使产品在更多场合使用，可扩大需求并使产品经久不衰。例如，尼龙最初是用作降落伞的合成纤维，接着成为衬衫的主要原料，后来又用作汽车轮胎、沙发椅套的原料等。再如，碳酸氢钠，俗称小苏打，在问世100多年间的需求并不大，但后来一小苏打制造公司发现有些消费者将小苏打用作冰箱除臭剂，立即向其他消费者推广，使小苏打开启了一个新的生命周期。开辟产品新用途，一方面需要企业进行不断的研究和开发，另一方面需要认真听取顾客的意见和建议，大部分产品新用途的发现来自使用者。

（3）增加使用量。增加使用量是一种扩大需求的重要手段。通过运用一些适当的措施和手段，促使现有顾客增大产品的单次使用量或提高使用频率或多处使用某一产品，可以有效提高整个市场的总需求。例如，牙膏生产厂家向消费者宣传为了牙齿健康，不仅要早晚刷牙，每次饭后都要刷牙，以增加消费者对牙膏的使用量。

2. 保护现有市场份额

在激烈的市场竞争中，许多企业都在觊觎市场领导者的地位，企图攻击其弱点，抢占市场。市场领导者必须注意抵御竞争者的进攻，保护自己已有的市场份额，否则即使将市场总需求这块"饼"做大，受益最多的反而是竞争者。企业可采取以下策略保护现有市场份额。

（1）阵地防御。阵地防御是指围绕企业目前的主要产品和业务建立牢固的防线。这是一种静态的防御，是防御的基本形式。企业可以通过产品差异化来进行有效阵地防御，当企业的产品不可复制、难以模仿时，竞争者难以侵占企业现有的市场份额。此外，强化品牌知名度、建立广泛的消费者认同和偏好、在行业中尽可能采取低价策略等都是市场领导者进行阵地防御的重要手段。

（2）侧翼防御。侧翼防御是指市场领导者除保卫自己的阵地外，还应建立某些辅助性的基地作为防御阵地，并在必要时作为反攻基地。侧翼是企业在其市场上最易受到攻击处，因此企业要特别注意保护自己较弱的侧翼，加强侧翼力量。在进行侧翼防御时，需要平衡新阵地和原有的核心阵地之间的关系，避免核心阵地受到不利影响；同时还需注意新阵地的持久性，把握住企业的营销资源与优势；反之，则容易顾此失彼，削弱企业竞争优势。

（3）先发防御。先发防御是指在竞争对手发动市场攻击之前，向竞争对手发起进攻，这是一种"先发制人"的防御。企业应当判断先发防御的合适时机，遵循"预防"胜于"治疗"的原则，以达到事半功倍的效果。其具体做法是，当竞争对手的市场占有率达到某一危险的高度时，就对其发起攻势；或者对市场上的所有竞争者进行全面出击。先发防御既可以是对潜在进攻者的实际进攻，也可以是仅仅发出震慑信号，从根本上使进攻者无法开展有效的进攻或丧失进攻能力。

（4）反击防御。反击防御是指当市场领导者在遭到竞争者攻击之后，不能只是被动应战，而应主动反攻入侵者的主要市场阵地。企业可实行正面反击、侧翼反攻，或发动钳形攻势以切断进攻者的后路，该战略从实质上来说就是攻击进攻者的弱点，并争取整个营销战役的主导权和控制权。当市场领导者在其本土遭到攻击时,一种很有效的方法是进攻攻击者的主要领地,以迫使其撤回部分力量守卫本土。

(5) 运动防御。运动防御是指市场领导者不仅要防御目前的阵地,还要扩展到新的市场阵地,作为将来防御和进攻的中心。它使市场领导者面对潜在的机会或威胁时,具备灵活反应的能力,迅速进行战略转移。市场扩展可通过市场拓宽和市场多元化两种方式实现。市场拓宽指企业将注意力从目前的产品转到有关该产品的基本需要及其相关技术研发上。市场多元化指市场领导者向其他无关的市场扩展,实现多元化经营。

(6) 收缩防御。收缩防御也称战略撤退,是指市场领导者在面对多个竞争者攻击时,暂时放弃实力较弱、无法抵抗竞争的领域,将力量集中在优势业务上。这种收缩防御是有组织、有计划进行的,当企业的多元化经营已经远离其核心竞争力时,采取收缩防御战略,集中经营资源于核心产品生产和营销,可以有效应对各方的竞争威胁和压力。

3. 扩大市场份额

对于市场领导者而言,扩大市场份额有利于保持领先地位、增加收益。尤其是在市场总规模较大的情况下,市场份额每提高一个百分点,销售收入会增长几倍。市场领导者扩大市场份额可以采取以下措施。第一,提供新产品。新产品在销售额中所占比例有所增加或比竞争对手高时,市场份额就增加。第二,提高产品质量。企业在原产品定位的基础上,将产品质量提高到比竞争对手略高的水平。第三,适当增加广告费、推销员费用等开拓市场所需的费用。

并非在任何情况下提高市场占有率都能使企业利润同步增长,企业还应考虑以下三个因素。一是扩大市场份额的成本。如果这一费用高于扩大市场份额后企业的增量利润,那么扩大市场份额就不那么可取。二是营销方式的选择。企业采取过分降价、过多支出广告费等错误营销方式,将使企业的实际利润降低。三是违反反垄断法的可能性。一些国家的法律规定,当某一公司的市场份额超出一定限度时,就要强行地将其分解为若干个相互竞争的公司。

总之,市场领导者必须善于扩大市场总需求,保护自己的市场阵地,防御挑战者的进攻,并在保证收益增加的前提下,提高市场占有率。只有这样,才能持久地保持市场领导地位。

8.3.2 市场挑战者战略

市场挑战者一般是指在市场上处于第二、第三和以后位次的企业。如果要向市场领导者和其他竞争者发起挑战,市场挑战者需要做两个方面的决策,即明确战略目标和对象及选择适当的进攻战略。

1. 确定战略目标和挑战对象

战略目标与挑战对象密切相关,对不同的对象有不同的目标和战略。一般来说,市场挑战者可以选择以下三种企业作为攻击对象。

（1）市场领导者。攻击市场领导者风险很大，但吸引力也很大。进攻主要有两种策略。一是仔细研究市场领导者的优劣势，发现其经营活动中的决策失误，充分利用薄弱之处发起进攻。二是专注于产品创新和研发，开发出超越市场领导者产品的新产品，以品质和性能更优良的产品来夺取市场的领先地位。

（2）规模相当者。市场挑战者对那些与自己势均力敌的企业，可选择其中经营不善或资源不足者作为攻击对象，设法夺取它们的市场份额，壮大自己的实力以便最终成为市场领导者。

（3）中小企业。这里的中小企业是指在有限细分市场上从事经营活动的弱小企业，如地方性小企业。挑战者可以向经营不善、财务困难的弱小企业发起进攻，采取兼并、收购、控股等方式，获得这些企业的优势资源和市场份额，壮大自身的实力。以弱小企业为攻击对象，虽然回报较小，但由于所需成本低、成功率高，也能取得良好的效果。

2. 选择进攻战略

在确定了挑战对象和目标之后，挑战者还需要考虑采取什么进攻战略。这里有五种战略可供选择。

（1）正面进攻。正面进攻就是集中全力向竞争对手的主要市场阵地发起进攻，即进攻对手的强项而不是弱点。正面进攻的风险较大，其成败取决于双方的实力对比，进攻者需要在产品、广告、价格等方面远远超过竞争对手，才可能动摇一个已经建立牢固市场地位且防御稳固的竞争者，否则，若进攻者贸然采取此战略，容易以卵击石，招致对手的报复性打击。

正面进攻有如下三种方法。一是进行产品对比，指采用合法形式将自己的产品与竞争对手的产品进行对比，使竞争者的顾客考虑是否要更换品牌。二是使用攻击性广告，通过使用与竞争者相同的广告媒介并拟定有对比性的广告内容，对竞争者发动进攻。三是发动价格战，一种情形是企业投入研究经费降低产品成本，以降低价格的手段向对手发动进攻；另一种情形是，企业提高本产品的质量，提供优质服务，实现相对降价。

（2）侧翼进攻。侧翼进攻是指集中优势力量攻击竞争对手的弱点，具体可分为两种策略。一是地理性的侧翼进攻，企业进攻竞争者没有占领的偏僻地区市场，有时这些市场内几乎没有竞争者的推销力量，进攻很容易成功。二是细分性的侧翼进攻，进攻者利用竞争者产品线的空缺或营销组合定位的单一来占领细分市场，这些细分市场往往是尚未开发的子市场或需求尚未完全满足的细分市场。侧翼进攻是一种最有效的战略，风险较小，但该战略需要领导者具有对市场敏锐的洞察力和创新性地细分市场的能力。

（3）包围进攻。包围进攻是一种全方位、大规模的进攻战略，进攻者通过在几条战线上同时进攻，深入竞争者的领地，争夺市场份额。实施该战略的条件是竞争者留下的市场空白不止一处及进攻者确实比竞争对手具有更强大的资源优势。包围进攻有两种方式：一是产品围攻，即进攻者推出大量品质、款式、功能、特性各异的产品，加深产品线来压倒竞争对手；二是市场围攻，即进攻者努力扩大销售区域来攻击竞争对手。

（4）迂回进攻。迂回进攻是一种最间接的进攻战略，是指完全避开对手的现有阵地而迂回进攻最易夺取的市场。具体方法有以下三种：一是开发无关的产品，实行产品多元化；二是以现有产品进入新地区的市场，实行市场多元化；三是发展新技术、新产品，以取代现有产品，占领新市场。

（5）游击进攻。游击进攻一般在规模较小、力量较弱的企业进攻时使用，其主要目标是通过小规模的、断断续续的进攻，骚扰对手，使其士气低落且疲于应对，以削弱竞争者的市场力量。但若进攻者要彻底战胜对手，必须以强大的进攻作为后盾。游击进攻的方法主要是在某一局部市场上有选择地降价和密集促销。尽管业界普遍认为实行游击战的成本较低，但事实上一连串的游击战代价还是很高的，因此进攻者有必要在进攻前详细策划，实施中密切跟踪进展，迅速修正或停止效果不佳的游击进攻。

8.3.3 市场跟随者战略

市场跟随者是指在市场上居于次要地位，跟随在领导者之后自觉地维持共处局面的企业。在资本密集、产品同质化的行业，如钢铁、化工，这一战略最为常见。由于产品、服务差异化的可能性比较小，各个企业的产品和服务经常互相模仿。此外，消费者对价格的敏感程度较高，价格的任一调整都可能引起价格大战。因此，这些行业中的企业通常追随领导者，效仿领导者制定价格和提供产品、服务，在各自的范围内互不干扰，市场份额高度稳定。

实施市场跟随者战略的企业必须确定一条不会引起报复性打击的发展道路，其市场目标是安于次要地位，在"和平共处"的状态下尽可能求得更多利益。但这并不意味着跟随者放弃战略应用，市场跟随者必须清楚如何保留现有顾客以及争取新的顾客，通过在其目标市场上创造独特的竞争优势，如较低的成本、高质量的产品和服务、完备的销售渠道等等，在市场上争取一个满意的市场份额。市场跟随者有以下三种战略可供选择。

1. 紧密跟随

紧密跟随战略指在各个细分市场和产品、价格、广告等营销组合方面尽可能效仿市场领导者的战略。实施该战略的跟随者有时好像是挑战者，但只要不从根本上侵犯领导者的地位，就不会发生直接冲突。企业采用这一战略的条件是其实力与行业中领导者的实力接近，如此才能拥有充裕的资源来保证可以紧密跟随领导者。

2. 距离跟随

距离跟随战略是指在目标市场、产品创新、分销渠道、促销力度等主要方面模仿领导者，但是在包装、广告、价格上又保持一定差异的战略。如果追随者不对市场领导者发起挑战，一般不会引起市场领导者关注，其得以不断积蓄经营资源和竞争实力。实施距离跟随战略的企业与市场领导者的实力有所差距,其追随的程度和节奏都相对紧密跟随战略弱一些。

3. 选择跟随

选择跟随战略是指在某些方面跟随领导者,在另一方面又自行其是的公司。也就是说,这种企业不是盲目跟随领导者,而是择优跟随,在跟随同时发挥自己的独创性,避免与领导者正面交锋。选择跟随战略不仅可以直接使用领导者的成功战略,节约自身研究成本,还能保持自己独特的竞争优势。实施选择跟随战略的跟随者有可能发展成为挑战者。

虽然跟随战略的风险较小,但也存在明显缺陷。研究表明,市场份额处于第二、第三和以后位次的公司,与市场领先者在投资报酬率方面有较大的差距。

8.3.4 市场补缺者战略

市场补缺者,又称市场利基者,是指集中资源精心服务于被大企业忽略的某些细小市场,不与主要企业竞争,通过专业化经营来占据有利市场地位的企业。市场利基者的作用是拾遗补阙,虽然在整体市场上仅占很少的份额,但是比其他企业更充分地了解和满足某一细分市场的需求,依靠向客户提供的高附加价值实现高利润率。企业处于发展初期尚比较弱小时大多采用市场补缺者战略,大企业的小部门也可能采取此战略。

1. 补缺市场的特征

规模较小且大公司不感兴趣的细分市场称为补缺市场,也称利基市场。理想的补缺市场具备以下特征。第一,具有足够的市场需求潜力和购买力,能够盈利;第二,具备利润增长潜力;第三,对主要竞争者不具有吸引力;第四,企业具备向这一市场提供优质产品或服务的能力和资源;第五,企业在顾客中建立了良好的声誉,能够抵御竞争者入侵。

2. 市场补缺者的战略

作为市场补缺者,它们常常选择两个或两个以上补缺市场,减少风险,确保企业的生存与发展。取得补缺市场的关键是实现专业化,可供选择的专业化途径主要包括以下几种。

(1)最终用户专业化。企业专门为某一类型的最终用户服务,如北大方正主要通过切入日本新闻媒体客户而将排版系统成功打入日本市场。

(2)垂直专业化。企业专门致力于分销渠道中的某些层面,如新疆德隆投资控股并整合的电动工具产业链,以低成本领先优势在国内生产,然后收购美国电动工具分销渠道实现市场全球化之目的。

(3)顾客规模专业化。企业专门为某一种规模(大、中、小)的客户服务,如海尔率先打入美国市场的小容量冰箱正好满足了美国大学生的需求。

（4）特定顾客专业化。企业只为一个或几个主要客户服务，如湖南外贸嘉利公司整合国内柠檬酸生产基地，按照高标准的品质要求重点供应宝洁美国总部对柠檬酸原料的需求。

（5）地理区域专业化。企业专为国内外某一区域或地点服务，如重庆银行、成都农商行、汉口银行、上海农村商业银行，这些银行主要的经营范围都在相对应区或者市。

（6）产品或产品线专业化。企业只生产一大类产品，如福耀玻璃不仅只聚焦到玻璃行业，而且只聚焦到玻璃行业中的汽车玻璃，目前福耀玻璃已成为全球规模最大的汽车玻璃供应商。

（7）产品特色专业化。企业专门生产具有某种特色的产品，如作为专门从事徽雕艺术品生产和销售的企业，竹艺轩雕刻有限公司率先将"徽州三雕"技艺引入竹雕产品，打造纯手工精品，满足高端市场需求。

（8）客户订单专业化。企业按照客户订单生产特制产品，如房屋装修、家具定制等。

（9）质量和价格专业化。企业专门生产经营某种质量和价格的产品，或者专门生产高质高价产品，或者专门生产低质低价产品，如百岁山一直以"水中贵族"的形象出现。

（10）服务专业化。企业专门提供某一种或几种其他企业没有的服务项目，如在顾客等待食材上桌之前，海底捞都会为顾客提供几样特色小零食，且每隔一段时间都会进行更换；海底捞还利用智能机器人搭配专人为顾客庆祝生日。

（11）分销渠道专业化。企业专门服务于某一类分销渠道，如深圳航空食品有限公司专门为航空公司提供机上餐盒、饮食及有关的劳务饮食。

3. 市场补缺者的任务

市场补缺者是弱小者，面临的主要风险是当竞争者入侵或目标市场的消费习惯发生变化时，企业有可能陷入绝境。市场补缺者的任务主要有以下三项。

（1）创造补缺市场。市场补缺者要根据动态的市场环境，努力开发专业化程度更高的新产品，从而创造出更多需要这种专业化产品的市场需求者。例如，著名的运动鞋制造商耐克公司，不断开发适合不同运动项目的特殊运动鞋，如登山鞋、旅游鞋、篮球鞋等，开辟了新的补缺市场。

（2）扩大补缺市场。市场补缺者在开发出特定的专业化产品，赢得在特定市场的竞争优势之后，还要进一步提高产品组合的深度，努力增加新的产品项目，以迎合更多具有特殊需要的市场购买者的偏好，提高市场忠诚度和市场占有率。每当耐克公司开辟出一个新的市场时，就继续为这一类市场开发出不同的款式和品牌，以扩大市场占有率，如耐克充气乔丹鞋。

（3）保护补缺市场。市场补缺者还要密切关注竞争者的动向，如果有新的竞争者进入，仿制企业产品，争夺市场阵地，市场补缺者必须及时采取相应的策略，全力以赴保住市场的领先地位。

营销与中国

中国的隐形冠军

根据2022年工信部发布的中国制造业隐形冠军统计数据,256家单项冠军企业、90家待培育的单项冠军企业、161家单项冠军产品成功入围清单。在这份隐形冠军清单上,既有京东方、歌尔股份、雷沃重工、长城汽车等"大名鼎鼎"的企业,但更多的是大连电瓷、山东泰丰智能控制、烟台持久钟表、江西黑猫炭黑等大众"闻所未闻"的企业。但是,正是这些隐形冠军企业,不断推进着我国产业链的创新发展与转型升级。这些隐形冠军企业的共同特征是采取了成功的市场补缺者战略,即在特定的细分市场长期耕耘、持续钻研,不断积累知识,持续迭代产品,逐渐拥有了行业内最前沿的专利技术与相关产品,也具备了定义行业标准和引领行业发展的能力,最终成为了全球行业领袖。以京东方为例,其在过去20多年的时间里"埋头"攻关液晶面板,即便是面临巨额亏损依旧毫不动摇,终于走出了一条创新的"康庄大道"。在2021年,京东方的LCD面板出货量达到3.325亿个,占全球出货量9.627亿个的35%,排全球第一;OLED智能手机屏出货量达到6000万片,排全球第二,仅次于三星。正是京东方的专注,才赢来了如今的累累硕果。同样的还有中国巨石,其从始至终专注于玻纤制品的研发和生产,并通过长期的技术投入与产能扩张,取得了玻纤产能国内市占率30.4%、全球市占率22.8%的好成绩,成功登顶全球第一。在中国攻克关键核心技术"卡脖子"的时刻,这些隐性冠军企业及其所具备的"扎硬寨、打硬仗"的精神,无疑成为中国实现"弯道超车"的重要支撑。

本章提要

企业要想在激烈的市场竞争中脱颖而出,就必须积极地参与竞争,并结合对竞争者的竞争战略和策略的分析与估计制定出企业有效应对竞争的战略和策略。

企业有效参与市场竞争的前提是准确地识别竞争对手。从行业竞争的观念来看,行业中存在着决定竞争规模和程度的五种力量,这五种力量综合起来影响着产业的吸引力。这五种力量分别是现有企业间的竞争、潜在进入者的威胁、替代产品的威胁、购买者的议价能力及供应商的议价能力。从市场竞争的观念来看,竞争者是那些满足相同市场需求或服务于同一目标市场的企业,识别竞争者的最佳方法是通过绘制产品——市场竞争形势图来把行业和市场分析结合起来。

企业在对市场竞争中可能面对的各种竞争对手及其产生的竞争压力进行分析并明确企业的主要竞争者后,就需要对竞争者的战略、目标、优势与劣势及反应模式等内容进行充分调查和评估,这是企业制定和选择竞争战略与策略的依据。企业在明确谁是主要竞争者并分析竞争者的战略目标、优势、劣势和反应模式之后,就要选择应该攻击或回避的竞争者,企业可根据竞争者的强弱、竞争者与本企业的相似性和竞争者的表现等情况做出决定。

企业的基本竞争战略有三种：成本领先战略、差异化战略和集中化战略。企业必须从这 3 种战略中选择一种作为其主导战略。每种竞争战略都有各自的优势、风险、适用条件和实现途径，企业应根据企业实力和产品特点进行合理选择竞争战略。

可以根据企业在目标市场中的市场份额判定企业的市场竞争地位，按照企业在市场中市场份额的高低可以将企业分为四类：市场领导者、市场挑战者、市场跟随者和市场补缺者。不同市场地位的企业在竞争中的目标不同，竞争战略也各不相同。市场领导者是指在产品市场上占有市场份额最大的企业，其主要竞争战略包括扩大市场总需求、保护现有市场份额和扩大市场份额。市场挑战者一般是指在市场上处于第二、第三和以后位次的企业，市场挑战者首先要明确战略目标和对象，其次考虑选取以下进入战略：正面进攻、侧翼进攻、包围进攻、迂回进攻和游击进攻。市场跟随者是指在市场上居于次要地位，跟随在领导者之后自觉地维持共处局面的企业，主要有三种战略可供选择：紧密跟随战略、距离跟随战略和选择跟随战略。市场补缺者，又称市场利基者，是指集中资源精心服务于被大企业忽略的某些细小市场，不与主要企业竞争，通过专业化经营来占据有利市场地位的企业，取得补缺市场的关键是实现专业化。

案例分析

案例分析：正仁的聚焦战略[①]

在 2000—2011 年间，中国建筑业完成的工业总产值逐年上升，由 12497.60 亿元增加到 117734.00 亿元，房地产及"铁公基"建设作为国家经济增长的最主要引擎，将带动工程造价行业的兴起。李宏伟觉得这是一个创业的绝佳时期，因为有建筑的地方就一定有工程造价，于是在 2004 年 4 月注册成立了内蒙古正仁项目管理有限公司，主营项目为工程造价咨询。凭借多年来在建筑业行业积攒的人脉关系和当时客户（包括政府建设部门、审计部门、建筑施工企业等）的巨大需求，正仁迅速将业务拓展到内蒙古各个城市，企业规模也不断扩大。

自 2015 年以来，正仁几乎将全部精力都投入到了东部盟市。那时候正赶上内蒙古全面开展"十个全覆盖"项目，该项目包含了农村牧区的危房改造和街巷硬化工程等涉及民生基础设施的建设。随着建筑工程项目的逐渐增多，工程造价咨询业务需求也随之增多。虽然"十个全覆盖"工程大都是些零散的项目，但是工程量总和巨大，这必然会吸引来更多的竞争者。李宏伟也因此喜忧参半。正在他一筹莫展的时候，一个电话突然打断了他的思绪，电话里一个锡盟的蒙古族客户操着不太标准的汉语向他咨询工程造价业务。并且还表示希望正仁能够提供蒙古语服务。李宏伟迅速找到刚从锡盟出差回来的小高询问情况，小高说最近在锡盟遇到的客户大部分都是蒙古族，他们用蒙古语进行日常

[①] 白宝光，那沁，李宏伟. 有的放矢——正仁的聚焦战略之路[DB/OL]. [2019-11-06]. 中国管理案例共享中心.

交流。特别是在牧区，很多工程材料都是使用蒙古文印刷的。就在前一阵，另外一家工程造价咨询公司员工因为不识蒙古文，把几个蒙古族客户的姓名给弄混了，最后出结算报告的时候才发现出了差错，导致那几个客户终止了对这家企业的委托。正仁的小高恰好是蒙古族，她与当地蒙古族客户交流起来不仅没有任何障碍而且工作效率还很高，得到了客户的好评。这件事让李宏伟茅塞顿开，他突然想到目前行业里还没有能做到提供专业蒙古语服务的企业。东部盟市的旗县和农牧区恰好是蒙古族同胞的聚集地，如果聘用更多像小高一样的工作人员，很可能会受到当地客户的青睐。随后李宏伟立即组织单位人事部大量招聘蒙古族的技术员。由于工作性质特殊，正仁的员工需要亲临施工现场进行实地测绘，这就避免不了长期出差。为此，正仁租用了当地的民房作为临时办事处，一来解决了员工们在各地长途奔波的劳顿；二来大大节省了公司在交通和住宿方面的开支。在全国推行建设工程全过程项目管理的政策背景下，正仁通过内部机构改革与转型升级，将企业资质由乙级提升到了甲级，并且在内蒙古市场率先对各项建设工程实现了比单纯的工程造价咨询更为专业的全过程项目管理。就这样，正仁在业内也逐渐变成了"民族企业"的代名词，凭借着向东部盟市蒙古族聚集地区提供的特殊语种服务和专业的技术服务争取到了大部分市场份额，实现了华丽逆转。

截至2017年，全国共有7800家工程造价咨询企业，比上年上涨了3.9%。其中，甲级资质的企业就有3727家，乙级资质的企业多达4063家，内蒙古共有263家。随着企业生存环境的越发残酷，在市场的驱使下，越来越多的外地企业也开始进驻内蒙古市场。例如北京思泰凭借着雄厚的人力资源和经济实力在内蒙古造价市场上开疆拓土，河北华正则依仗着其高素质专业团队后来居上。同行业内的竞争逐渐趋于价格战和服务战。虽然正仁已经在内蒙古东部盟市蒙古族聚集区域占领了一席之地，但是许多像内蒙古公诚信这样实力不容小觑的民营企业也同样瞄准了这些地方，他们也模仿正仁喊出服务少数民族地区的口号，聘用蒙古族员工，甚至不惜压低价格打价格战。这样一来，东部盟市蒙古族客户又有了更多的选择。市场同质化的出现对于正仁来说无疑是一个巨大的威胁。与此同时，由于行业生命周期的发展演变，新技术、新思想、新理念不断诞生，工程造价服务也面临着更新换代。竞争力的逐渐下降，也使正仁的业务开始发生萎缩，负债率逐渐升高，转型遇到困难。李宏伟因此又一次面临了挑战。

在对待市场同质化竞争的问题上，公司两大负责人何副经理和牛副经理各持己见。何经理认为，企业不应该只瞄准一个区域，就拿内蒙古呼包鄂地区为例，每年都有很多大型建设项目，放弃这些地区就等于放弃"肥肉"。企业应该着力拓展城市市场。因为城市的工业发达，技术水平高，资本集中，经济增长速度快，这些都会给企业带来机遇。所以城市和旗县全面兼顾才会使正仁获得更多利润。而牛经理却认为，应该继续把业务聚焦到东部旗县地区。虽然业务量相对城市较少，但毕竟东部盟市旗县市场竞争小，只有聚焦东部旗县市场才能将企业资源进行最合理的利用。在2015—2018年3年间，正仁在锡林郭勒盟和兴安盟两大盟已获利了500多万元，三年所取得的成绩也证明了这一点。况且就正仁目前的实力来看，"全面兼顾"也只会将有限的力量分散，不能让正仁独特的优势充分发挥出来。听着他们的发言,李宏伟沉默良久。究竟是要在内蒙古各地进行"全面兼顾"式的竞争,还是要继续专注于东部盟市的小县区?他似乎已经有了自己的想法……

讨论:

1. 正仁是怎样实现"华丽逆转"的?
2. 正仁今后应该做出什么样的战略调整才能在激烈的市场竞争中保持竞争优势?

拓展阅读

[1] 陈明哲. 动态竞争:后波特时代的竞争优势[M]. 北京:机械工业出版社,2020.
[2] 马浩. 从竞争优势到卓越价值:赢得持久超常经营绩效[M]. 北京:北京大学出版社,2021.
[3] 托德·曾格. 超越竞争优势:新时期的持续增长战略[M]. 郭海,译. 北京:中国人民大学出版社,2019.
[4] YIN J, WEI S, CHEN X, WEI J. Does it pay to align a firm's competitive strategy with its industry IT strategic role? [J]. Information & Management, 2020, 57(8): 1-10.

即测即练

第 9 章

产品与品牌策略

本章学习目标

通过学习本章，学员应该能够做到以下几点。
1. 知道什么是产品，包括产品的含义、层次和分类。
2. 理解产品组合的宽度、长度、深度和关联度。
3. 掌握如何制定产品组合决策。
4. 熟悉产品生命周期理论。
5. 知晓新产品开发的流程。
6. 了解品牌及品牌策略。

引导案例

小米的"产品"[①]

2011 年，第一代小米手机横空出世。在前有苹果、三星把控，后有华为、联想紧追的中国智能手机市场，小米手机凭借成本定价策略和线上售卖特色，于 2014 年年初跃升为中国第一、全球第三的手机制造商，创造了奇迹。在媒体争相议论小米效仿苹果公司"智能手机 + 应用商店 + 增值服务"模式，业界惊诧于小米用户至上、口碑营销的狂热时，小米已经敏锐察觉到"物联网（internet of things）"和"智能硬件"的新风口隐隐欲现，并开启从智能手机制造向智能硬件生态链投资和服务的"蝶变之旅"。为此，小米尝试实施核心自主产品与生态链产品齐头并进的发展思路：核心自主产品，如智能电视、笔记本电脑、智能路由器和智能音箱等，产品的研发、供应链管理运作模式均由小米自主把控；与生态链企业合作生产的产品，如移动电源等手机周边产品，手环、空气净化器等智能硬件产品，以及箱包等生活消费品，则探索走一条投资、研发、供应链、品牌、渠道等全方位生态链赋能的新兴模式。为了确保生态链产品的质量，小米寻找智能硬件

[①] 吴俊，程垚. 产品制胜还是生态为王：小米的智能硬件生态蝶变之路[DB/OL]. [2022-05-11]. 中国管理案例共享中心.

细分产品领域具有竞争力的合作方或者团队进行非控股式股权投资,投资完成后,小米和生态链公司共同设计和研发,包括产品定义、工业设计、原型开发;研发完成后,小米帮助生态链企业构建或优化供应链,如集中采购通用原材料等;产品生产完成后,小米授权产品使用小米和米家两个品牌,并提供线上和线下销售渠道支持。截至2018年3月,小米投资并孵化的生态链企业已达210多家,其中超过90家公司专注于发展和生产智能硬件产品,智能硬件联网设备总数超过8500万台。小米的智能硬件生态蝶变之路,不仅生动诠释了具有中国特色的互联网与制造深度融合发展路径,也给众多制造企业打破业务增长瓶颈带来启迪与思考。

9.1 产品与产品组合

9.1.1 什么是产品

1. 产品的概念

产品是能够提供给市场以满足需要或欲望的东西,包括有形物品、服务、人员、组织、观念或它们的组合。一般而言,可以用五个层次来对产品进行准确的刻画(见图9-1)。

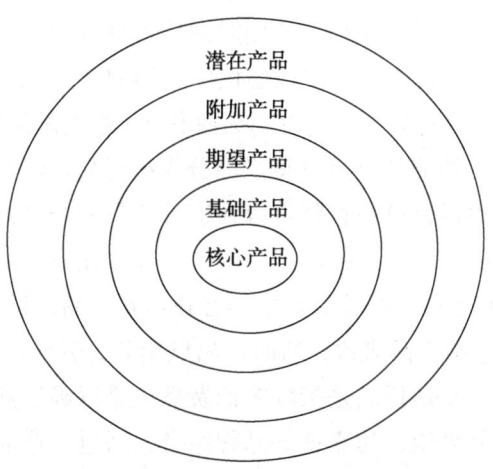

图9-1 产品的五个层次

(1)核心产品。核心产品是顾客真正需要的基本服务或利益。顾客对任何产品的购买都是为了满足某方面的需要,因此,任何产品都必须以能够满足顾客的基本需要或核心需求为基础。例如,手机顾客购买的是通信。

(2)基础产品。基础产品是产品本质特征和关键属性的基本载体。产品需要通过一定的外在形式满足顾客需要,如式样、质量、商标、包装等,这些是基础产品的构成要素。例如,手机所提供的基础产品是打电话、发短信等。

(3)期望产品。期望产品是顾客购买产品时希望得到的一组属性。顾客往往基于一般的常识、过往的经验，默认或期望产品具备一些特征，这些特征可以更好地满足顾客的需要。例如，手机顾客对产品的期望是待机时间长、通信质量好、运行不会卡。

（4）附加产品。附加产品是顾客可以获得的附加利益。除了向顾客传达核心产品、基础产品、期望产品，产品还要提供超过顾客期望的服务和利益，从而提高顾客的满意度。例如，手机顾客可以获得产品调试、售后维保等附加服务。

（5）潜在产品。潜在产品是产品未来可能的发展。例如，手机产品可以围绕通信这一主要功能，不断引入支付、社交、办公等功能，向一键式全景服务中心转型。

2. 产品的分类

产品可以按照一定的标准，分成不同的类型。

（1）按照有形性和耐用性分类。按照有形性可以将产品分为有形物品和无形服务。有形物品是可以分割、可以存储、不易变化的产品，如手机、计算机、汽车、服装等。对于有形物品来说，顾客比较容易判断产品的质量，性价比成为营销的重点。无形服务则是不可分割、不能存储、容易变化的产品，如教育、理发、培训、法律咨询、设备维修等。对于无形服务来说，顾客不太容易判断产品的质量，因而企业的声誉和质量控制能力成为营销的重点。针对有形物品做进一步分类，可以按照耐用性分为耐用品和非耐用品。耐用品是使用期限较长、可以重复使用的有形物品，如计算机、手机、汽车、服装、房屋等。对于耐用品来说，较长的使用时间使得良好的售后服务成为营销的关键。非耐用品则是使用期限较短甚至是一次性使用的有形物品，如洗发水、啤酒、口香糖等。对于非耐用品来说，较高的购买频率使得购买便利性、强大的品牌宣传成为营销的重心。

（2）按照信息分类。按照信息可以将产品分为搜寻品、经验品和信任品。搜寻品是指顾客在购买产品之前通过自己检查就可以知道其质量的产品，如服装、手机。对于这类产品来说，通过大量的广告宣传提高产品的知名度，让更多的顾客了解产品的高性价比，成为营销宣传的重点工作。经验品是指顾客在消费产品之后才能知道其质量的产品，如食品、护肤品。对于这类产品来说，适时推出试用装，引导顾客试用产品、体验产品，成为营销宣传的重点工作。信任品是指顾客消费后也难以确定其质量的产品，如医疗、法律咨询。对于这类产品来说，建立良好品牌声誉，通过企业的品牌推广产品，成为营销宣传的重点工作。

9.1.2 什么是产品组合

为了应对外部环境的复杂多变与竞争对手的激烈竞争，企业通常会尽可能推出多种产品，使之形成一个产品组合，以迎合顾客的多元化需求。

1. 产品组合的基本概念

（1）产品项目。产品项目是产品目录中列出的每一个明确的产品单位，不同型号、规格、款式、质地、颜色或品牌的产品都可以称之为一个产品项目。

（2）产品线。产品线是一组密切相关且能够满足顾客同类需求的产品项目。

（3）产品组合。产品组合是企业向市场提供的全部产品，是全部产品线与产品项目的集合。

2. 产品组合的维度

（1）产品组合的长度。产品组合的长度是指产品组合中产品项目的总和。图 9-2 所示的 OPPO 智能硬件的产品组合长度是 15。

图 9-2　OPPO 的智能硬件产品组合

（2）产品组合的宽度。产品组合的宽度是指产品组合中产品线的总和。图 9-2 所示的 OPPO 智能硬件的产品组合宽度是 5。

（3）产品组合的深度。产品组合的深度是指一条产品线中包含的产品项目总和。据图 9-2 所示，智能电视的深度是 3，手表的深度是 3，手环的深度是 3，耳机的深度是 4，数据线的深度是 2。

（4）产品组合的关联度。产品组合的关联度是指各条产品线在最终用途、生产条件、分销渠道等方面相互关联的程度。据图 9-2 所示，OPPO 的产品都是面向终端消费者的娱乐需求，生产技术的重合度较高，且采用同样的分销渠道进行销售，因此，OPPO 的智能硬件产品组合具有较好的关联度。

9.1.3　产品组合的决策

为了实现可持续发展，企业往往会通过不断加宽或加深产品组合，以更好地适应客户需求的动态变化。

1. 产品线的延伸

如果企业需要扩大产品组合的深度，可以通过产品线的延伸来实现，具体包括产品线的向上延伸、产品线的向下延伸、产品线的双向延伸。

（1）产品线的向上延伸。产品线的向上延伸是指企业在原有产品基础上增加高档产品。产品线的向上延伸可以让企业获得更为丰厚的利润，提高企业的品牌形象，还可以满足高收入顾客的需要。但是，产品线的向上延伸对于企业的要求比较高，既要求企业具备较好的品牌声誉，也要求企业具备足够的运营能力，还要求企业能够应对竞争对手的反击。而且，高档产品的市场需求较少，且顾客对于高档产品往往具有特定的品牌偏好，因此，产品线的向上延伸将会面临较大的挑战。在实践中，小米手机推出了 MIX 系列，OPPO 手机推出了 Find 系列和 N 系列，华为手机推出了 Mate 系列，均向高端手机市场发起了冲击。但是，截至 2021 年年底，只有华为手机的向上延伸策略取得了成功，其他手机的向上延伸策略均遭遇了不同程度的挫折。

（2）产品线的向下延伸。产品线的向下延伸是指企业在原有产品基础上增加低档产品。产品线的向下延伸可以让企业有效缓解高档产品减销带来的风险，也可以满足顾客对于低档产品的需要。但是，产品线的向下延伸容易给品牌形象带来一定的负面影响，而且这种策略也容易引起竞争对手的反击。较之向上延伸，向下延伸更为容易。例如，小米公司推出的红米手机快速引燃了市场。

（3）产品线的双向延伸。产品线的双向延伸是指企业在原有产品基础上同时增加低档产品和高档产品。产品线的双向延伸可以让企业尽可能满足不同层次顾客的需要，从而建立企业在特定产品市场的领导地位。但是，产品线的双向延伸需要企业付出大量的资源，而且容易遭受来自高端产品竞争者和低端产品竞争者的双向竞争。因此，如果企业不具备强大的实力，则单向延伸是更为稳妥的选择。

2. 产品线的填补

如果企业需要扩大产品组合的宽度，可以通过产品线的填补来实现。产品线的填补是指企业在现有产品线基础上增加新的产品线，从而达到扩大产品组合的目的。产品线的填补可以为企业带来诸多利益，例如：可以满足顾客的差异化需求，覆盖更大的市场；可以实现扩大经营的目标，获取更多的销售额；可以充分利用现有的生产能力与品牌优势，达到分摊费用、提高利润的目标；还可以防止竞争对手的入侵等。举例来说，海尔正是通过持续的产品线填补策略（见表 9-1），最终发展成为制造领域的"巨无霸"。

表 9-1　海尔的产品线填补策略

年份	1984	1991	1997	1999	2003	2005	2011	2018	2021
冰箱	+	+	+	+	+	+	+	+	+
冰柜		+	+	+	+	+	+	+	+
空调		+	+	+	+	+	+	+	+
电视机			+	+	+	+	+	+	+
洗衣机			+	+	+	+	+	+	+
电熨斗				+	+	+	+	+	+
手机					+	+	+	+	+
电脑						+	+	+	+
生物医疗						+	+	+	+
净水器							+	+	+
机器人								+	+
汽车									+

3. 产品线的削减

如果企业的部分产品经营不善或产品组合盈利状况欠佳时，可以对产品线进行削减。产品线的削减是指企业在分析产品组合基本构成和发展状况的基础上，剔除利润过低或者无法获利的产品，这是一种产品组合收缩策略。产品线的削减可以通过削减进入衰退期的亏损产品、无力兼顾的产品、无发展前途的产品实现优化产品组合的目的，而且在市场前景不明或出现疲软的时候，也可以通过削减一些相对较差的项目，以确保企业能够顺利地度过危机。

4. 产品线的改进

随着科学技术的进步和消费习惯的变更，企业还要及时对产品线进行改进，确保其能够适应顾客需求的动态变更。以微信为例，从最初的简单通信工具，到如今的移动生活场景，微信经过了多次版本迭代，比较具有代表性版本有如下几次：1.0 版本，熟人之间发布文本信息和图片的通信工具；2.0 版本，增加了语音功能和"查找附近陌生人"功能，从熟人社交向陌生社交转换；3.0 版本，增加了"扫一扫""服务号"功能，从人与人之间的链接向人与世界之间的链接转换；4.0 版本，增加了"朋友圈"，从通信工具向社交平台进化；4.5 版本，增加内容公众号，从社交平台向内容平台进化；5.0 版本，增加了"绑定银行卡"，从虚拟平台向移动生活场景迈出了重要一步。正是依靠这样的不断迭代，微信成功俘获了广大民众的心，成为现代生活方式的重要支撑。

9.2 产品生命周期

9.2.1 产品生命周期的概念

产品生命周期是指一种产品从进入市场到退出市场的全部过程，一般包括导入期、成长期、成熟期和衰退期 4 个阶段，这一过程可以用产品生命周期曲线来表示（见图 9-3）。

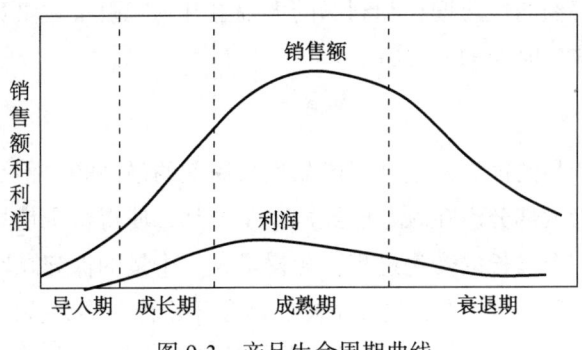

图 9-3 产品生命周期曲线

需要指出的是，产品生命周期指的是产品的市场寿命，而不是指产品的使用寿命，旨在刻画一种产品更新换代的经济现象。而且，同一产品在不同市场所处的生命周期阶段可能存在差异，例如，智能手机在我国已经进入成熟期，但是，在一些国家还处于成长期甚至是导入期。

产品生命周期将产品进退市场的全部过程划分成不同阶段，并且，处于不同生命周期的产品呈现出不同特点，那么，企业可以根据这些特点决定在不同生命周期采取差异化营销策略，这是研究产品生命周期的意义。

9.2.2 产品生命周期不同阶段的特征

1. 导入期的特征

导入期的产品既可能是完全创新的产品，也可能是换代升级的产品，还可能是引入新市场的老产品。由于导入期产品进入市场时间较短，顾客对于这类产品的熟悉度和认可度较低，导致产品的销量较小且增长较为缓慢。而且，企业需要为导入期产品支付大量的导入成本，如渠道建设成本、市场教育成本、品牌宣传成本等，导致产品的利润较低甚至出现大量亏损。此外，处于导入期的产品竞争者较少甚至没有竞争者。导入期产品的风险较大，产品本身的缺陷、市场预测的失误、市场宣传的不利、引入时机的不当等都可能导致产品上市即被市场淘汰，因此，并非所有产品都能够顺利走完所有的生命周期阶段。例如，盛大集团曾于2005年推出盛大盒子，试图将网络内容"搬到"电视机，但是，限于网络宽带的速度较慢、网络视频的内容较少、监管体制的重重障碍，最终折戟沉沙。8年之后，小米集团推出小米盒子，盛大集团当初的"盒子梦"由小米实现，但是，盛大盒子却已经不复存在了。

2. 成长期的特征

进入成长期，顾客对于产品已经非常熟悉，分销渠道的布局也渐趋完善，从而吸引了大量顾客的购买。因此，成长期是产品销售额增长最快的时期。而且，销售额的增长分摊了产品的固定生产成本和分销成本，使得产品的单位成本快速下降，进而促成了利润的大幅上升。销售额的快速增长和利润的大幅上升则吸引了大量竞争者的加入，因而竞争者日渐增多是这一时期的主要特点。

3. 成熟期的特征

进入成熟期，产品的销售额达到了产品生命周期的最高峰。但是，产品的销售增长率会逐渐下降，因为大部分潜在顾客已经购买了产品，使得整个市场趋向饱和。产品销售增长率的下降是一个漫长的变化过程：缓慢增长，少量的保守顾客开始使用产品；增长率趋于零，市场达到饱和状态；缓慢下降，顾客开始转向购买替代产品。在这个阶段，产品销售额的增长与销售增长率的下降使得产品利润也逐渐达到产品生命周期的最高值,进而开始缓慢下降。此外,市场饱和使得企业采取激烈的竞争手段从其他竞争者手中获取市场份额,导致市场竞争程度进入白热化阶段。

4. 衰退期的特征

进入衰退期,产品的销售额呈现明显下降或急剧下降的态势,利润也开始大幅下滑。出现这些特征的原因主要有如下几个:其他新产品的开发降低了市场对于该产品的需求;现有替代产品的成本下降、功能升级或渠道改进使之能够更好地迎合顾客需求,从而降低了顾客对于该产品的需求;顾客需求发生变动,导致这类产品无法有效满足市场需求。在这个阶段,很多企业会逐渐退出市场,转投其他更有潜力的市场。

9.2.3 产品生命周期不同阶段的营销策略

1. 导入期的营销策略

针对导入期产品的特征,企业可以采取如下营销策略。

首先,由于导入期产品面临较大的风险,企业应该通过控制生产数量、打造单一款式、持续迭代升级等策略不断完善产品,从而确保新引入的产品能够快速得到市场的认可。其次,导入期产品是顾客不熟悉或未得到他们认可的产品,营销宣传的重点应该放在尽快让顾客知悉产品的存在、利益、用途、特征等。因此,在这个时期,企业可以采取多种多样的营销宣传手段,打出产品的知名度,提高市场的接受度。最后,企业应该根据自身能力和潜在市场对产品的需求程度开始有计划地建设渠道,既可以全面推向市场,也可以在区域市场率先推出,然后不断扩展至其他市场。

如果只考虑价格和促销费用两个因素,企业有4种营销策略可供选择(见表9-2)。

表 9-2 导入期可供选择的市场策略

价格水平	促销水平	
	高	低
高	快速撇脂策略	缓慢撇脂策略
低	快速渗透策略	缓慢渗透策略

(1)快速撇脂策略。快速撇脂策略是指企业以高价推出新产品,并以大规模的促销活动相配合。大规模的促销活动可以让顾客快速了解新产品的存在与特征,有利于企业快速占领市场,同时,高价有助于企业保持较高的获利能力。快速撇脂策略的适用条件如下:顾客对于新产品的认知度不高,了解产品的顾客具有很强的购买意愿且愿意为其支付较高的价格,而且,产品的质量和性能要优于同类产品。

(2)缓慢撇脂策略。缓慢撇脂策略是指企业以高价推出新产品,但以低水平的促销活动相配合。高价格和低促销费用有利于企业获取较多利润,这是该策略的优势所在。缓慢撇脂策略的适用条件如下:市场规模有限、高水平促销难以刺激销量大幅增长的产品，或者顾客已经熟悉、无须投入大量促销费用的产品。

（3）快速渗透策略。快速渗透策略是指企业以低价推出新产品，并以大规模的促销活动相配合。低价和大规模促销可以让顾客快速了解产品特征并产生购买行为，从而使得企业可以在短期内快速获取大量市场份额。快速渗透策略的适用条件如下：市场规模足够大，有效的营销策略可以刺激产品销量大幅增长；顾客对于新产品不是太熟悉，但是对于此类产品的价格敏感度较高；产品生产的规模经济效应较为明显，产量的上升可以带来单位生产成本的下降。

（4）缓慢渗透策略。缓慢渗透策略是指企业以低价推出新产品，并以低水平的促销活动相配合。低价可以促使企业快速占领市场，低水平促销可以支持企业在低价条件下获得相对多的利润。缓慢渗透策略的适用条件如下：顾客对于产品价格的敏感度很高，而且对于产品非常熟悉；市场规模很大，低价可以带来市场份额的快速上涨。

2. 成长期的营销策略

针对成长期产品的特征，企业可以采取如下营销策略：首先，继续改进产品质量，赋予产品新的特性，不断增加产品款式，努力修正产品缺陷，确保产品优于其他竞品。其次，扩充营业网点，开辟细分市场，让产品覆盖尽可能多的顾客。再次，树立良好的品牌形象，提高顾客的忠诚度，以应对竞争对手的竞争。最后，根据竞争形势和顾客需要适时调整价格，以争取顾客、扩大市场份额作为价格策略的目标。例如，大疆在无人机市场进入成长期后，通过快速的产品迭代，建立了相对其他竞争对手的技术优势，成为不折不扣的无人机领域霸主。

3. 成熟期的营销策略

针对成熟期产品的特征，企业可以采取如下营销策略：首先，持续改进产品，包括提高产品质量、增加产品特性、改善售后服务，以过硬的产品质量和良好的顾客口碑树立品牌形象，从而有效地应对其他竞争对手的威胁。其次，改进营销组合，采用竞争性定价策略，适当扩大分销网络，增加促销费用等，以更好地争取顾客的青睐。最后，改进市场定位，进入新的细分市场，争夺竞争对手的客户，开发产品新用途、提高顾客的使用频率和使用量，从而达到保障市场竞争地位的目标。例如，在中国手机市场进入成熟期后，小米、OPPO、vivo 纷纷进军非洲市场、东南亚市场，试图寻找新的增长机会。

4. 衰退期的营销策略

针对衰退期产品的特征，企业可以采取如下营销策略。一方面，有选择地减少投资，即识别各细分市场的发展状况，对发展疲软的市场减少投资，维持其他市场的投资水平，挖掘这些市场的深度需求；另一方面，逐渐退出相关市场，通过售卖、破产等有利方式处理资产，实现业务的转型。例如，IBM 于 2004 年将 PC 业务出售给联想，抛售了即将进入衰退期的资产，成功向高端 IT 咨询服务商转型。

9.3 新产品开发

9.3.1 新产品的概念与分类

1. 新产品的概念

从狭义上说,新产品是指在某个市场上首次出现、能满足某种消费需求的整体产品。从广义上说,企业变动整体产品任何一个部分所推出的产品都可称之为新产品。大部分产品都有自己的生命周期,都不可避免进入成熟期和衰退期。如果不能及时开发新产品,企业很可能因为产品进入衰退期而无法生存,因此,企业开发新产品很有必要。

2. 新产品的分类

(1) 创新型产品。创新型产品是指采用新原理、新技术和新材料研制出来的市场上首次出现的产品,具有研发成本高、开发周期长、开发难度大、成功获益高等特征。

(2) 换代新产品。采用新材料、新元件、新技术改进市场上已有产品,使之质量和性能得到大幅提高的产品,具有开发相对容易、快速取得较高收益等特征。

(3) 改革新产品。从不同侧面对原有产品进行局部改革创新的产品,例如,采用新式样、新包装、新商标改变原有产品的外观。这类产品具有研发成本低、开发周期短等特征。

(4) 仿制新产品。企业模仿市场上已有产品而制造出来的产品,主要是企业扩大经营范围、寻求业务增长且规避研发风险的选择。

9.3.2 新产品的开发程序

新产品的开发程序主要包括 6 个阶段:创意产生、创意筛选、项目立项、产品开发、市场测试、商业化(见表 9-3)。

表 9-3 新产品开发的流程

阶段	创意产生	创意筛选	项目立项
任务	洞察需求 寻找创意	创意的市场前景 内部能力的支撑 公司战略的匹配	生成产品概念 测试产品概念 市场前景评估 技术条件评估
阶段	产品开发	市场测试	商业化
任务	产品关键特征 产品适用条件 产品成本控制	产品投放市场 观察市场反应 做出改进对策	营销策略的设计 营销策略的实施 营销策略的控制

1. 创意产生

在这个阶段，企业为了满足市场新需求而开发新产品，是新产品开发的起点。新产品的创意既可以来源于企业的管理者、员工，也可以来源于顾客、供应商、中间商、竞争对手等。顾客是产品的直接消费者，其对于产品的态度尤其是不满的态度往往是产品革新的重要源泉。因此，通过市场调研了解顾客的需求，是产生创意的重要方式。通过对竞争对手的产品进行分析，了解这些产品的优势和劣势，也能够为企业进行产品革新提供较好的思路。供应商对于新原理、新材料、新技术具有更为充分的信息，与他们的合作对于产品创新具有非常重要的价值。因此，供应商的支持是创意的重要来源。中间商同时售卖多个企业的产品，而且接触更多的顾客，他们对于顾客需求和未来趋势具有更为丰富的信息与更为敏锐的直觉。因此，寻求中间商的帮助，也是创意产生的重要方式。

2. 创意筛选

通过上个程序，企业往往会产生大量的创意。为此，企业需要根据自身资源和长期发展目标，对于这些创意进行筛选，确保最终采用的创意既能够支持企业的长期发展战略，而且企业也有能力确保创意有效的落地。创意筛选时既要考虑新产品的发展前景、盈利能力和竞争状况等市场条件，确保创意具有较大的市场空间；同时，也要考虑企业的技术、管理、财务、品牌等内部资源，确保创意能够得到切实的执行；此外，还要考虑企业的现有产品、未来目标等，避免创意对于现有发展可能带来的不利影响。

3. 项目立项

一旦企业确定了新产品开发的创意，那么，企业就应该进一步通过文字、模型和图像等对这些创意进行清晰阐述，使之形成产品概念。同一个创意，通常可以转化为几种不同的产品概念。因此，企业还要对这些产品概念进行测试，了解顾客对于不同产品概念的不同反应，据此为遴选产品概念和改进产品概念提供依据，最终确定拟采用的产品概念。在完成概念测试后，企业可以为新产品制定项目立项书，论证项目的市场可行性和技术可行性。

4. 产品开发

项目立项后，企业需要着手把产品概念转化为产品实体。具体来说，企业可以通过投入资金、设备和劳动力，将产品概念转化为实物产品。并且，对实物产品进行不断测试，发现不足与问题，据此证明新产品的可行性。具有可行性的新产品须满足以下条件：一是产品能够体现产品概念说明中的关键属性；二是在正常使用条件下，产品能够安全有效地运行；三是产品成本限定在一定的合理区间。

5. 市场测试

产品开发出来后，企业可以在小范围市场对产品进行测试，了解顾客和分销商对新产品的实际反应，从而决定对产品加以改进还是直接大规模量产。在市场测试过程中，企业主要对试用人数、首次购买人数、再购买人数、购买频率等指标进行评估，通过这些指标决定企业下一步采取何种营销策略。

6. 商品化

市场测试成功后，企业就可以批量生产新产品，并将其全面推向市场，即实现商品化。为了确保商品化的成功，企业还要解决如下几个问题。第一，上市时机。企业应该选择合适时机推出新产品，例如，通过节假日促销隆重推出新产品更有利于吸引顾客的关注和产生较好的推广效果，而且将节假日促销和新产品推广合二为一也有利于减少营销费用。第二，投入地点。企业应该选择在哪些市场投入新产品。对于实力较弱的小企业来说，可以集中在某些市场开展促销活动，取得一定市场份额后再向其他市场拓展；对于实力较强的大企业来说，可以直接面向全部市场开展促销活动。第三，目标市场的选择。企业可以根据新产品测试的情况，确定理想的目标市场。通常情况下，理想的目标市场具有如下特征：一是喜欢尝试新产品；二是具有较好的传播影响力；三是市场规模较大。第四，营销组合策略的设计。企业还要为新产品匹配适恰的价格策略、渠道策略和促销策略，为新产品快速打开市场保驾护航。

9.3.3 新产品的采用过程

新产品的采用过程一般分为五个阶段（见表9-4）。但是，不同顾客对于同一新产品的采用过程并不完全一致，同一顾客对于不同新产品的采用过程也不完全一致。例如：有的顾客颇具冒险精神，知晓新产品后直接采用，越过中间的兴趣、评价和试用等阶段；有的顾客则相对保守，对于新产品常常持怀疑的态度，往往在新产品逐渐普及之后才开始试用新产品。再如，顾客对于创新型产品的采用相对保守，往往经历知晓、兴趣、评价、试用、采用五个阶段，但是，对于改革新产品或仿制新产品的采用相对积极，知晓之后就直接采用了。

表 9-4 新产品的采用过程

知晓	顾客对新产品有所觉察，但缺少关于它的系统信息
兴趣	顾客对新产品感兴趣，开始寻找该产品的信息
评价	顾客对新产品的优势和劣势进行评价，并将之与竞品进行比较
试用	顾客小规模使用了新产品
采用	顾客决定经常和全面地采用新产品

9.4 品 牌 策 略

9.4.1 品牌概述

1. 品牌的概念

按照美国营销协会的定义，品牌是一种名称、术语、标记、符号或设计，或是它们的组合运用,其目的是识别某个企业或某群企业的产品和服务,使之与竞争对手的产品和服务区别开来。可以从如下几个方面深度理解品牌的含义。

(1)承诺。品牌是企业向顾客做出的一种承诺,承诺其会向顾客持之以恒地提供符合特定标准的产品和服务。

(2)特征。品牌是企业产品质量和产品特征的重要标志,如小米品牌一直是性价比的代名词。

(3)个性。品牌可以让消费者产生特定的联想,有利于使用者借此树立自己的良好形象。

现实中,大家经常混淆品牌和商标之间的差别,很多人误认为商标就是品牌或者品牌就是商标。实际上,品牌是商业名称,商标是法律名称。品牌作为商标注册后,便成为商标,并受到法律的保护。过去我国的很多企业不太重视品牌的保护,导致大量的老字号被抢注。例如,北京"同仁堂"商标和天津"狗不理"商标在日本被抢注,经过多年复杂的谈判与交涉,才最终将这两个商标拿回。目前,世界上大多数国家都采取"注册在先"的原则,即谁先在该国注册商标,谁就拥有商标的专用权并得到该国的法律保护,这使得及时为品牌注册商标成为企业应该关注的问题。阿里巴巴曾先后注册阿里爷爷、阿里奶奶、阿里妈妈、阿里爸爸、阿里伯伯、阿里姑姑、阿里哥哥、阿里姐姐、阿里弟弟、阿里妹妹、阿里宝宝、阿里宝贝等商标,就是一种保护品牌的举措。

2. 品牌的作用

(1)识别产品出处。品牌可以向顾客传达企业的信息,便于顾客根据这些信息判断产品的质量及产品能否满足自己的需求,可以在很大程度上减少顾客的搜寻成本。例如,五常大米、阳澄湖大闸蟹都是顾客判断产品质量的重要线索。

(2)宣传推广产品。企业可以建立品牌知名度和美誉度,并通过知名品牌的打造实现推广产品的目的。百度借用了"众里寻他千百度,蓦然回首,那人却在灯火阑珊处",杏花村借用了"借问酒家何处有,牧童遥指杏花村",实现了很好的品牌宣传效果。

(3)承诺产品质量。为了建立和维护品牌的声誉,企业需要向顾客持之以恒地传递符合标准的产品与服务。因此,品牌可以视为企业对顾客做出的关于产品质量的承诺。例如,格力空调多次荣获"国家质量管理卓越企业""杰出成就与商业声誉国际质量最高奖""全国质量奖"等质量大奖,使得格力品牌成为高质量空调的代名词。

(4)显示象征意义。品牌可以作为文化、个性的象征,从而成为顾客彰显自身品味的重要标志。由于我国大部分企业的发展历史较短,尚没有形成如同LV、纪梵希、Gucci等具有强大影响力的品牌。但是,随着中国制造业的崛起,相信越来越多的中国品牌也会逐渐展现出强大的魅力,成为彰显顾客品味的标志。

(5)充当竞争工具。品牌可以将企业的产品与其他竞品区分开来,便于企业建立自己的竞争优势。例如,三只松鼠、良品铺子、百草味建立了良好的品牌形象,将自己的坚果与其它竞品有效地区隔开来。

9.4.2 品牌设计

品牌一般由名称和标志构成,因此,品牌设计既包括品牌名称的设计,也包括品牌标志的设计。

1. 品牌名称的设计

品牌名称的设计主要掌握三个要点,即品牌名称的类型、品牌命名的原则、品牌命名的步骤。

首先,品牌名称可以采用多种命名方式,常见的有如下 3 种类型。

一是以品牌的文字类型命名。①以汉字命名,中国企业普遍采用了汉字命名的方式,如华为、联想、小米、吉利、奇瑞、百度、阿里巴巴、腾讯、字节跳动,一些国际品牌进入中国市场后也会对品牌名称进行本土化改造,如微软(Microsoft)、惠普(HP)、亚马逊(Amazon)、飞利浦(Philips)、梅赛德斯—奔驰(Mercedes-Benz)、宝马(BMW)、奥迪(Audi)等。②以字母命名,国际品牌大多采用字母命名,如 Dove、Land Rover、Jaguar、Dell,国内品牌也会采用这种命名方式,尤其是进入国际市场时,如 OPPO、vivo、联想(Lenovo)、格力(Gree)、奇瑞(Chery)、吉利(Geely)、雅戈尔(Younger)。③以数字命名,数字名称具有很好的通用性,如 G2000 服装、999 胃泰、555 香烟、001 天线、7-11 便利店、361° 服装、360。

二是以品牌的关键利益命名。①功效性品牌,即以产品带给顾客的功能效果作为命名依据,如空客(飞机)、奔驰(汽车)、舒肤佳(香皂)、飘柔(洗发水)、佳能(照相机)、立白(日化)。②情感性品牌,即以产品带给顾客的精神感受作为命名依据,如美的(家电)、好利来(蛋糕)、瑞蚨祥(服装)、马聚源(服装)、内联升(服装)、吉利(汽车)。③中性品牌,即品牌名称无具体含义,如海信(家电)、海尔(家电)、格力(家电)、比亚迪(汽车)、科沃斯(扫地机器人)、艾美特(电器)。

三是以品牌的来源渠道命名。①以人名命名,如小鹏(汽车)、法拉第未来(汽车)、李宁(体育用品)、阿里巴巴(电商)等。②以地名命名,如香格里拉(酒店)、中华(香烟)、黄鹤楼(香烟)、茅台(白酒)、长城(汽车)、喜马拉雅(App)。③以物名命名,如小天鹅(洗衣机)、小熊(小家电)、小狗(小家电)、熊猫(电子)、金鹰网(娱乐)、凤凰网(媒体)、奇虎(安全)、飞鹤(奶粉)、三只松鼠(干果)、小米(手机)、瓜子二手车(汽车交易平台)、毛豆新车(汽车交易平台)、土豆(视频网站)、西瓜视频(App)、六个核桃(饮品)、蘑菇街(电商)、美柚(App)、豌豆荚(手机管理软件)、锤子(手机)。④以词汇命名,如蔚来(汽车)、乐视(网站)、传音(手机)、荣耀(手机)、中兴(通信)、招商(银行)。⑤自创命名,如华为(通讯)、OPPO(手机)、vivo(手机)、魅族(手机)、京东(电商)、拼多多(电商)、中信(银行)、卡萨帝(电器)。

其次,品牌命名一般遵循 5 个原则。一是尊重文化差异。锤子手机曾一度被四川消费者排斥，因为"锤子"在四川话中是一种比较粗俗的表达。二是简单易记忆。阿里巴巴、百度、搜狗、拼多多、蔚来、联想等知名品牌让人过目不忘，很好地发挥了宣传的效果。三是引发正面联想。金利来、好利来让人联想到美好的未来，华为、中兴让人联想到国家的发展。四是暗示产品属性。典匠铁锅、良工插座、超霸电池暗示了产品的高质量和良好性能。五是预埋发展管线。比亚迪、蔚来、OPPO、vivo等没有具体意义且不带负面效应的品牌名称，比较适合于后续的品牌延伸。例如，比亚迪推出手机比较容易被接受，而路虎、奔驰推出手机则难以被接受。

最后，品牌命名一般包括8个步骤。

第一步，开展前期调查。在对品牌进行命名之前，应该对竞争者的命名情况与本公司的产品特性、战略目标进行调查，明确品牌名称应该展现何种产品特性或者匹配何种战略目标，并确保这种品牌名称能够与竞争对手有效区隔。

第二步，确定命名策略。根据前期调查结果，选择适合的命名策略。例如，功效性命名适合单一产品的品牌命名，情感性命名适合多种产品的品牌命名；人名适合展现传统产业的历史感，地名适合彰显农副产品的地域性，采用物品命名可以带来亲切感，采用自创命名可以带来时尚感等。

第三步，进行头脑风暴。确定命名策略后，可以要求内部员工提出自己想到的名称，甚至可以向社会征集品牌名称，在此基础上，通过头脑风暴等方式，确定适合或者能够得到广泛认可的名称，组成一个庞大的名称列表以供选择。

第四步，进行法律审查。由法律顾问对名称列表进行审查，排除不合法的名称，确保名称列表均为可供选择的名称。

第五步，进行语言审查。由文字编辑对名称列表进行审核，去除有发音障碍或者寓意不好的名称，进一步精简名称列表。

第六步，进行内部筛选。由公司内部员工对品牌名称进行投票，选出排名靠前的10~20个名称。

第七步，目标客户测试。邀请目标客户对品牌名称进行测试，可以采用投票或者观察他们听到品牌名称后的反应等方式进行测试。根据测试结果，选出受欢迎的2~5个名称。

第八步，最终确定名称。从最后的几个名称中选出最终的命名。

营销洞见

西贝莜面村的3次更名[①]

2001年，贾国龙创办西贝莜面村——一家主打西北民间土菜的连锁餐厅。由于"村"字能够表达民间的含义，而且餐厅以莜面为特色，贾国龙将其命名为"莜面村"。西贝莜

[①] 黄小葵，宋莹莹，曹茹. 西贝莜面村三次更名，缘起何故？[DB/OL]. [2022-05-11]. 中国管理案例共享中心.

面村的装修以浓墨重彩的"乡土"风格为主，餐厅里有玉米垛子、大树、辣椒串。餐厅以窑洞为包房，每个包房都有前厅后厨，每个厨房配备西北地区的厨娘，穿着特定的服装装扮成母女招待前来吃饭的客人。每个厨娘都可以做得一手好菜又拥有一副好嗓子。信天游、花儿、长调等西北民歌都是张口就来。每个厨娘都有自己的拿手菜，因此每个包房的菜单都各有千秋，让食客总有把所有包房菜品都吃个遍的想法。西贝莜面村既继承了传统的西北风格，又进行了大胆的创新，受到广大消费者的青睐。

2010—2012年期间，贾国龙接受特劳特中国公司的建议，将全国所有门店"西贝莜面村"的牌匾换成"西贝西北民间菜"，一年后又改为"西贝西北菜"，致力于"打造中国的第九大菜系——西北菜"。为此，贾国龙对菜谱进行重新调整，压缩菜品种类，提供"独特健康的西北民间菜品"。新菜谱根据餐厅大小被分成大、中、小3类，各有120、90、60道菜，其中最大的变化有两个：炒菜减少，羊肉泡馍、西北凉皮、肉夹馍等传统菜增加。在首都北京和各大城市地区，西贝西北菜因其浓郁的西北特色而备受消费者喜爱，2011年当年营收达到13亿元。

西贝西北菜发展了一段时间后，问题也相继出现：西北菜的范围太过宽泛，而西贝西北菜并不能囊括全部；西贝在产品研发过程中渐渐失去了焦点，大盘鸡、肉夹馍、凉皮等都是西北菜，是否需要上菜单等问题变得极其麻烦；当菜单涵盖菜品过多的时候，餐厅就失去了个性与特色。这一次，贾国龙停下来开始认真思考餐厅的真正定位。他再次从莜面的独特性和健康性出发，回到西贝莜面村，因为对于餐厅而言，莜面代表了一种独特性，代表了健康的属性，它有机会开创一个全新的与众不同的品类。2013年春节后，贾国龙经过全面的总结思考，将餐厅的主打品牌重新确定为西贝莜面村，使得莜面村再次出现在人们眼前。

重新回归的西贝莜面村拥有健康美食加青春靓丽的莜面妹，使西贝莜面村的品牌形象焕然一新，并成功入围中国烹饪协会"中国美食走进联合国"活动，还在联合国总部和纽约大学充分展现了莜面这一古老中华美食的无穷魅力。西贝莜面村的回归，贾国龙不知道这是不是一个追求利益的商人应该做的，但他清楚，莜面是自己擅长的，它代表的不仅仅是莜面一种小吃，还代表了西北特色。

2. 品牌标志的设计

品牌标志是指品牌中可以被识别、但不能用语言表达的部分，即运用特定的造型、图案、文字、色彩等视觉语言来表达或象征某一产品的形象。品牌标志的设计需要把握设计原则、设计风格与色彩运用。

首先，品牌标志设计的原则。品牌标志设计需要遵循一定的原则，否则将可能造成品牌标志设计的失误甚至是失败。一般来说，品牌标志设计遵循四个原则。

第一，易记忆。品牌标志应该便于记忆，让人"一见难忘""过目不忘"，比较具有代表性的如腾讯集团的胖企鹅、天猫商城的小黑猫和京东商城的小白狗（见图9-4）。

图 9-4 腾讯的胖企鹅、天猫的小黑猫与京东的小白狗

第二，有含义。品牌标志应该能够引发正面的品牌联想，如中国铁路的 Logo 由"工"和"人"构成了火车头形象，下方的"工"字呈现出钢轨的横断面，简洁和形象地传达了铁路的形象。相似的 Logo 还有中国工商银行和中国农业银行的铜钱 Logo（见图 9-5）。

图 9-5 中国铁路、中国工商银行和中国农业银行的 Logo

第三，受欢迎。品牌标志应该能够为消费者带来美感，如小天鹅的飞翔天鹅与中国联通的中国结（见图 9-6）。

图 9-6 小天鹅和中国联通的 Logo

第四，可转移。品牌标志应该能够应用于不同的产品品类和不同的地理区域，以便于企业后续的战略调整，如 OPPO 的 Logo（见图 9-7）。

图 9-7 OPPO 的 Logo

其次，品牌标志设计的风格。品牌标志设计的风格有很多，大致上可以分为现代主义风格和后现代主义风格两种。

第一，现代主义风格。现代主义风格主张简洁明了、少即是多、简洁即美等理念，比较知名的如三一重工和长城汽车的 Logo（见图 9-8）。

图 9-8 三一重工和长城汽车的的 Logo

第二，后现代主义风格。后现代主义风格强调感官愉悦和视觉冲击，比较知名的如三只松鼠和良品铺子的Logo（见图9-9）。

图9-9 三只松鼠和良品铺子的Logo

最后，标志色彩的运用。在品牌标志设计过程中，色彩的选择需要充分考虑时代特色、产品定位、目标市场、区域文化等。标志色彩的运用需要遵循如下原则。

第一，传递企业的信念。蒙牛的Logo采用了绿色作为主色调，主要是传递出蒙牛作为食品企业所坚守的天然、健康、无公害、无污染等信念（见图9-10）。

图9-10 蒙牛的Logo

图9-11 抖音的Logo

第二，体现企业的特色。抖音的Logo通过色彩的搭配，营造出抖动的视觉效果，很好地体现出与众不同的特色（见图9-11）。

第三，符合大众的心理。北京同仁堂的Logo采用经典的暗色调与红白色彩，传递出沧桑的历史感，很好地契合了大众对于同仁堂悠久历史的认知（见图9-12）。

9.4.3 品牌决策

1. 品牌使用决策

企业既可以选择使用品牌，也可以选择不使用品牌。使用品牌具有诸多好处，例如，有利于树立良好的企业形象和产品形象，也便于顾客选择和识别产品，还能够作为竞争优

图9-12 北京同仁堂的Logo

势对竞争对手形成强大的压力。正因为这些好处，品牌化逐渐成为大多数企业的选择，即便是水果、大米、面条等很少采用品牌的产品，也开始通过精致的包装并配以品牌进行出售。例如，北大荒、金健、米字牌、福临门、崇明岛通过多年的运营，已经发展成

为国内知名的大米品牌。但是，品牌化意味着促销成本的增加，因此，对于同质化程度高、交易规模大的产品如煤炭、木材等，企业一般很少为其建立品牌。例如，煤炭交易还是以煤种、粒度、发热量作为选择产品的标准，很少有企业为煤炭建立专门的品牌。

2. 品牌归属决策

（1）生产商品牌。生产企业可以选择自建品牌，如华为、中兴、联想、小米、比亚迪等。使用生产商品牌的企业大都具有良好的品牌形象，具有多年的经营历史，且具有较大的市场规模，可以承担品牌化建设带来的诸多成本。

（2）中间商品牌。生产企业也可以采用中间商品牌，例如，莹特丽科技、科丝美诗（中国）化妆品有限公司、莹特菲勒化妆品（上海）有限公司为网易严选代工，即采用了中间商品牌。目前，这种策略也是很多企业的选择，因为这种策略可以分摊企业的固定费用，有利于企业的规模化生产，从而降低企业的成本和风险。

3. 品牌关联决策

（1）统一品牌策略。统一品牌策略是指所有产品均采用同一个品牌。经营同类产品的企业往往选择使用统一品牌策略，如 OPPO 生产的手机、耳机、电视机、手环等均采用了"OPPO"。统一品牌策略具有诸多优点：可以降低企业的宣传费用；可以利用前期积累的品牌优势顺利推出新产品；可以彰显企业强大的运营能力，从而树立良好的品牌形象。但是，统一品牌策略也存在诸多风险：容易带来"一损俱损"的风险，如果企业的一款产品出现问题，则整个品牌的产品都会遭受牵连；无法有效地区隔市场，小米手机的中端产品和高端产品均采用了"小米"品牌，导致消费者对其高端产品不买账。

（2）个别品牌策略。个别品牌策略是指企业对不同的产品分别使用不同的品牌。例如，上海家化集团对于旗下产品使用了"双妹""美加净""六神""高夫""佰草集""家安""玉泽""启初""典萃""汤美星"等不同品牌。个别品牌策略具有如下优势：避免了品牌株连效应，个别产品出问题不会波及整体品牌；可以有效区隔市场，便于顾客选择不同质量和档次的产品。但是，个别品牌策略也存在诸多不足：需要企业投入大量的促销费用，分散企业的促销资源；无法发挥"一荣俱荣"的协同效应。

（3）统一的个别品牌策略。仔细分析统一品牌策略和个别品牌策略可以发现，两种品牌策略存在较强的优势互补。那么，将两种品牌策略进行折中，充分发挥两种策略的优势，成为可行的选择。目前，两种策略是比较常用的，一种是统一的个别品牌策略，另一种是个别的统一品牌策略。统一的个别品牌策略是指企业对不同产品分别使用不同品牌，并在不同品牌前统一冠以企业品牌。例如，吉利汽车对旗下产品分别冠以"吉利帝豪""吉利全球鹰""吉利英伦"等品牌。统一的个别品牌策略可以充分发挥统一品牌策略和个别品牌策略的优点，既可以获得不同产品共享企业品牌带来的低成本，又可以保持不同产品品牌之间的相对独立性和品牌特色。

（4）个别的统一品牌策略。个别的统一品牌策略是指企业在对产品进行分类的基础上，为各类产品赋予不同的品牌，但是，同类产品采用相同的品牌。例如，纳爱斯集团的"100年润发"品牌专营洗发产品，"西亚斯"品牌专营护肤产品，"李字"品牌专营灭虫产品。与统一的个别品牌策略类似，个别的统一品牌策略也是对前两种策略的折中。

4. 品牌延伸决策

品牌延伸决策是指企业利用已经具有较大市场影响力的成功品牌来推出新产品。例如，小米集团成功推出小米手机后，利用顾客对小米品牌的喜爱，陆续推出了小米手环、小米体重秤、小米充电宝和小米插座等产品，也快速赢得了市场的青睐。品牌延伸策略具有较多的优点：一是可以确保新产品快速地进入市场；二是可以降低企业的促销费用；三是可以不断巩固品牌的影响力。但是，这种策略也存在很大的风险：一方面，如果延伸产品与原品牌的匹配度较低，则可能招致顾客的反感。例如，三九集团以"999胃泰"起家，后来推出"999冰啤"，这种延伸造成了消费者认知的混乱，对于品牌产生了较大的负面影响。茅台希望借助"国酒"的影响力开拓新市场，推出了啤酒和红酒，但是，这种延伸也没有得到市场的认可。另一方面，如果延伸产品不成功，则可能对原品牌产生较大的损害。

营销与中国

"一体两翼"：海尔集团的多品牌定位之道[①]

海尔集团坐落于山东青岛黄海海畔，公司经营产品有冰箱、洗衣机、冷柜、空调、热水器、厨电等，业务范围涵盖各类家电的研发、设计、制造、营销及售后服务等。从1984年创立，海尔集团相继经历了名牌战略发展阶段（1984—1991年）、多元化战略发展阶段（1991—1998年）和国际化战略发展阶段（1998—2005年）。从质量管理、到多元化经营与规模扩张，再到出口创牌和海外本土化，海尔的品牌管理理念始终在不断变化和发展之中。

在最初的发展过程中，海尔一直采用品牌延伸策略。海尔首先将大众化的冰箱产品升级打造成国内第一的冰箱品牌，之后通过一番内扩外并，将自己的品牌延伸到电冰柜、空调、洗衣机等系列白电产品。后来，又将眼光投向了黑电市场，凭借海尔多年积累的核心技术，研发了电脑、电视，甚至将产业拓展至医药、物流、金融等领域，形成了一整套海尔体系。但是，海尔如果继续采取品牌延伸策略将面临一定的风险，比如一旦海尔在管理高端新品中出现失误，整个品牌都可能被波及。更重要的是，市场进入成熟期后必然形成诸多细分市场，而仅用一个海尔品牌满足所有细分市场的所有需求可能难以实现。即便理论上可以实现，也可能会导致海尔已经积累的品牌形象模糊或混乱。为此，海尔决定采取多品牌战略。

---

① 马宝龙，白如冰，胡智宸．"一体两翼"：海尔集团的多品牌定位之道[DB/OL]．[2022-05-11]．中国管理案例共享中心．

2007年9月，海尔集团正式决定采用多品牌战略，在保留海尔品牌作为集团主品牌的基础上，创立卡萨帝（Casarte）作为子品牌。卡萨帝的品牌名称取自意大利语"La casa"（意为家）和"arte"（意为艺术），旨在期望能为每一位追求高品质生活、充满生活热情的消费者，带去艺术格调和至臻优雅的消费体验。卡萨帝以具有社会影响力的富裕阶层为核心目标用户群，形成对整体高端用户的辐射。卡萨帝将其核心消费群定义为能产生80%品牌利润率的20%高端消费群体。这群人是生活方式的制定者、行业发展领导者和高端生活向往者，代表着成功、掌控、自由、执着和极致等观念。通过洞悉高端用户需求，卡萨帝致力于为他们量身定制高端生活解决方案，由销售产品转变为提供高端生活。

2016年，在卡萨帝和海尔共同走过的第10个年头，海尔集团多品牌舰队又添加了一位新成员：海尔旗下子品牌统帅（Leader）立足于中国2.5亿名年轻消费者的庞大用户需求，结合集团整体品牌布局的战略，致力于成为"轻时尚家电的开创者"。统帅的品牌主张是"轻时尚，悠生活"，旨在为消费者提供简约、悠闲、时尚的产品体验。"轻"即适度，崇尚简约本真，不受当下变幻潮流的左右，只从本心。轻时尚产品具有一种简约时尚的特点，但背后的文化是回归本质：不为了标新立异而夸张色彩，相反真正做到时尚中孕育内涵。统帅电器的"轻时尚"，是让家电化繁为简，于细节和微小中对消费者体现关怀。自此，以海尔为主体、卡萨帝和统帅为两翼的海尔集团"一体两翼"品牌舰队初步构建完成。

从调研、决策、筹备再到执行，海尔集团用了近二十年的时间初步完成了多品牌战略的布局。凭借创立海尔、卡萨帝和统帅的经验，海尔集团截至2020年6月已经将品牌舰队扩充成了由海尔、卡萨帝、统帅、AQUA、Candy、Fisher & Paykel、GEA构成的全球范围家电品牌群，在逆势中展现了中国家电企业顽强的生命力。

本章提要

产品是能够提供给市场以满足需要或欲望的东西，包括有形物品、服务、人员、组织、观念或它们的组合。一般而言，可以用核心产品、基础产品、期望产品、附加产品、潜在产品五个层次来对产品进行准确的刻画。产品按照有形性和耐用性可以分为有形物品和无形服务、耐用品和非耐用品；按照信息可以分为搜寻品、经验品和信任品。

为了应对外部环境的复杂多变与竞争对手的激烈竞争，企业通常会尽可能推出多种产品，使之形成一个产品组合，以迎合顾客的多元化需求。产品组合的长度、宽度、深度、关联度是测度产品组合的重要指标，产品线的延伸、填补、削减、改进是企业重要的产品决策。

产品不是一成不变的，大都会经历导入期、成长期、成熟期和衰退期四个阶段，即产品生命周期。产品生命周期指的是产品的市场寿命，而不是指产品的使用寿命，旨在刻画一种产品更新换代的经济现象，而且，同一产品在不同市场所处的生命周期阶段可能存在差异。此外，处于不同生命周期的产品呈现出不同特点，企业可以根据这些特点决定在不同生命周期阶段采取差异化营销策略。

大部分产品都有自己的生命周期，都不可避免进入成熟期和衰退期，因此，企业应该不断开发新产品。新产品可以分为创新型产品、换代新产品、改革新产品、仿制新产品。新产品开发程序一般包括创意产生、创意筛选、项目立项、产品开发、市场测试、商业化六个阶段。顾客对新产品的接受也需要一个过程，大都经过知晓、兴趣、评价、试用、采用五个阶段。

为了建立自己的竞争优势，很多企业会制定适宜的品牌决策，包括品牌归属决策、品牌关联决策、品牌延伸决策等等。尤其是对于经营范围广的企业来说，如何在统一品牌策略、个别品牌策略、统一的个别品牌策略、个别的统一品牌策略之间进行抉择，是需要慎重考虑的问题。

案例分析

奈雪的茶：产品创新铸就高端新式茶饮龙头[①]

奈雪的茶（以下简称奈雪）是茶饮界的网红品牌，同时也是年轻人心目中的"白月光"。那么，奈雪是如何从众多茶饮品牌中冲出重围的呢？

1. 精准定位，扩张直营门店

从目标顾客来看，奈雪的消费群体主要聚焦于20～35岁的年轻女性，她们讲究生活品质与生活方式，强调自我与个性。为了迎合这部分消费者的需求，奈雪的茶饮坚持口感好、品质佳、有特色的产品定位，它的另一款主打产品——软欧包，也融入了低油、低糖、低盐的健康理念，很好地契合了年轻群体对于健康与美好生活方式的追求。

在拓店方面，奈雪坚持所有店铺都采用直营模式，以此控制产品品质的稳定。在奈雪看来，茶饮这类行业对于品质要求很高，直营的经营方式更有利于集中管理，保证茶饮的品质和口感，避免出现一种产品不同标准的情况。

对于目标市场，奈雪最初定位于深圳，因为深圳不仅符合奈雪品牌的高端定位，而且汇拢了对新式茶饮最集中的消费需求，能够助力品牌发展。于是，深圳这座城市成为奈雪起步时的重点战略区域。在广东深耕两年后，奈雪开启"全国拓店计划"，由华南地区向一线大城市集中布局。除了一线城市，奈雪还将目光放在新一线、二线城市，这些潜在高势能地区的消费能力也十分强劲。同时，奈雪还走向新加坡、东京，逐渐扩大品牌影响范围。截至2021年，奈雪在海内外拥有的门店数达562家，发展成为我国高端新式茶饮的领导者。

[①] 刘兵，王点点，赵玉帛. 奈雪的茶：高端新式茶饮龙头，打造茶饮"第三空间" [DB/OL]. [2022-06-09]. 中国管理案例共享中心.

2. 打破传统，精耕产品

（1）产品取材，坚守匠心品质。在2015年之前，市场上的奶茶多是用茶末、奶精、果酱勾兑而成，不仅喝不出高级感，而且还有害健康。为此，奈雪经营团队深入茶叶产地，直接对接茶农，以获取优质原材料。目前，奈雪的茶原料均来自优质茶产区，包括台湾日月潭的红茶、台湾阿里山的初露、西湖龙井村的龙井等。为了保证茶饮的品质，奈雪以契作或买断的方式直接与茶产地合作，通过工艺改良形成独特的产品风味，并保证了茶饮品质的稳定。此外，为了确保能够全年供应水果原料，奈雪花重金聘请农学博士栽培165亩（1亩=666.7平方米）草莓园，在保证产品质量的同时也保证四季可以供应。对于软欧包，奈雪也是秉持同样认真的态度。软欧包的制作秉持低油、低糖、低盐等健康理念，旨在酝酿出食物天然的麦香味，再加入杂粮、芝士奶酪、水果等，在满足消费者日益重视健康的前提下，不断丰富产品口味。

（2）反复测试，追求最佳口感。奈雪的每款产品在上新之前，都会经过上百次的测试，最后挑选出几个方向的味道，再请专门测试小组和核心用户来品尝，最终做出决定。经过不断测试，奈雪得出一些经典搭配，如橙子最适合搭配毛尖，四川驿站的水蜜桃搭配台湾骊山和阿里山的乌龙茶的口感最好。另外，在操作方式上，以霸气鲜果茶系列中的霸气芒果为例，芒果通过手工操作捣碎要比用机器打碎更能保持芒果纯果肉的口感。这些做法，无疑改变了原来街边茶饮店"简单粗暴"的产品流程，提升了茶饮的品质与口感。

（3）产品差异，打造品牌特色。奈雪以"一口好茶，一口软欧包，在奈雪遇到两种美好"的定位，与喜茶等其他新式茶饮品牌区分开来，同时也凸显了它与美好生活的关联。作为高端新式茶饮的龙头品牌，奈雪专注于最难被模仿的产品原料，一方面通过建立数字化管理调控及专属茶园，确保优质原料的稳定供应；另一方面，反复打磨茶工艺，让茶本身散发出多层次的口感。以金色山脉为例，区别于常规的单一茶底，它由金骏眉为主的三种名优红茶拼配而成，并以龙眼木焙火烟熏，初入口时香气氤氲，细细品味，甘醇韵长。在软欧包上，奈雪创新地将各地传统名菜放进软欧包的馅料中，通过西式做法打造中式口感。

除了产品定位、原料及做法的差异，奈雪还在产品杯型和包装纸袋的设计上形成差异化特色。奈雪装茶的杯子是奈雪创始人以自己手的握度为尺寸进行打样，经过十八次开模，设计出符合女性易握手感的"奈雪杯"。杯塞细分为女生的爱心塞和男生的小太阳图案；杯盖上凹槽也通过了细节测试，可以有效地防止女生将口红沾到杯子上。奈雪在包装纸袋的设计上融合颜值与创意，其设计审美水平在茶饮界数一数二，被外界称为"茶饮艺术家"。通过包装纸袋的设计，奈雪让艺术成为消费者可以握在手中的美好，满足了年轻人对于时尚、高颜值的追求。

奈雪的产品创新策略为其赢得了茶饮独角兽的盛誉，同时，这也为茶饮行业乃至新生代中国茶文化迈向全球提供了思路。希望未来的奈雪能够乘风破浪，早日成为"世界的奈雪"，以婀娜的姿态走向世界舞台的中央。

讨论：
1. 奈雪的产品创新策略为何能够取得成功？
2. 如果奈雪继续拓展业务，还可以从哪些方面着手？

拓展阅读

[1] 吴瑶，肖静华，谢康，廖雪华. 从价值提供到价值共创的营销转型——企业与消费者协同演化视角的双案例研究[J]. 管理世界，2017（4）：138-157.

[2] 郭艳婷. "退可守、进可攻"？小米生态互补者的战略抉择[J]. 清华管理评论，2021（Z1）：64-70.

[3] 许扬帆，孙黎，杨晓明. 迭代出来的微信[J]. 清华管理评论，2014（6）：40-47.

即测即练

第 10 章

价 格 策 略

本章学习目标

通过学习本章，学员应该能够做到以下几点。
1. 理解影响定价决策的关键因素。
2. 掌握定价的基本方法。
3. 掌握定价的主要策略。
4. 了解企业的价格调整行为及消费者与竞争者可能对此做出的反应。
5. 了解企业应如何应对竞争者的价格调整。

引导案例

任凭风浪起，"定"坐钓鱼台——京东的定价策略[①]

长期以来，价格一直是影响消费者购买决策的关键因素，也是决定企业市场份额和盈利性的最重要的因素之一。京东自创始之初，就一贯坚持不随便提高价格，也不会在不保证品质的前提下随意降价的原则。成本控制是完美定价的基础，京东通过自建物流体系，将服务运营的成本紧紧地把握在可控范围之内，由此获得定价的成本优势，确保了定价的主动权。在此基础上，"京东大家电三年零毛利""价格要比友商便宜10%""20个城市实现211限时达服务"等一系列品质保证的声明及价格控制策略在京东随即展开。凌驾于竞争对手之上的低位定价优势通常不会长久，于是京东主动出击，开始打造属于自己的购物狂欢节——"618"京东购物节。在每年的6月18日，推出不同价格组合的多样化主题吸引消费者，折扣、立减、专场、轰趴、返券、秒杀、一口价等价格组合方式花样辈出。2019年6月1日0点到6月18日24点，京东在"618"全民年中购物节中创下了累积下单金额2015亿元的壮举。

伴随着中国电商企业从野蛮竞争逐渐向内涵式发展的转型，京东的人工智能和大数

[①] 高原, 李纯青(通信作者), 邓景俏, 等. 任凭风浪起，"定"坐钓鱼台: 京东的定价策略[DB/OL]. [2022-05-25]. 中国管理案例共享中心.

据分析算法专家,以消费者洞察作为原点,运用顾客的价值感知作为定价的关键,将定价问题进行抽象和建模,对商品进行"智能化"的动态定价,通过相应的算法设计制定更合理的价格,让消费者买到性价比更高的商品。2019年11月19日,在京东全球科技探索者大会上,京东零售集团CEO徐雷在演讲中表示,京东零售率先推出了价格健康度管理机制和技术模型,是首家采用大数据和AI技术管控价格的平台。这套系统能够以最快30分钟一次的频率抓取竞品实时到手价,进行比价,确保用户成交价格的竞争力。价格智能监测管理平台系统每天全面监控所有自营商品,实时处理1000多万条价格数据,以确保能够给到消费者最实、最稳、最具竞争力的价格。

在消费群体上,大学生群体已成为电子商务市场中的一支强有力的生力军。京东大数据基于全国550余所高校京东派校园店的采购数据进行分析,勾勒出了校园网购人群画像,展示出当代大学生的消费水平、消费理念、不同品类产品的地域及院校差异。为大学生设立了专属购物天堂——京东校园专区。多种围绕校园生活之所需开辟的专门频道随即推出,开学必备、校园换新、运动会场……品类丰富,价格不贵,件件动心,凸显京东给予学生用户的特殊利益点及权益。校园专区为京东成功地俘获了一大批忠实的大学生粉丝用户,他们为京东的年收益发挥着举足轻重的作用。

面对瞬息万变的市场环境,京东灵活地运用价格这一有效工具,有条不紊地实现企业目标。此时的京东,就如同一个垂钓的老者,身经百战,面对风浪的起起伏伏,"定"坐钓鱼台。

在营销组合中,与产品、渠道和促销相比,价格是唯一能够帮助企业直接创造收益的要素。在商品交易的过程中,消费者会为获得一件商品而支付一定数量的货币,这是价格最直接的表现形式。而从广义来看,价格则是消费者为了获得一件商品而放弃的所有价值的总和。由此可见,价格与企业的获利能力和消费者从交易中所获价值的大小密切相关。合理、科学和有效的价格策略对于企业的贡献至少包括以下几点:第一,吸引顾客,构建与维系和顾客之间的良好关系;第二,灵活应对需求快速变动和激烈竞争等动荡的市场环境所带来的挑战,缓解或消除生存压力;第三,提升利用市场机会的能力,增加市场份额,扩大利润空间。因此,价格策略不仅是企业与消费者之间互动的工具,更是企业开拓市场和增强市场竞争力的利器。由此来看,如何制定价格策略是企业需要重点关注的一个核心问题。

10.1 影响定价决策的关键因素

10.1.1 企业内部因素

1. 企业目标

(1)维持生存

当企业遇到严重的经营问题、激烈的市场竞争或其他恶劣的市场环境时,产品销售困难，大量产品积压，此时企业的生存将面临严峻挑战。为了维持生存，尽快处理掉大量库存，企业往往采取低价策略。只要价格能够补偿可变成本和部分固定成本，企业就可能进行生产，通过低价来刺激需求，以平衡积压的大量产品供给，由此使生存得以维系。

（2）当期利润最大化

很多企业关注当期利润最大化，利用需求和成本函数来计算能产生最大当期利润的价格。然而，这种方法对需求和成本函数设定的准确性有较高要求，同时还要考虑消费者和竞争者对价格的反应、政治法律等外部宏观环境的制约、营销组合的协调与优化，以及在上述因素和其他潜在因素的影响下，企业如何平衡当期利润和长期利润等一系列问题。

（3）市场份额最大化

市场份额最大化是帮助企业提升市场地位和品牌知名度的重要基础，因此有些企业以市场份额最大化为目标来为产品进行定价。通常而言，企业会采取低价策略。企业认为，当市场份额足够大时，产品的单位成本就会显著降低，企业可借此获得更大的长期利润。此时，产品价格应不低于可变成本，在这一最基本的前提下尽可能地降低价格。但要想利用低价来不断提升市场份额、抢占市场主导地位，同时又保证稳定、可持续、更理想的长期利润，还应满足以下一些条件：第一，市场应该具有较强的价格敏感性，价格的降低能够快速吸引消费者的注意力和激发购买欲望；第二，随着生产经验和分销经验的累积，生产成本和分销成本应该得到显著降低；第三，在较低的价格水平上，竞争者采取跟随或挑战低价行为的可能性较小。

（4）理想的投资回报率

企业都希望投资能够获得理想的利润回报，在这一目标主导下，企业应该合理控制包括研发成本、生产成本、营销成本及其他成本等在内的产品总成本，同时尽量提高产品的销售额。这里就存在一个围绕定价而产生的权衡问题——采取高价策略可能抑制销量，这会对销售额产生不确定性影响，并增加单位成本；若采取低价策略，有利于增加销量和降低单位成本，但仍对销售额存在不确定性影响。因此，企业可先设定一个预期的投资回报率，利用需求和成本函数来确定初步价格。同时，为了降低上述"不确定性影响"，以保证预期或更理想投资回报率的实现，可结合下述情况来指导价格的调整：第一，当市场的价格敏感性较强，低价足以激发销量的大幅度增加时，企业可在初步价格的基础上，适当下调定价；反之，则需维持初步价格或适当上调定价。第二，当市场竞争强度较大时，市场产品同质性和竞争者的跟随倾向均较强，此时可考虑维持初步定价，因为价格的上升与下降都可能进一步增加不确定性风险。

2. 产品定位

产品定位传递了产品独特的价值主张，使消费者在心中形成关于产品的独特形象。企业通过产品或品牌定位而使产品与竞争对手的同类产品得以区分，因此可将产品定位理解成寻求产品差异化的过程。这种差异化可以通过产品本身的属性来体现，如价格、质量、性能、功能、成分、附加服务等，因此可借助价格来实现产品定位，即价格策略是受到产品定位目标所影响的。例如，沃尔玛（中国）将价格属性视为定位点，"天天低价"的定位意味着沃尔玛对部分商品采取低价策略，从而提升自身的竞争优势。

同时，不直接以价格属性为定位点的产品定位也可以匹配不同的定价策略。例如，海尔集团利用旗下的卡萨帝、海尔和统帅三大自建家电品牌完美实现了全面覆盖高、中、低端家电市场的多品牌战略。三大品牌分别满足不同的细分市场，采取差异化的品牌定位，相应地，价格策略也有明显不同。具体而言：卡萨帝针对都市精英人群，将自身定位于世界高端家电品牌，采取的是高价策略；海尔则主打中高端消费市场，定位于绿色理念践行者，采取的是中等价格策略；而统帅将目标人群锁定为既向往品质生活，又不愿支付过多成本的城市白领，品牌定位于轻时尚家电开创者，采取的是低价策略。

3. 成本

成本反映了企业为获取一定水平的产品收益而投入资源的经济价值，企业希望通过定价来补偿成本，成本决定了价格的下限。

成本的表现形式较为多样，根据产量与成本之间的关系，可将成本划分为固定成本和可变成本。其中，固定成本是指不随产量或销量的增减而变化的成本，如研发成本、厂房租金及采暖供热费等。而可变成本则随产量的增减而发生变化，如每部华为手机的生产都需要芯片、电池、显示器和手机壳等原材料及产品外包装，手机生产数量越多，原材料与外包装的投入总量和所产生的成本就越大，即原材料与外包装的总成本是随产量的增加而增加的，故将其视为可变成本。

总成本是指在一定产量下，固定成本与可变成本之和。用总成本除以产量即为平均成本，又称单位成本。若价格等于平均成本，则恰好实现了盈亏平衡，此时企业是没有利润的，这是企业能够接受的最低定价。当然，在一些特殊情况下，如为应对竞争，企业可能不得不将价格降低至可变成本，但这是短期内的应对策略，从长远来看，此方法并不可取。

管理者需要清楚地了解成本的变化情况，进而指导价格的制定。在一定的产能范围内，在固定成本不变的情况下，随着产量的增加，分摊到单位产品上的平均固定成本将降低。在累计产量不断上升的过程中，员工积累了更丰富的生产经验，甚至可能创新生产流程和改革制造工艺，进而提升生产效率，使单位固定成本进一步降低，这就是经验曲线效应。经验曲线效应在可变成本的变化上也有所体现，如随着渠道经验和客户管理经验的增加，员工可能开发出成本更低的采购渠道或直接降低现有渠道上的采购成本，同时利用对客户需求的更好洞察而削减不必要的成本投入，由此降低可变成本。综上，基于经验曲线效应，产品的平均成本在下降，这就创造了降价空间，企业可以通过降低价格来与竞争者抢占市场，并可能获得更理想的收益。

例如，针对功能相似的某款智能手机，华为已累计生产 100 万台，每部手机的成本为 3000 元；而其最主要的竞争对手 A 企业经验相对不足，每部手机的成本达到 3500 元。假设两家企业均采用行业平均售价 3800 元来销售此款手机，华为每部手机可获利 800 元，而 A 企业可获利 300 元。此时，华为可将产品售价降低至 3500 元，每部手机仍可获利 500 元，而采用相同价格，A 企业将无法实现盈利，可能会被挤出市场或在 3500～3800 元之间调整价格。很显然，华为能争取到更大的市场份额，3500 元的价格将带来更大的利润回报。随着产量的继续累计，华为的成本领先优势和获利能力将进一步增强。

在实际应用中，参考经验曲线来定价需要考虑两个关键问题：第一，降低价格是否会对品牌形象或产品形象产生消极影响？如果会，企业不应仅根据经验曲线而轻易下调价格；第二，如果企业无法基于技术创新，在降低产品成本的同时增加产品价值，此时竞争者很可能向企业发起挑战，在这种情况下单纯地依赖经验曲线来确定价格会限制企业的获利能力。

10.1.2 企业外部因素

1. 市场需求

市场需求会受到价格变动的影响，因此可以将市场需求视为价格的函数。为了有效地利用价格来带动需求，管理者需要了解价格与需求之间的关系，理解需求如何随着价格的变动而变动。

对于绝大多数的产品而言，需求与价格之间是呈反向变动的，两者之间的关系可用需求曲线来表示，如图 10-1 所示。

根据需求曲线，当价格由 P_1 上升至 P_2 时，需求量会从 Q_1 降至 Q_2，反之亦然。需求变动对价格变动的敏感程度可用需求价格弹性来表示，具体而言，需求价格弹性等于需求变动的百分比除以价格变动的百分比，其衡量了价格每变动 1%，会引发需求变动百分之几，通常用弹性系数（E_d）来表示该比值：

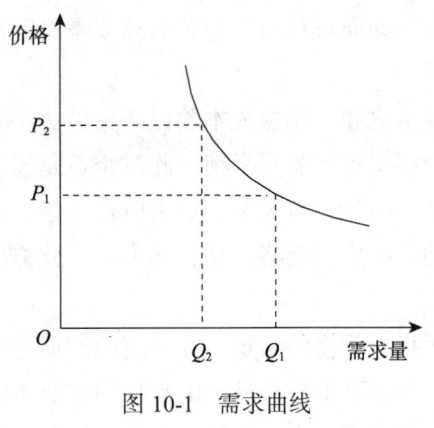

图 10-1　需求曲线

$$E_d = \frac{\Delta Q / Q}{\Delta P / P}$$

该公式排除了价格和需求单位不一致而带来的影响。

当 $1 < E_d < \infty$ 时，为需求富有弹性，企业可以考虑通过降低价格来刺激需求量的增加，并由此增加盈利。E_d 的值越大，说明消费者对价格的变动越敏感，价格的降低所带来的收益就越可观。需求量的增加会带来产量和销量的上升，但只有所产生的相关成本能被合理控制，企业的降价行为才是可行的。

当 $E_d = 1$ 时，为单位需求弹性，需求与价格呈等比例变动，此时企业不宜对价格进行调整。

当 $0 < E_d < 1$ 时，为需求缺乏弹性，需求的变动比例小于价格的变动比例，说明消费者对价格变动的敏感性较弱。在这种情况下，企业可考虑通过提高价格来增加盈利，但价格提升的幅度需要根据弹性系数的具体大小来确定，E_d 越接近于 0，价格提升的空间就越大。

此外，E_d 的取值还可能存在两种情况：$E_d = 0$，为需求完全无弹性，即无论价格如何变动，需求都不会发生任何变化；$E_d = \infty$，为需求有无限弹性，即在既定的价格下，需求可发生任意变化，既可能为 0，也可能为无限大。上述两种情况是基于理论分析而形成，但在现实市场中则极为罕见，其对于价格的制定并不具有实际的指导意义。

根据需求价格弹性的不同，图 10-1 中原有的需求曲线会由于斜率发生变化而形成不同的新需求曲线，每条需求曲线对应的产品有所不同。

影响需求价格弹性的因素主要体现在以下几方面：

（1）产品特点。针对生活必需品、异质性强和可替代性弱的产品及单价较低的产品，消费者对价格变动的敏感性会较弱，反之亦然。

（2）消费者特点。消费者的收入水平、购买习惯、对商品价值的判断及搜索价格信息的意愿与能力等因素也会对需求价格弹性产生影响。具体而言，消费者收入水平越低，购买能力越有限，会对价格变动越敏感。如果消费者很难改变对某产品的购买习惯，那么其对该产品价格变动的敏感性就会降低。如果消费者认为产品价值较大，"物有所值"或"值得拥有"，此时其对价格变动的敏感性较弱。此外，购前的产品信息搜索是购买决策过程中的重要一环，当消费者对价格信息的搜索意愿和搜索能力均较强时，鉴于对产品价格的比较，其对价格变动的敏感性会增强。但换个视角来看，随着信息技术和互联网应用的普及，信息的不对称性明显降低，消费者的价格谈判能力逐渐增强，可以同时与多个商家进行砍价，因此企业仅针对价格敏感型消费者所做出的价格下调决策可能会收效甚微。

2. 市场竞争与竞争者价格

企业在制定价格决策时还需要考虑市场的竞争情况和竞争者对同类产品所制定的价格水平。根据竞争强度的不同，可将市场划分为完全竞争市场、垄断竞争市场、寡头垄断市场和完全垄断市场。

在完全竞争市场中，企业数量众多，产品基本无差别，企业之间虽然存在竞争，但它们却无法干预市场价格，价格完全由供求关系所决定，企业只是市场价格的被动接受者。因此，企业没有必要采取调价行为，上调价格会使消费者转向竞争对手，而降价也不会显著增加市场份额。企业应通过降低成本来实现利润的提升。

在垄断竞争市场中，企业数量也比较庞大，产品存在差异化，企业可利用特色化的产品来提升自身的垄断性，同时由于产品并不是完全不可替代的，因此企业间对市场份额的竞争异常激烈。关于价格，在考虑供求状况的基础上，每个企业决定着自己特色产品的价格制定。从理论上讲，由于企业数量多、每个企业所占的市场份额较小，故彼此间的互依性和干扰性都较弱，企业的价格决策不易被竞争者所察觉和引发其采取对抗行为。但在现实中，主要竞争对手之间的定价行为是存在相互影响的，一般情况下，企业可结合主要竞争者的产品质量与特色以及价格水平等情况来考虑自身产品价格的制定与调整。但当产品与竞品的差异性足够显著时，企业可暂不理会竞争者的价格变动。因此，要想获得持续竞争力，企业应深耕差异化战略，以获得更大的价格主动权。

在寡头垄断市场中，绝大部分产品是由仅有的少数几家大企业所生产的，它们之间的规模和实力相当，通常通过内部协议来控制市场价格。企业间虽然存在竞争，但更多地体现为相互依存的关系结构。企业不应单方面做出调价行为，下调价格会招来其他企业的联合打压和降价报复；而上调价格则会错失市场份额。

在完全垄断市场中，只有一个企业向市场供应产品，因此不存在竞争，一般而言，该企业可以直接决定产品价格的制定。如 A 企业掌握了独有技术，实现技术垄断，所生产的产品是不具有替代性的，那么其可通过高价来获取高额利润。但在公用事业领域中，如自来水和电力等，企业对市场的垄断地位是建立在一定区域范围内的，如每个城市只有一家自来水公司。这些企业的产品价格是受到政府管控的，以保证人民的基本生活需求得到满足，因此企业无法为追求高额利润而随意操纵价格。

3. 经济状况

企业处于经济社会之中，经济的发展阶段、发展趋势以及人们的收入水平等因素都会对企业的经营行为，尤其是定价决策产生重要影响。

当经济衰退时，消费者的购买力下降，他们更关注的是如何用更低的价格购买到物有所值的商品，此时降低价格看似成为一个可行的做法，这也被很多企业所采纳。但低迷的经济很可能改变消费结构，消费者会减少"不必要"的支出，因此单纯的降价行为未必有助于市场份额的明显提升，反而会使企业面临更大的生存挑战。可替代性的做法是——维持原价，增加产品的附加价值，这种策略在企业能够采取有效方案降低附加价值所产生的成本时尤为可行。

当经济兴盛时，消费者的购买力增强，上调价格成为可能。总体而言，在良好的经济状况下，企业的价格策略变得较为灵活，具体是升价还是降价可结合影响定价的其他因素进行综合分析。

4. 政策法规

政府的政策法规可通过直接或间接两种方式对定价产生影响。首先，关于直接影响。我国有很多与价格相关的法律法规，如《中华人民共和国价格法》《中华人民共和国反垄断法》《禁止价格欺诈行为的规定》《价格违法行为行政处罚规定》及适用于公用事业领域企业定价的专项指导法令等。2020年年初，新冠疫情暴发，人们对口罩、消毒液等医用物资以及蔬菜与粮油等生活必需品的需求迅速增加，借此之际，全国多地药房和超市出现哄抬物价、不明码标价等扰乱市场价格秩序的违法违规行为。各地市场监管部门分别依据《价格法》和《价格违法行为行政处罚规定》对相关单位做出了罚款处理，另外对情节特别严重的则依法追究刑事责任。其次，关于间接影响。有些法律法规虽然并未直接对定价行为做出规范，但却通过影响企业在研发、生产、营销等方面的成本来间接地影响产品定价。如为遵守《环境保护法》《水污染防治法》以及《循环经济促进法》等法律的相关条款，很多企业通过投资诸如防污染、废物回收等环境保护技术与设备来践行合法合规行为。然而，额外的资本投入导致企业成本的增加，为了补偿这部分成本，企业常用的方法是上调价格。

10.2 定价的基本方法

结合影响定价的关键因素可知，成本决定了产品价格的下限，低于成本，企业无利可图，生产和运营难以维系。价格上限则取决于市场需求，企业不能以高出顾客对产品价值的判断来为产品定价。而价格在上限与下限之间如何浮动则会受到竞争者所采取的价格水平、企业目标、产品定位以及宏观经济与政策法规等因素的影响，其中竞争者价格是企业参与市场竞争要考虑的一个最直接的因素，同时也为企业产品价格的制定提供了客观的参考依据。综上，根据成本、顾客感知价值和竞争，形成3种最基本的定价方法——成本导向定价法、顾客价值导向定价法和竞争导向定价法。

10.2.1 成本导向定价法

成本导向定价法直接以成本作为定价的主要依据，更适宜应用于卖方市场的条件下。成本导向定价主要包括成本加成定价法和目标收益定价法。

1. 成本加成定价法

成本加成定价法是在单位总成本的基础上，加上一定比例的利润作为单位产品的售价，也称为加成价格。一定比例的利润即为加成，其是单位产品售价与单位总成本之间的差额。成本加成定价法的计算公式如下：

$$\text{单位产品售价} = \text{单位总成本} \times (1 + \text{预期利润率})$$

例题：假设某信息科技企业生产3万部智能录音笔，固定成本为150万元，每部录音笔的可变成本为70元，预期利润率为30%，求单位产品的售价为多少？

解：单位总成本 = 固定成本/产品数量 + 单位可变成本

$$= 1500000/30000 + 70$$

$$= 120（元）$$

$$单位产品售价 = 单位总成本 \times (1 + 预期利润率)$$
$$= 120 \times (1 + 30\%)$$
$$= 156 （元）$$

成本加成定价法的优点主要体现为以下几点：第一，企业清楚了解产品成本，应用该方法可快速计算出产品定价；第二，理想状态下，若同行企业都采用该法为产品定价，则不同企业间的产品价格差异不会太大，因此不易引起价格竞争；第三，该法对于买卖双方均较为公平，卖方可以赚取一定利润，买方也不必因为需求的增加而支付高价。

然而，成本加成定价法使得企业仅考虑产品成本，而忽视了市场需求和竞争对手的产品与价格策略，因此所制定的价格很难帮助企业有效参与市场竞争。

2. 目标收益定价法

目标收益定价法是在单位总成本的基础上，根据目标利润和预期销量来计算单位产品售价。计算公式如下：

$$单位产品售价 = 单位总成本 + 目标利润/预期销量$$

例题：假设某体育用品公司生产篮球的固定成本为 600 万元，每个篮球的可变成本为 60 元，预期销量为 5 万个，该公司的目标利润是 900 万元，求单位产品的售价为多少？

解：单位总成本 = 固定成本/预期销量 + 单位可变成本
$$= 6000000/50000 + 60$$
$$= 180 （元）$$

单位产品售价 = 单位总成本 + 目标利润/预期销量
$$= 180 + 9000000/50000$$
$$= 360 （元）$$

在理想情况下，根据目标收益定价法，企业将以 360 元的单价实现 900 万元的利润目标。但如果实际销量不足 5 万个，当企业仍以该定价进行销售时，又能否实现盈利呢？或更进一步讲，企业至少要销售多少个篮球才能实现盈利？此时就需要考虑盈亏平衡点所对应的销量。

企业可绘制如图 10-2 所示的盈亏平衡图，其中横轴为销售量，纵轴为收入和成本。固定成本不变，为一条平行于横轴的直线，可变成本随销量的增加而增加，总成本曲线向右上方倾斜。总收入曲线的斜率等于产品单价，总收入曲线与总成本曲线的交点即为盈亏平衡点，在该点所对应的销量处，产品的总收益正好等于总成本，此时企业的利润为零。

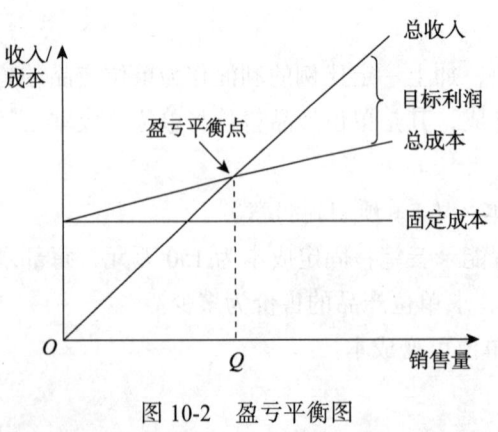

图 10-2 盈亏平衡图

图中的盈亏平衡销量为 2 万个，计算公式如下：

盈亏平衡销量 = 固定成本/（单位产品售价、单位可变成本）

= 6000000/（360 − 60）

= 2（万个）

也就是说，企业至少需要销售 2 万个篮球，所获得的收益才能恰好补偿成本。如果想降低盈亏平衡销量，企业可尝试两种最基本的方法。

第一种方法是提升产品价格，然而高价会抑制销量，尤其是对于品牌知名度不高、需求价格弹性较大的产品更是如此，此时利润空间会受到极度压缩。

第二种方法是削减产品成本，在不明显影响产品质量和营销效果的前提下，显然成本战略是帮助企业降低盈亏平衡销量，并由此扩大利润空间、提升获利能力的最佳途径。

与成本加成定价法相似，目标收益定价法对市场竞争和市场需求可能带来的影响考虑不足。为了尽量减少这一弊端所带来的不利影响，在应用该方法时，企业应进行盈亏平衡分析，了解在不同的目标利润、预期销量和价格水平下，产品总成本和盈亏平衡销量的变化情况，在此基础上明确盈利的可能性和盈利程度。

10.2.2 顾客价值导向定价法

在买方市场条件下，企业应该从顾客需求出发来确定产品的价格水平。更具体地，顾客希望买到物有所值或物超所值的产品，企业应该以能让顾客获得更多价值的方式来决定产品价格，既可以以高价匹配高价值，也可以以低价来创造物超所值的感觉。顾客价值导向定价法主要包括感知价值定价法和价值定价法。

1. 感知价值定价法

感知价值定价法是以顾客对产品价值的感受和理解程度为依据的一种定价方法，其基本逻辑和步骤如下。

第一，分析顾客需求，了解顾客所关注的产品价值，企业可以据此来确定产品所要传递给顾客的利益。产品价值可以从多个方面来体现，如产品的质量、功能、特色和使用体验，以及客户服务、技术支持、品牌知名度、品牌象征和企业声誉等，当顾客对产品价值形成良好印象时，顾客的感知价值即得到提升。

企业应该将提升顾客感知价值视为一项系统工程，在能够为顾客传递价值的每一个环节上努力投入。若受到资源约束，那么企业应该至少在某一个或某几个方面形成独特优势，使顾客愿意为获得独特价值而支付相对高的价格。例如，顺丰快递以高效的配送服务为特色，同时利用智能硬件设备、AI 视觉算法和大数据分析系统为货物的安全配送提供严格保障，虽然价格较其他物流公司高，但却是很多顾客邮寄贵重物品的首要选择[①]。

---

① 资料来源：科技观察网. 顺丰推安全驾驶平台，AI 护航物流运输 [EB/OL]. [2022-03-02]. https://baijiahao.baidu.com/s?id=1673723408393931613&wfr=spider&for=pc.

第二，传达和加强顾客的感知价值。只关注价值点的打造还远远不够，企业需要让顾客更好地了解和理解价值。企业应通过广告、人员推销和微信、微博及自媒体平台等新兴社交媒介来加强与顾客之间的互动和沟通，以此向顾客传达价值，并增强顾客的感知价值，从而进一步提高他们为获得高价值产品而接受相对高价的意愿。

第三，确定产品的目标价格。以某电脑公司的A产品为例，通过市场调研，公司发现顾客对该类电脑产品的价值判断是——A产品与竞争者同类产品所对应的价格为5000元，A产品卓越的性能所产生的溢价为1000元，A产品售后维修服务的便利性所产生的溢价为800元，A产品更长的售后保修年限所产生的溢价为400元，该电脑公司优质的信誉所产生的溢价为700元。这几项价格的总和为7900元，体现了A产品的正常价格。为了吸引顾客，给予1900元的折扣优惠，因此A产品的最终价格为6000元。对于顾客而言，虽然他们比同类产品多支付了1000元，但却享受到了2900元所带来的额外价值。

第四，分析目标价格可能带来的销量及所产生的成本和利润，当然，企业可以通过制定不同的成本决策来影响利润，利润应在可接受的范围之内，否则需要重新思考产品的设计与价值的传递。

营销与中国

《王者荣耀》里的皮肤到底值多少钱[①]

近年来，移动游戏已经成为人们日常不可缺少的文化生活要素之一。《王者荣耀》是由腾讯游戏开发运营的一款手游，被称作移动游戏的"天花板"。《王者荣耀》售卖的是虚拟商品，用虚拟货币进行交易，为了方便直观理解，本案例将游戏内商品价格直接兑换成现实人民币价格。

虚拟产品难以按照成本进行定价，而应考虑如何让顾客感到物有所值，愿意付出真金白银购买游戏世界中的皮肤。《王者荣耀》主要从3方面入手。第一，基于产品功能——好看的衣服就是贵。皮肤类似现实世界中的衣服，当更换了皮肤之后也改变了游戏人物无皮肤时特定的"身材"与"气质"。以游戏人物小乔来说，其名为万圣前夜的"伴生皮肤"售价28.8元，仅是将没有皮肤的游戏人物更换了配色。而售价88.8元的"缤纷独角兽"皮肤，人物外观从发饰到手上持拿的扇子更加丰满立体，皮肤所属的台词、释放技能附带的声音效果和技能颜色也处处体现着设计上的用心。玩家们表示"买皮肤跟买衣服其实是一样的，'一分价钱一分货'，为什么纯手工制作的衣服比流水线机器做的衣服贵，因为手艺值钱，我们也愿意支持游戏的手艺人。"第二，充分考虑玩家的感受——独一无二的"感觉"赋予独一无二的"价值"。首先，结合历史打造高颜值的、独特的游戏人物形象，给玩家带来美的享受。例如游戏人物上官婉儿，玩家们可以用28.8元化身隐

[①] 姜彩芬，王超，龙晓君，等.《王者荣耀》里的皮肤到底值多少钱[DB/OL]. [2022-05-27]. 中国管理案例共享中心.

居世外的修竹墨客，也可以"斥资"88.8元化身为现代艺术家天狼绘梦者，形象的改变赋予玩家更新奇更有代入感的全新体验。其次，让玩家在游戏世界中玩得高兴、愉快，有满足感。《王者荣耀》设计了抽奖游戏，例如你可能用1元抽中"荣耀典藏"，也可能用2000元"买走"它。同台竞技的玩家会默认使用"荣耀典藏"皮肤的玩家不是"天选之子"就是"土豪"，符号附加的价值可以使玩家获得情感满足和更加强烈的幸福感。最后，给予玩家良好的体验。游戏人物花木兰有6款皮肤，但职业玩家只用88.8元的"水晶猎龙者"，因为玩家们认为"这个皮肤在众多皮肤中'打击感'更好，或'操作感'更好"。第三，基于竞技游戏世界中的竞争力。根据《王者荣耀》的"英雄热度榜"功能，长期位于热度榜前几位的"打野"人物，除了28.8元的"伴生皮肤"外，其他多款皮肤均在88.8元以上，而玩家们想赢几乎无法避免不去使用这几名胜率更高的人物，因此购买88.8元的皮肤反而成为想要胜利的玩家们的"刚需"。

2. 价值定价法

价值定价法是以低价来提供高质量产品，以满足那些既注重产品价值，又在乎产品价格的顾客，因为他们总是想用尽可能低的价格买到质优的产品。这里的低价并不意味着单纯地制定低价，而是要综合调整产品的设计、生产、营销乃至售后等各环节，确保以更低的成本为顾客创造和传递更高的价值。例如，海尔集团的子品牌统帅专门服务于既向往品质生活，又不愿意支付过多成本的城市白领。统帅品牌产品采用与海尔家电相同的技术与生产线，并提供无差别的技术支持与售后服务，同时通过减少广告投入来降低产品成本，在此基础上为顾客提供价格实惠的高品质家电产品。

10.2.3 竞争导向定价法

竞争导向定价法指企业以竞争者的产品和价格为参考来制定价格决策，主要包括随行就市定价法、主动竞争定价法、拍卖定价法和密封投标定价法。

1. 随行就市定价法

随行就市定价法又称通行价格定价法，是指企业根据同类产品现行的行业平均价格来为产品定价。这种定价法不以成本或顾客需求为依据，当成本难以估计或提价与降价行为可能引发难以预测的需求变化时，往往采用随行就市定价法。

采用行业平均价格可避免引发价格竞争，如在钢铁、水泥、汽车和通信等寡头垄断市场，一个寡头企业的降价行为会引发其他寡头企业的降价报复；而作为拥有极少市场份额的中小企业，通常会跟随寡头企业的价格来为产品定价。

2. 主动竞争定价法

主动竞争定价法反映了企业基于对竞争者产品和价格的比较分析，进而做出最终的理性和科学定价的行为过程。而不是像随行就市定价法一样，采取简单的跟随策略。主动竞争定价法的步骤如下。

第一,企业首先对自己产品的价格进行预估,然后将预估价格与竞争者产品的价格进行对比,并将对比结果分为高于、等于和低于三个类别。

第二,将本企业产品的质量、性能、款式、成本及产量等与竞争者产品进行对比,由此分析造成价格差异的原因。

第三,通过与竞争者产品的比较,明确本企业产品的优势特征和市场定位,并确定产品的市场价格。

第四,随时观察竞争者的价格动态,并决定是否对本企业产品的价格做出相应调整。

3. 拍卖定价法

拍卖定价法是借助拍卖的形式,根据买方或卖方的出价择优成交的一种定价方法。具体包括递增出价和递减出价两种模式。

(1)递增出价。卖家首先报出商品的起拍价,然后由买家根据加价幅度依次增加出价,直到无人再报出更高出价为止,此时所产生的最高价即为商品最终的成交价。这是我国拍卖企业和有拍卖功能的网上平台所采取的主要产品定价方式,如北京保利国际拍卖有限公司、中国嘉德国际拍卖有限公司以及咸鱼网等。

(2)递减出价。首先由卖家报出起拍价,若无人接价,则卖家逐渐降低报价,直到有买家接受当前价格,此时所产生的最低价即为产品的成交价。在我国,这种方式一般多出现在非正式拍卖场合,如在商场举办拍卖专场,以企业或个人名义拍卖现代陶瓷艺术品、书画及古董等。通常来讲,这类拍卖品的价值相对较低。

4. 密封投标定价法

密封投标定价法是在工程建设项目、物业管理服务、城市规划和设计服务、节能产品和其他成套设备等招标采购时常用的定价方法。密封投标定价法的基本步骤如下。

第一,由招标人(买方)发布招标通告或投标邀请书,投标人(供应商)根据招标人提供的招标文件获取采购项目名称、采购数量、预算金额、技术规格及合同履约期限等信息。

第二,投标人主要根据对竞争对手报价的预判,并适当结合成本和利润目标来决定自己的投标价。投标价格不宜过高,过高会错失中标机会;但也不能过低,报价过低虽会明显增加中标率,但利润可能非常微薄。投标人将包含报价的投标文件密封投递。

第三,开标并进入评审环节,综合考虑投标人对招标文件要求的满足情况和投标价格等因素,一般而言,报价最低者会成为最后的中标企业,由此产生最终的交易价格。

10.3 定价的主要策略

在成本导向定价法、顾客价值导向定价法和竞争导向定价法三种最基本的定价方法的基础上,企业还需要采取一些灵活的定价策略来修正或调整产品价格,以使价格能够在内外部多种价格影响因素的共同作用下，更具有适应性和可行性。

10.3.1 新产品定价策略

在新产品导入市场之前，消费者对产品不了解，需求难以把握，未来的成本变化和竞争态势很难估计，因此新产品定价策略的制定极具挑战性。企业通常可采取撇脂定价策略和渗透定价策略。

1. 撇脂定价策略

撇脂定价策略是指将新产品价格定得很高，以快速攫取高额利润。企业要想利用高价带来相对持久的高收益，那么产品本身必须具有高价值，并使顾客理解和认同价值。同时，企业还应具备较强的成本控制能力，以使获取高额利润成为可能。具体而言，撇脂定价策略主要适用于以下情况。

（1）产品形象和产品质量能够成功树立高端品牌形象，消费者愿意以高价购买产品。

（2）产品独具特色，无法轻易被模仿，可替代性较弱。

（3）生产和分销少量产品的成本不会太高，不影响高价创造高额利润。

撇脂定价策略为未来产品的降价预留了较大空间。除了产品具有特殊属性之外（如为奢侈品），未来随着竞争环境的变化以及为了进一步扩大市场，企业很可能做出以不同程度下调产品价格的决定，初始的高价为企业后续做出灵活的价格变动决策提供了保障。

营销与中国

雅迪"更高端"定位，为消费者创造幸福感[①]

雅迪于2016年在香港联交所上市，是中国电动车行业首家上市企业。行业中连绵不绝的"价格战"让创始人董经贵深感烦恼。在上海君智咨询公司的指导下，董经贵决定聚焦电动两轮车的中高端车型，做"更高端"的电动车。董经贵认为，对消费者来说，无论哪一个阶层，都有享受"更高端"产品和服务的需求。雅迪一直是行业内公认质量最好，价格最贵的，因此定位"更高端"是有基础的。相应地，雅迪明确了自己的使命是"提供让消费者有幸福感的产品"，愿景是"成为世界级企业，引领行业发展"，核心价值观是"以消费者为中心，以价值贡献为本，持续艰苦创业"。

2018年12月，雅迪率先在意大利米兰推出一款当时最高端的智能锂电车G5，售价为3299欧元，相当于人民币26000多元。相较之下，很多人认为，在中国市场，消费者能接受的价格一般在3000元左右，超过5000元基本就无人问津了，加上目前低端低价二轮电动车的冲击，谁会花8000多元去买一辆两轮电动车？但董经贵却认为，中国电动车市场之所以消费能力不强，是因为中国太多的两轮车没有好的品质和服务，产品低质

---

① 程兆谦，邢若阳. "更高端"战略：雅迪电动车的逆袭 [DB/OL]. [2022-05-28]. 中国管理案例共享中心.

低价，没有考虑中国消费者的心灵品质，没有考虑消费者安全文明骑行，进而没有让消费者自信和阳光。而雅迪是一家有社会责任感的企业，要为消费者提供有幸福感的产品，让消费者骑雅迪电动车有面子、有尊严感。雅迪注重产品安全，不仅要对消费者负责，还要让消费者对家庭、社会、公共安全负起责任。董经贵进一步指出，未来大量的消费者一定会聚焦零售价5000~8000元的两轮车，因为行业往中高端发展是必然的。人们对美好出行的向往，就是雅迪的奋斗目标！雅迪就是要做差异化创新，成为世界级企业，引领行业发展，为中华民族伟大复兴做出实质性贡献！

2. 渗透定价策略

渗透定价策略是将新产品价格定得相对较低，以快速占领市场，获得较大的市场份额。渗透定价策略是一种良性价格策略，这里的低价并不意味着绝对低价，更不是以引发恶性竞争为代价，其强调的是高性价比。渗透定价策略主要适用于以下情况。

（1）市场对价格极为敏感，低价可以显著且快速地激发市场需求。

（2）产品的生产成本和分销成本必须随着产品销量的增加而降低。

（3）低价能够有效打击现实和潜在的竞争对手，使企业保持相对持久的竞争力。

渗透定价虽有助于企业实现市场占有率最大化目标，但低价利薄，成本回收期较长，利润见效慢。同时，低价压缩了未来的降价空间，使企业很难在必要时通过进一步下调价格来应对外部不确定的市场环境。

10.3.2 折扣定价策略

折扣即在产品原有价格的基础上以不同形式给出一定程度的让利。企业经常利用折扣来为顾客营造更实惠、更便宜的感觉，借此激发购买欲望，以更有力地达成交易。折扣定价策略主要包括现金折扣、数量折扣、功能折扣、季节折扣和价格折让。

1. 现金折扣

现金折扣是企业为了促使顾客尽早付清货款而采取的一种价格优惠形式。如"5/10，2/20，$n/30$"，即还款期为30天，若能在10天内还清货款，可享受总货款5%的折扣；若20天内还清货款，折扣降为2%；而21天至30天还款，则不享受任何折扣。现金折扣对于降低坏账风险的发生和保证资金链正常周转具有重要意义。

2. 数量折扣

数量折扣是当顾客购买产品的数量或金额达到一定标准时而享受的一种价格优惠形式。例如，走进以纯品牌店，你可能看到这样的促销展示牌：购买2件商品打八折，3件及以上打七折；淘宝网联合部分商家所开展的跨店满减活动也大受用户喜爱：部分指定商品每满200元减20元，每满10000元减1000元。企业可结合自身的发展状况和市场环境等因素来决定如何使用数量折扣，如当企业经营状况良好、需求旺盛或担心折扣会损害品牌的高端形象时，可不采用数量折扣或降低折扣力度，反之亦然。数量折扣可以刺激顾客足量购买，以帮助企业达到大量销售、利用规模经济降低成本和快速获利的目的。

3. 功能折扣

功能折扣又称贸易折扣，是当分销商承担了原本应由制造商所承担的部分营销功能时，制造商作为补偿而给分销商的一种价格优惠形式。被承担的营销功能主要包括分销、促销、服务、信息搜集及商品储运等。若合理加以利用，功能折扣将是制造商维系与分销商之间的良好关系、培养分销商忠诚、提升渠道管理效率和拓展市场的有力工具。

4. 季节折扣

季节折扣是指为在淡季购买产品或服务的顾客所提供的一种价格优惠形式。很多产品（如空调、冬夏季服装等）和服务（如旅馆、旅行社、景区、航空和铁路等服务）都具有明显的季节性特征，淡季和旺季的市场需求量相差较大。利用季节性折扣有助于实现同步营销，降低需求波动造成的不利影响。例如，创业之初的苏宁瞄准国内空调企业在销售淡季资金受限这一机会，通过采取淡季订货、反季节打款的模式，既帮助空调企业缓解了淡季生产能力的闲置浪费，同时也使自己获得了大幅度的价格优惠。

5. 价格折让

价格折让是折扣的另一种表现形式，主要包括以旧换新折让和促销折让。以旧换新折让是顾客在用旧商品更换新商品时所享受的价格优惠。例如，华为商城和回收宝联合推出的以旧换新服务，旧的手机、平板电脑、笔记本、智能数码，以及摄影摄像等电子产品均能被折价回收，回收款可以抵扣现金，用于在华为商城购买新商品。促销折让是指制造商为了答谢参加广告和销售支持计划的经销商，而向它们提供的价格减让。

10.3.3　差别定价策略

差别定价策略是根据顾客、产品形式、产品地点和销售时间的不同来调整产品的基础价格。差别定价策略的主要表现形式如下。

1. 顾客差别定价

顾客差别定价是指根据顾客类型的不同而采取差异性的价格。例如，北京环球度假区为老年人和儿童制定了更优惠的票价；比亚迪以更优惠的价格向内部员工销售汽车；成大方圆药房向会员收取更低的价格。

2. 产品形式差别定价

产品形式的不同可能会使顾客产生差异化的感知价值，因此企业可依据产品形式来区分产品价格，但因形式差别所导致的成本差异与价格差异并不成比例。例如，可比克的盒装与袋装薯片相差无几，但看起来更高级的盒装薯片的价格却约为袋装薯片价格的3倍；在中国的各大玉石交易市场中，随处可见以低价出售的不成形的玉石边角料，一块200元的碎玉被简单打磨成型后便可卖至上千元。

3. 产品地点差别定价

企业可以为处于不同地点或同一地点不同位置上的产品制定差异化价格，即使产品成本相同或并没有明显差别。例如，鸟巢演唱会前、中、后排的座位价格是有较大差别的；同样的550 mL农夫山泉矿泉水在旅游景点、超级市场和平价便利店的售价可能分别为5元、2元和1.3元。

4. 销售时间差别定价

销售时间会对某些产品的需求情况产生重要影响，因此企业可以根据销售时间的不同来为产品差别定价。例如，KTV晚上时段的价格可能比白天时段的价格贵1倍；万科集团在新楼盘开盘时给出较大的购房优惠，进入正常的销售期后价格迅速提升。

在利用差别定价策略时，应保证满足一些前提条件。当按照顾客类型、产品形式、产品地点和销售时间对市场进行细分时，不同的细分市场对产品的需求程度必须不同；细分市场所产生的相关成本不应超过差别定价所带来的额外利润；差别定价需要保证能够得到顾客的理解和认同，而不招来顾客的反感与排斥；差别定价必须不触犯法律，否则会遭受惩罚。

10.3.4 产品组合定价策略

很多时候，相关产品之间的成本和需求会存在相互影响，企业可结合具体情况，将相关产品视为一个产品组合，综合考虑它们之间的成本与需求关系，再来制定或调整产品价格，以使产品组合能够创造最大的利润回报。产品组合定价策略主要包括如下几种具体策略。

1. 产品线定价

在一条产品线中，企业会开发一系列不同规格、具有不同特征的产品，企业需要为它们制定阶梯式的价格，但前提是这些产品为顾客所带来的价值和利益是不同的，不同产品之间的价格差异应该能够反映出它们在价值和利益上的差别程度。例如，科大讯飞智能翻译产品线共有3款产品——翻译机2.0、翻译机3.0和双屏翻译机：翻译机2.0的售价为1999元，采用四核处理器，支持中文与4种外语离线互译及与59种外语在线互译，同时支持七大行业的专业翻译；翻译机3.0的售价为2999元，采用八核处理器，支持中文与10种外语离线互译及与60种外语在线互译，同时支持八大行业的专业翻译；双屏翻译机的售价为4999元，采用八核处理器，支持中文与15种外语离线互译及与60种外语在线互译，同时支持十六大行业的专业翻译，新增了会话翻译、录音翻译和演讲翻译双语字幕无线投屏功能。

2. 可选产品定价

顾客在购买某些产品时，往往也会购买与其配套的可选产品，企业需要考虑哪些可选产品应该包含在主体产品的基本价格之内，而又有哪些可选产品应该单独定价。例如，笔记本电脑的可选产品包括移动硬盘、鼠标、USB 分线器、电脑包、鼠标垫、清洁套装，以及延长保修期服务等，企业可以选择为每个可选品单独定价，也可以将成本低的可选品附带到主体产品之中，以激发顾客的购买意愿，利用极少的额外成本换取销售电脑所带来的与额外成本不成比例的边际利润，如购买电脑赠送电脑包、鼠标垫和清洁套装；早餐是与旅馆住宿产品配套的可选品，如家商旅为每个房间每天仅提供一张价值 38 元的单人免费早餐自助券，这增加了顾客对住宿产品的感知价值，同时也增加了同一房间其他顾客消费早餐的可能性，以此获得额外盈利。

3. 附属产品定价

有些产品必须与附属产品配合才能使用，例如，电动牙刷与刷头、剃须刀与刀片、打印机与墨盒、充电电池与充电器等。同时生产主体产品和附属产品的企业需要考虑的问题是如何为密不可分的两类产品定价，主体产品和附属产品价格的高低应如何权衡？附属产品定价策略强调将主体产品价格定得较低，而为附属产品制定较高价格。在应用此定价策略时，应满足一定的前提条件：附属产品的可替代性较小或主体产品与竞争者的附属产品不兼容，否则顾客很可能只买便宜的主体产品，而配合使用竞争者提供的价格更为优惠的附属产品。

4. 副产品定价

企业在生产产品时，经常会产生一些副产品，如生产橙汁余留的橙皮、制作咖啡剩下的咖啡樱桃果皮与咖啡渣、生产玻璃产生的玻璃碎料等，而这些副产品往往可以被重新利用，实现"变废为宝"。如果直接将副产品视为废料，那么副产品的处理成本和副产品本身的价值损失需要计算到主体产品成本之中，产品价格就会相应增加。为了应对这一问题，企业可采取副产品定价策略——挖掘副产品价值，对其重新加工与利用，并为副产品寻求市场，同时可降低主体产品定价，以提升其市场竞争力。

副产品定价策略能同时创造经济效益和社会效益。一方面，如前述可见，该策略能给企业带来直接的经济价值。例如，江苏天晟药业采用中药资源循环利用技术，对中药提取加工过程中所产生的废渣、废液进行再生利用，将其中残留的有效成分全部提取出来，实现物尽其用，使企业用低成本的原料驱动了高价值的创造；另一方面，废物利用可有效降低环境污染，对我国可持续发展战略目标的实现起到重要的推动作用。

5. 捆绑产品定价

捆绑产品定价是指将几种相关的产品组合在一起，并以总价低于单独购买其中每一种产品的价格总和的方式来为组合产品定价的策略。例如，云南白药牙膏国粹套装包含润口去渍、益优冰柠、冬青香型、双效抗敏和经典留兰等 5 支功能不同的牙膏，单价总和为 129 元，而套装价格仅为 69 元；百雀羚将总价为 189 元的洗面奶、爽肤水和平衡乳捆绑销售，售价定为 139 元；中国移动将 100 元/月的 15G 流量业务与 15 元/月的优酷会员卡业务进行捆绑，订购首月费用低至 1 分钱，次月起继续订购的价格也仅为 19.9 元/月。

捆绑产品定价策略旨在给顾客营造更便宜的感觉，以激发其购买欲望。因此，捆绑产品的价格与单购产品的价格总和相比，前者降低的幅度要足够使顾客产生价格更优惠的感知。一般而言，幅度越大，顾客越能够感知到价格的下降，需求越大，但低价利薄，盈利目标可能无法实现；幅度越小，顾客越无法感知到价格的下降，故不足以实现刺激需求的目的。因此，企业应结合成本，对捆绑产品价格的优惠幅度进行合理控制。

10.3.5 心理定价策略

心理定价策略是利用消费者的心理特点及其主导的消费行为来制定产品价格。

1. 声望定价

声望定价策略是利用消费者仰慕名牌的心理，为产品制定高价。仰慕名牌的心理使顾客更容易产生"贵的就是对的"这样的感知判断。他们往往用价格来判断产品的价值，价格越高，代表着质量越优，产品价值越大；反之亦然。同时，这部分顾客对于商品彰显和表征身份、地位和财富的作用和意义较为重视。因此，在同类商品中，价格越高，越容易得到他们的青睐。但价格不能无度增加，当超过一个阈值后，这种无根据的虚高价格会对顾客起到阻吓作用，进而使需求发生下降。很多企业利用这一心理来为产品制定远远高于成本的价格。

2. 尾数定价

尾数定价策略是通过对价格尾数进行设计来确定产品的销售价格。该定价策略主要利用了消费者的两种心理特点。一是利用消费者的求廉心理，不对价格进行取整，保留小数，这样做的好处是使消费者认为价格是经过精心计算的，同时让消费者感觉价格更为低廉。例如，新隆嘉超市中精品韭菜和脆枣的价格分别为 1.78 元/500g 和 6.6 元/袋；南极人品牌的学生专用单人床罩的售价为 29.9 元。

二是利用消费者追求吉利的心理，此时企业需要根据市场所在区域的社会文化，以吉利数字作为价格尾数。在中国，人们通常将"8"和"6"分别理解为发财和顺利之意，因此以"8"和"6"作为尾数则更容易激起消费者的购买欲望。以这种心理特点为驱动，价格既可以保留小数，如上文中的 1.78 元和 6.6 元，也可以直接取整，例如，小天才手表 Z7A 款的售价为 1598 元，Z7 款的售价为 1998 元，小天才儿童平板的售价为 2998 元。

3. 整数定价

整数定价策略与利用消费者求廉心理而为价格保留小数的做法相反，企业将本应该或本可以带有小数的价格调整为高于这个价格的整数，价格尾数通常为 0。整数定价策略利用了消费者的求便心理和自尊心理。首先，价格便于计算，当购买多件商品时，消费者可快速计算出商品总价，由此做出是否购买的决策并快速达成交易。其次，价格也便于记忆，可加深消费者对商品的印象，有助于实现商品复购。最后，对于一些高档品，整数价格有利于强化商品形象，使其更显高贵，以满足消费者的虚荣心，维护自尊感。

4. 招徕定价

招徕定价策略是指为店内部分商品制定明显低于市场价格的低价，有时甚至低于成本，以招揽顾客，再通过顾客购买店内其他正价商品所获得的利润来补偿低价商品的利润损失。招徕定价利用了消费者的求廉心理，明显低廉的价格往往更能吸引这部分消费者。超市、日用品专营店、低端服装品牌店等经常采用这一定价策略。例如，物美超市为部分商品制定限时特价，吸引顾客到店消费；2 元店以超低价格招揽顾客，带动正价商品的销售。在利用此策略时，商家应控制好特价商品的数量，数量太多会带来太大损失，而数量太少可能无法稳住顾客使其选购其他正价商品，甚至引来顾客的失望和不满。同时，特价商品不等同于残次品，应将两者明确区分。

5. 参照定价

参照定价策略利用的是消费者的比较心理，通过提供参照价格，使顾客产生物有所值的感觉，以促成产品销售。消费者在选购产品时，总是喜欢将当前价格与过去价格进行比较，或将同类而不同产品之间的价格加以对比。商家可以为产品设定一个参照价格，由此增加顾客的购买概率。例如，飞亚达专柜 DL21006.PNND 手表价签上同时标注出了原价 1599 元和现价 1299 元，参照原价，消费者会认为他们可用更实惠的价格获取高价值的产品，因此产生更强烈的购买欲望；创维电视销售专区将同样是 WiFi6 护眼智慧屏的 50 英寸液晶电视、55 英寸液晶电视和 65 英寸液晶电视相邻摆放销售，标价分别为 2199 元、2499 元和 3499 元，结果证明中等价位的 2499 元的 55 英寸电视销量最好。消费者认为 55 英寸电视仅比 50 英寸电视贵 300 元，但却比 65 英寸电视便宜 1000 元，买 55 英寸电视更物有所值。

10.3.6 地理定价策略

地理定价策略是企业决定是否根据与买方的地理距离加收运费及如何加收运费，据此来调整产品价格。地理定价策略主要包括以下几种具体策略。

1. FOB 原产地定价

FOB 原产地定价是指顾客以出厂价购买产品，企业负责将产品运送至产地双方协商的具体地点，并将产品搬运到顾客指定的海、陆、空等交通工具上完成交货，之后所产生的费用与风险均由顾客承担。在该定价策略下，企业所需承担的风险和产生的额外费用均大大降低。而对于顾客而言，如果运输距离过长，一方面，风险的不确定性就会增加，产生损失的可能性也相应增加；另一方面，会产生较高的运费，若企业提供的出厂价与竞争对手相比更有优势，顾客可通过与运输方协商来降低相关成本。但如果企业制定的出厂价没有竞争优势，那么FOB定价策略很可能会导致远距离的顾客转向竞争对手。

2. 统一交货定价

统一交货定价是指当企业将产品卖给不同地区的顾客时，均按产品报价加收统一运费（按平均运费计算）来制定最终销售价格，运费不随距离的远近而发生变化。例如，购买欧莱雅男士京东自营官方旗舰店的产品，只要消费不满99元，均加收6元邮费，不区分城市，全国统一。实行统一交货定价，远距离的顾客考虑到支付了较少邮费，会认为最终售价更为合理；而距离近的顾客支付了与远距离顾客同样的邮费，相当于以更高的价格帮商家分担了配送成本，因此可能引发疑虑和不满。

3. 分区定价

分区定价是指企业根据不同区域来划分市场，为不同区域制定差异价格，而在同一区域内部则执行统一售价。例如，深圳市庞大伟业贸易有限公司旗下的冰狐品牌静音版无线鼠标在新疆、内蒙古、宁夏、甘肃、青海、西藏的零售价为28.7元，而在全国范围内其他地区的零售价则为18.7元。分区定价使在临近区域的顾客需要支付不同的价格，甚至价格差距可能占产品价格较大比例，如上例中的价差占西北6省零售价的34.8%，这非常容易导致顾客的不满和流失。同时，同一区域内的消费者支付了相同价格，但他们距离企业的距离也不均等，近距离的顾客会感觉价格不合算。

4. 基点定价

基点定价是企业将某个或某些城市作为收取运费的起点城市，而其可能并不是产品的实际生产地，起点城市也称为"基点"，然后企业根据出厂价加上从基点到顾客所在地的运费来制定产品售价。一般而言，当产品生产地较为集中时，企业既可以将所有产品集中于一地，统一进行配送，也可以为了提高配送的灵活性和缩短运输时间而选择多个城市作为基点。

5. 运费免收定价

运费免收定价是指企业承担全部运费，而不将运费附加到产品价格中。该定价策略可以形成更有竞争力的价格，企业可据此争取更大的市场份额，而依赖规模经济，产品成本下降，利润相应增加，此时投入的运费会帮助企业获得更大盈利。对于那些销路广、运送成本低的产品，更适宜采取此定价策略。

10.3.7 动态定价与个性化定价策略

在互联网和大数据时代，信息和数字化技术的广泛应用增加了市场信息的透明性和可预测性，企业可以更全面地掌握顾客信息并更好地把握他们的需求变化，同时更及时地了解竞争者的价格动态，使企业有能力采取更灵活的定价策略——动态定价与个性化定价来增强自身的获利能力。

动态定价策略是指根据顾客的特点和需求来不断调整价格。[①]首先，该策略强调价格的变动性，这种变动可能发生得较为频繁，如每天你都会发现某种产品的价格发生更新，有时间隔几小时就会更新一次，甚至价格变动是实时发生的。其次，动态定价虽然以顾客特点和需求为基本依据，但实际上，价格的动态调整也要兼顾竞争者的价格水平和成本等因素，这一点和传统定价相类似。最后，不同顾客的特点和需求会存在差异，因此动态价格本身就具有个性化，从这个角度来讲，动态定价辅助了个性化定价的实现——为不同的顾客提供不同的价格。

动态定价策略在旅馆、航空和零售等领域有着广泛应用。例如，锦江之星利用鸿鹄酒店收益管理软件，可以了解所在地区的特殊事件，如展销会、演唱会、学术交流会议等，同时结合节假日来分析不同日期、每天不同时间的顾客需求波动；通过对携程、美团、Booking、飞猪等平台上竞争者数据的爬取，监控竞争对手的定价及顾客对其住宿产品与价格的评价信息；及时了解各房型的售卖情况，锁定热销房型和利用率低的房型。通过对需求、竞争者的产品和价格及不同房型当天热度等信息的获取，锦江之星精准地实施了动态定价，基于阶段性调价和一天内多次调价等方式，持续优化了经营绩效。

再如，盒马鲜生使用电子价签来替代纸质价签，以实时调整产品价格。生鲜超市所经营的产品以果蔬、禽肉和海鲜等为主，这些产品保质期短，越新鲜越能满足顾客需求，这部分产品会以正价销售，而无法充分满足需求的不新鲜产品则要降价处理。此外，根据市场行情的不同，价格也需要动态调整。盒马鲜生可根据需要在后台随时修改产品价格，通过云服务器将更新后的定价发送至每个门店的电子价签，先进的数字化技术使动态和个性化定价成为可能。

基于互联网的顾客在线数据很容易获取，很多企业经常利用对数据的分析来推断顾客所能接受的价格水平，并对价格进行动态和个性化的调整。在这里，企业需要注意的一点是——自身的行为必须不违背营销伦理，且在法律允许的范围内展开。当前，存在一些诸如这样的商业现象——有人发现，当用苹果手机在线下单时，支付页面所显示的价格要比其他手机上的价格高；如果顾客某次在淘宝购物未使用优惠券，很可能下次购买商品时所看到的报价会比别人更高。上述定价行为被形象地称为大数据"杀熟"。大数据"杀熟"是对消费者利益的一种侵犯，因此，我国相继出台了针对性的法律法规如《在线旅游经营服务管理暂行规定》《电子商务法》等，来制约这一不道德的定价行为。

在合理应用的前提下，动态与个性化定价策略并不只是商家创收的有力工具，它们也可以为顾客带来好处。顾客利用商品价格的动态调整，可借助第三方 App 实时比对各

---

① 加里·阿姆斯特朗，菲利普·科特勒. 市场营销学[M]. 12 版. 王永贵，等译. 北京：中国人民大学出版社，2017.

商家对同一产品的定价，并以更优惠的价格达成交易。例如，扫码比价、省钱快报和慢慢买等 App 提供了全网比价、查询历史价、降价监控和发现折扣信息等功能。顾客可借此快速锁定报价最低的商铺、预测某目标商铺的价格变化趋势并择机购买、享受价格优惠。

10.4　价格调整与价格变动反应

有时为了应对市场环境的变化或由于企业自身资源状况与经营目标的转变，企业需要主动对价格做出调整。同时，企业也需要对竞争者价格的变动做出适当反应。

10.4.1　主动发起降价与提价

1. 主动发起降价

在以下几种情况下，企业会考虑主动降低价格。

（1）产能过剩。此时产量增加，需要扩大销售，但当企业无法通过有效手段使销售增加时，就需要考虑降低产品价格。

（2）面临竞争压力。如竞争者产品质量更优、品牌影响力更大，同时价格较低，为了应对压力，摆脱不利的竞争局面，企业往往需要下调产品价格。

（3）具有成本优势。此时企业可通过降价提高市场占有率，从而扩大生产量，带动经济规模，进一步降低产品成本，形成良性循环。

（4）经济衰退、行业衰退或产品进入衰退期。此类情况会导致需求下降，企业需要降价促进产品销售。

2. 主动发起提价

在以下两种情况下，企业会考虑主动提升价格。

（1）成本上升。通货膨胀，物价上涨，原材料供给紧张，供应商涨价等原因均会导致成本上升，压缩利润空间，企业需要通过提升产品价格来对此做出应对。关于提价的方法，企业既可以选择直接上调产品价格，也可以利用如下一些替代方案：简化产品的复杂性、减少产品特色；使用价格更为低廉的原材料和产品包装；保持产品价格不变，将原有的一些配套服务另行计价；减少或取消诸如数量折扣和价格折让等价格优惠策略的使用；减少或取消低利产品的生产和销售等。

（2）产品供不应求。当产品供不应求，企业无法充分满足顾客所需，此时可通过提价来限制过剩需求，同时获取高额利润。除了直接上调价格之外，企业也可在产品组合中增加高端的产品项目，用高价产品来满足过剩需求。同时应减少或取消对价格优惠策略的使用。

与降价不同，提价意味着顾客需要付出更多的成本来达成交易，因此提价的理由必须充分且合理，以得到顾客的理解。同时，提价策略要运用得当，尽量避免招致顾客的抵触情绪。

营销洞见

S视频平台会员付费涨价风波[①]

S视频成立于2011年，它的商业模式是将采购来的视频产品（电视剧、电影等）和内容产品再包装、宣发，把视频产品和内容产品销售给观众，再把观众销售给广告主。2012年12月，S视频以高价买下了当时热播的英剧及美剧的播放权，首次开通了会员服务。用户支付每月20元或每年198元的会员费用，即可免费观看会员专区的所有节目、享受点播专区视频的5折服务及享受免广告特权。

但近年来，随着购片成本和获客成本的日益增加，以及国内视频平台纷纷争夺用户、短视频平台逐步侵占市场份额所带来的压力，为了达到盈利的目标，S视频一直在试探会员用户的容忍度，推出了一系列如VIP付费购买影片、片头加入剧内广告等策略。为了降低直接涨价可能带来的风险，超前点播付费的变相提价成为S视频的选择。2019年夏天，S视频所播放的《陈情令》独领风骚，平台也顺势而为，开启了每集6元的单集付费点播模式。在《陈情令》播至尾声时，S视频更是推出了30元超前点播大结局的首秀。至播出19个小时，已有超过260万人次购买了大结局。在尝到甜头后，S视频2019年下半年的几部热剧都采用了超前点播模式。

经过一番尝试后，2019年12月11日，S视频对《庆余年》推出了"VIP付费超前点播"业务。原本，用户只要购买了VIP会员（10～20元/月），就能够享受一直比普通会员提前多看6集的服务，而推出"超前点播"之后，VIP会员还可以在购买VIP的前提下，购买更多剧集。视频平台也公开标价：VIP会员可以选择两种购买方式。一种是直接50元打包购买，始终能比未购买VIP用户多看6集、比普通用户多看12集；另一种是按每集3元的价格，逐集按播放顺序购买。这一下子，引起了轩然大波。广大网友认为，"曾经开通VIP就是为了要畅快看剧，现在50元6集的前提是你还得是VIP，那VIP的功能好像只剩下免广告这一作用，剧里强制插播的广告依然无法跳过！"《庆余年》的"VIP付费超前点播"服务，让一开始购买的会员失去实际效益，"超前点播"让S视频会员倍感气愤。对于超前点播，《人民日报》评论指出，VIP之外再次设置VVIP，通过额外掏钱才可以享受超前点播，视频网站的这种做法是在制造焦虑，从而诱发用户消费。央视网也做出了"真正优质的平台，不应该如此贪得无厌、吃相难看"的评论。

在2019年12月17日召开的"新文娱·新消费"年度峰会上，S视频对由《庆余年》超前点播引发争议这一事件进行道歉，也承诺了今后将会对会员服务进行优化，给用户

[①] 许安心，林楦荷，郑秋锦，等. S视频平台会员付费涨价风波 [DB/OL]. [2022-05-26]. 中国管理案例共享中心. 内容有删改。

带来更多的优质内容和贴心体验。

10.4.2 顾客与竞争者对价格变动的反应

1. 顾客对价格变动的反应

由于信息不对称，顾客往往无法真正了解企业的调价意图，他们会通过多种途径来解释调价行为。具体而言，当企业降低产品价格时，顾客可能产生如下理解。第一，式样陈旧，要被新产品所取代；第二，质量存在问题，或产品有其他方面的缺陷，所以降价销售；第三，企业经营状况不佳，急需解决财务问题；第四，行业竞争激烈，或行业不景气，产品价格可能会继续下跌，保持观望状态。

而当企业提升产品价格时，顾客可能对此举动形成如下理解。第一，产品数量有限，物以稀为贵，所以提价销售，且未来还有继续涨价的趋势；第二，产品进行了改良升级，具有更大价值；第三，企业想尽快获得更多的利润回报。

2. 竞争者对价格变动的反应

与消费者相比，竞争者与企业处于同一市场，且互相获取情报信息，因此竞争者更容易了解企业的调价动机，并对此做出应对。不同竞争者的反应会有所不同，主要包括如下3种类型。第一，同向反应。竞争者与企业保持同步，企业如何调整价格，竞争者就会做出相同的价格调整决策。这种模式对于企业而言，风险较小，只要企业合理制定其他营销策略，竞争者的调价行为就不会对企业的市场份额造成显著影响。第二，逆向反应。竞争者采取与企业相反的调价策略，当企业降价时，竞争者将价格上调或保持不变；当企业提价时，竞争者下调价格或保持价格不变。这种逆向的对抗行为非常危险，企业需要摸清竞争者的实力和动机，还要清楚地了解市场的竞争态势，对可能产生的风险做出及时应对。第三，交叉反应。众多竞争者对企业的调价行为反应不一，既有同向跟随的，也有逆向对抗的。鉴于如此复杂的情况，如果企业不得不调整价格，则应注意提高产品质量、加强品牌宣传与推广、优化品牌形象、做好顾客服务及保持分销渠道畅通等。

10.4.3 竞争者价格调整与企业应对策略

企业除了主动发起调价，还要时刻关注竞争者的价格行为，当竞争者主动降价或提价时，企业首先需要弄清楚这样几个问题：竞争者为什么要调整价格？竞争者的价格变动是暂时、长期的还是永久的？价格调整对于整个市场是有利的吗？如果我们不随之调整，是否会带来什么不利影响？影响程度有多大？如果随之调整，又是否会带来什么好处？其他企业是否会跟随竞争者做出相应的价格调整？

分析完上面的一系列问题之后，在决定是否调整之前，企业还需要考虑自己的经营状况、资源条件及顾客对价格变动可能做出的反应，来做出最终的应对方案。

在应对竞争者的降价行为时，有以下几种策略可供选择。

（1）降价。如果市场是价格敏感型的，降低价格有益于增加销量，而在竞争者降价的情况下，企业仍维持原价会导致市场份额的损失，此时企业可跟随竞争者对价格进行下调。虽然价格下降了，但从长期的发展来看，企业应尽力保持产品的质量水平。

（2）维持原价。如果降价会压缩盈利空间，或者企业有能力在保持价格不变的情况下与竞争者展开竞争，此时企业可以不对价格做出调整，但需要采取一些有效的应对方法，如改进产品质量，增加产品价值，并通过有效的沟通强化顾客对产品的认同。实践证明，有时增加产品价值要比直接降低产品价格更行之有效。

（3）提价。如果企业有足够的能力支撑相对高价产品的销售，如强大的品牌优势、坚实和庞大的顾客基础，同时市场对价格并不敏感。此时企业可通过大幅度地改进产品质量使产品向高价值定位转移，在此基础上提高产品价格。

（4）开发低价产品。如果市场对价格较为敏感，改进产品质量并不会引起顾客关注，此时企业可以在原有的产品线中直接增加一个低价的产品项目，或开发一个全新的低价品牌，借此来与竞争者争夺市场。

本章提要

可以将影响定价决策的关键因素划分为企业内部因素和外部因素两大类。其中，内部因素主要包括企业目标（维持生存、当期利润最大化、市场份额最大化和理想的投资回报率）、产品定位和成本。而企业外部因素主要包括市场需求、市场竞争与竞争者价格、经济状况和政策法规。

企业可以采用 3 种最基本的定价方法来为产品定价，它们分别是：成本导向定价法、顾客价值导向定价法和竞争导向定价法。成本决定了产品价格的下限，需求（顾客对产品价值的判断）决定了产品价格的上限，在上限和下限之间，价格会随着竞争者价格水平的变化而波动。成本导向定价法主要包括成本加成定价法和目标收益定价法；顾客价值导向定价法主要包括感知价值定价法和价值定价法；竞争导向定价法主要包括随行就市定价法、主动竞争定价法、拍卖定价法和密封投标定价法。

在成本导向定价法、顾客价值导向定价法和竞争导向定价法 3 种最基本的定价方法的基础上，企业还需要采取一些灵活的定价策略来修正或调整产品价格，以使价格能够在内外部多种价格影响因素的共同作用下，更具有适应性和可行性。定价策略主要包括新产品定价策略、折扣定价策略、差别定价策略、产品组合定价策略、心理定价策略、地理定价策略、动态定价与个性化定价策略。

在新产品进入市场之前，企业可以为新产品制定高价，以快速获取高额利润；也可以制定低价，以快速占领市场，并获得较大的市场份额。由此就产生了两种新产品定价策略——撇脂定价策略和渗透定价策略。

企业可采用折扣定价策略，为顾客营造更实惠、更便宜的感觉，以刺激消费。具体可通过现金折扣、数量折扣、功能折扣、季节折扣和价格折让来实现。

企业可根据顾客、产品形式、产品地点和销售时间的不同采用差别定价策略，差别定价策略主要包括顾客差别定价、产品形式差别定价、产品地点差别定价、销售时间差别定价。

企业可将相关产品视为一个产品组合，通过综合考虑它们之间的成本与需求关系，再来制定或调整产品价格，以使产品组合能够创造最大的利润回报。产品组合定价策略主要包括产品线定价、可选产品定价、附属产品定价、副产品定价和捆绑产品定价。

企业可采用心理定价策略，利用消费者的心理特点及其主导的消费行为来制定产品价格。心理定价策略主要包括声望定价、尾数定价、整数定价、招徕定价和参照定价。

企业可考虑是否根据与买方的地理距离来加收运费以及如何加收运费，由此采用地理定价策略来完成价格的制定。地理定价策略主要包括FOB原产地定价、统一交货定价、分区定价、基点定价和运费免收定价。

在互联网和大数据时代，企业可利用信息和数字化技术，通过对顾客和竞争者信息的更快、更完整捕捉，而对价格进行更及时、更灵活和更有针对性的调整，由此就产生了动态定价与个性化定价。

企业可以通过主动发起降价或提价，来更好地适应市场环境，但在价格调整之前，必须先考虑消费者和竞争者可能对价格变动产生哪些反应。同时，企业也需对竞争者的价格调整行为做出有效应对。

案例分析

海底捞：后疫情时代该不该涨价[①]

2020年4月5日，1位食客在微博晒出的海底捞账单引发热议，"人均220+，血旺半份从16涨到23元，8小片；半份土豆片13元，合1片土豆1.5元，自助调料10块钱1位；米饭7块钱1碗；小酥肉50块钱1盘，过分了啊"。2020年4月5日晚，海底捞回应称涨价属实，"海底捞各地的门店在复业后的餐桌数量、接待客户数量有所限制，员工无法满员工作，人力成本加上部分食材成本上涨，公司决定调整门店部分菜品价格，整体控制在6%左右"。第二天，话题"海底捞复工后涨价约6%"登上微博热搜榜，成为全民关注的热点。在新型冠状病毒疫情对餐饮业造成沉重打击时，海底捞面临许多企业共有的困难：巨额营收损失、运营成本上涨、客流量不足……海底捞选择涨价来弥补损失。但是在后疫情时代这样特殊的时期，其他火锅企业没有涨价甚至降价促销，海底捞涨价点燃了消费者的不满和愤怒。面临如此境地，海底捞是维持涨价措施不变？还是采取其他价格策略应对？

[①] 刘璞，李梦琪，张紫微. 海底捞：后疫情时代该不该涨价 [DB/OL]. [2022-03-15]. 中国管理案例共享中心.

1. 极致服务的海底捞

海底捞致力于为消费者提供贴心优质的服务,并以细致入微的"变态级"服务闻名。网络上流传着很多这样的故事,一位顾客结完账,临走时随口问了一句"怎么没有冰激凌",5分钟后,服务员拿着"可爱多"气喘吁吁地跑回来,"久等了,这是刚从超市买来的。"此外,海底捞在等位区提供零食饮料、免费擦鞋或美甲等服务;在点餐时,服务员会适时送上皮筋、围裙、眼镜布和热毛巾等物品;用餐完毕后,服务员会赠送小礼品。正是这种"海底捞式"的服务为其"圈"了一大批忠实顾客。

海底捞 2019 年财务报告显示,门店收入是其主要收入来源,占总收入的比例为 96.3%。海底捞的顾客人均消费逐年提升,2019 年上升到 105.2 元。2019 年海底捞净利润为 23.45 亿元,主要成本消耗在原材料易耗品成本和员工成本上,分别达到 112.39 亿元和 79.93 亿元,占收入的 42.3%和 30.1%。

2. 火锅业现状

(1)火锅行业

随着人们生活方式和消费观念的改变,越来越多的人选择在外就餐,火锅以简单快捷的方式受到大量消费者的青睐。火锅行业庞大的市场规模和良好的发展前景,吸引现有投资者加快扩大规模、外来投资者不断进入市场,一批又一批知名火锅品牌涌现,加剧了火锅行业的竞争。在中国饭店业协会发布的 2015~2019 年火锅品牌 Top10 榜单中,品牌频繁变动、榜首频繁易主,稳定上榜的仅海底捞、呷哺呷哺和重庆德庄 3 个品牌,行业竞争尤为激烈。

2020 年春节,新冠疫情暴发,大量企业停业。在后疫情时期,随着企业复工复产,火锅企业也陆续营业,国家通过向餐饮企业提供减税、信贷支持等措施缓解企业成本压力、帮助资金恢复流转。但受境外输入病例以及偶有病例新增的影响,居民外出减少,导致企业客流量减少和翻台率不佳,加上原材料成本、员工成本和运输成本上涨,使得火锅企业面临严峻的挑战。

(2)竞争对手

根据企业的营业额、店数、品牌美誉度等分析,海底捞的主要竞争对手包括以下几个:一是重庆德庄。德庄集团作为重庆火锅的典型代表,定价策略选择大气经营、大方让利的方式。各地德庄的菜品价格因为地区会略有不同,人均消费 100 元,与大多火锅的人均消费持平,因其正宗的重庆风味吸引了大批忠实顾客。二是呷哺呷哺。呷哺呷哺是深受消费者喜爱的时尚小火锅品牌,其选择大众市场作为目标市场,开创了时尚吧台式小火锅业态。其所有产品均由总部统一定价,将利润控制在 10%以内实现让利消费者,以价格优势狂揽一大批消费者。

(3)消费者

2019 年 5 月 17 日,火锅产业大会高峰论坛发布的火锅食客消费行为调研报告显示,"80 后""90 后""00 后"是值得高度关注的潜力消费群体。当前消费者外出就餐时注重品质和综合体验，锅底口味、食材新鲜、服务周到态度好、菜品种类丰富等成为消费者就餐的主要考虑因素。报告显示，全国火锅人均消费达到了88元，总额同比增长10.8%。

海底捞的目标顾客是国内一、二线城市注重服务的20～50岁中等偏上收入人群。首先，除海底捞的"发源地"简阳以外，海底捞的连锁门店均分布在国内一、二线城市；其次，海底捞的优质服务、良好环境吸引的是关注服务、品质，追求独特体验的群体；再次，海底捞主要面向20～50岁年龄的火锅消费者，通过他们的社交网络向外辐射顾客群体；最后，定位于中等偏上收入人群，确保产品价格被接受。

3. 后疫情时代的海底捞

2020年春节以来，因为新冠疫情，餐饮行业逐渐陷入停摆状态。2020年1月26日起海底捞逐步关闭国内的所有门店。2月15日海底捞宣布恢复火锅外卖业务，3月12日宣布在15个城市、首批85家门店恢复营业、提供堂食。据《华夏时报》测算，海底捞停业15天，损失达8.68亿元，平均每天亏损6000万元，其中员工工资和门店租金占大头。虽然海底捞在15日宣布恢复部分门店的外送业务，但对海底捞而言不过是杯水车薪，并不能支撑其营业额。

试营业期间，海底捞门店只开放40%的区域，实行隔桌就座，小桌仅坐1～2人，大桌坐2～4人，多人就餐需分桌。门店入场需消费者出示健康码并测体温、喷洒消毒液、登记姓名和身份证号，并且店员还提高了为消费者更换消毒热毛巾的频率。每张桌上立着"本台已消毒，请放心落座"的牌子，牌子背面标有"当天服务员姓名"和"当日体温"，同时配有公勺公筷。并且由于交通运输尚未完全恢复，海底捞实行分批复工的方式，门店暂未实现全员复工。

4. 结语

海底捞在停业两个月后、恢复营业之初涨价，是其挽回巨大亏损采取的价格策略。然而在涨价后舆论的快速发酵，使海底捞站在了风口浪尖上。不少消费者表示"你有涨价的自由，我有不去的自由"，甚至出现了"海底捞本就比其他火锅贵，疫情后大家都困难，你还涨价？成本高就要消费者买单嘛！不会去了"的声音。在面临众多消费者的不满和批评的海底捞，是应该维持涨价措施不变？还是采取其他价格策略应对？

讨论：

1. 相对于竞争对手而言，海底捞在涨价前的价格属于什么水平？定价合理吗？为什么？

2. 后疫情时代，海底捞涨价的主要原因是什么？

3. 海底捞涨价事件一经曝光就引发消费者的不满和批评，消费者激烈反应背后原因是什么？海底捞应该如何应对？

4. 如果你是海底捞的管理者，当短期成本上涨时，会采取什么价格策略？如何确保价格策略被消费者所接受？

拓展阅读

[1] 汤姆·纳格,约瑟夫·查莱. 定价战略与战术[M]. 龚强,陈兆丰,译. 北京:华夏出版社,2019.
[2] 赫尔曼·西蒙. 定价制胜:大师的定价经验与实践之路[M]. 蒙卉薇,孙雨熙,译. 北京:机械工业出版社,2017.
[3] 廉·庞德斯通. 无价:洞悉大众心理玩转价格游戏[M]. 闾佳,译. 北京:北京联合出版公司,2017.

即测即练

自学自测 扫描此码

第 11 章

渠 道 策 略

本章学习目标

通过学习本章，学员应该能够做到以下几点。

1. 了解营销渠道的概念、参与者、功能、流程以及中间商存在的原因。

2. 了解营销渠道设计的一般过程、渠道成员的选择原则和过程、渠道成员间的分工与任务分配。

3. 理解渠道权力和依赖的基本含义以及权力结构的平衡策略，渠道冲突的原因、类型和解决机制，渠道投机行为的概念、类型、产生原因及其治理机制。

4. 掌握垂直营销系统的类型，了解复合渠道系统的组合策略以及 O2O 和全渠道系统的概念。

引导案例

渠道为王，终端制胜——雅迪的渠道升级[①]

雅迪成立于 2001 年，其发展之初经历了一段时间的快速增长，但从 2010 年开始，国内电动车市场接近饱和，电动车行业开启了漫长的价格血战。这让雅迪意识到消费升级产品线，高端化刻不容缓。因此，2015 年，雅迪确定了"更高端"的战略定位。为顺利实现战略转型，雅迪在营销渠道方面实行了一系列的优化和升级措施。

1. 渠道优化：探索渠道转型之路

（1）打造智美终端店。雅迪从 2015 年开始对终端门店的物料及形象进行升级，到 2016 年更是推出了更高端的智美终端店面，并在全国范围内大量建店 3000 多个。

（2）布局社会化维修站。2018 年雅迪提出"一城多站"的目标，并在全国布局了 5000 个社会化维修站。

（3）管控店面核心人员。雅迪对门店核心人员进行了与竞争对手相比更为深入的管

[①] 林海芬，马云晴，刘宏双. 渠道为王，终端制胜：雅迪的渠道升级 [DB/OL]. [2022-06-08]. 中国管理案例共享中心.

理，具体包括对销售目标的量化把控、店面运营等方面的严格要求。

（4）管理经销商队伍。2018年雅迪对其1780个经销商进行了调优，淘汰了200个经销商，以落实"更高端"战略。

（5）分销渠道结构逐渐扁平化。现阶段雅迪在全国实行分区渠道管理，对江苏、河南、河北、山东这些省份，每个省分设几个战区进行精细化管理；对一些边缘市场如东北市场，渠道管理则相对较为粗放一些。另外雅迪也在根据发展势头不断调整渠道布局。

2. 渠道升级：变革转向连锁经营

从整体上来说，雅迪目前的营销还是传统的渠道分销模式，但随着"更高端"战略的深入实施，雅迪有意朝连锁经营的方向进行变革。雅迪的连锁经营主要包括两套标准：第一套是品牌的千店一面标准，以此达到进店听到某种音乐，闻到某种香型等就能知道是雅迪的效果；第二套是门店的运营标准，通过对影响运营效率的核心关键因素进行分析来制定一些标准的销售流程从而弥平各经销商之间的差异。

2019年，雅迪门店总数接近20000家，其中真正实现专营专卖的智美终端形象店有10000家左右，门头店2000多家，剩下的7000多家仍然是混营的方式。除此之外，在行业内其他品牌实施渠道下沉策略的情况下，雅迪渠道布局的重心仍然是重点县市。这一方面是因为竞争对手凭着价格方面的优势早早在乡镇抢占了先机，另一方面，将更高端的品牌理念植入到核心乡镇的渠道建设中、让消费者感受到产品的高端形象，仍然是一个非常棘手的问题。因此对于雅迪来说，完全实现连锁经营仍然任重而道远。

11.1 营销渠道概述

11.1.1 营销渠道的概念及参与者

1. 营销渠道的概念

营销渠道（marketing channel）也被称为"分销渠道"，指的是产品或服务从生产领域向消费领域转移所经过的路径，该路径由一系列在功能上相互依赖的组织构成。[①]在营销渠道的概念中，我们需要注意以下几点。第一，营销渠道的运行依赖于渠道参与者共同完成渠道的功能，这些参与者将产品和服务推向市场并使其可供使用或消费，为消费者交付卓越的顾客价值；第二，一般情况下，营销渠道存在于企业的外部。在企业未将渠道完全内部化时，营销渠道是由众多相对独立的参与者构成，这使得企业对渠道的管理和控制变得更为困难和复杂；第三，营销渠道中相互依存的参与者是按照一定的目标结合起来的，渠道参与者对于产品的分销不可或缺，它们构成了产品生产消费过程的中间环节，最终目标都是让消费者能够根据自己的喜好轻松地购买产品和服务；第四，营

---

① 张闯. 营销渠道管理[M]. 北京：清华大学出版社，2020.

销渠道成员之间存在竞争和合作的关系，不同渠道成员的利益关注点不同，为了在渠道运行结果中获得收益，它们希望通过专业化提高自己的竞争力。营销渠道存在的基础是成员之间最低限度的合作，以此可以高效顺利地实现企业的分销目标。

图 11-1 和图 11-2 分别是消费品和工业品的营销渠道结构图。在消费品营销渠道中，产品或服务经过多种渠道结构转移到消费者手中，可以是无中间环节的直接路径，也可以是批发商和零售商等组织的中介途径。在工业品营销渠道中，工业品可能直接销售给企业用户，也可能通过代理商和经销商等转售给企业用户。相对于消费品，工业品的渠道结构一般更为简单。

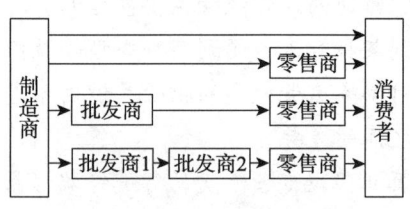 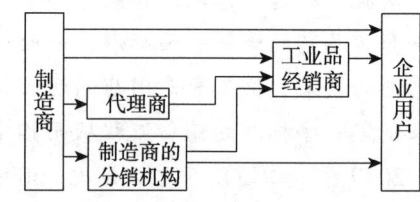

图 11-1　消费品营销渠道结构图　　　　图 11-2　工业品营销渠道结构图

2. 营销渠道的参与者

营销渠道有三个关键的参与者：制造商、中间商（批发商、零售商和其他辅助代理机构）和终端用户（企业用户或消费者）。

（1）制造商。制造商是指产品或服务的生产者、创造者或提供者，是营销渠道的首个环节。一般来说，制造商（尤其是拥有自主品牌的制造商）在营销渠道中占据主导地位，是营销渠道的建设者、维护者和使用者，它们不仅需要为整个渠道制订相应的计划，还需要为渠道有序安稳地运行提供指挥、协调和控制。但制造商并不总是占据主导地位，例如，贴牌生产的制造商就往往不是产品品牌的所有者，此模式下，下游的中间商（如零售商）反而可能扮演渠道的核心组织角色。

（2）中间商。中间商是指除制造商或最终用户之外的任何渠道成员，可以分为三种类型：批发商、零售商和其他辅助机构。

批发商是指向其他渠道中间商（如零售商）或组织终端用户销售产品，而不向个人消费者销售产品的专业商业组织。批发商主要包括三种类型：商业批发商、代理商和经纪人、制造商自营销售组织。商业批发商在经营时获取商品的所有权，提供购销、产品储存、运输、融资、风险承担、信息、管理咨询等各种批发功能，是一级独立的批发组织；代理商和经纪人一般不获得商品的所有权，只帮助委托人沟通产销，为交易双方提供市场信息，从中获取销售佣金，承担较低的风险；制造商自营销售组织是制造商自主设立的批发机构，具体包括制造商的销售公司或办事处。

零售是指将产品销售给最终消费者，以供个人或家庭消费的活动。零售商是指直接向个人消费者销售产品的专业商业组织。理解零售的概念需要注意以下两点：第一，在零售活动中，买方是最终的消费者，而不是企业或机构购买者；第二，零售不只涉及产品的销售，也包括服务的销售，例如，汽车租赁公司、餐馆、银行和美发沙龙等从事的都是服务零售。零售商有多种类型，具体包括超级市场、仓储式会员店、百货商店、专卖店、折扣店、便利店和药店等。

其他辅助机构往往不参与产品的生产和销售等核心业务，只执行某些特定的功能，具体包括保险公司、金融公司、信用卡公司、广告代理商、运输机构、信息技术公司、市场调研公司等执行专业渠道功能的企业。

（3）终端用户。终端用户包括企业用户和消费者，它们也是营销渠道的参与者。企业用户需要为自身经营活动储存原材料，它们承担实物流、所有权流和财务流等渠道功能。消费者可以通过网上零售或实体零售渠道等途径购买产品或服务，在满足个人或家庭的消费需要的同时也承担了诸如物流、融资等渠道功能。

营销洞见

数字化新零售模式——盒马鲜生[①]

盒马鲜生通过阿里全球跨境电商网络，以生鲜为主要切入点，逐步引入市场认可度高的"天猫全球购"来丰富产品SKU重构线下零售。其主要做法包括：以线下开设的盒马门店为基础实体打造O2O消费场景，并且把其作为线上App的仓储与配送中心，通过线下购物体验建立消费者的认知度与美誉度，满足周边3千米辐射区内顾客对生鲜品类采购、堂食等休闲消费的需求，再把消费者引流回线上电商，最终使消费者成为其目标的粘性用户。盒马鲜生的主要消费群体为"80后""90后"，具体运营流程分线上和线下双重路径。第一，线上路径。消费者线上选购，通过盒马App无现金结算，跳转至支付宝界面完成支付。门店线下备货，配送并承诺在配送范围内半小时零门槛免费送达。盒马鲜生的各个门店统一使用电子货架标签来保持线上与线下价格的一致性，实施同步价格调整，整体的平均客单价在70元左右。第二，线下路径。盒马门店支持选购，支持支付宝App结算，现场烹饪生鲜类食品，允许消费者堂食或外带，通过延伸购物和其他消费场景进一步刺激消费者的购买意愿，将平均客单价维持在120元左右，线下全视野范围内通过智能化传输带使顾客可以清楚看到商品包裹出仓的物流全过程，提升配送效率的同时，强化消费者的视觉效果。

11.1.2 营销渠道的功能及流程

1. 营销渠道的功能

营销渠道的功能在于确保将产品或服务顺利地交付消费者，这些功能由渠道中的不

[①] 李然，孙涛，曹冬艳.O2O业态融合视角下的数字化新零售发展趋势研究[J].当代经济管理，2021，43（4）：13-21.

同成员相互合作、共同努力完成。营销渠道的功能主要包括：收集与传送信息、促销、洽谈、组配、谈判、物流、承担风险和融资。

（1）收集与传送信息。渠道成员收集与消费者、渠道伙伴和外部环境等相关的信息，并进行信息的相互传递。

（2）促销。渠道成员采取一系列的宣传活动刺激消费。企业可以通过新颖的、顾客易于接受的、更便捷的方式促进产品或服务的销售。

（3）洽谈。渠道成员就产品或服务的价格、数量、种类等条件进行协商，以达成共识，满足交易双方的需求。

（4）组配。卖方根据买方的需求对产品的分类、包装等方面进行组合和搭配，以满足消费者个性化和多样化的需求。

（5）谈判。营销渠道成员之间为了转移产品的所有权而就其价格及其他条件进行谈判，最终达成协议。

（6）物流。物流涉及商品的运输与存储，渠道成员可自行承担物流功能，也可委托第三方辅助机构承担。

（7）承担风险。渠道成员常常面临来自产品损失和外部环境变化等方面的风险，企业需要及时应对这些不可控因素带来的风险。

（8）融资。产品的生产、储存、运输和销售等活动都需要投入大量的资金，渠道成员需要融资经营时，可以通过提交订金和保证金、延迟付款等方式进行融资。

这些功能构成了营销渠道不可或缺的组成部分，但这并不意味着每个渠道成员都需要承担所有渠道功能。某一渠道成员可能只承担了部分功能，其他成员则承担着剩下的功能。值得注意的一点是，某一渠道成员可能会在营销渠道中消失，但它所承担的功能却不会随之消失，而会由其他渠道成员代为执行。

2. 营销渠道的流程

营销渠道流程是指渠道成员依次执行的一系列功能，包括实物流、所有权流、促销流、洽谈流、融资流、风险流、订货流、支付流以及信息流，如图11-3所示。

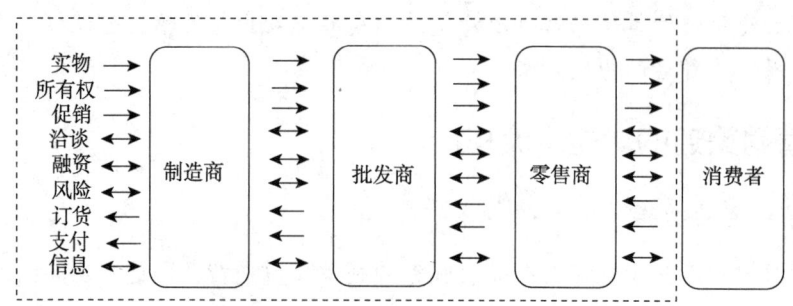

图11-3 营销渠道流程

（1）实物流，又称物流，是指产品或服务从制造商向消费者转移的过程。

（2）所有权流，是指产品所有权从制造商到批发商、批发商到零售商、零售商再到最终消费者的流转过程。

（3）促销流，指一个渠道成员通过采取一系列的宣传活动影响其他渠道成员的过程。促销流分为两种：从制造商流向中间商，被称为贸易促销；从制造商直接流向最终消费者，被称为最终使用者促销。

（4）洽谈流，指产品及其所有权在不同渠道成员间转移的过程中，这些成员针对价格、数量、种类等条件进行谈判的过程。

（5）融资流，指在产品所有权转移过程中渠道成员进行的资金融通过程。

（6）风险流，指风险在产品所有权转移过程中的流动。

（7）订货流，指渠道下游成员向上游成员发送订单的过程。

（8）支付流，指货款在渠道成员之间的流动过程，它和订货流一样，是逆向流动的。

（9）信息流，指渠道成员之间相互传递信息的过程，信息流贯穿于整个营销渠道。

11.1.3 营销渠道存在的原因

营销渠道是由一组相互依存的组织构成的。制造商可以直接向消费者提供产品或服务，以避免受到其他渠道成员的约束，那么，这就产生了这样一个问题，即为什么营销渠道中还要存在其他的中间商呢？接下来，我们将从理论的角度对这个问题进行回答。

1. 需求方面的因素

（1）简化搜寻。中间商的存在有助于节约终端用户的搜寻成本。搜寻的过程对于终端用户而言具有不确定性，而中间商可以帮助终端用户更好地寻找符合其需求的产品和服务，例如，消费者在具有良好声誉的零售商处购买产品。

（2）履行对产品分类的价值功能。制造商一般生产有限种类的大批量产品，而消费者则需要数量有限的多种产品，这导致了制造商生产的产品与终端用户需求之间的错配。中间商是连接制造商与消费者之间的桥梁，其对产品进行分类和聚集，可以更好地满足不同消费者的需求。因此，中间商可以为消费者提供更具吸引力的产品和服务组合，提升消费者的价值。

2. 供给方面的因素

（1）交易规范化。中间商的存在有助于消费者与制造商形成规范化的交易。在营销渠道中，交易双方必须在订货、确定产品和服务的价值、支付金额、支付时间和支付方式等方面达成共识，这种规范化的交易方式使中间商在制造商与消费者之间建立桥梁，进行长期而稳定的交易，以降低制造商的分销成本、提升分销效率。

（2）减少交易次数。中间商的存在降低了制造商与消费者之间的交易次数。如果没有中间商，每个制造商都必须与每个潜在消费者进行互动，以促进市场交换。而中间商使产品可以集中采购配送，减少了交易次数。如图 11-4 所示，市场上存在 3 个制造商和 6 位顾客，制造商通过直接销售的方式需要与顾客进行 18 次交易，而制造商若通过 1 个中间商进行销售，则只需接触 9 次就能够完成所有的交易。

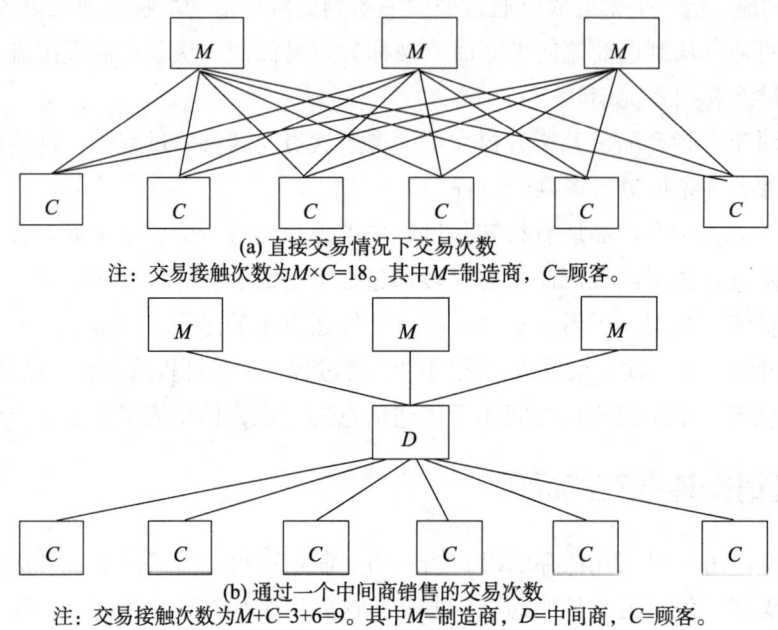

图 11-4 中间商减少交易次数示意图

3. 创造价值

中间商还可以为消费者创造价值，其主要体现在以下三方面。第一，中间商为消费者增加了在时间、地点等方面的便利性，为其提供让渡价值；第二，中间商对产品的重新包装、二次加工等活动为消费者创造了直接的产品价值；第三，中间商提供的送货等售后服务也为消费者创造了价值。

11.2 营销渠道设计

11.2.1 营销渠道设计的一般过程

渠道管理的基本内容之一是设计合适的营销渠道结构，以将渠道任务适当地分配给渠道成员。营销渠道的设计是指为实现分销目标，对各种备选渠道结构进行评估和选择，从而开发出新的渠道或是对现有渠道结构进行改进的过程，一般包含以下六个步骤，[①]如图 11-5 所示。

---

① 胡介埙. 分销渠道管理[M]. 大连：东北财经大学出版社，2018.

1. 确定渠道设计的需要

设计企业营销渠道首先要识别渠道设计的需要，企业经常在下列情形下需要进行渠道设计决策。

（1）当企业开发的新产品无法适用于现有的营销渠道时，必须设计一条新的渠道或改进现有渠道。

（2）当企业进入新的市场时，需要进行渠道设计。原有的渠道设计并不一定适合新的市场环境，因此，当企业决定开辟新市场时，不能简单地照搬原先的渠道模式，而要设计新的渠道结构。

（3）当企业的营销组合策略发生变化时，一般需要进行渠道设计。例如，当企业制定了新的定价策略时，需要改变零售渠道类型以更好地降低渠道成本。

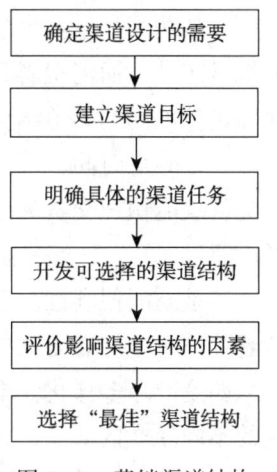

图 11-5　营销渠道结构设计的一般过程

（4）当建立了新企业或收购了其他企业时，企业需要设计营销渠道结构以适应企业新的目标与战略需要。

（5）当渠道成员改变现有渠道政策时，企业需要重新进行渠道设计。例如，当分销商不断强调其自有品牌，并妨碍了制造商品牌形象时，则制造商可能需要更换渠道成员以调整渠道战略结构。

（6）当原有分销商的地位和作用发生变化时，企业可能需要改变渠道结构。例如，随着各种形态的网络零售模式逐步在国内市场盛行，制造商开始不断拓展此类零售渠道。

（7）当市场环境发生重大变化时，企业需要重新进行渠道设计。例如，随着全渠道时代的到来，网上零售与实体零售形式的不断融合与发展对企业渠道设计也产生了深远影响。

（8）当渠道成员之间存在较高的渠道冲突时，企业也会改变渠道设计决策。渠道冲突会使企业间很难维持良好的合作关系，并最终可能引发关系破裂，此时，企业需要重新选择替代性的合作伙伴，进而需要改变现有的渠道结构。

（9）在企业进行渠道审计和评价后，可能也需要进行渠道结构调整。

明确渠道设计需要的情形是有必要的，这可以帮助渠道管理者有效地识别新的渠道结构或对现有渠道进行改进的不同情境，以更好地解决渠道设计中的问题。

2. 建立渠道目标

营销渠道设计的第二步是要确立和协调渠道目标。为了更好地明确渠道目标，企业首先需要识别最终消费者的服务需求，据此建立具体的渠道目标。

（1）消费者服务需求分析。在设计营销渠道时，企业必须了解最终消费者对服务的具体要求。当无法有效满足消费者的服务需求时，制造商需要通过营销中介机构来执行这些渠道功能。营销渠道需要提供以下五种服务要求。

一是购买批量。批量是指营销渠道提供给消费者的产品单位数量。制造商需要生产大批量产品，而消费者只能购买小批量产品，因此，制造商会通过批发商和零售商等中间商设计不同的渠道结构，以满足消费者购买数量方面的需求。

二是等待时间。等待时间是指营销渠道将商品递送到消费者手中的平均时间。消费者更喜欢能快速交货的渠道，所以企业需要设计等待时间更少的渠道结构，以提升消费者满意度。

三是空间便利性。空间便利性是指营销渠道为消费者购买产品提供的便利程度。消费者往往希望拥有更低的商品搜寻和运输成本，以满足空间便利性需求。

四是产品多样化。多样化主要体现在产品种类和分类两方面。种类是指构成产品供应的不同品类的商品，是产品线的广度。分类指的是每个产品品类提供的品牌或型号的深度。消费者喜欢具有不同品类、品牌或型号的产品，以满足其独特性的需求。

五是服务支持。服务支持是指营销渠道为消费者提供的附加服务，如信贷、送货、维修和安装等。例如，在苹果专卖店里，销售人员不仅提供详细、广泛的产品建议，还提供售后服务，在消费者等待的同时他们会把数据从消费者的旧设备转移到新设备上。

（2）建立渠道目标。渠道目标是企业整体目标的重要组成部分，这一目标需要与企业战略目标、营销组合中其他要素（产品、价格和促销）的目标保持一致。建立渠道目标主要包含以下四个过程。

第一，熟悉企业整体目标和营销组合中其他要素的目标。建立渠道目标前必须首先熟悉企业整体目标，了解整体目标中哪些内容可能影响到渠道目标的制定。同时，企业也需要熟悉营销渠道组合中产品、价格和促销要素的目标，因为这些目标也会对渠道目标产生影响。

第二，提出明确的渠道目标。渠道目标是对分销工作在完成企业营销目标中所起作用的描述，企业必须提出明确而具体的渠道目标。

第三，检验提出的渠道目标是否与营销组合中其他要素（产品、价格和促销）的目标保持一致。营销组合中各个要素是相互影响的，渠道目标需要与其他三个要素目标保持一致，否则作为一个整体，营销组合很难达到其应有的作用。

第四，检验渠道目标与企业整体目标之间的一致性。在检验了渠道目标与营销组合要素目标的一致性后，企业还需要保证渠道目标与整体目标之间的协调性。渠道目标会影响企业的整体目标与战略，因此，一旦渠道目标发生改变，企业目标与发展战略也需要做出相应的改变，这会使企业付出很大的代价。

3. 明确具体的渠道任务

渠道设计的第三步是明确具体的渠道任务。企业需要制定详细、具体的渠道任务以实现渠道目标。营销渠道的主要任务包括推销、渠道支持、物流、产品修正与售后服务、风险承担等，如表 11-1 所示。

表 11-1 主要渠道任务

主要渠道任务	具 体 内 容
推销	新产品和现有产品的推广、向最终消费者促销、建立零售展厅、价格谈判和确定销售方式确定
渠道支持	收集目标消费群体的购买方式及竞争者信息、共享市场信息、与最终消费者洽谈、选择分销商和培训分销商员工
物流	维持合适的库存水平、及时处理顾客订单、提供必要的运输服务、维持与最终消费者的信用交易、向顾客报单和处理单据
产品修正与售后服务	为顾客提供必要的技术指导、调整产品以满足顾客需求、提供维修和安装等售后服务、制定退换货管理办法和处理退单、退款
风险承担	存货融资、为顾客提供信贷服务、存货的所有权、产品义务和仓储实施投资

4. 开发可选择的渠道结构

渠道设计的第四步是开发可选择的渠道结构。渠道结构设计主要包括设计渠道层级、设计渠道密度和选择各层级渠道成员的类型三部分。

（1）设计渠道层级。营销渠道层级也被称为营销渠道的长度，是指营销渠道中产品从制造商到达终端用户之间的中间商层级数。产品转移经过的层级数越多，渠道就越长。渠道的长度受到市场特征、产品特征、制造商特征以及分销商可获得性等因素的影响。

（2）设计渠道密度。渠道密度也被称为渠道的宽度，指在既定市场中各级渠道上的中间商数量。设计渠道密度包含三种策略。密集分销是指在渠道每个层级上选择尽可能多的分销商；选择性分销是指在渠道每个层级上选择经过仔细挑选的有限数量的分销商；独家分销是指在特定区域内只选择一家分销商。

（3）选择各层级渠道成员的类型。渠道结构设计还需要确定各层级的渠道成员类型。企业可以根据中间商的经营方式、类别、企业间关系等因素而选择不同的渠道成员。具体而言，针对渠道成员类型的决策涉及是否使用中间商、使用什么类型的批发商和零售商。不同类型的批发商和零售商往往会执行不同的渠道功能，对企业的渠道运行绩效有重要影响。

5. 评价影响渠道结构的因素

渠道设计的第五步是评价影响渠道结构的因素，企业需要明确以下两个重要问题：确定评价标准以及确定影响因素。

（1）确定渠道结构评价标准。确定影响渠道结构的因素前，企业需要明确评价的具体标准。

评价渠道结构标准主要有以下三种。第一，经济性标准，指以渠道成本、销量和利润等经济性指标评价渠道方案的价值标准。企业可以通过评估与比较不同渠道结构的成本与销量对渠道结构进行经济性评价。第二，控制性标准，企业还需要考虑渠道是否可控，直销渠道是企业最容易控制的渠道，长而密的渠道则很难受到企业的有效控制。第三，适应性标准，渠道成员之间的适应性问题也是企业需要重点考虑的。在适应性良好的渠道环境中,成员间往往具备较高的信任和承诺关系,而在功能失调的渠道关系中,成员间存在较高水平的渠道冲突,很难维持长期而稳定的合作关系。

(2)确定影响渠道结构的因素。市场、产品、制造商和中间商等因素都可能会影响渠道结构。

一是市场因素。市场因素是营销渠道结构设计需要考虑的基本因素,企业可以从目标市场的规模及分布、消费者购买行为两方面考虑渠道结构受到的影响。如果目标市场的潜在消费者数量较多、空间分布较为分散或者目标市场离制造商的距离较远时,应选择较长、较宽的营销渠道,因为此时采用较短的渠道将很难将产品分销给目标顾客,而间接的渠道或较多的中间商会降低企业分销成本,将产品有效送达目标市场。

消费者购买行为也会影响企业的渠道结构设计,其主要体现在四个方面。首先,当目标市场购买批量较大且购买频率较低时,消费者平均购物成本将逐渐被大批量购买平摊,并且他们对便利性的要求也会较低,故企业可以选择短而窄的渠道结构进行分销。相反,当购买批量较小且购买频率较高时,企业则需要选择长而宽的渠道结构。其次,若制造商生产的产品(如空调)具有季节性特点,则淡季的渠道会被闲置浪费,此时,制造商更可能选择中间商进行分销以节约渠道成本。再次,消费者对购物地点的要求也是不断变化的,越来越多的消费者选择在网上购物,这使制造商增加了更多的直销渠道,减少了中间商的使用。最后,消费者的购买介入程度涉及"由谁购买"和"哪些人参与购买决策"两个问题。对于消费品而言,购买者可能是使用者,也可能是其家庭成员,消费品购买决策受到个人和其他家庭成员的影响。渠道设计过程中需要考虑购买决策参与者的影响,保证企业的渠道结构可以促进企业与决策参与者之间的沟通。具体来说,当企业想要对购买决策参与者拥有较强的控制能力时,需要选择短而窄的渠道结构。

二是产品因素。在考虑产品因素对渠道结构设计的影响时,应着重考虑几个方面。第一,产品的体积和重量。体积较大且笨重的产品具有较高的运输和储存成本,这类产品的制造商会尽量减少运货次数,更多地采用较短的渠道结构。第二,易腐性。容易腐烂的产品(如生鲜食品)需要制造商尽快将产品运送到最终用户手中,因此,制造商往往会选择较短的渠道结构。第三,单位价值。一般来说,产品的单位价值越低,制造商越需要选择长而宽的渠道结构。例如,便利品和办公用品等产品的单位价值较低,分销此类产品获得的毛利也较低,一般制造商大批量生产单一或较少种类的产品,无法有效满足消费者对多种类产品的需求,而中间商则会从多家制造商处分销多种类型的产品。因此,对于具有极低单位价值的产品而言,制造商会选择较长、较宽的渠道结构,与更多的分销商合作。第四,标准化程度。产品的标准化程度越低,定制化程度越高,则企业越需要与最终用户频繁且高效地进行双向的沟通,进而选择较短、较窄的渠道结构。反之,标准化程度较高的产品通用性较强,则企业会选择长而宽的渠道结构。第五,技术复杂性。产品的技术复杂性越高,制造商越需要为最终用户提供高品质的服务,其技术人员也越需要提供更详细的指导建议,因此,制造商需要选择较短的渠道结构进行分销。

三是制造商因素。在设计营销渠道时，制造商自身一些条件的制约会影响其选择渠道结构，所以考虑企业自身的因素非常重要，主要有几个方面。第一，企业规模。具有较大规模的企业拥有更高的渠道控制能力，在渠道结构的选择中更具自由度和灵活性，而规模小的企业在渠道结构的选择中是受限的。第二，资金实力。直接销售渠道往往需要企业在销售人员、支持服务人员、仓储设施、自建销售网点等方面投入更多的资金，因此，拥有雄厚资金实力的制造商更可能选择直接销售渠道，而只有有限资金的企业则很难自建直销渠道，会更多地依靠中间商进行分销。第三，管理能力。当制造商不具备较高的分销管理能力时，其会更多地依赖中间商的分销专长，因此，会选择更多的中间商进行分销。在制造商不断增加分销能力时，其可能会改变渠道结构，减少对中间商的依赖。第四，目标和战略。如果制造商的目标和战略要求其对市场有更多的控制能力或是需要采取更多的促销策略，则它们会选择短而窄的渠道结构，不会选择与太多的中间商合作。

四是中间商因素。在考虑中间商因素对渠道结构设计的影响时，应着重考虑几个方面。第一，可获得性。当制造商能够获得合适的中间商帮助其完成分销任务时，其才更有可能选择与它们进行合作。反之，当制造商无法找到满意的渠道伙伴时，则其会选择组建自己的直销渠道。第二，使用成本。中间商的使用成本会影响渠道结构的设计。当制造商认为某些中间商的使用成本较高时，就不太可能选择与这些中间商开展合作。第三，提供的服务。中间商提供的服务越能够满足制造商的需求，制造商越可能使用这些中间商进行分销。

6. 选择"最佳"渠道结构

"最佳"渠道结构是指在成本最低的情况下选择能够有效完成渠道任务的渠道结构。"最佳"渠道结构选择主要包含以下几种方法。

（1）财务法。财务法是通过比较不同渠道结构下的投资收益率和机会成本选择"最佳"渠道结构的过程。这种方法的优点是可以使决策客观而严格，但其缺点是可操作性差，无法有效预测机会成本。

（2）交易成本分析法。交易成本分析法是通过分析交易成本确定制造商采用垂直一体化还是独立中间商完成渠道任务的过程。当制造商在渠道关系中投入较高的专有资产时，渠道中间商就拥有了更多实施投机行为的动机，为了防止渠道投机行为，制造商可能会选择垂直一体化的方式完成渠道任务。反之，当制造商投入了较低的专有资产时，资产遭受损失的风险大大降低，企业更可能通过中间商的模式进行分销。该方法的主要缺点是对渠道结构的选择局限于垂直一体化和中间商两方面，而忽略了对其他渠道结构的分析。同时渠道投机行为作为交易成本分析法的基础假设，其也与渠道关系中广泛存在的信任与承诺等现象不一致。

（3）直接定性判断法。直接定性判断法是选择"最佳"渠道结构的常用方法之一。企业管理者会通过他们认为重要的渠道认知决策进行定性评估。例如，管理者对利润、渠道灵活度、发展规划等要素进行评估，以选择渠道结构。直接定性判断法存在的主要缺陷是受到管理者认知决策的影响，具有较高的主观局限性。

（4）重要因素评价法。重要因素评价法是一种更为精确的定性方法，其主要包括几个步骤：确定渠道结构选择的评价因素；确定每个评价因素的权重；对每种渠道结构的评价因素进行打分；将权重与因素得分相乘，计算每种渠道结构的加权总分；对每种渠道结构总分排序，最高分的渠道结构即为"最佳"渠道结构。该方法的缺陷是确定每个评价因素权重与因素的得分存在一定的主观性，缺乏客观的评价标准。

11.2.2 营销渠道成员的选择

渠道成员的选择一般包含以下四个步骤。

（1）明确企业的渠道目标与渠道策略。选择渠道成员过程的第一步是重新回顾企业的渠道目标和策略，需要清楚几个问题：企业是否需要中间商？如果需要，企业需要什么类型的中间商？企业需要多少不同类型和相同类型的中间商？解决这些问题需要企业的渠道目标和策略相符，以协调企业的营销战略布局。

（2）确定选择渠道成员的标准。选择渠道成员过程的第二步是确定选择的标准，具体分析标准如下。

一是判断中间商的综合实力。企业可以通过评判中间商开业时间的长短、发展历程和经营表现、资金实力和财务状况、综合服务能力、组织管理能力、产品知识等几方面判断中间商的综合实力。选取综合实力较强的中间商，可以让企业获得更高的利润。

二是分析中间商的预期合作程度。建立长期而稳定的合作关系是企业与渠道伙伴实现互利共赢的重要基础，因此，企业在选择渠道成员时需要考虑与中间商的预期合作程度，选择那些具有良好合作意愿的中间商。

三是分析中间商的市场和产品覆盖率。中间商的地理优势、市场范围以及经营的产品结构将影响其市场和产品的覆盖率，企业应选择具有良好市场和产品覆盖率的中间商，以扩大自身的销售范围。

四是评价中间商的信誉。中间商的信誉也会对企业产生重要影响，企业需要选择具有良好信誉的中间商，以期赢得消费者的认可与可信度。中间商需要在资金信用度、业界美誉度等方面具有良好信誉，才能帮助企业增加产品的销售。

（3）确定渠道成员的寻找途径。在确定渠道成员选择标准的基础上，企业还需要明确哪些途径可以帮助企业寻找合适的中间商。具体可以通过实地销售组织、行业与商业渠道、中间商咨询、顾客、广告、互联网等路径获得有价值的中间商信息，以此帮助企业拥有备选的中间商名单。

（4）对渠道成员进行评估与确定。选择渠道成员的最后一步是评估与确定成员，可以通过以下几种方法分析。

一是销售量评估法。该方法是评估中间商的主要方法，是指企业对中间商的销售量进行估计与判断，从而选择最佳的中间商。

二是评分法。评分法又称加权平均法，是指对备选中间商的各项能力和条件进行评分，确定不同因素对渠道功能重要程度的权重，然后计算每个中间商的加权总得分，并进行排序，以此选出最佳中间商。

三是销售成本评估法。企业在渠道管理过程中需要承担市场开拓费用、让利促销费用、货款延迟支付费用、谈判和监督履约的费用等多方面的销售成本，企业可以通过评估与中间商合作中的成本选择最佳的渠道伙伴。

11.2.3　渠道分工与任务分配

渠道成员间分工与任务分配可以通过价格政策、交易条件和地区划分等渠道功能来明确界定。

1. 价格政策

价格政策是指企业针对中间商制定的在价格方面的规定。渠道成员之间可能存在因为价格混乱而导致的渠道冲突。因此，制造商需要与其分销商在产品销售价格方面达成共识，制定明确的价格政策。

2. 交易条件

交易条件主要包括产品付款条件以及各种保证条件。一方面，产品付款条件包括中间商向制造商支付货款的方式和支付时间等；另一方面，产品各种保证条件包括质量保证、供货保证、退换货保证等。明确这些交易条件可以使渠道成员间的沟通更为顺畅，提升渠道合作关系的效率和效果。

3. 市场区域划分

市场区域划分规定了中间商销售的地理区域。制造商通过明确规定中间商的销售范围，避免了渠道冲突的产生。中间商一般希望在某一区域内独家经营制造商的产品，以获得更好的销售业绩。

11.3　营销渠道行为与治理

11.3.1　营销渠道关系中的权力与依赖

1. 渠道权力的定义与来源

渠道权力是一个渠道成员对渠道内处于不同层次上的另一个渠道成员的营销战略决

策变量施加控制的能力。①渠道成员的权力是一种潜在影响力，拥有权力的渠道成员并不一定会使用权力改变渠道伙伴的行为，但如果渠道伙伴感知到了其潜在影响力，权力就会发挥作用效果。社会学理论将权力视为依赖的结果，即如果企业A高度依赖企业B，则B将具有较高的渠道权力，B可以控制A。由于渠道关系中的依赖是相互的，因此渠道关系中的权力也是交互的。②

社会心理学的观点认为渠道权力主要源于五个方面：奖赏、强制、专长、合法性和参照。这一观点是受到营销学者们普遍接受的。③

（1）奖赏（reward）。来自奖赏的权力是指某个渠道成员通过对其他渠道成员提供利益而产生的权力。这种利益主要是指财务方面的报酬，渠道成员可能无法立刻获取报酬，也无法对其进行准确估计，但对最终结果具有良好的预期。奖赏权的有效使用取决于权力客体相信权力主体能够为其提供有价值的资源，并相信遵守权力主体的要求就可以获得这些资源。

（2）强制（coercion）。来自强制的权力是指某个渠道成员通过行使强制性措施而对其他渠道成员产生影响的权力。例如，大型连锁超市向某一品牌产品制造商收取进场费。当权力客体未遵守权力主体的要求时，权力主体可能向其实施惩罚。受到强制权力影响的渠道成员更有可能采取报复性的反应策略。虽然强制权力可能引发负面的结果，但这种权力的使用往往在渠道关系中是持续存在的，这与其为权力主体带来的高额收益密切相关。

（3）专长（expertness）。来自专长的权力是指某个渠道成员通过拥有某种特殊知识或专业技能而对其他渠道成员产生影响的权力。专长权是渠道功能中劳动分工、专业化和比较优势的核心。当权力客体通过学习获取了原本依靠权力主体提供的专长权时，后者的专长权也将随即消失。权力主体可以通过3种方式保持其专长权：首先，权力主体只提供部分专业知识，而保留企业核心数据，使渠道伙伴持续依赖权力主体；其次，权力主体不断进行投资性学习，确保始终有新的、重要的信息提供给渠道伙伴；最后，权力主体鼓励渠道伙伴投入更多的专业知识，且这些专业知识无法应用于其他的交易关系中。

（4）合法性（legitimacy）。源于合法性的权力是指某个渠道成员通过渠道系统中的权利与义务关系而产生的对其他渠道成员的影响力。合法权会使权力客体认为自身有责任与义务执行权力主体的要求。这种责任感主要源于两方面：法律和规范（或价值观）。前者产生了法律合法权，后者产生了传统合法权。法律合法权是由政府授予的权力，源于国家的合同法和商法；传统合法权是指传统上认为制造商拥有管理渠道系统的权力，它来自于渠道成员间共同的规范、价值观和信仰。

---

① EL-ANSARY A I, STERN L W. Power measurement in the distribution channel[J]. Journal of Marketing Research, 1972, 9(1): 47-52.

② EMERSON R M. Power-dependence relations[J]. American Sociological Review, 1962, 27(2): 31-41.

③ FRENCH J R, RAVEN B. The bases of social power[M]. Ann Arbor: University of Michigan Press, 1959.

（5）参照（referent）。来源于参照的权力是指某个渠道成员作为参照与认同的对象而对其他渠道成员产生的影响力。此时，权力主体致力于使权力客体对其产生心理认同，以此获得声望。例如，下游渠道成员通过与高端品牌产品制造商合作提升企业形象。参照权往往是伴随其他权力的行使而同时存在的。

2. 渠道依赖的定义与衡量

在渠道系统中，依赖是指企业为实现自身目标而与合作伙伴保持关系的需要。[①]由于渠道成员在功能上的专业化，其之间是相互依赖的。对于某个渠道成员（如制造商）而言，它对渠道伙伴（如零售商）的依赖水平取决于两个方面的因素。首先，零售商所拥有的资源对于制造商实现目标的价值越大，制造商对零售商的依赖水平就越高。其次，决定制造商对零售商依赖水平的第二个重要因素就是制造商可以从其他零售商那里获得替代资源的程度，可替代资源越少，或者存在替代来源但转向替代者的成本越过于高昂，则制造商对零售商的依赖水平就越高。

在现实的渠道管理中，根据以上两个条件，制造商可以从两个方面衡量和判断自身对分销商（如零售商）的依赖水平。首先，在某个市场上，制造商全部销售额（或利润）中，由某个零售商实现的销售额（或利润）所占比重越高，制造商对零售商的依赖水平越高。其次，相对于其他零售商而言，该零售商执行渠道功能（如促销和销售）的绩效水平越高，则其越难以被替换，则制造商对其的依赖水平也就越高。

3. 渠道权力的结构

由于某一渠道成员对另一渠道成员的依赖是后者权力的来源，渠道关系中相互依赖总量以及依赖不对称程度、权力总量以及权力不对称程度是对等的，因此，依赖结构分析可以为权力结构分析提供一个视角。在由渠道成员A和渠道成员B构成的渠道关系中，可以得到4种典型的渠道结构，如图11-6所示。

（1）高度权力均衡。在图左上角构成的渠道关系中，A和B处于彼此高度依赖和高

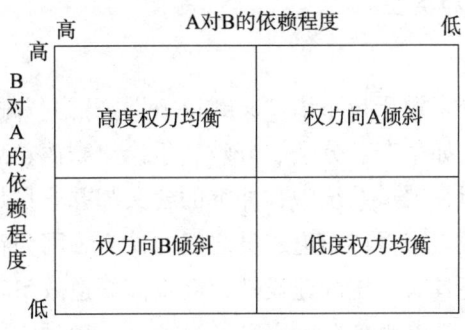

图11-6 渠道关系中的权力结构

---

① FRAZIER G L: On the measurement of interfirm power in channels of distribution [J]. Journal of Marketing Research, 1983, 20 (2): 158-166.

度权力均衡的状态，任何一方对另一方的净依赖程度均很小。此时，渠道成员双方可能在渠道关系中均占有令对方认为有价值的资源，也都为对方提供高效用；或是双方有价值的资源具有很高的稀缺性，很难找到其他替代性来源；或是在渠道关系中可能存在替代性来源，但双方均投入了较高的专有资产，具有较高的转换成本。因此，在这种高度依赖的渠道关系中，双方共同致力于推动成员间的协调与合作、维持长期而稳定的合作关系、减少渠道冲突和投机行为发生。因为一旦双方关系发生破裂而终止合作关系，则将会对任何一方均产生巨大的损失。

（2）低度权力均衡。在图右下角构成的渠道关系中，A 和 B 处于彼此低度依赖的状态，双方的净依赖程度均较低。这种状态可能产生于一个市场竞争比较充分的环境中，双方均未占有对方认为有价值的资源，或是占有的资源均能够被轻易替代。在这种渠道关系中，成员双方的解体和重建成本均较低，因此，双方也很难致力于维系长期而稳定的合作关系。

（3）权力向 A 倾斜。在图右上角构成的渠道关系中，渠道权力处于不均衡的状态，此时，权力向 A 倾斜，即 A 对 B 的依赖程度明显低于 B 对 A 的依赖程度，或者说 B 对 A 的净依赖程度较高。这种渠道结构可能产生于 A 占有 B 认为有价值的资源，而 B 占有的资源对 A 而言不具有较高效用；或是 A 占有的资源具有较高稀缺性，B 很难获得其他替代性来源；或是 A 的资源存在替代性来源，但 B 在渠道关系中投入了较高的专有资产。在这种渠道关系中，B 将致力于维护与 A 的长期合作关系以获取更多的利益，而 A 由于具有较高的权力优势，在渠道关系中可能不太重视 B 的感受。

（4）权力向 B 倾斜。图左下角构成的渠道关系与上一种渠道关系完全相反，此时，权力向 B 倾斜，A 对 B 的净依赖程度较高。这种权力结构的产生是由于 B 占有了更多 A 所认为有价值的资源，而 A 或是难以寻找替代者，或是存在替代来源但难以转换。

11.3.2　营销渠道冲突

1. 渠道冲突的概念和类型

（1）渠道冲突的概念

冲突（conflict）一词来源于拉丁语"confligere"，意为"碰撞"。从这个词的本义来看，冲突几乎经常地与诸如争夺、分裂、分歧、争论、摩擦、敌意、对抗等具有负面影响的意义联系在一起。但在渠道系统中，冲突的含义却并非只是上述消极的一面。我们应该以一种更加中立的观点来对待渠道成员之间的冲突，因为在渠道系统中，有些冲突不仅不是消极的，甚至还具有一定的建设性，会提高渠道效率。

在渠道行为理论中，渠道冲突（channel conflict）一般被定义为渠道成员之间相互对立的不和谐状态。当一个渠道成员的行为或目标与它的合作伙伴相反时，渠道冲突就产生了。渠道冲突以对手为中心，并且其目标也由渠道合作伙伴所控制。渠道冲突是渠道关系中的一种常态，其根源在于渠道成员之间既相互独立又相互依赖的关系。渠道冲突主要表现为，一个渠道成员正在阻挠或干扰另一个渠道成员实现自己的目标或有效运作；或是一个渠道成员正在从事某种会伤害、威胁另一个渠道成员的利益的活动，或者以损害另一个渠道成员的利益为代价而获取稀缺资源的活动。

（2）渠道冲突的类型

渠道冲突随着其产生的主体、背景、原因等不同而呈现多种多样的表现形式。

一是按照产生的主体，渠道冲突可以分为水平、垂直和多渠道冲突。水平渠道冲突是指同一渠道中，同一层次中间商之间的冲突。例如，某制造商的一些批发商可能指控同地区的另一些批发商随意降低价格、扰乱市场。垂直渠道冲突，也被称为渠道上下游冲突，是指在同一渠道中不同层次中间商之间的冲突。例如，零售商抱怨制造商的产品品质不良，或者批发商不遵守制造商制定的价格政策。渠道冲突理论更多关注的是垂直渠道冲突，这与垂直渠道冲突经常发生、通过调节这类冲突可以更好地满足消费者需求、通过改善渠道纵向关系可以保证渠道高效运作等密切相关。多渠道冲突是指一个制造商建立了两条或两条以上的分销渠道，而这些分销渠道在向同一市场销售产品时所产生的冲突。例如，某制造商决定通过大型综合商店销售其产品，这会招致该制造商原有的独立专业门店的不满。

二是按照发展程度，渠道冲突可以分为潜在冲突（latent conflict）、可察觉冲突（perceived conflict）、感觉冲突（felt conflict）和显性冲突（manifest conflict）等。潜在冲突是由于各方利益分配不一致的情形引起的，其常常以低水平的方式存在，是最为典型的渠道冲突；可察觉冲突是一种认知上的对立状态，其表现为观点、感觉、情感、兴趣和意图等的对立；某一渠道成员可以察觉到对方表现的明显不满和敌意。当情绪（感情）因素介入时，渠道成员将体验到感觉冲突，渠道成员可以体验到紧张、焦虑、愤怒、沮丧和敌意等负面情感；显性冲突则是用行动来表达的，表现为相互阻止对方的发展并撤销支持，最坏的情形是，一方企图对另一方采取破坏或报复性行为，从根本上阻止另一方达到目的。

三是按照渠道冲突的作用结果，渠道冲突可以分为恶性冲突和良性冲突两种。恶性渠道冲突是指冲突的结果对渠道关系造成了破坏，这种冲突往往表现为显性的高水平冲突，渠道成员可能从事报复渠道伙伴的行为，显然，这种冲突是应该尽量避免的；良性冲突也被称为功能性冲突，指对渠道关系的提升具有建设性的低水平冲突，解决这种冲突会消除误解，加深渠道成员对渠道伙伴目标的理解、促使双方进行深度沟通，因此，这种冲突有助于渠道关系质量和渠道绩效的提升。渠道冲突管理的目标应该是将冲突控制在一个合理的水平上，以发挥其功能性作用。

2. 渠道冲突的原因

渠道冲突产生的原因是多方面的，可以归纳为以下几个方面。[①]

---

① 伯特·罗森布洛姆. 营销渠道管理 [M]. 6版. 李乃和，奚俊芳，等，译. 北京：机械工业出版社，2003.

一是角色对立。由于渠道是由功能专业化的成员构成的，每一个渠道成员都必须承担它所应该执行的任务，任何一个渠道成员偏离了自己的角色范围，都可能造成渠道成员之间的对立，进而产生渠道冲突。

二是资源稀缺。渠道成员为了实现各自的目标，往往会在一些稀缺资源的分配问题上产生分歧，从而导致渠道冲突。例如，特许经营者服务的市场就是一种稀缺资源，如果特许者在该市场中又增加了一个新的特许经营者，就造成了市场资源的重新分配，进而引发特许者与受许者之间的冲突。

三是感知差异。感知是指人们对外部刺激进行选择和解释的过程。在渠道系统中，不同渠道成员对现实的感知存在一定差异，这会使它们对同一问题产生不同的反应行为。如制造商认为卖场POP广告是一种有效的促销方式，而零售商却认为现场宣传材料对销售并没有多大影响，反而占用了卖场空间。这种感知差异无疑会导致渠道冲突。

四是期望差异。渠道成员可能会对其他成员的行为预期产生偏差，进而可能采取错误的行为，这种行为会导致其他渠道成员采取相应的行为。例如，国美电器根据自己在竞争激烈的家电零售业的龙头地位，预期只要向格力提出价格要求后者就一定会屈服。但现实的情况是格力认为自己在国美的销售额占其总销售额的比例很小，就没有屈从于国美的要求，进而引发了激烈的渠道冲突。

五是决策领域分歧。每个渠道成员都承担着特定的职能，也都有属于自己的决策领域，因而当渠道成员认为其他成员侵犯了本来应该由自己决策的领域时就会发生冲突。例如，就商品价格的决策而言，零售商认为价格决策属于它们的决策领域，而制造商则认为它们才有对商品的定价权，这种分歧将导致渠道冲突。

六是目标不一致。由于在渠道系统内各渠道成员都是独立的经济组织，因而都有自己相对独立的组织目标，并企图实现这些目标。因此，当各渠道成员的组织目标出现不一致甚至矛盾时，就会产生冲突。

七是沟通障碍。沟通是渠道成员之间相互了解、化解误解的重要手段。当某个渠道成员没能向其他渠道成员及时传递重要信息，或在信息传递过程中出现失误或偏差，从而不能准确地传递、理解信息时就会发生渠道冲突。

3. 渠道冲突的解决机制

渠道冲突是无法避免的，企业只能努力设法将渠道冲突控制在对渠道系统相对无害的水平上，以此避免高水平的渠道冲突。解决渠道冲突的方法主要有以下几方面。[①]

（1）说服。通过说服不仅可以促进各冲突方的沟通，而且还可以影响各冲突方的行为。说服对避免、减少或解决渠道成员之间因职能分工及其履行而发生的冲突是比较有效的。

（2）融合。融合是指为了防止对组织稳定性的威胁或破坏，在组织领导成员或决策机构中吸收新要素的过程。例如，在制造商支配的渠道系统中，当制造商受到中间商的

---

① 夏春玉. 营销渠道的冲突与管理 [J]. 当代经济科学，2004（6）：78-79.

威胁时，前者可以将后者的管理人员吸收到自己的决策机构中，让其参与制造商的决策，从而避免该中间商对组织稳定性的威胁或破坏，进而解决冲突。

（3）制定高级目标。高级目标是指冲突各方都希望实现的，但每个冲突方又无法独立完成且需要冲突各方的共同努力与协调才能实现的目标。因此，制定这样的目标可以使冲突各方超越各自的立场，围绕该目标的实现共同解决问题，这样使冲突得以解决。

（4）提高信息准确度。提高信息准确度是指处于系统中心地位的渠道成员通过向其他成员传递正确的信息以减少或纠正其他成员的信息失真或信息错误。提高信息准确度有利于解决因渠道成员对现实的认识不同而产生的冲突。

（5）人员交换。通过渠道成员之间相互派遣人员可以加深渠道成员之间的相互了解，从而有利于解决冲突。

（6）共同加盟同业合作组织。通过生产者加盟中间商的同业合作组织，或中间商加盟生产者的同业合作组织，可以加深二者的相互了解与合作，从而有利于解决或减轻渠道冲突。

（7）调解和仲裁。调解是指通过调解者的介入来增强冲突各方之间的协调或协调意识。仲裁是指比调解更积极的第三方干预，担当仲裁任务的第三者可以对冲突各方是继续进行谈判，还是采纳仲裁者的意见进行说服，从而结束冲突各方的争论。

（8）法律诉讼。通过法律诉讼途径来解决渠道冲突。该手段主要由渠道领导者以外的其他渠道成员使用。

如前所述，渠道冲突是不能避免的，因此，上述解决冲突的各种手段自然也不能从根本上杜绝渠道冲突，但使用上述手段却可以在一定程度上减轻或消除部分渠道冲突，从而将冲突控制在系统可承受的范围内。

11.3.3　营销渠道投机行为与治理

1. 渠道投机行为及其产生原因

（1）渠道投机行为的概念及其分类

在传统交易成本经济学中，投机行为（也称机会主义行为，opportunism）被定义为以欺骗的方式谋取私利（self-interest with guile），将投机行为与经济学中的"理性人"假设寻求私利行为相区别的就是这里所说的是"欺骗"的概念。在营销渠道中，投机行为有许多表现形式，如经销商在指定的销售区域以外进行跨区销售行为（窜货行为）、经销商从供应商处获得了营销经费但却用于销售其他供应商的产品（即资金的体外循环）等行为。按照发生的时机不同，投机行为大体可以分为两类：一类是在渠道关系建立之前或关系建立阶段的投机行为，如经销商为了获得经销权而故意夸大其在区域市场中的销售能力，这种投机行为被称为事前的（ex ante）投机行为；另一类则是在交易关系建立以后发生的投机行为，如上述例子中的窜货、资金体外循环等，这类投机行为被称为事后的（ex post）投机行为。事前和事后投机行为都会对渠道关系产生负面影响。

除了交易成本经济学中对投机行为事前、事后的分类外，营销学者沃森（Wathne）和海德（Heide）根据投机行为发生的环境（现有环境与新环境）、投机行为的特点（主动和被动）两个维度将投机行为分成了四类，[1]分别是现有环境下的被动投机行为——逃避（evasion）、新环境下的被动投机行为——拒绝调整（refusal to adapt）、现有环境下的主动投机行为——侵害（violation）以及新环境下主动投机行为——强制让步（forced renegotiation），如图11-7所示。

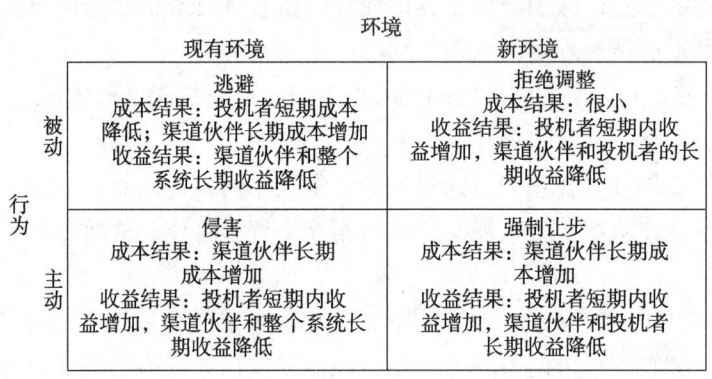

图11-7　渠道投机行为的形式及其可能的结果

逃避是指在交易环境未发生变化时，投机者逃避或推脱应该承担的责任和义务，如承担售后服务的经销商为了削减成本而不按照供应商要求的服务标准为顾客提供服务等行为。这种逃避行为虽然会给渠道成员节约直接的成本，使其获得短期的收益，但从长期来看却会对渠道收益带来负面影响。

拒绝调整是指当交易环境发生变化时，投机者缺乏应对环境变化的弹性，或者不愿意针对环境的变化而进行相应的调整。如为应对强大的竞争压力，制造商可能在原有合同基础上要求经销商承担更多的物流服务、提高物流配送效率等，但经销商却可能以执行原有合同为理由拒绝承担这些功能。经销商的这种行为并不会为供应商和整个渠道系统带来太多额外的成本，但可能会使渠道难以适应未来环境的变化，从而使得渠道关系的竞争力减弱。

侵害是指在现有交易环境下，渠道成员实质性地实施了明文禁止或习惯与规范上禁止的行为，如窜货行为等。此种行为会为投机者带来短期收益，但也会增加供应商的监督与控制成本。另外，窜货行为会导致其他经销商对供应商的不满，从而减少对供应商的品牌支持，长期来看会影响到供应商和包括投机经销商在内全部经销商的收益。

强制让步是指当交易环境发生变化时，投机者可能会利用新的环境而向其渠道伙伴要求更多的让步与支持。如在前文中供应商要求经销商承担更多物流功能一例中，当经

---

[1] WATHNE K H, HEIDE J B. Opportunism in interfirm relationship: Forms, outcomes, and solutions [J]. Journal of Marketing, 2000, 64(10): 36-51.

销商意识到这种调整对供应商非常重要时,也可能会提出一些附加条件,如要求供应商提供更多折扣、广告支持、延长付款期限等,以此作为承担物流功能的交换条件。被迫做出让步的一方短期内将会遭受一些损失,投机者的短期收益则会增加,但在长期内,这种胁迫的渠道关系是不牢靠的,可能会给双方的长期收益带来不利影响。

（2）渠道投机行为的产生原因

某些特定的要素可以产生投机行为。根据克罗诺（crosno）和达尔斯特伦（dahlstrom）从不同理论视角构建的渠道投机行为影响因素模型,[①]我们分别从以下四个理论视角分析渠道投机行为的产生原因。

制度经济学视角。在制度经济学视角的研究中,作为交易成本理论的核心维度,关系专用投资和不确定性是渠道投机行为产生的两个重要因素。

关系专用投资是指只适用于特定渠道关系的专用资产。投入较多关系专用资产的一方为了避免关系终止引发的损失,会努力维系与渠道伙伴的合作关系,而未投入此种资产的渠道成员会充分利用这种单边的锁定而"敲竹杠",即实施投机行为来获取更多收益。因此,投入专有资产的一方会抑制自身的投机行为;反之,没有投入资产的一方则更有可能采取投机行为。

不确定性包括环境的不确定和行为的不确定性。其中环境不确定性来自于外部交易环境难以预期的变化,渠道成员在难以预测的环境中很难对渠道伙伴的投机行为做出相应的预案,这无疑增加了渠道投机行为的发生频率。行为不确定性来自于对渠道伙伴行为与绩效的评价与监督困难,这加大了渠道成员对对方投机行为的监督难度,因而行为不确定性也可能导致投机行为的发生。

资源依赖视角。在对资源依赖视角的研究中可以发现,渠道成员一方与另一方的相互依赖有利于双方获取有利于自身的稀缺资源,因而渠道双方可以意识到合作关系的重要性,避免发生损害对方利益的投机行为。反之,在不对称的依赖关系中,不太依赖于对方资源的渠道成员拥有更多实施投机行为的动机。

行为研究视角。在对渠道行为的研究中可以发现,渠道关系中的中心化、正式化、协作和监督会影响渠道投机行为。其中,中心化是指渠道决策过程的集中化程度,其可以有效地限制渠道行为的随意性,有助于抑制投机行为。正式化是指双方采用正式的程序与方式管理渠道活动的程度,其降低了交易的难度和不确定性,减少了投机行为的发生。协作是指双方共同组织资源、信息流和渠道活动的程度,其有助于解决渠道适应性问题,增强双方良好的合作关系,因而也有助于抑制投机行为。监督是指监视、限制渠道成员行为的程度,其有助于降低信息的不对称程度,从而减少投机行为发生。

关系契约视角。关系契约视角强调了关系的情境特征对渠道成员交易行为的影响,具体考察了行为规范和沟通两个要素。其中,行为规范是指渠道成员需共同遵循的行为

---

① CROSNO J L, DAHLSTROM R. A meta-analytic review of opportunism in exchange relationships [J]. Journal of the Academy of Marketing Science, 2008, 36(2): 191-201.

准则，这些准则规定了渠道双方应关注整个渠道系统的产出与收益，而不能只专注于自身利益，因而可以减少投机行为的发生。沟通是指渠道成员对有价值信息的交换程度，其有助于促进双方目标的实现，会抑制投机行为的产生。

营销与中国

私人关系对投机行为的抑制作用：传统文化与
市场经济双重伦理格局视角①

关系（guanxi），根植于中国传统儒家哲学，塑造着中国人的行为方式与思维模式。在中国企业的商业活动中，发展边界人员的私人关系已成为一种普遍现象。现有研究表明，私人关系能够减少合作伙伴的投机行为。一方面，私人关系建立在互惠基础上，渠道成员对自身投入都具有获得回报的预期，为获得合作伙伴的支持，边界人员在日常互动中注重彼此关心与帮助，并会自觉约束自身行为，避免采取投机行为使双方合作关系受损，失去更多长远利益。另一方面，边界人员的私人关系增加了双方合作的长期导向，使双方在合作过程中对彼此有较为深入的了解，增加双方行为的可预测性。这有利于培育良好的信任和承诺水平，进而减少合作伙伴投机的可能性。本土视角研究的学者们也发现了边界人员私人关系对投机行为治理作用的本土情境要素，具体考察了以下几个方面。

第一，儒家思想。儒家思想强调"仁、义、礼、智、信"，主张君子以"修身为本"，崇尚正直、高尚的品行。在儒家思想影响较为深远的地区，这种思想有利于发挥边界人员私人关系对渠道投机行为的抑制作用。一方面，"重义轻利"成为了边界人员行动的基本原则，这使其与合作伙伴交易时注重"先义后利"，倾向于自觉约束自身行为，不屑于谋取私利。另一方面，注重诚信的商业传统也督促边界人员信守承诺，依照双方合同高质量地完成渠道任务。在上述儒家思想的影响下，私人关系所能发挥的"增进相互信任与理解，减少渠道冲突"等作用将更加明显，这无疑有利于发挥私人关系在减少渠道成员投机行为方面的积极作用。

第二，市场化。其是指经济制度由政府管制型经济向市场经济转变的过程。在中国，理解企业行为必须重视市场化改革这一重要的制度背景。改革开放后的20世纪80年代是中国以私人关系塑造社会生活的重要时期，社会逐渐形成了一种重视关系网络的文化系统。这种社会文化系统使私人关系发挥的重要作用不仅没有减弱，反而以一种适应市场经济的方式得到强化。在市场化水平提高带来激烈市场竞争的环境下，私人关系的工具性特质更加明显：边界人员与合作伙伴更可能建立良好的私人关系，以确保双方高质量的信息交换和共同行动，进而从该合作关系中获利。因此，在市场化水平较高的地方，私人关系对投机行为的抑制作用被强化了。

---

① 夏春玉，张志坤，张闯. 私人关系对投机行为的抑制作用何时更有效？——传统文化与市场经济双重伦理格局视角的研究[J]. 管理世界，2020，36(1): 130-145.

第三，企业领导支持。其是指领导对边界人员开展各方面工作给予的支持。中国作为推崇集体主义文化的国家，倾向于在人际关系中加入道德要素，看重构建和谐上下级关系。在企业领导支持力度较大的情况下，边界人员私人关系对渠道投机行为的抑制作用将会被强化。企业领导在边界人员工作过程中给予的支持力度越大，边界人员获取工作所需的资源及帮助就越多。这有利于减少边界人员与交易伙伴合作过程面临的阻碍，提高与交易伙伴之间的工作效率，进一步强化由私人关系所培养出的理解与信任，从而增强对交易伙伴投机行为的抑制作用。

2. 渠道治理机制

渠道治理机制是指"组织交易的方式"。根据不同的标准，渠道治理机制可以分成不同类别。传统交易成本经济学者将治理机制分为市场和科层机制两种，但在后续的理论研究中，学者们认识到了此种分法过于简单，市场和科层机制只是众多治理机制的两个端点，在这其中还存在着多样化的治理机制。著名营销学者韦茨（Weitz）和贾普（Jap）在区分市场与科层机制两种治理机制的基础上重点对非一体化渠道结构中的治理机制进行了分类，认为渠道权力应用、契约和关系规范是非一体化渠道中三种重要的治理机制，[①]如图 11-8 所示。

		一体化渠道	非一体化渠道
渠道治理机制	权威机制	规则、政策与监督	渠道权力
	契约机制	激励性补偿	契约条款与条件
	规范机制	组织文化	关系规范

图 11-8 不同渠道结构下的渠道治理机制

在一体化渠道中，权威机制（authoritative）体现在管理者利用正式组织机构中的职务（position）所赋予的权力对其下属的行为进行协调与控制。这种控制建立在雇佣合同的基础上，管理者有权利通过制定相应政策和监督等方式来确保分销或销售计划的有效实施。在非一体化的渠道结构中，由于正式的组织机构并不存在，企业需要依靠渠道权力来对渠道伙伴的行为进行协调与控制。

契约机制（contractual control）建立在关系双方签订契约的基础上，双方同意的契约条款规定了双方的权利与义务，以及对实施相应渠道行为的奖励。在一体化的渠道结构中，以销售绩效为基础的激励与奖励政策体现了企业中的这种契约控制机制；而在非一体化渠道中，双方签订的契约则规定了双方的权利、义务与责任，为协调与控制双方的行为提供了基本的框架。契约的形成可能是由一方制定，另一方接受，如特许经营渠道

---

① WEITZ B A, JAP S D. Relationship marketing and distribution channels [J]. Journal of the Academy of Marketing Science, 1995, 23(4): 305-320.

中的特许合同就是这种情况；也可能是渠道关系双方共同协商制定，大多数非一体化渠道中的契约都属此类。

规范机制（normative control）包括一组为关系双方所默认的规则或行为规范，这些规则和规范协调与控制着关系双方的行为。在一体化渠道中，这些企业内部的非正式的规则或行为规范主要表现为企业的文化，其为组织成员提供共享的价值观念与行为规范，使组织成员的行为得以被协调和控制；而在非一体化渠道中，规范主要表现为在不断互动过程中发展起来的为渠道关系双方所共享、共同遵守的一系列行为规范。

海德（Heide）根据渠道关系双方是否共同参与与渠道关系有关的决策而将非市场化的渠道治理机制分为单边治理（unilateral control）和双边治理（bilateral control）机制。根据这种分类，上述权威与权力机制是非常典型的单边治理机制，因为在这样的渠道关系中一方处于相对被动的接受状态；规范机制则是非常典型的双边治理机制，因为这些规范的产生与作用有赖于关系双方的共同参与和认可；契约机制则同时具有单边和双边治理机制的特征，当达成契约是通过双方谈判、协商时，契约具有双边治理的特征；而当契约是由关系一方单方面制定另一方只能接受时，契约则具有单边治理的特征。

11.4 营销渠道系统

传统的营销渠道成员间往往存在松散的合作关系，缺乏渠道的整体协调，渠道系统中成员间的合作与冲突比较频繁。因此，这种不稳定的渠道关系效率十分低下。本节我们重点介绍几种协调水平较高的渠道系统。

11.4.1 垂直渠道系统

1. 垂直渠道系统的概念

垂直渠道系统是由制造商、批发商和零售商纵向整合而成的统一联合体。与传统营销渠道不同的是，垂直渠道系统中的成员之间可能相互拥有产权，或通过特许经营相互关系，或某一渠道成员拥有一定的实力使其他成员愿意参与合作。垂直渠道系统与传统营销渠道的比较如表 11-2 所示。

表 11-2 传统营销渠道和垂直渠道系统的对比

传统营销渠道	垂直渠道系统
渠道成员相互独立	渠道成员协同合作
单独的自由成员	作为一个竞争整体联系在一起
对立性谈判	依据法律和契约领导
冲突无法控制	冲突可控制
缺乏共同的目标	拥有共同的目标

2. 垂直渠道系统的类型

按照成员间关系紧密程度可以将垂直渠道系统分为公司式、管理式和契约式三种。

（1）公司式垂直渠道系统。公司式垂直渠道系统是由同一个所有者名下的相关企业和部门组成的一种渠道体系，是渠道关系中最紧密的渠道形式。公司式垂直渠道系统中的领导者拥有并统一管理制造商、批发商和零售商等机构，控制渠道的若干层次甚至整个营销渠道。公司式垂直渠道系统分为两种类型：一种是一家公司直接投资建立独立的销售分支机构，如海尔公司自筹资金投资建立分销公司；另一种是一家公司对其他渠道成员控股或参股以控制对方公司，如格力电器通过和大经销商合资建立区域销售公司来销售自己的产品。

（2）管理式垂直渠道系统。管理式垂直渠道系统是指由一个或少数几个实力较强、具有良好品牌声誉的大公司依靠自身影响，通过强有力的管理而将众多分销商聚集在一起而形成的渠道系统。由于制造商可能无法耗费巨资建立销售产品所需的全部分销机构，因此，一些享有盛誉的公司通过帮助、指导和协商等方式与众多分销商建立友好的合作关系，从而形成了这种模式的垂直渠道系统。例如，在我国汽车行业中，汽车制造商与其分销商之间建立的关系就是这种渠道系统。

（3）契约式垂直渠道系统。契约式垂直渠道系统是指渠道成员之间通过不同形式的契约来确定彼此的分工协作与义务关系的渠道系统。这种渠道系统可以分为以下3类。

一是特许经营系统。特许经营系统是一种以转让经营权为核心的经营方式。特许方将自己的商标、商号、产品、经营模式、专利和专有技术授予受许方，并与受许方一对一签订经营合同，要求受许方支付特许费或加盟费。

二是批发商倡办的自愿连锁。这种渠道系统是由批发商发起，其与独立的零售商组成的连锁组织。批发商倡办的这种系统不仅有效降低了来自大型制造商的压力，而且可以应对新的竞争者。批发商帮助中小零售商建立自愿连锁也使这些零售商们降低了采购成本、得到了更多销售支持。

三是零售商合作社。零售商合作社是由一批独立的中小零售企业以入股的方式组建的新企业实体，参与合作的零售商以集体的名义向制造商统一采购产品，共同进行广告促销和销售培训。

11.4.2　复合渠道系统

复合渠道系统也被称作多渠道系统，是指企业同时利用多条分销渠道销售其产品的系统。随着细分市场中消费者需求的不断变化，任何单一的营销渠道都无法有效覆盖整个目标市场，进而可能导致失去部分潜在顾客。因此，渠道成员开始使用更多的渠道方案以联合进行产品的分销。每一种渠道都有自身的优势与劣势，因此，企业一般通过整合多种渠道方案使之相互补充，此时，就形成了复合渠道系统。

复合渠道系统具有一些优势。第一，在某种程度上降低成本，例如，构建互联网渠道和其他无店铺渠道的成本低于实体分销渠道;第二,增加市场覆盖面,由于任何一种分销渠道都无法覆盖整个目标市场,因而采用复合渠道能够达到较广的市场覆盖面;第三,提高差异化营销的程度,企业针对不同客户提供有差异的渠道方案,可以满足客户个性化的需求,提升企业竞争力;第四,为企业提供更多的信息,复合渠道增加了企业获取信息的多种来源,有利于企业对变化的环境进行快速反应。

虽然复合渠道系统能够给企业带来一些好处,但我们不得不承认多渠道模式也产生了一些问题。第一,加剧渠道冲突。多渠道之间的协调整合一直是当前企业面临的主要问题之一,例如,渠道间容易出现争夺客户、价格差异等问题,产生渠道冲突;第二,产生"搭便车"现象。顾客可能在某一渠道中获得服务,但却在另一条渠道中购买。这种"搭便车"现象不利于维持渠道成员的销售积极性;第三,降低了企业对顾客关系维护的力度,复合渠道系统牵涉企业太多的资源,企业对客户关系管理的能力将会逐渐降低。第四,会导致构建成本超过销售额的增幅。虽然构建多渠道在一定程度上可以降低销售成本,但盲目的构建可能会产生销售额增长低于成本投资的风险,这只会加重企业的负担。

11.4.3 O2O 和全渠道系统

1. O2O 渠道系统

随着信息技术和电子商务的快速发展,方便、快捷的线上购物已经成为消费者重要的购物方式,越来越多的制造商在原有线下传统零售商渠道的基础上开辟线上直销渠道,并努力探索线上线下的融合模式,即 O2O(online to offline)渠道。O2O 渠道系统是指通过线上线下渠道的资源互补来满足消费者线上线下无缝衔接的购物需求并提高企业运营效率的系统[①],其包含两种形式:第一种是线上到线下 O2O 模式,包括"线上购买、线下消费"与"线上购买、线下取货"两种;第二种是线下到线上 O2O 模式,包括"线下体验、线上购买"与"线下购买、线上配送"两种。

从制造商的角度来看,实现 O2O 渠道的有效融合是企业面临的重要问题。制造商可以实施几种 O2O 渠道融合策略。第一,使用信息技术提高线上线下整合能力,在 O2O 渠道系统中,信息技术为制造商提供了整合渠道资源的有效手段,通过对顾客、订单、库存、物流和支付等线上线下资源与流程的整合,为消费者提供更好的消费体验;第二,与线下零售商开展 O2O 合作;在 O2O 渠道系统中,制造商与线下零售商的合作使消费者在线下缺货时可先通过展品来确定产品是否符合自身需求,然后再去线上购买,充分满足了消费者的购买需求,减少了制造商的线上退货损失,并且线下零售商也可以从中获取一定的引流收益;第三,充分发挥消费者共同创造价值的能力。O2O 渠道系统为制造商直接在线上渠道与消费者建立联系提供了机会,企业可以运用 O2O 实现定制化生

---

① AILAWADI K L, FARRIS P W. Managing multi- and omni-channel distribution: Metrics and research directions [J]. Journal of Retailing, 2017, 93(1): 120-135.

产，将消费者变为合作创新者。

2. 全渠道系统

（1）全渠道系统的概念。全渠道系统并不局限于O2O渠道系统中线上与线下两种形式的融合，而是进一步拓展为实体商店、网上商店、移动商店和社交商店等多种渠道模式的融合。企业要在多个渠道中实现可靠的一致的实物和信息流动，需要一个全渠道系统来连接和协调产品在不同渠道中的流程、技术和业务[①]。全渠道系统是指企业通过对众多可用渠道和顾客接触点进行协同管理，从而使顾客的跨渠道体验和跨渠道绩效得到优化的系统[②]。

全渠道系统包含三方面构成要素[③]。第一，渠道阶段，是指价值增值的过程，包括预购买、付款、交付和退货四个阶段，每个阶段包括众多的渠道类型和代理人。第二，渠道类型，是指在增值过程的每个阶段提供产品/服务和信息的各种方式或媒介。在预购买阶段，渠道类型包括商店、网站、社交媒体、电子邮件、广告、目录等；在付款阶段，渠道类型包括现金、银行卡、优惠券、会员卡等；在交付阶段，渠道类型包括门店、送货上门、收货点等；在退货阶段，渠道类型包括邮局、门店和退货点等。第三，渠道代理人，是指在每个渠道阶段管理渠道类型的实体/企业，例如，制造商、数字零售商、实体零售商、物流供应商、价格比较网站、信贷机构等。

虽然全渠道系统也是对多种渠道进行管理，但其与复合渠道系统还是存在一些差异，我们有必要对两者进行区分。第一，复合渠道系统中的渠道成员相对独立，同一产品在不同的渠道中存在相互竞争关系，不能忽视渠道间的协调问题。而全渠道系统成员则采取了多种努力来改善渠道之间的互动和同步，系统的任何成员都可以进行全渠道互动和协调，同一产品在多种渠道中不存在相互竞争关系。第二，数据管理和整合是全渠道系统的关键机制，而复合渠道系统则不包含这些管理内容。通过在渠道系统中存储和共享数据，数据管理和整合使渠道成员能及时识别渠道内和渠道间发生的变化。第三，复合渠道与全渠道系统还有一个关键区别是，全渠道系统的核心是"消费者参与"，企业明确地通过社交媒体、电子邮件、网络链接、移动平台、商店访问、促销活动等努力寻求顾客体验和参与。因此，全渠道系统除了包括实物商品转移的渠道外，还包括各种沟通渠道。

（2）全渠道系统面临的主要问题及解决方案。第一，产品追踪方面。在全渠道系统中，制造商往往通过产品的标签进行数据追踪，但许多中间商会为分销的产品重新贴标签，使其可以通过自身的信息系统进行追踪，这极大地增加了人工数据处理的复杂度，降低了管理的效率。因此，要想解决这一问题，企业需要在渠道系统中要求渠道成员使

---

① MIRZABEIKI V, SAGHIRI S S. From ambition to action: How to achieve integration in omni-channel? [J]. Journal of Business Research, 2020(110): 1-11.

② ALONSO-GARCIA J, PABLO-MARTÍ F, NUNEZ-BARRIOPEDRO E. Omnichannel management in B2B. Complexity-based model. Empirical evidence from a panel of experts based on Fuzzy Cognitive Maps [J]. Industrial Marketing Management, 2021(95): 99-113.

③ SAGHIRI S, WILDING R, MENA C, Bourlakis M. Toward a three-dimensional framework for omni-channel [J]. Journal of Business Research, 2017(77): 53-67.

用相同的标签来标识产品，并使用相同的数据捕获和共享协议作为企业间产品追踪的主要推动因素，以降低数据的处理成本。

第二，数据管理方面。在全渠道系统中，企业间不匹配的数据、错误以及缺乏整合的数据系统是影响企业间关系和企业声誉的重要因素。缺乏自动化和集中化的数据管理方法是实现全渠道数据整合的主要障碍。渠道成员可以合作创建一个标准的数据库，以便所有成员共同访问，使这些成员可以及时接收关于产品更新的准确数据，以自动化处理过程减少花费在数据输入上的时间，避免人为失误因素。

第三，顾客体验方面。在当前竞争激烈、增长迅速的全渠道市场中，顾客对无缝购物体验的要求越来越高，例如，企业为顾客提供当日送达、免费送货或免费退货等服务。然而，企业提供这种一致和愉快的购物体验需要配置更多的资源、承担额外的物流和管理成本。虽然这些成本可以提高企业为顾客服务的能力，但却降低了整体利润。企业可以通过与渠道成员间的合作降低这些成本，例如，采用标准化的方法进行数据的共享，以及将全渠道中的不同节点连接在一起，从而使商品转移到消费者更需要的地点。

第四，制造商角色方面。在全渠道系统中，制造商一方面需要根据不同渠道中间商的需求提供合适的产品、运输、交付以及售后服务；另一方面还需要在创建和管理产品数据方面承担更多责任，以便中间商、物流企业和消费者在全渠道环境中有效使用这些数据。因此，对制造商来说，除了需要履行传统的制造职责外，其还需要协调一致地管理这些具体任务，这无疑加大了制造商的管理难度。因此，制造商可以要求中间商使用相同的产品标签和数据存储与交换协议，从而提升整个全渠道系统的效率，降低总成本和改善顾客服务。

第五，生产、销售与物流配送服务的整合方面。在全渠道系统中，制造商创建的生产数据、中间商生成的销售数据以及物流企业的配送服务数据需要在全渠道的不同阶段接受整合，以确保产品和物流信息的一致性和准确性。然而，这是一项具有挑战性的任务，因为不同企业的数据库之间缺乏兼容性，同时企业间也不太愿意进行信息的共享，这进一步增加了企业间进行数据交换的难度，不利于制造商、中间商、物流企业建立与维护关系。为了有效解决这一问题，制造商、中间商、物流企业间需要使用兼容的数据系统，不断加强信息的传递，实现企业间的信息共享，以提升消费者对产品与物流信息的整合要求。

营销前沿

推动多渠道向全渠道系统转变的趋势[①]

多渠道环境中的渠道目标是优化每个独立渠道的绩效并在渠道间进行协调，以在相

---

① PALMATIER R W, SIVADAS E, STERN L W, EL-ANSARY A I. Marketing channel strategy: An omni-channel approach [M]. New York: Routledge, 2020.

对独立运作的多种渠道中获得收益。但在这种渠道系统中，由于线上和实体店是由不同的部门管理，顾客的购物体验并不是真正无缝的。即使企业努力实现跨渠道的整合也仍具有重大的挑战性。与之不同的是，全渠道系统则可以更好地整合这些功能，允许顾客通过线上、移动、社交和线下实体渠道进行品牌搜索、购买、沟通、参与和消费，使顾客在购买过程中跨多个渠道进行选择，实现无缝衔接。在此背景下，多渠道正在不断向全渠道模式进行转变，具体体现在以下几种趋势。

第一，渠道参与者在互联的世界中运作。网络、智能手机、社交媒体等的普及极大地影响了人们的购物行为。很多消费者在购买商品之前会在网上搜索和调查以寻求购买建议。高水平的互联意味着消费者可以根据自己的喜好自由地跨越不同的渠道购买产品，因此，全渠道系统推动了制造商和中间商等渠道参与者在这种互联的世界中参与运作。

第二，消费者跨渠道购物。多渠道不断向全渠道转变的另一个趋势是消费者跨渠道购物行为的增加。一种主要的跨渠道购物方式是"展厅现象"，即许多消费者可能去实体店体验和试用产品，而选择在网上购买，这种行为引发了渠道成员之间的冲突。因此，在全渠道系统中，企业需要针对"展厅现象"制定公平的补偿制度。另一种常见的跨渠道购物方式是"反展厅行为"，即消费者在线下购买之前先在网上寻找产品。

第三，购物规范的改变。人们的购物规范逐渐发生了变化。在网络不发达的时代，消费者倾向于将价格作为消费时的参考标准，通常会购买中等价位的商品，而不太愿意购买最贵或最便宜的商品。然而，随着互联网和社交媒体等的应用和推广，消费者开始逐渐依赖线上的商品评价进行购买决策，当商品的评价不错时，消费者更愿意购买产品线中价格最低的商品。因此，在全渠道系统中，消费者依靠口碑和评价进行购物决策的方式逐渐改变了他们的购物规范。

第四，向服务转变。在全渠道系统中，企业更加注重通过服务为顾客创造价值，这意味着许多制造商会直接面对终端消费者，从而将中间商从营销渠道及其价值链中移除。例如，许多汽车企业的直销模式代替了传统的经销模式，试图为顾客创造一种独特的消费体验。

第五，有针对性的促销。企业更多使用新大众媒体传播工具进行促销，如电子邮件、线上优惠券和社交媒体广告等。这些传播途径有效地利用客户关系营销和社交媒体来促进全渠道系统的建立。例如，企业利用顾客在实体店内的购买历史向其提供个性化的广告。

本章提要

营销渠道是指产品或服务从生产领域向消费领域转移所经过的路径，该路径由一系列在功能上相互依赖的组织构成。营销渠道有三个关键的参与者：制造商、中间商和终端用户，其功能主要包括收集与传送信息、促销、洽谈、组配、谈判、物流、风险承担和融资，其流程包括实物流、所有权流、促销流、洽谈流、融资流、风险流、订货流、支付流以及信息流。营销渠道存在中间商的原因包括需求、供给和创造价值3方面的因素。

营销渠道设计的一般过程包括确定渠道设计的需要、建立渠道目标、明确具体的渠道任务、开发可选择的渠道结构、评价影响渠道结构的因素和选择"最佳"渠道结构这六个步骤。影响营销渠道结构的因素主要包括市场、产品、制造商和中间商因素四个方面。渠道成员的选择包含明确企业的渠道目标与渠道策略、确定渠道成员选择的标准、确定渠道成员的寻找路径、对渠道成员进行评估与确定这四个步骤。

渠道权力是一个渠道成员对渠道内处于不同层次上的另一个渠道成员的营销战略决策变量施加控制的能力。渠道权力主要源于五方面：奖赏、强制、专长、合法性和参照。渠道依赖是指企业为实现自身目标而与合作伙伴保持关系的需要。根据关系双方对彼此的依赖水平，渠道关系中可能出现四种比较典型的渠道权力结构：高度权力均衡、低度权力均衡、权力向上游倾斜、权力向下游倾斜。

渠道冲突一般被定义为渠道成员之间相互对立的不和谐状态，按照产生的主体可以将其分为水平、垂直和多渠道冲突；按照发展程度可以将其分为潜在冲突、可察觉冲突、感觉冲突和显性冲突等；按照作用结果可以将其分为恶性冲突和良性冲突两种。渠道冲突产生的原因包括以下几方面：角色对立、资源稀缺、感知差异、期望差异、决策领域分歧、目标不一致和沟通障碍。解决渠道冲突的方法主要有：融合、制定高级目标、提高信息准确度、人员交换、共同加盟同业合作组织、调解和仲裁、法律诉讼等。

渠道投机行为被定义为以欺骗的方式谋取私利。按照渠道投机行为发生的时间可以将其分为事前投机行为和事后投机行为两类。根据投机行为发生的环境（现有环境与新环境）、投机行为的特点（主动和被动）两个维度可以将投机行为分成逃避、拒绝调整、侵害和强制让步四类。渠道投机行为产生的原因可以从制度经济学视角、资源依赖视角、行为研究视角和关系契约视角四方面进行分析。渠道治理机制具体包括渠道权力的应用、契约、关系规范三种重要的治理机制。

垂直渠道系统是由制造商、批发商和零售商纵向整合组成的统一联合体。按照成员间关系的紧密程度可以将垂直渠道系统分为公司式、管理式和契约式三种形式。复合渠道系统是指企业同时利用多条分销渠道来销售其产品的系统。O2O渠道系统是指通过线上线下渠道的资源互补来满足消费者线上线下无缝衔接的购物需求并提高企业运营效率的系统。全渠道系统是指企业通过对众多可用渠道和顾客接触点进行协同管理，从而使顾客的跨渠道体验和跨渠道绩效得到优化的系统。

案例分析

老牌国货上海家化的渠道进阶之路[①]

上海家化联合股份有限公司是20世纪以来享誉全国的老牌国货日用化妆品公司，作

---

① 李艳双，李伟康. 上海家化：老牌国货的渠道进阶之路 [DB/OL]. [2022-06-08]. 中国管理案例共享中心.

为具有本土市场优势的民族日化企业，上海家化高达 30 多万家的线下网点巩固了其线下渠道的建设，同时在保持线下渠道优势的同时，积极布局完善线上渠道，打通线上线下的渠道壁垒，使消费者获得了更好的消费体验。上海家化的渠道发展之路主要经历了以下几个阶段：

1. 营销渠道初探索

在上海家化的营销渠道探索初期，公司主要采用了线下和线上渠道布局两种模式。首先，在线下渠道布局方面，早期的化妆品行业面临缺少正规品牌和有效产品的市场现状，上海家化决定推出一些负责任、有效果的品牌，例如恒妍和佰草集等。起初，上海家化从自营专卖店做起，做到了一定销售业绩，商场渠道商给予了肯定之后，才开始发力专柜渠道，之后又陆续发展了加盟、代理、经销等多种渠道模式。作为具有本土市场优势的民族日化企业，上海家化高达 30 多万家的线下网点巩固了其线下渠道的建设：在百货渠道，佰草集已在国内开设了超过 1000 家专柜，在中国百货渠道力拔头筹；而在商超渠道，六神、美加净也是中国商超渠道的销售主力。上海家化拥有极强的线下渠道覆盖优势，成功布局了包含经销商分销、直营 KA、化妆品专营店、百货和海外的线下渠道。

随着互联网技术的发展，网络购物成为了一种新兴购物模式，越来越多的年轻人开始在网上购物，至 2009 年，仅淘宝平台的化妆品网店就超过 12 万家。但是，上海家化未直接进入电商渠道，错过了开发线上渠道的最佳时机。好在几年之后，上海家化认清了线上渠道的重要意义，于是在 2010 年，上海家化信息科技有限公司成立，用以运营旗下品牌——佰草集、清妃、高夫以及六神、美加净、可采和家安等的电子商务。为了锁定年轻人市场，上海家化还趁机推出了针对移动互联网渠道，仅在淘宝网售出的定制品牌——茶颜。不止如此，上海家化开始利用互联网技术建立了属于自己的上海家化官方网站，同时抓住机遇，带领六神、佰草集、家安、玉泽等旗下品牌逐步入驻淘宝网，开始初步布局线上电商渠道。

2. 渠道进阶之路

（1）构建扁平化渠道，缩短与 C 端距离

2014 年，新型渠道如电子商务和化妆品专营店发展迅速，而作为以往日化产品传统营销渠道的百货和商超市场占有率开始大幅度下降，增长速度也随之变得缓慢。在日化领域摸爬滚打了几十年的上海家化很快就发觉了这一市场变化，于是根据消费者的购物行为习惯，在巩固传统渠道的基础上初步开始对电子商务和化妆品专营店这两大新兴渠道进行建设。相比起传统渠道而言，这两大新兴渠道更加扁平化，有着传统渠道无法比肩的强大优势——与消费者之间的距离大大缩短了。上海家化将其旗下品牌佰草集当作了急先锋，试点了体验型专卖店，并且将这种模式覆盖到全国各省市，与此同时，开启了"自营+加盟"的销售管理模式和体系，缩短了与消费者之间的距离。除了开启体验型专卖店外，上海家化依托定位于婴幼儿护肤的品牌——启初，开始拓展母婴店渠道。截

至2014年，上海家化控制的专营店系统门店数从900家提升到了3800家，拓展的母婴店系统也已达到了5000家。

2015年，上海家化持续进行渠道建设，在保持自身渠道优势的前提下对渠道策略做出了相应调整：以多渠道推广为主，电子商务渠道主要发挥对六神、美加净、高夫、家安等品牌的推广、销售、与消费者服务沟通的作用，其他渠道全面部署。经过几年的全面部署，上海家化通过多品牌基本完成了全国全渠道的全覆盖，与此同时，上海家化携手阿里巴巴达成了战略合作伙伴关系，在天猫平台上线了"上海家化官方旗舰店"，大大增加了上海家化旗下产品的曝光量。2018年，上海家化开始优化电商渠道，将两大电子商务平台——京东和天猫超市的销售模式由之前的经销模式变为更好掌控的直营模式，提高对电子商务平台的控制能力，高效精准地收集消费数据，奠定了个性化推荐和渠道创新管理的基础。在2018年上半年销售未达预期的情况下，上海家化开始积极探寻私域流量，在下半年开发了华美家微信小程序商城，并尝试通过引入会员流量打造微信商城平台。另外，上海家化努力探索特殊渠道，特殊渠道实质上是一个公开的多用途电商平台，该平台作为特殊渠道能够进行新品推广、试用测试，并作为企业福利和团购平台，进一步拓展消费体验。2020年，特殊渠道作为现有渠道的重要补充，通过嫁接中国平安资源触达了更多的消费者。

（2）完善终端建设，积极探索新零售

2015年，上海家化携手阿里巴巴达成了战略合作伙伴关系，开创性地打破了线上线下渠道的壁垒，首次开启全渠道的深入联动。双十一期间，上海家化开展了主题为"双11来了，上海家化喊你回家"的线上线下O2O活动，打通了线上线下渠道，使顾客可以享受线上购买、线下提货或退货的便利服务。除此之外，体验店还提供了一些中医护肤、养生等专家课程，顾客可以定期学习护肤养生知识。

2016年10月，阿里巴巴集团提出纯粹的电子商务时代即将结束，未来新零售才是时代的主题。自此，上海家化开始积极布局新零售，对新零售进行业态创新，对消费场景进行二次开发，打通线上→线下→线上的闭环，实现进店推送权益→皮肤测试→产品推荐→线上购物的全场景流程。除此之外，为了实现线上线下两种模式的无缝对接，上海家化在机场开设了全品牌体验店E-store、在购物中心开设了大型跨品类生活馆，在各大城市的地铁枢纽放置了化妆品自动贩售机。

（3）与经销商动态沟通，力求合作共赢

在渠道变革的深刻背景下，上海家化非常注重经销商关系，每年都会召开商超、CS等渠道的经销商峰会，发布本年的渠道策略及营销计划。在会上，来自全国各大省市的经销商会与上海家化团队集聚一堂，共同就品牌的新发展以及营销策略进行深入讨论，旨在实现上海家化与经销商的双方共赢。

3. 数字化转型助阵全渠道策略

（1）线下渠道创新与精简

在上海家化积极布局新零售之后，线上营业收入获得了不俗的成绩，但与此同时，曾经是上海家化明显渠道优势的线下渠道增速明显放缓。于是，上海家化对线下渠道进行了更进一步的创新与精简。首先，为了驱动线下渠道的增长，上海家化在多个线下渠道打造了网红爆款：百货渠道打造佰草集品牌背书的产品——太白精华，化妆品专营店打造主打"成分党"的科技性功能护肤产品——典萃新肌冻干面膜。其次，为导入流量，上海家化进行了场景营销，不仅入驻机场免税店提升消费者体验，并且部署跨界合作进行整合营销——佰草集携手"花开敦煌"文化IP推出"花开敦煌：22周年御享限量礼盒"、双妹携手张裕推出联名款解百纳干红，着力打造跨界国潮产品。

（2）"线上直播+红人主播"加速数字化渠道转型

2019年正是直播带货的元年，上海家化也不甘落后，尝试与头部红人合作带货营销，在互联网流量时代进一步转变沟通和销售方式，与红人主播合作举办了众多直播。据2019年上海家化发布的上半年财报显示，2019年上半年，上海家化电商渠道的销售增速已接近行业平均水平，在"618"期间整体表现良好，其中仅佰草集的品牌招新就超过了70%。年报显示，2019年上海家化线上渠道得益于电商和特渠的快速发展，实现了营业收入超过25亿元，同比增长高达30.01%。2020年，在战"疫"的特殊时期，上海家化上线了新型全景交互式H5页面——"云逛中国智造街"，实现了客户在疫情期间能够安全地零距离接触并了解上海家化的品牌形象及旗下产品。

（3）"门店+云店"助力智慧零售

2020年6月17日，上海家化在主题为"智汇新时代"的上海家化CS渠道战略云发布会上正式启动了CS渠道云商城。云商城不光惠及经销商、代理商和门店，更为消费者提供了便利服务。在云商城提供的云店小程序上，消费者可以无忧下单，并且可以自主选择配送上门和门店自提两种到货方案，极大缩短了上海家化与消费者的距离。最终，上海家化不负众望，2020年线上渠道实现29.76亿元营业收入，同比增长15.24%。

2021年，上海家化初步形成了"3+3"的智慧零售运营体系。第一个"3"针对C端，上海家化大力发展美团、饿了么、淘鲜达、京东到家等到家平台，加强与支付宝、微信、银联、大众点评等到店平台的合作，携手屈臣氏开展O+O（线上+线下）策略，更加近距离接触消费者。第二个"3"针对B端，上海家化在百货渠道，与各大商业集团展开合作，充分运营集团会员，激发会员活力。

目前，数字化转型已深深扎根于各个行业和行业的管理人员的计划中。在新的消费时代，数字化转型和增强大数据能力已成为必须回答的问题。对于上海家化来说，全面数字化转型的目标则是打破坚持线下渠道的"单一优势"，实现全渠道运营。"成为中国美妆日化行业领导者，将中国美带给全世界"，是上海家化的企业愿景。

讨论：

1. 请结合案例说明上海家化采用了哪几种营销渠道模式及上海家化所经历的渠道变革有何特点。

2. 请结合案例阐述上海家化是如何进行营销渠道数字化探索的。

3. 请结合案例分析上海家化是如何进行全渠道营销创新和管理的。

4. 请结合案例谈谈上海家化的渠道变革历程对中国本土老牌日化企业有何启示。

拓展阅读

[1] PALMATIER R W, SIVADAS E, STERN L W, EL-ANSARY A I. Marketing channel strategy: An omni-channel approach[M]. New York: Routledge, 2020.

[2] KRAFFT M, GOETZ O, MANTRALA M, SOTGIU F, TILLMANNS S. The evolution of marketing channel research domains and methodologies: An integrative review and future directions[J]. Journal of Retailing, 2015, 91(4): 569-585.

[3] WATSON IV G F, WORM S, PALMATIER R W, GANESAN S. The evolution of marketing channels: Trends and research directions[J]. Journal of Retailing, 2015, 91(4): 546-568.

即测即练

第 12 章

整合营销传播策略

本章学习目标

通过学习本章,学员应该能够做到以下几点。
1. 知道什么是整合营销传播。
2. 了解整合营销传播的不同手段。
3. 掌握制定整合营销传播的决策。

引导案例

美贺庄园:整合营销传播有多整合[①]

美贺庄园是美的控股旗下的葡萄酒企业,致力于打造集葡萄栽培、葡萄酒酿造、葡萄酒贸易及葡萄酒文化传播于一体的全产业链运营体系。为了快速打开市场,美贺庄园打出了一套基于 AIDA 模型为基础的整合营销传播"组合拳"。

第一式:吸引注意(attention)。通过与胡桃里音乐餐吧跨界联合,让年轻爱玩的人群注意到美贺庄园;通过跟美的集团各事业部、美的会员的联动,让美的数百万会员注意到美贺庄园品牌;同时通过线下的品鉴会直入高端社区。

第二式:激发兴趣(interest)。通过抖音、快手、小红书等直播平台,联合君兰会米其林星级行政总厨,共同制作了美食与葡萄酒相结合的短视频,促使喜好美食的群体及个人对葡萄酒产生兴趣,让人们觉得葡萄酒不仅与牛排相配,与中国的传统美食同样相配。

第三式:营造欲望(desire)。推出 999 瓶限量珍酿版葡萄酒,以限量来激发购买收藏红酒的欲望;根据当下流行的定制需求推出葡萄美酒定制服务,为生日派对、婚礼、寿宴等定制不同风格美酒。

---

① 欧霞,陆定光,江洁谊等. 美贺庄园:整合营销传播有多整合 [DB/OL]. [2022-05-29]. 中国管理案例共享中心. 内容有删改。

第四式：付诸行动（action）。在消费者产生了购买欲望之后，增加促销套装以及高值赠品，也同步在小程序、小红书等平台进行促销推广，利用节假日及各大平台的促销节点给出对应时间的消费优惠，促使消费者踏出最后一步。

正是凭借这样一套"组合拳"，美贺庄园的销售收入不断攀升，在中国巨大的葡萄酒市场占据了一席之地。

12.1　整合营销传播概述

12.1.1　整合营销传播的概念

目前，不同学者对于整合营销传播给出了不同的定义。例如，伯内特（Burnett）和莫里亚蒂（Moriarty）将整合营销传播定义为"企业同顾客之间的信息传递机制"；[1]科特勒和凯勒将其定义为"公司试图用来直接或间接向消费者告知、说服和提醒关于其销售的产品和品牌相关信息的方法"；[2]美国广告同业协会将其定义为"通过评估各种不同的传播技术——广告、直接营销、销售促进以及公共关系等——在特定传播计划中所扮演的角色，并经过整合，使之提供清晰、一致的信息，以发挥有效的和最大的传播效果"。事实上，理解整合营销传播可以从如下三个方面入手：一是整合，指整合营销传播要实现不同传播工具之间的协同有效运用；二是营销，指整合营销传播要达到告知、说服和提醒产品或品牌信息的目的；三是传播，指整合营销传播是一个将营销信息传递给目标客户的过程。综上可知，整合营销传播就是一个综合协同运用各种传播工具，将营销信息准确无误地传递给目标客户，以实现告知、说服和提供产品或品牌信息的过程。

12.1.2　整合营销传播的特点

和传统的营销传播相比，整合营销传播具有如下特点。

第一，传递信息的一致。整合营销传播要求不同传播工具必须传递一致的信息，避免出现不同工具之间的自相矛盾和相互冲突，尽可能确保营销传播的效果。

第二，工具组合的最优。整合营销传播要求传播工具的组合要坚持合理的结构，通常以传播活动的总成本和总收益作为衡量传播工具组合的标准。

第三，客户优先的导向。整合营销传播要求营销信息的设计、传播工具的采用、营销时段的选择等必须以目标客户的需求作为出发点和落脚点，跳出传统的"企业中心论"。

第四，传播过程的连续。整合营销传播要求营销传播过程应该贯穿营销工作的全过程，应该将营销传播过程视为营销组合的重要组成部分，而不仅将其视为独立的环节。

---

[1] BURNETT J, MORIARTY S. Advertising: Principles and practice [M]. New York: Prentice Hall, 1992.
[2] 科特勒，凯勒. 营销管理[M]. 14版. 王永贵，等译. 上海：格致出版社，2012.

12.1.3 整合营销传播的过程

整合营销传播实际上要解决的是企业与顾客之间的信息不对称问题,即将营销信息准确无误地传达给顾客。那么,谁在传播、向谁传播、传播什么、如何传播、效果如何就成为了整合营销传播需要重点关注的问题。图 12-1 展示了一个通用的信息传播过程,发送者(一般是企业)将所要传递的内容编码成为信息,通过媒介将这些信息传递给接收者(一般为消费者);接收者收到信息后进行解码,据此获知发送者的意图。但是,传递过程中会面临较多干扰因素,例如,信息编码的不当、信息媒介的选择错误、接收者的解码能力等因素都可能产生噪声,降低整合营销传播的效果。为此,发送者还要随时关注接收者的反应和反馈,了解信息传播过程中是否存在失真或者是否达到了预设的目的,并及时对噪声采取相应的扭转措施等。

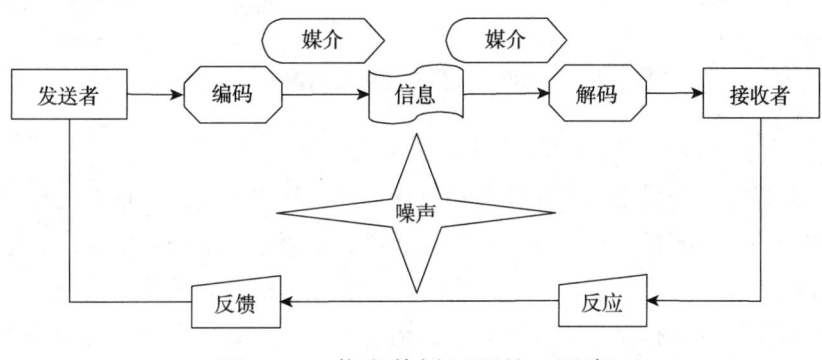

图 12-1　信息传播过程的 9 要素

12.2　整合营销传播手段

12.2.1　人员推销

1. 人员推销的概念

人员推销是指推销人员与目标顾客开展直接沟通,向目标顾客传递产品或品牌的相关信息,据此达到扩大销售的目的。人员推销广泛应用于保险等复杂度高的行业以及组织之间的营销等。

2. 人员推销的优点与缺点

人员推销具有一定的优点。第一,双向互动有助于减少信息失真。推销人员和顾客之间的双方互动保证了营销信息的准确传播,在很大程度上避免了信息失真。第二,人际互动有助于建立客户关系。推销人员与顾客之间的情感互动可以更好地争取顾客,从而形成顾客和企业之间的长期合作。第三,充分互动有助于传递复杂信息。推销人员和顾客之间的充分互动可以将大量复杂信息有效传递给顾客，这是其他传播手段所不具备的优势。

人员推销也具有一定的缺点。第一，覆盖面窄。每个推销人员只能面向有限的顾客，很难面向大规模的市场。第二，成本很高。覆盖面窄的缺点还导致人员推销存在规模不经济的问题，即人员推销的成本很高。第三，质量难控。不同推销人员的素质和能力存在较大差异，导致人员推销的质量参差不齐。特别是优秀推销人员的培养难度很大，这使人员推销的质量很难得到有效的把控。

3. 人员推销的实施与控制

人员推销的实施和控制主要包括如下几个方面的决策，如图 12-2 所示。

图 12-2 人员推销决策的内容

（1）确定推销目标

企业可以根据自身战略、产品特征和目标客户的特点确定人员推销的目标。一般来说，人员推销的目标包括几个方面：一是传递产品、服务或品牌的信息；二是收集和反馈顾客对营销组合策略的反应；三是开发、维持和顾客的良好关系。人员推销的目标通常可以用一组指标来进行量化，如销售量、销售额、拉新顾客数量、访问顾客数量、顾客流失率等。

（2）选择接触方式

人员推销常用的接触方式主要有以下几种。

一对一。一名推销人员和一名顾客或者潜在顾客进行直接沟通，这种沟通既可以是面对面沟通，也可以是电话或借助其他联系方式的沟通，较为适合复杂度高或者订单金额大的产品销售。

一对多。一名推销人员同时向多名顾客或者潜在客户介绍产品、服务或者品牌的相关信息，较为常见的一对多推销是新品发布会，如小米手机发布会、华为手机发布会。

多对多。多个推销人员组成一个销售小组向客户采购小组介绍和展示产品等，比较适合复杂度较高的产品的推销。

供应商可以设计接触方式的组合，如以一对一为主，配合使用多对多的方式，通过多种接触方式实现推销目标。

（3）设计队伍结构

适宜的队伍结构可以降低管理成本和管理难度，也能够有效地应对外部环境的不确定性，有助于更好地实现推销目标。一般来说，推销队伍可以采用如下几种结构。

一是按地区结构组织推销队伍。按照销售地区设定推销队伍，每支队伍负责所在地区的推销事宜。这种结构的优势在于，不同推销队伍之间不存在职能交叉，这有助于对推销队伍进行考核，而且，推销队伍的责任较为明确，有助于激励他们建立与顾客的良好关系，不断推进业务开发。但是，这种队伍结构难以适应产品线众多、客户差异大的推销任务。

二是按产品结构组织推销队伍。按照产品线或者品牌设定推销队伍，每支队伍负责相应产品线或者品牌的推销事宜。这种结构的优势在于，其适合产品线众多、产品技术复杂的推销任务。但是，不同产品线或者品牌的推销队伍向同一地区的客户甚至是同一个客户推销产品，可能造成劣性的内部竞争。

三是按顾客结构组织推销队伍。按照不同行业、不同规模、不同权益对顾客进行分类，进而为不同类别顾客设定推销队伍，每支队伍负责相应顾客的推销事宜。这种结构的优势在于，推销队伍与顾客的长期高频接触有助于建立两者之间的良好关系。但是，这种队伍结构难以适应客户分散的情况，因为企业需要大规模集聚的客户分摊成本。

最后是复合型推销队伍结构。可以将上述 3 种方式进行有机的组合，以实现不同方式之间的优劣互补，例如，可以按照地区—产品设计推销队伍，即先按照地区设定推销队伍，在地区推销队伍内部再按照产品类别进行细分。

（4）核定队伍规模

推销队伍的规模过大容易造成高昂的费用开支，规模过小又容易导致销售能力不足，因此，确定合理的推销队伍规模至关重要。一般来说，可以采用如下几个步骤核定推销队伍规模。

一是确定推销队伍所负责顾客的年访问次数。年访问次数的确定需要考虑顾客类型，如大客户的访问次数可以相对较高，小客户的访问次数则可以相对较低。也需要考虑竞争状况，如竞争程度高的时候访问次数可适度提高，竞争程度低的时候访问次数可适度降低。

二是确定推销人员每人每年可进行的平均访问次数。确定平均年访问次数需要考虑推销人员的经验，如老员工的访问次数多，新员工的访问次数少；也需要考虑推销人员的能力，如高级别员工的访问次数多，低级别员工的访问次数少。

三是将推销队伍的年访问次数除以推销人员的平均年访问次数，即可确定推销队伍的规模。推销队伍规模不仅涉及推销人员人数，更重要的是不同推销人员之间的合理配比，如新老员工的比例、高低级别员工的比例等。

（5）选定报酬制度

推销人员的报酬如果过高会造成难以承受的营销费用，如果过低则难以吸引优秀人才的加盟。因此，如何设定合理的报酬制度，真正发挥激励推销队伍的作用，是企业需要重点考虑的问题。一般来说，薪酬水平的设计可以参照市场定价，设定具有市场竞争力的薪酬水平。在此基础上还可以进一步设定报酬支付方式。目前，企业采用的报酬支付方式主要有如下几种。

纯薪金制。为推销人员支付固定工资。这种报酬支付方式的优点在于便于核算，也能够鼓励推销人员积极完成各类营销任务。但是，这种方式对员工的激励作用较小，容易造成"大锅饭"的问题。而且，这种方式容易造成"能人留不住、庸人不愿走"的不良结果。

纯佣金制。根据销售额、销售量或者销售利润为推销人员支付比率工资，这种比率可以是固定比率，也可以是变动比率。这种报酬支付方式的优点在于，可以鼓励推销人员最大限度地发挥自己的潜力和能力，也可以实现"能者上、庸者走"的良性循环。但是，这种方式容易造成推销人员的不安全感，易使之为了谋求短期收益而采取损害企业的行为。

混合制。薪金制和佣金制的混合策略，既为推销人员提供一定的固定工资，也按照销售额、销售量或者销售利润为其提供一定的比率工资。这种薪酬支付方式可以鼓励员工充分兼顾个人利益与企业利益之间的关系，可以激励他们从事非销售职责。但是，混合制的实施面临薪金制和佣金制的比重设定难题，比重设定过高难以起到激励作用，比重设定过低又可能造成员工对企业采取机会主义行为。

除了物质激励，企业还可以考虑晋升、表彰等非物质激励手段。

（6）管理推销队伍

推销队伍的管理主要包括招聘、培训、考核与激励等。

第一，招聘。首先，制订招聘计划，主要包括拟定招聘目标与制定岗位说明书，前者说明要招聘的人数和要负责的推销任务，后者说明招聘人员即将从事的工作和所需的技能。其次，明确招聘标准，一般来说，优秀推销人员通常具备精力充沛、富有自信心、对金钱长期的渴望、根深蒂固的勤劳习性，以及勇于接受挑战等特征。因此，招聘工作可以基于上述特征拟定标准。再次，拟定招聘流程，一个完整的招聘流程包括招聘宣传（网站或招聘会）、报名（简历投递）、初选（简历筛选）、甄选测试（笔试、面试）等。最后，招聘工作的实施，即按照招聘计划和招聘流程实施招聘工作，确保优秀人才能够真正被遴选出来。

第二，对推销人员的培训。对推销人员的培训既包括工作技能的培训，也包括文化认同的培训。工作技能的培训可以确保推销人员能够胜任工作；文化认同的培训可以促使推销人员内生出团队凝聚力和工作积极性，从而有效地降低员工的流失率。对推销人员的培训可以有多种方式，比较典型的如讲授法（通过语言表达向员工传授系统知识）、案例研究法（通过推销案例的讲述让员工快速了解相关技能）、角色扮演法（让员工扮演推销人员或者顾客，模拟处理工作事务）等。

第三，对推销人员的考核。对推销人员的考核主要是依据推销目标和具体任务对推销人员的工作表现进行评价，一般遵循这一流程：一是确定评估素材，素材可以是销售额、销售量或者销售利润等财务指标，也可以是现场观察、顾客调查等非财务指标；二是确定评估标准，评估标准既可以是目标或任务的完成情况，也可以是个人纵向比较和行业横向比较等；三是出具评估结果，肯定员工的成绩，明确员工的不足，并据此作为奖励或报酬的发放依据。

第四，对推销人员的激励。对推销人员的激励既包括薪酬制度的设计，也包括奖励制度的实施。在设计过程中，要充分考虑不同人员的差异，如金钱对于新员工的激励作用更大，晋升则对于老员工的激励作用更大。

营销洞见

拼多多的裂变式营销[①]

在拼多多创立之初，中国电商市场早已被阿里巴巴和京东商城牢牢占据着，想要突破这样的格局并被广大用户所发现是一件不容易的事情。但是，拼多多从微信端获得了巨大的用户流量，形成了特有的社交电商模式，在巨头林立的电商市场占据了一席之地。

实际上，拼多多的社交电商模式主要就是拼团，一件衣服通过拼团即可以团购价（比单独购买价更低的价格）购买。具体来说，用户选中商品后可以选择价格较低的拼团方式购买，即将拼团链接发给好友或者朋友圈，拉动周围的人一起参与，拼团成功即可低价获取商品。而参与别人拼团的用户也可以自行发起另一个拼团活动，在这样一个循环中，拼多多赚取了大量流量。这种模式的最大亮点在于参与拼团的人群中每个人都可以是活动发起者、宣传者和购买者，拼多多也因此在售出商品的同时引入流量，实现了裂变式营销。

12.2.2 广告

1. 广告的概念

广告是指企业通过大众传播媒体向顾客传播信息的活动。广告可以分为经济广告和非经济广告，前者是指以盈利为目的的广告，如商业广告，后者则是指不以盈利为目的的广告，如政府公告。本书中的广告主要指代商业广告，即企业为推销商品或服务，以付费方式通过广告媒体向消费者传播商品或服务信息的活动。

2. 广告的优点与缺点

广告具有诸多优点。第一，客户覆盖范围广。广告的触达率非常高，如春晚时段的广告可以覆盖几亿家庭。第二，人均费用非常低。广告的单次费用很高，但是，分摊到单个顾客身上的费用并不是太高，远远低于人员推销等其他方式。第三，便于树立品牌形象。广告可以通过设计广告词或者选取代言人等方式树立良好的品牌形象。第四，企业控制能力强。企业可以控制广告的内容设计、播出时长、播出时段等，确保广告真正

[①] 张莉，王珊. 拼多多：夹缝中崛起之商业模式 [DB/OL]. [2022-05-29]. 中国管理案例共享中心.

传达出企业所希望表达的东西。

但是,广告也具有一定的缺点。第一,固定费用较高。广告的设计和宣传需要花费大量的固定费用,而且如果广告效果不好,这些费用则不可避免地沦为沉没成本。第二,针对性不强。广告面对的客户比较分散,很多不是企业的目标客户,而且广告只能向目标客户传递一般的产品信息,无法满足客户的个性化信息需求。第三,传递信息有限。受限于时长版面等条件,广告无法向顾客传递充分的信息,而且,广告是一种单向传播,无法实现企业与顾客之间的良性互动,可能导致顾客无法从广告中获取足够的信息,也可能导致企业无法及时收集顾客的反馈。

3. 广告的实施与控制

广告的实施与控制主要遵循 5M 模型:如图 12-3 所示,即确定广告目标(mission)、确定广告预算(money)、设计广告信息(message)、选择传播媒体(media)和评价广告效果(measurement)。

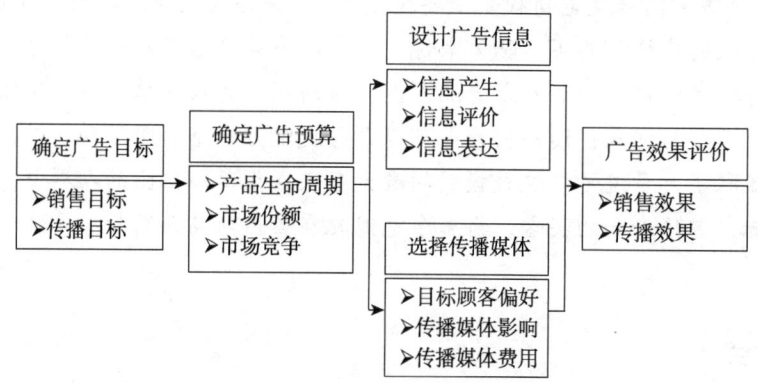

图 12-3 广告实施与控制的一般流程

(1)确定广告目标

广告目标既包括销售额、销售量或销售利润等财务指标,也包括知名度、美誉度等非财务指标。财务指标比较容易测度,其可以直接体现在财务报表中,因此,非财务指标成为广告设计过程中需要重点关注的问题。一般来说,非财务指标可以分为三个主要任务。一是通知,即告知目标顾客有关新产品的相关信息、有关老产品的变动信息;二是说服,即说服顾客改变对产品的看法、建立对品牌的偏好、转向对产品的消费;三是提醒,即提醒顾客将来可能需要产品、抓住最近的降价促销机会、在何处购买产品。

广告目标的确定需要考虑多种因素,最典型的就是产品的生命周期。对导入期的产品来说,企业应该将通知目标作为首要目标;对于成长期的产品来说,企业应该将说服目标作为首要目标;对于成熟期的产品来说,企业应该将提醒目标作为首要目标。

(2)确定广告预算

广告预算是制定广告方案时预先安排的费用支出。广告预算过低可能导致广告无法达到预期的效果，但是，广告预算过高也可能造成严重的浪费，降低广告投资收益率，甚至会压低企业在其他方面的支出。因此，确定合理的广告预算至关重要。一般来说，广告预算的设计要考虑这几个因素。第一，产品生命周期。对于导入期的新产品来说，应该投入大量的广告费用，尽快打出知名度和美誉度；随着顾客对产品和品牌的熟悉，企业可以相应地减少广告预算，以避免浪费。第二，市场份额。如果产品的市场份额较大，而且顾客基础较好，那么广告预算可以少一些。否则，企业应该投入大量的广告预算不断博取顾客的"眼球"。第三，市场竞争。如果市场竞争程度较高且产品差异化程度较小，那么，应该投入较大的广告预算去赢得市场。反之则可以投入较少的广告预算，维持顾客对产品的基本认知即可。

（3）设计广告信息

广告信息通常是指产品如何满足顾客需求与顾客如何获得产品等基本信息。一般来说，广告信息的产生可以考虑两方面的因素。一方面，外部来源。企业可以对顾客、广告商、中间商和竞争对手进行调研，了解他们对广告信息的期待或者对广告信息的建议，并且要注重与竞争对手之间进行差异化宣传。另一方面，内部来源。企业可以广泛征集内部员工的意见，了解他们对产品亮点的认知。

对广告信息的评价主要是根据广告信息可能产生的预期效果筛选广告信息。通过外部来源和内部来源可以生成大量的可供选择的广告信息。那么，究竟哪些信息应该放入广告则需要企业进一步甄别。评价广告信息普遍采用的是认知价值法，即让目标顾客从愿望性（是否期望获得）、独占性（是否标新立异）和可信性（是否真实可信）3个方面对可选的广告信息进行评价，得出综合评分最高的广告信息，并以此作为广告设计依据。

广告信息的表达主要是通过合理的内容安排确保广告信息能够准确无误地传递给目标顾客。通常来说，良好的信息表达可以提高广告的吸引力和影响力。例如，哈药六厂制作的为妈妈洗脚的公益广告通过一个简单温馨的生活片段准确传达了爱心传递、孝敬父母的传统文化，也据此彰显了哈药六厂全心全意为顾客服务的经营理念，从而受到大量顾客的关注。

（4）选择传播媒体

传播媒体是广告信息传递的媒介，选择合理的传播媒介往往能产生意想不到或者事半功倍的广告效果。传播媒体种类繁多，常见的有报纸、杂志、期刊等纸质媒体；广播、电视、网络等电子媒体；楼宇广告、站牌广告等户外媒体等。传播媒体的选择通常考虑几个方面的因素。一是目标顾客的偏好。传播媒体的繁荣发展让顾客有了更多的选择，不同顾客的偏好可能存在较大的差别。例如，司机更偏好广播，学生党更偏爱网络，老年人更青睐电视。因此，根据顾客的偏好选择适合的传播媒体，确保媒体传播对象与企业目标市场的高度一致，将有助于实现广告的预期目标。二是传播媒体的影响。传播媒体的影响可以从传播范围的大小、传播对象的性质、传播媒体的信誉等方面进行评价。例如，央视的影响力大于一般的地方卫视，地方卫视的影响力则大于市县级电视台。三是传播媒体的费用。不同传播媒体的费用存在较大差别，如电视的费用大于报纸。

（5）评价广告效果

广告效果是指广告是否达到了预期的目标，主要包括销售效果和传播效果。广告的销售效果评价主要是指广告带来了多少销售增量，其通常可以采用历史分析法来进行判断，即比较采用广告后的销售量与采用广告前的销售量，将销售增量确定为广告带来的销售效果。广告的传播效果评价主要是指目标受众对顾客的反应，其通常可以采用问卷调查法来进行判断，即比较广告采用前后的认知度、美誉度的变化等。

营销观察

OPPO 的广告策略①

OPPO 是国内领先的智能手机制造商，其凭借精准的广告宣传成功跻身全球智能手机品牌的前列。一直以来，OPPO 的传播活动全部围绕一个核心：找准目标人群活跃的地方在哪儿，用消费者喜欢的方式去沟通。明星、娱乐节目和影视剧是覆盖年轻用户群的最好渠道，所以 OPPO 多有涉足，目的是把 OPPO 的产品和积极、时尚的形象联系起来，生动地传递给顾客，从而实现品牌与目标市场的有效对接。

学生向来是 OPPO 目标市场中的主力。鉴于学生群体在暑假是空闲的，在暑假档和一些优质的综艺节目合作可以精准地瞄准自己的核心用户群。2015 年暑假期间，OPPO 与《中国好声音》《极限挑战》《挑战者联盟》《偶像来了》4 个暑期最热门综艺节目达成了赞助合作，强力打造出了 OPPO 品牌的娱乐营销矩阵，对年轻群体的影响力非同小可。

《中国好声音》是近几年优质的综艺节目，每一季播出都会吸引大批观众，而《极限挑战》《挑战者联盟》和《偶像来了》则分别在国内电视收视率前三的湖南卫视、东方卫视和浙江卫视的黄金时段播出。同时，这 4 档节目都集结了大批高人气明星，具备了火爆荧屏的潜力，收视率和影响力可以得到保证。更为重要的是，这些节目都与 OPPO 的品牌调性相符。《中国好声音》是普通草根对音乐梦想的自我挑战，《极限挑战》是男人帮户外挑战的正能量，《偶像来了》和《挑战者联盟》是女神和明星们卸下光环对普通市民生活的换位挑战，这些节目都展现出了积极向上的正能量，与 OPPO 倡导的"年轻不惧挑战"的精神不谋而合。

OPPO 在节目中的角色不仅仅是安静地待在节目背景板里的赞助商大名单上，而是嵌入到各个节目中，成为节目中的专属道具。明星们在节目中抓住一切机会自拍，不遗余力宣传 OPPO 手机相机的美颜功能，甚至用 OPPO 手机代替摄像机自拍视频上电视，以展示其拍摄清晰度可以匹敌专业摄像的特点。

通过集中投放的娱乐节目，OPPO 在整个暑期及开学阶段不仅保持了较高的关注度，也在线下销售中取得了实实在在的突破。根据赛诺发布的 2015 年 8 月份中国手机市场线

---

① 张再生，李妍. 追求你的"年轻范儿"——OPPO 的目标营销策略[DB/OL]. [2022-05-11]. 中国管理案例共享中心.

下报告，OPPO 以 11.57% 的份额排名第一，超过了长期霸占首位的苹果。

12.2.3 公共关系

1. 公共关系的概念

公共关系是指用来维护企业与公众之间良好关系或者维护企业公共形象的活动的统称。在营销过程中，企业不仅要维系与目标顾客之间的良好关系，还要与供应商、经销商、社会大众建立良好的关系，后者甚至是公共关系的主要内容。通常的公共关系主要包括公开出版物（如前《阿里巴巴商业服务生态白皮书》）、事件（钉钉利用疫情期间被教育部备案为教育平台软件的契机实现了良好的品牌传播）、赞助（如小红书赞助中国女足）、演讲、新闻（如小米公司董事长雷军多次登上新闻联播）、公益服务活动（如阿里云为 12306 提供技术支持保障春运购票）等。

2. 公共关系的优点与缺点

公共关系具有一定的优点。第一，成本较低。公共关系可以充分发挥公共媒体的自发传播能力，能够在很大程度上节约费用。第二，可信度高。公共关系不像广告那样带有非常明显的、明确的商业目的，更容易为顾客所信服。第三，便于树立形象。公共关系可以获得公共媒体或者公共活动的信誉背书，有助于树立良好的企业形象。

公共关系具有一定的缺点。第一，叫好不叫座。公共关系可以帮助企业树立良好的品牌形象，但是，其并不能很好地传递企业的产品特征，可能不会带来销量的快速提升。第二，操作难度大。公共关系在很大程度上依赖其他合作单位或者公共媒体的积极配合，这导致企业对公共关系的操纵力度有限，从而在很大程度上限制了公共关系的应用范围。

3. 公共关系的实施与控制

公共关系的实施与控制主要包括以下几个步骤。

（1）确定公共关系目标

公共关系的总体目标是树立企业的良好形象，但是，在具体实施过程中，其又可以进一步细分。一般的公共关系目标包含几个方面。第一，彰显产品质量。例如，京东方赞助 2022 年北京冬奥会开幕式的屏幕，很好地展示了京东方产品的高质量。第二，提高新产品知名度。例如，2015 年，微信与春晚合作推出了"摇一摇"抢红包活动，让顾客一夜之间了解了微信支付的功能。第三，处理危机事件。2021 年 4 月 10 日上午 9 点，市场监管总局官网上发布了《市场监管总局依法对阿里巴巴集团控股有限公司在中国境内网络零售平台服务市场实施"二选一"垄断行为作出行政处罚》。不到 3 小时，阿里巴巴集团网站发布《致客户和公众的一封信》，表示"诚恳接受，坚决服从"处罚决定，并且表态"我们将强化依法经营，进一步加强合规体系建设，立足创新发展，更好履行社会责任"。阿里巴巴的表态很好地维护了自己的品牌形象,在一定程度上扭转了反垄断监管带来的不利影响。

(2) 选择公共关系工具

根据公共关系目标和企业资源状况,选择适合的公共关系工具。一般来说,彰显产品质量适合赞助特定活动;提高产品知名度适合通过公开出版物或者产品发布会推介;处理危机事件则适合通过新闻等可信的方式破除谣言,还原事情的真相。

(3) 实施公共关系方案

根据公共关系目标和公共关系工具制定具体的方案,包括具体的目标、活动的时间、活动的内容、活动的分工和活动的要求等。而且,由于公共关系的不可控制性较高,企业还要对公共关系执行过程中可能发生的突发事件制定必要的应急方案。方案制定完成后,各负责部门要对方案进行审定和讨论,并按照方案开展公共关系活动。

(4) 评估公共关系效果

公共关系活动开展后,是否达到了预期的目标还需要通过一些方式进行评价。一般来说,可以通过3种方式评估公共关系效果。一是统计大众媒体对公关活动的报道数量、版面大小;二是调查目标顾客对公关活动的态度,包括目标顾客对产品和品牌形象的态度变化;三是对比公关前后销售业绩的变化。

营销观察

海底捞的3份声明[①]

2017年8月25日,媒体爆出"暗访海底捞:老鼠爬进食品柜火锅漏勺掏下水道"的新闻。该新闻一经爆出就引起舆论哗然,海底捞深陷舆论漩涡。该事件除了在微信、微博等网络新媒体平台上广泛传播外,大量主流新闻媒体也对此事进行了跟踪报道。不少网络名人表示对海底捞十分失望,大量海底捞粉丝表示再也不会选择海底捞,海底捞多年经营的良好口碑遭遇断崖式下滑。

1. 海底捞的第一份声明

8月25日14时,被媒体曝出后厨卫生状况堪忧几个小时后,海底捞迅速针对此事做出反应,称"问题属实、十分愧疚",并发出公开致歉信。在海底捞的全篇致歉声明中,没有出现对自身问题的辩解,也没有将事发的概率划为小概率事件,反而承认"每个月我公司也会处理类似的食品安全事件",并进一步表示,其自身对食品安全也有内部检查机制,往常检查的处理结果都会发布公告,消费者可以通过其官网或者微信平台对此查证。

在发布第一份声明的同时,海底捞涉事门店主动停业接受检查。由于此时仍有不知情的顾客前往海底捞就餐,涉事门店店员会告知顾客目前的店面情况,劝其离开,并为

[①] 王崇锋,孔卓. 君子养心,莫善于诚:海底捞事件的峰回路转[DB/OL]. [2022-05-11]. 中国管理案例共享中心.

顾客送上小礼物以及底料优惠卡以弥补食客的损失。此时网络上关于海底捞的热点仍旧是"老鼠""掏下水"等尖锐词汇，但海底捞道歉的舆情信息开始出现。

2. 海底捞的第二份声明

8月25日17时，在海底捞第一份道歉声明发出两个小时后，海底捞就此事件发出处理通报。海底捞在处理通报中出台7条措施，并提供了具体的行动陈述。在海底捞公布自身详细的整改计划后，事件舆论呈现反转势头，公众对海底捞事件态度开始缓和。

3. 海底捞的第三份声明

在海底捞事件舆情缓和后两天，8月27日下午3时，海底捞官网发布《关于积极落实整改，主动接受社会监督的声明》。在该声明中，海底捞表示将媒体和社会公众指出的问题和建议全部纳入整改措施，并将积极实施明厨亮灶，让公众获得监督的权益。

在海底捞发表声明的同时，各地门店积极响应。绝大多数分店立刻着手明厨亮灶，积极整改。随着海底捞不断出台整改政策，公众对海底捞的不满渐渐消弭，对海底捞整改的真诚也回馈了善意。

通过3份声明，海底捞不仅将危机造成的负面影响降低到最低限度，而且持续赢得了老顾客的忠诚，还进一步吸引了更多消费者的关注，实现了有效的危机公关。

12.2.4 销售促进

1. 销售促进的概念

销售促进是指采用各种手段或工具刺激顾客短期内大量购买产品。销售促进既可以面向最终的消费者（如大降价、优惠券、赠品、返现、试用等），也可以面向中间商（如数量折扣、专业广告、免费产品等）。需要指出的是，销售促进（sales promotion）也被简称为促销，但是，这种促销与4Ps营销组合中的促销（promotion）不同：前者是狭义的促销，追求短期的销售增长，即销售促进；后者是广义的促销，追求长期的营销效果，即营销促进。

2. 销售促进的优点与缺点

销售促进具有一定的优点。第一，见效较快。销售促进能够快速吸引顾客大量购买产品，特别是大降价、发送优惠券等销售促进手段可以刺激顾客产生冲动性购买行为，从而确保销售促进策略带来显著的销售效果。第二，吸引力度较大。销售促进对顾客的吸引力度远远大于其他的整合营销策略。第三，便于维系关系。销售促进策略的实施将营销费用转化为顾客得到的实惠，既在一定程度上节省了企业的营销成本，也有助于企业建立与顾客之间的良好关系。

销售促进具有一定的缺点。第一，损害企业形象。销售促进可能给顾客造成"企业走下坡路""产品已经过时""产品存在瑕疵"等不良印象，从而损害企业或产品的形象。

第二,长期效果不佳。销售促进可以带来短期的销量大爆发,但是,销售促进时段一过,已经囤积大量商品的顾客便会减少对产品的购买。第三,适用范围有限。销售促进主要吸引的是价格敏感型顾客,一旦其他企业提供更为优惠的价格,那么,这些顾客极易转投其他企业。因此,销售促进主要适合处理要清仓的产品,并不适合作为常规产品的营销手段。

3. 销售促进的实施与控制

销售促进的实施与控制主要包括确定销售促进的目标、选择销售促进的工具、制定销售促进的方案、实施销售促进的方案与评价销售促进的效果。

(1) 确定销售促进的目标

销售促进的目标很多,一般可以分为三种类型。一是对最终消费者的销售促进,包括吸引潜在消费者使用产品和刺激忠实老顾客重购产品等;二是对中间商的销售促进,包括鼓励中间商立即订货、提高订单规模和在淡季购买产品等;三是对竞争者的促销抵制,包括防止竞争者的销售促进策略对本企业产生负面影响、刺激竞争者的顾客转投本企业等。

(2) 选择促销工具

销售促进策略主要是针对最终消费者和中间商,针对竞争者的促销抵制通常可被分解或归结为上述两种类型。因此,选择促销工具主要分为针对最终消费者的促销工具和针对中间商的促销工具。其中,针对最终消费者的促销工具主要包括几种。第一,吸引试用型,即吸引顾客试用新产品,典型的如免费试用、赠送样品等。第二,促进购买型,即刺激顾客立即购买产品或者大量购买产品,典型的如降价、赠品等。第三,维系关系型,即促使顾客重复购买产品或者连续购买产品,典型的如会员卡、累计折扣和优惠券等。针对中间商的促销工具也主要包括几种。第一,促销津贴,即对按照企业要求开展促销活动的中间商给予一定补贴。第二,促销援助,即对中间商开展促销活动提供一定的技术支持或者其他帮助。

(3) 制定促销方案

除了销售促进的目标和销售促进的工具,一个完整的促销方案还应该包括如下几个因素。

第一,销售促进的力度。销售促进力度过小则往往难以对顾客形成有效的吸引和刺激,但是,力度过大也容易诱发顾客对产品或企业的负面联想。因此,确定适度的销售促进力度至关重要。第二,销售促进的条件。销售促进针对最终消费者还是中间商,这些顾客应该满足何种条件才能参与销售促进策略,这都是企业需要考虑的问题。第三,销售促进的时段。何时采取销售促进,持续多长时间等问题需要参考产品的平均购买周期而定。第四,销售促进的预算。销售促进的预算既要考虑销售促进本身带来的成本(如降价、发送优惠券带来的利润下滑等),也要考虑组织销售促进带来的成本(如销售促进活动的宣传费用、人工费用等)。

(4)实施促销方案

促销方案的实施需要不同部门之间的协同合作,而且销售促进带来的大规模销售容易造成突发事件,因此,营销部门需要在促销实施前期将工作落实到每一个部门甚至是每一个员工,在促销实施过程中实时监测促销方案的实施,并及时处理可能的突发事件。

(5)评价促销效果

销售促进策略能否达到预期的目标也需要通过一定的手段进行评估。一般来说,销售促进策略的效果主要通过两种手段进行评估:一是比较销售促进策略实施前后的产品销量差异;二是比较销售促进策略实施前后的顾客态度差异。

12.2.5 直复营销

1. 直复营销的概念

直复营销是指企业通过媒体与顾客开展直接沟通的营销策略。与人员推销不同,直复营销是企业与顾客通过媒体进行直接沟通,而不是人际之间的面对面沟通;与广告不同,企业与客户开展互动与交流,而不是单向的信息传递。

2. 直复营销的优点与缺点

直复营销具有一定的优点。第一,覆盖面广。直复营销可以在一定程度上跳出时空的限制,实现全天候、全球化的营销。第二,互动性好。直复营销可以实现企业与顾客之间的沟通和交流,这种良好的互动非常有助于信息的充分传递。第三,便于测度。直复营销借助媒体实现企业与顾客的沟通,那么,沟通的数量、时长、效果都可以非常容易被测度。

直复营销也具有一定的缺点。第一,难以建立关系。直复营销不具有人际沟通便于建立情感连带和长期关系的优势。第二,容易引起顾客反感。直复营销可能影响顾客的正常工作和生活,可能引起他们的反感甚至是抵制。

3. 直复营销的实施与控制

直复营销的实施与控制主要包括确定直复营销目标、选择直复营销工具、制订直复营销计划、确定直复营销预算、实施直复营销计划、评估直复营销效果等。

(1)确定直复营销目标

直复营销的目标主要包括两个:一是传递产品或服务的相关信息;二是调查顾客对产品或服务抑或是其他营销策略的反馈。

(2)选择直复营销工具

常见的直复营销工具主要包括直接邮寄、目录营销、电话营销、电视直销、购物亭营销、电子营销和其他媒体营销等,不同的工具具有各自的特点。因此,企业应该根据直复营销目标和目标客户特征选择适恰的营销工具。

第一，直接邮寄。直接邮寄是指企业将产品或服务信息以信函的方式邮寄给目标客户的营销方式。直接邮寄具有成本低、灵活性高、个性化等特点，能够及时观察到客户反应。但是，大量的直接邮寄会引起顾客的反感，甚至使很多顾客拒绝接收任何直接邮寄的材料。

第二，目录营销。目录营销是指企业将产品目录通过多种方式传递给目标客户的营销方式。过去的目录营销主要是将产品目录直接邮寄给目标客户或者放在目标客户集中的区域以供随时索取；现在的目录营销还会通过官方网站、微信、微博等电子渠道向目标客户直接发送。目录营销方便快捷且成本较低，因而得到了广大企业的青睐。但是，目录营销的效率并不是太高，很容易被目标客户忽略。

第三，电话营销。电话营销是指企业的营销人员利用电话直接向顾客推销产品或者提供答疑服务的营销方式。电话营销不仅可以起到寻找目标顾客、向目标顾客传递信息的作用，还能够积极接受客户对产品或者其他营销策略的反馈，这种方式不仅节约了营销成本，还在一定程度上提高了顾客满意度。但是，电话营销容易干扰顾客的工作和生活，且顾客对于陌生来电也容易产生排斥心理，这导致电话营销的成功率并不是太高。

第四，电视直销。电视直销是指利用电视直播向顾客介绍产品，并开通订购电话接收顾客订单的营销方式。电视直销可以将产品的功能、材质、特点、款式和售后服务等信息详细地说明，可以向顾客传达充分且准确的信息。而且，企业还可以根据目标客户偏好选择适合的电视频道，从而提高电视直销的效率。但是，电视直销的成本一般较高，企业需要为此花费大量的营销费用。

第五，电子营销。电子营销是指利用网络渠道向顾客直接传递营销信息的营销方式。随着互联网尤其是移动互联网的发展，这种方式越来越得到企业的青睐。目前，被广为采纳的电子营销方式包括几种。一是企业官网。企业设计专门的官方网站，向顾客传递关于产品、品牌和企业自身的信息。二是电子邮件。企业通过电子邮件向目标客户传递电子版营销材料。三是在线社区。企业自建社区或者在其他论坛开设专区，发布产品或品牌的信息，并积极参与用户的讨论。四是电商网站。企业通过电商网站向目标客户直接销售产品，并通过电商页面传递产品信息，通过在线客服回答客户的疑问。五是直播带货。企业可以通过直播平台向目标客户介绍产品的信息，并放置商品链接供顾客随时通过电商渠道购买。电子营销面向的客户更为广泛，信息传播的范围更广，且成本更为低廉。但是，电子营销方式也面临较大的风险，其一旦出现问题，如传递出错误信息，那么，这种问题产生的负面影响也是不可估量的。

（3）制订直复营销计划

直复营销的实施需要不同部门之间的合作，而且，其也需要多种营销工具的综合应用，例如，直播带货的实施需要电商网站的通力合作，电视直销的实施需要电话营销的下单支持。因此，企业在制订直复营销计划的过程中，除了包含直复营销的目标和直复营销的工具，还需要确定不同营销工具之间的协同机制，从而确保直复营销计划能够顺利落地。

（4）确定直复营销预算

直复营销预算的确定既要考察不同营销工具各自的费用，也要考察不同营销工具的协同费用，还要考察营销费用的长期分摊机制。例如，企业官网的建设大都是一次性投入大量的固定成本，但是后续的维护费用较低。

（5）实施直复营销计划

直复营销计划的实施极易出现各种意外事件，并且这种意外事件将会给企业造成极大的威胁。因此，如何确保直复营销计划实施过程中的实时监控和及时纠偏已成为企业需要重点关注的问题。

（6）评估直复营销效果

直复营销效果的评估相对简单，例如，可以通过电话客户的反馈、企业官网的浏览量、电商网站的交易量、在线论坛的讨论热度和总体评价等相对客观且可量化的指标对直复营销效果进行评价。

12.3 整合营销传播决策

一个完整的整合营销传播主要包括识别目标受众、确定传播目标、设计传播策略、制定工具组合、决定传播预算、实施传播方案、测量传播结果。

1. 识别目标受众

整合营销传播的对象既包括企业的目标顾客（现有顾客和潜在顾客），也包括对目标顾客的购买决策具有影响力的个人、团体、组织或公众。目标受众对于整合营销传播的传播策略设计、传播渠道选择、媒体组合制定具有较为重要的影响。

2. 确定传播目标

整合营销传播的目标是指传播策略应该实现的预期结果。一般来说，整合营销传播的目标主要是培养顾客对产品或品牌的知晓度、积极态度和购买意愿。在具体的整合营销传播方案设计过程中，企业还应该根据目标顾客的需求和偏好以及其对产品或品牌的认知现状确定具体的传播目标。

3. 设计传播策略

传播策略的设计主要包括信息源（谁来说）、信息内容（说什么）、信息形式（如何说）。

（1）信息源

受欢迎或者具有公信力的人传递的信息更容易得到顾客的注意和认同。因此，企业往往喜欢选择具有吸引力或者公信力的信息源传递信息。在实践中，大量企业往往选择名人代言,希望将名人的影响力转移到产品或者品牌。很多企业的成长离不开名人代言的助力。

(2)信息内容

如果信息内容能够符合产品或品牌的定位,并能传达个性化的诉求,那么,整合营销传播更容易被顾客识别和关注。一般来说,信息内容传达的诉求主要有三种类型。一是理性诉求,是指信息内容以顾客的感知利益作为诉求点,例如,产品的性能、外观、质量、价格均可以作为理性诉求点。二是感性诉求,是指信息内容以顾客的情感价值作为诉求点,例如,舒肤佳的"爱心妈妈、呵护全家",百达翡丽的"没有人能够真正拥有百达翡丽,只不过是为下一代保管而已",戴·比尔斯的"钻石恒久远,一颗永流传",都是以顾客的感性诉求作为突破口设计了信息内容。三是道义诉求,是指信息内容以社会责任作为诉求点,例如,哈药六厂的"妈妈洗脚"公益广告很好地传递出爱心传递、孝敬父母的道义诉求。一般来说,以道义诉求为核心的整合营销传播内容主要用于树立企业形象,而且希望淡化营销传播的商业气氛。

(3)信息形式

信息形式是否具有吸引力也是整合营销传播成功的关键影响因素。信息形式的设计一般包括两个方面:内容结构和信息排版。其中,内容结构的安排既可以采用单面论证,也可以采用双面认证。单面论证是指仅仅展示产品或品牌的优点,双面论证是指同时展示产品或品牌的优点和缺点。在现实生活中,企业大多采用单面论证,向顾客传递关于产品或品牌的正面信息,避免传递双面信息以免引发顾客的犹豫不决或延迟购买甚至是不良印象;但是,如果双面信息应用得当也可以取得不错的成效,例如,"贵的产品除了贵没有问题,便宜的产品除了便宜全是问题"。信息排版主要包括颜色搭配、版面设计、字体选择、浏览顺序等,良好的信息排版可以起到事半功倍的效果。

4. 制定工具组合

整合营销传播需要将人员推销、广告、公共关系、销售促进、直复营销有机结合起来,低成本、高效率地向顾客传递企业试图传达的信息。一般来说,营销工具的组合可以考虑如下因素。

(1)顾客类型

工具的有效性在很大程度上受到顾客类型的影响,例如,面向最终消费者的企业大都将广告作为主要的工具,配合采用销售促进、人员推销和公共关系等工具;面向一般企业顾客的企业大都将人员推销作为主要的工具,配合采用销售促进、广告和公共关系等工具。

(2)推广策略

推广策略可以分为推式策略和拉式策略。其中,推式策略是指企业沿着分销渠道逐级向下推广,将中间商作为主要的推广对象,再由中间商将产品推广给顾客。拉式策略则是企业直接针对最终的顾客进行推广,再由顾客拉动中间商订货。如图 12-4 所示。对于推式策略来说,营销工具的使用遵循人员推销、销售促进、广告的优先级顺序;对于拉式策略来说,营销工具的使用遵循广告、销售促进、人员推销的优先级顺序。

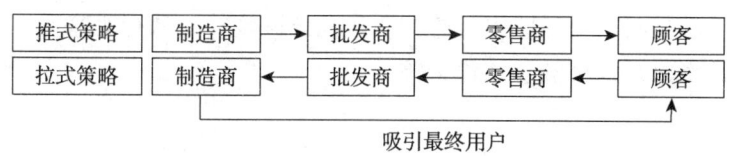

图 12-4　营销传播中的推式和拉式战略

（3）购买阶段

消费者购买新产品大致遵循知晓、兴趣、评价、试用和采用五个阶段的流程,在不同的阶段,企业宜采用不同的营销工具。在知晓和兴趣阶段,广告的优势较为明显;在评价和试用阶段,人员推销和销售促进的优势更为显著;在采用或者重复购买阶段,广告的作用又变得相对重要。

（4）生命周期

在产品生命周期的不同阶段,顾客对产品的了解和态度也有所不同。因此,企业可以根据产品生命周期不同阶段的各自特征制定相应的营销工具组合。一般来说,在导入期,广告和公共关系的传播效果较好;在成长期,广告的作用较为突出;在成熟期,广告、人员推销、销售促进的作用较好;在衰退期,销售促进的效果最好,其他工具的作用将会明显降低。

（5）市场地位

企业的市场地位越强,越可以更多地利用品牌优势吸引顾客,此时,广告可以发挥较好的作用;如企业的市场地位较弱,则低价优势更容易吸引顾客,此时,销售促进的作用会更加明显。

5. 编制促销预算

促销预算一方面要考虑总体费用的支出,另一方面也要考虑总费用在不同营销工具上的分配比例。总体费用的制定通常可以采取量力支出法、销售额百分比法、竞争对等法和目标达成法等。其中,量力支出法是指企业根据自己的财务资源大致估算出可以调用的促销经费;销售额百分比法是指企业根据上年度销售额的一定比例确定促销活动的经费;竞争对等法是指企业根据竞争对手的促销预算决定自己的预算,确保自己相对竞争对手的优势;目标达成法是依据传播目标、传播策略和营销工具组合确定所需的费用。促销预算的分配比例则要根据顾客类型、产品生命周期、企业的市场地位等进行综合考量。

6. 实施传播方案

整合营销传播的实施需要不同部门、不同媒体之间的协同配合,因此,确保不同渠道发出同一个声音是整合营销传播实施过程中需要考虑的问题。

7. 测量传播效果

整合营销传播的效果测量可以从态度和行为两个方面进行。从态度来看，可以测度顾客对于产品或品牌的认知、联想、感知质量和忠诚度等；从行为来看，可以测度顾客的购买量、复购率以及销售额、销售量等。

本章提要

整合营销传播是一个综合协同运用各种传播工具，将营销信息准确无误地传递给目标客户，以实现告知、说服和提供产品或品牌信息的过程。其中，整合营销传播的工具主要包括人员推销、广告、公共关系、销售促进、直复营销等。

人员推销是指推销人员与目标顾客开展直接沟通，向目标顾客传递产品或品牌的相关信息，据此达到扩大销售目的的营销方式。人员推销具有一定的优点，如双向互动有助于减少信息失真，人际互动有助于建立客户关系，充分互动有助于传递复杂信息。但是，其也存在一定的缺点，如覆盖面窄、成本很高、质量难控。

广告是指企业通过大众传播媒体向顾客进行信息传播的活动。广告具有客户覆盖范围广、人均费用非常低、便于树立品牌形象、企业控制能力强等优点，但是，其也存在固定费用较高、针对性不强、传递信息有限等缺点。

公共关系是用来维护企业与公众之间良好关系或者维护企业公共形象的活动统称。公共关系具有成本较低、可信度高、便于树立形象等优点，但是，也其存在叫好不叫座、操作难度大等缺点。

销售促进是指采用各种手段或工具刺激顾客短期内大量购买产品的营销方式。销售促进具有见效速度较快、吸引力度较大、便于维系关系等优势，但是，其也存在损害企业形象、长期效果不佳、适用范围有限等缺点。

直复营销是指企业通过媒体与顾客开展直接沟通的营销策略，其具有覆盖面广、互动性好、便于测度等优点，但是，其也存在难以建立关系、容易引起顾客反感等缺点。

整合营销传播的实施可以采用不同工具的合理组合，确定组合时需要考虑顾客类型、推广策略、购买阶段、生命周期、市场地位等因素。

案例分析

小米如何利用社区推广品牌[①]

小米社区是小米公司建立的面向米粉服务的交流沟通社交平台，其于 2011 年 8 月 1

---

① 朱瑾，刘文政，钟潇. 在线品牌社群：互联网时代品牌关系质量新策略：小米社区的经验[DB/OL]. [2022-06-09]. 中国管理案例共享中心.

日正式对外上线,现已成为小米推广品牌、维系客户关系的重要渠道。那么,小米社区究竟有何作用,又如何助推小米品牌走上巅峰呢?

1. 小米社区的特征

(1)消费信息性。小米公司通过小米社区发布新产品上市的信息,介绍新产品的特点和功能;消费者则在社区了解产品的价格和功能等信息,并在社区发布他们对产品的观感评价和使用评价。这些互动使小米产品能够被更好地了解和认可。特别是小米社区中存在大量由消费者撰写的关于小米产品信息的帖子,这些帖子内容非常具体和详细,这为潜在消费者提供了有价值的信息,同时也让已经购买小米产品的消费者可以交流产品的使用心得,使这些消费者对于产品有了更好的认知。

(2)社会交往性。小米社区充分发动社区成员的力量,通过鼓励其进行交流而赢得了大量消费者对社区的持续关注。社区成员的交流主要体现在社区成员之间相互顶帖、交流心得、表达支持、讨论问题等。借助网络进行沟通能够克服地域、时间的障碍,将米粉们链接起来,使他们的生活因为小米社区而变得更加丰富多彩。

(3)共同意识性。小米社区的口号是"为发烧而生",这既是小米公司全体管理者与员工的使命,也表达了小米用户的心声,成为凝聚小米人的精神力量。小米社区中大量的粉丝对小米有着较为深刻的感情,社群中经常可以看到力挺小米、支持小米文化的帖子。如"【无米粉,不小米!】MIUI 的原创设计,你懂的!"中一句"无米粉不小米"的口号体现了小米社区成员的团结和共识。小米社区的运营者也非常注重社区文化的塑造,通过发布每日正能量的箴言佳句凝聚小米人的精神特质,形成日渐一致的价值观和生活观。如一些每日一贴:"一晃眼,我们都将垂垂老去,所以勇敢去做自己想做的事。""你有梦想吗?你为梦想而拼命努力过吗?""永远相信美好的事情即将发生。""幸福不会遗漏任何人,迟早有一天它会找到你。"一句句鼓励梦想的话,体现了小米人的文化观念,也影响着米粉们的生活。米粉们和小米人因为社区中凝结着的社群文化而更加惺惺相惜,更加紧密地团结在一起。

(4)技术易用性。广大网民在搜索小米相关信息时,可以通过百度等链接到社区相关网页,直接查阅相关的内容。如果网民对社区帖子感兴趣,想要跟帖留言或者评价帖子,抑或是参与社区的虚拟活动或线下活动,就需要注册账号。为此,小米社区设计了简单易操作的注册流程,而且一次注册就可以在各类小米社区中畅游无阻,如使用小米手机、米聊、MIUI 和小米的其他服务等。同时,对于网民感兴趣的帖子,社区也实现了一键分享到新浪微博和私信中去。

2. 米粉的顾客价值感知和顾客价值创新

(1)顾客价值感知。对于很多用户来说,购买了某产品并不意味着就一定能够熟练运用该产品的各种功能。而品牌社群可以广泛、详细地介绍产品功能,满足用户的求知诉求。在这方面,小米社区做得非常出色。网名为"一笑而过 3"的网民发表的"红米 TD+W【经典回顾】稳定版 5.0 虚拟内存开关+储存切换+性能"一帖总结了红米的重要功能和用法,使很多红米手机用户更好地了解自己手机的功能和使用方法,造福了许多用户。小米官方发表的题为"720P 远程 WiFi 摄像头——小蚁智能摄像机功能特性详解"的帖子,图文并茂地介绍了小蚁智能摄像机的使用特性和方法,充分宣传了小蚁智能摄像机"能看能听能说,手机远程观看,无论到哪里家就在手机上"的特点。

(2)顾客价值创新。酷玩帮是小米社区建立的品牌频道,是小米公司新品的公测平台。该板块致力于贯彻小米的互联网开发模式,为即将上市的产品提供完善的公测平台,让小米发烧友用户使用较低成本体验到小米最新的产品,通过众多用户的公测、使用、评测、反馈等环节,帮助小米工程师找到更多产品、服务的提升空间,改进即将上市的小米产品。这个板块是社群成员汇聚创新能力和创新观点的地方,也是小米公司获取消费者智慧的重要平台。

3. 小米—米粉的品牌关系质量

通过大量的品牌社区互动,越来越多的小米用户产生了对小米的信任。他们通过浏览社区帖子、参与社区讨论了解了大量小米产品的使用方法,增加了成员之间的感情,增强了对社群的认同,这一切增加了社群成员与企业品牌的联系。他们对小米产品越来越信任、满意并付出更多的依赖。

(1)米粉对小米的信任。在面对一些负面的评论,或者是对产品的质疑时,小米社区的消费者能够坚持他们对小米的支持,积极地表达他们对于小米产品的态度。在面对新的购买需求时,许多消费者会选择继续支持小米。更新自己的手机,或者给自己的亲人、朋友购买手机的时候都会选择小米手机。在进行电视、平板等产品的选购时,消费者也会首选小米产品。这种购买决策充分体现了米粉对小米品牌的信赖。

(2)米粉对小米的满意。很多小米用户会不由自主地表达他们对小米的满意和钟爱。网名为"xiao 可心"的社区达人发表帖子:"【小米产品总动员】宅男宅女们的梦想神器组合!"最后结束的时候,她说:"亲爱的宅男宅女们,当你们宅在家看电视看得无聊的时候,可以通过手机和电视无线显示功能,把电视变成大屏手机也不错哦,玩玩游戏、刷刷朋友圈、微博,浏览浏览照片。假如困了,想小睡一会,可以用手机连接上小米家庭音响,听听舒缓的歌曲睡一会。这时你也可以通过手机远程控制下载电影到你的路由器里面,醒来后不用缓冲就可以直接欣赏大片了哦!总结:周末休息的时候,米粉们可以安心地宅在家,放松放松疲惫的身心,好好享受享受小米智能产品带给你的科技快感。本帖已发完,感谢米粉们的耐心观看!因为米粉,所以小米。"

(3)米粉对小米的承诺。由于小米社区的充分沟通,越来越多消费者对小米品牌产生了较强的依赖。他们纷纷在社区表达对小米产品的持续支持和购买承诺。"流言蜚语、小米会挺过去的、挺小米!:D""支持一下……全力支持小米新品,小米的明天更美好,小米加油!"这样的帖子在小米社区随处可见,尤其是当小米品牌遇到非议的时候,他们往往强烈地表达对小米品牌的认可和支持,在社群中公开力挺。

讨论:

1. 与主流的促销策略组合相比,小米的社区推广策略具有哪些创新特征?

2. 小米社区推广策略有哪些好处？

拓展阅读

[1] 陈瑞，张晏宁，吴胜涛. 直播营销模式的深层逻辑——社交场和营销场及其协同作用[J]. 清华管理评论, 2020(12): 44-52.

[2] 刘祯，汪苗苗. 老乡鸡：用营销，在疫情中翻盘[J]. 清华管理评论, 2020(Z2): 135-139.

[3] 杨扬，刘圣，李宜威，贾建民. 大数据营销：综述与展望[J]. 系统工程理论与实践, 2020, 40(8): 2150-2158.

即测即练

自学自测　扫描此码

第13章

数字传播策略

本章学习目标

通过学习本章，学员应该能够做到以下几点。
1. 理解数字传播的定义、特征和价值。
2. 了解数字传播工具的类型及具体内容。
3. 了解社交媒体的特点以及企业如何运用社交媒体营销吸引消费者。
4. 了解移动营销与微信营销的特点、类型和策略。

引导案例

数字传播助力《爱情公寓5》营销[①]

2020年2月，跨越十年之久的现象级经典国民IP《爱情公寓》迎来了它最终季的圆满收官，相关话题总阅读量超190亿次，席卷全网热搜榜单近400次。作为陪伴观众走过十年青春的系列剧，《爱情公寓》承载着一代人的青春回忆，沉淀了众多极具忠诚度的粉丝观众，其最终季《爱情公寓5》刚一官宣回归就成为了万众瞩目的焦点。与此同时，作为《爱情公寓5》的影视出品公司和播放平台的爱奇艺凭借其平台优质的内容原创能力、广告产品创新能力、多元化社交营销能力积累了深厚的平台影响力和粉丝基础，更进一步推动了《爱情公寓5》的内容价值和商业价值，使其成功吸引到包括苏宁易购在内的多个品牌入驻，满足了广告主与用户高度的互动需求。

在《爱情公寓5》剧集风格和内容延续经典的同时，爱奇艺通过平台技术赋能对其进行更丰富、更深层次的创新性内容创作，全方位助力此IP实现内容及商业价值的最大化。正如爱奇艺副总裁陈潇在发布会现场表示的那样，《爱情公寓5》通过平台技术赋能，巧妙地根据内容和情节设计，推出了互动内容、竖屏内容、VR定制内容，让剧集内容更贴合用户审美和习惯，使观众能够看到更多元化的艺术创作，直击观众内心，引发情感、

[①] 资料来源：《爱情公寓5》十年最终季，有哪些创新营销玩法?[EB/OL]. [2020-01-08]. https://www.sohu.com/a/365513371_117194.

情绪共鸣。例如,《弹幕空间》借助"互动技术",使用户可以根据个人喜好和想法自主选择剧情走势,这极大提升了用户的参与感、互动感;首次创新 45 分钟"竖屏剧",巧妙融合 VR 技术打造 360°沉浸式观剧体验,贴心满足用户的移动端追剧需求。创新"升维"用户娱乐体验让爱奇艺实现了平台用户和 IP 粉丝的双向导流,为广告主的品牌营销赋予了多元化的拓展空间。

在广告内容营销层面,爱奇艺更是深耕科技,贴合剧集内容场景设置,为合作广告商苏宁定制化打造原创大头贴、口播专场广告、对话贴、超级暂停、Video-in 等多种产品及营销场景,将品牌广告巧妙地植入到剧情中,真正实现了广告与内容融为一体。不仅如此,爱奇艺还调动其平台生态优势,全面打通线上线下、站内站外营销壁垒,最大化释放广告品牌传播势能。例如,在线上为小红书推出原创内容"公寓欢乐时刻"小剧场,邀请剧中演员在合作平台上进行定制化内容分享,结合剧情场景和人物特性,最大化地帮助合作平台小红书拉动用户增长;在线下覆盖了全国 65000 余块大屏、3600 余家门店,在多个城市举办"爱情公寓嘉年华"活动,现场售卖 IP 衍生周边产品,组织各类联名福利放送活动。

此次《爱情公寓 5》也是爱奇艺以科技赋能原创内容的又一次探索,其通过数字传播的方式充分调动观众的参与热情和全民关注度,为用户和品牌搭建良好的沟通桥梁,让用户真正沉浸在剧情中,让品牌实现商业价值最大化。

13.1 数字传播的内涵

13.1.1 数字传播的定义与特征

1. 数字传播

美国传播学家丹尼斯·麦奎尔(Denis McQuail)认为,真正的"传播革命所要求的,不只是信息传播方式的改变或者受众注意力在不同媒介之间分布上的变迁,其最直接的驱动力,一如以往,是技术。"[①]技术的进步是催生数字传播实践产生与发展的土壤,因此,我们要了解数字传播的定义,首先要明确"技术"的含义。进入 21 世纪以来,"技术"的最显著发展就是"数字化"。数字化技术可以被总结为是一项与电子计算机相伴相生的工程科学,其可以借助一定的设备将各种信息(包括图、文、声、像等)转化为电子计算机能识别的二进制数字"0"和"1",并进行运算、加工、存储、传送、传播、还原。数字化技术的发展使信息传播发生了翻天覆地的变化,数字传播应运而生。

基于对数字技术的理解,本书将数字传播(digital communication)定义为以各种电子设备为主体、多媒体为辅助的,能提供多种网络传播方式来处理包括捕捉、操作、编

---

① 丹尼斯·麦奎尔. 麦奎尔大众传播理论 [M]. 崔保国,李琨,译. 北京:清华大学出版社,2010.

辑、储存、交换、放映、打印等多种功能的信息传播活动。其主要实现途径有 3 种：一是利用数字技术的传统大众媒体（如数字电视）进行的传播；二是利用基于互联网技术与数字技术的网络媒体进行的传播；三是利用基于移动通信网络的手机媒体、移动车载电视等进行的传播。

以拉斯韦尔的"5W 模式"作为分析框架来看，数字传播以"精准""互动性"为主要特征，影响到传播的每一个部分。在"5W 模式"中，传播要素包括谁（who）、说什么（say what）、通过什么渠道（in which channel）、向谁说（to whom）与有什么效果（with what effect）。而数字传播方式以 P2P（peer-to-peer）为载体，重塑了传统的传播方式（即一点向多点的传播格局），真正建立了网络多接点、去中心化的传播结构（即以个人为中心，每个人既是传者，又是受众）。同时，基于互联网技术的门户网站中垂直性内容的迅速发展和搜索引擎技术的不断升级大大提升了传播"精准"的可能性。尤其是搜索引擎具有一对一互动的特性，用户搜索是根据自己的需求进行的主动行为。从传播技术角度上看，消费者的网络搜索痕迹也给搜索引擎提供了最真实的行为数据库，使其能够更好地匹配消费者需求，实现精准传播。

大数据技术的成熟使数字传播的互动性更显著。遍布在人类虚拟空间和现实空间的数据采集终端汇聚了海量数据，互联网和物联网实现了多元主体的即时互动，云计算极大拓展了人类处理数据的能力。大数据技术的广泛应用极大提升了信息传播决策的效能，其中互联网和物联网的普及在很大程度上消除了信息传播与用户反馈之间的障碍，实现了信息传播过程中的接受者与发出者的双向互动。因此，可以说数字传播在互联网和大数据背景下展现出鲜明的精准、互动性等特征。

在市场营销领域，数字传播的普及在很大程度上改变了信息传播的模式，数字传播依托的信息传播模式不再是线性的、传统的传播方式，而是网络式的传播。

2. 网络传播

网络传播（network communication）有两层含义：一是基于互联网的传播；二是网络化的传播。

第一层含义，基于互联网的传播指的是以计算机通信网络为基础进行信息的传递、交流和利用，从而达到社会文化传播目的的传播形式。随着新型数字化媒体的不断出现，消费者与企业的注意力都向网络集中，越来越多的企业通过网站、应用程序（APP）、小程序、邮件、社交媒体、网上视频等方式进行信息传播。这些新兴的传播方式成为互联网背景下进行新直复营销的基础。在互联网时代，企业可以把传统的传播方式转移至网上，如用电子邮件进行邮寄营销，在企业网站上设置目录，通过各种社交媒体软件与顾客直接沟通。除此之外，企业还可以利用品牌网站或者社交媒体、应用软件、小程序吸引顾客参与多种品牌的社群活动，在社群活动中传递企业信息。

对于顾客来说，网络传播的兴起使其能够随时随地、简单私密地进行网上购物，获得大量相关信息。在互联网环境下，顾客能够借助卖方网站、微信或阿里旺旺等软件与卖方直接交流，了解产品或服务的相关信息，然后当场订购。另外，企业提供的在线社区能够让顾客间或顾客与企业间进行相互交流，让顾客更好地了解企业及其产品，提升顾客的购物体验。

对于企业来说，网络传播给其提供了低成本、高效率和快速有效影响顾客的方法。随着顾客管理系统的精细化，企业能够有效地锁定小群体或者个别顾客，有效地传播其信息和价值，更好地了解顾客的需求，针对顾客的偏好定制产品或服务，也可以及时处理顾客的咨询与投诉。

第二层含义，网络化的传播指融合了大众传播（单向）和人际传播（双向）的信息传播特征，在总体上形成的一种散布型网状传播结构。在这种传播结构中，任何一个网络都能够生产、发布信息，所有网络生产、发布的信息都能够以非线性的方式流入网络中。企业的顾客会通过一定的方式（如加入虚拟社区、线下联合等）聚集形成一个信息传播的网络，在这个网络中传播、交流与企业有关的信息，如图13-1所示。

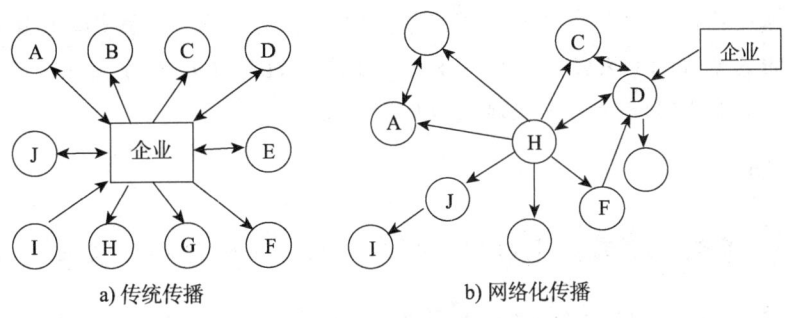

图 13-1　传统传播和网络化的传播

在传统传播中，消费者与熟人、朋友相互作用形成网络。在这种网络中，消费者会向朋友传播正面、负面的产品口碑信息。这种"人传人"的信息传播机制能够使企业信息在消费者群体中快速蔓延。但消费者对传播信息的选取是十分挑剔的，因此，企业需要设计能够打动消费者的信息，以使这些信息能在消费者网络中实现有效传播。

在现代传播网络中，互联网连接了身处各地的消费者，企业的虚拟社区、百度贴吧、应用程序与小程序、第三方社区论坛、微博、微信等等都给消费者提供了了解信息、传播信息的渠道。这种在互联网上形成的消费者网络也能促进企业信息的传播。在这样一个消费者传播信息网络化、高速化的时代，不但企业的良好声誉能够传播到消费者那里，企业的不良声誉也能迅速被消费者了解、转发。因此，企业需要管理好自身在网络媒介中的信息发布。另外，在现代传播网络中，部分消费者、个体能够起到意见领袖的作用，这些人对信息的传播作用巨大，企业应当根据情况利用意见领袖传播自己的正面信息，避免负面信息被意见领袖快速传播。

营销洞见

社会网络理论

社会网络是一种基于"网络"(结点之间的相互连接)而非"群体"(有明确的边界和秩序)的社会组织形式,也是西方社会学于20世纪60年代兴起的一种分析视角。个体与其认识的人或互动的人之间的关系能够聚合成为一种网络化的结构,这种网络化的结构即为个体的社会网络(见图13-1)。社会网络理论主要包括弱连带理论、社会资本理论和结构洞理论。弱连带理论通过互动的频率、感情力量、亲密程度和互惠交换4个维度将连带关系分为强连带和弱连带,强连带主要发生在群体内部,给个体带来同质化的信息,而弱连带主要发生在群体间,能够给个体带来无冗余的新知识。社会资本理论强调个人通过自己所在的关系网络获得由这些社会关系带来的资源。结构洞理论主要关注关系网络中由于无直接联系或关系中断而形成的网络空洞,处于该空洞位置的个体往往有多个群体相关的资源,即社会资本。

在互联网环境下,个体在微博、微信以及各类消费者社区中的关系也能够形成一个社会网络。在这些网络中会出现处于不同位置的个体,例如,位于中心位置的个体即为这个网络中的意见领袖(某些名人的微博就位于网络的中心)。对于企业而言,识别和利用社会网络能够帮助其更好、更快速地传播营销信息。

营销与中国

营销与中国:中国的"经济邪教"——传销的发展

传销产生于20世纪50年代,之后不到半个世纪即已风靡全球。传销的英文是multiple level marketing,即多层次营销,也是利用人际关系网络进行产品信息传播和销售。传销还利用了企业层级制的原理,通过制定逐级晋升的奖励制度、契约式协调而使消费者在利益驱动下不仅与企业建立长期联系,也与其他消费者建立等级式联系,由此构造成"金字塔"形的组织。组织内的消费者要接受传销企业的契约安排,其身份不再是纯粹的消费者,而兼为传销企业的经营者。具有双重身份的消费者为使自己晋升级别、提高佣金而代表公司与他人交易,推荐他人入会,因此,传销企业具有规模不断扩大的趋势,在使消费者获得利益的同时实现传销企业的利益。由此可见,传销企业是以消费者获利为激励机制建立起的超越企业和市场的中间组织。许多国外企业如安利就是靠传销的方式获得了巨大的利润,使企业产品深入人心。

然而,随着20世纪90年代中期进入我国之后,传销这一形式被一些利欲熏心的不法分子利用,发展变异为一种牟取非法利益、扰乱经济秩序、影响社会稳定的活动。许多传销组织通过设骗局引消费者上钩并索取高额的入会费,进而通过洗脑使他们相信产品的功效并发展身边人为下线。这种传销是建立在精神控制基础上的,通过传销培训对参与者进行洗脑,让其进行传销;甚至会控制参与者的人身自由,没收所有物品,通过暴力迫使参与者认可这些谎言。因此，我国立法对传销进行了规范。1998年4月18日，国务院颁布《关于禁止传销经营活动的通知》，对传销活动全面加以禁止；2005年11月1日起《禁止传销条例》施行；2005年12月1日起《直销管理条例》施行。安利、雅芳、天狮等国内外传销企业已经转型为规范的直销企业。近年来，仍有一些地下的和利用互联网的传销活动。尤其一些传销借势互联网升级换代为"互联网传销"，具有很强的虚拟性、欺骗性、隐蔽性、跨地域性[①]。为解决工商、市场监管部门在打击查处互联网传销工作中遇到的新情况、新问题，我国工商行政管理总局于2016年曾下发《关于进一步做好查处网络传销工作的通知》，针对非法传销者依赖的互联网传销平台，提出属地工商、市场监管部门应当加强对搜索引擎、社交平台、第三方交易平台、第三方支付工具等互联网服务提供商的监督规范。

13.1.2 数字传播的发展历程

1946年，世界上第一台真正意义上的通用电子计算机问世，这标志着人类开始迈入数字时代。1981年8月，美国国际商业机器公司（IBM）推出第一台个人电子计算机IBM5150，使计算机应用从科研、军事领域走入人们的日常生活，并由此给人类社会带来巨大变革。信息的传播也至此开启由Web 1.0到Web 4.0的发展历程，如表13-1所示。

1. Web 1.0 信息共享（20世纪90年代至2000年）

Web 1.0采用技术创新主导模式，信息技术的变革和使用对于网站的新生与发展起到了关键性的作用。此时的互联网行业的盈利都基于巨大的"点击"流量，行业的发展出现了综合门户"合流"现象。在Web 1.0上做出巨大贡献的公司有Netscape、Yahoo和Google。Netscape研发出第一个大规模商用的Web浏览器，Yahoo的杨致远提出了互联网黄页，而Google后来居上，推出了大受欢迎的搜索引擎服务。托马斯·鲍德温等在《大汇流：整合媒介信息与传播》（*Convergence: Integrating Media, Information and Communication*）一书中将"数字化"的定义进一步细化："信息能被计算机存储和处理，也可以不失真地被传递，而数据库内的信息和处理程序可以由其他用户访问、传送、直接提用或存储，这意味着这个传播系统各个点之间是相连的、同时相互之间是可以得到回应的，因此这种系统是交互式的，整个传输网络被称为网络信息传播的方式。"

2. Web 2.0 信息共建（2000年至2010年）

Web 2.0采用以人为核心的模式，即企业为用户提供更方便的网络信息创作工具，鼓励用户主动提供内容，并根据用户在互联网上留下的痕迹来组织浏览线索、提供相关服务，给用户创造新的价值。Web 2.0技术主要包括：博客（BLOG）、RSS、百科全书（Wiki）、网摘、社交网络（SNS）、P2P、即时信息（IM）等。Web 1.0到Web 2.0就是由网站所有

---

① 网络传销的基本特点有哪些[EB/OL]. [2020-05-14]. 华律网. https://www.66law.cn/laws/160498.aspx.

者编辑内容到全民参与编辑内容的过程。每个用户都可以在开放的网站上通过简单的浏览器操作而拥有他们自己的数据，人们可以更加方便地进行信息获取、发布、共享以及沟通交流和群组讨论。每个人都成为了信息的发布人，人们成为 Web 社会的人，Web 也有了社会性，也就成为了社会化网络。

3. Web 3.0 知识传承（2010 年至 2020 年）

Web 3.0 是采用区块链技术构建的去中心化在线生态系统。在此系统中网站内的信息可以直接和其他网站相关信息进行交互，而用户则可以通过第三方信息平台同时对多家网站的信息进行整合使用。在互联网上，每个用户都拥有自己的数据，并能在不同网站上使用。Web 3.0 变成了一种全员营销价值共创的模式，参与者与网站共同获利。Web 3.0 在技术上与 Web 2.0 相仿，但是 Web 3.0 时代的数字信息传播思想却产生了巨大变革，主要包括将互联网转化为数据库（如 XML，RDF 和微格式）、迈向人工智能进化的道路、去中心化自治组织（DAO）、稳定币和中央银行数字货币（CBDCs）等。

4. Web 4.0 知识分配（2020 年至今）

Web 4.0 是在 Web-3.0 的信息创造和获取的基础上延续信息传播思想变革，从技术应用的层面创新发展。虽然至今没有一个统一的定义，但 Web 4.0 的特性可归结为共生网络（symbiotic web）、大规模网络（massive web）、同步网络（simultaneously web）和智慧网络（intelligent web），这些特征均与人工智能在网络中的应用有关。在 Web 3.0 时代，人们已经实现信息的自由获取和即时传播，但面对纷繁复杂的互联网信息世界，实现信息传播的精准性、分配的合理性和数据的智能化是 Web 4.0 所要解决的核心问题，在这里，人工智能的发展给出了可行的解决方案。大规模网络和智慧网络可以用人工智能技术进行决策并使用推理和搜索进行文本挖掘，达到甚至超越人脑的算力，实现一系列特定和个性化的服务。如联想集团在数智变革中所依托的 3S 战略和"端边云网智"的智能化变革路线，即将物联网设备产生、收集的数据通过网络连接到边缘计算或云计算进行分析，并在此基础上叠加行业肌理，以人工智能的先进算法加以学习、总结、提炼，就能针对垂直行业的特定场景打造有针对性的行业智能解决方案。

表 13-1 数字传播发展历程的阶段划分

基础设施	PC 互联网		移动互联网	物联网
应用技术	Web 1.0	Web 2.0	Web 3.0	Web 3.0~Web 4.0
技术特征	双工单向只读不写	双向互动网络社会化	多项传播移动化	数据互联智能化
数字传播发展进展	传统网络信息传播	社会化网络传播	移动互联传播	智能精准传播

13.1.3 数字传播的价值

数字传播意味着公司可以向消费者提供或者发送定制的信息，这些信息能够吸引消费者，是因为它们能迎合消费者的特殊兴趣和消费习惯。数字传播技术重要的特征与价值就在于海量的信息储存与高效的信息传输、信息获取的便利性、信息传播的低成本等，除此之外数字传播还具有其他一些价值与优势。

1. 对企业营销活动

对于企业营销者而言，数字传播能够使之很容易地评估营销效果。具体来说，数字化的传播工具可以有效记录有多少唯一身份访问者或者"独立访客"进行了对信息的访问和浏览，他们在传播的信息页面停留了多久，在页面上进行了哪些操作，以及他们之后又进行了哪些信息的搜索和传播。互联网还具有通过智能算法提供精准化信息服务的优势，企业可以根据消费者的数据画像传播精准的、符合消费者自身需求的信息。因此，数字传播使企业可以实现精准化营销信息的制定和传播，消费者也可以避免接收无效信息，这大大提高了信息传播的效率。例如，在长期被国际大牌占据的中国彩妆市场，一个正在快速崛起的中国国货彩妆品牌——完美日记，正在向国际彩妆大牌的霸主地位发起猛烈进攻与挑战。完美日记成立之初就在小红书、抖音和 B 站等平台上建立官方账号，利用互联网独有的传播优势，吸引了大批消费者尤其是年轻消费群体的关注。同时，其也在各个社交媒体平台直播间推出限定产品、限定优惠，并在各大社交媒体平台推出抽奖、互动讨论等多种营销活动。目前，完美日记的销售量已在同类产品中排名前列。

2. 对企业广告业务

数字传播给广告的传播和发展带来了新的生机。网络与数字传播时代使广告接近完全商品信息的告知成为可能。数字信息传播一改传统媒介的单向、线性的传播形态，实现了具有高度的双向、互动性的传播新形态，这一变化对广告业务流程产生了深远的影响。[①]

第一，数字传播有利于企业更深入地洞察消费者。基于大数据的消费者研究工具与传统工具有着显著的区别。传统的消费者洞察方法主要有两种，一种是基于对研究对象较大样本的量化问卷调查，另外一种是基于小样本的质化态度情感挖掘。由于成本和操作性的限制，两种方式都只能在特定时间内选取一部分代表性的群体和地点做抽样调查，不够全面准确。而基于大数据的消费者洞察则可以极大还原消费者在虚拟数字空间以及现实空间中的真实状态，帮助广告主更加智能地针对每个消费者特点进行营销传播决策。此外，传统的消费者洞察方式需要广告公司投入大量的人力、物力、财力，所消耗的时间成本更加惊人，而大数据则极大节约了广告公司的消费者洞察业务成本。

第二，数字传播有利于改革广告创意模式。大数据技术革新了传统的广告创意模式，以数据挖掘为基础的消费者洞察作为创意来源，替代了创意小组的头脑风暴。创意模式发生变化的主要原因在于 3 点：一是千人千面的广告创意需求是传统的"头脑风暴"根本无法满足的；二是消费者需要比以往更加深入地代入和共鸣，这就要求创意团队基于

---

① 姚曦，李斐飞. 精准·互动：数字传播时代广告公司业务模式的重构 [J]. 新闻大学，2017（1）：116-124.

大数据的分析预测技术，准确挖掘消费者的情感需求，获得打动每一个消费者的创意原点；三是广告创意需要时刻关注消费者的需求变化，大数据具有预测性，能够实时地反馈并预测社会行为的变化，可以帮助创意团队实时调整创意策略。

第三，数字传播有利于创新广告作品制作。数字传播使得广告作品实现了双向传播，从而开拓了创作的无限可能性。一是数字化时代的泛媒体化给数字营销传播带来的无限创新已经超出了传统广告公司的视频制作和平面制作的范畴，如可穿戴设备、虚拟现实技术（virtual reality）、增强现实技术（augmented reality）等技术均得到了广泛应用；二是数字营销传播环境下的广告作品不再是单向传播的静止广告作品，而是与接受者互动完成的协同创意产品，其制作过程是伴随着接受者的参与、体验，与接受者共同完成的，其作品的最终形态是围绕着广告主题，向多元定制化的方向发展的。

第四，数字传播能使广告效果评估更具有科学性。广告公司通过综合运用各种大数据管理平台，随时随地监测、优化媒介载体以及传播内容，一方面可以提升消费者的使用体验，还可以对媒介成本进行精准控制；另一方面，大数据技术可以支持对多种非结构数据的分析，从消费者角度评估创意的传播效果。在量化效果评估体系中，数字营销传播改变了传统抽样调查的效果检验模式，实现了对广告数据的全方位采集。

以上数字传播对广告业务的影响使广告业务流程重构成为可能。传统广告公司的业务流程是链状分布，是以市场调研为起点，策划、创意、媒介随行，最后进行效果评估的线性过程，而数字传播时代广告业务流程是以客户需求为中心、以大数据为驱动的多业务内容同时响应交叉互动的过程。在数字传播的情境下，广告主和广告公司的业务模式必然会向"精准""互动"的数字营销传播进化，而在这种进化过程中，大数据是驱动广告公司业务模式重构的关键因素，它作为一种新的社会生产要素全面颠覆了广告公司的价值实现逻辑，改变了广告公司业务模式的内容以及流程。

3. 对企业品牌塑造

相比传统信息传播时代，数字时代品牌的建构过程是消费者价值与品牌价值通过"沟通元"不断互动、协商、沟通的过程。在这个过程中，消费者可能会保留与品牌不太相同的价值认知，也可以保留自己对品牌的个性化感知。[1]其中，沟通元（meme）在企业品牌建构中起到了桥梁作用。沟通元这一翻译借用了牛津大学生物学家理查德·道金斯（Richard Dawkins）对复制基因（模因，meme）的命名，在中国也有直接以译音将它称为"米姆"的。沟通元是一种文化传播单位或模仿单位的概念。国内学者沈虹认为沟通元主要是指基于传播内容的文化单元，其凝聚了消费者最感兴趣的内容和最容易引起讨论和关注的话题，一旦被投入互联网平台，就会迅速引起大规模的关注，激发起网络使用者中目标消费者热烈的讨论和参与。[2]如2010年凡客诚品的一则广告引发了受众的兴

---

[1] 王鹏，陈长松. 新理解、新实践：基于具身认知理论对智能广告的研究 [J]. 新闻知识，2021（9）：46-49.
[2] 沈虹. 缘起"协同"：论"协同创意"的理论渊源 [J]. 广告大观（理论版），2013（4）：74-81.

趣。韩寒和王珞丹作为凡客的形象代言人，以"爱……是……不是……我是……"句式的剖白式广告海报出现在全国大中城市公交和地铁灯箱广告牌上。很快这一表达方式就在网上开始发酵，形成后来所谓的"凡客体"，并被消费者分享和再创造，各种版本的"凡客体"在网上疯传，很多名人"躺着都中枪"，被网友用凡客体戏谑，这成为了一种网络文化现象。在这场经典的、几乎零成本的网络营销中，"凡客体"就是营销的沟通元。沟通元是消费者和企业协同创意的关键，是品牌进行创意传播的一个重要概念和执行要素。

在数字化新媒体时代，消费者从被动的受众变成主动的传播者，而媒体平台则从单一的媒体变成传播平台，为沟通元的传播和扩散提供了沃土。在此前提下创造的沟通元，本质是实现与消费者文化价值基因相同或相似的要素，也是管理消费者与品牌之间合作关系的要素，目的是形成消费者的主动传播，与企业共创品牌。

13.2 数字传播工具

数字传播是企业在互联网上借助计算机、移动设备等进行信息传播活动的过程，企业可以借助公司网站与 App、网络广告与搜索引擎、电子邮件、论坛与微博（博客）、视频与微电影、网络直播、AR 营销、VR 营销、智能推送、智能广告等方式进行传播。社交媒体营销和移动营销也发生在网上，但由于其特性突出，后面会对其另行讨论，这里将主要讨论网站和 App、网络广告与搜索引擎、电子邮件、论坛与微博（博客）、视频与微电影、网络直播等常用的数字传播工具。

13.2.1 网站与 App

1. 网站

对大多数公司而言，开展网络营销的第一步是建立一个网站。网站一般分为两种类型：营销网站和品牌社区网站。营销网站是专门吸引顾客，推动他们直接购买或实现其他营销目的的网站，例如，苹果官方网站就提供醒目的标题介绍产品，并提供详尽的信息和工具和相关产品对比，帮助顾客比较产品进而购买。另一种网站是品牌社区网站，这类网站不销售任何东西，其主要目的是展现品牌内容、吸引消费者和建设顾客品牌社区，通常会提供种类丰富的品牌信息、视频、活动以及其他有利于建立紧密的顾客联系和促进顾客与品牌互动的特色内容。例如，在小米社区（图 13-2）中，顾客可以接触到大量的产品信息，参与各种讨论，在社区中能够与小米员工直接互动，也能够和其他顾客互动。这为小米的顾客提供了一个方便参与并了解其他顾客的虚拟品牌社区，给顾客带来了难忘的体验。

创建网站之后，企业还需要考虑如何才能吸引顾客访问。企业一般通过印刷品和广播广告，以及其他网站的广告和链接大力推广自己的网站。但今天的网络使用者很容易

图 13-2　小米社区

抛弃那些不合格的网站，因此，能带来高价值内容和良好的体验是使顾客停留并再次访问网站的关键。一个有效的网站应当便于使用、外观设计专业且内容具有吸引力，还应该包含更多深入和有用的信息、帮助购买者发现和评估感兴趣的产品、与其他相关网站建立紧密的链接、不断更新促销优惠以及具有一定的娱乐性。

2. App

App，全称为 application，表示移动终端上的应用程序。移动互联网时代的 App 就像互联网时代的浏览器和桌面程序，是用户接触移动互联网的基本途径，也为各个企业的营销提供了重要的基础设施。

App 营销（应用程序营销）是通过特制手机、社区、SNS 等平台上运行的应用程序来开展营销活动。在采用 App 营销的企业中，大众点评、当当网、美丽说、有道词典等都有不少的用户和不错的用户体验。基于各个 App 所产生的用户群，企业可以有针对性地通过 App 对其发布营销内容，以保留现有顾客。如美丽说、汽车之家就在 App 上创造了一个优质的闭环社交圈，牢牢锁住了自己的顾客群体，其他企业可以通过这些平台进行推送广告。

此外，一种更为常见的 App 广告是视频广告。这类广告多出现在各种视频播放类 App 中，如在爱奇艺、优酷等视频类 App 中，用户播放其所选的视频之前会有一段较长时间的广告。企业在投放这类广告时，可根据视频内容对所要传播的用户群进行定位。

13.2.2　网络广告与搜索引擎

随着消费者上网的时间越来越多，许多企业将更多的营销费用投向网络广告，以期提高品牌销售量或吸引顾客访问其网站。网络展示广告可能出现在顾客设备屏幕的任何位置，并与其正在浏览的网站内容相关。例如，当顾客登录网易浏览新闻时，会看到一些企业或产品的广告；在爱奇艺观看某部剧的时候，屏幕上会跳出一个与此剧相关的小广告；在看剧前播放的广告时，会看到由该剧集演员代言的广告。这种内容丰富有趣的广告可能只有短短的十几秒，或者只是出现在屏幕的一个小方块里，却能产生很大的影响。网络广告按照表现形式可分为静态广告和动态广告两类。图 13-3 所示的网易首页广告中，位于界面中央的、网易严选就是常见的静态广告，两侧的京东广告是常见的动态广告。从具体形式来看，网络广告可分为横幅式、漂移式、对联式、弹出窗口式、全屏式、拉链/撕页式等几种形式，单看其名称即可了解其各自的特点。

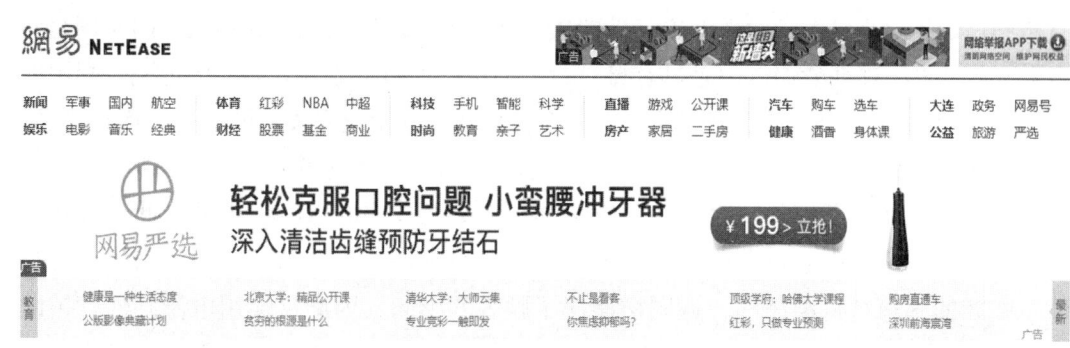

图 13-3　网易首页广告

在诸多类型的网络广告中，还有一种重要的形式是搜索内容关联广告（或与上下文有关的广告）。这类与内容和图片相关的广告会出现在百度和必应等搜索引擎的搜索结果列表旁边。例如，用百度搜索纸巾的时候，在屏幕的上侧和右侧会出现相关广告或相关企业。排名在前的广告信息能够快速传递高度相关的企业信息，也更容易让消费者锁定自己想要的商业信息。

营销与中国

搜索引擎营销与竞价排名

搜索引擎营销（search engine marketing，SEM）能够利用用户使用搜索引擎检索信息的机会尽可能将营销信息传递给目标用户。简单来说，搜索引擎营销就是基于搜索引擎平台的网络营销，其利用人们对搜索引擎的依赖和使用习惯，在人们检索信息的时候将信息传递给目标用户。搜索引擎营销的基本思想是让用户通过"点击"进入网页，进一步了解其自身所需要的信息。企业通过搜索引擎付费推广，能够让用户直接与公司客服进行交流，并实现交易。

竞价排名是基于 SEM 的相关思想产生的，其最早由百度在国内推出，之后部分国内搜索引擎网站也使用了竞价排名的营销模式，其中百度的竞价排名收入已经达到其总收入的 90%以上。竞价排名按照付费最高者排名靠前的原则，对购买同一关键词的网站进行排名。作为一种搜索推广方式，竞价排名能够让经营成功、有财力的企业的排名靠前。但是这种模式也受到一定程度的争议，如 2016 年由于百度的竞价排名机制引发的"魏则西事件"就引起公众对这种模式的反感。

13.2.3 电子邮件

虽然互联网的发展带来了多种多样的网络传播方式,但电子邮件依旧是一种重要的网络营销工具。根据美国直复营销协会(DMA)的报告,营销者在电子邮件上每花1美元,仍然可以获得44.25美元的回报。人们经常忽略那些垃圾邮件,同时也会对这个数字感到惊讶。但是,由于发送电子邮件的成本非常低,所以,这种成本收益的比例是完全合理的,电子邮件营销依旧是具有最高投资回报率的营销方式之一。要想充分利用电子邮件营销,企业需要将具有高度针对性、个性化和有利于建立关系的信息传递给顾客。另外,在形式上,企业应该设计多彩多样、引人入胜、个性化的邮件内容来吸引顾客。企业在实际操作电子邮件的时候,可以增加更多关系导向的内容,借助于此提升顾客的忠诚度。不过,随着电子邮件营销的滥用,垃圾邮件日益泛滥,不请自来的广告邮件将顾客的邮箱塞得满满的,这同样激起了顾客的不满。因此,使用电子邮件营销的企业必须在为顾客增加价值和成为令人讨厌的入侵者之间寻求平衡。目前,不少企业采取了各种措施来避免这些不受欢迎的打扰,如亚马逊通过让顾客选择营销资料目录,基于顾客的偏好和以往的购买经历向选择加入的消费者发送少量有用的"我们认为你想知道"的信息,这样的信息很少会遭到顾客的反对,相反,不少顾客欢迎收到这样的信息。

13.2.4 论坛与微博(博客)

品牌还可以通过各种吸引具有特殊兴趣爱好人群的网络论坛开展网络营销。论坛是社会化媒体的始祖,与其他的平台不同,论坛更注重意见领袖的力量,使信息传播自上而下呈伞形结构。在诸多社会化媒体平台中,论坛可以对信息进行极佳的整合、分类与深入分析,因此成为意见领袖常驻与发挥影响力的最佳场所。意见领袖的力量极其强大,他们通常拥有较为专业的视角和较为广泛的人际关系,可以引导网络舆论的走向,形成网络讨论热点。网络的跨地域性扩大了意见领袖的影响范围,同时意见领袖的存在及其在相关领域的专业能力也使论坛拥有更具相关性和完整性的信息,从而使论坛成为消费者搜寻信息的首选。企业可以借助意见领袖的力量,使营销信息传播得更为广泛。

微博(博客)是在线日志,个人或企业可以写下想法和其他内容。微博(博客)的主体可以是任何内容,从政治、体育、美食、汽车修理、品牌到最近的电视剧。大多数企业会通过一些与品牌相关的微博(博客)来接触顾客群,如上海迪士尼度假区的微博时常会介绍园区内的一些活动与美景以吸引顾客。此外,企业还会选择和一些网络红人或明星等第三方博客合作,以此来传播营销信息。例如,小米手机通过与体育明星苏炳添的合作来推广自己的产品。

营销与中国

粉丝经济与网红经济

粉丝经济泛指架构在粉丝和被关注者关系之上的经营行为,是一种通过提升用户黏性并以口碑营销形式获取经济效益与社会效益的商业运作模式。以前,被关注者多为明星、偶像和行业名人等,例如,粉丝购买歌星的专辑、演唱会门票以及明星喜欢的商品或明星代言的商品等。现在,互联网突破了时间、空间的限制,粉丝经济被广泛地应用于文化娱乐、销售商品、提供服务等领域。此外,商家会借助互联网平台打造网络红人(即所谓"网红"),通过网红聚集消费者、粉丝,以此来销售产品和服务,形成基于网红的粉丝经济即"网红经济"。一些选秀节目是当下新型粉丝经济的经典案例,其通过粉丝投票决定偶像出道的形式,增加了粉丝的参与感,建立了忠实的粉丝基础。庞大的粉丝群创造了节目衍生、偶像联名的各类产品。网红经济的另一个典型是在"双11"电商大战中雇用网红进行直播,通过这些网红在网购直播间里实时互动、游戏抽奖、深入讲解等相关营销活动创造惊人的销量。当然,过度的、非理性的粉丝行为和网红行为是不应得到提倡的,我国于2021年8月开始采取一些整顿措施。

作为一种营销工具,微博(博客)具有许多独特的优势。它为企业与消费者的社交媒体对话提供了一种新的、原创的、个性化的、低成本的方法。但微博(博客)空间是杂乱和难以控制的,尽管企业有时可以利用微博(博客)来吸引顾客,建立有意义的关系,但微博(博客)仍是一种由消费者主导的媒介,无论是否积极参与微博(博客),企业都应该对其加以监督和倾听。企业营销人员可以通过对消费者网上对话内容的洞察来改进自己的营销计划。

13.2.5 视频与微电影

线上营销的另一种形式是在品牌网站主页或者诸如微信、微博等社交媒体上发布视频。一些视频是专门为网站和社交媒体制作的,包括指导操作的视频和公共关系视频,其旨在进行品牌宣传和与品牌相关的娱乐活动。其他的多是公司为电视和其他媒体制作的在广告活动前后上传到网络的视频,目的是提高广告活动的到达率和影响。企业希望自己的视频能够像病毒一样迅速传播。以可口可乐每年的贺岁广告片为例,其用不同主题渲染出的新年气氛,激发了顾客对这些广告的搜索、观看和转发,起到了很好的传播作用。但是,企业通常无法控制这些视频的最终效果。企业可以在网上撒下视频内容的种子,但是除非内容能够在顾客间产生共鸣,否则这个种子的作用不大。因此,企业在制作网络视频的时候,需要对内容进行合理的设计,以求达到传播企业信息的目的。

与视频营销相比,微电影是一种更具商业化色彩的新媒体网络营销方式,其拍摄多借鉴电影的表现手法和技巧,旨在向目标受众传递企业产品或品牌形象。专业化的拍摄手法和技巧既能增强品牌信息表达的故事性，也能增进观众对微电影中人物、事件、场景情节的理解和共鸣。国内微电影营销最早可以追溯到 2010 年由吴彦祖主演的凯迪拉克汽车广告《一促即发》，该片在我国各大社交媒体网站上映，紧张刺激的故事情节将凯迪拉克的品牌形象体现得淋漓尽致。《一促即发》的成功上映正式开启了国内微电影营销新时代，各大品牌企业争相效仿。如七夕公司的《圣诞许愿》、海尔公司的《藏在冰箱里的约定》和益达系列微电影《酸甜苦辣》等，这些影片反映了微电影营销模式的创新发展，其对企业自身和行业的营销观念都产生了深远的影响。

近年来，迅速兴起的抖音、快手等短视频平台吸引了越来越多的个人主播和企业，成为新一代视频营销的平台。截至 2020 年 12 月，我国短视频用户规模达到了 8.73 亿名。个人和企业在短视频平台上通过娱乐化、互动化、才艺展示等方式制作和发布短视频或微电影，塑造了个人品牌或企业品牌，也成功地推销了相关产品。

13.2.6　网络直播

2016 年被称为"中国网络直播元年"，传统商业模式因为网络直播的出现而发生了翻天覆地的变化，这同时也吸引了各行各业的关注。淘宝手机直播平台（简称淘宝直播）于 2016 年 5 月正式上线，两个月的观看用户超千万人。在直播间内，"一秒钟，两万单""一分钟卖出两万件商品""一场直播销售额达数亿元"等，都是一些习以为常的营销事件。突发的疫情更加催化了人们消费习惯的改变和网络直播模式的不断创新发展，截至 2020 年 12 月，我国网民规模达 9.89 亿名，网络直播用户规模达 6.17 亿名。

网络直播的兴起，背后体现的是消费者们对于物美价廉的商品以及优质知识和内容的需求与渴望。巨大的消费需求、便利的数字化技术使网络直播在诸多方面具有优势。

第一，成本控制优势。开展网络营销给企业带来的最直接竞争优势是成本的下降。一方面，企业可以借助网络将其服务市场拓展到全球；另一方面，用户可以自由访问企业网站，查询产品信息或直接进行订购。借助网上订货系统，企业可以自如地组织生产和配送产品，同时能够提高销售效率，减少对销售人员的需求，从而降低费用。同时，网络具有交互性、多媒体性等特点，可以实现声音、图像和文字信息的实时传递，也可以直接在信息发布方和接收方之间架设沟通的桥梁。例如，在效果相同的情况下，网络广告的成本要比电视广告、报纸广告低廉，而且网络广告可以直接转化为交易，吸引消费者直接购买。

第二，市场覆盖优势。互联网没有时间和空间的限制，它的触角可以延伸到世界的每一个地方。利用互联网开展市场营销活动可以到达过去靠人工销售或者传统销售所不能到达的市场，可以为企业创造更多商业机会。

第三，定制营销优势。网络营销是一种以消费者为导向、精准锁定目标市场、强调个性化的营销方式。许多企业都承认，营销界一直呼吁和宣扬的个性化定制、一对一营销、精准化及精细化营销等理念只有借助互联网、数据挖掘等技术的发展才有可能真正实现。如今的消费者面对的可选商品太多，企业唯有提供个性化的产品和服务才可能长久地吸引顾客。

第四，整合传播优势。整合营销是运用系统论和权变论来演绎的一种营销理论，它以消费者为中心，认为营销中的各个部门、营销过程及结果具有统一性。在网络营销中，营销者发出的信息具有统一性，营销的过程表现为与顾客进行交互式沟通，营销的最终结果和目标统一于顾客。网络营销不仅整合了营销信息和过程，更重要的是把顾客整合到营销过程中，以顾客满意作为营销的目标和价值。

数字传播工具不仅包括上述所介绍的网站与App、网络广告与搜索引擎、电子邮件、论坛与微博（博客）、视频与微电影、网络直播等，还包括智能推送、智能广告和AR/VR等信息传播模式。随着人工智能技术的快速发展和人工智能设备的不断更新，未来企业可以有效利用用户在网上产生的大数据为每一个用户画像，并为其精准推送相关信息，即信息的智能推送，如抖音、快手和今日头条等手机软件那样实现信息的精准分发。未来的智能广告将是以人工智能为技术支撑，利用大数据分析并提供精准的用户画像，通过后台程序化的创意模式整合消费者的实时需求、地理位置和场景信息，自动生成海量的内容，并利用监测数据不断优化内容，最终实现内容创作的人机结合。智能推送、智能广告等在广告营销中的有效运用、信息的精准推送可使企业的营销效率大大提高。最后，AR/VR科技的应用也为信息的传播提供了新的传播媒介，并使企业在疫情背景下成功实现信息的有效传播，如贝壳的VR看房便是一例。

营销与中国

贝壳看房与VR营销[①]

VR是virtual reality的缩写，中文的意思就是虚拟现实。虚拟现实是多媒体技术的终极应用形式，它是计算机软硬件技术、传感技术、机器人技术、人工智能及行为心理学等科学领域飞速发展的结晶，其主要依赖于三维实时图形显示、三维定位跟踪、触觉及嗅觉传感技术、人工智能技术、高速计算与并行计算技术以及有关人的行为学研究等多项关键技术的发展。随着虚拟现实技术的发展，未来人们将真正实现虚拟现实，并引起整个人类生活与发展的重大变革。人们戴上立体眼镜、数据手套等特制的传感设备，在面对一种三维的模拟现实时，可以近乎置身于一个具有视觉、听觉、触觉（甚至是嗅觉）的三维感觉世界，并且人与这个环境可以通过人的自然技能和相应的设施进行信息交互。

2017年年底，贝壳找房科技有限公司成立，其定位于以技术驱动的品质居住服务平台，推出VR（虚拟现实）看房、在线讲房、大数据找房、模拟装饰效果等服务。为了补

---

① VR看房呈爆发式增长居住服务数字化潜力巨大[N/OL]. 中国青年报. [2020-10-01]. https//baijiahao.baidu.com/s? id=1679328831385912426&wfr=spider&for=pc.1/1.

齐房源信息"不真"、经纪服务"不专"、交易服务"不快"、服务评价"不好"等行业短板，贝壳找房借助5G、人工智能、虚拟现实等数字化技术重塑传统居住服务与新居住服务体系，通过标准化的服务和体系建立了一个以消费者为中心的数字化新生态。

2020年以来，尽管新冠疫情使与居住相关的线下服务受到了影响，但各种基于数字化技术的线上服务却表现不俗。贝壳找房平台的数据显示，2020年第一季度，该平台上的经纪人和消费者共同发起了超过1800万次VR带看，VR带看的通话时长达到50.7万小时，相较2019年第四季度增长了80倍。2020年第二季度，该平台平均每天发起约15.9万次VR带看，而2019年同期的数字仅为1.1万次。

13.3 社交媒体营销

13.3.1 社交媒体营销概述

社交媒体营销（social media marketing）是指企业利用在线社区、博客、论坛、微信等社交网络进行的一种营销。在数字技术和设备的迅猛发展下，社交媒体和数字社区产生并不断壮大。这些数字化媒体为顾客提供了一个可以聚集、社交并交换想法和信息的虚拟网络空间。艾瑞咨询发布的《2022年移动应用趋势洞察白皮书》显示，即时通信应用目前是我国第一大移动应用，使用率达80.3%，而且通信市场应用集中度非常高，微信、QQ、陌陌稳占即时通信市场前三名[①]。此外，还有各种各样的用户群关注相同的微博，加入相同的论坛。社交媒体聚集了大量的顾客，成为企业营销的理想途径。

13.3.2 社交媒体的分类

社交媒体作为企业与顾客、顾客与顾客之间互相沟通的场所，为企业或顾客在其中传递、发布、管理相关信息提供了便利。根据功能的不同，社交媒体可以分为社会化社区、社会化发布、社会化娱乐、社会化商务4个类型。

1. 社会化社区

社会化社区（social communities）是指那些聚焦于关系以及具有相同兴趣或身份的人共同参与活动的社交媒体渠道。社会化社区具备双向沟通、交流、合作以及经验和资源分享等特点。对于社会化社区来说，为了建立和维持关系而互动和合作是人们参与活动的主要原因。这种类型的社交媒体包括社交网络、论坛、百科网站等，它们都强调在社区背景下的个体贡献、沟通、交流和合作。例如，社交网络可以让个体识别网络所连接的成员并与之沟通交流；论坛作为最古老的社交媒体，其完全聚焦于成员的讨论；百

---

① 移动应用趋势洞察白皮书[A]. 上海艾瑞市场咨询有限公司.艾瑞咨询系列研究报告（2022年第3期）[C]. 上海艾瑞市场咨询有限公司，2022：255-307.

科网站(如国内的百度百科)作为一种线上协作空间,可使社区成员共同创造有用的、可分享的资源。

2. 社会化发布

社会化发布(social publishing)旨在将内容向受众传播。社会化发布的形式包括博客、微分享网站、媒体分享网站等。博客是博主定期更新线上内容的网站,这些内容包括文本、图片和视频。博客可以由个人、记者、传统媒体或组织来撰写和更新,可能涵盖很多不同的话题。同时,博客是社会化的,因为它可以分享,允许读者留下评论从而引发对特定帖子的讨论。微分享网站也被称为微博,和博客很相似,它只是对博文的长度有所限制。一条微博可能包括一个句子、一段视频或其他网站内容的链接。媒体分享网站也像博客一样,内容主要包括视频、音频、照片、报告和文件而不是文本,如国内的优酷、爱奇艺、Bilibili 等各种视频网站。图 13-4 就是一个深受年轻人喜爱的媒体分享类社会化发布网站 Bilibili(简称 B 站),用户可以在该网站上发布自己制作的视频,也可以发表评论、弹幕等。

图 13-4　Bilibili 网站

3. 社会化娱乐

社会化娱乐(social entertainment)指一些提供游戏和娱乐机会的渠道和工具,主要包括社会化游戏、虚拟世界、娱乐社区等。社会化游戏是一种在线游戏,玩家可以在游戏中和其他玩家交流,在线上更新自己的活动内容以及游戏成绩,如网易公司的《梦幻西游》、暴雪公司的《魔兽世界》。虚拟世界是一种人们能够用化身参与的三维社区,这种化身是他们的数字化身份,可以根据人们的意愿进行美化。另一个社会化娱乐的例子是娱乐社区,它是根据某些娱乐功能所形成的社区,如网易云音乐的用户社区、由看直播的用户形成的社区等。

4. 社会化商务

社会化商务(social commerce)使用社交媒体来辅助在线购买及销售产品和服务。购买者在购物过程中进行互动时,社会化商务对社会购物行为起到了杠杆作用。社会化商务渠道包括评论网站或品牌电子商务网站的评论和评分、折扣网站和折扣聚合器（将折扣信息聚合为个性化的折扣推送）、社会化购物市场（拥有向消费者推荐商品、品牌和在购买时消费者可与朋友进行交流等功能的在线商城，如淘宝）和社会化商店（在社交媒体上经营的零售商店，如微商）。

营销与中国

微　商

微商（wechat business）是基于微信生态，集移动与社交为一体的新型电商模式，是一种社会化分销模式。它是企业或者个人基于社交媒体开店的新型电商。目前微商常见的为 B2C、C2C、C2B、B2B、O2O、F2C、社会化分销模式、电购模式、自媒体模式等商业模式，其中 B2C 和 C2C 是主流微商模式。基于微信公众号的微商被称为 B2C 微商，基于朋友圈开店的被称为 C2C 微商。随着社交平台不断深化电商布局，电商平台也持续探索基于社交的功能与产品服务商，如淘宝、京东、拼多多等。微商和电商平台一样，所不同的是微商基于微信"连接一切"的能力，实现了商品的社交分享、熟人推荐与朋友圈展示。微商已从货物代发逐渐发展成自己存货自己发，形成有等级的区分，等级越高利润越大。

2019 年微商总体市场规模超过 2 万亿元，全国微商从业者高达 6 千万人。根据推测，到 2023 年，全国微商从业者将达到 3.3 亿人，市场规模将突破 13 万亿元[①]。2019 年年底，微信月活已高达 11.50 亿名，每不到 20 个微信使用者里就有一个人从事微商。未来微商销售产品种类将更加多元，微商营销内容将持续扩展，商品种类也会进一步扩大，由购买频次高、价格较低的单一美妆产品扩展到母婴、食品、服装、鞋子、保健品、家电、数码、农特产等多品类商品。

13.3.3　社交媒体的特点与优势

1. 社交媒体的特点

社交媒体作为个体交流的网上渠道，具有公开、参与、交流、对话、社区化与连通性 6 大特征。

一是公开。绝大多数的社交媒体都允许用户免费参与其中，鼓励人们评论、反馈和分享信息。任何人都能在社交媒体上进行创作、编辑、传播、消费和评论。例如，个人可以在 QQ 空间发表自己的日志，在微博上分享自己的照片等，这一切都是免费的，用户可以在自己的圈子里公开这些内容。

---

① 中国微商市场研究白皮书 2021 年 [A]. 上海艾瑞市场咨询有限公司. 艾瑞咨询系列研究报告（2021 年第 4 期）[C]. 上海艾瑞市场咨询有限公司，2021：522-559.

二是参与。社交媒体和受众之间的界限非常模糊,用户创造内容,通过分享进行传播的方式激发感兴趣的人主动给予反馈。任何人都能以创造者、传播者、读者、消费者的身份参与进来,这种身份随时都可以因分享信息而发生转变。例如在微信上,用户能以读者的身份阅读别人发表或转发的东西,也可以发布一些内容。

三是交流。传统媒体使用的是告知式的由上至下的广播模式,而社交媒体提供的是一种双向沟通模式。在一些网络社区中,用户可以就一个问题与其他用户进行交流探讨,社交媒体提供的就是这种用户交流的平台。

四是对话。传统的媒体以广播的形式将内容单向传递给受众,而社交媒体则多被认为具有双向对话的特质。很多社交媒体被称作即时通信软件,人们可以在其中与好友进行对话与互动。

五是社区化。在社交媒体中,人们可以很快地形成一个社区,并以摄影、旅行等共同感兴趣的内容为话题进行充分的交流。例如,由小米用户形成的小米社区,微信或QQ群中的旅游群组等。

六是连通性。大部分的社交媒体都具有强大的连通性,通过链接将多种媒体融合在一起。当用户在微博上看到一些感兴趣的信息时,可以将其方便地发布到朋友圈,这种社交媒体之间的连通性方便了信息的交流与共享。

2. 社交媒体的优势

首先,社交媒体具有较强的针对性、较高程度的个性化以及较强的互动性。企业可以通过社交媒体为顾客提供个性化的、有针对性的营销活动。另外,社交媒体作为企业与顾客互动的平台,能方便企业发起与顾客的对话或者倾听顾客的反馈意见,不少企业通过社交媒体开展网络焦点小组调查,通过社交媒体直接回复顾客的问题,解答顾客的疑问。

其次,社交媒体具有即时性。企业可以根据品牌突发事件和活动创造即时、重要的营销内容,随时随地接近和影响顾客。随着社交媒体的飞速发展,企业引发、加入消费者对话,讨论当下发生的事件等已经成为其与消费者建立联系的重要手段。基于此,企业可以密切关注实时发生的动态信息,创造相应的内容来吸引顾客参与互动。

再次,社交媒体具有较高的成本效益。尽管创造和管理社交媒体内容可能价格不菲,但大多数社交媒体都是免费或低价的。因此,相对于电视和平面广告等昂贵的传统营销媒体来说,社交媒体的投资回报率很高。无法承担高预算营销活动的小型企业和品牌更应该使用社交媒体。

最后,社交媒体具有很强的组织活动与社交分享的能力,是企业创造品牌社群的极佳方式。社交媒体特别适用于促进顾客互动和建立社区——用于吸引顾客与品牌或其他顾客进行互动。社交媒体能够比其他任何一种营销沟通渠道更有效地吸引顾客分享品牌内容和体验,企业也可以根据社交媒体的这个特性来创建品牌社区,为顾客交流提供有效的场所。

3. 社交媒体营销的挑战与策略

社交媒体营销也面临诸多挑战。首先，许多企业仍然在探索有效地利用社交媒体的方式，而最大挑战就是难以衡量社交媒体营销的投资回报率。其次，企业使用社交媒体的目的是使品牌融入顾客的生活，然而，企业不能简单生硬地进入消费者的数字化互动，而需要自然地融入其中。企业必须开发具有持久吸引力的内容，使其成为消费者网上体验中有价值的部分。另外，由于消费者对社交媒体内容有更大的控制权，即使看起来无害的社交媒体活动，其结果也可能会事与愿违。

社交媒体营销作为新兴的营销传播方式，当下并没有特别成形、规范的营销策略，但是，营销界有一些公认的能够提高社交媒体营销绩效的参考原则，即4I原则，同时，也有几种常见的社交媒体营销策略——病毒营销、内容营销、视频营销、游击营销等。

（1）4I原则。与传统的营销不同，互联网环境下的营销具有"集市"的特征，其中的信息是多向传播的，顾客之间或顾客与企业间经常会进行互动式交流。在这种信息多元、嘈杂的情况下，社交媒体能够传播更多草根消费者的信息与意见。因此，企业要实现信息的有效传播需要激发消费者的兴趣、满足消费者的需求，遵从趣味（interesting）、利益（interests）、互动（interaction）、个性（individuality）四个原则（简称4I原则）。

①趣味原则。中国互联网的本质是娱乐的，因此，广告、营销也必须是娱乐化、趣味性的。互联网为消费者提供了无数可供选择的信息，因此，消费者的注意力就成为互联网时代的稀缺资源。当企业无法向消费者说"这是我给你的信息，快去看看"的时候，企业就必须通过一些趣味性的、娱乐化的方式来吸引消费者观看或阅读其传播的信息。

②利益原则。营销的本质就是向消费者传递价值，在互联网时代更是如此。企业能否向消费者传递有效的信息，往往视所传递信息能否为消费者创造利益而定。在社交媒体为消费者创造的利益中，消费者不仅关注实际创造的物质或金钱利益，还会关注该信息能否给自己带来好处、能否为自己的生活提供便利、能否给自己带来心理上的满足。因此，在发布社交媒体信息的时候，企业应当遵从利益原则，考虑自己的信息能够为消费者带来什么。

③互动原则。互联网营销与传统营销的不同之处在于，网络传播缺乏传统媒体所具有的强制性，而在这种背景下，如果仅采取与传统媒体相同的单向传播策略，企业的信息传播对消费者而言就没有多大吸引力。因此，在互联网时代，企业可以利用社交媒体向消费者传递具有更强互动性的信息。消费者参与这种互动性强的传播过程会留下更深刻的品牌印象。因此，互动原则也是社交媒体营销传播的策略之一。

④个性原则。互联网带给企业更强大的接触消费者的能力，同时也使消费者变得更加挑剔。在这样的环境下，满足消费者的个性化需求就成为企业成功的必要因素。而社交媒体的盛行为企业提供了接触消费者、管理消费者、分类消费者的可能性。企业可以通过对社交媒体上用户资料以及消费者与企业社交媒体互动资料的深度挖掘将消费者分

类，进行差异化营销，满足消费者的个性化需求。

（2）病毒营销。病毒营销（viral marketing）是指通过病毒式的传播过程，利用社交网络提升品牌知名度或者达到其他市场营销目的。病毒营销由信息源开始，依靠用户在社交媒体的自发口碑宣传形成滚雪球式的传播。由于这种传播方式像病毒一样能够快速复制，快速将信息传播给数以万计的受众，因此被称为病毒营销。病毒营销作为网络营销方式中性价比最高的方式之一，能够深入挖掘产品卖点，制造适合网络传播的舆论话题，达到很好的传播效果。作为一种通过公众的人际网络传播信息的营销方式，病毒营销具有以下几个特点。

①有吸引力的病原体。作为一种高效的营销传播方式，病毒营销应该利用目标消费者的参与热情。目标消费者受到企业的信息刺激后自愿参与到后续的传播过程中，原本应由企业承担的广告成本将会被转嫁到目标消费者身上。这一过程的关键是激发消费者的兴趣，即企业要创造有吸引力的"病原体"。

②几何倍数的传播速度。虽然向大众媒体发布广告的方式是一点对多点的辐射状传播，但实际上其往往无法确定广告信息是否能到达目标受众那里。病毒营销是自发的、扩张性的信息推广，但并不能均衡、无差别地同时传达给每一个人，而是由消费者将产品和品牌信息传递给与他们有着某种联系的个体。例如，目标受众看到一个有趣的动画，他的第一反应或许是将这个动画转发给好友、同事，于是"转发大军"构成传播的主力。

③高效率的接收。采用大众媒体投放广告有一些难以克服的缺陷，如信息干扰强烈、接收环境复杂、受众抵触心理严重。以电视广告为例，同一时段的电视频道有各种各样的广告投放，其中不乏同类产品"撞车"的现象，这大大降低了受众的接收效率。而病毒营销中，受众的信息是从熟悉的人那里获得或是主动搜索而来的，在接收过程中他们自然会抱有积极的心态；接收渠道也比较私人化，是手机短信、微信、电子邮件等私人通信方式。以上优势使得病毒营销克服了信息传播中噪声的影响，增强了传播的效果。

④更新速度快。网络产品有独特的生命周期，一般都是来得快去得也快。病毒营销的传播过程通常呈S形，即在开始时很慢，当扩大至受众的一半时速度加快，而接近最大饱和点时又慢下来。针对病毒营销传播力的衰减，企业只有在受众对信息产生免疫力之前将传播力转化为购买力才可达到最佳销售效果。

企业进行病毒营销通常会经历制造、繁殖、传播三个阶段。

①制造阶段。在制造阶段，企业应当充分挖掘能够"感染"消费者的引爆点。通过制造有效引爆点，让更多的网民关注、讨论、评论。但引爆点的设置必须能够激发消费者的兴趣，这样才能让其自愿告诉身边的朋友，分享到社交媒体上。这种引爆点可以是一种情绪（如愤怒/惊喜）、一种情感（如同情/悲伤）、一种心态（如娱乐/看客）、一种寄托（如期望）等。比如，动画电影《哪吒之魔童降世》就满足了网民对国产动画创新和文化象征回归的期望。

②繁殖阶段。企业制造好"病毒"之后，就要开始繁殖这些"病毒"，让其拥有更大

的接触面。繁殖是病毒营销信息在消费者群体中传播的前一个步骤。在繁殖的过程中，企业可以与微博大V或者微信公众号意见领袖等合作，根据其所能够接触到的用户群与自己信息传播目标的一致性来寻找合适的合作者，比如，宝马中国就联合罗辑思维的官方微博传播其产品信息。在繁殖阶段，企业也可以通过雇用网络"水军"实现产品信息的第一轮传播。

传播阶段。企业通过各种方式接触到目标消费者后，就开始了病毒营销传播的第三阶段——传播。在这一阶段，病毒信息吸引消费者观看并促使其转发，实现了广泛的信息传播。除了让信息本身足够有趣，企业还可以设置一些奖励（比如抽奖、赠送门票等）来促进消费者的传播。

（3）内容营销、视频营销与游击营销。内容营销（content marketing）指的是以图片、文字、影音等方式传达有关企业的内容，获得目标受众的关注。在数字经济时代环境下，内容所依附的载体是网页、微博、微信等。内容营销可以在动画、视频、音频等载体中呈现出来，对目标受众产生吸引力，并引发购买行为。内容营销在"人人都是自媒体"的时代显得愈发重要。在网络上如果给客户的是些空洞、雷同，甚至是来自抄袭的内容，那么其不但不能起到营销的效果，还会有相当大的反作用。在内容营销的基础上还产生了场景营销，参见营销与观察。

营销与中国

场景营销[①]

在互联网尤其是移动互联网的情境中，企业根据消费者的消费习惯，利用多媒体数字传播工具构建特定的场景，增强消费者的画面感和临场感，促进企业与消费者的沟通，促使消费者获得更好的消费体验，从而有效地达到企业的营销目标，这就是场景营销（context marketing），也被称为场景化营销。它是在移动营销环境中内容营销的升级版，也是体验营销发展的新阶段。

场景营销针对的是消费者在现实场景中所具有的心理状态或需求。当我们进行场景营销时，其实是在做一种营销理念的转变。传统营销通过年龄、性别、爱好、地域、收入等指标去把握消费者的需求，营销者关注的是消费者群体的产品需求；而通过具体的场景去把握消费者的需求时，关注的则是消费者个体的心理需求。由于网络信息技术具有精准、全面、深入的数据搜集和处理能力，尤其是移动互联技术能够定位消费者的位置和场景，因而只有在移动互联网时代场景营销才会如此流行。通过构建相关的场景，企业可以实现更多的品牌曝光、定制化互动以及O2O营销方式。目前基于微信已经产生了不少场景化营销的案例，如微信红包场景营销、二维码场景营销、公众号平台场景营销等。微信红包构建了传统线下红包的场景。二维码成为消费者从线下或线上获得信息

---

① 资料来源：小弈. 你真的理解什么是场景化营销吗[EB/OL]. [2016-05-15]. http：//www.jianshu.com/p/9bf58b6a18cc.

的入口，扫描之后会跳转至一些属于特殊场景的网络页面。此外，企业的公众号平台推送着各种图片精美、内容引人入胜的信息或广告内容，这也是一种信息告知的场景。

例如，饿了么在2020年推出全新标语"爱什么，来什么"。在企业转型成一站式生活服务平台期间，为了解决用户对品牌仍停留在过去的送餐平台上的认知不对称问题，推出了一波"更名活动"，从饿了么变成了"喂猫了么""脱发了么""追剧了么""划水了么"……每一个名字都能关联到饿了么的新业务，同时也能够和每一个人的生活产生一定的联系。这一波"更名活动"让消费者清晰地感知到饿了么"爱什么，来什么"的品牌形象，将饿了么与生活中各种场景建立自然的联系。

视频营销（video marketing）即用视频来进行营销。在网络中，企业可以通过广告、视频、宣传片、微电影等各种方式进行营销信息的传播。受到受众喜爱的视频能够便捷地通过社交媒体进行转发、分享。网络视频营销具有更高的互动性、主动传播性，且传播速度快、成本低廉，目前已经成为企业网络传播中不可缺少的工具。例如，饿了么联合王一博推出的《小哥们儿》系列微电影视频广告就实现了很好的营销传播。

游击营销（guerrilla marketing）原本是指中小企业用微薄的营销预算"以小搏大"以吸引消费者目光的方法。互联网与数字技术的兴起给企业提供了更多"游击"的途径，企业可以通过一些另类的、有创意的、低成本的方式产生营销信息。例如，"你爱我，我爱你，蜜雪冰城甜蜜蜜"，2021年蜜雪冰城的这句歌词响彻了抖音和B站，一时间获得了上千万次的播放量，此外由网友改编的许多版本破百万次的视频也不在少数。而其在抖音的数据更加亮眼——在抖音搜索"蜜雪冰城"关键词，会找到#蜜雪冰城主题曲、#蜜雪冰城甜蜜蜜等十几个相关话题，累计播放达百亿。

13.4　移动营销与微信营销

13.4.1　移动营销

移动营销（mobile marketing）通常利用移动设备向消费者发送营销信息和其他内容。企业运用移动营销在购买和建立关系的过程中与顾客互动，而移动设备的广泛采用和移动网络流量的迅猛增加使得移动营销成为大多数企业的不二选择。

1. 移动营销兴起的条件

移动营销的价值凸显和移动互联网的发展分不开。简单而言，移动互联网的迅猛发展使人们的生活迅速转向移动化，移动营销则是这一生活方式下最有效的营销方式之一。移动营销的发展离不开以下两个条件。

第一，智能手机快速普及，高速网络不断发展。中国互联网络信息中心发布的

《第 49 次中国互联网络发展状况统计报告》显示，截至 2021 年 12 月，我国网民规模达 10.32 亿名，较 2020 年 12 月增长 4296 万名；互联网普及率达 73.0%，较 2020 年 12 月提升 2.6 个百分点。随着移动通信网络环境的不断完善以及智能手机的进一步普及，移动互联网应用向用户各类生活需求深入渗透，促使手机上网使用率进一步提高。国内移动数据服务商北京贵士信息科技有限公司（Quest Mobile）发布的《2020 年 5G 手机终端市场洞察报告》显示，随着 5G 网络的不断发展，5G 手机新终端机型激活量从 2019 年 11 月的 284.3 万名攀升至 2020 年 11 月的 2226.1 万名，同比增长 683.2%。越来越快速的 5G 网络服务逐渐走入人们的生活，这种高速网络的发展能够承载更多、更复杂的通信任务，为移动营销的开展提供了更大的可能性。

第二，移动化生活方式越来越流行。智能手机和移动互联网在人们的生活中扮演着非常重要的角色。新闻客户端、微信等移动应用的出现使人们陆续投入互联网的怀抱；微信等即时通信工具替代了传统的通话、短信业务；团购、地图 App、线上支付、二维码、旅游 App 更是让人们衣食住行的各个方面都开始移动化。有数据显示，在相关软件中，微信、QQ、手机淘宝、手机百度、腾讯视频、支付宝、QQ 浏览器、爱奇艺视频、UC 浏览器的用户数都突破了 2 亿名大关。总之，消费者的生活越来越多地与网络相联系，与此同时，他们手中的移动智能终端也具有无与伦比的重要性。

2. 移动营销的类型

通过以智能手机为主的智能移动终端且利用移动互联网开展的营销活动都被称为移动营销。就目前而言，移动营销的形式主要有二维码、LBS、移动广告、App、HTML5、微信小程序等几种类型，其中 App 已在前文介绍，在此不再赘述。

（1）二维码。二维码是按一定规律在平面上分布的黑白相间的图形，其诞生由来已久，但是随着能够"扫一扫"的智能手机的普及，二维码的应用迅速扩张，成为一个非常重要的流量入口。使用二维码的营销主要有以下四种形式。

线下虚拟商店。电商是最早使用二维码营销这一方式的。早在几年前，1 号店就建立了地铁虚拟商店，京东商城也在各大楼宇建立了商品展示系统。具体操作方法是在展示的商品旁边贴上二维码，消费者可通过扫描二维码支付，进而购买商品。这种线下虚拟商店的发展使消费者可以随时随地通过商品的传单购买，为消费者提供了极大的便利。

线上线下广告。二维码营销的另一个重要方式是广告。二维码广告基本的做法就是在商品的平面广告或网站视频中提供二维码，消费者可以通过扫描二维码了解更多关于产品的信息。这种营销方式最大的优点就是趣味性强。线上广告如视频节目中出现的二维码，线下广告如各种杂志上印刷的二维码广告。

实体包装。实体包装形式的二维码被很多淘宝商家采用。商家会在包装上印制自己店铺的二维码，鼓励消费者到线上去了解商品的有关信息，从而进行二次购物。也有一些商家会给扫码购买的用户一定的优惠，以刺激消费者购买。这种实体包装的形式促进了线上线下宣传的结合。

线上预订，线下消费。前面三种是通过线下二维码来吸引消费者进行线上购买的形式，而线上预订线下消费这种形式是消费者在线上获得二维码，以二维码作为凭证到线下商店进行消费。这种形式的二维码多出现于电影票，或者麦当劳等线下消费、餐饮企业的线上预订消费场景。

（2）LBS。LBS（location based service）即基于地理位置的服务。从LBS的定义可以看出，其发展与互联网密不可分。智能手机定位技术是这种服务的基础。作为移动互联网曾经最热门的服务，LBS能够高效连接线上和线下。常见的LBS营销模式有以下几种。

生活服务模式。这类模式以生活服务为出发点，与人们的日常生活、旅游、购买等紧密结合在一起。例如，大众点评以及饿了么等外卖类App都是基于人们的地理位置为特定商圈内的居民提供相关服务。这一模式的最大特点是实用性极强，可以随时记录用户的相关信息，并将服务渗透到用户生活的方方面面，使人们的生活更加便利。除了用户主动选择和搜索外，这种模式还包括以企业为核心的服务推送模式，能够利用LBS的定位功能，根据用户的喜好实现精准投递。例如，给机场附近的用户推送休闲娱乐方面的信息，给商场附近的用户推送各种折扣信息，给电影院附近的用户推送影讯等。

社交模式。社交模式的主要方式是地点交友。不同的用户只要在同一时间出现在同一地点，就可以建立关联，然后商家可以在关联用户之间发起宣传、团购、优惠信息推送等活动；也能够以地理位置为基础建立小型社区，在社区中开展相关营销活动。例如，从2010年开始，街旁、网易八方、开开、玩转四方等开展签到服务，用户可以利用定位服务在某个商店周边签到，通过分享个人位置、相片和个人状态实现社交互动，获得积分、勋章和优惠券等奖励。

LBS营销服务的发展有两大趋势。一是平台化，即LBS功能与生活服务、电商融合，提供以位置为导向的周边生活信息推荐和电商销售。二是垂直化，即移动终端上的各种垂直类内容和应用与LBS服务相结合。作为各种应用的标准配置工具，LBS能为顾客提供良好的体验。

（3）移动广告。简单而言，移动广告就是移动终端发布的广告。这种广告和传统的电视、报纸广告等并无本质区别，但是移动广告能在碎片时间里出现在人们的眼前，这些碎片连在一起构成了整体，使营销价值在这些碎片时间里得到了充分体现。常见的移动广告形式大体有以下几种。

①短信广告。短信广告是指通过短信平台向用户发送广告以达到营销目的的宣传方式。短信方式虽然"古老"，但是其依旧具有极高的打开率和阅读率，是广告

传播的有效形式。需要注意的是，手机号码涉及人们的隐私，因此，有效合理地获取用户的手机号码并得到其许可是短信广告要解决的一大问题。短信广告的使用以用户对企业有好感和愿意接收为基础，用户如果对企业有好感，可能会乐意接收这种短信广告。否则，过多的短信广告会破坏企业形象，引发消费者的反感。

②语音类广告。这类广告将广告主的语音类信息通过运营商的语音通道传递到终端用户的手机上。如常见的集团彩铃，该业务可以让拨打集团电话的主叫客户在接通电话时听到统一定制的音乐和语音，以展示集团的整体风采，拓宽集团与外界沟通的渠道。

③植入类广告。这类广告形式主要有终端植入型和内容植入型两种方式。终端植入型是指通过 SIM 卡、客户端软件嵌入等方式所做的广告，这种广告可以通过屏保、壁纸、开关机画面等来呈现。内容植入型是指通过手机游戏、手机电视等各种软件植入的广告，如图 13-5 所示的就是《荒野行动》游戏中的网易云广告。

图 13-5　手机游戏植入类广告

（4）HTML 5。HTML（超文本标记语言）是万维网的核心语言，其已经经历过 5 次重大修改，因此现今版本被称为 HTML 5（简称 H5）。简单来说，H5 就是我们在社交应用里经常看到的以文章形式出现、打开后可以滑动翻页、带有动画效果、一般配有音乐的链接。一般在社交应用里发布的广告都是以 H5 的形式展现的，即 H5 场景。由于 H5 的链接内容丰富，交互性强，同时具有成本低、传播效果好等特点，所以其在移动营销领域迅速风靡。例如，New Balance 在中国市场通过一个题为"你欠青春一张返校照"的 H5 小程序进行了产品的推广。

（5）微信小程序。微信小程序是 2017 年 1 月 9 日上线的微信新功能。这种小程序是一种不需要下载、安装即可使用的简化 H5 应用。用户扫一扫或者搜一下就可以将之打开。微信小程序践行了用完即走的理念，不用用户安装，无须卸载。作为微信加载项的一种，微信小程序能够帮助企业实现基于线下场景的"即时"服务。例如，商超停车场可以提供停车导引服务，用户通过扫描二维码，便可享受停车场全景导航、空位引导、车牌查询等服务。由于这些小程序不需要用户经历烦琐的下载过程并且能够很好地集成线下场景，故其可以为用户带来更好的体验。

13.4.2 微信营销

1. 微信的特点

随着消费者移动设备覆盖率的逐步提高，移动营销发展迅猛。在众多的移动营销方式中，微信营销的价值不断凸显。前瞻产业研究院的《2021—2026年中国第三方支付产业市场前瞻与投资战略规划分析报告》显示，微信月活跃账户在2019年年底达11.12亿名（包括公众号），几乎达到我国手机网民人人用微信的程度。作为最活跃的即时通信工具，微信凭借其精准的目标定位、多样化的功能和强有力的社交关系链获得了大批企业的青睐。这让微信有机会成为企业的一大营销利器。

微信是腾讯公司于2011年1月21日推出的一个为智能终端提供即时通信服务的免费应用程序，用户可以通过手机、平板电脑依托网络快速发送文字、图片、语音和视频。除了具有基本的社交、信息获取等功能外，微信在其发展过程中还增加了购物、支付等功能，使其平台的商业价值更大。作为一款功能强大的通信软件，微信具有以下几个方面的特点。

①熟人网络，小众传播。微信不同于其他社交平台，用户的朋友圈中都是他认识的人，形成的人际网络是一种熟人网络，内部传播是一种基于熟人网络的小众传播，其可信度和到达率是其他媒体无法比拟的。

②富媒体内容，便于分享。与传统媒体相比，新媒体的一个显著特点就是移动互联网技术的应用，其通过手机等终端可以随时随地传递信息，充分利用用户的碎片化时间。微信在这方面可谓做到了极致，其集文字、声音、图像、视频于一体，在朋友圈、群聊中均能实现快速有效的传播。

③公众平台，一对多传播。微信在2012年8月18日上线了公众平台服务，个人和企业都可以注册一个微信公众号。微信公众号方便了用户与其他用户的一对多传播，这种信息的到达率和阅读率几乎是100%。已经有许多微信公众号因其高质量的推送内容而拥有庞大的粉丝群体。这种群体对公众号有更高的认可度，基于公众号的广告推送更容易取得效果。

④基于地理位置的服务。微信提供的LBS可以方便地通过手机的GPS服务获取用户的地理位置信息，如果用户在分享最新动态时勾选地理位置，那他的好友便能看到其所在地，而地理位置是商家进行精准营销时所需的重要信息。

⑤便利的互动性，实时推送信息。作为一种社交软件，便利的互动性是微信区别于其他网络媒体的优势所在。在微信公众号平台上，用户可以像与好友沟通一样与企业公

众号进行互动。企业可以通过公众号及时更新内容，用户可以直接回复。这些优势都是其他网络媒体不具备的。

2. 微信营销的优势

微信作为社交媒体具有独特的传播方式，企业可以利用它开展各种营销活动。作为网络时代的新兴营销方式，微信营销具有很多优势，比如低廉的营销成本、强大的支撑后台、大量的潜在客户、精准的营销定位、高效的互动信息交流、有效的信息传播、多元的营销模式等。

低廉的营销成本体现在微信的免费使用上，在注册企业微信号时，只需要付少量的认证费用；强大的支撑后台体现在腾讯作为微信的拥有者，其新闻、游戏、购物等多种产品形态能够为微信带来庞大的流量；大量的潜在客户体现在微信庞大的用户数量上，企业可以通过一定的营销方式在微信平台上获取大量客户。另外，微信提供的公众号也为企业获取和维护大量客户提供了可能；精准的营销定位体现在微信提供的公众号上，企业可以通过微信公众号建立完善的客户管理系统来实现信息的精准推送；高效的互动信息交流主要体现在微信自身的设计上，微信实现了用户之间的快速互动交流；有效的信息传播同样体现在微信自身的设计上，微信提供用户自主关注公众号的服务，因此，在微信中，关注企业公众号的用户一般都是对企业感兴趣的顾客，他们对营销信息的阅读意愿也就会更强烈；多元的营销模式体现在微信提供的二维码扫描、公众号、朋友圈等多种服务，以及文字、语音、视频等多种信息传播模式上，企业可以根据其营销的定位与目的采取不同的营销方式。

3. 微信营销的策略

企业在实施微信营销时可以采取类似可口可乐"我们在乎"的 H5 报告来传播企业社会责任，也可以像澳贝婴幼儿玩具的"小鸡砸金蛋"一样用小游戏的形式做营销传播。由于微信集成了各式各样的多媒体功能，企业可以采取多种方式在微信上传播信息。在设计微信营销时，一般有如下几种策略可以参考。

①推送"完美"内容，提高用户忠诚度。从一开始微信就注定是一个深社交、强关系、弱媒体的移动平台，因此，品牌在微信上不能频繁地进行推广。如果企业推送信息过于频繁，可能会让用户觉得无用信息太多，进而取消关注。同样，如果企业长时间不与用户沟通或者互动则也有被取消关注的可能。因此，企业必须努力推送"完美"的内容，这主要体现在质量、形式等方面。目前，公众号群发信息的数量是有限制的，在这些有限的信息中，企业应当减少广告的硬推送，保持与受众的联系，培养受众的忠诚度。在选择推送内容时，企业需要注意内容的可读性和趣味性，要让受众乐于阅读推送信息。另外，太频繁地推送信息有可能会让顾客取消对企业微信公众号的关注，因此，企业需要设定一个不打扰顾客的信息推送频率。据调查，企业推送信息的合适频率为两三天一次。另外，信息推送的形式也会影响用户的接受程度。企业在选择推送内容时应该努力

做到形式多样化、多媒体化，如使用内容营销和场景营销的策略与方法，让用户体会到不同的乐趣，从而提高其对品牌的忠诚度。

②塑造服务形象，增强用户黏性。微信作为一种强关系的通信工具，其信息到达率高，受众忠诚度高，转化率也高，但也正是因为这种强关系，利用微信进行营销非常容易"得罪"粉丝。如果用户认为企业是以利益为基础进行沟通的，就很容易取消对公众号的关注。所以，微信营销的关键是做好服务。由于企业能够随时与用户交流，因此，无论是智能机器服务还是人工服务，企业的微信客服都需要有亲和力。除此之外，服务人员还要耐心、详细、及时地回答每一位客户的问题并提供相关建议。在公众号的系统开放和升级上，要从服务用户的角度出发，增强用户对品牌的黏性。

③挖掘精准顾客，做好精准营销。由于微信本身的强关系特征，企业可以通过它做好精准营销。精准营销基于对顾客的精准把握，所以要做好微信营销，挖掘精准客户是关键。常见的方法是利用QQ、社群进行用户挖掘。由于QQ账号与微信账号的互通性，企业可以结合自身的行业属性在QQ群中检索，锁定精准的潜在顾客群，并邀请其关注企业公众号。另外，企业也可以在微博、网站及论坛上精准锁定顾客。微信有"附近的人"功能，企业可以借助这个功能挖掘顾客的相关信息。如通过"附近的人"发现活动于周边的顾客，及时向其推送营销信息。最后，企业需要对现有的顾客群体进行划分，借助科学的客户关系管理系统对用户进行分组，有针对性地推送信息。

④利用朋友圈，构建全新社交关系链。微信朋友圈是一种实现用户一对多传播的渠道，朋友圈功能的开放为分享式的口碑营销提供了很大的发展空间。微信朋友圈功能使用户能够将手机App、PC客户端、网站中的精彩内容快速分享到朋友圈中，还支持以网页链接方式打开内容，这为企业的口碑宣传提供了一种全新的方式。有些商家利用朋友圈"点赞"功能来宣传自己的活动，具体的操作方式是商家通过公众号发布活动信息，让用户通过集齐点赞的方式获得优惠，如礼品券或者电子券等，实现信息在朋友圈中的病毒传播。这种营销方式充分利用了微信中的社交关系链，起到了很好的宣传作用。

⑤"O2O+二维码"，打造病毒传播。在互联网时代，二维码的商业用途越来越多，微信也顺应潮流结合O2O模式开展商业活动，即将线下商务机会与互联网结合起来，让互联网成为线下交易的前台。二维码是微信的重要功能之一，用户可以通过扫描二维码加微信好友。另外，二维码这类小标志还让活动变得时尚轻松，增加了趣味性。利用O2O进行营销能够把不同地区的人连接在一起，突破地域限制，扩大活动的辐射面，提高用户的参与度。因此，企业可以通过设定自身品牌或产品的二维码，用折扣和优惠券吸引用户关注，探索O2O新营销模式。例如，用户先用大众点评搜索附近美食，挑好后在微信上寻找该商家的公众号并关注；关注之后，商家便能提供订餐和导航服务；消费完，消费者通过微信支付结账，并将消费照片发至朋友圈。当然，消费者也可以成为该店的微信会员。通过微信会员管理，店铺可以了解到该用户的偏好，方便进行客户关系管理。另外，用户在朋友圈发布图片或其他信息之后，可以将有关店铺的信息传播给更多的人，

实现病毒传播。

本章提要

数字传播是指以各种电子设备为主体、多媒体为辅助的能提供多种网络传播方式来处理包括捕捉、操作、编辑、储存、交换、放映、打印等功能的信息传播活动。可以从四个方面即数字传播是数字技术创新发展的新应用、数字传播是营销传播的新渠道、数字传播是企业广告制作的新形式和数字传播是企业品牌塑造的新工具来理解其内涵。

数字传播工具主要包括六种不同的形式，网站与 App，网络广告与搜索引擎，电子邮件，论坛与微博（博客），视频与微电影，网络直播。只有熟悉这些数字传播工具，才能更加深刻地理解数字传播给企业的营销活动所带来的深刻变革。"酒香不怕巷子深"的传统营销观念在数字化快速发展的今天显得黯然失色，在数字传播工具迅速发展的情境下，企业营销人员只有更加精准、深刻地理解和运用这些传播工具，才能真正实现与顾客的价值共创。

社交媒体营销是指企业利用社交网络、在线社区、博客、论坛、微信等进行的一种营销。在数字技术和设备的迅猛发展下，社交媒体和数字社区产生并不断壮大。这些数字化媒体为顾客提供了一个可以聚集、社交并交换想法和信息的网络虚拟空间。社交媒体作为企业与顾客、顾客与顾客之间互相沟通的场所，其能够方便企业或顾客在其中传递、发布、管理相关信息。根据功能的不同，社交媒体可以分为社会化社区、社会化发布、社会化娱乐、社会化商务四个类型。

移动营销利用移动设备向消费者发送营销信息和其他内容。企业运用移动营销在销售和建立关系的过程中与顾客互动。移动设备的广泛采用和移动网络流量的迅猛增加使移动营销成为企业的不二选择。一切以智能手机为主的智能移动终端利用移动互联网开展的营销活动都被称为移动营销。就目前而言，移动营销的形式主要有二维码、LBS、移动广告、App、HTML 5、微信小程序等几种类型。随着消费者移动设备覆盖率的逐步提高，移动营销发展迅猛。在众多的移动营销方式中，微信凭借其更精准的目标定位、多样化的功能和强有力的社交关系链获得了大批企业的青睐。这让微信有机会成为企业的一大营销利器。

案例分析

燕京啤酒通过数字传播圈粉"后浪"[①]

作为根植北京 40 年的本土啤酒品牌，燕京啤酒自 1980 年创立以来先后开创了清爽、

[①] 资料来源：2020 金旗奖候选案例：燕京啤酒×王一博年轻出位王者归来整合营销方案[EB/OL]. http：//www.17pr.com/news/detail/205123.html.

鲜啤两大啤酒品类,在啤酒行业的历史上留下了浓墨重彩的一笔。但随着消费方式、消费群体的改变及竞品品牌数量的增加和多元化,燕京啤酒逐渐失去了对年轻消费者的吸引力,品牌日渐老化,被称为"爸爸们喝的啤酒"。2020年5月,在消费市场逐渐恢复的"后疫情时代",作为目前国内大型啤酒集团中唯一一家没有任何外资背景的本土龙头民族企业,燕京啤酒在全面分析国内啤酒行业发展趋势后锐意创新,通过网络营销和社交营销重点转向进攻日渐崛起的年轻人市场,积极参与到新型消费升级转型的浪潮中。

2020年5月10日,燕京啤酒携手全能艺人王一博,联合国内两大电商巨头京东、天猫,分别开启了"京东超市超新星计划""天猫510新国货大赏"等主题战略性合作,推出全新概念产品"燕京U8热爱罐",并配以系列主题海报与猫王音响等品牌跨界合作。此次系列宣传活动成功扭转了燕京啤酒的品牌形象,与年轻消费者迅速建立起沟通渠道,尤其在"95后"以及"00后"的"后浪"群体中,掀起了一阵"热爱风"与"国潮风",成功完成了品牌向年轻化转型的处女秀,同时也提升了品牌在年轻人心中的好感度。

秉持"小度酒、大滋味"产品理念的"燕京U8"是燕京啤酒历经数载潜心研发并做了大量市场测试的战略性升级产品,是完全基于中国啤酒市场进行的一次消费升级、健康升级,也是对国人口感偏好进行的一次品质升级。"燕京U8"以其独树一帜的香醇口味、特色拉盖设计、时尚包装以及小度酒特有的健康保障,一经上市就成为燕京啤酒在市场上最受欢迎的产品。

在5月10日零点借助京东超市"超新星计划"刚一首发,"燕京U8热爱罐"就取得了极为亮眼的成绩:120秒销售额破百万元,5分钟售出20 000箱,平均每秒售出800听"U8热爱罐",并且持续24小时占据啤酒品类销量与销售额双料TOP1,"燕京U8"京东超市2小时销售额同比增长400倍,环比增长550倍。更值得一提的是,燕京啤酒突破自我,与其他品牌开展跨界营销,例如,与猫王音响开启创意跨界合作。"当啤酒遇到音乐"会玩出什么新花样?在"京东超市热爱发声站"平台上发售的燕京啤酒限量跨界礼盒摇身变成开关,猫王收音机充当音响,转动啤酒即可随意切歌,用音乐和激情点燃人们对生活的热爱。

同时,燕京啤酒和品牌代言人王一博也分别在其社交平台上官宣了双方的合作,一起"为所爱,为热爱"全力冲刺的消息迅速在网络上掀起了一波持续的粉丝狂欢热潮。21大App开屏,覆盖70多个城市、70多万个屏幕的电梯广告同时上线让燕京啤酒的TVC广告刷屏,收获了20多亿人次的广告观看量。此外,还配合有公交车广告、公交站牌广告、地铁包站广告、城市大屏广告,更点亮了北上广三城标志性建筑,从一线城市到三四线城市随处可见燕京啤酒广告,话题图片刷爆朋友圈。在全国最大的社交媒体平台之一的微博上,官宣话题"王一博燕京啤酒代言人"阅读量破5亿人次,累计互动量破10亿人次,微博TVC观看量也冲破了10亿人次,燕京啤酒官方微博在5月10日当天瞬时涨粉近50万人。除了微博,燕京啤酒还联动一些网络意见领袖进行全网"种草",推介"燕京啤酒配多肉多酱大汉堡""燕京啤酒配小龙虾"等不同美食搭配,使得"燕京U8""小度酒、大滋味"完美百搭的魔性形象深入人心,成功打入年轻化圈层。

在"天猫510新国货大赏"活动中,燕京啤酒利用当下"后浪"们对"国潮"消费的热爱,将自己的国民品牌形象与国潮风高度结合,打造了一场颇具创意的文化国潮亲密对话:用中国传统神话人物牛郎、月老、托塔力士、电母的形象进行海报宣传,生动形象地发出"就好这口,燕京味道"的品牌主题宣言;又把当代年轻人生活中的"酸、甜、苦、辣"与啤酒味道进行创意结合,引发了社会年轻人对生活的共鸣——纵然生活千滋百味,也还有我陪你笑对。

由此,在新冠疫情期间国内消费市场较为低迷的背景下,燕京啤酒通过新生代艺人王一博代言宣传,与京东、天猫两大电商平台展开合作,结合时代潮流,创新性打造了事件、品牌和明星IP三位一体的内容营销模式,成功完成了品牌年轻化转型,领跑百度、微信、微博三大平台行业指数,真正成为疫情期间啤酒消费领域的实力王者。

讨论:

1. 简述燕京啤酒数字传播的方式与特点。
2. 简述燕京啤酒数字传播策略能够为其品牌定位与转型起到的促进作用,并分析燕京啤酒的数字传播可能遇到的问题。
3. 基于燕京啤酒"U8热爱罐",请为燕京啤酒设计一个完整的微信营销方案。

拓展阅读

[1] 朱迪·斯特劳斯,雷蒙德·弗罗斯. 网络营销[M]. 时启亮,孙相云,刘芯愈,译. 北京:中国人民大学出版社,2010.

[2] 戴夫·查菲,菲奥纳·埃利斯查德威克. 网络营销:战略、实施与实践[M]. 5版. 北京:机械工业出版社,2015.

[3] 特蕾西·塔腾,迈克尔·所罗门. 社会化媒体营销[M]. 李季,宋尚哲,译. 北京:机械工业出版社,2020.

[4] 阳翼. 数字营销:6堂课教你玩转新媒体营销[M]. 北京:中国人民大学出版社,2015.

即测即练

扫描此码 自学自测

第14章

营销活动的组织、实施与控制

本章学习目标

通过学习本章,学员应该能够做到以下几点。
1. 掌握营销组织的内涵和基本形式。
2. 了解营销组织设计的过程。
3. 理解营销计划实施的内涵和过程。
4. 掌握提高营销计划实施能力的步骤。
5. 掌握营销控制的方法和过程。

引导案例

飞鹤将"遥遥领先"进行到底[1][2]

飞鹤为中国最早的奶粉生产企业之一,总部位于北京,前身为1962年成立的国有奶企红光乳品厂。经过数十年发展,飞鹤已经成为国内生产婴幼儿配方奶粉的龙头企业。2021年,飞鹤以1400亿元人民币市值位列《2021数云·胡润中国大消费民企百强榜》第19位。飞鹤的健康发展离不开精准的战略定位和相应营销配合。

1. 战略:"更适合中国宝宝体质"

2014年,飞鹤与君智携手,深入挖掘消费者痛点和价值需求,提出"更适合中国宝宝体质"的全新战略定位,聚焦高端婴幼儿奶粉领域,并围绕这个定位进行组织调整。飞鹤在组织结构上突出生产和营销功能,总经理下设营销、生产和综合职能部,综合职能部门涵盖人事部、市场部、企管部和研发部。这一结构能最大程度聚焦资源,加强企业品牌建设,通过多种方式积极与消费者沟通,以产品品质带动价值提升,重建消费者

---

[1] 黄海昕,何雨芩,马晓蕾. 一"贯"好奶粉,只为"更适合":飞鹤的价值战略[DB/OL]. [2022-06-24]. 中国管理案例共享中心.

[2] 秦伟平,陈效林,许亿伍,等. 飞鹤"形"变:将"遥遥领先"进行到底[EB/OL]. [2022-06-24]. 中国管理案例共享中心.

对国产品牌的认知和信任，努力将飞鹤打造为中国婴幼儿奶粉领导品牌。

2. 践行：消费者认可才是"更适合"

除调整组织结构之外，飞鹤更要让外部的消费者切实地了解与认可，这才能让战略真正落地。因此，除了保持并提升奶源、研发、生产等已有的基础优势之外，飞鹤还进一步强化组织结构中的营销功能，发力多元化营销活动。飞鹤在2016年专门成立"妈妈的爱"项目组，主攻与消费者的面对面沟通，通过专家讲座、产品介绍、亲子嘉年华等活动向现有和潜在的消费者做基础"教育"，告诉消费者怎样科学地选择乳制品。之后"妈妈的爱"已成为飞鹤的金牌项目，2019年达到年覆盖80万消费者（家庭）。飞鹤自2017年起开启与央影传媒、湖南卫视等媒体的合作。冠名的上海国际电影节传媒单元得到搜狐、爱奇艺等网站同步直播，大大提升品牌曝光度。与此同时，飞鹤还与分众传媒合作，实现精准投放，平均日触达5亿人次主流人群。此外，飞鹤邀请新晋妈妈——国际影星章子怡代言，并将营销重点从硬广转向公关。通过成功举办D20奶业峰会，飞鹤以月均一次的高频举办大型公关活动，引发主流人群的关注，提升顾客信任度，进而强化"更适合"的品牌形象。

14.1 营销组织

14.1.1 营销组织的内涵

营销组织是指企业内部涉及营销活动的各个职位及其结构。完善的营销组织结构是贯彻企业营销战略、实现营销目标的重要基础。值得注意的是，营销组织的边界范围具有模糊性。因为企业完成营销活动并非仅依靠营销部门，实际上，生产、研发、人事等部门都与营销组织有着密切联系。营销组织结构是在企业的长期发展过程中逐渐演变而来的，多数情况下，营销管理人员难以随意改变，只有依据现有结构来职能分工，开展营销活动。但在一些情况下，例如，新公司需要建立营销部门或需要调整组织结构以应对外部市场环境变化，此时营销管理人员可参与到营销组织结构的设计过程中。

14.1.2 营销组织的演变与基本形式

1. 营销组织的演变

现代企业营销部门的产生并不是一蹴而就的，而是随着企业营销观念和管理实践的深入逐渐发展和演变而来的，主要经历五个阶段。[1]

（1）单纯的销售部门。20世纪30年代以前，西方企业主要以生产观念作为企业经营的指导思想，营销的功能和作用还没有得到重视，大多数企业仅建立简单的销售部门来行使相应职能。销售部门通常由一名副总经理（或销售主管）负责，管理销售人员的

---

[1] 郭国庆. 市场营销学通论[M]. 第8版. 北京：中国人民大学出版社，2020.

同时还兼管其他的营销职能，如市场调研、广告宣传等。与销售职能相比，销售部门对其他职能的需求较少。在此阶段，销售部门与生产部门较为割裂，前者仅负责推销生产部门产出的产品，具体的生产种类、数量、规格、库存管理等都由生产部门决定，销售部门对此几乎没有发言权。此阶段的基本结构如图 14-1 所示。

（2）兼有其他职能的销售部门。1929 年"大萧条"爆发以后，激烈的市场竞争使企业的销售压力不断增大。大多数企业转变了之前的经营指导思想，开始以推销观念为主，经常开展市场调研、广告、促销等活动。此时，销售部门的专属职责逐渐从产品推销向上述职能延伸。随着工作量的逐渐增大，一些企业开始设立专门的营销主管来负责这些工作，此阶段的基本结构如图 14-2 所示。

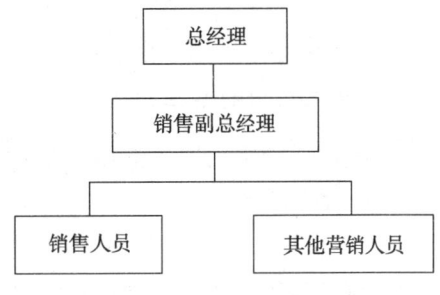

图 14-1　单纯的营销部门

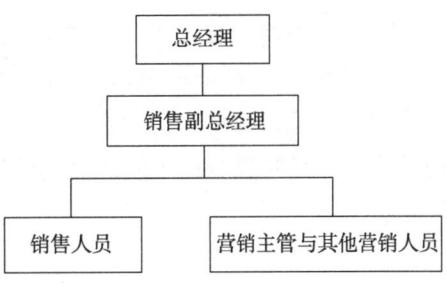

图 14-2　兼有其他职能的销售部门

（3）独立的营销部门。随着企业规模和经营范围的日益扩大，之前附属于销售部门的其他营销职能，如市场调研、广告促销、客户服务等的作用愈发受到重视。一些企业将这些营销职能从之前的销售部门独立出来，并成立与销售部门并行、独立的营销部门，同时设置营销副总经理，其与销售副总经理一样受总经理直接领导。此阶段的基本结构如图 14-3 所示。

（4）现代营销部门。在实际的业务活动中，营销部门和销售部门作为两个相对独立的职能部门往往会出现矛盾，进而导致协调不力。销售副总经理多关注眼前的销售任务，有时更倾向于采取一些短期行为，而营销副总经理则往往多关注市场的总体变化，并制定营销规划，更倾向于关注长期利益。为了更好地实现部门之间的协调并使之通力合作，一些企业将销售部门和营销部门合并，统一归由营销经理管辖，这就形成了现代营销部门。实际上，一些业务庞杂、规模较大的企业还是会将营销相关的职能活动进一步细分为更多部门（如市场部、销售部、售后服务部等）。此阶段的基本结构如图 14-4 所示。

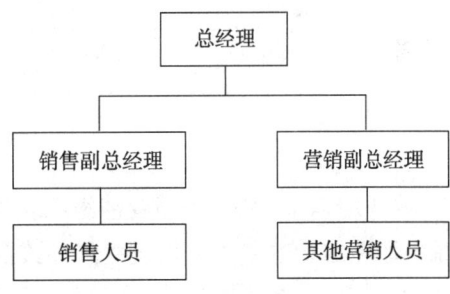

图 14-3　独立的营销部门

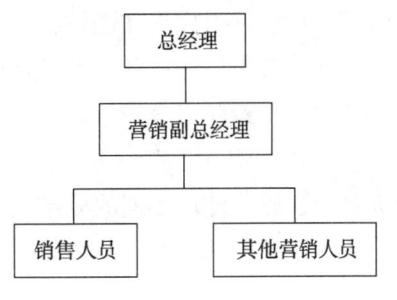

图 14-4　现代营销部门

（5）现代营销企业。在设有现代营销部门的企业中，其他部门可能并不重视营销观念，此时的企业并不能被称为是现代营销企业。只有当企业所有的管理人员都认识到"营销"不仅是一个部门的称谓，而是整个企业的经营哲学，认识到企业所有部门的工作都是以市场为导向，是围绕"服务顾客"而展开时，这个企业才算作是一个现代营销企业。此阶段的基本结构与第四阶段相似。

2. 营销组织的基本形式

营销部门的组织形式主要有以下六种，[①]企业需根据自身的战略目标、业务范围、市场环境、产品类别等因素选择适宜的营销组织形式。

（1）职能型营销组织。此类营销组织结构在现有营销组织形式中最为普遍，即在市场营销副总经理的统一协调和管辖之下将市场营销活动按照市场调研、广告、销售、客户服务等不同职能，划分成若干部门，各部门在相应的职责范围内开展营销活动。值得注意的是，不同企业由于对营销职能的归类标准不同，具体的部门设置也存在差异。这种组织结构的优点体现在职责分工明确、易于管理；缺点则是不同的职能部门更多强调自身的重要性，容易产生利益冲突，导致部门之间的协调难度较大。这类结构适用于所经营的产品品种较少或不同产品的营销工作大致相同的企业。职能型组织结构如图14-5所示。

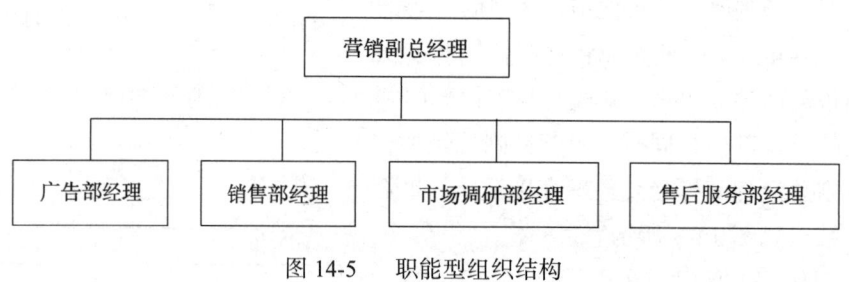

图14-5 职能型组织结构

（2）产品（品牌）型营销组织。当所经营的产品（品牌）较为多元时，企业在保留原有职能结构的基础上可设立产品或品牌部门，并根据产品线或品牌类别的不同分设不同的子部门，各子部门并行开展有关特定产品（品牌）的营销工作。产品营销经理是这类组织结构中的关键角色，其负责协调、管理某一类产品或品牌的一系列营销活动。这种组织结构的优点体现在能够积极应对市场需求的变化，有效协调各种营销职能；缺点是容易导致多重领导，各产品经理仅关注本类别的产品，缺乏整体视角。这类结构适用于规模较大且产品组合较深较宽的企业。产品（品牌）型组织结构如图14-6所示。

（3）市场型营销组织。当经营的产品大类较为单一，所面对的顾客需求和偏好存在较大差异，以及使用不同的分销渠道时，企业可建立市场型营销组织。市场细分是建立这类营销组织的基础，企业根据不同的细分市场设立相应的营销机构，并任命市场经理，

---

① 庄贵军. 营销管理：营销机会的识别、界定与利用[M]. 3版. 北京：中国人民大学出版社，2021.

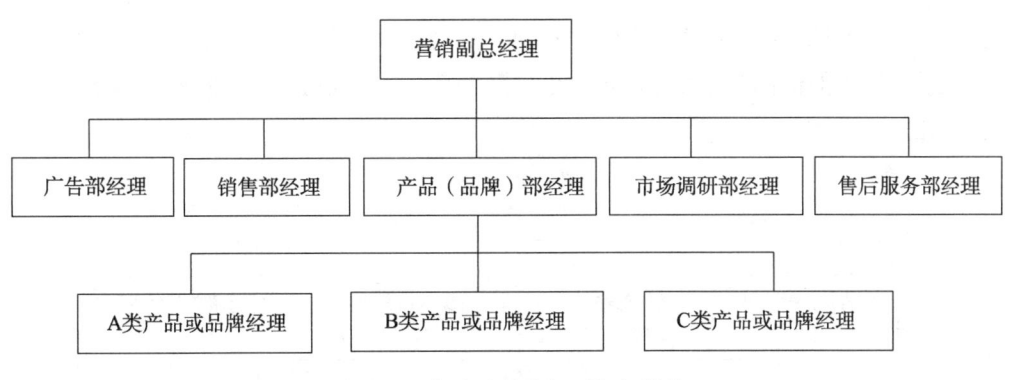

图 14-6 产品（品牌）型组织结构

由其负责为该市场上的产品制订营销计划、组织营销活动。例如，企业经营产品为西装，其可进一步按照性别、材质、客户是企业还是个人等因素来进行市场细分，从而实现不同的市场定位，以开展差异化的营销活动。这种组织结构的优点体现在能进行更细致的市场细分，更有针对性地为顾客创造价值，也有利于企业强化市场开拓与销量提升；缺点是会产生多重领导、权责不清等问题。这类结构适用于产品类型单一、市场分布较广、分销渠道较多的企业。市场型营销组织的结构如图 14-7 所示。

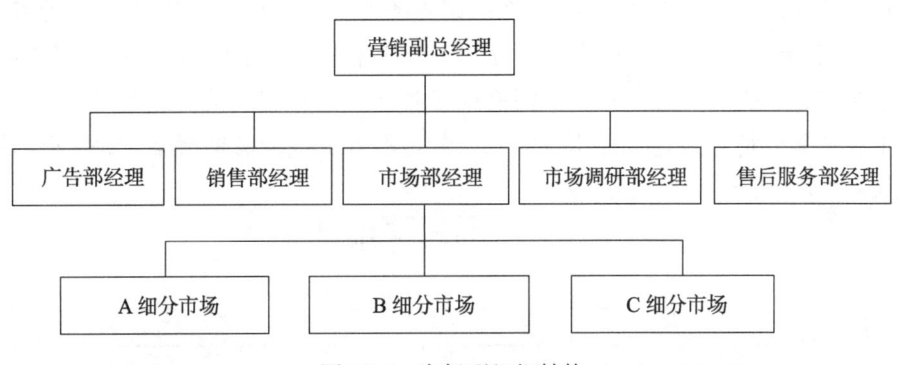

图 14-7 市场型组织结构

（4）产品+市场型营销组织。当企业所经营的产品品类较多，且需要销往不同市场时，单纯采用产品型结构和市场型结构可能会使企业面临几个问题：产品经理对产品情况很了解，但却不熟悉各细分子市场的环境；市场经理虽熟悉相应市场的环境，但对于其主管产品的情况却缺乏深入了解，这难免会降低营销活动的效率。此时，产品+市场型组织结构不失为企业的一个有益选择，即将产品型结构和市场型结构有效整合，充分发挥产品经理和市场经理的优势。例如，企业设有主管三类产品的产品经理——A1、A2、A3，同时设有主管三类细分市场的市场经理——B1、B2、B3。值得注意的是，不同企业由于在经营品类、商业模式、企业属性等方面都存在较大差异，因此对产品经理和市场经理的具体职责分工也存在不同，但从公司整体的角度看，二者应共同服务于营销计划的制定、执行、反馈等一系列营销活动。这种组织结构的优点体现在能够提高产品端和市场端的通力合作,提升营销工作效率;缺点是管理费用高,双重领导,降低了组织灵活性。这类结构适用于产品品类较多、市场分布较广、规模较大的企业。市场型营销组织结构如图 14-8 所示。

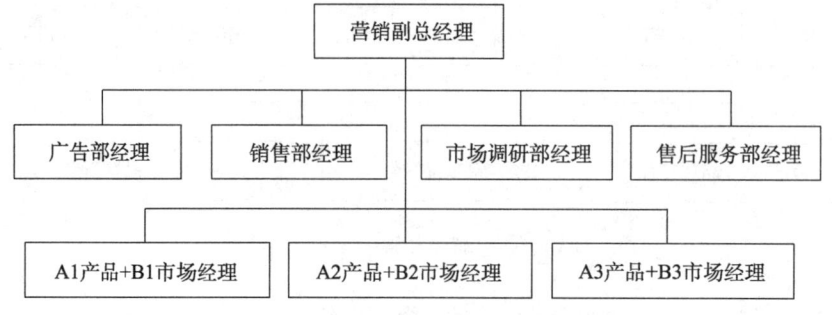

图 14-8　产品+市场型组织结构

（5）地区型营销组织。当企业的业务范围涉及全国或全球市场,且各市场的区域性和业务规模性较强时,企业可设立地区型营销组织来开展营销活动。以国内市场为例,除了原有的市场调研经理、广告促销经理、售后服务经理等职能经理之外,企业还会设置一名统管国内业务的全国销售经理,然后根据业务需要,有选择地分层设置若干大区销售经理（如东北、华南、华北等）、地区销售经理（辽宁省、吉林省等）、地方销售经理（大连市、长春市等）、销售代表等岗位。地区型营销组织的优点体现在职级层次分明,有利于直接监督,提升管理效率,同时有助于各区域的营销或销售经理深入了解当地的顾客需求和竞争环境,快速响应市场需求,制定有针对性的营销策略。地区型营销组织的结构如图 14-9 所示。

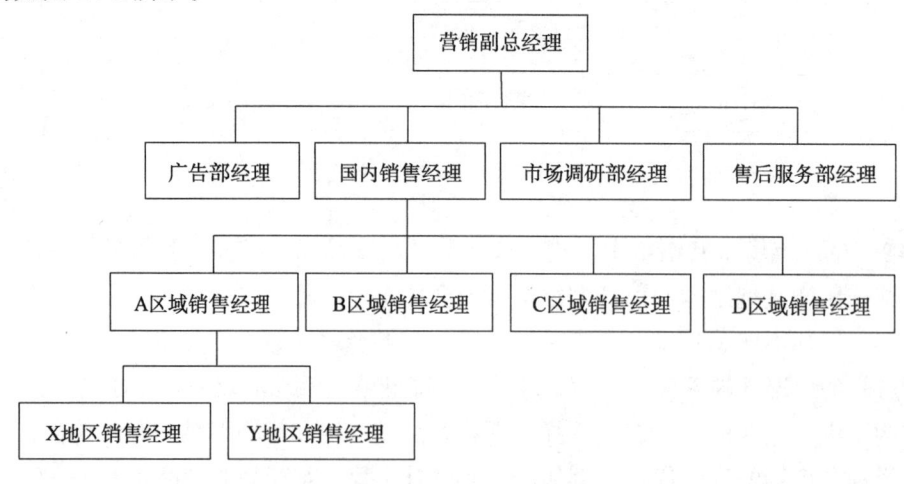

图 14-9　地区型组织结构

（6）事业部型营销组织。一些大规模企业的业务多元化程度较高,通常会根据产品或服务的类别设立相应的事业部或业务部（strategic business unit,SBU）,如京东集团的 3C 文旅事业部、时尚事业部、居家生活事业部等。各事业部具有完全的自主经营权,为有效开展营销活动，企业会在事业部内设立营销组织。此时，总公司营销部门与事业部内的营销部门可存在四种关系。第一，总公司将营销职能全部下放给各个事业部，而不再单独设立公司层面的营销部门；第二，总公司的营销部门规模较小，不参与各事业部实际的营销活动，主要发挥资源整合、咨询指导、协助高层营销决策等作用；第三，总公司的营销部门规模适中，除发挥前述作用之外，还会为总公司和各事业部提供市场调研、广告宣传、人员培训等服务；第四，总公司的营销部门规模庞大，参与各事业部营销活动的计划、执行和控制等工作，对营销策划的执行负有最终审批权。事业部型营销组织结构如图 14-10 所示。

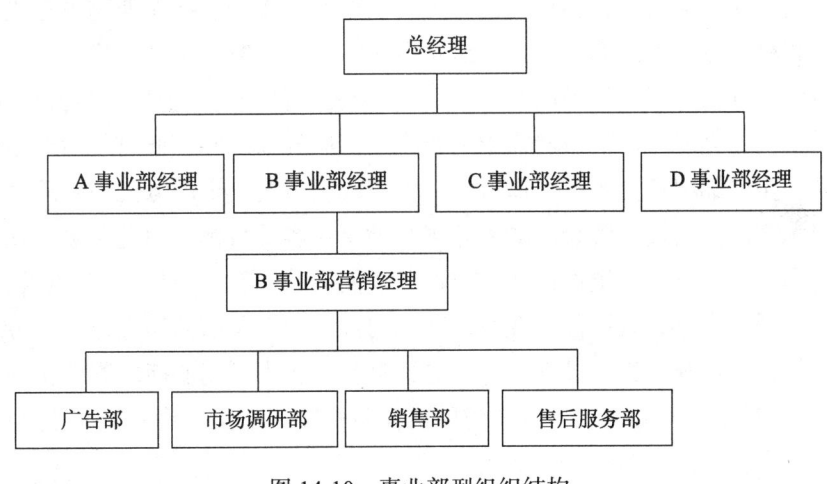

图 14-10　事业部型组织结构

14.1.3　营销组织的设计

1. 营销组织的设计原则

设计营销组织时应遵循以下三条原则。[①]

（1）战略主导原则。战略主导原则主要强调营销组织的设计要以企业发展战略为主导，设计的根本目的是要服务于战略的实施与实现。具体而言，实行单一品类发展战略的小规模企业通常采用职能型营销组织结构；一些采用多元化产品或市场战略的大规模企业或跨国企业，其营销组织结构则往往更为复杂，他们通常会使用地区型或事业部型营销组织结构来开展活动。由此可见，营销组织在不同的企业发展战略之下呈现出差异化的结构模式，企业要在清晰认知自身发展战略的基础上设计适宜的营销组织结构。

（2）高效可控原则。高效可控原则主要强调营销组织要尽可能地提高效率，即在一定时间内以最少的投入完成相应的营销工作。效率是衡量组织结构设计合理与否的重要指标，营销部门要实现高效工作需要在以下几个方面做出努力：第一，权责对等。在设

---

① 庄贵军. 营销管理：营销机会的识别、界定与利用[M]. 3 版. 北京：中国人民大学出版社，2021.

置具体岗位时，要做到权力与责任相匹配，责任大于权力会使员工产生不公平感，阻碍工作开展；权力大于责任可能会产生权力滥用。只有保证营销人员权责对等、各司其职，才能有效减少人员矛盾，进而提高工作效率。第二，人岗匹配。营销部门应根据岗位职责对营销人员进行合理的岗位安排，充分发挥营销人员的才能。第三，沟通顺畅。营销部门要建立畅通的内外部信息沟通渠道，以促进知识、资源、信息等方面的及时沟通和传递，为营销任务的高效完成提供保障。

（3）整体协调原则。整体协调原则主要强调营销组织要整合协调各类关系，包括企业与市场、顾客之间的关系，营销部门与企业中其他部门的关系以及营销部门中不同营销人员之间的关系。第一，营销部门应以顾客为中心，作为连接企业与顾客之间的关键纽带，其应积极协调二者之间的关系，满足顾客需求的同时促进企业发展。第二，顾客价值的创造依靠营销部门自身难以实现，这就需要营销部门与企业内其他部门相互协调。例如，营销部门在完成市场调研和需求分析之后，研发部门基于此有针对性地研发适销对路的产品，生产部门负责生产所需产品，财务部门负责资金的分配、管理和监督等工作，人力资源部门则通过配置相应的人才来帮助企业实现目标。由此可见，在"以顾客为中心"的指导思想下，营销部门要在协调各职能活动中发挥主导作用，保证企业整体战略的顺利开展。第三，营销部门要协调部门内部不同岗位的营销人员，一方面这有助于激发员工的创造性和工作积极性，另一方面有利于实现不同职能之间的优势互补，发挥"1+1>2"的效果。只有实现不同岗位的协调与衔接，企业的营销管理才更具灵活性，更能应对市场环境的快速变化。

营销前沿

营销敏捷性的概念与前因[①]

营销敏捷性（marketing agility）是指个体或组织在了解市场环境与执行营销决策以适应市场环境之间快速迭代的程度。这个过程的起点是个体或组织对市场发展情况的意义建构（sensemaking），并由此快速评估制定营销决策（marketing decisions）的需求，收集反馈，进而在意义建构和营销决策之间迭代（iteration）。其中，意义建构是个人或组织对难以预料的市场发展的反应，是行为主体认识情境、形成理解和解释的过程；迭代意味着在重新发布或调整营销决策之前反复对其加以优化；速度是指行动主体感知市场变化、采取行动、收集反馈和调整营销决策所花费的时间。

营销敏捷性会受到4个不同层面因素的影响，包括组织因素、团队因素、领导因素和员工因素。与此同时，企业在追求营销敏捷性过程中会面临以下6个方面的问题，主要包括：第一，营销敏捷性会威胁品牌含义的一致性吗？第二，强大的合作伙伴和客户关系是营销敏捷性的障碍吗？第三，追求营销敏捷性会加剧道德问题吗？第四，企业是

---

① KALAIGNANAM K, TULI K R, KUSHWAHA T, LEE L, GAL D. Marketing agility: The concept, antecedents, and a research agenda[J]. Journal of Marketing, 2021, 85(1): 35-58.

否会因"表面"追求营销敏捷性,实则不清楚本质而陷入困境?第五,营销敏捷性是否对营销领导者的招聘构成挑战?第六,哪些营销活动可能从敏捷执行中获益?总体而言,学者们对营销敏捷性的概念、前因、未来研究方向进行了探讨,为营销敏捷性的相关研究奠定基础,同时也为企业实践提供理论指引。整体研究框架如图14-11所示。

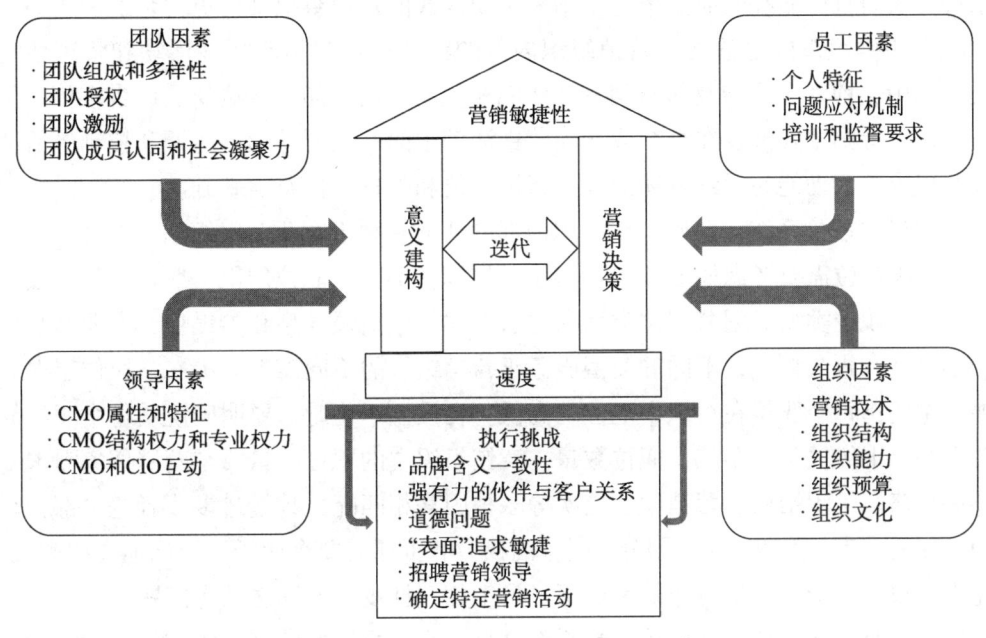

图 14-11　营销敏捷性研究框架图

2. 设计营销组织的过程

设计营销组织是保障营销活动顺利开展的基础,在快速发展的市场环境下,企业的营销组织也需要随之进行相应调整。总体而言,营销组织的设计过程主要包括如下 6 个方面[①]。值得注意的是,不同企业由于规模、商业模式、产业类别等方面都存在很大差异,因此在具体的营销组织设计过程中也会有所不同,本部分的内容主要关注的是营销组织设计的一般步骤。

(1)分析企业内外部环境。营销组织置身于社会经济环境之中,会受到很多因素影响,只有契合环境的发展状况才能真正有效地发挥营销功能。因此,设计营销组织的首要步骤则是分析企业的内外部环境。在外部环境方面,企业首先要分析需求环境。需求的稳定程度、顾客的地理区域分布、顾客的购买行为、需求反馈等因素都会影响营销组织的设计。其次,企业还需要对竞争环境进行分析,例如,主要竞争对手都有哪些?他们的营销组织结构如何?如何应对市场中的竞争行为?企业在当前竞争环境中处于何种境地?企业需要基于对竞争环境的分析和把握来不断调整营销组织结构以应对市

---

① 焦胜利,朱李明,刘宇伟,等. 市场营销学:迈向数字化的中国营销[M]. 北京:清华大学出版社,2021.

场竞争。

在内部环境方面,企业的一些因素也会影响营销组织的设计,如企业发展战略、企业规模、管理能力、技术条件、产品(服务)的复杂程度、高管的营销理念等。企业要在充分审视自身能力和发展条件的基础上设计相应的营销组织。如果企业规模较小,技术条件有限而且产品经营品类单一,则采用职能式的营销组织结构更为合适。

(2)明确组织内部活动。营销组织内部的活动通常包括职能性活动和管理性活动两类。其中,前者主要涉及与营销具体职能相关的活动,如市场调研、广告宣传、售后服务等;后者则主要涉及在整个或某项营销活动中的一系列计划、协调和控制等活动。明确组织内部活动能为后续具体的设立营销岗位和配备人员奠定基础。

(3)确立职位系统。明确营销组织内部的活动有利于企业对组织职位展开分析。设立营销组织职位需要考虑如下4方面因素,即职位类型、职位层次、职位数量、权责划分。第一,职位类型。划分职位类型的方法多样,包括领导型和参谋型、专业型和协调型、临时型和永久型等,不同的类型服务于营销组织的不同需求。第二,职位层次。职位层次主要指每个职位在组织中地位的高低。在设立职位时,要明确说明每个职位的同级关系和上下级关系。第三,职位数量。营销组织中的职位数量要与营销任务需求、企业发展战略、组织结构、营销职位层次等多种因素相匹配,数量过多或者过少都会影响营销工作的效率。第四,权责划分。岗位的权力和责任需要企业予以明确地介绍和说明,避免由于权责不清而产生协作效率低下、员工相互扯皮、推卸责任等问题。

(4)设计组织结构。在明确职位系统之后,企业可以对营销组织结构进行设计,如职能型、产品型、市场型、地区型、事业部型等。规模较小、产品经营种类单一的企业选择职能型营销组织可能更为适宜;而那些业务范围庞大、行业环境迅速变化的大型企业则可能选择事业部型或地区型的营销组织更为合适。在设计企业结构时要把握好分权的程度,同时注意合理划分管理的幅度。值得注意的是,营销组织结构会随市场环境和企业目标发生变化,因此,在设计企业结构时,在关注当下的同时也要立足于未来,为后续调整营销组织的结构留有余地。

(5)配备组织人员。确定营销岗位之后,还需要配备相应的营销人员。首先是招聘与选拔,企业的招聘人员需要描述和分析相关岗位,进而选择与之匹配的人员。其次是对所录用的员工进行岗前培训,具体包括企业文化、企业规章制度、工作流程、岗位职责等内容。此外,配备一些临时性的营销人员同样值得关注,这类临时型营销人员多从其他部门抽调,待特定任务完成后即返回原部门。企业需要合理配置这些人员以促进他们与其他营销成员的相互协调,进而高效完成营销工作。

(6)评价与调整营销组织。在运作过程中营销组织难免出现冲突和不协调的现象,这就要求营销经理要经常评估组织的运行情况,进行检查和监督。引发营销组织结构调整的原因主要有几点。第一,外部环境发生变化,包括竞争加剧、技术变革、政策调整等。第二,主管人员发生变动。新主管人员可能会通过调整营销组织的结构来改变之前的营销工作模式，以贯彻其新的营销思想和营销方法。第三，现存组织结构存在缺陷。当营销组织内部出现信息沟通不畅、管理层级过多、决策缓慢等问题时，则企业需要考虑对营销组织加以调整。第四，组织内部人员之间出现矛盾。内部人员的矛盾会导致营销工作效率低下，往往需要通过改组来进行调整。

14.1.4 如何建立具有创造性的营销组织

当前竞争环境日益激烈，顾客需求愈发个性化与多样化，企业若想在此环境中占有一席之地、获得竞争优势，就需要不断改进与创新。作为与顾客接触的关键接口，营销组织的创新性或创造力显得尤为重要。

1. 以市场为导向来创造顾客价值

顾客是企业的生存之本，企业创新的出发点和落脚点都应该是满足顾客需求，为其创造更多价值。以市场为导向有利于激发企业灵活响应需求变化、有效提供解决顾客问题方案的能力。要真正成为以市场为导向的企业，需要采取三方面措施。[1]第一，激发整个企业对顾客的热情。"以顾客为中心"的思想不仅要存在于营销部门之中，还应渗透于企业的其他部门，如果没有其他部门的支持与配合，营销部门的创新性想法将很难达到预期效果。第二，围绕顾客细分市场构建组织。值得注意的是，这里并不是指企业一定要选择本章 14.1.2 节中提到的市场型组织结构，而是指以顾客细分市场为组织架构建立思考基础，具体选择哪种组织结构还要根据企业的实际情况而定。第三，通过定性或定量研究了解顾客。企业可以通过顾客访谈调研、大数据分析等多种方式来洞察顾客的需求和行为，为营销创新积累信息资源。例如，海信公司建立消费者数据分析中心，通过技术手段对用户进行画像，了解顾客的消费习惯、产品偏好、忠诚度等。

2. 畅通沟通渠道以强化获取资源

营销组织的沟通主要体现在营销部门内部的沟通和营销部门与企业中其他部门的沟通。沟通，一方面能够传递和交换信息，以促进营销工作的顺利完成；另一方面可能会激发更多创新性的思想和观点，有助于营销创新。此外，营销创新的复杂性决定了单个营销组织不可能拥有创新所需的全部资源，此时，从外部获取有价值的资源就成为营销组织产生创造力的关键。这些资源可能来自于咨询机构、高校、同类企业等。在互联网背景下，顾客也会参与企业的营销活动，进而为营销组织带来有价值的资源。

3. 开展强有力的营销培训活动

企业应该开发并设计完备的营销训练项目。值得注意的是，这类培训并不仅针对营销人员，还应包括企业的高层管理者、部门经理和其他岗位员工等。营销培训的方式多种多样，可以是线下的，如为期几天的营销实战特训营形式，华为、平安等很多公司都

---

[1] 菲利普·科特勒. 营销管理 [M]. 15 版. 何佳讯，等，译. 上海：格致出版社，2017.

在采用这类形式;也可以是线上的直播、录播形式,让企业员工可以随时随地开展。完备的营销培训活动一方面能够提升团队整体的凝聚力和默契度,另一方面能补充员工在相关领域欠缺的知识,有助于提升营销组织的创造力。

4. 建立创新激励制度

激励是员工创新的重要内驱力,为了提升营销组织的创造力,企业需要建立有效的创新评价体系,在此基础上制定完备的创新激励机制。在员工个人或者团队开展相应的营销创新活动并获得可观成果时,企业应当给予适当的奖励。奖励方式大体可分为物质奖励和精神奖励。物质奖励包括工资、奖金、福利等;精神奖励包括授予荣誉、评优评先等。例如,企业可以开展"年度营销卓越人才表彰"项目,在某业务部门认为其开展了较好的营销计划时,可以提交方案和成果,经过评选后,高层管理者在颁奖仪式上对获胜团队予以嘉奖,相应的获奖计划也会被作为"营销思考典范"在其他业务部门中传播。①这种方式能给予员工和团队较高的荣誉感,从而被很多企业广为采用。

5. 给予员工一定程度的授权

授权是企业从员工的经验、认知和能力等方面出发,让员工自主选择开展工作的方式以及相应的职业成长路径。一定程度的授权能够使员工在日常工作中拥有更多的自主权,有助于员工进行更多创新性的探索和尝试,提升其工作热情,这些都是营销组织形成创造力的重要来源。②例如,2020 年 3 月,苏宁易购针对线下电器门店推行了内部合伙人模式,并在山西太原等几个大区的电器门店展开试点。此时,线下门店店长由原来的"打工人"转变为"管理合伙人",拥有了更多的决策权和经营权。企业的这一举措激发了员工创造性和灵活性,在这种方式下,几个试点门店的整体销售额提升了 20%,80% 的合伙人收入增幅达到了 50%。③

6. 努力营造创新氛围

创新氛围包括客观的工作环境和员工主观感受两方面。前者主要指企业所提供的有利于创新开展的软硬件设施,如团队研讨空间、智能化交流设备等;后者主要指员工对企业环境的创新导向、创新特性、创新支持度等因素的一种主观认知。④创新氛围的营造有利于使员工感知到创新是营销组织所追求的目标,创新成功之后会产生一定的回报。基于此,营销组织应该从"软资源"和"硬环境"两方面入手,努力营造创新文化和创新氛围,例如,为员工开展头脑风暴提供机会和便利条件;容许员工在一些营销活动和

---

① 菲利普·科特勒. 营销管理[M]. 15 版. 何佳讯,等,译. 上海:格致出版社,2017.
② 孙永磊,宋晶,陈劲. 组织创造力形成的影响因素探索及实证研究[J]. 科学学与科学技术管理,2018,39(8):40-52.
③ 王红芳,马泽伟,高波,等. 开放赋能,合作共赢:苏宁易购内外部合伙人模式的探索[DB/OL]. [2022-03-07]. 中国管理案例共享中心.
④ 贾建锋,李会霞,刘志,等. 组织创新氛围对员工突破式创新的影响[J]. 科技进步与对策,2022,39(3):145-152.

方案上试错，促进员工在不断试错的过程中打磨和迭代营销创意等。值得注意的是，试错不能过度，企业要充分权衡试错成本和试错收益。

14.2 营销实施

14.2.1 营销实施的内涵

营销实施是指将营销计划转化为具体行动，以促进营销计划中的营销目标得以实现的一系列过程，包括具体的运作流程、部署任务、激励监督人员、协调与控制活动等，主要解决"谁去做"和"怎么做"的问题，而营销计划为营销活动的开展提供了方向性的指引和规划，主要解决"做什么"和"为什么做"的问题。但仅停留在计划层面的营销是远远不够的，如果不付诸实际行动，则只能是"纸上谈兵"，难以实现营销目标。不同企业之间，即使营销计划相同，实施过程的不同也会使得最终的营销活动效果和营销绩效存在很大差异。可见，营销实施对于顺利开展营销活动至关重要。

14.2.2 营销实施的过程

1. 制定明确的行动方案

制定明确而详细的行动方案是企业有效实施营销战略和计划的关键。相比侧重"战略"层面的营销计划，营销活动方案则更侧重"战术"层面，旨在为营销活动的实施提供更为详细和具体的指引。行动方案需要明确营销计划中的关键决策和任务，并进一步将任务细化分解，落实到具体的个人、团队或部门。此外，针对不同的营销任务，要明确相应的实施措施、完成时间、阶段目标等内容，以便对营销计划的实施效果进行检查和控制。

2. 建立合适的组织结构

企业的组织结构在营销计划实施的过程中发挥着重要作用，如果没有适宜的组织结构，营销活动就难以顺利开展。企业的战略不同，相应的组织结构也有所差异。组织结构一方面要与企业战略相匹配，另一方面要与外部环境和企业自身特点相适应。组织结构并不是一成不变的，在营销计划的实施过程中，企业可能需要对组织结构加以调整和优化以灵活应对营销活动的开展。在设计或调整组织结构时要注意其两个主要的职能——分工和协调。前者强调在组织结构中要实现清晰的职能分工和权责分配；后者强调在组织结构中形成有效的沟通与协作体系，以促进各部门及员工共同完成营销计划。

3. 设计决策体系和奖惩制度

为了保证营销计划的顺利实施，企业需要设计完善的决策体系和奖惩制度。决策体系明确了每个岗位在营销活动中的作用、工作内容、协调机制、以及每个岗位的职权运行规则；奖惩体系规定了在营销活动的实施过程中营销人员可获得的奖励以及当出现违规行为时将受到的惩罚。合理的决策体系有利于提高决策沟通效率。有效的奖惩制度一方面能调动营销人员的积极性和主动性，另一方面能提升营销人员工作的规范性。

4. 开发人力资源

营销活动需要由营销人员实施，因此，人力资源的配备和开发对于营销计划的顺利实施至关重要。其中涉及人员的选拔、分配、培训、考核、激励等一系列问题。在选拔人员时要注意人员能力与岗位职责的匹配，要将适当的工作分配给合适的人来做。同时，企业可以积极组织培训，强化不同营销职能人员之间的沟通协作，进而提升营销技能。此外，企业必须建立完善的薪酬及奖惩制度，以充分调动员工工作的积极性和主动性。

5. 优化活动的领导过程

营销计划的实施离不开管理人员的领导，企业需要优化营销活动的领导过程以促进营销目标的实现，具体包括指挥、激励、协调和沟通。指挥主要指管理者提出相应要求或发出指令，使营销人员完成相关任务。营销管理者不仅要提出任务要求，还要为营销人员实施营销活动提供有利条件，包括财务支持、环境支持等，同时要对营销任务的完成情况进行监督审核，确保营销计划的顺利实施。激励包括物质激励和精神激励，对于营销任务完成较好的员工，营销管理者可予以适当的激励，以激发员工的工作热情和积极性。协调是营销管理者用以调解和解决矛盾的关键机制。营销计划的实施需要营销部门内部各个环节的紧密协作，同时也需要其他部门或企业外部相关主体的支持与配合。当企业内外部出现矛盾或问题时，营销管理者需积极地协调，以妥善解决相关问题，确保营销方案的有序开展。沟通主要体现在营销管理者向员工、其他部门或高层领导传达意见、感受等，进而对相关主体施加影响。通过积极的沟通，营销管理者能发现营销方案实施过程中出现的问题，并及时调整和校正。同时，这也有利于营销管理者与相关主体进行信息共享，提升营销计划实施的效率[①]。

6. 营造良好的企业文化

企业文化是指一个企业内部员工共同持有和遵循的价值标准、基本信念和行为准则，包括企业环境、价值观、模范人物、礼仪和文化网络五个要素。[②]企业环境主要是企业内部所形成的氛围，这种氛围会受到企业特征、行业环境、领导风格等因素的影响；价值观是指企业管理者和员工所共同拥有的对事物的价值判断标准；模范人物指在某些方面做出突出成绩，并在员工中起到模范作用的典型人物；礼仪指企业内部约定俗成的一系列例行活动，如大事记纪念、节日庆祝活动等；文化网络指企业内部的非正式传播渠道，通

---

① 庄贵军. 营销管理：营销机会的识别、界定与利用[M]. 3 版. 北京：中国人民大学出版社，2021.
② 郭国庆. 市场营销学通论[M]. 8 版. 北京：中国人民大学出版社，2020.

过这些渠道企业可以宣传价值观、树立典范人物等，[①]在实施营销计划的过程中，良好的企业文化能提升员工的凝聚力、责任感以及对企业的认同感，强化员工自身目标与企业营销目标的一致性，促进团队的合作和创新意识，更高效地完成营销活动，实现营销目标。

营销与中国

胖东来的本真营销[②]

胖东来成立于1995年，是河南商界知名度、美誉度很高的零售巨头，旗下涵盖百货、电器、超市等业态。在零售业竞争日益激烈的背景下，胖东来20多年来仍能稳步发展并在当地享有盛誉，这得益于其实施的本真营销策略，主要包括4个方面。第一，成为一家本真的公司。创始人于东来始终不忘初心，坚持"爱、舍得、善良"的思想，并且自上而下地将其传递至所有员工并形成企业文化。同时，胖东来充分满足员工的"缺失性需要"及"成长性需要"，解决员工的后顾之忧并提升其工作热情。第二，实施本真的营销行为。在零售业普遍采用联营模式的背景下，胖东来超市仍坚持高达80%的商品自采比例，以便能亲自把控产品品质，保证价格的合理性，切实满足顾客需求。与此同时，胖东来还针对部分商品实行"不满意就退货"的服务，这项制度的实施需要极大的勇气与魄力，因为可能会面临顾客恶意退货的情形，许多商家往往难以坚持，但胖东来一直坚持到现在仍没有动摇。第三，获得本真的顾客反馈。胖东来的本真营销行为会在一定程度上得到顾客的本真反馈，这一方面体现在顾客的不断购买或重复消费，另一方面体现在顾客的积极分享与口碑传播，为胖东来带来了直接或间接的收益。第四，成为令人敬佩的公司。胖东来并没有在纷繁复杂的商业环境中迷失，也没有为快速获利而"铤而走险"，而是始终坚守初心、本真经营，让顾客感受到温暖和关爱，这为胖东来赢得了忠诚的顾客群体以及良好的企业声誉，使其真正成为一家令人敬佩的公司。

14.2.3　营销实施中可能存在的问题

企业在实施营销计划的过程中可能会因诸多问题阻碍营销目标，常见的问题主要有以下五个方面。[③]

1. 计划脱离实际

企业的营销计划通常由专业的人员制订，这些人可能并没有参与过实际的营销活动，这就会使得他们在制定营销计划时较少考虑活动的实施细节，对活动开展过程中的具体问题不够了解，进而导致计划偏离实际。具体包括，营销计划的绩效指标过高，难以实

[①] 刘刚，殷建瓴，刘静. 中国企业文化70年：实践发展与理论构建[J]. 经济管理，2019, 41 (10): 194-208.
[②] 于建朝，袁龙芬，蒋石梅. 胖东来：本真营销缔造商业传奇[DB/OL]. [2022-06-24]. 中国管理案例共享中心.
[③] 滕乐法，李峰，吴媛媛，等. 市场营销学[M]. 北京：清华大学出版社，2020.

现；长短期计划严重脱节，缺乏可操作性等；营销计划与企业的客观基础不符，难以开展等。产生这些问题的主要原因在于计划人员与营销活动的实施人员缺乏有效沟通。因此，企业应该保持通畅的沟通渠道，通过数字化手段强化员工之间的沟通，一方面让计划人员了解目前企业营销活动的具体实施情况，另一方面让实施人员明确企业目前的营销战略意图，通过双向的沟通和协调来及时地调整和完善营销计划，强化其可操作性以及与企业实际的契合性。

2. 缺乏具体明确的行动方案

企业从整体上制订营销计划，但营销计划相对笼统，难以对具体的营销活动形成详细指导。此时，需要各部门（销售部、市场部等）的管理人员对营销计划进行细化分解，制定详细的营销行动方案，并协调和落实之。具体包括完成任务的详细时间节点、任务分工、预期完成效果等。但有时营销管理人员疏于此项工作，导致整个部门的营销活动目标和方向不明确，或仅关注本部门的行动方案，缺乏与其他部门的协调与配合，最终导致营销计划失败。

3. 长期目标与短期目标相矛盾

营销计划通常涉及企业的长期目标，但对具体实施计划的营销人员，企业往往根据其销售量、市场占有率等短期指标来衡量绩效水平，这就会导致这些营销人员更注重短期行为。例如，企业在将新产品推向市场时受到阻碍或半途失败，可能的原因在于，销售人员为追求眼前效益和个人绩效而将相应资源投入到企业较为成熟的产品线中。可见，这种长期目标与短期目标之间的矛盾会导致营销计划的实施受阻。对于企业来说，缓解二者之间的矛盾，设法在二者之间进行平衡显得尤为重要。

4. 执行力差

企业即使有明确的营销活动方案，如果缺乏营销执行力，也会导致实施失败。营销执行力通常表现在不同层面上，包括各营销部门（销售部、市场部、公关部等）、管理者和基层员工的执行力等。任何一方的执行力出现问题都会使整体的营销执行力大大降低。营销执行力降低的原因可能有多种，如企业内部沟通渠道不畅通、营销人员的整体素质不高、企业缺乏必要的能力培训、现有激励制度难以充分调动员工的工作积极性等。提升企业的营销执行力通常需要在几个方面做出努力：在营销任务明确之后，相关责任人或责任部门立即开展行动，在认真思考"如何做"的同时着手执行具体任务；在规定时间内尽最大努力将任务完成；在任务开展过程中及时向上级汇报完成进度、实施效果及遇到的问题等；在成功完成营销任务之后进行复盘和总结，为后续工作奠定基础。

5. 企业因循守旧的惰性

营销计划可能会随着企业的发展而调整，形成新的计划或战略。当新的营销计划与以往的传统和习惯不符时，就很容易遭到部门或员工的抵制。新旧营销计划之间的差异越大,在实施过程中所遇到的阻碍可能就会越大。企业若想实施与以往完全不同的新计划,通常需要重新设置营销组织结构、开发新的供销关系等。例如,新的营销计划要求企业将营销重心全面转向线上,对于传统线下企业而言,这需要重新配置相应的人力、技术等资源,同时改变传统的分销渠道。在此过程中,企业以往开展营销活动的惯性或惰性很大程度上会使新计划的实施面临困难。

14.2.4 如何提升营销实施能力

营销实施能力实际上体现为营销执行力,即企业员工将营销战略或计划转化为实际的营销活动,并通过一系列努力完成企业营销目标的综合性操作能力。营销执行力是企业将战略、计划转化为行动、效益的关键。提升企业的营销执行力可从以下三个方面入手。

1. 设计公平的绩效考核体系

营销执行力包括执行意愿和执行能力,执行意愿是发挥执行能力的基础。公平的绩效考核体系在提升执行意愿中发挥着重要作用。一个不公平的考核环境会使营销人员感觉他们的付出与回报难成正比,减弱员工对企业的归属感和认同感,从而降低实施营销活动的意愿。因此,企业应该坚持公平、公开、差异化、多样化的原则,设计有效的绩效考核体系。公平公开体现在企业根据实际情况合理制定绩效考评指标,并将相关标准公开于营销人员之中;差异化和多样化体现在秉承公平原则的基础上,企业对员工考核问题不要"一刀切",应根据不同岗位、不同贡献程度等灵活调整员工的考核结果。此外,企业需根据营销人员的实际绩效考评结果进行合理的激励。这种激励一方面体现在物质激励方面,如基本薪酬、奖金福利等;另一方面体现在精神激励,如"优秀员工"等荣誉称号。相应的激励举措能够强化营销人员在工作中获得的成就感、满足感和责任感,进而提升其对营销活动的执行意愿。

2. 建设学习型营销团队

学习型营销团队的建设有利于营销人员提升执行能力。学习型团队是指团队成员能够有意识、系统和持续不断地获取知识、改善自身行为、优化组织体系,使组织在不断变化的内外环境中健康和谐发展,保持持续的生命力。[1]其具体包括提升营销队伍的整体素质、强化企业内外的沟通合作、营造创新开放的团队氛围三个方面。

(1) 提升营销队伍的整体素质。营销队伍中既包括管理者又包括基层岗位员工。对于管理者来说,企业应对其开展相应的领导力培训、战略管理培训等,提升管理者能力。同时鼓励管理者深入到基层员工的工作中,尽可能多地了解员工的工作情况和实际诉求,并对员工的营销活动执行情况予以反馈,为员工提升营销能力提供一定的指导和帮助。对于基层员工来说,企业可从选拔和培训入手来强化营销人员的整体素质。在员工选拔

---

[1] 陈国权. 复杂变化环境下人的学习能力:概念、模型、测量及影响[J]. 中国管理科学, 2008(1): 147-157.

方面，企业应考察应聘人员的营销知识、背景经历等，对员工的基本素质把好关，为营销队伍注入新鲜血液。在员工培训方面，企业一方面要对员工的营销技能和知识进行培训，让员工能够更好地实施营销活动；另一方面要对员工的态度进行培训，促进员工将个人职业目标与企业营销发展战略相结合，并为实现目标而努力。通过这些方式，企业营销团队的整体素质和能力将得到有效提升，进而提升营销执行力。

（2）强化企业内外的沟通合作。营销部门与企业内外部的沟通合作有利于获取更多知识和资源，激发营销人员的创造力。内部沟通主要体现在营销部门与企业内的其他部门沟通协作，通过知识学习、信息共享等方式完成营销活动。外部沟通主要体现在营销部门借助外部力量，如与调研机构、科研院所等进行合作，汲取专业化知识，并进行资源整合、价值共创，进而提升营销团队的整体执行力。

（3）营造创新开放的团队氛围。企业应鼓励营销团队创新思考，而不应受限于当前的思维模式和营销经验，要鼓励团队成员之间取长补短、通力合作。针对不同的营销活动，企业可组建多种创意团队或项目组，通过头脑风暴等方式开拓思路，激发新颖的营销想法。此外，企业在结合自身实际情况的基础上可为营销团队提供一定的试错空间，为员工的创新想法提供相应支持，如提供培训支持、资金支持、技术支持等。若创新方案成功实施并取得较好绩效，企业可进行一定的表彰，激发营销团队的创新热情，同时进一步强化团队整体的创新氛围。

3. 建立合理的控制体系

若缺乏相应的反馈与控制，营销人员可能会出现消极怠工、目标模糊等问题，因此，合理的控制体系也是提升营销执行力的关键。营销控制包括信息控制和行为控制，前者主要涉及企业对营销活动执行进程和效果的追踪以及当营销活动执行偏离预期轨道时予以恰当的修正；后者主要涉及业绩评估制度与营销执行的匹配程度和对业绩的奖惩激励力度。例如，企业可以设置专门的营销活动监督小组，通过多种方式和渠道对各地区、各职能的营销活动执行情况进行指导和跟踪，监督活动的进展和完成质量，及时协助相关营销人员解决活动开展中出现的问题，并向企业高层汇报，必要时可对营销活动方案予以调整。这种合理的控制体系，一方面能及时发现并解决营销人员面临的问题，减少营销人员由于遭受阻碍而产生的一系列消极情绪；另一方面能对员工的业绩完成情况予以及时、有效的反馈，提升员工的工作动力，厘清进一步的任务目标，这些都有利于提升营销执行力。

14.3 营销控制

14.3.1 营销控制的内涵

营销控制是指企业为了实现营销目标，对营销活动实施的各个环节进行跟踪和监控，以确保营销目标顺利实现,并对实施过程中出现的问题和偏差进行修正的一系列过程。营销控制作为企业营销方案得以顺利落实的关键,一方面,其有助于营销管理者及时发现营销实施活动中出现的问题,并及时找到解决相关问题的方法,提升营销计划完成效率;另一方面,其也有助于企业在快速变化的市场环境中及时对营销方案予以调整,以灵活应对环境变化所带来的挑战。

在控制论中,控制是以信息为基础对某些受控对象施加影响以改善其功能的一系列过程,主要包括标准、受控对象、传感器和控制器四个关键要素。标准作为控制系统中的输入信息,对控制所要达到的标准予以指示;受控对象即控制系统施加影响的目标对象;传感器主要用于评估控制系统的输出信息,将其进行必要的转换之后返回至输入端;控制器主要是将经由传感器传出的输出信息与输入信息相比较,明确偏差,并通过进一步调整信息的输入以实现目标。总的来说,控制可看作是一个信息反馈的过程,即通过比较输出信息与输入信息以明确二者之间存在的差异,并对其进行调整和修正,进而对信息的再输出施加影响,最终达到预期目标,[①]如图14-12所示。

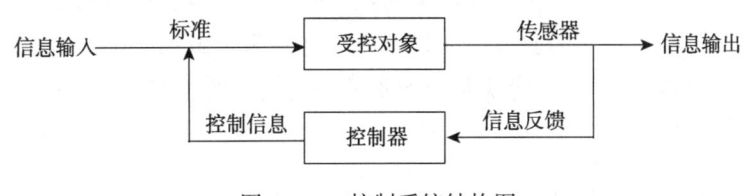

图 14-12 控制系统结构图

14.3.2 营销控制的原则

1. 目标匹配原则

目标匹配主要体现在营销控制活动与营销目标相匹配。为了实现营销计划、有序开展营销活动,企业会在不同阶段、不同层次上制定营销目标,从阶段上看该目标包括短期目标和长期目标,从层次上看该目标包括个人目标、团队目标。实现营销计划或战略是营销控制的最终目的,实现这一目的离不开顺利完成阶段性营销目标。此时,如果营销控制活动与营销目标不一致,则会导致企业资源浪费、营销计划失败等问题。值得注意的是,由于营销活动纷繁复杂,相应的营销目标也较为多样,营销控制难以做到对每一个活动、每一项任务都进行完全控制。此时,管理者需要在众多营销目标中进行权衡和评估,考察目标的可行性,识别关键营销目标,并对营销活动加以控制。

2. 标准合理原则

标准是进行营销控制的关键,其指引着整个控制过程。营销控制标准应遵循合理原则,即营销人员通过一定努力后能够达到。[②]如果标准制定得过高,则会加大营销人员的

---

① 庄贵军. 营销管理:营销机会的识别、界定与利用[M]. 3 版. 北京:中国人民大学出版社,2021.
② 刘洪深,陈阳. 市场营销学[M]. 4 版. 北京:北京大学出版社,2020.

工作压力，提升他们的职业挫败感，进而减弱他们工作的积极性和主动性。相反，如果标准制定得过低，则其将难以激发营销人员的斗志，进而降低他们在工作中的创新动力。此外，企业可以使用多重标准来进行营销控制。如果仅将销售绩效作为控制标准，则企业可能会增加营销人员通过欺瞒消费者等不当手段来完成销售业绩的风险，这显然不利于实现营销目标。因此，企业可采用多个控制标准，如将销售绩效和顾客满意度相结合，以此来对营销人员的工作业绩进行全面的评估和管控。总的来说，企业应该根据员工实际的工作情况、企业发展战略、资源基础等方面来合理制定营销控制标准，既要有一定的挑战性和丰富性，又不至于给营销人员带来过多紧迫感和压力。

3. 及时灵活原则

营销活动并不是一成不变的，需要根据市场环境变化而调整，相应的营销控制活动也应予以更新。从发现营销活动存在偏差到对其调整和矫正往往需要一段时间，在这期间，由于市场环境的快速变化，之前提出的改进方案可能在当前环境下并不适用，这就要求企业在营销控制时要注重及时性，提高信息收集、传递和反馈的效率，避免因为信息滞后而造成损失。例如，企业可以通过采取预先控制来做到防患于未然。此外，营销控制过程应避免"刚性"，需结合实际情况保持一定的灵活性。

4. 经济适配原则

营销控制活动需要企业投入人力、物力、财力等一系列资源，这些投入都构成了营销控制成本。企业在思考如何对营销活动加以控制以及控制到何种程度时，要充分考虑到成本的问题，应在所取得的收益和支出的成本之间进行权衡。如果为了控制某项营销活动需要消耗企业大量资源，而预期的营销绩效却难以达到理想情况，此时，企业则需要重新考虑资源的分配和利用情况。总的来说，营销控制活动要与企业当前的经济情况和资源基础相适配，合理控制支出费用，进而实现控制效果最大化。①

14.3.3 营销控制的方法

营销控制的方法主要包括年度计划控制、盈利能力控制、效率控制和战略控制四种。②

1. 年度计划控制

年度计划控制是指企业在一个财务年度结束后对营销活动的绩效结果进行检查，以明确计划指标与实际绩效之间的差距，寻找产生差距的原因，并提出相应的改进措施，具体的控制工具主要包括销售差异分析、市场占有率分析、营销费用/销售额分析、财务分析和顾客态度追踪分析等。

销售差异分析主要用于衡量实际销售额与计划销售额之间的差距，只有通过明确差

---

① 孟韬. 市场营销：互联网时代的营销创新[M]. 北京：中国人民大学出版社，2018.
② 焦胜利，朱李明，刘宇伟，等. 市场营销学：迈向数字化的中国营销[M]. 北京：清华大学出版社，2021.

距、找到产生差距的原因才能"对症下药",提出合理的改进措施。具体来说,企业可以根据产品品类、市场情况、品牌类型以及地区分布等来进行销售业绩的差异分析。

市场占有率分析主要用于衡量企业产品的实际市场占有率与计划之间的差异。与销售差异分析相比,市场占有率分析更关注企业的"相对水平",具体包括总体市场占有率、服务市场占有率和相对市场占有率三个指标。总体市场占有率主要指企业销售额占总体市场销售额的百分比,这一百分比数值与企业所确定的总体市场紧密相关;服务市场占有率主要指企业的销售额占其所服务市场销售额的百分比;相对市场占有率主要指企业销售额占市场领先竞争者(一般为市场前三名)销售额的百分比。例如,假设某企业的年销售额为2000万元,市场中前三名领先竞争者的销售额分别为6000万元、4000万元、3000万元,那么该企业的相对市场占有率则为15.4%。

营销费用/销售额分析主要用于衡量企业在实施营销活动中的各种费用与销售额的比例。即使营销活动顺利完成,如果花费成本过多也是不利于企业发展的。因此,企业要对营销费用予以关注。营销费用具体包括市场调研费用、广告费用、促销费用、销售管理费用等,企业通过计算上述营销费用占销售额的百分比,并将之与经营历史、竞争者、预期计划相比较来判断营销活动的完成效率,及时发现与解决问题,进而达到营销控制的目的。

财务分析有助于营销管理者发掘更有价值的利润增长点,其旨在通过对销售利润率、资金利润率、资金周转量以及现金流指标的对比分析来进一步确定企业的投入产出效率,明确计划与实际之间的差异,进而提出修正方案。

顾客是企业的生存之本,营销活动的主要服务主体或参与主体即为顾客,因此对顾客态度的追踪也是营销控制的重要一环。企业可以通过建立完备的顾客意见反馈体系、顾客投诉处理体系以实施市场调研等方式来追踪顾客的态度变化和满意程度,并加以分析,进而识别营销活动实施中出现的问题和不足,制定相应的调整方案,有效实施营销控制。

2. 盈利能力控制

产品类别、销售区域、顾客群体以及销售渠道的不同会使企业在营销活动中的盈利能力存在差异。盈利能力控制旨在通过衡量上述不同因素的盈利能力和利润贡献来实施营销控制。评价盈利能力的主要指标包括销售利润率、资产收益率、净资产收益率、资产管理效率等。企业通过对具体盈利能力的分析和识别可发现哪些产品或区域在营销活动实施中是盈利的,而哪些则是亏损的。与此同时,进一步分析造成盈利能力降低的主要原因有哪些,并制定方案和措施来排除或缓解不利因素的负面影响,如决定哪些地区的业务应该扩展,哪些地区的业务应该被缩减甚至是被取消。

3. 效率控制

企业通过盈利能力分析之后,可能会发现某些产品或地区的营销绩效不佳,这很可能是营销活动效率低下所致。此时,企业可以通过对销售效率、广告效率、促销效率和分销效率的分析来实现对营销活动的有效控制。销售效率即销售人员在开展销售活动中的效率。具体的控制指标包括日均拜访客户的次数；每次拜访客户的平均时长、平均成本与收益；订单数与拜访次数之比；一定时期内新增或流失的顾客数；销售队伍成本占总销售额的百分比等。营销管理者可以通过上述指标来评估销售人员的工作努力程度和工作效率，并找出实际的问题。广告效率控制有助于企业对广告效果进行观测和评估，找到广告活动中出现的问题，并有针对性地提出解决方案。评估广告效率的具体指标包括每一媒体接触千名受众的广告成本、顾客对不同类媒体广告的关注度和注意率、顾客在广告前后对产品态度的变化、由广告所引发的顾客咨询相关产品或服务情况的次数以及顾客对广告内容的反馈意见等。促销效率控制指企业对销售促进或营销推广等一系列活动效率的评估与控制，具体的评估指标包括促销销售所占的百分比、单位产品的陈列成本、赠券回收率、单次促销所引发的顾客咨询次数等。分销效率控制指企业对库存水平、仓储情况、运输方式、分销费用等进行的考察和控制，具体的评估指标包括库存周转率、单次运输时间与成本、仓储成本等。

4. 战略控制

战略控制主要用于监控企业的基本战略是否与当前市场机会相匹配。当今市场变化迅速，企业的营销战略或营销方案随着时间的推移可能会过时、失效，导致难以适应当前市场发展的需求，这就要求企业应定期对其整体的市场战略进行评估。战略控制的主要工具是营销审计（marketing audit）。

营销审计是指对企业环境、目标、战略和活动进行系统、综合、独立和定期的检查，明确具体问题，同时发掘新的增长机会。营销审计为营销行动方案的制定与调整、营销绩效的提升提供了有益的信息基础，一般由客观且经验丰富的第三方机构完成。值得注意的是，营销审计并不是针对某个问题点，而是从全局出发，将涉及企业多个营销领域，主要评估企业的营销环境、营销战略、营销组织、营销体系、营销组合、营销效率和营销职能等多个方面。其中，营销环境审计主要涉及宏观环境、市场与顾客、竞争对手、渠道现状等；营销战略审计主要涉及企业的营销目标、营销战略、营销预算等；营销组织审计主要涉及组织结构、职能效率、交叉职能效率等；营销系统审计主要涉及营销相关的信息系统、计划系统、控制系统以及新产品开发程序等；营销效率审计涉及不同产品、地区、渠道的利润评估，成本/效益分析等；营销职能分析涉及企业的产品、价格、分销、促销等情况。[1]

14.3.4　如何有效开展营销控制

有效开展营销控制主要分为以下四个步骤，如图14-13所示。[2]

---

[1] 李桂华，卢宏亮. 营销管理[M]. 北京：清华大学出版社，2020.
[2] 庄贵军. 营销管理：营销机会的识别、界定与利用[M]. 3版. 北京：中国人民大学出版社，2021.

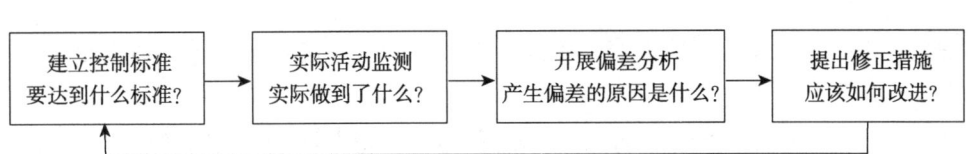

图 14-13　有效开展营销控制流程图

1. 建立控制标准

控制标准为后续营销控制的有效开展提供了基础和方向，如果控制标准不明确，则营销控制过程将会混乱无序。控制标准一般与企业的营销目标相匹配，是营销管理者希望企业的营销活动达到何种效果或实现何种绩效的体现。营销活动不同，相应的控制标准也存在差异。有些营销活动如销售、分销等，企业可以根据财务目标中的营销业绩来作为控制标准，如毛利、产品销量、渠道销量等财务类指标。而有些营销活动如广告宣传、渠道管理等则往往难以让企业制定明确的业绩指标，此时企业一般会采用非财务目标中的渠道关系、顾客忠诚度、满意度等作为营销控制的标准。值得注意的是，对一些非财务目标而言，企业在将其作为控制标准时也要尽可能地予以量化，例如，顾客满意度标准可定为公司的顾客满意度考评平均超过 90 分；渠道关系标准可定为与 12 家经销商签订合同以进一步扩大分销网络。只有将控制标准量化，企业才能够将实际完成情况与标准进行比较，明确二者之间的差异。

2. 实际活动监测

在明确营销控制标准之后，企业需要深入了解营销活动开展的具体情况，即对营销活动进行实际的监督和考评，以便将结果用于后续的偏差分析。企业可以通过收集营销实施过程中的相关数据和信息来客观地权衡营销目标的完成情况。具体的监测办法包括：按地区、按产品线、按品牌类别等维度细化统计销售人员的销售业绩；向顾客发放问卷、展开调研，测算顾客满意度或忠诚度的综合评分；向经销商组织调研，评估渠道关系的优劣；鼓励员工开展自我评价等。通过这些方式，企业能够对营销活动的实施状况有一个较为全面、真实、合理的了解和把控，为之后开展营销控制活动奠定基础。

3. 开展偏差分析

控制标准和实际的营销活动情况都明确之后，企业就需要开展偏差分析，即明确实际绩效结果与控制标准之间的差距，具体包括以下三个步骤。

首先，识别偏差出现的基本环节。营销活动涉及多个方面，在这一步，企业通过实际情况与控制标准的对比来识别偏差出现的环节，例如，偏差可能出现在广告宣传环节，即广告效率不高，也可能出现在渠道管理环节，即渠道成员的合作水平较低等。

其次，明确偏差的方向和大小。从方向上看，偏差可能存在正向和负向两种情况，前者是实际效果高于控制标准，后者则是实际效果低于控制标准。从大小上看，偏差可能较小也可能很大。实际上，实际营销效果难以与控制标准完全一致，出现些许偏差是正常现象，但企业要设立相应的容忍范围，但如果偏差超过容忍范围，则企业就需要予以重视。

最后，分析偏差出现的根本原因。如前所述，偏差不仅包括负向，也包括正向。对实际效果与控制标准相差较大的正向偏差和负向偏差，企业应该分析其中的原因，目的在于修正负向偏差，总结正向偏差的经验，为后续进行方向引导。在寻找原因不要仅关注表层现象，要深入本质，寻找内在的真实原因。例如，有时看起来是销售业绩出现问题，实际上是广告宣传不到位所致；看起来是渠道成员之间的合作出现问题，实际上是渠道政策有漏洞所致。因此，在分析原因时，企业应进行充分的调研，这样才能找到"症结所在"，进而"对症下药"。

4. 提出修正措施

在明确具体偏差出现的原因之后，企业需要提出修正措施，从而真正达到营销控制的目的。如果偏差出现的原因是企业之前制定的营销战略或目标在当今市场环境中不太适用，或者在制定营销战略或目标时没能对环境进行客观权衡，那么企业需要在当前市场环境下重新制定营销目标以适应环境变化，相应的控制标准也应予以调整和修正。如果偏差并不是由营销战略过时或失效所致，而是由营销人员行为不当、工作效率低下所致，那么企业则应针对具体问题，对组织结构、人员配备、激励奖惩、技术手段等方面进行修正和调整，以提高营销活动的开展效率，进而实现营销目标。

本章提要

本章重点介绍了营销组织、营销计划实施和营销控制三个方面内容。

营销组织是指企业内部涉及营销活动的各个职位及营销组织的结构。营销组织经历了5个阶段的演变：单纯的销售部门、兼有其他职能的销售部门、独立的营销部门、现代营销部门、现代营销企业。营销组织的基本形式主要包括六种：职能型营销组织、产品（品牌）型营销组织、市场型营销组织、产品+市场型营销组织、地区型营销组织、事业部型营销组织。营销组织设计的原则主要包括战略主导原则、高效可控原则、整体协调原则。营销组织设计包括六个方面：分析企业内外部环境；明确组织内部活动；确立职位系统；设计组织结构；配备组织人员；营销组织评价与调整。建立具有创造性的营销组织包括六个方面：以市场为导向来创造顾客价值；畅通沟通渠道以强化资源获取；开展强有力的营销培训活动；建立创新激励制度；给予员工一定程度的授权；努力营造创新氛围。

营销实施是指将营销计划转化为具体行动，以促进营销计划中的营销目标得以实现的一系列过程。营销实施的过程包括：制定明确的行动方案；建立合适的组织结构；设计决策体系和奖惩制度；开发人力资源；优化活动的领导过程；营造良好的企业文化。营销实施中可能存在如下问题：计划脱离实际；缺乏具体明确的行动方案；长期目标与短期目标相矛盾；执行力差；企业因循守旧的惰性。提升企业的营销执行力可从3个方面入手：设计公平的绩效考核体系；建设学习型营销团队；建立合理的控制体系。

营销控制是指为了实现营销目标，对营销活动实施的各个环节进行跟踪和监控，以确保营销目标顺利实现，并对实施过程中出现的问题和偏差予以修正的一系列过程。营销控制的原则包括：目标匹配原则、标准合理原则、及时灵活原则、经济适配原则。营销控制的方法主要包括年度计划控制、盈利能力控制、效率控制和战略控制4种。有效开展营销控制主要分为以下4个步骤：建立控制标准；实际活动监测；开展偏差分析；提出修正措施。

案例分析

林清轩的直播自救之路[①][②]

林清轩成立于2003年，是一家美妆护肤产品生产及零售的企业，自成立以来坚持线下直营模式。2019年年底突发疫情，化妆品行业遭受巨大冲击，整体销量下降21.6%。林清轩面临着生存考验，线下157家门店歇业，开业的170余家门店门庭冷落，业绩下浮90%。当时的林清轩账面还剩6000万元现金，每日各项支出100万元，企业面临即将破产的局面。在此情况下，林清轩董事长孙来春带领全体导购，开始了直播自救行动，仅用22天时间就从濒临破产逆势反弹成为美妆界的"黑马"，整体业绩增长20%。针对直播活动，林清轩从营销组织结构、营销方式、人员结构等多个方面进行了调整和完善。

第一，调整组织结构适配营销活动。为了更好地开展直播活动，孙来春把林清轩的组织结构彻底打散。由过去树状的科层制、跨部门协同，转变为现在的项目制。公司在钉钉办公平台上成立了35个线上项目小组，每个项目组分工不同但彼此联系，有人负责文案策划、有人负责抖音直播、有人负责视频制作……，一切以项目制为主，形成了模块化的营销组织结构。同时，每个门店各自成立线上工作小组，组织扁平化，在2000多人的钉钉群里，任何一个员工提出问题，不用经过总部，各个项目负责人直接回应，提高协作效率。

第二，多元化营销方式实现流量转化。林清轩通过微信朋友圈广告、微信小程序发券、直播小程序、智慧零售解决方案等多种方式实现流量转化。首先，通过朋友圈广告和微信小程序发券，用户可以领取代金券，并跳转至直播页面预约直播；其次，直播小程序中包含优惠券、限时折扣等，进一步激发直播间用户的购买力；最后，智慧零售解决方案能够帮助企业打通线上线下业务，用户在直播中被种草后，点击跳转到商品详情页面购买。此外，林清轩将产品精准迎合疫情之下全民戴口罩的护肤新需求，结合自身

---

① 崔淼，钱金芳，崔丽丽：林清轩：逆境重生线上线下孰重孰轻？[DB/OL]. [2022-08-31]. 中国管理案例共享中心.

② 单宇，许晖，周连喜，等. 数智赋能：危机情境下组织韧性如何形成？——基于林清轩转危为机的探索性案例研究[J]. 管理世界，2021，37（1）：84-104.

产品优势，形成林清轩山茶花润肤油"修复医护人员口罩脸"的新亮点。同时向抗疫一线的医护人员捐赠山茶花润肤油等修复产品，在全国分众楼宇广告屏投放关于个人肌肤健康的公益广告，以及在直播过程中分享修复"口罩脸"的护肤知识等。林清轩致力于帮助消费者解决因戴口罩产生的护肤困扰，也因此占领用户心智，成为众多消费者需要解决"口罩脸"问题时第一个想到的品牌。

第三，调整人员结构满足活动需求。林清轩引入专业主播团队，形成"专业导购+职业主播"的双元直播模式，职业主播具有丰富的直播经验、互动技巧、专业的产品介绍话术，能够烘托直播间气氛，带动观众互动参与的积极性和购物兴趣；专业导购凭借其自身对产品信息的掌握和所了解的护肤知识，能够更精准地展示林清轩产品的特色，为顾客推荐合适的产品。此外，为了适应直播活动，林清轩建立了三套线上班底：一是运营班底，负责策划、运营、商品、时间和坑位；二是建立系统的直播培训体系，搭建主播团队，让员工成为主播，把直播作为内部新人培训的闭环；三是搭建直播售后团队，做好客服工作。

第四，借助外部关系网络提升营销能力。由于导购缺乏线上直播经验，林清轩选择借助外力，利用企业外部的关系网络来提升营销人员的营销能力。自2017年开始，林清轩与阿里巴巴展开合作，多次成为阿里新零售的标杆企业。在林清轩开展直播活动之际，淘宝直播负责人联系到孙来春，派出专门负责直播的工作人员为林清轩470多名导购进行直播培训。正如林清轩工作人员所言"他们拉了一个470人的群，在群里手把手地教导购，包括怎么申请达人号，直播注意事项，方方面面和我们对接"。

第五，优化奖励措施提升员工热情。林清轩把全国导购线上业绩进行排名，每天前10名的导购会获得奖励。进一步地，林清轩尝试利用各种线上媒介来推动这种良性的内部竞赛，例如，在抖音上开展"ALL IN 抖音大赛"，让每个员工都拿着手机拍视频，看谁的流量大、点赞多且转化高，以此来评选十大抖音达人，给予奖励，调动员工的工作积极性。在良性的内部竞赛基础上，林清轩还为员工提供即时奖励，一旦成交关系发生，员工的手机就能立刻收到当前的业绩、排名以及提成，直接刺激了员工线上业务拓展的积极性。林清轩内部人员表示"这些信息其实对于一线的导购，让她们快速进入工作状态非常重要，可以起到像玩游戏一样的即时奖励，他们立刻感觉到太棒了，我又成交一单，我又种草一单"。

第六，营造良好的企业文化强化凝聚力。林清轩鼓励和倡导全员营销，除了门店导购，包括公司后勤、管理干部、从海外留学回来的博士生、研发人员、皮肤测试人员、人力资源部门、IT软件开发人员……在内的所有人，都参与到线上卖货中来。在这过程中，销售效果显著，甚至一些后勤人员一个礼拜也卖货100万元左右。通过这种全员营销的文化氛围，使得各个部门都能理解一线导购的工作，增强企业整体员工的凝聚力。与此同时，林清轩营造一种积极乐观的企业文化，在工作群中或者线上视频会议中，员工时常交流防疫知识、全员居家的一些生活经验，女员工会分享居家的护肤和健身方法。此外，作为企业领导的孙来春，亲自上阵直播间卖货，学习主播的样子给顾客介绍产品、与观众互动,这给员工带来很大的感染力。

截至 2020 年 6 月,林清轩线上销量同比上一年翻了 6 倍,线下同比增长 191%。疫情期间紧急实施的直播卖货不仅为林清轩带来销量与流量的双丰收,还让这家原来踏踏实实低调做产品的化妆品品牌闯入更多人的视野,成为疫情中突现的"黑马",提高了品牌声誉和影响力。

讨论:

1. 林清轩为了适应线上直播活动,营销组织结构和人员安排做了哪些调整?
2. 林清轩为了有效开展直播活动做了哪些努力?
3. 林清轩如何提升自身的营销能力?

拓展阅读

[1] JAWORSKI B J. Toward a theory of marketing control: Environmental context, control types, and consequences[J]. Journal of Marketing, 1988, 52(3): 23-39.
[2] HULT G T M. Toward a theory of the boundary-spanning marketing organization and insights from 31 organization theories[J]. Journal of the Academy of Marketing Science, 2011, 39(4): 509-536.
[3] MOORMAN C, DAY G S. Organizing for marketing excellence[J]. Journal of Marketing, 2016, 80(6): 6-35.
[4] HADIDA A L, HEIDE J B, BELL S J. The temporary marketing organization[J]. Journal of Marketing, 2019, 83(2): 1-18.
[5] KALAIGNANAM K, TULI K R, KUSHWAHA T, LEE L, GAL D. Marketing agility: The concept, antecedents, and a research agenda[J]. Journal of Marketing, 2021, 85(1): 35-58.

即测即练

第 15 章

社会责任营销与营销伦理

本章学习目标

通过学习本章,学员应该能够做到以下几点。
1. 理解企业社会责任的概念,了解企业社会责任的范围。
2. 理解社会责任营销的内涵,掌握社会责任营销的实施途径。
3. 了解社会责任营销的意义和原则。
4. 掌握社会责任营销的策略。
5. 理解营销伦理的内涵。
6. 了解中国企业的营销伦理问题,理解营销伦理问题的市场与社会效应。
7. 理解营销伦理建设。

引导案例

OPPO 转型中的"致善"理念与社会责任担当

OPPO 自 2004 年成立以来一直坚持以善为先,在科技变革的道路上不断探索。从 OPPO 由单一的手机公司向综合性的科技公司持续迈进的商业实践来看,其发展无疑是成功的。它的成功不仅归结于坚实的技术基础和勇于突破的创新精神,驱动其成功的另一个关键因素就是其对社会责任的担当。OPPO 将"科技为人,以善天下"作为品牌使命,在 2021 年 12 月的第三届 OPPO 未来科技大会上,创始人陈明永分享了科技为人的具体行动,再次强调了 OPPO 对致善科技的追求。陈明永认为,科技公司承担着重要的社会责任,科技越高速发展,坚持致善就越重要。在履行社会责任方面,2021 年,OPPO 成立了健康实验室,与各大高校、科研机构以及医院建立了合作关系,目的是推动"应对型医疗"向"预防型医疗"转变,帮助用户养成健康的生活习惯;OPPO 在 Find X3 系列手机上推出了"千人千屏"功能,以帮助色觉障碍用户获得更精准的屏幕显示效果;为了帮助老年用户更安全、更便捷地使用智能手机,OPPO 不断完善适老化设计,在 ColorOS 系统中增加了一系列适用于老年人操作的功能,并与社区联合,为老年人举办手机使用培训课。此外，OPPO 通过提高资源利用率、降低资源消耗、减少废水废气排放以及深耕绿色产品开发来积极践行对环境的保护。在生态共融方面，OPPO 与供应商建立了可持续的共赢发展模式。其帮助供应商推进企业社会责任能力建设；参与环境保护公益行动；为品学兼优的青年学生提供奖学金帮助计划；投身公益事业，开展慈善捐赠。2021 年 OPPO 的公益慈善捐助总额达到 6200 余万元。

OPPO 实现了从商业成功向担负社会责任的成功跃迁，"致善"理念和社会责任担当使其成为了一个真正有温度的企业。

15.1 企业社会责任

15.1.1 企业社会责任的概念

企业是社会的重要构成要素之一，其既是社会物质财富的创造者，也是社会非物质财富的贡献者，因此企业具有明显的社会属性。相应地，政府和公众也对企业提出了更高要求，即除了创造企业价值之外，也要为创造社会价值贡献力量，这就需要企业积极承担社会责任，存良知、行善举。企业社会责任概念的正式提出最早可追溯至 1953 年，当时美国学者霍华德·鲍恩（Howard R. Bowen）在《商人的社会责任》一书中从商人的角度出发，将社会责任界定为"商人对社会的义务在于其执行的政策、做出的决定或遵循的行动路线要与社会目标和价值观相一致"。[①] 霍华德·鲍恩认为，大企业掌握了巨大的权力并通过执行权力而不断追求更多利益，但它们的行为已经对社会造成了切实的影响，因此大企业有必要将这些影响考虑在内，并在此基础上对行为决策做出改变。《商人的社会责任》一书被认为开启了现代关于企业社会责任研究的新篇章，因此霍华德·鲍恩被人们形象地称为"企业社会责任之父"。

后来，随着企业社会责任实践和相关研究的深入，企业社会责任的内涵被不断丰富。2004 年，国际社会责任商业协会对企业社会责任做如下诠释："一家企业以一种能够满足或超越社会对它们的道德、法律、商业和公众期望的方式经营。"[②] 2005 年，现代营销学之父菲利普·科特勒（Philip Kotler）在《企业社会责任》一书中将企业社会责任定义为"企业通过自由决定的商业实践以及企业资源的捐献来改善社区福利的一种承诺"[②]。其中，社区是一个广义概念，包括了企业员工、商业合作伙伴、非营利组织或公共机构、其他普通公众以及环境。此后，学者们根据研究需要的不同对企业社会责任的定义进行了一系列延伸，到目前为止，学界尚未形成关于企业社会责任的一致概念，但企业承担社会责任的必要性和必然性已得到一致认同。

从企业社会责任的发展历程来看，其在最初仅被视为一种道德责任，企业履行社

---

① BOWEN H R. Social Responsibility of the Businessman[M]. New York: Harper & Row, 1953.
② 菲利普·科特勒，南希·李. 企业的社会责任[M]. 姜文波，等译. 北京：机械工业出版社，2011.

责任仅是尽道义上的义务；而企业真正关心的是自身利益，通过商业行为来更充分地参与经济建设，即企业社会责任也体现为一种经济责任。由于没有强制性的法律约束，部分企业仍然将解决社会问题视为"分外之事"。但随着经济的发展和企业的壮大，企业与社会之间的交互变得越来越频繁、越来越紧密，企业承担社会责任的必然性逐渐清晰，企业的各方利益相关者对企业是否履行了社会责任也给予了更充分的关注。在此背景下，很多人认为有必要针对企业社会责任立法，因此企业社会责任也正在演变为一种法律责任，由此来看，企业履行社会责任不仅是对经济责任的回应和对商业道德的践行，同时也是对法律要求的遵从。

2005年10月，我国对《公司法》进行了第三次修订，首次在规范性的法律文件中对企业的社会责任做出规定"公司从事经营活动，必须遵守法律、行政法规，遵守社会公德、商业道德，接受政府和社会的监督，履行社会责任。"2021年12月，《公司法》第六次修订草案提请十三届全国人大常委会第三十二次会议初次审议，修订案对企业社会责任进行了重点强化，为此增加规定——"公司从事经营活动，应当在遵守法律法规规定义务的基础上，充分考虑公司职工、消费者等利益相关者的利益以及生态环境保护等社会公共利益，承担社会责任；国家鼓励公司参与社会公益活动，公布社会责任报告。"通过对新旧两条法律条文的对比可以发现，修订草案将何为"遵守社会公德、商业道德"进行了更为具体的界定，明确强调企业对职工、消费者等利益相关者、生态环境及其他社会公共利益应给予充分关注。同时，对接受政府和社会监督的方法进行明确化，即鼓励公司公布社会责任报告。目前，我国中央企业和上市公司已在社会责任报告的披露上做出了积极表率，同时，部分有社会责任感的民营企业也积极对外发布企业社会责任报告、可持续发展报告或ESG报告（环境、社会及管治报告），以接受政府和社会的监督，如华为、OPPO、立白集团、杭州娃哈哈集团以及方太集团等。企业应有履行社会责任的自发性，积极寻求履行社会责任的途径和方法。

此外，我国证监会在2018年9月第一轮修订的《上市公司治理准则》中明确指出——"上市公司在保持公司持续发展、提升经营业绩、保障股东利益的同时，应当在社区福利、救灾助困、公益事业等方面，积极履行社会责任。"这是专门针对上市公司参与社会共建提出的最新要求。

15.1.2 企业社会责任的范围

企业践行社会责任应主要围绕对员工的责任、对消费者的责任、对供应商的责任、对社区的责任、对政府的责任、对环境的责任以及对弱势群体的责任等几方面展开。

1. 对员工的责任

员工是企业的内部客户，是企业生存和发展所依赖的核心资源之一，员工的利益与企业的利益密切相关，企业应秉承对员工的责任意识和采取对员工负责的行为来发展与员工之间的长期关系。不拖欠员工工资、改善员工的工作和生活环境、采用人性化的员工管理方法、培养员工能力、为员工提供发展平台等都属于企业对员工负责任的表现，是企业对社会责任的担当。

我国众多企业都在积极地履行对员工的责任。例如，比亚迪提出了一套完备的员工录用、管理与提升方案，其坚持"机会平等、量才录用"的原则，不以性别、年龄、民族、地域以及身体残疾等因素作为是否录用员工的标准，注重对人才的培养，坚持"造物先造人"的理念，采用包括课程面授、案例研讨以及实训拓展等在内的多种创新学习方式为全体员工提供培训，持续提升员工的工作技能与工作激情。在人才管理体系上，比亚迪实施"腾龙计划"，系统考核、择优选拔、重点激励、动态储备。在薪酬制度与员工保障方面，比亚迪采用物质激励与非物质激励相结合的模式，根据员工需求，每年对薪酬制度进行审查和修改，完善各种奖励机制和休假福利，为员工权益提供最大保障。同时，比亚迪还从饮食、住房、交通、医疗、子女教育以及特殊人群保护等全视角出发，以精细化的关爱服务进一步提升员工的幸福感。另外，比亚迪积极实施员工关怀，为员工开展空巢青年社交趴、欢乐家庭月、手游比赛、竞争杯篮球赛等各类活动，探索开拓业余文化生活的新模式，增设运动健身基础设施，尽最大努力满足员工的精神文化需求。完善员工健康管理体系，强化安全文化建设，为员工职业安全提供充分防护，比亚迪通过一系列的有效措施切实履行了对员工的责任。[①]

2. 对消费者的责任

消费者是企业经济利益的直接贡献者，也是企业获取市场信息和开发产品构思的关键参与者。企业应以负责的态度来对待消费者，提升产品质量，传递产品真实信息，真诚对待与消费者之间的关系，注重履行承诺，降低消费者购物的风险，为向顾客传递更大价值而不懈努力。当前很多企业为所生产的产品进行质量认证，在提升企业自身竞争力的同时，也履行了对消费者的责任。例如，中华制漆有限公司专门为市场提供油漆、涂料和涂刷装修辅料等产品，公司始终视品质如生命，将"品质为上""客户为先""环保为念"作为经营宗旨。在此宗旨指导下，公司积极对产品质量进行认证，并获得ISO 9001质量管理体系证书和ISO 14001环境管理体系证书，对客户放心采购做出承诺。此外，中华制漆还为客户提供便利的售前和售后服务，如通过涂料自助计算帮助客户估计涂料用量，避免浪费；通过多元防伪查询通道帮助客户确认产品真伪，降低用户购买风险；通过周一至周日的全天候在线服务与客户连线对话，为客户遇到的问题及时提供解决方案；通过涂料课堂和施工技巧为客户补充必要知识，帮助客户高效完成相应工作。

3. 对供应商的责任

企业对供应商的责任应主要从两个角度来考虑。第一，保证供应商利益的责任。供应商是企业最重要的合作伙伴之一，企业应积极维护供应商利益，如严格执行合作契约、信守对供应商的承诺、公平公开公正采购、做好风险及危机管理、开展项目合作等。第

[①] 资料来源：比亚迪官方网站. 2021年比亚迪企业社会责任报告[EB/OL]. [2022-01-15]. https://pdf.dfcfw.com/pdf/H2_AN202203291555836609_1.pdf?1648594899000.pdf.

二，使供应商充分履行社会责任的责任。供应商的社会责任意识直接关乎终端产品质量，企业应履行对供应商的帮扶责任，帮助其提升社会责任意识并更好地履行社会责任。

华为是履行对供应商责任的典型代表，其始终坚持以对供应商负责的态度积极探索与供应商构建长期关系。具体而言，华为为供应商建立了反馈渠道，接受供应商对华为员工和部门的不公平不道德行为的投诉，并对此进行认真处理与反馈，由此遵守对供应商的承诺。为了提升供应商能力，华为会定期开展供应商可持续发展培训与辅导，推进供应商能力提升项目，并面向供应商召开企业社会责任专题研讨会。2020年，华为与德国电信合作，利用移动电话应用程序开展供应链透明度调研，通过客户与供应链工人之间的互动问答，帮助供应商识别在社会责任方面存在的问题并探讨改进方法。在疫情期间，华为还通过风险识别、经验分享等方式，借助资源保障和人力保障等措施协助供应商安全地复工复产，为其快速解决发展危机提供大力支持。①

4. 对社区的责任

企业和社区之间也存在密切关联，社区为企业提供给了部分基础设施，为企业的外部环境安全提供了保障，同时企业也为社区的发展和社区人民生活质量的提升贡献了宝贵力量。企业应该关注与社区的和谐共建，一方面，企业必须杜绝诸如向周边排放污水、有害气体和制造噪声污染等不良行为；另一方面，企业要有为社区服务的意识，包括吸纳社区人员就业，积极参与社区文化与设施建设。

对社区履责正在为我国众多企业所践行。例如，大华建设项目管理公司丹江口分公司积极督促员工参加社区防疫工作，针对社区为居民运送物资难的问题，公司向社区捐赠了一辆电动车，为社区更好地服务居民提供便利。为此，社区支部书记激动地表示，电动车解决了社区的大需求。②

5. 对政府的责任

政府是规范、引导和推动社会发展的核心力量，但社会共建和创造共享价值需要企业的高度参与。企业应将做一名合法的好公民视为基本的社会责任，如合法经营、依法纳税，严格遵守政府的规章制度，为政府税收和区域经济发展贡献力量。同时，企业应在能力范围内寻求更多途径来为政府排忧解难，其他一些减轻政府压力的举动也可被视为对政府的履责行为。例如，中国贵酒集团积极响应政府号召，高度重视疫情防控工作，把配合政府疫情防控措施写进《录用条件确认书》中，将其作为员工录用的一个重要标准。此外，集团积极探索减少人员接触的在线业务模式，尝试开展线上招聘会，组织线上客户拜访与互动，借此降低疫情扩散的风险，力所能及地为政府减轻负担。③此举也是

---

① 资料来源：华为官方网站. 华为投资控股有限公司 2020 年可持续发展报告[EB/OL]. [2022-01-06]. https://www-file.huawei.com/-/media/corp2020/pdf/sustainability/sustainability-report-2020-cn.pdf.
② 资料来源：水都网. 大华公司：践行社会责任 助力社区服务居民[EB/OL]. [2022-02-11]. https://www.hbdjk.com/html/2020-06/157744.html.
③ 资料来源：海外网. 中国贵酒集团董事长韩宏伟：积极响应政府号召，打赢疫情防控和企业发展两场硬仗[EB/OL]. [2022-02-11]. https://baijiahao.baidu.com/s?id=1727539762078254895&wfr=spider&for=pc.

对政府负责的一种表现，同样体现了企业履行社会责任的态度和决心。

6. 对弱势群体的责任

弱势群体是社会中的特殊群体，他们应该得到更多的关爱，企业有必要也有能力参与其中，这是社会文明与进步的重要表征之一。企业可以通过扶贫帮困、救死扶伤、安置残疾人就业、推动社会公平（减少对部分弱势群体的社会歧视）、针对弱势群体无法被满足的需求空缺开发专项产品等方式来履行对弱势群体的责任。

近日一则"白象三分之一员工是残疾人"的帖子冲上热搜，其实白象食品集团早在成立之初就热切关注残疾人就业问题，大量吸纳残疾人进入企业并为他们安排合适的岗位，切实解决了部分残疾人的"就业难"困境。2020年，白象食品集团成为山东省残疾人就业示范基地，进一步扩大了对残疾人的就业帮扶力度。除此之外，白象也热衷于对贫困学生的爱心捐助：通过参与"春蕾计划"，帮助600余名失学女童重返校园；与河南省宋庆龄基金会共同设立了"白象大学生成长基金计划"，资助家庭贫困的优秀大学生顺利完成学业，并扶持他们返乡创业。

7. 对自然环境的责任

企业处于自然环境之中，企业利益与自然环境的利益密不可分。自然资源是企业生产的重要输入，而企业的生产又会对自然环境产生深远影响。对资源的过度开采、浪费、环境污染、生态破坏等都导致了企业与自然环境的冲突，是企业缺乏社会责任感的重要体现。习近平总书记在党的十九大报告中重点强调了坚持人与自然的和谐共生——"建设生态文明是中华民族永续发展的千年大计。必须树立和践行绿水青山就是金山银山的理念，坚持节约资源和保护环境的基本国策，像对待生命一样对待生态环境……"由此可见对自然环境履行责任的重要意义。

履行对自然环境的责任已成为我国众多企业所开展的一项重要工作。例如，瑞恒茂科技发展集团将生态环保理念融入企业文化，为了保护北大港湿地的自然生态，促进生态功能的稳定向好，集团与天津农行、正威国际和紫竹林投资控股等多家企业共同携手成立了滨海湿地保护企业家联盟，组建志愿者服务队、宣传与普及湿地保护知识、规划建设湿地生态植物园，通过多种措施全面保护湿地生态资源，维护生态平衡。[1]

15.2 社会责任营销

15.2.1 社会责任营销的内涵与实施途径

1. 社会责任营销的内涵

在社会责任感的主导下，企业将社会责任融入营销实践之中，进而形成了社会责任

---

[1] 资料来源：瑞恒茂集团官方网站. 关爱生态环境[EB/OL]. [2022-02-11]. http://www.ruihengmao.cn/info-20.html.

营销。从营销观念的发展历程来看，其经历了从生产观念、产品观念、推销观念、市场营销观念向社会营销观念的转变。根据社会营销观念，企业营销应该同时满足盈利目标、顾客需求和社会利益，顾客需求和社会利益在主导着企业的产品开发与生产，而企业盈利目标的实现则依赖比竞争对手更快更好地向市场交付具有上述特征的产品。很明显，在社会营销观念下，企业承担社会责任的重要性得到了体现，相应地，社会责任营销也应被现代企业积极践行。

从狭义来看，社会责任营销是指企业在承担一定社会责任的同时，借助新闻舆论和广告宣传改善企业的声誉、美化企业形象、提升品牌知名度、提高客户忠诚度，最终增加销售额的营销形式[①]。在此视角下，企业关注的是自己的单边利益，而仅将承担一定的社会责任作为获利的策略性诱饵，这难免会让企业一边承担社会责任（如慈善捐赠、就业帮扶、危困救助）而另一边却在践踏社会责任（如产品造假、欺诈定价、环境污染），使承担社会责任成为商业作秀，与满足和创造社会利益的初衷背道而驰。

因此，企业应充分结合社会利益来挖掘社会责任营销的内涵——社会责任营销是指企业以履行社会责任和解决社会问题为基础开展营销活动，是追求企业与社会的共同发展和创造双边长远价值的一种战略选择。社会责任营销将实现企业目标与达成社会目标合二为一，主导企业将缓解或解决社会问题、满足社会需求作为自身发展的重要驱动力，要求企业对维护和增进社会利益做出长期承诺。为此，企业应将社会责任内化于企业自身的价值观、愿景、使命或宗旨之中，确保履行社会责任贯穿企业生命的始终。由此可见，实施社会责任营销的关键在于关注社会责任与营销过程的嵌入性以及与营销结果的相辅性。

2. 社会责任营销的实施途径

社会责任营销的实施途径有很多，公益营销、事业关联营销、企业社会营销、企业慈善捐赠、社区志愿者活动以及社会责任商业实践被认为是企业承担社会责任的最佳营销模式，企业可以选择以上几种主要途径开展和推进社会责任营销。[①②③]

（1）公益事业宣传

公益事业宣传是指企业通过提供资金、非现金捐赠或其他企业资源促进公众对某项公益事业的关心和了解，或者为某项公益事业的募捐活动提供支持。公益事业宣传的核心在于宣传推广，企业需要设计有吸引力和感召力的宣传语或广告词来与公众进行沟通，唤起他们对公益事业的关注并激发他们亲自参与到公益事业中，通过奉献自己的时间、金钱和其他非货币资源推进公益事业的发展。

企业可以借助3种方式来开展公益事业宣传。第一，接受非营利组织的邀请，参与其发起的公益事业宣传。第二，主动发起一项公益事业宣传，与能够为其助力的相关组

---

① 李怀斌，毕克贵. 市场营销学[M]. 北京：清华大学出版社，2012.
② 菲利普·科特勒，南希·李. 企业的社会责任[M]. 姜文波，等，译. 北京：机械工业出版社，2011.
③ 菲利普·科特勒，凯文·莱恩·凯勒. 营销管理[M]. 15版. 何佳讯，等，译. 上海：格致出版社，2019.

织接洽，双方通过合作共同推进相关工作。第三，主动发起一项公益事业宣传，不邀请任何外部组织，企业自己策划相关活动，并对活动过程进行管理。

公益事业宣传的成功开展能为企业带来较好的营销效果。增加顾客对企业或品牌社会责任感的感知，从而提升顾客的满意度和忠诚度，使顾客形成良好的品牌偏好。同时，为顾客和员工参与公益活动、贡献公益事业提供了便捷通道，使他们可以用实际行动表达对社会的善念，践行对社会的责任担当，这一方面有利于增加员工对企业的认同和忠诚，是内部营销的一种成功体现；另一方面，这也有益于促进顾客与品牌共同成长的积极愿望，增强了企业扩大市场份额的潜能。然而，公益事业宣传有时对企业的贡献可能是比较有限的或为企业带来一定的负担：当与多家企业一起赞助某项公益事业宣传时，企业的名字和贡献很可能被淹没；宣传活动容易被复制，当竞争对手也参与或发起相同或类似的宣传时，企业很难借此实现预期的营销效果；受该项公益事业启发，与该公益事业相关的其他组织很可能与企业联系，询问相关事宜，这无形中分散了企业的时间和精力。

营销与中国

"诗歌"与"远方"——中国银联与农夫山泉携手公益促发展

中国银联于2019年7月发起了一项"银联诗歌POS机"的公益项目，只要用户使用云闪付App、银联二维码、银联手机闪付或银联卡在POS机上捐赠一元钱，就能获得一张印着山区孩子所写诗歌的精美"小票"，该公益活动旨在帮助山区孩子通过自己的才华有尊严地获得帮助，同时号召社会各界关爱山区留守儿童。为了扩大宣传力，中国银联与农夫山泉展开合作，农夫山泉对部分产品的外包装进行了重新设计，以"银联诗歌POS机"为标题，将山区孩子所写的诗歌印到矿泉水的瓶体包装上，向市场推出超过一亿"诗歌瓶"，将诗歌内容进行更广泛的传播，使孩子们的心声和才华走出深山。这些诗歌既体现了孩子们的纯真与质朴，也表达了留守孩子对远赴他乡工作的父母的深深思念。只要购买者扫描瓶身二维码，就可以听到孩子们读诗，也可以对孩子们进行助力捐赠。该项公益事业宣传活动所募捐的善款已经被陆续用于帮助河南南阳、新疆喀什、安徽怀远、云南南华以及四川绵阳等地的家庭困难的山区儿童接受艺术教育。此宣传活动也帮助中国银联与农夫山泉获得了更好的品牌声誉，巩固和扩大了顾客基础。

（2）事业关联营销

事业关联营销是指企业基于产品销售额或按照销售额的一定比例来捐助某项公益事业的营销方式。事业关联营销的显著特点就是捐助数额的多少直接取决于产品的销售额，使公益事业的效果与营销结果紧密关联。

企业可以选择以下几种方式来开展事业关联营销。第一，与外部慈善组织合作；第二，直接利用本企业自己的基金会或非营利组织；第三，与其他营利性企业进行合作，共同募集善款。其中第一种是企业最常采用的方式,企业与慈善组织合作,双方达成互利共识,前者的成功将为后者带来更多的慈善捐款,而前者也将借助对后者的支持而持续提高市场影响力和盈利能力。企业需要对接某个特定的慈善组织,双方之间可在特定的时间段展开合作,也可以构建长期的合作关系。鉴于双方实现目标的关联性,企业往往需要与慈善组织签订正式的协议或达成正式的配合,共同制订一个详尽的活动计划。事业关联营销在扩大品牌影响力、吸引新顾客、提升产品销售量、构建具有社会责任感的企业文化、增加员工认同以及吸引人才等方面往往能够发挥重要作用。

营销与中国

一两拨千金,携手向"未来"——百盛中国的扶贫项目

2008年,中国扶贫基金会携手百胜中国打造了"捐一元·献爱心·送营养"扶贫项目,共同向全国发起募捐活动,倡议"人人公益"。活动所得的慈善捐款用于为欠发达地区的儿童提供营养加餐、为当地学生和教师普及营养知识以及为当地学校购置爱心厨房设备。百盛中国特意为旗下的肯德基、必胜客、塔可贝尔和COFFii&JOY等品牌量身定制了"捐一元"的专属爱心套餐,消费者在活动期间每购买一份爱心套餐,品牌将从销售额中捐出一元钱用于扶贫项目,借此号召公众用实际行动参与爱心公益。截至2021年底,约1.3亿人次参与了该项目,累计筹款金额逾2.3亿元人民币,这些善款共使79.7万人次儿童受益,累计提供约5280万份营养加餐,并为1261所学校配备了节能环保的现代化爱心厨房设备。

(3)企业社会营销

企业社会营销是指企业根据自身的发展战略或战略目标,支持一项行为改善活动的策划和实施,以达到改善公共健康、公共安全和环境保护等目的进行的营销方式。企业社会营销的显著特点是以改善为核心,企业可以利用营销手段来影响目标受众,使他们愿意为了个人、群体或整个社会的利益而自觉减少、改正或放弃某种不良行为,如吸烟、排放汽车尾气、忽视交通安全、制造电子垃圾以及浪费和污染水资源等。

企业可以选择以下三种方式来开展企业社会营销。第一,与公用事业机构或非营利组织合作;第二,与其他营利性企业合作;第三,企业独立策划和实施行为改善活动。由于企业社会营销的主题往往直击社会问题,因而比较容易引起目标受众的共鸣。如果营销手段或方法运用得当,则会产生比较好的社会效应,同时也能为企业带来很好的营销效果。

(4)企业慈善活动

企业慈善活动是指企业通过现金拨款、捐款或非现金服务对慈善机构或公益事业进行直接捐助。对于慈善机构和公益组织而言,个人捐助的现金数额或所贡献的非现金资源通常较为有限,相比之下,企业的慈善捐助是善款和支持性服务的主要来源,因此意

义尤显重大。

目前来看，参加慈善活动是企业最常采用也是最为传统的一种慈善行为，但其通常存在这样一个弊端——具有不可避免的间断性、临时性、短暂性甚至一次性等特点。因此，对于企业而言，慈善活动的价值贡献可能就比较有限了。很多企业也注意到了这个问题，于是它们正在努力改变这一现状——不将慈善捐助视为应对外部压力的一种临时手段，而是将其与企业自身的发展规划相结合，选择具有战略性的慈善主题，使其成为促进企业长期发展的一项战略举措。借助战略性慈善活动，企业与慈善机构或公益组织的关系变得更紧密，能够为自己带来更大的社会关注与反响，可帮助企业树立良好的公众形象，也有利于企业获得政府认可，这些都将为企业的成长与壮大提供重要支持。

营销与中国

慈善筑"爱"——爱尔眼科的"光明"行动

爱尔眼科多年来一直致力于防盲治盲和脱贫攻坚等公益事业，并积极投身慈善活动，与包括中国红十字基金会和中国华侨公益基金会等在内的多家全国性公益组织携手建设全眼科公益救助体系，仅在2020年一年间，爱尔眼科所捐赠的资金就高达3.1亿元。此外，截至2020年年底，爱尔眼科与29家红十字会角膜捐献接收站建立了合作关系，以10家爱尔眼库为平台，积极联合发起、推进和参与"你是我的眼——角膜移植公益行"项目和万人复明工程项目，走进全国31座城市并惠及"一带一路"沿线国家，为贫困的角膜患者和其他眼疾患者提供救助，帮助他们重见光明。爱尔眼科还实施了精准健康扶贫计划，面向陕西、甘肃、青海、内蒙古、黑龙江及重庆等30个省份的患有白内障、胬肉和青光眼的贫困患者提供必要的手术救助。2021年9月，我国民政部对慈善领域的先进典型进行了表彰，爱尔眼科成为了"中华慈善奖"的获奖者之一。爱尔眼科所开展的公益事业得到了媒体的争相报道与广泛宣传，扩大了患者基础，构建了与患者之间的情感关联，拉近了与患者之间的距离，由此达到了很好的营销效果，也助力了企业的可持续发展。

（5）社区志愿者活动

社区志愿者活动是指企业支持和鼓励员工、零售商以及特许经销商等合作伙伴奉献他们的时间、知识、创意、技能和体力来支持当地的社区组织和公益事业。企业所给予的支持主要包括带薪的志愿服务、优秀志愿团队或志愿者表彰、帮助员工找到新的兴趣或机会并将其开发为一项可持续的公益项目。由于员工参与社区志愿者活动占用了工作时间或牺牲了休息时间，因而社区志愿者活动被很多人视为企业最真诚的社会活动之一。

企业可以根据自身的发展规划来选择开展哪些社区志愿者活动，也可以由员工和商业合作伙伴自行选择与企业经营目标相匹配的志愿者活动。一项富有战略性的选择可带来很多好处：帮助企业与社区组织和社区公众建立紧密关系，为企业在当地的稳定经营奠定基础；员工通过公益奉献，释放自己的爱心，使自己的善举得到企业的认可和褒奖，那么，员工对企业的满意度和忠诚度也会相应提升；为企业产品和服务的展示提供机会，促进品牌推广，并增加盈利潜能。

营销与中国

农夫山泉"很是甜"——深耕社区志愿者活动

"我们不生产水，我们只是大自然的搬运工"一句耳熟能详的广告语，让公众牢牢地记住了农夫山泉。农夫山泉积极开展了一系列社区志愿者活动，而这些活动均有利于支持、巩固和强化农夫山泉的品牌定位。如员工深入社区，积极投身植树造林，同时部分经销商的工作人员也对植树造林活动报以了极大热情，用切身行动为保护水土、净化空气、美化环境、降低污染贡献力量；员工每月都会抽出几天时间开展清除垃圾等公益活动，如到农夫山泉水源地之一的千岛湖湖边捡拾垃圾，践行和倡导对水源的自觉保护；开展食安科普，由员工为当地民众普及水质知识；邀请小学生和老师走进农夫山泉生产基地，通过员工对天然水生产流程的讲解并借助"鉴别水质"等有趣实验帮助学生了解健康饮水的相关知识。这些公益活动的效果与所传达的理念均与农夫山泉所倡导的环保理念、天然理念和健康理念相吻合。根据农夫山泉对外发布的最新一期《可持续发展报告》，在2020年，员工参与社区公益志愿活动的总时数已达到60191小时。

（6）社会责任商业实践

社会责任商业实践是指企业自觉履行企业公民责任，积极地开展符合社会发展趋势、符合社会道德、符合利益相关者（如消费者、员工、商业合作伙伴、非营利组织或机构、其他普通公众等）和环境利益要求的一系列内部和外部活动。企业可开展的实践范围非常广泛，如使用可持续原材料、开发绿色产品、全面披露产品危险信息、安全升级设备、选择履行社会责任的渠道中间商、保护消费者信息、援助员工、兼顾社区利益的零售店选址等一系列的道德行为。企业可选择以下两种方式来开展社会责任商业实践：第一，自己策划并实施相应活动；第二，与其他组织合作完成，如与供应商共同探索无环境污染的新材料的开发。

营销与中国

万科的绿色理念与实践

万科集团是房地产行业实行绿色开发、布局绿色建筑的领军企业，其坚持绿色经营理念，推进绿色建筑设计、绿色建造与施工，持续优化能效管理、水资源管理和废弃物管理，用实际行动践行对环境的善待并向客户交付高质量的绿色住宅。万科的绿色行动从绿色材料供应的源头抓起，按照供应链企业环境合规化和节能减排水平、室内装饰人造板及其制品的甲醛控制水平、铝合金无铬钝化以及木材来源合法化等一系列指标来选择绿色供应商。在绿色建筑方面，万科采用节能设计，研发保温结构一体化体系，并将屋顶绿化、下凹式绿地和雨水花园等作为绿色建筑设计的基本要素，借此增加环境宜居性。万科还积极推进绿色施工，编制节约用水、节约用电和降噪方案，控制扬尘以降低空气污染，设置污水处理设施，对工地废弃物实行分类收集并进行及时清运。习近平总书记曾提出"绿水青山就是金山银山"，万科切实秉承这一科学论断，通过节约能源资源和减少可能对环境造成污染的采购、设计和施工全流程等途径践行对生态环境的保护，为社会和环境的可持续发展贡献了一分力量。

15.2.2 社会责任营销的意义

1. 有利于提升品牌知名度和美誉度

社会责任营销使企业积极承担和切实履行社会责任，塑造和展现有益于公众、有益于环境、有益于社会发展和社会福祉的良好形象，帮助企业改善品牌形象，促进品牌宣传，激发品牌情感，由此促使品牌知名度和美誉度的提升。

2. 有利于提升企业合法性

合法性是指在一个社会构建的规范、价值观、信念和定义体系中，公众对组织行为的恰当性、合适性和合乎期望性的普遍认知和假设。[①]根据制度理论，制度环境对处于场域中的企业产生了三种制度压力——规制压力、规范压力和认知压力，3种制度压力会对企业行为产生重要的影响和塑造作用，当企业的行为能够有效应对3种制度压力或满足制度要求时，企业更容易获得合法性。[②]以规制压力和规范压力为例，首先，规制压力是来自于法律、法规或政策的一种强制性力量，如《环境保护法》针对污染环境和破坏自然资源等行为提出了明确的惩罚办法，该法律以强制性的手段来促进企业与自然环境的和谐共生。社会责任营销意味着企业履行保护自然环境的社会责任将有利于其获得和提升企业合法性。其次，规范压力通常来自于专业团体和其他社会行动者，他们为群体成员定义了期望的行为和标准。如中国纺织工业协会主导制定了《CSC 9000T 中国纺织服装企业社会责任管理体系》，针对企业的管理体系以及一系列社会责任行为建立了考核标准。实施社会责任营销的纺织服装企业更可能达到考核标准，获得认证，进而增强自身的合法性。

3. 有利于培育长期导向的顾客关系

首先，社会责任营销促使企业真正从顾客需求出发并以对顾客负责的态度和行为来

---

① SUCHMAN M C. Managing legitimacy: Strategic and institutional approaches[J]. Academy of Management Review, 1995, 20(3): 571-610.

② PENG M W. Institutional transitions and strategic choices[J]. Academy of Management Review, 2003, 28(2): 275-296.

为顾客创造和交付价值，顾客利益能够得到更大程度的满足和保障。其次，社会责任营销通过将品牌与某项公益活动或公益事业联系起来，一方面能够为顾客创造丰富的品牌联想，在质量和价格等条件相同的情况下，多数顾客更愿意选择与公益存在关联的品牌，也就是说，社会责任营销可增强顾客的品牌偏好；另一方面其也为顾客提供了向社会奉献爱心、履行公民责任、参与社会和谐共建的渠道，增强了消费者的荣誉感和对品牌的认同。上述因素均为企业培育长期导向的顾客关系奠定了坚实基础。

4. 有利于增加员工对企业的认同和承诺

首先，当企业将履行社会责任和解决社会问题作为营销基础时，能够激发、培养和强化员工的社会责任感和使命感，员工会赋予工作以更大的价值评价，由此增加他们对企业的认同和归属感。其次，社会责任营销也承载着企业对员工的责任，这就是内部社会责任营销，通过加强安全生产、改善员工福利、平等对待员工、提供技能培训、扩大晋升通道等为员工谋幸福、谋发展的方法与举措，使员工团结协作，更好地为社会责任营销目标的实现贡献力量。这一过程有助于提升员工的工作热情，增加他们对企业的情感承诺，并促进其与企业关系的稳定性。

5. 有利于企业从社会问题中发现商机

社会责任营销使企业关注如何解决社会问题、满足社会需求。彼得·德鲁克（Peter Drucker）认为，"一个社会问题就是一个商业机会。"社会价值投资联盟主席马蔚华也提出，"所有的社会问题只有把它变成有利可图的商业机会的时候，这些问题才能根本解决。"由此可见，社会问题其中蕴藏着或本身就是商业机会，社会责任营销可以帮助企业发现商机，迎接新的外部机遇。例如，吉利控股集团从个人信息安全、个人生命安全、生态失衡与环境危机等方面的社会问题中发现商机，将电气化、智能化、人性化理念充分融入产品设计中，开发了全球首款三座总裁级专享豪华轿车 S90 荣誉版，为用户创造私密、健康和环保的专属空间，得到了用户的青睐，并获得了较好的社会效应。①

6. 有利于促进企业的可持续发展

社会责任营销将创造经济价值和社会价值的双重目标紧密结合，通过解决社会问题，推动社会的和谐永续发展而带动企业的可持续发展。具体而言，消费者更容易认可、接受并支持一家有社会责任感的企业，同时消费者对企业和品牌的积极联想也可激发他们的购买意愿，降低对广告等传播工具的质疑与不信任，由此提升企业的获利能力和长期发展潜力。

15.2.3 社会责任营销的原则

社会责任营销需要坚持社会性、盈利性、可持续性、制度性和公平竞争性等五大原则。

---

① 资料来源：正和岛. 注意了! 李书福: 这 3 大中央关注的社会问题, 将造就巨大商机[EB/OL]. [2022-06-22]. https://baijiahao.baidu.com/s?id=1588394050069457917&wfr=spider&for=pc.

1. 社会性原则

社会性原则是指营销行为以履行社会责任、解决社会问题和为社会创造价值为核心的原则。社会性原则是社会责任营销的最基础原则，它为企业的营销行为指明了方向，对具体营销行为的采纳与实施起到了关键的约束与规范作用。社会责任营销首先要保证营销行为对社会是有利的，它应该从社会问题中发现尚未被满足的需求，然后采用科学可行的方法予以满足。企业是解决社会问题的重要参与者，是社会文明的重要建设者，更是社会实现更好更快发展的重要驱动者，而营销是企业创造价值的关键工具。因此，将社会性作为社会责任营销的首要原则对社会价值的创造而言意义重大。

2. 盈利性原则

盈利性原则是指营销行为以实现盈利为目标的原则。企业是营利性组织，企业运营需要资金投入，企业的生存更需要依赖利润目标的实现。因此，从企业的根本属性出发，社会责任营销必须兼顾盈利性原则。

与一般性营销相比，社会责任营销实现盈利的途径或工具会有明显不同。社会责任营销要求企业以对员工、消费者、供应商、政府、社区、弱势群体、自然环境和整个社会负责的态度开展营销实践，因此企业需要对原有的营销战略和营销策略进行调整，以更符合社会利益的方式实施具体的营销行为，在此基础上实现目标收益。换句话说，社会责任营销促使企业以满足社会利益的方式创造经济利益。

3. 可持续性原则

可持续性原则是指营销行为可长期实施以及社会与企业可借助营销行为实现可持续发展的原则。

首先，关于营销行为的可持续性。社会责任营销符合推动社会发展的根本要求，因此应该被企业当成一项长期事业来对待。从另一个视角看，有些企业将承担社会责任作为应对外部压力的应急性措施，履责行为并不是为了持续地服务于解决社会问题，在这种情况下，相应的营销行为很可能成为了一种"伪社会责任营销"。因此，社会责任营销要求企业彻底改变营销基因，转变营销思维，以社会需求和利益的切实满足为导向来持续推进开展营销实践。

其次，关于社会和企业的可持续性。社会责任营销必须能够贡献于社会和企业自身的可持续性发展。有些企业通过义卖来为需要帮助的对象筹集善款，同时也借此实现对品牌的宣传与推广。然而义卖这种形式有时饱受质疑，很多公众会质疑善款的最终去向和企业义卖的真实动机，除非过程管理得当，否则义卖往往无法达到理想效果，被帮扶对象的问题也可能难以得到解决，更无法为企业实现预期的营销效果，这不利于创造社会和企业的双重价值，也就无益于推动它们的可持续发展。因此，社会责任营销必须以可持续性为原则。

4. 制度性原则

制度性原则是指社会责任营销在企业内部被制度化的原则。也就是说，企业将以履行社会责任为基础来开展营销活动作为企业内部普遍认可和接受的固定化营销模式，并为之建立相关的营销管理制度或规范营销行为的各种规则，同时将社会责任内化到企业的使命、愿景、精神、价值观及宗旨之中，以确保营销工作的顺利实施。当社会责任营销被制度化后，所有相应的营销行为都将有序进行，营销人员有了更强的目标性和内部凝聚力，企业对营销结果也有了更清晰的衡量标准。由于社会责任营销是顺应时代和社会发展的必然产物，其对社会和企业具有不可忽视的重要意义，因此企业应通过将之制度化来确保这一营销模式或是营销事业能够顺利、平稳地向前推进。

5. 公平竞争性原则

公平竞争性原则是指企业追求公平竞争而非违背商业伦理的行为来实现营销目的的原则。社会责任营销应不违背公平竞争的原则，这是不破坏市场秩序的重要前提，而市场秩序的稳定也是商业文明和社会进步的重要体现，与企业对社会负责的内涵相一致。在打破公平竞争状态时，企业很可能招致竞争对手的恶意报复，导致社会责任营销目标无法充分实现，即企业的营销能力无法充分发挥，进而无法更好地维护社会利益和创造社会价值。

15.2.4 社会责任营销策略

社会责任营销策略强调以社会责任为导向。因此，与一般的营销策略相比，前者聚焦于以对消费者、其他利益相关者和社会更负责任的方式开展营销活动或制定行动方案。本节将围绕与一般营销策略存在差异化的具体策略而展开。

1. 产品策略

（1）产品开发策略

一是安全产品开发。在向消费者交付价值之前，企业首先要保证所开发的产品是能够满足消费者需求的。社会责任营销还有一个重要的前提，就是要确保所开发的产品是安全的，用安全的产品来更有效地满足消费者的需求，这是对消费者负责的重要表现。为了保证产品安全，企业需要对产品的创意设计、概念开发、新产品研制（样品试制以及实体模型开发）等关键环节进行严格把关。

具体而言，评价一个产品创意是否为"好的创意"要以产品设计的安全性为基础，然后再考虑创意对需求的满足性、创意的盈利性以及创意与企业长期发展战略的匹配性，如"小太阳"产品虽然有取暖快、搬运方便等优点，但其容易引发明火，造成极大的火灾隐患，那么这一产品的设计创意就是存在缺陷的。在概念开发环节，产品概念可采用能体现产品安全和质量的文字表述或具有同等功效的图像与模型，同时要保证产品的实际安全性要与产品概念严格匹配。在新产品研制环节，样品试制应该采用对人体无毒无害的原料，如果含有一定的有毒有害物质，也要在后期生产中采用科学的技术手段对其进行消除，如婴儿奶嘴由于用料的原因会含有危害婴儿健康的挥发性化合物，但负责任的企业会将去除挥发性物质作为一道重要改进工序，据此保证产品安全。

二是高质量产品开发。企业应在产品安全的基础上持续提升产品质量，为消费者交付高质量的产品是企业对消费者应尽的责任和义务。菲利普·科特勒将产品质量划分为两个维度——质量水平和一致性。[①]其中质量水平反映了产品的性能质量，即产品实现功能的能力，对先进技术的利用是提升产品质量水平的重要基础。例如，老板大吸力油烟机的主要功能在于对油烟的超强吸力，该产品利用高效的计算机程序算法来实现智能控油——通过对油烟的识别、烹饪温度变化的判断、智能双控双吸以及无盲区吸力覆盖来完成智能化的超强静吸。质量一致性是指产品的符合性质量，其要求产品没有缺陷，能够保证"物有所值"。符合性质量为企业在产品质量的保证上提出了最低要求，致力于社会责任的企业应超越这一最低要求，对产品质量进行持续优化。

以环境保护和人与环境和谐共生为导向，企业应该关注对绿色产品的开发。具体而言，绿色产品是指在生产、使用及处理过程中不会对人体健康和环境产生危害或危害极小的产品，如原材料取自自然、无任何添加剂的绿色食品，由天然作物制成的环保服装，节能、可回收再利用的绿色家电和绿色电子产品，节能减排的绿色建筑等。对于绿色产品的开发，企业要将生态、环保、节能、无害的主导理念贯穿于产品开发的全流程，并使相同的理念贯穿于产品生命周期的每一阶段。

三是空缺产品开发。对于低收入群体而言，他们的需求往往无法得到充分满足，这是当前存在的社会问题之一。空缺产品开发是指企业针对低收入群体的需求，为他们提供目前无法从市场上获得的产品。

低收入群体处于金字塔的底层，其生活需求构成了一个开发尚不充分的巨大市场。在国际金融论坛 2021 春季会议上，国务院参事汤敏提到，中国的中低收入阶层大约有 10 亿人口，其中并不包括中产阶层，且很大一部分属于低收入人群。虽然低收入人口数量较大，但能消费的空间却较小，他们并不是没有钱，而是现有的产品不符合他们的要求。因此，企业需要创新，尤其是从事社会责任营销的企业需要满足这部分弱势群体的需求。

空缺产品开发要求企业结合自身经营的产品品类，有针对性地对低收入人群的产品或服务需求进行调研，产品的开发应采用简约原则，降低产品的复杂性以减少产品成本，但产品的质量不能打折，应得到充分保证。

（2）产品包装策略

在社会责任营销中，产品包装策略应主要围绕适度与环保包装、诚信包装、安全警示包装和经济化包装等几方面来展开。

[①] 加里·阿姆斯特朗，菲利普·科特勒. 市场营销学[M]. 12 版. 王永贵，等，译. 北京：中国人民大学出版社，2017.

一是适度与环保包装策略。适度与环保包装策略是指产品包装的设计、制作或为产品打包的过程应遵循适度和环保的原则——杜绝过度包装以免造成资源浪费和环境污染；杜绝环境不友好包装，以免对环境造成直接危害。适度与环保包装原则要求包装应做到以下几点。

第一，在对产品起到保护作用的基础上，包装应具有简约性，不应为达到保护之外的其他意图而采用多重包装；第二，不采用高价值的"豪华"包装，不能将成本转嫁给消费者；第三，包装材料要环保，坚持包装的可回收、可循环和可降解，避免对环境造成污染。

二是诚信包装策略。诚信包装策略是指产品包装的设计、制作或为产品打包的过程应遵循诚信原则——包装上所注明的所有信息（包括文字、图形和数字）都必须是真实可靠的，也就是说，企业要根据产品在质量、性能、功能、所含主要成分、颜色、重量、尺寸、形状、生产日期和有效期等方面的真实情况来提供信息，以保证包装不对消费者产生误导作用。这就要求企业要有商业道德和诚信品质，不能有意地在包装上提供虚假信息，同时，企业还要对包装做好分类管理，以免出现错包、乱包的现象。

三是安全警示包装策略。安全警示包装策略是指产品包装的设计和制作过程应遵循安全警示原则——在包装上清楚标示出安全注意事项。具体而言，第一，有些产品具有易碎、易损、易坏的特征，这类产品的包装上应清晰地注明有关产品搬运、储藏、使用以及维护等方面的安全注意事项。第二，有些产品若使用不当会存在较大风险，如充电器（手机、电瓶车等）、杀虫剂、电动平衡车、儿童玩具等，这类产品的包装上也要清晰注明产品使用的风险性和使用时的注意事项，要将风险警示和防护提示落实到位。尤其是针对老人、儿童、孕妇、残疾人和疾病患者提供的专属用品，包装上的警示和防护信息更要完整明确。第三，针对高热量食物能够导致肥胖并诱发其他疾病出现等社会问题，食品包装上除了包含《预包装食品营养标签通则》所要求标注的相关信息之外，还应提供帮助信息，如燃烧掉食物中的热量和脂肪需要多大的运动量。

四是经济化包装策略。针对低收入群体，产品包装要充分地考虑到他们的购买能力。如果消费者没有能力一次性购买大量产品，企业应采用经济化包装策略——将产品改成独立的小包装，或按低收入消费者可承受的价格范围来设计定制化包装。经过包装调整后，产品对于消费者而言将变得更经济，使消费者也能够支付得起。①

2. 定价策略

（1）适度定价原则

适度定价原则要求企业不能为了单纯地追求高利润而为产品制定过高的价格，或不能以严重偏离成本的方式为产品制定高价，使产品的价格与产品的成本和价值相匹配。

---

① 菲利普·科特勒，伊万·塞蒂亚万，何麻温·卡塔加雅. 营销革命 3.0：从价值到价值观的营销[M]. 毕崇毅，译. 北京：机械工业出版社，2019.

不谋取虚高价格、追求产品价格的适度性是企业对消费者、对与产品存在公益关联的目标受众负责的重要表现。

关于适度定价原则，有两种情况需要特别关注。首先，对于低收入消费者而言，企业不应一味地制定低价或制定绝对的低价，而是要制定与总购买成本相关的价格。例如，有一些偏远地区的低收入人群需要到城区购买产品，这就会产生交通费、时间和精力等额外成本，这部分成本加上产品售价，无形中提高了产品的"实际价格"，降低了低收入群体的可承受能力。必要时，企业应考虑到低收入消费者为获得产品而产生的额外成本，进而在价格上做出"让步"。为了能在低收入消费者的购买力和企业的合理利润回报之间达到平衡，企业首先应通过简化产品功能或其他合理手段来降低产品成本，再在此基础上选择适用的定价方法与定价策略。

其次，对于绿色产品消费者而言，由于绿色产品的成本较高，因此消费者所支付的价格也相对较高。与非绿色产品相比，绿色产品的成本还包括生态成本，如绿色环保技术的研发与创新成本、绿色原材料的采购成本、建造绿色能源基础设施和改造绿色生产技术以及安装绿色环保设备等所产生的成本、绿色运营的监督与管理成本等。增加了生态成本，绿色产品的价格也会相应增加，为此，企业应该在产品成本的基础上依照利润适度原则，通过选择适用的定价方法与定价策略来完成绿色产品价格的制定。与国外相比，我国的绿色产业仍处于起步阶段，消费者对于绿色产品缺乏充分认知，市场需求较为有限，难以形成生产上的规模经济，这是导致国内绿色产品成本高的一个主要原因。未来，随着技术环境的完善和消费者对绿色产品认可度的增加，绿色产品的成本会有所下降，那么，企业需要随着成本的降低而及时下调产品定价，而不应"巧妙"地利用绿色属性来谋取暴利。

营销与中国

万科"食品"的亲民路线

2020年3月，万科集团正式成立了食品事业部，涉足生猪养殖、蔬菜种植和企业餐饮3大领域，并在农村地区深耕生猪养殖，探索"长久可持续的养殖生产模式"，向带动更多农民共同富裕的乡村振兴目标持续发力。万科始终以"以普通家庭可支付的价格，为大众提供安全健康的日常餐食"为使命。为了让消费者以实惠的价格享受到更健康的餐食，万科主要采用价值定价法来为食品进行定价。具体而言，就是通过生产模式的创新探索降低食品成本，并以安全健康的食品向顾客交付更大价值。此举不仅满足了消费者的利益，同时也为农村致富目标的实现提供了重要支持。

（2）诚信定价原则

诚信定价原则要求企业为产品定价时应真诚无伪：不以虚假的折扣价、处理价和优惠价等不当手段来欺骗消费者；不以非明码标价的方式来为产品制定"随机"价格。在诚信定价原则的主导下，企业使用一些定价策略时应该张弛有度。诚信定价原则关乎到营销伦理，也会影响消费者对企业的信任和企业自身商誉的构建。

（3）公平定价原则

公平定价原则要求企业在不违背公平竞争原则的前提下采用适合的定价方法和定价策略来制定或调整产品价格。在市场中，有些企业往往会通过打破公平竞争而谋取更大盈利。例如，有时一些实力雄厚的大企业为了打击竞争对手或逼迫其退出市场、为了阻吓潜在竞争者进入市场而故意将产品价格定得过低，甚至低于单位可变成本，待目标达成后再重新提高定价。这种掠夺性定价行为不仅会使消费者的利益遭受损失，同时也破坏了市场秩序，不利于市场稳定和经济发展，是一种违背社会责任的行为。相反，企业应结合固定成本和可变成本来为产品制定正常价格，并保证价格的调整不高于顾客感知价值，同时围绕着竞争产品价格的变化而上下浮动。除了上述行为，其他任何垄断性定价或以不当手段获得竞争对手内部定价而调整价格的行为均与公平定价原则相背离。企业应守德守法，采用规范的定价方法和定价策略参与市场竞争。

3. 分销策略

（1）分销渠道的选择策略

在社会责任营销中，企业应尽量降低消费者购买产品的总成本，提升消费者的感知价值。从分销渠道的选择来看，企业需要注意两个问题。一是关于长渠道与短渠道。当选择长渠道时，一方面，渠道层次增加，中间商层层获利会导致产品价格的上升。同时，若制造商对中间商缺少控制，中间商很可能加大获利幅度，消费者将为此承担更高的价格，变相遭受损失。另一方面，长渠道不利于制造商及时获取消费者的需求信息，难以为他们提供更满意的产品或服务。相比之下，短渠道，尤其是直销渠道可以有效规避上述问题，如果产品类型允许，那么从消费者利益出发，企业应加大对直销渠道的开发力度，通过直销渠道来直触终端消费市场。借助对第三方电商平台、企业官网、品牌实体店等线上和线下直销渠道的整合，企业可有效降低中间成本，使消费者能以更优惠的价格购买产品。同时，直销渠道也为企业与消费者之间的深入互动沟通建立了桥梁，有利于企业更好地了解消费者需求，并有针对性地开发新品和改良现有产品，以更优质的产品来提升顾客价值。

二是关于宽渠道与窄渠道。从满足消费者利益的角度来看，宽渠道具有更明显的优势。宽渠道的市场覆盖率高，能够使消费者更及时和更便利地购买到所需产品，而窄渠道的市场覆盖面狭小，不利于消费者选择。因此，着眼于消费者利益，企业应尽量拓宽分销渠道。但与此同时，宽渠道存在的缺点也不能忽视，由于中间商数量较多，企业与中间商之间的关系会相对松散，激烈的竞争有可能导致市场混乱，有时甚至会破坏企业的营销意图。因此，企业应加强对中间商的管理能力，以强化渠道关系并提升渠道效率。

（2）分销渠道的管理

企业需要从渠道成员的选择、激励、评估和调整等方面出发对分销渠道加以管理，以确保分销渠道能够为社会责任营销目标的实现提供必要支持。

首先，选择渠道成员。在选择渠道成员时，除了考量它们的一些常规特征（如经营年限、经营范围、盈利与发展状况、信誉等级、地理位置、合作愿望、分销能力等）之外，企业应重点选择那些具有社会责任感并积极实施社会责任行为的中间商。同时，企业也要考虑自己对合格中间商的吸引力，因为通过践行社会责任来提升企业形象和社会声誉会是促成双方合作的一个重要因素。

其次，激励渠道成员。企业应擅长用正向激励的手段维系与中间商之间的关系，具体而言，企业应将中间商视为长期合作伙伴，将其纳入价值创造系统，并利用内部资源对中间商进行培训，帮助其提升业务能力，使中间商与企业共同成长，双方协力为消费者创造更大价值，为社会发展做出更大贡献，同时双方也将在这一过程中受益。

再次，企业应建立针对中间商的内部管理制度并制定相关文件，对中间商的行为进行规范和监督，使其行为符合商业伦理，也提升其履行社会责任的能力。例如，上海佳化将反不正当竞争作为对市场和社会履责的一项重要举措，不仅为内部员工开展反不正当竞争的相关培训，还针对中间商制定了《渠道管理政策》，借此确保它们以合规的方式参与竞争。此外，上海佳化鼓励中间商廉洁自律、诚信经营，并强调实施负责任的宣传与营销。

最后，评估和调整渠道成员。企业需要定期对渠道成员进行评估，评估的标准除了销售量和销售额、市场信息反馈、为推动销售而投入的资源、开辟新业务以及客户服务等，还应将中间商承担社会责任的情况作为考核指标之一，以此来进一步提升中间商的社会责任意识。基于对渠道成员的评估结果，企业可对中间商进行相应调整，通过优胜劣汰来持续优化渠道系统。

4. 促销策略

在社会责任营销中，一般性的促销组合（包括广告、公共关系、人员推销、销售促进和直复营销）仍然适用，企业可根据社会责任营销实施途径的不同，有针对性地使用这些促销工具。

例如，当企业从事公益事业宣传时，首先，就是对公共关系的应用，通过主动发起或参与公益事业宣传来提升企业形象、扩大品牌知名度、改进与社会公众的关系、增加社会公众对企业的信赖、体现企业实力，并增进社会利益。其次，为了借助产品达到对公益活动进行宣传推广的目的，企业还需要结合其他几种促销工具——广告、人员推销、销售促进和直复营销来促进产品销售，加强与消费者沟通并向他们传播产品的公益理念，号召广大消费者参与到公益活动中，为缓解社会问题贡献自己的一分力量。

而在社会责任商业实践中，以对绿色产品的营销为例，企业应在促销全流程中强调绿色理念，并对促销工具进行有效利用。第一，在广告中突出产品的绿色功能定位，在产品生命周期的不同阶段分别通过告知型广告、说服型广告和提示型广告达成相应的广告目标，如使消费者认识绿色产品、培养绿色消费意识、激发绿色消费需求、树立绿色品牌形象、建立绿色品牌偏好以及提示绿色产品购买等。关于广告媒体的选择，企业需要综合考虑媒体的触及面与影响力及绿色产品的类型、媒体本身的绿色特性、绿色消费者的媒体习惯和广告费用的"绿色"原则（节约广告开支，减少资源浪费）等因素做出媒体选择决策。第二，组建绿色产品推销团队，在销售现场（如销售网点、绿色产品主题展销会和博览会）为消费者介绍绿色产品的独特优势，并进行基于适用性的产品推荐。第三，由于绿色产品的价格相对较高（高端定位），且消费者多具有文化层次高的特点（理性消费），因此销售促进工具（如优惠券、折扣券、奖品赠送等）所发挥的作用可能并不明显，故与一般产品相比，采用幅度可适度降低。第四，企业可参与有关环境保护、绿色生态和碳中和等主题的公益活动，基于绿色实践构建和改善公众关系并进一步拓展产品市场。第五，利用数字化社交媒体和移动社交平台对绿色产品及其绿色理念进行快速传播，可借助直播带货新模式开展与消费者之间的深入互动，增强消费者的购物体验并激发其更大的消费潜力。

在制定和实施具体的促销策略时，所有促销行为必须坚守道德和法律底线，不能通过任何促销工具传播有关产品、服务、品牌、企业以及社会公益活动的不实信息或对消费者做出过度承诺，以免达到诱骗消费者购买的不良目的。企业应加强对营销人员的职业操守和商业道德培训，强化他们的责任意识，并建立相应的考核机制，以确保营销人员能够自觉通过对消费者和社会履责的方式开展促销实践。

15.3 营销伦理

伴随着我国的经济发展和转型，市场经济日渐繁荣，经济主体的市场行为也变得多样化、频繁化和广泛化。在这一过程中，很多不合法和不合规的营销伦理问题开始出现并不断衍生，相应地，我国政府通过颁布法律和法规来治理市场乱象，使消费者的合法权益得到保障，使市场秩序得到规范，使社会文明得到进步。对一个企业而言，遵守营销伦理是社会对其提出的基本要求，也是企业在法治社会和买方市场中谋求生存和发展的重要前提。

15.3.1 营销伦理的内涵

ethics（伦理）一词在西方来源于希腊文"ethos"，具有风俗、习性、品性等含义。在我国，伦理一词最早出现在《礼记·乐记》中——"乐者，通伦理者也"，表达了音乐是与事物伦理或天道人伦相通的。在文明发展早期，伦理的应用主要体现在界定官场中的身份等级以及家庭中的老幼尊卑及其所应该遵守的秩序规范，后来延伸到界定社会关系和社会规则。具体而言，伦理是指在人与人的关系中所需要遵循的规则。

伦理的概念被广泛应用于各学科领域，当与营销领域相结合时，就产生了营销伦理，其是商业伦理的一个重要分支。营销伦理（marketing ethics）是指企业在从事营销活动时所应具备的道德准则，其对企业所有营销行为的恰当性从道德标准上给予了评判，它规范着企业具体营销行为的实施，指导企业以符合道德要求的方式处理与消费者、其他企业和社会的关系。换句话说，营销伦理是判断营销行为是否符合消费者和社会的利益，是否与为消费者和社会创造更大价值的期望相匹配的重要标准。

营销伦理与法律之间存在某种必然关联,一方面,营销伦理所体现的很多内容被纳入法律条款之中,如不可欺诈消费者符合营销伦理要求,同时它在《消费者权益保护法》中也有所体现。另一方面,与法律这种对营销行为的正式治理机制相比,营销伦理又体现了道德约束,其作为一种非正式治理机制在规范着企业的营销行为。因此,违背营销伦理的行为很可能会触犯法律,并受到相应惩治;而游走在法律边缘或不受法律制约的不道德营销行为则会受到消费者和社会公众的批判。

市场如大自然一样遵循优胜劣汰的原则,被市场所淘汰的企业并不只是没有生存能力的企业,还包括违背营销伦理的企业。营销伦理的缺失使企业失信于顾客、失信于社会,这样的企业不具有长久竞争力,必将在市场竞争中被淘汰出局。因此,营销伦理是企业构建竞争力的道德内核,是企业提升竞争力的内部驱动要素之一。

15.3.2 中国企业的营销伦理问题

营销伦理问题是违背营销伦理的具体行为表现。结合中国企业目前的营销实践来看,中国企业所存在的典型营销伦理问题包括欺诈消费者、生产劣质和有害的产品、提供不完善或劣质的服务、污染环境、赚取过高的溢价、高压销售、侵犯消费者隐私以及直接施加于竞争对手的不正当行为。

1. 欺诈消费者

欺诈消费者是指商家在提供产品或服务的过程中故意告知消费者虚假信息或故意隐瞒真实信息的行为,该行为将对消费者的合法权益造成损害。欺诈行为的典型形式包括质量欺诈和价格欺诈。

(1)质量欺诈

质量欺诈是指商家向消费者提供了虚假的商品质量信息,隐瞒了商品质量问题,或以假充真、以次充好。有时,商家为了将商品售卖出去而编造虚假的产品质量介绍,或将假冒伪劣产品与正常产品混在一起出售,而不告知这些产品之间的区别,以此模糊消费者对产品真正价值的判断,使消费者在不知情的情况下做出购买行为。

此外,功能也是质量属性的构成要素之一,在我国市场中存在这样一种现象——一些商家会在宣传中虚构或夸大产品功能,误导消费者购买。例如,萍乡某食品科技有限公司生产了一款快乐吐槽版的枸杞槟榔,为了获得更好的市场价格,该公司虚假宣传了产品的保健功能,在食品外包装上印了"益生菌(抗氧化促消化,保护肠道健康)"的字样,然而该公司所生产的槟榔系列产品均属于普通食品,根本无法起到保健效果。针对这一情况,江西省萍乡市市场监管局于 2021 年 3 月 18 日,依据《反不正当竞争法》对该公司的质量欺诈行为作出罚款 20 万元的行政处罚。[①]针对宣传普通食品具有疾病治疗

---

① 资料来源:江西省市场监督管理局(知识产权局).2021 江西民生领域案件查办"铁拳"行动典型案例(三) [EB/OL]. [2022-02-17]. http://amr.jiangxi.gov.cn/art/2021/7/30/art_22466_3498667.html.

或保健功效的市场乱象，我国市场监管部门将利用相关法律予以严厉打击，构建诚实守信的市场秩序。

（2）价格欺诈

价格欺诈是指商家故意向消费者提供有关价格的虚假信息，或故意隐瞒价格的真实情况。价格是很多消费者在购买商品时所关注的首要因素，因此有些商家选择巧妙地利用虚假价格来促成交易，然而这些行为是违背营销伦理的，甚至还可能触犯法律。例如，有些商家以虚假的"出厂价""批发价""特价""跳楼价""闭店价"等诱骗消费者；为商品定一个虚高的"原价"，然后以大幅度的降价优惠来吸引消费者的关注，另外还有不为商品明码标价、对价格做出虚假承诺、与最终的实际交易价格不符等。商家利用上述一系列价格欺诈手段，可能使消费者基于对价格的错误判断而做出购买行为。

每到"双 11"，各大电商平台的竞争异常激烈。部分商家为了吸引消费者的目光，承诺以"全网最低价"来销售商品，然而事实却并非如此，其中很多商家采取了先提价后打折等不当定价行为。结果可想而知，商家和相应平台在受到行政处罚的同时也失去了信誉。

2. 生产劣质和有害的产品

有些企业为了降低生产成本而生产质量低劣的产品，这些企业多采用价格较为或极为低廉的原材料，生产过程缺少应有的质量管控，导致产品质量难以保证。同时，有些企业生产对身体有害的产品，如含有甲醛、三聚氰胺以及过量防腐剂等化学物质的产品，对消费者的健康和安全造成了直接威胁。生产劣质和有害商品与质量欺诈不同，前者是生产行为，而后者的问题则集中发生在销售环节，且往往以主观故意的误导性信息作为工具。

婴幼儿和儿童属于弱势群体，他们本应该得到更多的关爱，然而无良企业却罔顾营销伦理，生产有毒有害和不安全的儿童用品。例如，上海市场监管局对奶嘴质量进行专项抽检时发现，小熊、Aynmer、安配、可拉、美尚十月、Jerrybaby 和优暖等共计 7 批奶嘴由于含有挥发性化合物、缺少使用说明等各种原因检测结果均不合格。去除挥发性物质是奶嘴生产过程中的一道重要工序，但有些企业却直接跨过了如此关键的一步，仅为了牟取暴利。此外，婴童服装的纤维含量超标、绳带不安全和 pH 值不合格，文具塑化剂超标以及玩具设计存在安全隐患等一系列问题的出现与危害也需要相关企业做出深刻反思和彻底整改。

营销洞见

"土坑酸菜"事件中的"过"与"思"[①][②]

2022 年的 315 晚会曝光了一系列违法侵权现象，其中引发最劲爆社会反响的要数湖

[①] 资料来源：新浪财经. 315 曝光全名单：互联网行业野蛮行为该结束了[EB/OL]. [2022-02-17]. https://baijiahao.baidu.com/s?id=1727420078301294927&wfr=spider&for=pc.

[②] 资料来源：中国品牌网. 3·15 再现"双标门"！国内、国外区别对待，为何如此？[EB/OL]. [2022-02-17]. https://baijiahao.baidu.com/s?id=1727725087498307291&wfr=spider&for=pc.

南插旗菜业有限公司所涉的"土坑酸菜"事件。该公司从市场上收购三无产品"土坑酸菜",这些酸菜的腌制过程不堪入目:芥菜收割后不经清洗直接倒入土坑,上面加盐再盖一层薄膜直接了事;工人们穿着拖鞋或光着脚踩在酸菜上,有的边干活边抽烟,并将烟头直接扔在酸菜上,整个过程极不卫生。插旗菜业在对土坑酸菜进行加工时,仅是在水里过一下就算清洗完毕,然后切割直接装入包装袋。为了不让腌制时间较短的酸菜腐烂,插旗菜业向其中添加了超标的防腐剂。这样的酸菜作为原料或代工产品,最终被送进了合作者的手中,其中不乏一些知名企业,比如康师傅和统一。此外,让人同样气愤的是,插旗菜业对国内市场和国际市场的产品供应做出了双标,上述问题酸菜只面向国内市场销售,而出口的酸菜却采用了标准化腌制和加工过程。究其原因,就是国外对不达标产品的惩罚力度比国内要大很多,国内的处罚成本过低,这是导致质量问题频发的重要原因之一。因此,政府相关部门应加大监管、执法与处罚力度,以杜绝此类事件发生。

3. 提供不完善或劣质的服务

在处理与商家的关系时,消费者往往扮演着弱势群体的角色。有些商家从交易营销理念而非关系营销理念出发,着眼于短期利益而不关注与顾客构建长期关系,对顾客的承诺较为有限。在这种情况下,他们往往为顾客提供了不完善或劣质的服务。面对这样的服务,消费者心中充斥着抱怨。根据美国汽车业的一项调查,一个满意的顾客会带来 8 笔潜在的生意,而一个不满意的顾客会影响 25 个人的购买意愿。因此,商家需要持续提高服务水平,增加顾客的满意度和忠诚度,由此构建与顾客之间的长期关系。尊重顾客与维护顾客利益是营销伦理的重要表现,然而仍有部分商家的做法与此背道而驰。以电商购物的"七日无理由退货"为例,上海某健身休闲用品有限公司利用网店售卖商品,面对消费者在七日内提出的退货要求,该公司故意拖延,无理拒绝。有关部门根据《网络购买商品七日无理由退货暂行办法》中的相关规定对其做出了相应的行政处罚。

4. 污染环境

(1) 过度包装

很多商家喜欢通过对产品的过度包装来给消费者营造一种错觉,借助产品"金玉其外",以更好地促进销售,如采用过大的包装、采用过于精美的包装或采用过多的包装等,借此手段让消费者感觉产品是物有所值或物超所值的,然而打开包装后,往往只剩下失望的感觉。过度包装造成了资源浪费,其所产生的额外费用却让消费者承担。消费者对过度包装普遍持有消极态度,甚至会因为自己被蒙骗而感到气愤。过度包装所引发的更严重问题是环境污染,包装垃圾增加了环境负担。为了整治包装乱象,我国政府相关部门相继出台了有针对性的法律法规。例如,《清洁生产促进法》要求企业减少包装废物的产生,不得进行过度包装,同时要求产品包装要合理,包装的材质、结构和成本需与内装产品的质量、规格和成本相适应。《限制商品过度包装要求 食品和化妆品》(GB 23350—2021)也对包装空隙率、包装层数和包装成本等做出了明确要求。

（2）废弃物品污染

一些商家将营销过程中所产生的废弃物直接向外排放，对环境造成了污染；还有些商家在营销过程中使用了对环境构成污染的产品，也对生态系统造成了威胁。例如，盛开水务公司主营污水处理业务，按照常规，处理后的污水应该采用合规的流程和途径向外排放，但该公司却进行了违法操作，其在高浓度废水处理系统未运行、序批式活性污泥处理技术反应池无法正常使用的情况下，利用暗管向长江排放高浓度废水和混合废液；后期又向长江继续排放含有毒有害成分的污泥和超标污水[①]。该公司的一系列操作对生态环境造成了严重危害，最终相关负责人受到了法律的制裁。此外，我国旅馆业普遍为入住客人提供"六小样"，包括一次性牙刷、牙膏、洗发液、沐浴露、香皂和一次性梳子，每天的消耗量比较大，有的物品仅是开了一个小封并未使用就被客人或清洁员丢弃了。当客流量大时，每天产生的垃圾数量惊人，这些被丢弃的物品很多都未使用可降解的环保材料，因此对环境造成了较大污染。我国多地政府相关部门已经开始对旅馆业的这一现象展开相应整顿，如浙江省建设厅等十部门联合发布了《关于限制一次性消费用品的通知》。《清洁生产促进法》也对旅馆、餐饮和娱乐等服务性企业减少使用或不使用污染环境的消费品做出了相关规定。

5. 过高的溢价

有些产品和服务有这样一个特点，成本较低，但行业一致的做法却是为这些产品和服务制定一个比成本高出十几倍甚至几十倍的价格，以从中获取高昂的溢价。这些产品和服务主要包括：眼镜、药品、化妆品、酒品以及美容服务和殡葬服务等。对于很多消费者而言，尽管明知道相关产品和服务具有暴利的特点但仍难止购买，因为其中有些商品和服务是特定人群的必需品，如近视人群需要佩戴眼镜、病痛患者需要吃药、爱美人士对化妆品有较强依赖等。正因如此，相关行业对企业具有较大吸引力，众多企业纷至沓来，资本争相"入局"，行业门槛被大大降低。在这种情况下，部分企业忽视了消费者利益和社会利益，将目光聚焦于如何利用消费者对产品和服务的依赖而攫取高额的利润回报。

以眼镜行业为例，明月镜片是一家综合类眼镜镜片生产商，根据其官方数据，2020年一副眼镜两片镜片的成本大概为 13.54 元，但在零售终端市场，其售价却高至百元甚至上千元不等。同年，明月镜片电商自营镜片产品的毛利率高达 91.7%，虽然最终的净利润率下降至 12.96%，但明月镜片将大量的资金投入到营销环节，而这部分高额的支出却让消费者来承担，这种做法对消费者而言明显是不公平的[②]。

---

① 资料来源：澎湃网. 生产、销售"伪劣产品"、"套路贷"虚假诉讼、水务公司污染环境等怎么查处办案？[EB/OL]. [2022-02-20]. https://www.thepaper.cn/newsDetail_forward_10404819.

② 资料来源：京报网. 眼镜是"暴利"行当？一片成本不到 7 元？[EB/OL]. [2022-02-20]. https://mbd.baidu.com/newspage/data/landingsuper?_refluxos=a2&ruk=QVPD9S6gSyDTve8x9XWXBw&urlext=%7B%22cuid%22%3A%22gi-Qa_8mHul8uvah_82t8_iXvilZ8v8vjuSH8giN-8Ks0qqSB%22%7D&isBdboxFrom=1&pageType=1&rs=2733364059&context=%7B%22nid%22%3A%22news_10227566924421416232%22%7D.

6. 高压销售

高压销售主要表现为销售人员强制推销或通过某种营销手段给消费者造成紧迫购买的氛围来促成销售。

首先，时至今日，仍有部分企业和销售人员奉行推销观念，向消费者强制推销与他们需求匹配度不高的产品或服务。销售人员利用高超的推销技巧吸引消费者购买，这种现象在保险业、地产业和医美行业中较为突出。例如，我国保险公司在销售业务上主要采用无底薪高提成的薪酬激励制度，部分保险产品的提成甚至高达保费的40%~50%。在如此诱人的激励制度下，保险销售员努力开发客户，并向他们极力推销那些提成高的目标产品。在强烈的推销攻势下，客户最终很可能购买了他们本不需要的保险产品。

其次，营造一种紧迫购买的气氛，使消费者产生"若此刻错过购买就是一种损失"的错觉。这种现象经常出现在电台和电视购物中，"赶快拨打电话，前20名拨进电话的顾客将享受直降500元的优惠，大家不要再等了，赶快拨打电话！"近年来，人们对电视购物的诟病屡见不鲜，曾经有消费者在国务院官网上的"我向总理说句话"互动专栏留言，反映了年迈的父母被电视购物"忽悠"，买了并不经常使用的商品，且电视购物消费者权益很难得到保障等问题。

由此可见，高压销售忽视了消费者的真正需求，损害了消费者利益，因此违背了营销伦理。

7. 侵犯消费者隐私

消费者信息对于商家有着重要意义，商家可以通过对相关数据的分析来研究消费者特征、心理和行为，借此为营销的有效开展提供必要支持。鉴于消费者信息的重要价值，当前各商家将它视为应获取的一项必要资源。在此背景下，消费者隐私遭到了泄露和侵犯，所涉及的相关乱象包括未经消费者同意而收集和使用个人信息，泄露、出售或非法向他人提供消费者信息等。

例如，上海小鹏汽车销售服务有限公司（简称小鹏汽车）为了改善对到店客户的接待流程，向A公司购买了价值173822.77元的人脸识别摄像设备与相关软件。摄像设备会自动采集消费者的面部识别数据，并将数据上传至A公司的后台系统，系统利用算法对面部数据进行识别计算，由此来统计并分析门店客流，包括进店人数统计、性别比例以及年龄分析等。同时，小鹏汽车登录A公司开发的相关软件来查看上述分析结果，进而为公司经营提供参考。经调查，小鹏汽车借助人脸识别摄像设备采集上传共计431623张人脸照片，其采集面部识别数据并未征得消费者同意，也无明示、告知消费者收集和使用目的。鉴于小鹏汽车事后主动消除和减轻危害后果的行为，最终被相关部门基于《中华人民共和国消费者权益保护法》和《中华人民共和国行政处罚法》的相关规定，处以十万元的行政处罚。①无独有偶，存在利用人脸识别技术非法收集消费者信息、对消费者

---

① 资料来源：51QC 我要汽车网. 小鹏"偷脸"被罚：过度营销，践踏了消费者隐私权[EB/OL]. [2022-03-05]. https://baijiahao.baidu.com/s?id=1719206243922510316&wfr=spider&for=pc.

隐私进行侵犯行为的商家并不是个例，宝马4S店、科勒卫浴专卖店、上海悦筑房地产有限公司等均遭到官方点名并受到处罚。

从整个事件的结果来看，虽然小鹏汽车所受到的十万元行政处罚看似处罚较轻，但此事导致消费者的信任度急剧下滑，对小鹏汽车的商誉产生了较大的负面影响。

8. 直接施加于竞争对手的不正当行为

随着市场竞争强度的增大，很多商家直接对竞争对手实施了破坏性行为，主要包括以下几个方面。通过编造或传播虚假信息来损害竞争对手的商誉；通过使用与竞争对手相同或相似的商品名称、店内装潢、网址或其他要素来混淆消费者视线，并利用有影响力的竞争对手的上述资源来牟取不当得利，或通过自己不合规的行为来恶意嫁祸竞争对手；通过请客、送礼、回扣或其他贿赂的方式来获得商业机会，而使竞争对手失去商机；以电子入侵、贿赂和胁迫等方式获得竞争对手的商业机密；恶意地对竞争对手提供的产品或服务实施不兼容等。商家通过上述行为来打击竞争对手，削弱其市场竞争力，由此来扩大自己的盈利空间并提升获利能力。

不正当竞争破坏了市场秩序，损害了消费者的利益，同时也阻碍了对社会和谐风气的构建。因此，不正当竞争行为应该得到遏制。为此，我国出台了《中华人民共和国反不正当竞争法》，以此来维护公平竞争，保护市场经营主体和消费者的合法权益。

15.3.3 营销伦理问题的市场与社会效应

营销伦理问题意味着企业采取了不规范行为来处理与消费者、与竞争对手和社会之间的关系，它威胁到了消费者利益、竞争对手利益和社会利益，造成了对市场和社会的不良影响。这些不良影响最终所带来的负面后果对于市场和社会而言可能是短暂的，也可能是深远的。

1. 营销伦理问题的市场效应

（1）扰乱市场竞争秩序

根据十九大报告，竞争公平有序是完善我国社会主义市场经济体制的重要抓手，同时也是我国社会主义市场经济体制建设的必然结果。然而，通过质量欺诈和价格欺诈等手段诱导消费者购买，以此来抢占市场份额，无形中压缩了竞争对手的获利空间，是采用间接途径来破坏竞争者利益的不当行为；而通过编造有关竞争者的负面信息、利用竞争对手声誉牟取私利、嫁祸竞争对手、窃取竞争对手商业机密等行为来削弱竞争对手的盈利能力，是采用直接途径破坏竞争者利益的不当行为。这些不合乎营销伦理、不合乎法律法规的不当行为容易诱发企业间冲突，激发竞争对手采取侵犯性、攻击性的报复行为，导致市场竞争的无序化。对于所有参与其中的企业而言，最终的结果也唯有为扰乱市场竞争秩序而买单，包括绩效的下滑和遭受法律的制裁。

（2）假冒伪劣商品充斥市场

与高质量的品牌商品相比，生产假冒商品和劣质商品的成本要低很多，因此有些商家不惜铤而走险，在违背道德和法律要求的情况下向市场提供假冒伪劣商品。如果仅是个别商家的特例行为，对市场的影响会很小；绝大多数的消费者对价格是比较敏感的，而假冒伪劣商品的价格往往具有较大的灵活性，久而久之，假冒伪劣商品就会充斥市场。

此外，当商家利用质量欺诈的手段来推销商品时，如果消费者知识有限，则很难辨别商品真假或判断商品价值，在这种情况下，商家的欺诈行为就很容易成功。即使消费者具有一定的商品知识，当遇到很有销售技巧的销售人员时，也可能会为假冒伪劣商品买单。因此，质量欺诈助推了这类商品的销售，对正牌商品和优质商品起到了挤压作用，进而使假冒伪劣商品侵占市场。

（3）消费者信任降低

营销伦理问题可以从多个途径来降低消费者对商家和对品牌的信任水平，例如有些商家对产品质量进行虚假宣传，使消费者购买了劣质、有害或不安全的商品，对消费者的健康和生命构成了威胁，尤其是一些弱势消费者，如婴幼儿、老年人及残疾人，这类商品给他们带来的危害更是无法被容忍的。对消费者利益的损害会使消费者失去对商家的信任，随之而产生的顾客抱怨、投诉和负面口碑传播往往给企业带来了较严重的负面影响。

有些商家采用高压销售的方式来左右消费者的购买意愿，迫使他们做出购买行为。最终的后果就是，消费者购买了他们本不需要或用处不大的商品，但后悔却为时已晚，因为他们的退货要求往往得不到满意的回应。此时，消费者会质疑商家的信誉，信任就无从谈起了。

有些商家缺乏服务意识，与消费者之间缺少应有的沟通，导致消费者的询问得不到有效解答，退换货的合理要求得不到满足，售后服务质量堪忧。这种较差甚至极差的服务体验很难建立起消费者对商家和品牌的信任。

有些商家违规收集、使用和传播消费者信息，侵犯消费者隐私，增加消费者的心理风险，使其正常的生活屡受外界打扰。当前，消费者的自我保护意识和对个人隐私的保护欲望在逐渐增强，商家利用个人信息牟取不当得利的做法深受消费者痛恨，极大地降低了消费者信任。

借助于信息的传播，不同消费者对商家或对品牌的信任可能会相互影响；而对于同一消费者，若其信任屡遭破坏，当再接触其他商家和品牌时，态度会变得更谨慎，这大大增加了构建信任的难度。因此，营销伦理问题很可能导致广大消费者对整体市场信任度的下降，这无益于行业和市场经济的可持续发展。

（4）消费者购买能力下降

我们通常在经济环境的影响下来考虑消费者的购买力，但营销伦理问题也可能对消费者的购买力产生影响，如过高的溢价。如前所述，生产眼镜、药品、化妆品、烟酒等商品或提供美容服务和殡葬服务的商家普遍为追求过高的溢价而抬高商品价格。由于这些商品或服务对于特定群体而言是必需品,因此需求强度是非常大的。当消费者为过高的溢价买单时,消费者的购买力就会降低,由此会减少对其他商品的消费量。但过高的溢价对购买力的影响还取决于一些额外条件,例如,对于高收入人群,这种影响可能比较微弱,但对于中低收入人群,高溢价对于购买力的削弱作用就比较大了;当商品的可替代性较小时,高溢价会对购买力产生较强的消极影响,而当可替代性较大时,这种消极影响会被显著减弱;消费者对商品或服务的购买频率越大,高溢价与购买力之间的负向关系越强,而购买频率越小,两者之间的负向关系就越弱。

(5)诚信经营的基本原则难以建立与稳固

诚信经营是商人之本,是经商之道,更是市场有序运行的重要前提。诚信经营要求商家诚实守信,不向消费者作虚假宣传,为消费者提供负责的商品和服务保障,与竞争对手进行公平竞争。然而,质量欺诈、价格欺诈、生产劣质和有害产品、侵犯消费者隐私、高压销售、实施过高溢价、打压竞争对手等一系列的营销伦理问题都违背了诚信经营的基本原则,有碍于行业和整个市场良好风气的塑造。

(6)市场经济发展受阻

营销伦理问题反映了商家的背信弃义和投机取巧,也就是说,商家在营销中实施了机会主义行为,以消费者、竞争对手和社会的利益为代价来牟取单边利益最大化。这种单边逐利行为所产生的不良后果是多方面的。第一,增加了消费者的交易成本,降低了消费者信任,不利于行业和市场的可持续发展。第二,阻碍市场诚信风气的建设,造成投诉和诉讼案件的激增,增加了市场监管部门的工作负担,可能导致市场监管资源的过度占用。第三,增加了商家之间的冲突,阻碍了市场竞争的公平有序。第四,未以对消费者真实需求的满足来驱动商业发展,违背了以消费者需求为中心的营销理念,从总体市场层面来看,可能弱化需求对供给的牵动作用。上述方面降低了市场有效运行的能力,不利于促进市场经济的完善和推进市场经济的发展。

2. 营销伦理问题的社会效应

(1)造成文化污染

营销伦理的失范制造着文化污染,如商家本应该恰当合理地利用广告来宣传产品信息,但有些广告中却掺杂着血腥、暴利、恐怖、色情、物质主义等内容。在互联网时代,网络媒介为不良信息的传播起到了推波助澜的作用。此外,很多网络游戏中充斥着血腥、暴利和恐怖的画面,并在各网络平台无孔不入地链接广告。随着直播带货营销模式的兴起,部分商家只关心销售额,而忽视主播品行,一些发表过不当言论或存在不当行为的主播赫然出现在观众的视线之中。以上种种均不利于向社会传播正能量,相反却在侵蚀人们的思想,污染社会文化。

(2)造成环境污染

对含有有害物质原材料的使用、生产对消费者有害的产品、违规排放工业废料废气、过度包装制造大量垃圾等行为都在以直接或间接的方式对环境造成污染,甚至可能导致生态遭到破坏。而生态破坏对环境污染具有反作用力，其可能进一步加剧环境污染。例如，前例中的盛开水务公司，其向长江排放的高浓度废水、混合废液、含有毒有害成分的淤泥及超标污水造成了环境污染，引发生态破坏；反过来，生态破坏导致自然的自我修复能力减弱，因此增加了环境污染发生的可能性。企业自身的发展不应以环境为代价，唯有维护企业和环境的协同发展才是社会持续和全面进步的重要表征。

（3）破坏社会公平正义

社会公平正义强调社会各方利益关系应得到妥善协调，各方矛盾应得到正确处理。营销伦理问题以对竞争对手利益的有意损害而破坏了竞争的公平性，企业之间的竞争变得无序化，利益冲突无法得到有效调节。同时，营销伦理问题以对消费者利益的损害而破坏了交易的公平性，消费者合法权益得不到经营者的充分尊重与保护，双方矛盾在经营者的自利意图下变得难以协调。因此，营销伦理失范激发了不同利益主体间的利益冲突，且增加利益冲突的协调难度，这不利于社会和谐风气的构建，无益于对社会正义的维护。

15.3.4 营销伦理建设

营销伦理的建设是一项系统工程，需要政府及其相关机构、行业协会、新闻媒体和企业之间进行通力协作，各方应充分发挥应有的职能。营销伦理建设可主要从营销伦理的法制环境建设、社会环境建设及企业营销伦理建设等几方面来展开。

1. 营销伦理的法制环境建设

（1）加强和完善法制建设

法律法规是规范和惩治不道德营销行为的利器，具体而言，法律法规对企业的行为选择具有指导作用，对行为实施具有约束作用，对行为结果具有惩罚作用。虽然我国已出台了一系列法律法规来保障消费者及其他各方的合法权益、保障社会利益，但从目前的情况来看，法律法规仍有待进一步完善。伴随着我国经济的转型升级，市场衍生出了更多商机，部分企业为了牟求不当得利而不断变换招数，滋生了一些不容易被界定或隐藏在法律边缘的"灰色地带"，这就需要政府及相关机构进一步加强和完善法制建设，使法律法规能从更广和更深的层面上驱动企业采取积极的营销伦理行为。

（2）增强执法力度

执法力度的大小意味着法律法规是否被充分执行，其关乎法律尊严是否被充分维护、法制社会是否真实存在。执法力度加大意味着"执法必严、违法必究"落到了实处，增强了法律法规对企业不道德行为的约束力，增加了企业违法成本，在这种情况下，营销伦理失范行为将得到更大程度的遏制。因此，政府及相关机构应依法依规加强执法力度，使任何违法的营销行为都无处遁形。

2. 营销伦理的社会环境建设

（1）加大营销伦理的宣传与教育力度

政府有关部门应该利用新闻、专题讲座、节目专栏等内容形式，通过电视、广播、报纸和互联网等各种传播媒介开展营销伦理教育。一方面，向消费者宣传哪些是违背道德的营销行为，教育消费者抵制营销伦理失范行为是自己的基本权力，遇到自身合法权益受到侵害的事件要坚决抵制，并找媒体或法律机构寻求帮助。另一方面，向企业从业人员展开道德教育，提高他们对消费者、对公众和对社会的责任意识，并大力宣传营销伦理水平高的企业，传播道德典范事迹，为行业树立道德标杆，引导企业自查自改。通过上述两方面举措，形成全民关注营销伦理的社会环境。

（2）加强行业协会的职能发挥

企业的营销伦理失范行为会损害行业声誉、败坏行业风气，因此将在较大程度上阻碍行业的健康有序发展。鉴于此，行业协会作为政府与企业之间的桥梁，其应积极配合政府对企业是否遵守营销伦理进行监督，同时，制定行业行为规范、营销道德准则，以及对违规的非道德行为的处罚规则。行业协会通过监督、规范与惩治等职能的发挥来引导全行业采取有道德的营销行为。

（3）加强社会舆论对营销伦理的监督

新闻媒体能敏锐地观察和捕捉营销失德事件，将其曝光、公之于众，使企业的营销伦理接受社会舆论的监督。一旦营销伦理失范行为被曝光，企业可能面临形象、商誉和经济上的严重损失，增加了失德风险和"投机成本"，这给企业造成了巨大的压力，迫使其回归到遵守营销伦理的正轨上来。此外，媒体报道也会吸引政府和法律机关的关注，使违法的营销行为无处遁形，使违法企业受到应有的法律制裁。

3. 企业营销伦理建设[①]

（1）构建营销伦理导向的企业文化，强化营销道德意识

企业文化是企业的灵魂，它对员工的思想和行为具有塑造作用，对企业的发展方向具有引领作用，良好的企业文化是企业实现永续经营的不竭动力，而营销伦理是企业实现健康良性发展的基石，因此对营销伦理的遵从是企业文化价值创造的重要驱动力。以此为基础，企业应构建营销伦理导向的企业文化，以使营销伦理能够贯穿企业发展之始终。具体而言，要将营销伦理要求，如"诚、信、义、德"等作为企业文化建设的核心，在企业的价值观、精神、宗旨、使命及愿景之中广泛渗透。同时，还要采取有效的措施加强员工对企业文化的理解和吸收，使员工具有较强的道德观念，并自觉地践行遵守营销伦理的行为。

（2）制定营销伦理准则，为营销行为提供指导

一个企业的良性发展离不开制度和规范，在脱离制度和规范的基础上来贯彻营销伦理，这可能是一项既有挑战又难以获得成效的工作，因为营销行为无章可依，行为的道德边界不甚清晰，营销人员很可能以"最有效"的方式来实现营销意图，往往产生不被期望的结果。因此，企业需要制定营销伦理准则，将营销伦理制度化，将道德标准规则

[①] 周秀兰，杨珽，周樱佬. 营销伦理[M]. 西安：西安交通大学出版社，2017.

化。营销伦理准则帮助营销人员明确"什么才是对的",由此指引营销人员如何行事,行什么事,因此,营销伦理准则将为营销行为决策提供重要的参考框架。

(3) 设立营销伦理委员会,加强相关管理工作

企业或员工是否遵守营销伦理,其行为是否符合道德规范,是否与营销伦理准则的要求相一致,这些都需要有相应的组织加以监督,因此企业应设立专门的营销伦理组织——营销伦理委员会。营销伦理委员会的职能不仅包括对上述行为的监督,还包括定期讨论营销伦理问题;研究处理营销伦理问题上的"灰色区域";在企业内部贯彻营销伦理准则;对营销伦理失范行为进行处理;更新营销伦理准则;搜集外部营销环境中的道德信息,推动企业的道德建设进程。营销伦理委员会应由具有较强道德观的委员构成,并可同时通过内部选拔和外部聘任两种途径来选聘委员,由此保证被选聘委员具有充分的能力胜任相关工作。

(4) 建立有效的营销伦理考核机制,激励有道德的营销行为

企业需要开发一套与营销伦理准则相匹配的营销伦理考核机制,以对员工的营销伦理水平进行评价与治理。考核工作应按照规范化的考核流程展开,考核过程要有章可依,考核指标要科学且清晰,考核结果要公正、公平且公开。此外,考核资料要完备且准确,这些资料不仅包括员工自己提供的业绩资料,还应包括来自主管部门、相关职能部门及顾客、竞争对手、社会公众甚至政府机构提供的有关资料与信息。考核人员根据上述资料对员工进行客观公正的考核,由此来确认其营销伦理水平。不同的考核结果等级要配有不同的奖惩办法,奖惩办法应保证能对遵守营销伦理的员工起到充分的激励作用,同时也能使违背营销伦理的员工有足够的动力对非道德行为进行修正。

本章提要

菲利普·科特勒在《企业社会责任》一书中将企业社会责任定义为"企业通过自由决定的商业实践以及企业资源的捐献来改善社区福利的一种承诺"。其中,社区是一个广义概念,包括了企业员工、商业合作伙伴、非营利组织或公共机构、其他普通公众及环境。时至今日,学界关于企业社会责任的概念尚未达成统一认识,但企业承担社会责任的必要性和必然性得到了学界和业界的一致认同。

企业社会责任的范围主要包括对员工的责任、对消费者的责任、对供应商的责任、对社区的责任、对政府的责任、对环境的责任以及对弱势群体的责任。

当企业将社会责任引入到营销实践之中,便产生了社会责任营销。狭义的社会责任营销容易引发企业一边在承担社会责任(如慈善捐赠、就业帮扶、危难救助),而另一边在践踏社会责任(如产品造假、欺诈定价、环境污染)情况的发生,这与满足和创造社会利益的初衷背道而驰。因此,应从广义来理解社会责任营销的内涵——企业以履行社会责任和解决社会问题为基础来开展相应的营销活动,从而追求企业与社会的共同发展和双边长远价值创造的一种战略选择。

社会责任营销的主要实施途径包括公益事业宣传、事业关联营销、企业社会营销、企业慈善活动、社区志愿者活动，以及社会责任商业实践。同时，社会责任营销需要坚持社会性、盈利性、可持续性、制度性和公平竞争性五大原则。

对于企业而言，开展社会责任营销的意义在于有利于提升品牌知名度和美誉度、有利于提升企业合法性、有利于培育长期导向的顾客关系、有利于增加员工对企业的认同和承诺、有利于企业从社会问题中发现商机、有利于促进企业的可持续发展。

社会责任营销策略强调以社会责任为导向，因此与一般的营销策略相比，前者聚焦于以对消费者、其他利益相关者和社会更负责任的方式来开展营销活动或制定行动方案。从社会责任营销策略的独特点出发，在产品策略中，应主要关注产品开发策略（安全产品开发、高质量产品开发和空缺产品开发）和产品包装策略（适度与环保包装策略、诚信包装策略、安全警示包装策略和经济化包装策略）；在定价策略中，企业应在适度定价原则、诚信定价原则和公平定价原则的基础上，结合实际情况来选择适用的定价方法与定价策略；在分销策略中，分销渠道的选择策略和分销渠道的管理会与一般营销的分销策略存在明显不同；在促销策略中，一般性的促销组合（包括广告、公共关系、人员推销、销售促进和直复营销）仍然适用，企业可根据社会责任营销实施途径的不同，对每种促销工具进行有针对性的利用。

营销伦理是商业伦理的一个重要分支，具体指企业在从事营销活动时所应具备的道德准则。营销伦理对企业所有营销行为的恰当性从道德标准上给予了评判，它规范着企业具体营销行为的实施，指导企业以符合道德要求的方式来处理与消费者、与其他企业和与社会的关系。

营销伦理问题会给市场和社会带来消极影响，对于市场而言，营销伦理问题将导致市场竞争秩序紊乱、假冒伪劣商品充斥市场、消费者信任降低、消费者购买能力下降、诚信经营的基本原则难以建立与稳固、市场经济发展受阻等问题。对于社会而言，营销伦理问题将造成文化污染和环境污染等现象，并破坏社会的公平正义。

营销伦理的建设是一项系统工程，需要政府及其相关机构、行业协会、新闻媒体和企业之间进行通力协作，营销伦理建设可主要从营销伦理的法制环境建设、社会环境建设以及企业营销伦理建设等几方面来展开。

案例分析

一公斤盒子：商业价值 VS 社会职能？[①]

1. 一公斤盒子：点燃乡村孩子眼中的光

（1）从公益项目开始的探索（2004—2013年）

2004年，安猪发起一个名叫"多背一公斤"的公益项目，鼓励每个背包客去山区旅

[①] 于惊涛，李晓晗. 一公斤盒子：商业价值 VS 社会职能？[DB/OL]. [2022-03-20]. 中国管理案例共享中心. 内容有删改。

游时带上一些图书或者文具,捐赠给沿途中遇到的乡村学校,并让驴友们在网站上分享乡村学校缺少的物品。但安猪发现,要想改变乡村孩子的教育情况,单单靠捐赠物品是远远不够的。2008年,安猪成立爱聚公益创新机构,并于2011年开发了第一套教具包产品——"一公斤盒子"。"一公斤盒子"产品外观是一个纸盒子,里面装有剪纸刀、卡纸、彩笔、铅笔等工具,还有绘本、卡通贴纸等教具,里面附有独家设计的教案,让教师们不用通过长时间的培训就可以掌握教授美术、手工、阅读、戏剧等素质课程的方法。盒子里面也会有配套的活动指导手册,引导孩子们根据手册内容自主探索,完成任务。这样新颖有趣的教学形式吸引了很多企业CSR部门和基金会的目光,一公斤盒子开始与企业合作,通过为企业CSR定制主题盒子、设计公益活动来自我造血。

(2)面对新市场:迷茫的徘徊(2014—2015年)

随着"一公斤盒子"声名鹊起,一些主题盒子如"道路安全盒子""吵架盒子"等吸引了不少来自城市的目光。很多城市的家长向安猪建议将盒子在城市学校中推行;合作的企业和资助方也建议可以将盒子做成商业项目,寻求商业盈利。

坚守公益还是转向商业市场?2013年初,在一番思考后,安猪决定不再定义于服务弱势人群或弱势市场,他们有能力、有机会在全球创新浪潮中去创造一些东西。于是安猪在2015—2016年间面向城市用户开设了"好奇心实验室"系列课程,然而团队很快遇到了瓶颈。从依靠公益基金、慈善人士和企业CSR部门的财务支持,到直接面向市场竞争,一公斤盒子的经营情况不容乐观,2015年公司一度陷入亏损。盒子团队的运营总监陈丹和CEO安猪在发展方向上产生了分歧:商业化的运作还能够保持盒子的社会使命吗?脱离了解决乡村教育问题的这个初心,一公斤盒子是坚守公益还是兼顾城市到C端市场呢?最终,两位高管分道扬镳,运营总监陈丹接手一公斤盒子,在乡村寻求新的教育变革。

(3)坚定初心,再次出发(2016—2019年)

一是重新梳理商业模式。在确定一公斤盒子仍要坚持乡村教育创新的道路之后,陈丹开始了在乡村市场实现自我造血的路径。盒子团队将目标客户定义为关注教育公益的基金会和非政府组织(NGO),将企业核心的价值主张定义为适合弱势群体儿童的教育解决方案。客户付费购买盒子产品、完整项目服务和教师培训,通过支持乡村教师使用主题盒子、支持员工使用盒子产品支教等形式完成公益项目。

二是新一轮用户研究。2016年年底,陈丹决定做一次用户需求的摸底。他们发现随着国家对素质教育的大力推动,乡村小学对综合课程重视度得到提高,各类素质教育课程被列入课程表。很多乡村教师也开始走出原来的固化思维,主动探索课堂创新。可是受制于资源条件,他们缺乏系统的课程设计方法和素材,也缺少素质课程经验,他们的需求由教学工具转变为教学课程设计方法。

2. 实践中的创新与改变

(1)创育者计划

为了解决用户的需求痛点,陈丹想到了"创育者计划"。2016年10月,一公斤盒子重整旗鼓，联合"唯爱行 App"，设计、推出"创育者计划 3.0"，发起了"创育者计划——寻找 100 位乡村创育者"活动，邀请了 100 位乡村教师免费进行课程设计的培训。在这之后，盒子团队将"创育者计划"列入了主要业务规划，组织"创育者工作坊"，吸引热爱教育设计的教育工作者付费参加。截至 2020 年 12 月，"创育者计划"已在全国开展 50 余场培训，成为一公斤盒子团队重要的资金来源。

（2）产品体系与激励体系

2019 年 9 月，一公斤盒子参与由握握和复星基金会发起的"握握青创营"。在青创营中，陈丹得到了商业导师的建议：将产品聚焦，整理成为体系。随后盒子团队将原有相对独立的十几个主题盒子，分类梳理成阅读、创作、生活、社会四大系列，并将系列盒子按照难易程度划分为初阶、进阶和中高年级版，为教师成长体系做好参考。

"授人以鱼不如授人以渔"，盒子团队不止步于盒子产品，他们要让乡村教师运用设计思维，学会设计课程，甚至摆脱盒子载体，得到成长。为此，除了将产品划分等级之外，团队把美育、阅读生活都变成从易到难的三阶课程包，配合创育者计划形成 4 阶教师发展计划，并依照老师的水平为他们推荐不同难度的项目。经过一阶（会用）、二阶（用好）的培训，教师能够将好的方法和教学理念自主迁移到日常教学中（三阶）。完成三阶培训的教师，将不再依赖已有盒子产品，能够自己独立设计课程（四阶）。

（3）百所村小的创新课堂

为了让更多的乡村教育工作者得到成长和改变，2017 年 12 月，"百所村小的创新课堂"项目正式启动，计划分成 4 期，每期加入 25 所学校，每所小学支持周期为 3 年。团队将阅读盒子、健康盒子、美育盒子等不同种类的盒子做成目录，使乡村老师可以根据目录申请盒子，在一公斤盒子的线上培训和线下指导中开展盒子课堂。盒子支持乡村教师参与创育者计划，团队对教师进行深度培训，将他们从盒子课的使用者打造成设计者，引导教师利用设计思维主动设计课程。

一开始，项目得到广泛好评，但随后盒子的使用问题逐渐浮现：由于教授科目的不同，很多教师只对一个主题感兴趣，这一期涉及的主题盒子，下一期就没有了，导致老师们的兴趣下降；盒子数量和迭代周期满足不了这么多老师同时申请，运营上存在很大难度；由于美育盒子等产品相对难度较大，之前没有接触过盒子产品的老师在使用时存在一定困难，积极性受到了打击。2020 年，团队经过协商后，决定采取以下措施。一是改变项目定位。由"深度式"项目，转变为"入门式"项目。让教师体验入门盒子，习惯盒子课的使用方法，项目部筛选参与度和灵活度都很高的教师，推荐他们参加其他难度更大、类型更多的主题项目。二是取消项目分期机制。在每学期结束与老师进行双向选择，根据老师表现评估是否继续在下一学年提供盒子课程。

3. 动员城市力量：推动行业进步

（1）DM 计划：丰富盒子人才储备

2015 年 9 月，一公斤盒子举办"设计思维实践工作坊"，为对盒子课程感兴趣的教育工作者展示设计思维，迈出了设立设计思维课堂的第一步。2017 年年底，一公斤盒子启动了第一期"DM 计划（兼职设计师培养计划）"，邀请 12 位来自教育、设计、媒体领域的专业人士通过小组自学、组间讨论等形式共同参与开放式的交流对话。"DM 计划"不仅使盒子团队获取灵感和进步，也吸引了更多教育行业的伙伴了解盒子的设计理念，成为盒子的后备设计力量。

（2）开放日活动，让世界看到我们

一公斤盒子举办了多种开放日活动，吸引城市力量对乡村教育的关注。2020 年 1 月，盒子团队参加"社会企业后尾箱公益市集"，将一公斤盒子的产品向城市宣传，吸引更多城市伙伴、注重教育的孩子父母的目光。2020 年 7 月，"一公斤盒子"举办对外暖房趴活动，邀请月捐盒伙人、代言人和来自城市的新伙伴共同探索"好的教育应该是什么样的"。一公斤盒子还在广州、成都两个城市举办了类似的开放日活动。陈丹希望通过"DM 计划"和开放日，将乡村学校、乡村教师和关注乡村教育的伙伴力量汇集在一起，让更多的人知道盒子、了解盒子的进步并参与到乡村教育扶助计划中。

4. 疫情挑战中的机遇

（1）防疫云课堂

2020 年突如其来的疫情使得盒子的春季线下项目无法开展，为了坚持"公益产品化"的运营模式，盒子团队与"千禾社区基金会"合作，联合 15 位项目老师及城市支教老师，经过一个月的全力研发，在 2020 年 2 月初完成了"一公斤盒子防疫云课堂"系列课程，面向广东省内城市流动儿童开展防疫知识课堂，云课堂围绕"生命与健康""人与自然"等主题而展开。

同时，一公斤盒子也没有放弃对乡村孩子们的疫情教育，盒子团队了解到受疫情影响，很多家长暂停回城务工，孩子们依恋父母，从而产生了厌学心理。2020 年 4 月，盒子团队研发了小候鸟防疫"开学第一课"，将防疫云课堂进行打磨，把教具、资料打包做成"防疫第一课"盒子，在开学第一天将这套儿童防疫课发放给 100 所村小，用有趣的绘本、生动的图画吸引孩子们的注意力，在知识教育的同时，利用小组活动等方式减少孩子们对课堂的排斥。

（2）设计思维训练营

疫情期间，除了拓展主题盒子内容之外，一公斤盒子也积极探索教育设计版块的产品创新。2020 年 3 月，团队运用敏捷开发，在 15 天时间内研发推出"设计思维在线训练营"。面向有教育创新和课程设计经验的学员，由盒子团队的设计师带领进行线上学习。设计思维在线训练营吸引了很多教育工作者前来参加，帮助盒子团队成功渡过疫情期间的财务难关，设计思维培训成为盒子疫情期间重要的资金来源。

5. 尾声

疫情的反反复复及中国教育政策的变革，对很多教育机构提出了新的挑战。一公斤盒子的未来该如何走呢？2020 年的实践验证了面向教育工作者的设计思维训练营项目具有周期短、回报高的特点，颇具商业市场前景，一公斤盒子是否应该考虑将设计思维训练营项目作为一个单独的商业项目持续运行？另外，很多大企业在财务压力下，可能减少 CSR 投资，陈丹坚持的面向公益组织和企业 CSR 的公益产品化，该如何走下去？未来，一公斤盒子能坚守自己的社会使命吗？

讨论：

1. 你如何看待一公斤盒子的商业化运作？社会企业的商业价值和社会功能一定会发生冲突吗？

2. 在安猪的"创新实验室"失败后，陈丹是如何坚守其社会使命的？与安猪时期相比，有什么创新吗？

拓展阅读

[1] 菲利普·科特勒, 凯文·莱恩·凯勒. 营销管理（第 15 版）[M]. 何佳讯, 等译. 上海：格致出版社，2019.

[2] 菲利普·科特勒, 伊万·塞蒂亚万, 何麻温·卡塔加雅. 营销革命 3.0：从价值到价值观的营销[M]. 毕崇毅, 译. 北京：机械工业出版社，2019.

[3] PFAJFAR G, SHOHAM A, MALECKA A, ZALAZNIK M. Value of corporate social responsibility for multiple stakeholders and social impact—Relationship marketing perspective[J]. Journal of Business Research, 2022, 143: 46-61.

即测即练

自学自测　扫描此码

教师服务

感谢您选用清华大学出版社的教材！为了更好地服务教学，我们为授课教师提供本书的教学辅助资源，以及本学科重点教材信息。请您扫码获取。

》 教辅获取

本书教辅资源，授课教师扫码获取

》 样书赠送

市场营销类重点教材，教师扫码获取样书

 清华大学出版社

E-mail: tupfuwu@163.com
电话：010-83470332 / 83470142
地址：北京市海淀区双清路学研大厦 B 座 509

网址：https://www.tup.com.cn/
传真：8610-83470107
邮编：100084